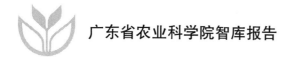

U0461708

粤港澳大湾区
都市现代农业发展研究
（2022）

广东省农业科学院农业经济与信息研究所
农业农村部华南都市农业重点实验室 ◎编著

STUDY ON THE DEVELOPMENT OF
MODERN URBAN AGRICULTURE IN
GUANGDONG-HONG KONG-MACAO
GREATER BAY AREA (2022)

经济管理出版社
ECONOMY & MANAGEMENT PUBLISHING HOUSE

图书在版编目（CIP）数据

粤港澳大湾区都市现代农业发展研究.2022/广东省农业科学院农业经济与信息研究所，
农业农村部华南都市农业重点实验室编著.—北京：经济管理出版社，2023.7

ISBN 978-7-5096-9160-1

Ⅰ.①粤…　Ⅱ.①广…　②农…　Ⅲ.①都市农业—农业发展—研究—广东、香港、澳门
Ⅳ.①F327.65

中国国家版本馆 CIP 数据核字（2023）第 136169 号

组稿编辑：郭　飞
责任编辑：郭　飞
责任印制：黄章平
责任校对：张晓燕

出版发行：经济管理出版社
　　　　　（北京市海淀区北蜂窝 8 号中雅大厦 A 座 11 层　　100038）
网　　　址：www.E-mp.com.cn
电　　　话：（010）51915602
印　　　刷：唐山玺诚印务有限公司
经　　　销：新华书店
开　　　本：720mm×1000mm/16
印　　　张：34.75
字　　　数：662 千字
版　　　次：2023 年 7 月第 1 版　　2023 年 7 月第 1 次印刷
书　　　号：ISBN 978-7-5096-9160-1
定　　　价：98.00 元

相关基金项目资助情况

（1）广东省农业农村厅课题研究项目"粤港澳大湾区都市现代农业发展规划研究"

（2）广东省农业科学院"十四五"新兴学科团队建设"产业经济与都市农业团队"（项目编号：202124TD）

（3）广东省农业科学院中青年学科带头人培养计划项目"金颖之光——区域农业规划与都市农业"（项目编号：R2020PY-JG014）

（4）广东省农业科学院创新基金产业专项项目"乡村产业发展与农民增收：影响效应、现实困境与路径优化"（项目编号：202302）

（5）广东省自然科学基金面上项目"政府补贴对农业企业 TFP 的影响研究：作用机理、实证识别与提升路径"（项目编号：2019A1515011982）

（6）广东省基础与应用基础研究基金项目"粤港澳大湾区现代都市农业与城市资源环境承载力耦合关系及协调机制研究"（项目编号：2021A1515110259）

（7）广东省自然科学基金面上项目"后疫情时期广东省粮食安全：风险压力、防控体系与应对机制"（项目编号：2021A1515012218）

（8）广东省哲学社会科学规划项目"广东农业高质量发展与小农生产的耦合机制研究"（项目编号：GD20CGL57）

（9）广东省哲学社会科学青年项目"基于农户视角的粤港澳大湾区种植结构演变机制"（项目编号：GD21YGL11）

（10）广东省哲学社会科学青年项目"空间均衡视角下粮食跨区域供给、地区结构及供给效率研究——以广东省为例"（项目编号：GD19YYJ07）

（11）广州市科学技术局 2022 年基础与应用基础研究项目"粤港澳大湾区1990—2020 年种植结构时空演变及其特征识别"（项目编号：202201011538）

编著委员会

前　言

党的二十大报告指出，高质量发展是全面建设社会主义现代化国家的首要任务；全面建设社会主义现代化国家，最艰巨、最繁重的任务仍然在农村。都市现代农业，一手牵起城市繁荣，一手带动乡村振兴，肩负着服务城市、富裕农民的重任。2019 年，广东省委、省政府《关于贯彻落实〈粤港澳大湾区发展规划纲要〉的实施意见》明确提出，以都市现代农业为方向，大力发展现代高科技农业、绿色农业、休闲农业、乡村旅游等，打造一批集生态、教育、文化、休闲、观光功能于一体的现代农业公园、田园综合体等农业功能区，建设一批农村一二三产业融合发展的现代农业产业园和先导区。2023 年 1 月 28 日，广东召开全省高质量发展大会，以时不我待的姿态开启了高质量发展新征程，奋力谱写农业农村现代化和城乡区域协调发展新篇章，为大湾区都市现代农业高质量发展指明了方向。

《粤港澳大湾区都市现代农业发展研究（2022）》聚焦大湾区都市现代农业，测评都市现代农业发展水平，分析都市现代农业发展成效和主要问题，探究其内生动力和战略措施；围绕产业发展、耕地变化、种植结构、冷链物流、数字农业、食物消费、出口贸易、文旅融合、农民增收、地方实践等开展专题研究和实地调查，以期为粤港澳大湾区都市农业高质量发展政策制定提供借鉴参考。

本书由四部分组成：

第Ⅰ部分为总报告，系统梳理总结粤港澳大湾区都市现代农业发展基础、取得成效，解析面临的主要问题和难点，构建指标体系测度粤港澳大湾区都市现代农业发展水平，分析其区域差异和驱动因素，并对粤港澳大湾区都市现代农业发展需求和形势进行分析展望，在此基础上研究并提出粤港澳大湾区都市现代农业发展思路目标、重点任务和发展举措。

第Ⅱ部分为产业发展篇，聚焦粤港澳大湾区粮食、蔬菜、水产、花卉、休闲农业与乡村旅游等优势产业高质量发展问题开展研究，分析产业发展现状和面临的主要问题，提出针对性的对策建议，以期为粤港澳大湾区都市农业优势产业高质量发展提供参考。

第Ⅲ部分为专题研究篇，主要围绕粤港澳大湾区耕地变化、种植结构、冷链物流、数字农业、食物消费、出口贸易、文旅融合、农民增收等问题开展专题研究，探索都市现代农业高质量发展的大湾区路径。

第Ⅳ部分为实践调查篇，主要就佛山市都市农业实践探索、广州市生物农业发展以及农村家庭经营收入增长、惠州市预制菜产业发展等问题开展调查研究。

目　录

I　总报告

II　产业发展篇

Ⅲ　专题研究篇

IV 实践调查篇

I 总报告

粤港澳大湾区都市现代农业
发展战略选择

——聚焦都市现代农业 打造国际一流湾区和
高质量发展典范

代丽娜 周灿芳[*]

摘　要：高质量发展大湾区都市现代农业是广东积极深入推进大湾区建设的重要举措。大湾区总面积达 5.61 万平方千米，2020 年大湾区人口达 8639 万人，已成为充满发展活力的第四大"新兴湾区"，也是全球人口最密集的城市连绵区。近年来，大湾区全面推进乡村振兴战略成效卓著，现代农业质量效益显著提升，优势特色农产品增产保供能力进一步增强，农业科技自主创新迈入新阶段，培育壮大出一批产业融合新业态，探索出一批各具特色的都市现代农业发展模式，珠三角与港澳农业深度合作进一步提速。但仍面临农业设施配套用地不足、休闲农业差异化竞争不足、都市现代农业多功能性尚未充分发挥等短板。新时期，大湾区建设上升为国家战略为都市现代农业高质量发展带来了历史机遇；"双区"、横琴粤澳深度合作区建设正在向纵深推进，拓展了都市现代农业发展的新空间，增添了驱动的新动能；国内国际双循环的转化，以及 RCEP 签署生效将加速推动都市现代农业发展。大湾区要立足新发展阶段，积极推进农业供给侧结构性改革，通过都市现代农业建设推动农业产业融合、产业联动，宜居城乡建设和区域协调发展，探索生态、生活、生产、人文、经济、社会协调发展的新路径。

关键词：都市现代农业；粤港澳大湾区；发展基础；对策建议

代丽娜，广东省农业科学院农业经济与信息研究所，助理研究员，研究方向为都市农业与区域协调发展。

周灿芳，广东省农业科学院农业经济与信息研究所，所长、研究员，研究方向为都市农业与资源区划。

一、都市现代农业概念内涵

都市现代农业的本质是农业，具有农业的普遍性，所以都市现代农业的发展必然遵循农业发展的一般规律，但同时又区别于传统农业，具有其自身的特殊性。都市农业的发展是随着城市的发展不断演变的，并随着经济的发展不断赋予其新的内涵。

（一）概念内涵

"都市农业"这个词的提出起源于日本、欧洲和美国等国家和地区，主要原因是这些国家的城镇化起步较早、发展的进程较快，在20世纪40年代初，杜能提出"农业圈"理论打开了都市农业发展的先河。关于都市现代农业的起源，学者对此做了大量的研究，并提出了不同的看法。其中有学者认为都市农业起源于20世纪30年代的日本，其依据是日本学者宫前羲嗣在《大阪府晨会报》杂志中首次对"都市农业"进行了描述，以及日本学者青鹿四郎首次把"都市农业"作为学术名词使用，并对其下了定义[1]。也有学者指出，都市农业发源于20世纪中叶的美国，其依据是"都市农业区域"这个词首次被美国学者欧文霍克所使用[2]。也有学者认为都市农业起源于20世纪初的德国，依据是德国的市民乐园是都市农业发展的原始雏形[3]。

关于都市农业的概念，尽管国内外学者都对"都市农业"下过定义，且都市农业这一词汇也被广泛地用在学术研究中，但是关于都市农业概念的表述却各不相同。有学者从地理空间的角度出发，将"城市周边或城市内部"作为都市农业的核心特征进行具体描述，如青鹿四郎于1935年下的定义：所谓的都市农业，是指分布在都市工商业、住宅区等区域内，或者是分布在都市外围的特殊形态的农业。有学者从农业生产的特殊性来定义，认为在强调都市农业地理位置特殊性的基础上，应该更多地从农业生产本身的特殊性进行描述，如宫前羲嗣所描述的：都市农业是以易腐败而又不耐储运的蔬菜生产为主，同时又有鲜奶、花卉等多种农畜产品生产经营的农业。齐永忠和于战平认为都市农业是处于都市或城市群影响范围内的农业生存、发展方式，是融入都市经济、生态、社会系统，与都市相互依存、相互影响，通过主动应对城市化对农业发展的各种影响和需求实现自我生存和发展的区域性农业[4]。也有学者基于城市与农业的关系特殊性来定义，认为都市农业并不指某个农业形态，而是一种强调农业和城市融合共生的发展理念[5]。有学者从其表现形态出发，把都市农业分为以设施农业、生态农业、创汇农业等为代表的集约化农业，以及以旅游农业、风光农业、体验农业、观赏

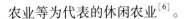

农业等为代表的休闲农业[6]。

结合国内外专家、学者的研究成果，本文认为都市现代农业是依托都市、服务都市发展起来集生产、生活、生态和人文等多功能于一体，包含农林牧渔业生产、加工、制造、流通、服务等全产业链的产业，以生态绿色农业、观光休闲农业、高科技农业为标志，以园艺化、设施化、工厂化、智能化为重要手段，与都市经济社会及生态系统紧密相连，是现代农业发展的新形态和高质量发展的新路径。

（二）发展阶段

都市现代农业是城市化发展到一定阶段的产物，是农业和城市发展关系的反映。从我国的情况来看，农业和城市的关系呈现出三个阶段：

第一，郊区农业阶段。这是单一的农业为城市服务阶段，主要是农产品供给，突出的是经济效益；城市没有能力为农业的发展提供支持，农业自身的发展能力也很弱。

第二，都市农业阶段。这一阶段城市能为农业发展提供技术保障和一定的资金支持，城市化地区及其周边地区农业，能利用大城市的科技、资金、市场、信息及现代化设施等资源优势。都市农业有三个特征：存在于都市或周边地区、集约化很高的特殊形态农业、经济上依附于都市经济。作为一种崭新的农业形态，都市农业于20世纪上半叶率先出现于欧美等发达国家；20世纪90年代后期引入我国。

第三，都市现代农业阶段。这一阶段城乡关系发生重大变化，城市有能力反哺农业，以财政、金融、科技等为主要内容的农业支持体系日臻完善。都市现代农业是一种农村、农业与城市经济、文化、科学、技术和生态系统高度融合的发达的现代农业类型，是工业化与城市化高度发展水平时的共同产物，是一项涉及领域宽、要素门类多、运行环节多、链条长的系统工程，是用现代科学技术装备起来的农业，不仅追求经济效益，而且追求生态效益和社会效益的统一，更具有经济功能、生态功能和社会文化功能，更强调与城市发展的和谐统一。

（三）研究范畴

都市现代农业是一种以城市内部、郊区以及城市经济圈为依托并服务于城市，从生产、加工、运输、消费到为都市居民提供优质鲜活农副产品和休闲农业体验服务的经济过程，包括农林牧渔业生产、加工、制造、流通、服务等环节形成的全部经济活动。关于都市现代农业区域范围，大多数学者研究认为都市现代农业包括城市内部、郊区以及城市与乡村之间的延伸区域。但随着城镇化进程的加速及交通一体化的发展，城市与乡村之间的边界日益模糊，都市农业的区域范围不再局限于城市内部及周边区域，甚至逐渐覆盖到所有县域。有不少学者从地理空间、农业系统、城乡关系等多个方面对都市农业进行综合的定义，如有学者提出都市农业是在高度城市化的大都市和城市外围的农业区域，以统筹城乡融合发展为目标，以服务城市、富裕农民为根本，以市场需求为导向，以智慧化、现代化、信息化为特征，集聚生产、生活、生态等多功能属性，与城市经济社会发展及生态系统高度融合的集约型现代农业[7-9]。进一步地，关于都市农业的外延，有学者从发展区域的视角出发，把都市农业分为城市中心区都市农业、城乡结合区都市农业、城市外缘区都市农业[3]。

综上所述，大湾区都市现代农业范围，是指都市农业统计地理区域内各生产经营单位当年农林牧渔业生产、食用类农林牧渔产品加工与制造、非食用类农林牧渔产品加工与制造、农林牧渔业生产资料制造、农林牧渔产品流通服务、农林牧渔业投入与支撑服务、农林牧渔业科研和技术服务、农林牧渔业教育培训与人力资源服务、农林牧渔业生态保护和环境治理、农业农村组织管理和综合管理服务、以农林牧渔业为基础的住宿餐饮服务及观光休闲农业等行业，包含农林牧渔业生产、加工、制造、流通、服务等环节形成的全部经济活动。

二、粤港澳大湾区都市现代农业发展现状

大湾区全面推进乡村振兴战略成效卓著，现代农业质量效益显著提升，优势特色农产品增产保供能力进一步增强，农业科技自主创新迈入新阶段，培育壮大出一批产业融合新业态，探索出一批各具特色的都市现代农业发展模式，珠三角与港澳农业深度合作进一步提速。但仍面临农业设施配套用地不足、休闲农业差异化竞争不足、都市现代农业多功能性尚未充分发挥等短板。

（一）发展基础

粤港澳大湾区在全球四大湾区中面积最为辽阔，也是全球最大的城市连绵区，包括香港特别行政区、澳门特别行政区和广东省广州市、深圳市、珠海市、佛山市、惠州市、东莞市、中山市、江门市、肇庆市九市，在国家发展大局中具有重要战略地位。大湾区总面积达5.61万平方千米，2020年大湾区人口达8639万人，无论面积还是人口都远远领先纽约湾区、旧金山湾区、东京湾区三大世界级湾区（见表1）。大湾区已成为充满发展活力的第四大"新兴湾区"，也是全球人口最密集的城市连绵区。大湾区经济总量具备世界级湾区的规模，2020年生产总值为2万亿美元（13.35万亿元人民币），人均GDP超2万美元，已经达到高收入国家水平（世界银行标准：12535 美元），城镇化率达 86.79%，已达到发达国家城市化水平（80.00%）。大湾区国土面积占全国不到 1%、人口数量不足全国 5%，经济总量却占我国国内生产总值的 12%；其经济发展稳居全国前列，是国内综合实力最强、开放程度最高、经济活力最旺盛的区域之一。

表 1　粤港澳大湾区与世界级湾区的比较

类别	粤港澳大湾区	旧金山湾区	纽约湾区	东京湾区
土地面积（万平方千米）	5.61	1.79	3.45	3.69
人口（万人）	8639	777	2020	4400
本地生产总值（万亿美元）	2.00	0.76	1.77	1.80
人均生产总值（美元）	23190	97812	87624	40909
机场客运量（万人次）	21490.0*	8570.7*	13806.8*	12556.9*
机场货物吞吐量（万吨）	832.3*	123.4*	221.3*	349.2*
港口集装箱吞吐量（万标箱）	7441.9*	242.1*	718.0*	824.2**

注：*表示 2018 年数据，**表示 2017 年数据。

资料来源：《2021 广东统计年鉴》《香港统计年刊（2021 年版）》，以及香港贸易发展局、澳门统计暨普查局、美国经济分析局、日本统计局、日本内阁。

大湾区会展业区位优势明显，整体竞争力较强。表现为展馆面积大、展览会规模大、大展数量多、各种国际性会展论坛"扎堆"举办，以广州、深圳、香港、澳门等城市为核心构建起了会展业都市圈。大湾区既有世界级金融中心香港，也有金融发展日益迅猛的深圳与广州，以及港交所、证交所两大金融平台，具备建设全球性金融中心的基础和营商环境优势。尤其是香港作为国际金融中心具备高效稳健的金融基础设施、完善的监管法律制度以及多类型的金融市场主体等优势。此外，大湾区人流、物流远远领先于其他湾区，尤其在机场货物吞吐量和港口集装箱吞吐量方面甚至超过了其他三个湾区总和；拥有深圳港（世界第三）、香港港（世界第五）和广州港（世界第七）等世界级港口，全年总吞吐量超过 7441.9 万标箱，为世界第一；7 个机场吞吐量超过 2 亿人次，位居国内各省份之首。

被誉为"世界制造业基地"的大湾区拥有完整的工业体系，国际科技创新优势逐步凸显，都市农业供需两端发展拥有广阔的发展前景。大湾区占据了国内多类高科技产业竞争制高点，在人工智能、集成电路、大数据与新一代信息技术、生物医药与生物工程等领域引领新突破，形成了许多创新成果落地的大规模生产基地和产业集群。科技创新优势持续引领驱动大湾区都市农业新技术、新产业、新业态发展，为都市农业在供给端提供新技术、新材料；在需求端以在线新经济模式，建立新流通模式，引领和创造都市农业新需求、新模式。

长期以来，粤港澳三地紧密携手，多层次、宽领域、全方位地开展合作，为大湾区都市现代农业建设奠定了基础。港珠澳大桥正式开通，大湾区基础设施互联互通实现了跨越发展；香港科技大学（广州校区）合作项目、粤澳合作中医药科技产业园项目快速推进，大湾区合作发展平台不断拓展；广深港澳科技创新走廊加快构建，大湾区集聚功能愈发凸显；资本、技术、人才、信息等创新要素加速流动，大湾区互补互促、协同创新的合力不断壮大。此外，大湾区土地面积远远大于国际上其他湾区，还拥有广东全省、湖南、广西等广阔的发展腹地；腹地为大湾区的发展提供产业腹地和生活腹地，大大地支撑着大湾区都市现代农业的发展。

（二）发展成效

1. 现代农业质量效益显著提升

大湾区内地九市坚持质量兴农、绿色兴农、品牌强农，农业生产率显著提高，农民收入显著增加，都市现代农业经营水平稳步提升。2020年大湾区内地九市农村居民人均可支配收入26857元，远高于全省（20143元）和全国平均水平（17131元），同比增长7.3%，增速高于城镇居民人均可支配收入；2020年城乡收入比下降至2.21∶1.00。2020年大湾区内地九市农林牧渔业产值达2710.5亿元，以广东省20.0%的土地贡献了34.3%的农业GDP；单个从业人员创造的第一产业增加值约3.84万元，高于同期全国平均水平（3.62万元）。

大湾区内地九市以农业公园和现代农业产业园为重要载体，加速先进要素集聚，培育形成数量可观的新型经营主体，推动农业生产组织朝规模化、绿色化、品牌化、特色化、专业化方向强劲发展。大湾区内地九市共有175家市级以上农业公园；91个省级现代农业产业园位于大湾区，部分现代农业产业园实现了企业数量多、经济效益好、产业链条长、联农带农能力强的集聚式发展。"粤字号"农业品牌影响力和竞争力大幅度提升。截至2020年12月，广东共207个农产品入选全国名特优新农产品名录，其中大湾区内地九市共62个农产品入选。

2. 农产品稳产保供能力进一步增强

保障"菜篮子"稳定供给是都市农业的基础性功能。大湾区内地九市落实"菜篮子"市长负责制，以鲜活农产品为重点，扎实推进"菜篮子"工程建设，农产品供给保障能力显著增强。2020年大湾区内地九市粮食产量达新高304万吨；蔬菜产量达 1393 万吨，超过大湾区居民对蔬菜的总需求量；水产品产量达 354 万吨，是大湾区居民对水产品需求量的 3 倍。在港澳农产品供应方面，大湾区内地九市是港澳农产品最坚实、最可靠的供应基地。在 463 个全国供港蔬菜备案种植场中，大湾区内地九市有 64 个，占全国的 13.82%；在 261 个全国供澳蔬菜备案种植场名单中，大湾区内地九市有 52 个，占全国的 20.00%。预制菜是推进"菜篮子"工程提质增效的新业态，广东从 2020 年开始战略性布局发展预制菜相关产业，以"小切口"撬动"大格局"。从规模来看，广东已涌现一批龙头企业，共有预制菜企业 5127 家，位列全国第四；从质量来看，根据 NCBD 发布的《2021 中国预制菜产业指数省份排行榜》，广东预制菜产业指数排名居全国榜首；从品牌来看，根据 2022 年中国预制菜消费者喜爱八大菜系调查，粤菜位列第二，品牌培育取得显著成效。

3. 农业科技自主创新迈入新阶段

广东农业科技对现代农业发展的支撑和引领作用日益增强。一是开启农业种质资源保护与利用新篇章。大湾区内地九市收集保存的国内外农作物种质资源、畜禽种质资源、水产种质资源、微生物种质资源，位居全国前列，初步建立了具有岭南特色的农业种质资源保护与利用体系。广州国际种业中心初具雏形，深圳成为农业生物育种高地，为建设全球农业种业创新高地奠定坚实基础。二是农业科技原创性成果持续增加。大湾区坚持以科技创新为核心驱动力，加快农业科技自主创新步伐，取得了一批重大标志性成果。现代农业装备研发和制造技术趋于成熟，植保无人机等高端农业装备制造已在国际市场崭露头角；适合阳台种植的蔬菜品种、适合都市消费趋势的低糖水稻走向市场。三是农业科技创新平台建设取得新突破。大湾区尤其是广深双核在都市农业种业创新、技术研发、品牌塑造中发挥核心引擎作用。截至 2020 年底，大湾区内地九市建有 5 个国家重点实验室、7 个国家工程技术研发中心以及多个农业农村部区域性重点实验室（实验站/科研基地）。此外，省级重点实验室（学科类）、工程技术研究中心、现代农业产业技术研发中心以及其他众多新型研发机构纷纷落地大湾区。大湾区还搭建"广东省农业科技成果转化公共服务平台"，认定多个省级现代农业产业科技创新及转化平台和多家涉农高新技术企业。2018 年 8 月成立的"广州国家现代农业产业科技创新中心"是全国五个国家现代农业产业科技创新中心之一。四是数字农业发展取得新进展。广东省数字经济规模居全国首位，5G 基站数量位列全国第一，20 户以上自然村光网平均覆盖率在全国前列，同时又是电子信息产业大省。大湾区着力构建 5G 智慧农业试验区，发展数字农业。目前，广州增城建

立了首个水稻精准种植"5G+智慧农业"实验基地，佛山三水万亩智慧农业园实验探索"无人化"生产。此外，还有一批龙头养殖企业，积极推广应用物联网、区块链等数字技术，都在加快建设"云养殖"平台。

4. 乡村振兴培育壮大一批产业融合新业态

广东乡村振兴战略以推动农业产业发展为核心，加快一二三产业快速融合，乡村文旅、休闲农业、农业公园等新业态新模式发展势头良好，城乡融合发展取得重要突破。农业多功能性愈加凸显，已建成许多农业观光园区，农业游、乡村游已经成为城市居民节假日休闲娱乐活动的热门选择。截至 2020 年底，大湾区获批的农业公园有 175 个，其中 20 家农业公园入选省级农业公园；休闲农业与乡村旅游示范镇有 15 个，占全省的 28.3%；休闲农业与乡村旅游示范点（村）有 138 个，占全省的 34.41%。此外，大湾区拥有涉农耕文化教育的省级中小学生研学实践基地 12 家，广州从化温泉生态乡村游休闲精品线等 5 条路线入选中国美丽乡村休闲旅游行精品景点路线，大湾区共 49 条入选广东省文化和旅游厅的乡村旅游精品线路。美丽田园、田园综合体等领域建设成效显著，涌现出珠海岭南大地田园综合体、佛山"百里芳华"乡村振兴示范带等一批优质产业项目。

5. 探索出各具特色的都市农业发展模式

田璞玉等认为粤港澳大湾区都市农业已形成以"市场流通型、特色产品型、休闲观光型、科普教育型、生态保障型"为主的发展模式。[10] 本文认为大湾区依托特色化差异化资源禀赋，做强做大做特优势产业，逐步探索形成科技创新型、特色生产型、市场流通型、农文旅融合型和生态优化型等独具特色的都市农业发展模式（见表2）。其中，科技创新型农业主要在种业创新、农业科技创新领域发挥战略支撑引领作用，广州、深圳科技创新与生产制造体系完备强大，发展智慧农业、设施农业和农业机械化基础良好。广州具有高校和科研院所的科技资源优势，深圳具有高科技企业的集聚优势和科技成果市场化转化优势，广州、深圳有潜力成为全国乃至全球的农业科技创新高地和都市农业总部经济。特色生产型农业包括基本保障型和特色产业型，其中肇庆、江门和惠州作为主要粮食生产供应地，而广州、佛山、中山等地具备明显的区域特色产业优势。市场流通型农业以"菜篮子"基地、农批市场为中心，建设包括仓储、冷链、物流于一体的农产品流通体系，搭建线上线下相融合的农产品流通销售平台。农文旅融合型农业主要发展"农业+文化+旅游"乡村休闲新业态，通过挖掘特色城乡景观、农耕文化、乡风民俗、饮食文化等优质资源，打造集城市生态涵养、保护开发文化资源和居民娱乐休闲体验功能于一体的重要载体和依托。生态优化型农业以都

市与田园景观提升为主，都市景观提升主要借助城市建筑、空地，发展农业提升城市空气质量和绿化美化城市环境。比如，拥有众多"黑科技"的广州"城市小菜园"利用门前屋后、阳台、房顶、外墙、庭院空地及其他空间种植蔬菜瓜果，满足大都市居民拥抱绿色、拥抱美好生活的期许。田园景观提升主要以发展绿色循环农业为主，提升农村人居环境和乡村生态。此外，还有既展现传统农耕文化，又体现自然生态的农业模式，如佛山西樵种养结合、绿色高效的桑基鱼塘生态循环农业模式。香港充分发挥都市农业在促进食物来源多样化、青少年教育乃至老人怡情保养方面的重要作用，大力发展屋顶农业、有机种植等。

表 2　都市现代农业模式总结

都市农业模式	经营主体	代表	主要特点
科技创新型	现代科技园	深圳市农科集团—航天育种生态产业园	科技支撑、科技服务
	农业科技企业	海大集团、深圳市隆平金谷种业有限公司	科技研发
	科研院所	深圳大学龙华生物产业创新研究院、华大基因中心、佛山市农业科学研究所	种子研发、基因测序
特色生产型	基础产业	粮食、蔬菜、水产品、肉类	保证人们基本营养需求
	特色产业	水果、花卉、南药	观赏体验、健康养生
市场流通型	批发市场	江南果菜批发市场、中南果菜批发市场	农产品可供应本市、港澳等地，具有一定"菜篮子"供保功能
	配送企业	京东、百果园、粤旺淘柜、美家买菜	为本地市民配送农产品
农文旅融合型	休闲观光园	田园综合体、农业公园	以生态功能为主，为市民提供休闲娱乐场所
	农业康养	森林公园、生态圈	提升环境质量
	科普教育	农事体验、研学游、农业博览园等	以娱乐教育为主，满足都市对农业体验的物质精神需求
	民宿农庄	村企合作主题民宿、农家乐等	提供以住宿餐饮服务业为主，增加乡村多样性和个性化

续表

都市农业模式	经营主体	代表	主要特点
生态优化型	都市优化	屋顶农业、智慧阳台、城市小菜园	以生态功能为主，增加城市生态产品供给、优化城市景观；解决城市无农地种植，市民获得耕作体验和部分农产品供给
	田园优化	美塘行动、百里芳华	提升田园风光、优化农业产业结构

6. 珠三角与港澳农业深度合作进一步提速

大湾区农业合作基础扎实，农业合作机制健全，农产品贸易成效显著。农业保障供港供澳作用不断加强，港澳市场 95% 以上的蔬菜由内地的 17 个省份供应。毗邻港澳的广东供应了港澳两地市场 70% 的食品。从深圳口岸出境的新鲜蔬菜、水果、活禽等占香港市场的 85% 以上。香港 40% 蔬菜、1/3 猪禽及水产品由惠州供应。中山也是供港澳农产品的重要基地之一，供港活鱼占香港市场 70% 的份额，供澳活禽、供澳蔬菜数量在广东均居首位。香港、澳门具有严格的食品农产品质量安全监测和监管系统。粤港澳之间经过多年深度合作，在农业、食品、交通运输、检验检疫等领域形成了一整套行之有效的合作制度与机制，为大湾区都市农业整合资源、优势互补、深化合作提供了有力条件和坚实基础。随着大湾区多层次合作持续深化，大湾区都市农业在生产基地、产品安全、科技教育、品牌建设、绿色标准、交易流通等领域的合作正在提速，加快助推大湾区都市农业协同高效发展。

（三）存在问题

1. 都市现代农业发展步伐较为缓慢

一段时间以来，由于大湾区未能高度重视，没有及时总结提高，都市现代农业发展较为缓慢。由国际都市农业基金会评选的"国际现代都市农业试点示范城市"，我国至今仅有北京、上海、成都、武汉 4 个城市入选。广州、深圳等地虽然是国内较早提出并发展都市农业的城市，但均未能入选。各地进行了很多理论和实践探索，但总结推广、交流共享不多。

2. 用地问题束缚都市农业集约发展

大湾区人多地少，加上随着工业化、城镇化加快推进，城市郊区的农用地资源刚性减少。人均耕地不足 0.12 亩，相当于全国平均水平的 1/13，远低于联合国划定的 0.795 亩的警戒线。城市郊区在耕地红线旁开发房地产、修建厂房，也对土地的生产功能产生了强烈的挤出效应。兴建农业附属设施受到土地用地性质的约束，在很大程度上制约了都市现代农业的发展。并随着经济不断发展，房地产开发、工业厂房建设与传统农业生产等不同的土地使用途径体现出土地价值的巨大差异，在高额征地补偿款诱惑下，部分村民出现不愿流转、不让发展或弃耕的现象，都市农业仍以小规模的土地承包为主，土地租期短、租金高，集约十分困难。

3. 休闲农业差异化不明显

尽管休闲农业、乡村旅游、农家乐等发展势头强劲，但各地市休闲农业与乡村旅游功能较为单一，以单纯的乡土休闲旅游、观光采摘与农事体验等活动为主，开发模式和内容同质化、低端化较多，高品位、多功能、知识型的现代农业休闲园区不多。

4. 都市农业多功能性尚未充分发挥

大湾区都市农业面临环境条件制约和环境保护压力，遏制城市土地无限制蔓延，藩篱和绿化隔离带等生态功能尚未完全发挥。都市农业作为城市文化与社会生活的组成部分，需具备满足市民与农民之间的社会交往和精神文化生活的功能，但大湾区在观光休闲农业、农耕文化与民俗文化旅游方面还有较大提升潜力。

三、粤港澳大湾区都市现代农业发展形势

大湾区建设上升为国家战略后，大力推进都市农业高质量发展面临千载难逢的历史机遇。"十四五"时期乃至面向 2035 年的更长时期内，大湾区都市农业发展均处于重要战略机遇期，推进大湾区都市农业高质量发展既具有诸多有利条件，也需要防范应对一些难以避免的风险挑战，在危机中育先机，于变局中开新局。

（一）深入推进大湾区建设重大战略提供历史机遇

2019 年 2 月 18 日，《粤港澳大湾区发展规划纲要》（以下简称《规划纲要》）正式发布，习近平总书记、党中央作出建设大湾区的重大战略部署。按照《规划纲要》，粤港澳三地将在中央支持下，完善创新合作机制，促进互利共赢，共同将大湾区建设成为更具活力的经济区、宜居宜业宜游的优质生活圈、内地与港澳深度合作的示范区，以及能与美国旧金山湾区、纽约湾区和日本东京湾区比肩的世界四大湾区之一。大湾区建设的深入推进，为大湾区内都市现代农业的发展提供了经济发展、科技创新、产业合作等新机遇，同时，也提出了建设与大湾区相匹配的农业农村的更高要求。珠三角都市现代农业要抓住粤港澳大湾区建设重大历史机遇，推动都市现代农业多元化、链条化、景观化发展，加快产业升级，推

进"农业工业化、农产品食品化、美食工业化"，提升市场一体化水平。

（二）"双区"建设带来重要发展机遇

粤港澳大湾区、深圳建设中国特色社会主义先行示范区"双区"及横琴粤澳深度合作区建设正在向纵深推进，为大湾区都市现代农业发展带来难得的历史机遇，拓展了发展的新空间，增添了驱动的新动能，也对大湾区都市农业提出了新要求。数字农业、智慧农业、生态农业等农业新业态创新涌现，对大湾区都市农业适应新业态，打造新载体、新模式提出挑战。以美丽小城镇、城乡融合等为代表的乡村建设行动为大湾区都市农业发掘新功能、体现新价值提供机遇，也提出新挑战。大湾区都市现代农业站在全新的历史舞台上，需要以新发展阶段为历史时间横轴，以中国式现代化为发展目标纵轴，找准自身坐标、发展定位，在新发展阶段抢占新机、开拓新局，创造新的辉煌。

（三）"双循环"新发展格局带来新机遇

当前，受全球新冠肺炎疫情以及保护主义、单边主义等非经济因素的影响和冲击，外需紧缩或成新常态，我国发展面临的风险挑战前所未有。为此，中共中央政治局会议提出，充分发挥我国超大规模市场优势和内需潜力，构建国内国际双循环、互促进的新发展格局。乡村振兴是我国今后一段时期的国家重大发展战略，城乡边界加速融合，城乡居民对优质农产品、生态服务需求不断增加，乡村文化消费、绿色消费、旅游消费、健康消费、养老消费等新兴消费呈现出良好的发展趋势，为构建"双循环"新发展格局提供更加广阔的市场机会。以消费升级为导向的基础设施投资、公共服务投资、产业链投资、生态环境保护投资、出口转内销渠道优化建设投资，需要在增强和释放居民消费能力方面持续发力。新发展格局的构建，为大湾区都市现代农业推动农业产业结构优化、产业链优化、丰富乡村业态，补齐乡村基础设施、生态环境、公共服务等短板提供了发展机遇。

（四）RCEP签署生效带来新机遇

2020年珠三角进出口贸易总额为7.09万亿元，占全国的22.00%（32.22亿元）；此外，澳门进出口贸易总额为0.10万亿澳门元，香港为8.20万亿港元。广东作为中国外贸第一大省和农产品进出口大省，主动把握机遇，促进农业产业转型升级，提高农业在全球产业链中的地位。广东农业领域对接RCEP十大行动计划，包括创建广东农业RCEP发展联盟、RCEP农产品国际采购交易中心和广东农业RCEP对外合作先行区等，推动广东农业更高层次、更宽领域地对外开放。这为大湾区都市现代农业对外开放合作带来了新的更大机遇。

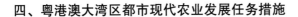

四、粤港澳大湾区都市现代农业发展任务措施

深刻认识建设与国际一流湾区和世界级城市群相匹配的都市现代农业的重要性、必要性，以稳定大湾区农业基本盘、夯实"三农"压舱石为目标，以提升大湾区居民获得感、幸福感、安全感为导向，加快推动都市现代农业发展。

（一）明确目标

到 2035 年，大湾区都市现代农业供给保障安全可靠、科技创新自立自强、设施装备配套完善、产业链条健全高端、资源利用集约、国际竞争优势明显，基本实现农业农村现代化，农村基本具有现代生活条件，全面建成与宜居宜业宜游国际一流大湾区和世界级城市群相匹配的都市现代农业。大湾区美丽宜居、农业高质高效、农村休闲宜游等愿景达成，科技强农、生态宜居、未来生产、健康休闲、农耕文化和"新基建"六大场景实现。

1. 科技强农场景

大湾区科技强农深入实施，农业科技在种业创新、关键技术、成果转化取得新突破。大湾区种业创新、生物育种取得显著成效，种业依靠国外进口的局面得到扭转，基本实现种业科技自立自强、种源自主可控。现代装备和信息技术得到加强，农业信息智能感知与识别、农业物联网信息融合与云计算等核心技术得到攻克，大湾区制造业与农业装备技术深度融合发展，智能农机、植保无人机等享誉全球。农业产业中的瓶颈技术、薄弱环节取得攻关成果。

2. 生态宜居场景

围绕建设宜居宜业和美乡村，加快实施乡村建设行动，美丽大湾区初步建成。美丽田园成为大湾区的"绿化带""后花园"，基塘农业成为大湾区的"经济湿地"，都市现代农业成为大湾区生态系统的组成部分，遏制了城市土地无限制蔓延、发挥了藩篱和绿化隔离带等功能。中央厨房蓬勃发展，并能在 15 分钟内高效配送，菜品新鲜有保障且采购配送成本降低，能够满足大湾区居民日常需求。美丽乡村基本建成，农村基本生活设施不断完善、农村基本公共服务公平可及、农村环境生态宜居、乡村风貌各具特色，农民就地过上现代文明生活。田园景观、自然风貌和农居特色等保持完好，传统村落和传统建筑得到有效保护，形成山水林田湖和农居协调呼应的大地景观风貌，农村成为农民幸福生活的家园。城乡基础设施和服务体系实现均等发展，农业农村成为疏解城市功能的目的地，大湾区居民获得感、幸福感、安全感得到提升。

3. 未来生产场景

深入实施"藏粮于地、藏粮于技"战略，耕地面积稳定，耕地质量提升，强化农业科技和装备支撑得到强化，粮食综合生产能力稳步提高。农业机械化、智慧农业、数字农业得到显著发展，农产品品质显著提升，农业生产效率得到大幅提高，农民收入达到中等发达国家水平，都市现代农业产业实现高质量发展。数字产业与农业领域深度融合，运用先进的物联网、人工智能以及大数据等对农业的生产经营进行智能化管理。设施农业全面升级，连栋智能玻璃温室、工厂化生产模式得到普及，无人农场得到有效推广。农业生产彻底摆脱面朝黄土背朝天的传统耕种方式，可通过智能设备、物联网运算，实现田间的高效管理，农民成为人们向往的"新职业"。市民通过智慧农业平台，只需一台手机，可以实现在都市查看、管理郊区的农田。村村建设有特色产业园、小微创业园，农业农村成为年轻人回来、城里人进来的就业创业新天地。

4. 健康休闲场景

珠三角都市现代农业休闲核心区和创意农业体验湾区基本建成，乡村生态旅游从业人员占比大幅提高，各个乡村旅游文化 IP 独特，"食在湾区""玩在湾区""康养在湾区"的大湾区旅游品牌深入人心。各具特色的农文旅绿色长廊打造完成，与美丽乡村精品线路、乡村振兴示范带、休闲农业与乡村旅游示范单位等共同形成大湾区特色休闲农业空间格局。乡村饮食旅游服务发展成为挖掘食源、食具、食品文化的饮食与艺术结合体验服务。乡村康养游依托大湾区中医药优势，从南药康养、休闲养生等方面融入治未病、调节身心的特点，形成优势突出、特色鲜明的"康养+都市现代农业"旅游。乡村娱乐旅游供应，发展成为手工体验、炊事体验、森林呼吸、徒步穿越、沉浸式体验历史传说等参与度高、互动性强的活动。乡村旅游全面实现从模式化到个性化的体验升级，产业链由观光、生态、旅游，拓展延伸到影视等新媒体，产业经济效益进一步扩大。农业农村成为居民康养休闲旅游的乐园，能够满足居民"养眼、洗肺"、康养、体验田园生活、旅游观光休闲等精神需求。

5. 农耕文化场景

大湾区农业遗产保护条例、优秀农耕文化管理办法等相关条文完善出台，大湾区重要农业文化遗产得到妥善保护，遗产地农民权益得到充分保障。农耕文化学习被纳入中小学基础教育课程体系，农业遗产地成为大中小学耕读教育、社会实践的重要基地。通过广泛宣传和动员岭南农耕文化、桑基鱼塘文化等孕育出的生活方式、文化传统等得到广泛流传延续、再认识和创新传承，成为大湾区农耕文化的形象名片。岭南宗族祠堂得到保护提升和活化利用，古宗祠焕发新活力，成为乡村文化新阵地，传承着岭南文化的"血脉"；同时，村内配置新时代村史

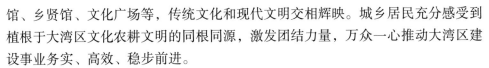

馆、乡贤馆、文化广场等，传统文化和现代文明交相辉映。城乡居民充分感受到植根于大湾区文化农耕文明的同根同源，激发团结力量，万众一心推动大湾区建设事业务实、高效、稳步前进。

6. "新基建"场景

农业农村新型基础设施建设初步完成。结合高标准农田建设，采用工程技术措施，对零散、异形、坡度较大的田块进行"小变大、短变长、弯变直、陡变缓"改造，并完善田间道路及配套水系，大湾区农田基本适宜农机通过和作业。农业农村千兆光纤网络、5G 移动网实现全覆盖。乡村快递驿站、便捷商务、交通停车等基础设施齐全，基本公共服务得到根本性提高。农村电子商务配套设施、快递综合服务点全覆盖，实现收寄快递不出村，社交电子商务、直播电子商务等新业态发展壮大。高水平"四好农村路"建成，建制村公路实现双向车道以上，城乡公交一体化水平得到提升，形成"5 分钟出村、10 分钟入乡镇、1 小时进县城"的出行网。村内支路建成，停车场（位）布设科学，户均车位达 1个以上，新能源汽车充电设施充足。

（二）优化布局

统筹考虑大湾区都市现代农业生产、生活、生态等发展基础，结合基本农田保护利用和都市现代农业功能，突出科技引领、服务都市的主题功能；支持各市按照自身特色协同错位发展，根据资源禀赋特点进行聚类分析，将大湾区内地九市划分为 4 个功能区（见图 1），形成优势突出、特色鲜明的都市现代农业发展格局。4 个功能区分别为湾区都市现代农业示范区（广州）、科技研发与都市田园创新区（东莞、深圳）、农耕文旅与智慧农业发展区（佛山、中山、珠海）、湾区农业绿色发展先行区（肇庆、江门、惠州）。

湾区都市现代农业示范区。包括广州全部区域。根据大湾区各市都市现代农业发展基础，结合广州建设与国家中心城市相匹配的都市现代农业强市的定位，建设湾区都市现代农业示范区。广州早于 2000 年就提出要建设具有广州特色的现代都市型农业，经过 20 多年发展，广州都市现代农业走在大湾区前列；其农业基础雄厚，农用地面积 748 万亩，农林牧渔业总产值高（2020 年在大湾区位列第二）；已发展成为农业公园、休闲农业与乡村旅游示范镇点、特色农庄等多种产业服务模式并存的形态；农业现实生态价值达 862 亿元，且拥有 4000 平方千米生态屏障面积。此外，广州是华南地区农业高等院校和科研机构的集中地，拥有较为集中的农业科技资源。依托广州都市现代农业基础和农业科技资源，全面引领湾区农业生产、生活、生态以及农业科技。

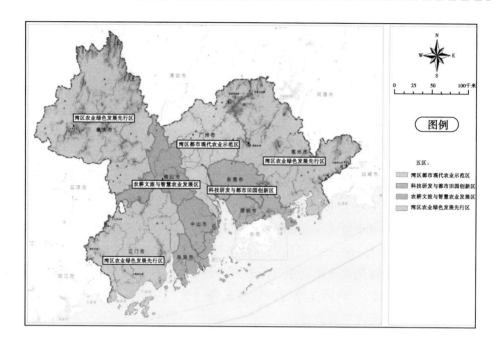

图1　大湾区都市现代农业功能分区

审图号：粤S（2018）011号。

科技研发与都市田园创新区。包括深圳和东莞两市。深圳和东莞都很重视科技研发，2019年全社会研究与试验发展经费分别为1328.00亿元（全省第一）和289.96亿元（全省第三），目前已形成以生物种业、现代农机为重点的农业科技集群。此外，深圳和东莞城市化率高，分别为99.74%和94.86%（除港澳外，位列第一和第二）；农用地面积小，分别为87008公顷和100256公顷；人口多，2020年分别为1763.38万人和1048.36万人。在强大的人口承载压力上，探索出生态田园涵养、农耕休闲体验等都市田园发展模式。充分发挥两城市的科技优势和城市特色，紧抓深圳建设中国特色社会主义先行示范区的机遇，建设都市田园与科技研发创新区，以推动现代高效农业发展为目的，以市场需求为导向，研发都市现代农业品种、技术、农机装备等，创新都市现代农业发展模式。

农耕文旅与智慧农业发展。包括佛山、中山和珠海三市，结合三市的基塘农业、农耕文化和智慧农业基础，打造农耕文旅与智慧农业发展区。此区域是大湾区基塘农业的主要分布区，也是岭南水乡文化的发源地，传承有划龙舟、装泥鱼、鳌鱼舞、醒狮舞、广绣、水色、飘色等民俗技艺。与三市的水乡文化结合，紧抓广东佛山珠三角基塘农业系统成为中国重要农业文化遗产的契机，保护传承和活化岭南农耕文化，发展农耕文旅。同时，按照"数字佛山"建设规划、中山都市现代农业高质高效发展的定位，以及珠海打造都市智慧农业典型样板的发展方向，以三水粤港澳大湾区都市现代农业综合示范基地、中山市"乡村大脑"、珠海5G智慧农业科创示范点和智慧农场等项目为抓手，建设农耕文旅与智慧农业发展区，推进智慧农业发展。

湾区农业绿色发展先行区。包括江门、惠州和肇庆三市。它们拥有相对丰富的农业自然资源，优良的生态环境，是大湾区农业绿色发展的重要区域。发挥自然资源禀赋，探索推进江门恩平市、肇庆德庆县两个国家农业绿色发展先行区；高水平打造惠州粤港澳绿色农产品生产供应基地、肇庆（怀集）绿色农副产品集散基地。坚持"绿水青山就是金山银山"理念，率先推进资源节约、环境保护、生态稳定，建设湾区农业绿色发展先行区，协同推进农业生产和农产品两个"三品一标"，努力优先实现碳达峰、碳中和。

（三）落实任务

立足新发展阶段，积极推进农业供给侧结构性改革，贯通产加销、融合农文旅，推动农田景观化优化湾区环境，突出要素集聚化提升产业整体竞争力，聚焦产业融合化凸显农业多功能性，坚持产品品质化推动农产品迈向中高端，以新型城镇化延伸都市现代农业产业链条、聚合城乡高水平要素资源，结合城市更新和乡村建设行动，高质量建设湾区宜居宜业宜游的优质生活圈。

1. 以种业和装备为重点，推动农业科技上新台阶

大湾区的花卉、蔬菜和畜禽品种、设施装备大多数是国外引进的。要实现创新驱动，核心是在种业和装备上实现创新突破，通过整合力量、聚集资源、联合攻关，建设具有大湾区特色的都市现代农业科技高地。一是建好科技创新平台。培育支撑农业科技创新的新平台，加强岭南现代农业实验室、广州国家现代农业产业科技创新中心、大湾区都市农业研究院等平台建设，支持科研院所开展重大品种和共性关键技术研发攻关。二是完善农业科技创新机制，注重共享共建共创。当前广东省科技资源分散在科研院所、课题组，资源整合不够，整体创新利用效能还不高。各地要探索建立农业科技资源共享与信息交汇机制，打破各自为政、共享利用不足的瓶颈。深入推进院企合作、院地合作、央地合作等模式，加快农业科技创新发展。三是聚力推进关键核心技术攻关。瞄准粮食安全、重要经济作物、生物育种等重点领域，全力攻坚种源"卡脖子"关键核心技术；针对瓶颈技术、薄弱环节开展攻关，增强农机装备供给。

2. 以生态发展为方向，构建美丽宜居新环境

坚决实施耕地保护与提升，打赢农业面源污染治理攻坚战，加强农业生态保

护修复。发挥农田绿地、稻田湿地、鱼塘水面等生态涵养功能，推进"美丽田园"行动，全面整治田园环境，逐步将农业"面源污染区"改造成城市"生态经济区"，为城市居民"造绿"。统筹推进大湾区美丽宜居农村、美丽小城镇、花园城市建设，打造美丽宜居的"超级大花园"：一是优先发展绿色生态农业。以绿色发展引领乡村振兴，以生态化促进农业绿色生产，通过实施耕地保护与提升，加强农业面源污染防治，加强农业生态保护修复，推广低碳循环生产和农业废弃物资源化利用，减少农业面源污染，促进大湾区农业生产绿色化和低碳化。二是描绘美丽田园新画卷。以高标准农田建设为基础，提升基础设施建设水平，标准化、规范化田园景观机理。全面整治田园环境，部署开展珠三角百万亩池塘升级改造三年行动。通过"美塘行动"、窝棚改造等工程系统提升湾区岭南水乡风貌。三是建设国际一流花园大湾区。对标国际一流湾区，加强村庄改造和新农村建设，推进美丽小城镇建设，开展花园城市行动，依托大湾区岭南特色水乡和花卉底蕴，将大湾区打造为"一路一景、四季有花"的超级大花园。

3. 以设施农业为抓手，培养农业生产新动能

以高标准农田建设、农业机械化为重点，推进农业基础设施现代化，提高农业综合生产能力。树立"大食物观"，积极推进农业供给侧结构性改革，牢牢守住"三个百万、一个千家"农业基本盘，着力提升粮食、蔬菜、肉类等农产品自给率和控制力，保障重要农产品供给安全。丰富提升特色农产品供给，围绕水产、花卉、南药、岭南水果等大湾区优势特色产业，打造"三个千亿、一个百万"优势特色产业集群。加快提升转变生产方式，因地制宜发展都市现代设施农业。充分发挥技术资金密集的优势，推进农业工厂化生产、集约化经营、区域化布局。各地结合当地实际，率先在现代农业产业园应用推广设施农业，重点发展三种类型的设施农业：一是温室大棚。鼓励发展先进的温室大棚，提高单位产能、效益。二是工厂化养殖。大力发展楼房养猪，通过高楼养猪，可以节约土地、最大限度防止非洲猪瘟等疫病。大力实施珠三角百万亩池塘升级改造行动，提升产量、减少污染、保障质量安全。三是海洋牧场和深海网箱养鱼。推动近海养殖向深海、远海推进，重点发展海洋牧场和深海网箱养鱼。要选育适合深远海养殖的品种，发展以重力式深水网箱、桁架式养殖设备为主体的深远海养殖，探索"深水网箱+风电""深远海养殖+休闲海钓"及海洋牧场、深远海养殖渔场和海上风电融合发展模式，打造"粤海粮仓"。

4. 以预制菜为新赛道，建设一批食品加工园区

按照"强节点、建链条、优网络"工作思路，在农产品供应链体系的基础

上，进一步聚焦补齐短板，构建优质粤菜食材智慧供应链。立足延伸产业链、提升价值链，紧扣"粮头食尾""农头工尾"，推动实现农产品多元化开发、多层次利用、多环节增值。以预制菜、岭南特色食品等加工为重点，加快推进农产品加工高质量发展：一是布局一批预制菜聚集区，集中力量打造肇庆高要预制菜产业高地、广州南沙预制菜进出口贸易区、佛山南海顺德预制菜美食国际城、江门全球华侨预制菜集散地及惠州客家预制菜产业集聚区等，带动预制菜产业高质量发展。二是建设一批园区，通过园区建设形成企业聚集，着力构建上下游产业互联、专业分工明晰、产销及配套企业相对集中的食品加工园区。三是培育一批骨干企业，培育一批涵盖生产、冷链、仓储、流通、营销、进出口以及装备生产等环节的预制菜示范企业。四是打响一批品牌，推进预制菜品质提升、品牌打造和标准化生产，突出粤菜特色，打好产业、市场、科技、文化"四张牌"，将广东预制菜招牌擦得更亮，让粤菜师傅的作品走进寻常百姓家。

5. 以休闲农业为核心，打造一批农文旅绿色长廊

拓展农业多种功能的关键举措，就是推动农业与旅游、康养等产业融合，发展田园养生、研学科普、农耕体验、休闲垂钓、民宿康养等休闲农业新业态：一是推动农耕文化传承与活化。加强农耕文化遗产保护传承，需加强大湾区农耕文化研究，保护岭南农耕文化重要遗产。同时，推动农耕文化的活化和繁荣，促进农耕文化交流互鉴。二是建设一批各具特色的农文旅绿色长廊。结合正在推进的乡村振兴示范带建设、万里碧道建设等工作，谋划建设一批农文旅绿色长廊，打造集农田景观观光、农耕文化体验、乡村风情欣赏、历史文化旅游、自然生态享受等为一体的休闲农业格局。三是重点发展休闲农业。在现有基础上，进一步科学谋划布局农业公园的建设、运营、管理。要把农业公园、田园综合体、乡村旅游景点、民宿、农业研学基地、美丽乡村等农文旅资源串点成线、连线成片，以轴带串联，构建大湾区各具特色的休闲农业长廊。

(四) 强化保障

坚持党对都市现代农业工作的全面领导，健全组织保障和政策支持，建设有效的管理运营模式，形成监督检查机制，充分宣传引导，推动都市现代农业发展。

1. 加强组织领导，落实管理责任

充分利用现有的大湾区都市现代农业规划实施合作机制，促进大湾区都市现代农业共同发展。由广东省农业农村厅联合省发展改革委、省科学技术厅、省财政厅、省自然资源厅、省生态环境厅、省文化和旅游厅、省教育厅等部门，统筹

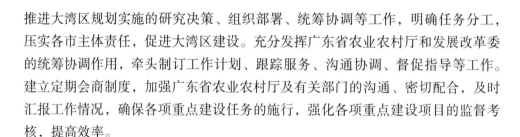

推进大湾区规划实施的研究决策、组织部署、统筹协调等工作，明确任务分工，压实各市主体责任，促进大湾区建设。充分发挥广东省农业农村厅和发展改革委的统筹协调作用，牵头制订工作计划、跟踪服务、沟通协调、督促指导等工作。建立定期会商制度，加强广东省农业农村厅及有关部门的沟通、密切配合，及时汇报工作情况，确保各项重点建设任务的施行，强化各项重点建设项目的监督考核，提高效率。

2. 完善政策支持，增强治理能力

落实当前大湾区内政策，对人才引入、科技创新、企业合作、设施服务等提供基础保障。合理安排用地规模。以第三次全国国土调查成果为基础，结合县、镇级国土空间规划的编制，安排不少于10%的新增建设用地规模，重点保障乡村产业发展用地；结合设施农业发展需求，合理安排设施农业用地。设定都市现代农业相关课题，推动科技发展。

3. 持续财政保障，撬动社会资本

明确各市运营管理主体，构建联合各市政府和相关部门共同参与的管理体系。各市农业农村、财政部门长期持续为大湾区都市现代农业发展提供引导资金，并对资金使用管理情况进行跟踪检查和绩效管理等。发挥财政资金引导作用，强化涉农资金统筹整合。财政将都市现代农业发展扶持资金纳入涉农资金统筹，分别按承担比例在本级年度预算中优先安排。主要用于推进农业规模化经营、标准化生产、品牌化营销体系建设及拓展农业综合功能。以财政资金撬动金融和社会资本投入，以新型农业经营主体为实施主体，持续推进大湾区都市现代农业深度融合。

4. 夯实科技人才，激发创新活力

围绕种源、数字、装备农业等重点领域，加大高精尖缺人才和高层次创新人才引进力度。实施高素质农民和农村实用人才培育计划，组织实施农村电商"百园万站"行动和"万名新农人直播电商人才培训计划"。推进乡村工匠专业人才等职称改革，全方位打造一支集农业科技、农业生产、市场营销、创意设计、文化传播一体化服务的人才队伍。推动百名科技特派员进基层、入企业。建立健全农业科技人才荣誉制度、创新激励和保障机制，为服务都市现代农业的优秀人才在创新收益分配、生活居住、子女入学、社会保障等方面提供支持。

5. 强化宣传引导，促进全社会参与

挖掘都市现代农业发展鲜活经验，总结推广一批发展模式、典型案例和先进人物。弘扬创业精神、企业家精神、工匠精神，激发崇尚创新、勇于创业的热情。充分利用各种渠道和媒体，全方位、多角度、立体式地加大对都市现代农业发展的宣传力度，增进公民对都市现代农业的认识，吸引公民与各种社会组织积极参与都市现代农业建设，促进各市联动与合作。充分利用线上线下都市现代农业信息，建立信息共享平台，向公众提供线上咨询、学习与反馈等服务。构建都市现代农业创业咨询平台与大湾区青年就业平台，鼓励和引导高校学生、返乡就业人员参与都市现代农业建设，加快人才驱动，推动大湾区内人才交流。开展都市现代农业培训课程，对当前大湾区内农户进行高效种植培训。鼓励中小学校定期开展"学农"实践活动，为都市现代农业进一步发展奠定基础。

参考文献

[1] 俞菊生．上都市农业的理论与创新体系构筑［J］．农业现代化研究，1999，20（4）：207-210.

[2] 周德翼，杨海娟．城市农业发展机制研究［J］．农业现代化研究，2002，23（1）：65-68.

[3] 张永强，王珧，田媛．都市农业驱动城乡融合发展的国际镜鉴与启示［J］．农林经济管理学报，2019，18（6）：760-767.

[4] 齐永忠，于战平．城乡一体化视角下的中国都市农业发展［J］．中国农村经济，2006（3）：76-80.

[5] 蔡建明，杨振山．国际都市农业发展的经验及其借鉴［J］．地理研究，2008，27（2）：362-374.

[6] 喻国华．广州市都市农业发展对策探讨［J］．农业经济，2008（12）：25-28.

[7] 彭建，赵士权，田璐，刘焱序，刘志聪．北京都市农业多功能性动态［J］．中国农业资源与区划，2016，37（5）：152-158.

[8] 钟源，刘黎明，刘星，杜苏玲．农业多功能评价与功能分区研究——以湖南省为例［J］．中国农业资源与区划，2017，38（3）：93-100.

[9] 彭锐，张婷，张秋玲，吴政文．大城市近郊都市现代农业多功能实施路径探究——以苏州高新区通安现代农业示范园为例［J］．中国农业资源与区划，2021，42（10）：11-18.

[10] 田璞玉，万忠，王建军，黄薇妮，林萍，陶清清，张丹婷，张磊．粤港澳大湾区都市农业发展模式、制约因素及对策研究［J］．南方农村，2021，37（3）：4-9.

城乡融合背景下粤港澳大湾区都市农业发展的内生动力与政策举措

周灿芳*

摘　要: 从都市农业对城乡融合发展的经济、生态、社会贡献出发,分析粤港澳大湾区城乡融合发展对都市农业的需求:一是大湾区城市空间扩展和农业生产用地保护利用;二是大湾区城乡要素系统的优化配置;三是大湾区建设成为高质量一流湾区;四是大湾区建设成为城乡融合发展的典范,这些需求都需要都市农业提供新的解决思路和方案。在此基础上,提出大湾区都市农业发展的六大原则:灵活多样、合作共享、适度规模、长期战略、技术利用、资源循环利用;并提出六个方面的政策建议:一是转变观念,充分认识都市农业的功能与意义;二是明确发展方向,因地制宜发展都市农业;三是制定政策法规,确定都市农业的合法地位;四是加强舆论引导,吸引公众对都市农业的广泛参与和普遍支持;五是加强宜机化农田建设,增加都市农业设施装备和经营管理投入;六是加强都市农业理论模式和政策法规的研究。

关键词: 城乡融合;都市农业;粤港澳大湾区

都市农业是指地处都市及其延伸地带,紧密依托都市的科技、人才、资金、市场优势,并以优质新鲜农副产品和良好生态环境等服务于都市的农业。都市农业区是指由于靠近城市中心而放大了价格波动、传承、农民老龄化和生产力等结构性变化的区域[1-2]。从农村角度来看,它是被侵略的农村[3],而从城市的角度来看,它代表等待满足城市需求的土地和资源的存量[4],被称为都市农业的双重脆弱性[5]。受城市与乡村共同作用的影响,都市农业的土地利用模式发生快速变

---

* 周灿芳,广东省农业科学院农业经济与信息研究所,所长、研究员,研究方向为都市农业与资源区划。

化，都市农业空间吸引了关于未来城市增长和农业活动的辩论，以及在日益城市化和全球化的社会中乡村空间的身份。

城乡关系在一定程度上决定了整个社会生活的发展面貌，当经济社会发展到一定阶段，城乡分离和对立会阻碍社会生产力的进一步发展。马克思、恩格斯明确指出，消灭城乡对立日益成为工业生产和农业生产的实际要求，正如当初生产力和社会分工导致城乡分离与对立一样，城乡分离是生产力发展的必然结果，而城乡对立也将伴随生产力的进一步发展消失，未来的城乡关系一定会在新基础上实现协调和平衡发展，最终走向融合，最先进的国家应该把农业和工业结合起来，促使城乡对立逐步消灭[6]。建立健全城乡融合发展体制机制和政策体系，是党的十九大作出的重大决策部署，走城乡融合发展之路，是我国现代化建设的应有之义。

粤港澳大湾区作为城市化高度发达的地区，人文、经济要素高度密集，城乡要素流动频繁，城乡转型较为迅速，一直发挥着对周边地区的引领和带动作用。自党的十八大以来，广东省在统筹城乡发展、推进新型城镇化方面取得了显著进展，但城乡要素流动不顺畅、公共资源配置不合理等问题依然突出，影响城乡融合发展的体制机制障碍尚未根本消除。作为全国战略地位的粤港澳大湾区，必须率先实现城乡融合发展，为周边地区乃至国家提供融合发展的"湾区样板"，尽早实现《粤港澳大湾区发展规划纲要》中提出的战略目标：实现湾区内各类资源要素高效便捷流动，对周边地区的引领带动能力进一步提升，全面建成宜居、宜业、宜游的国际一流湾区。

一、都市农业对城乡融合发展的贡献

在绝大多数城市中，都市农业是一种边际经济活动，对当地经济贡献不到1%。然而，都市农业具有多重经济效益和社会效益，为城市提供生态服务和政治服务。经济效益包括农业企业综合能力提升、乘数效应以及在不增加运输成本的情况下鲜活农产品进入各种市场[7]。社会效益涉及人们的生计、文化价值和农村社区的生存能力，包括社会凝聚力、就业、定居模式到动物福利和公平贸易等[8-9]以及文化遗产、生活质量、教育和保健机会、旅游业等[10-12]。生态服务包括提供生物多样性、景观、水管理和农村设施等公共产品，注重保护措施，并寻求减少化学投入[13]，改善空气质量和调节城市水资源[14]。在政治上，都市农业从业者一般较为活跃，更有可能参与社区发展的志愿工作[15-16]。

城乡融合是使城乡之间在社会、经济、生态等各方面都能实现相互融合，最

终目的是达到城乡在社会上和谐、经济上协调、生态上共存的城乡社会关系[17]。地处都市及其延伸地带的都市农业区，因其特殊的地理位置和城乡兼具的特性，在城乡融合的许多方面走在了前列；但是，受外延式扩张主导的城市发展模式的影响，这一区域也是城市化推进过程中变化最大、最迅速、敏感性最高的地域实体[18-19]，土地利用密集，经济发展不平衡，人口构成复杂[20]，具有明显的城镇乡村过渡性、界线动态不稳定性，由于城乡群体之间的社会、文化、行为、价值观的强烈反差使诸多社会矛盾和问题在这一区域产生甚至激化[21-22]。因此，这一区域的城乡融合既有明显优势又极具挑战，需要发展更具包容性的产业模式、创新更有智慧的体制机制。

原欧盟委员会委员德罗尔曾说：农业比金钱更重要，因为农业就是"文化"。都市农业是极具包容性的活动，具有一种聚合作用，能够把不同阶层、不同性别、不同年龄的人联系在一起[23]。因其具有多功能性，都市农业已经渗透到社会、经济和生态等各方面，对城乡融合发展做出了显著贡献。

（一）缩小城乡差距，实现经济融合

都市农业提供了大量就业岗位以吸纳相当数量的劳动力，避免城市化进程中的农民因为被突然抛入城市，缺乏谋生技能而失业；通过对高新科技的广泛运用，使农产品生产率、供给率大幅提高，促进要素流动，带动经济增长；都市农业在发展中致力于追求三产融合，一方面创造了较多的就业机会，另一方面促进了土地租金增长，使政府可以摒弃圈占耕地、操纵土地市场价格等手段来实现地方政府财政税收最大化的做法，转而通过支持社会资本发展都市农业，在保护耕地的同时实现当地经济、社会、生态的综合发展。

（二）降低碳排放，促进生态融合

都市农业不仅面临城市化地区更为严峻和脆弱的农业生态环境，也担负着保育城市生态环境、营造优美人居环境的重任。城市化进程中通过耕地保护而保留下来的都市农业，不仅保障了城市中的土地能发挥社会活化、生态保障等功能，而且避免了工业化农业切断城市与乡村之间的有机循环、依赖线性的食物供给方式，通过闭合的食物系统，降低了线性系统中高昂的农产品中间成本和运输所带来的碳排放；同时，通过农业景观化和景观农业化等方式，实现城乡生态的全面融合。

（三）拉近城乡居民距离，实现社会融合

社会融合是指作为进入者的差异群体以及该群体对地方社会相互使用、相互作用并最终融合的过程[24]。都市农业的三产融合、产销一体化等形式，使作为

"生产者"的农民有许多机会与作为"消费者"的市民直接接触，促进他们之间的交流与沟通，市民可以有更多机会去感受和了解农业进而理解农民，农民也会对自己生产提供的农产品更有责任心和成就感，从而提高相互之间的认同与接纳。创造更为丰富的与市民互动的机会，可使农民很容易接触到市民的生活方式和行为规则，同时，都市农业广泛应用高新技术和现代营销手段等，培养了农民的现代科技意识。都市农业的环境友好型特点，培养了农民绿色环保的生产理念，从而更快地接受"低碳""可持续"等现代生活理念。在都市农业生产经营过程中，女性的作用不输男性，某些方面女性还更具有优势，有利于提高农村女性在家庭和社会生活中的地位。另外，出于对食品安全和美好田园生活的追求，都市农园尤其是社区农园吸引了越来越多的市民参与，不同阶层和文化特性的人因都市农业而聚合交流，甚至有人称社区农园为"基层社会自治的试验田"，被动融入城市的农村人口、外来流动人口与本地城市人口和乡村人口在这些试验田里发生互动，在意识、理念、生活方式、行为规则等方面逐渐趋同，实现社会的融合。

二、大湾区城乡融合发展对都市农业的需求

城市群的出现不仅使城市地域空间形态与规模发生重组和变化，城市间的竞争越来越体现为以核心城市为中心的城市群之间的竞争。因此，大湾区城乡融合发展是一种"区域性的战略思考"，发展的目的是大湾区的综合实力和竞争能力的整体提升，必须有以下四大方面的考量：强大的经济、高水准的生活质量、可持续发展的未来和为所有人提供机遇。

城乡融合的过程即是要通过城乡物质空间的建构、主体空间行为的规范、要素系统的优化配置以及地域功能的整合，建构高效的城乡空间关联与相互作用秩序。大湾区融合发展面临许多新的挑战，需要都市农业提供新的解决方案。

（一）大湾区城市空间扩展和农业生产用地保护利用，需要都市农业提供新方式

城乡物质空间是大湾区融合发展的基础，为城乡社会经济活动提供空间载体与通道。2019年5月23日，自然资源部发布《中共中央　国务院关于建立国土空间规划体系并监督实施的若干意见》，明确提出要坚持一张蓝图干到底，科学有序统筹布局生态、农业、城镇空间，划定生态保护红线、永久基本农田、城镇开发边界等。我国实施了全世界最严格的耕地保护政策，耕地保护已与城市扩张一样，成为我国土地利用和管理的一大背景。然而，从当前政府绩效需要和农民

增收需要两个方面来看，耕地保护的动力明显不足。尤其是我国通过划定永久基本农田的做法，导致了土地资源的极大浪费。划定基本农田对政府而言最大的好处是成本低、操作简单。但在实践中，规划控制用于保护农地的作用有一定局限性，主要原因是其稳定性一般：一方面，政府可能受政治利益或经济利益的驱动而合法地改变规划；另一方面，农地所有者保留农地的机会成本在没有得到充分补偿情况下，他们有强烈的愿望改变规划，并通过政治程序成为现实。

大湾区周边农田保而不用或低效利用的现象非常普遍：一是种粮成本高而收益低，农民自动抛荒；二是地方政府以非常低廉的代价大量征地储备，却长年抛荒。实际上，一个地区的城市化水平越高、经济越发展，其对耕地多功能的需求就会越大。随着新一轮国土空间规划的编制实施，有必要从整个社会福利角度来看待城市空间扩展与农地保护问题，通过建立经济激励与约束机制，提高土地利用者和保护者的收益，充分发挥农地的多功能性，实现保护与利用良性互动。农地的多功能性源于农业的多功能性，只有都市农业的多功能性得到发挥，综合收益有保障，农地保护与利用才能得以持续。大湾区都市农业要从湾区空间融合的角度，以"三生"（生产、生活、生态）收益为目标，追求农业的多功能性和可持续发展，为大湾区城乡空间融合构建结构有序、功能互补、共生发展的城乡统一体，实现城乡、城际之间的协同、共生与并存。

（二）大湾区城乡要素系统的优化配置，需要都市农业提供新路径

城乡要素的优化配置是大湾区城乡融合发展的动力，必须选择要素流动的最有效路径，以促进城乡人口、资金、技术、信息等要素在土地上的协同。大湾区都市周边地区由于具有"被侵略的农村"和"等待满足城市需求的土地和资源的存量"的双重脆弱性问题，其要素优化配置是大湾区城乡要素优化配置的关键点和难点。都市农业促进了郊区城镇化和城镇郊区化的互动发展，这种发展正在改变传统的农村人口向城镇单向流动的格局，促成了城镇人口向郊区和农村流动、农村人口向城镇流动的双向流动格局。这一格局的形成，为缓解工业化和城市化的过度发展带来的问题和弊端创造了条件。

都市农业作为一种资金密集型、技术密集型与劳动密集型相结合的产业，将形成一个完整的产业链结构，不但为当地农民提供就业机会、为外来务农人员提供就业岗位，还可以吸收城市职工到都市农业岗位；伴随城市化进程而产生的大量失地农民，因其先天弱势、缺乏现代技能等原因，几乎丧失了在城市谋生的条件，从事都市农业是失地农民最接近自身条件的就业。都市农业的发展有助于吸引城市闲置的资本、技术，吸引工商资本投资农业开发和参与乡村建设，扩张了

城市的投资领域与渠道。都市农业不但为市民提供优质的农产品，还提供优美的景观、友好的环境、多元化的服务等，能够改变农村居民和城市居民的生产生活方式，使农事活动成为城市生活的一部分，为城市发展提供新路径。

（三）大湾区建设成为高质量发展的一流湾区，需要都市农业提供新成效

大湾区要融合发展建设成为宜居、宜业、宜游的一流湾区，城乡地域功能的整合提升是内在要求，推进地域单元功能的置换、更新、共享，促进城乡生活功能、生产功能与生态功能的有机融合，满足多样化的城乡生活模式。广东注重城乡功能整合打造，绿道和碧道建设投入了大量的人力、物力、财力，为满足人民美好生活需要做出了重要贡献。然而，对于都市农业，人们往往注重其农产品保障等生产功能，而忽略了其生态保护和生活休闲以及文化传承功能。实际上，都市农业的经济功能可以体现在多个方面。以市民农园或农业公园为例，兼有城市绿地作用的市民农园，其经营方式多为企业或社区内部管理，与一般公园相比，维护保养费用减少，不但大大降低了市政园林部门的预算和开支，还能提高政府投资的社会收益。如由美国农业部资助并由大学推广机构负责管理在全国23个城市开展的市民农园项目建设，最后效益评估显示，政府每投入1美元用在市民农园建设上，市民农园会产生6美元收益。而在当今城市建设中大面积引用昂贵的观赏型植物进行的城市生态环境建设，忽略了"生态经济"的作用。现有的绿化方式在土地征收、维护、树种和草皮成本上浪费了大量资金，而在城市中引入农业将保持大量农田不被破坏，农民可以继续耕种，节省了征地、绿地维护等费用，并能够创造一定的经济价值，开创集生态、节地、经济、景观于一体的绿化新概念。

大湾区要建设成为高质量发展的一流湾区，最大的挑战在于城市与农村的进一步分离及生态环境的持续恶化。因此，大湾区建设要反思人与城市、乡村、自然三种环境圈的关系。都市农业是一种以自然资源为劳动对象，又以自然资源为产品的生产性自然要素，在许多方面与景观绿地相同，但其具有生产性，能够提供更多劳动机会并创造营养，在人与自然的连接、人地关系恢复方面的作用无可替代。都市农业最富有成效之处在于把食物的生产地和消费地融为一体，缩短食物里程，减少食物供应环节及其资源消耗。可以说，都市农业以低成本甚至无成本的方式为城市提供一系列附带效益，从而导致一系列的根本性变化，这些变化对于建设低碳城市，实现城市经济、社会和环境全面可持续发展，均具有重要价值。

（四）大湾区建设成为城乡融合发展的典范，需要都市农业提供新平台

大湾区城乡融合发展最终是在经济融合的基础上，实现社会、文化的融合。

社会融合的根源问题在于文化心理漫长而艰难的融入，心理认同和文化融合是完成城乡社会融合的最后也是最为困难和难以直接推进的一步。城乡因内在文化的差异产生了诸多矛盾和不良影响，对城乡融合发展起到了非常负面的作用。都市农业因其高效、包容以及无差别就业即市民和农民均可以就业、产销一体化等特征，可以在传承农业文化和丰富城市文化特征等方面实现城乡的文化认同和融合发展。欧盟提出，社会融合的过程是面临被挤出的群体通过其手中的社会资源重组、再生产后平等参与大众的社会生活并享有平均水平社会福利的过程[25]。在大湾区发展过程中，绝大部分农民充当了被挤出群体的角色，他们如何运用手中的土地资源，实现重组、再生产后享有平均水平的社会福利，需要都市农业提供新平台。社会融合过程是一个动态的、强包容性的发展过程，想要城乡主体真正融合发展，不但需要政府主导的相关政策和制度的推动，还需要各方由内而外的适应和转变[26]。

1. 需要都市农业以生态基础设施的形式参与城乡开发建设

利用新的国土空间规划契机，进行城市发展功能区块设计，让城市建立在以都市农业为主体的生物骨架上，提供可供食用且是重要工业原料的农副产品，使城市从单纯的资源消费型向资源生产型转变。都市农业融入城市肌理，作为城市生态基础设施的重要组成部分加速城乡融合，不但可以传承农业文化，在一定程度上也满足了人们对农耕文化回归的渴望。

2. 需要都市农业打造充满活力的城乡公共空间

都市农业是一种兼具审美性、再生性以及经济性的农业景观，具有多重社会属性。随着人们的审美理念不断趋向于理智和多样化，大众会逐渐接受都市农业景观，通过都市农业打造具有一定活力的城乡公共空间，既可以成为青少年体验农耕、老年人开展农业劳动的场所，还可以起到推广先进农业技术、发展有机农业种植模式和可持续耕作方式，以及培训农业从业人员等作用，建设成为具有社会归属感与自然性、原生性的城乡公共景观。

3. 需要都市农业在现代城乡中建立可持续的生态系统

都市农业提供鲜活农产品供当地居民餐饮消费，转化为生活垃圾的农业废料进入混合堆肥系统重新为农作物创造肥料，进入都市农业生态系统重新开始整个循环；还可以回收雨水进行农业灌溉，城市日常生活废弃物经净化反应，通过农业活动使其以新的形式重新返回自然界。

在以上都市农业发展过程中，要规制、协同政府机构、企业、城市居民、乡村居民以及一些非正式组织等城乡主体的行为范式，在持续、有序的互动中逐渐

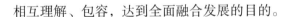

相互理解、包容，达到全面融合发展的目的。

三、城乡融合需求下大湾区都市农业的发展原则与政策建议

（一）大湾区都市农业发展原则

农业土地利用模式由气候变化、水的可用性、土壤类型和接近市场的程度决定[27]。大湾区都市农业拥有良好的光热条件、肥沃的土壤以及便利的交通区位等优势，同时也面临土地碎片化、土地储备和土地投机等巨大压力。随着城市化进程的加速发展，大湾区都市农业发展需要采取更加灵活、主动、长期的发展策略，以适应快速发展的环境和城市多功能需求的满足。

1. 灵活多样原则

灵活多样原则是指都市农业从业者、政府机构和协会等主体在公平原则的基础上，根据外部影响改变合同义务的能力[28]。都市农业的特点之一是土地利用的内在多样性，因为都市农业用地通常毗邻林地、野生动物栖息地、住宅小区和高速公路，这导致形成了一个既不是城市也不是乡村的模糊景观[29-31]。可预见和不可预见的变化是创新、知识转移和伙伴关系的驱动力[32]。只有当都市农业不被狭义地定义为商品生产，而是包括社会和环境商品和服务时，这些能力才可能实现。灵活多样原则增加了农业经营战略的复杂性，而都市农业的多功能性促进了农业系统的活力，能够应对新出现的风险和机会[33-34]。农业的双重脆弱性已推动大都市地区农业的多种调整，包括预留土地用于储备、生物多样性、农业就地加工、旅游活动（主要在农业观光采摘）和利基（特指针对性、专业性很强的产品）生产。为了鼓励发展多功能农业，政府机构及相关协会或管理机构必须实施新的程序，并在每年（或特定时期）的基础上重新评估合同。

2. 合作共享原则

合作共享原则强调了都市农业不是在真空中运作的。都市农业的基础是创造对农业生存能力和农村发展有积极作用的商品和非商品以及服务。然而，走出家庭农场是极具挑战性的[32]。因此，多个利益相关者之间的协作有助于建立信任关系、共享知识、解决共同的问题，以及发现新的商业机会和战略。从当前都市农业发展来看，地方政府、协会和农民之间的合作需要改善，其他食品、旅游等相关产业也需要支持。虽然学术界一直致力于将都市农业置于更广泛的背景下，以解决健康、复原力、环境和粮食安全等问题，但在实践层面，存在着某种程度的脱节，表现在学习农业和食品生产等专业知识的青少年越来越少，完全没有意识到都市农业区域许多农民面临的现实问题。理论上，在大湾区更容易创建合适

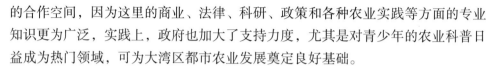

的合作空间，因为这里的商业、法律、科研、政策和各种农业实践等方面的专业知识更为广泛，实践上，政府也加大了支持力度，尤其是对青少年的农业科普日益成为热门领域，可为大湾区都市农业发展奠定良好基础。

3. 适度规模原则

适度规模原则是指将都市农业活动从规模经济转向范围和协同经济。很多小规模农户已被证明是多才多艺的，且创新性和适应性较强。在"要么做大，要么走出去"定义了农民主要商业战略的市场驱动环境中，替代模式被证明同样适用，包括多功能农业、可持续集约化、再生农业和气候智能型农业[35-37]。调查显示，当前大湾区都市农业项目平均占地面积为27公顷（珠三角九市）。由于靠近城市，都市区的小规模农场有更多的机会关注非商品和服务，如教育、娱乐、生态系统保护和生态旅游，从而创造了一个新身份，重视农业在都市区域的多重角色。

4. 长期战略原则

长期战略原则是指与都市农业发展相关的环境约束、气候变化和农村发展等，需要所有利益相关方的远见和承诺。政府的政策指导和支持方向会受政治影响，然而，要实现多功能农业，需要强有力的领导和承诺[38]。对都市农业发展的理想状态是采用统一的规划策略，而不用考虑大湾区之间的内在差异。然而，由于现实需求的不同，实践中往往会根据具体的目的评估每个区域，从而形成有利于保护某些区域而不是其他区域的策略，这些策略给价值较低地区的农民造成不确定性。此外，由于城市增长压力导致边缘地区不稳定，减少了对有可能改变乡村景观的长期项目的投资。因此，从本质上讲，农业是一种高风险的商业活动，农民由于无法控制的外部因素，往往是被动的。长期战略可增强农民的应变能力、知识和准备。政府必须为都市农业长期发展战略提供必要的指导。

5. 技术利用原则

技术利用原则是指农民有机会利用技术以更有效地应对经济和环境挑战。应该根据农民的需要采用新技术，快速的农业技术进步为农民利用技术提供了良好条件[39]。从现代灌溉系统等简单的改进到信息通信技术（ICT）的使用，通过管理和决策技术，信息通信技术能为重要的商业战略提供信息，通过远程工作安排和高速互联网，非农就业也可以不离开农场就能实现收入多样化。提供网络覆盖和监测土壤湿度、投入品应用、水箱水平和牲畜健康等的农场物联网在部分农场得到应用。与传统农业区域相比，大都市区农业在吸收ICT方面拥有诸多优势，然而，由于成本、培训、学习和共享机会以及运营规模等问题，ICT应用于都市

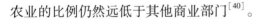

农业的比例仍然远低于其他商业部门[40]。

6. 资源循环利用原则

资源循环利用原则是指减少浪费和排放，利用技术循环可以最大限度地利用资源，同时通过生物循环最大限度地减少自然资源的退化和贬值[41]。必须意识到环境约束，并基于合理的生态原则运营和指导大多数农业活动[33]。关闭废物循环可以降低投入成本、促进自然营养循环，最大限度地减少对化学产品的依赖[42]。鼓励农场适应环境条件提出解决方案，而不是让环境适应消费主义。在都市区域，农民出于关心自然环境采取了许多循环利用方式，轮作很普遍，秸秆留田或还田、堆肥、覆盖物以及家禽粪便、可再生能源的使用等。良好的生态实践具有明显的经济效益，包括可以开展有机种植、提供高质量产品，还可以降低生产成本[42]。最有前景的资源化利用是城市生活污水的再生利用。城市地区拥有巨大的农业潜力并逐渐得到了社会认同，如果城市农业得到支持，它就会成为创新和投资的空间。

（二）政策建议

1. 转变观念，充分认识都市农业的功能与意义

对于都市农业的认识，不能仍然停留在仅仅提供粮食、蔬菜等农产品的层面，人们尤其是政府职能部门人员应该深入了解都市农业理念，以及都市农业对城市结构、生态系统的影响，要从自然环境、经济发展、社会进步等角度深刻认识到，都市农业是城乡融合发展必不可少的重要因素，在都市农业发展过程中必须注重其多功能开发与发展。在未来城市规划上，在保护和节约用地的前提下，应树立全区域规划观念，充分发挥都市农业的特点，科学规划城市建设用地和农业用地比例，按照经济、社会、生态、文化等协调发展的要求进行土地及生态资源的综合规划。保留城市四周都市农业用地，完善城市物质循环和生态保护功能，做到经济和生态协调发展，人与环境和谐共生，增强抗经济、社会危机能力和城市的可持续发展能力。

都市农业可以从一个由简单的农业活动转化为扩大的都市食品再生产的农业营销活动，为进一步发挥都市农业的多功能性，从三个维度进行都市农场的扩张：①维度拓宽——跨越多个现有或新兴市场的维度，可采用的策略包括提供环境服务（如保育土地、出售能源）、农场康乐活动（如住宿、饮食、狩猎、远足、骑马）、教育活动（如学生工作坊、手工活动）、护理活动（如为弱势社群提供农场治疗）。②重新扎根在更广泛的经济框架内整合农场，以提供其他收入安排，包括非农就业和用于农业的能源生产。③深化非常规农业活动融入，创新

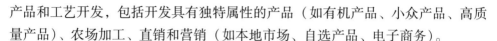

产品和工艺开发，包括开发具有独特属性的产品（如有机产品、小众产品、高质量产品）、农场加工、直销和营销（如本地市场、自选产品、电子商务）。

2. 明确发展方向，因地制宜发展都市农业

农业日益受到投入成本增加、农业人口老龄化、难以留住劳动力和市场环境波动等因素的影响。在缺乏明确规划政策的情况下，靠近城市加剧了土地的破碎、侵占和土地价值的增加，从而加大了对都市农业的压力。随着大湾区土地的日益减少以及对未来农业发展没有明确方向，限制城市扩张的努力并没有带来对农田的有效保护和利用，因为指定的增长地区使限制城市扩张的承诺变得无关紧要，而乡村振兴建设进一步加剧了城市、商业和工业用途的土地储备。由于对农场生活方式的需求推高了土地价格，而土地无法细分和退出，也无法吸引大型投资商。没有来自各级政府的积极支持、对未来的愿景和资源，很难找到投资大都市区农业的积极理由。

国外通过都市农业驱动城乡融合发展的经验表明，都市农业的发展与政策紧密联系在一起，需要政府的全程参与和支持，包括发展远景目标的制定、规划的配合等。政府必须发挥强有力的规划和引导作用，加强对都市农业的主动参与和支持，有必要将都市农业纳入城市发展规划中，合理布局城市中心区、近远郊区都市农业模式。大湾区各城市形成了相对鲜明的都市农业产业结构，但都市农业的发展次序或者主导功能定位必须与当地的城市化水平和资源禀赋相结合，因此，不同城市的都市农业应该有不同的发展目标，采取功能最大化的发展模式。如对于广州、深圳等城市化水平较高且经济发展快速的城市，可以在城市中心区引入观光农业、农业公园等模式加强都市农业的生态、文化传承等功能，在城市近郊区发展体验农业来满足市民生活需求；对一般的城市地区，应合理利用城市远郊区丰富的土地资源和城市科技资源，发展设施农业、高科技农业等，以满足大湾区中高端农产品需求为目标，提高生产效率和经营效率，更多发挥都市农业的经济功能。

3. 制定政策法规，确定都市农业的合法地位

在土地利用政策方面，应制定相应的都市农业用地政策法规，在严格保护永久性基本农田的同时，政府还应通过法律手段明确耕种土地使用权属问题，并根据国家所有、集体所有、个人所有等不同情况制定相应法规，以保障农业劳动者的合法权益。同时，建立合理可行的都市农业用地流转体系，增强都市农业的活力。在城市中心区，应将都市农业用地归入现有的城市用地分类，开辟专门的都市农业用地，或者考虑将城市绿地的一部分划拨为农业用地，使都市农业活动合

法化。对闲置和未利用的土地资源、道路沿线空地、河川空地、家庭花园，都可制定相应的灵活政策来发展都市农业。

建立支持补贴制度。本地生产、本地消费是都市农业的特点，也是降低能耗、缩短食物里程的主要机理所在，但是相比传统农业存在成本较高、配套不完善等问题。因此建立适当的本地化生产激励机制并完善各种配套设施，对都市农业发展显得尤为重要。

在环境卫生政策方面，应该充分考虑都市农业生产带来的卫生和环境问题，鼓励城肥入田、废水浇灌，解决农作物灌溉、施肥、收获等现实问题。创新城市管理及物业管理等方式，使农业进一步摆脱传统观念的束缚，成为城市生活中不可分割的一部分。

4. 加强舆论引导，吸引公众对都市农业的广泛参与和普遍支持

为使公众积极参与到都市农业活动中，除广泛宣传与技术支持外，还必须建立良好的公众参与机制，能够提供一个平台，让参与农业活动的居民与政府、企业、社会组织等主体之间实现平等对话、互相影响、共同促进。在发展都市农业的问题上，公众参与包括以下两方面含义：一是公众依法通过各种形式、渠道参与到都市农业的政策制定及执行过程，从而提高公众对行政机关的监督与促进，积极主动履行公民职责的意识；二是公众可以深入了解都市农业发展对于低碳城市、可持续社会的重要价值，积极参与并广泛支持开展都市农业活动。通过引导公众积极参与都市农业，发挥农民和市民双向主体的作用，实现城乡交流融合发展。

5. 加强宜机化农田建设，增加都市农业设施装备和经营管理投入

大湾区都市农业要保持强大的竞争力，必须充分依托大都市丰富的资金、技术、人才优势，将投入要素以化肥、农药等为主向以运用生物技术、设施技术、信息通信技术为主的模式转变。加大对都市农业基础设施、装备的投入，大力建设宜机化农田，围绕设施与农艺、农机融合，提升设施建设规范化，完善农业科技体系、交通运输体系、信息通信体系，实现农业的机械化、设施化、智能化和产业化。大力培育新型农业经营主体，培养高素质农业经营管理人才，建立都市农业现代企业制度，实现都市农业产业化发展，更好地将都市农业融入城市发展体系。

6. 加强都市农业理论模式和政策法规的研究

都市农业与城市发展息息相关，在农业结构变化的多重驱动因素（技术、消费者需求、政策、国际贸易、环境质量和气候变化等）影响下，有必要建立新的

理论模型重新评估农田的未来价值。需要建立都市农业特有的生产体系并明确范围和种类，为不同发展环境提供不同的技术模式。都市农业土地的可获取性也需要加强研究，对许多想从事都市农业的人来说，更大的限制是使用土地的权限，而不是土地的可利用性，土地使用制度的稳定性比土地所有权更重要。另外，都市农业的发展潜力需要基于多学科开展研究，只有在建筑学家、规划者、农业经济学家和生产者等共同参与下，才能提供一种全面涵盖的观点。城市规划者和行政管理者必须学会"跳出盒子思考"，从更广泛的背景下认识都市农业的作用，建立更有利于都市农业发展的政策体系。识别都市农业发展的共同政策与技术障碍，加强都市农业经验的共享。

参考文献

［1］Andrew, Butt. Exploring Peri-urbanisation and Agricultural Systems in the Melbourne Region ［J］. Geographical Research, 2013, 51（2）：204-218.

［2］Houston P. Re-valuing the Fringe：Fome Findings on the Value of Agricultural Production in Australia's Peri-urban Regions ［J］. Geographical Research, 2005, 43（2）：209-223.

［3］Bourne L S, Bunce M, Taylor L, Luka N, Maurer J. Contested Ground：The Dynamics of Peri-urban Growth in the Toronto Region ［J］. Canadian Journal of Regional Science, 2003（26）：251-270.

［4］Friedberger M. The Rural-urban Fringe in the Late Twentieth Century ［J］. Agricultural History, 2000, 72（2）：502-514.

［5］Rojo M S, Moratalla A Z, Alonso N M, Jimenez V H. Pathways Towards the Integration of Periurban Agrarian Ecosystems into the Spatial Planning System ［J］. Ecological Process, 2014, 3（13）：2-16.

［6］张晖. 马克思恩格斯城乡融合理论与我国城乡关系的演进路径 ［J］. 学术交流, 2018（12）：122-127.

［7］Zhang H. Marx and Engels' Theory of Urban-rural Integration and the Evolution Path of Urban-rural Relationship in China ［J］. Academic Exchange, 2018（12）：122-127.

［8］Carey R, Larsen K, Sheridan J, Candy S. Melbourne's Food Future：Planning a Resilient City Foodbowl ［M］. Melbourne：The University of Melbourne, 2016.

［9］Fao, Rome E. Cultivating Our Futures. Case Study Fact Sheet：The Multi-

functional Character of Agriculture and Land［R］. 1999.

［10］ Renting H, Rossing W A H, Groot J C J, Van der Ploeg J D, Laurent C, Perraud D, Stobbelaar D J, Van ittersum M K. Exploring Multifunctional Agriculture. A Review of Conceptual Approaches and Prospects for an Integrative Transitional Framework ［J］. Journal of Environmental Management, 2009, 90（S2）: 112-123.

［11］ Brinkley C. Evaluating the Benefits of Peri-urban Agriculture ［J］. Journal of Planning Literature, 2012, 27（3）: 259-269.

［12］ Brown D M, Reeder R J. Farm-based Recreation: A Statistical Profile, Economic Research Report Number 53, United States Department of Agriculture ［J］. Economic Research Service, 2007（2）: 253-270.

［13］ Hellerstein D, Nickerson C, Cooper J, Feather P, Gadsby D, Mullarkey D, Tegene A, Barnard C. Farmland Protection: The Role of Public Preferences for Rural Amenities ［J］. Agricultural Economics Reports, 2002（4）: 322-327.

［14］ Maler L, Shobayashi M. Multifunctionality: Towards an Analytical Framework ［M］. Multifunctionality: Towards an Analytical Framework, 2001.

［15］ Lin B B, Philpott S M, Jha S. The Future of Urban Agriculture and Biodiversity-ecosystem Services: Challenges and Next steps ［J］. Basic & Applied Ecology, 2015, 16（3）: 189-201.

［16］ Obach B K, Tobin K. Civic Agriculture and Community Engagement ［J］. Agriculture & Human Values, 2014, 31（2）: 307-322.

［17］ Pole A, Gray M. Farming Alone？ What's up with the "C" in Community Supported Agriculture ［J］. Agriculture & Human Values, 2013, 30（1）: 85-100.

［18］ 张永强, 王珧, 田媛. 都市农业驱动城乡融合发展的国际镜鉴与启示 ［J］. 农林经济管理学报, 2019, 18（6）: 760-767.

［19］ 崔功豪, 武进. 中国城市边缘区空间结构特征及其发展——以南京等城市为例 ［J］. 地理学报, 1990, 45（4）: 399-411.

［20］ 叶林, 邢忠, 颜文涛. 生态导向下城市边缘区规划研究 ［J］. 城市规划学刊, 2011（6）: 68-76.

［21］ Sharp J S, Clark J K. Between the Country and the Concrete: Rediscovering the Rural-urban Fringe ［J］. City & Community, 2010, 7（1）: 61-79.

［22］ Haregeweyn N, Fikadu G, Tsuneka Wa A, Tsubo M, Meshesha D T. The Dynamics of Urban Expansion and Its Impacts on Land Use/land Cover Change and

Small-scale Farmers Living Near the Urban Fringe：A Case Study of Bahir Dar，Ethiopia［J］. Landscape & Urban Planning，2012，106（2）：149-157.

［23］许新国. 城乡交错带空间边界界定方法研究［D］. 北京：中国农业科学院，2010.

［24］Morgan K. Feeding the City：The Challenge of Urban Food Planning［J］. International Planning Studies，2009，14（4）：341-348.

［25］悦中山，杜海峰，李树苗，费尔德曼. 当代西方社会融合研究的概念、理论及应用［J］. 公共管理学报，2009，6（2）：114-121.

［26］Council of Europe. Concerted Development of Social Cohesion Indicators，Methodological Guide［Z］. Strasbourg：Council of Europe Publishing，2005.

［27］刘丁顺，唐丽萍. 城中村失地农民市民化的制约因素与对策研究［J］. 山西青年，2016（23）：63-64.

［28］LIU D S，Tang L P. Research on Restricting Factors and Countermeasures of Civilization of Land-lost Farmers in Urban Villages［J］. Shanxi Youth，2016（23）：63-64.

［29］RØnningen K，Fl B，Fjeldavli E. The Legitimacy of a Multifunctional Agriculture［R］. Paper，2004.

［30］Gant R L，Robinson G M，Fazal S. Land-use Change in the "Edgelands"：Policies and Pressures in London's Rural-urban Fringe［J］. Land Use Policy，2011，28（1）：266-279.

［31］Bomans K，Steenberghen T，Dewaelheyns V，Leinfelder H，Gulinck H. Underrated Transformations in the Open Space—The Case of an Urbanized and Multifunctional Area［J］. Landscape & Urban Planning，2010，94（3-4）：196-205.

［32］Gallent N，Andersson J. Representing England's Rural-urban Fringe［J］. Landscape Research，2007，32（1）：1-21.

［33］Seuneke P，Lans T，Wiskerke J S C. Moving Beyond Entrepreneurial Skills：Key Factors Driving Entrepreneurial Learning in Multifunctional Agriculture［J］. Journal of Rural Studies，2013（32）：208-219.

［34］Hendrickson J R，Hanson J D，Tanaka D L，Sassenrath G. Principles of Integrated Agricultural Systems：Introduction to Processes and Definition［J］. Renewable Agriculture & Food Systems，2008，23（4）：265-271.

［35］FAO. Climate-smart Agriculture Sourcebook［R］. Food & Agriculture Or-

ganization of the United Nations, 2013.

［36］Petersen B, Snapp S. What Is Sustainable Intensification? Views from Experts ［J］. Land Use Policy, 2015 (46): 1-10.

［37］Wilson G A. From "Weak" to "Strong" Multifunctionality: Conceptualising Farm-level Multifunctional Transitional Pathways ［J］. Journal of Rural Studies, 2008, 24 (3): 367-383.

［38］Clark J. The Institutional Limits to Multifunctional Agriculture: Subnational Governance and Regional Systems of Innovation ［J］. Environment & Planning C Government & Policy, 2006, 24 (3): 331-349.

［39］Sassenrath G F, Heilman P, Luschei E, Bennett G L, Fitzgerald G, Klesius P, Tracy W, Williford J R, Zimba P V. Technology, Complexity and Change in Agricultural Production Systems ［J］. Renewable Agriculture & Food Systems, 2008, 23 (4): 285-295.

［40］Breure A M, Lijzen J P A, Maring L. Soil and Land Management in a Circular Economy ［J］. Science of the Total Environment, 2018 (624): 1125-1130.

［41］Jurgilevich A, Birge T, Kentala L J, Korhonen K K, Pietikäi J, Saikku L, Schös H. Transition Towards Circular Economy in the Food System ［J］. Sustainability, 2016, 8 (1): 1-14.

［42］Pagotto M, Halog A. Towards a Circular Economy in Australian Agri-food Industry: An Application of Input-output Oriented Approaches for Analyzing Resource Efficiency and Competitiveness Potential ［J］. Journal of Industrial Ecology, 2016, 20 (5): 1176-1186.

粤港澳大湾区都市现代农业评价、区域差异及驱动因素研究

田璞玉　　张丹婷*

摘　要： 构建都市现代农业评价体系，测度粤港澳大湾区都市农业发展水平、区域差异，并分析其驱动因素，提出优化大湾区都市农业发展的路径，为大湾区等发达城市群都市农业高质量发展提供理论支撑。本文利用熵值法测量了2013~2020年粤港澳大湾区都市现代农业发展，使用 Dagum 基尼系数分解分析了区域差异，采用地理探测器方法对驱动因素进行辨析，以广州为例分析都市农业驱动因素。粤港澳大湾区都市现代农业年平均增长率为5.3%，广州为发展水平最高的城市。"菜篮子"保障能力发展平稳，农业生态与可持续发展水平波动上涨，三产融合水平发展较快，年平均增长率为12.1%，农业先进生产要素集聚水平小幅增长，年平均增长率仅为0.45%，现代农业经营水平增长较快，年平均增长率达17.2%。区域总体基尼系数波动下降，差异主要来源为区域间差距。当前，耕地面积占比、三产占比和人均地区生产总值等是都市农业发展的重要驱动因素，各区域都市农业驱动因素有差别，且各因素的交互作用都属于"双因子增强型"，任意两个驱动因素共同作用时，都会增强其对都市农业分异的作用强度。样本观测期内，粤港澳大湾区都市现代农业总体呈增长趋势，区域间发展差距缩小，但城市间发展差异依然较大。建议从整体规划和区域短板补齐、都市现代农业发展要素和政策供给等方面加以改进。

关键词： 粤港澳大湾区；现代化；都市农业；区域差异；动态演进

据统计，2022年我国常住人口城镇化率达65.22%，开始迈进以城市型社会

田璞玉，广东农村研究院，博士，研究方向为都市农业、农业经济理论与政策。
张丹婷，广东农村研究院助理研究员，研究方向为农业经济理论与政策。

为主体的时代。但耕地面积不断减少、农业生产效率低下、农产品供给和需求不平衡加剧等问题仍然制约着我国农业农村的发展[1-3]，如何将现代高效农业与快速城镇化有机结合是实现我国农业农村现代化亟须解决的重要问题。都市农业作为推动一二三产业融合、促进城乡协调发展、保障城市高质量"菜篮子"供应的重要手段备受关注。目前全国36个大中城市耕地面积接近全国耕地总面积的1/9，蔬菜产量占全国的1/6。新冠肺炎疫情防控期间，都市农业在确保城市地区"米袋子""菜篮子"量足价稳的过程中发挥了重要作用[4]。随着乡村振兴、农业农村现代化等战略的实施，现代生物、信息等高新技术和"互联网+"等经营模式正逐渐改变传统农业发展模式，都市农业也呈现出"现代化"特征，因此，在农业农村发展新阶段背景下，对都市现代农业发展进行评价，分析其空间差异和动态演进具有重要意义。

都市农业起源于20世纪初欧洲的市民农园，率先出现于欧洲、日本、美国等发达国家。20世纪30年代，日本学者青鹿四郎在《农业经济地理》一书中首次提出"都市农业"的概念。他认为，都市农业是"与城区内的各功能区域或围绕在城市周边的特殊形态的农业，与城市功能相互依存和影响，主要从事农业种植、畜牧水产养殖等集约化、专业化生产复合经营，面积大多为城市面积的2~3倍"[5-6]。20世纪90年代，都市农业发展十分迅速，逐渐成为世界各国现代化大都市农业发展的趋势和方向，其功能也逐渐多元化，定义也不再以单纯的生产功能为主。目前国际上主流的定义来自国际都市农业组织、联合国粮农组织和联合国计划开发署，其认为都市农业是"位于城市内部和城市周边地区的农业，是一种包括从生产（或养殖）、加工、运输、消费到为城市提供农产品和服务的完整经济过程，它与乡村农业的重要区别在于它是城市经济和城市生态系统中的组成部分"。我国学术界认为都市农业是指"位于城市内部和城市周边地区的农业，以现代科技为基础，以农业产业化为依托，以城市为服务对象，以规模经营为条件，集生产、服务、消费于一体的经济和生态等多种功能并存的现代农业"[7-11]。

都市农业的理论要追溯到德国农业经济学家杜能（J. H. Thunen），其在1826年提出了农业区位理论（也称孤立国模式），详细阐述了"孤立国"外缘土地的利用方法。1989年，英国社会活动家埃比尼泽·霍华德（Ebenezer Howard）提出通过构建一种兼具城市和乡村优点的田园城市概念，以解决日益严重的城市环境恶化。20世纪，美国著名城市理论家芒福德提出城乡关系理论，提出城与乡同等重要，应当有机结合在一起的理念，在城市发生的农业生产活动就是都市农业[12]。20世纪90年代末，包括"吃掉"城市周边大量农田等城市蔓延带来的诸多负面影响引起了广泛关注，精明增长（Smart Growth）理论应运而生，该理论倡导将城市发展融入区域整体生态体系和人与社会和谐发展目标中，不仅要提高城市内部土地利用效率，也要降低城市边缘区的发展压力，保护农田和生态脆弱区。同一时期，源于日本"稻米文化"的农业多功能性提法逐渐得到国际相关组织认可与推广，该理论拓展了农业生产以外的其他功能，提高了人们对农业地位与价值的认识，并促进包括有机农业、生态农业、能源农业、旅游农业、文化农业等在内的农业多元化经营与发展模式兴起[13]。

当前国内外关于都市农业发展评价的研究中，指标体系的选取不仅强调经济产出方面，也考虑生态效益、社会效益、农业可持续发展等[14-17]，且各个维度存在权衡—协同关系[18]。总体来看，都市农业发展水平评价指标体系选取的标准因作者对都市农业理解的不同而各有侧重[19]。在评价方法上主要有层次分析法、信息熵法、综合指数法、幂函数法等[20-22]。针对粤港澳大湾区的都市农业，周灿芳等定量分析了珠三角九市的农业发展优势与劣势，认为其优势在于农业现代化水平和农业社会化服务水平相对较高，短板在于农业劳动生产效率偏低和财政对农业的支持保护力度不足[23]。佟宇竞对比国内先进城市都市农业发展经验，认为广州都市农业发展存在综合城市赋能农业优势尚未充分发挥、农业产业规模化和组织化程度偏低、农业全产业链开发能力较弱等主要短板[24]。田璞玉等总结了粤港澳大湾区都市农业发展模式，包括市场流通型、特色产品型、休闲观光型、科普教育型、生态保障型[25]。

影响都市农业发展的因素包括自然条件、区域的经济演变过程、人口的增长与发展环境、宏观政策、农户决策行为等[26-27]。区域资源环境的变化决定都市农业发展的规模、结构以及发展水平，资源环境对都市农业发展具有约束作用，两者之间存在协同发展关系，其中资源环境包括自然和社会两方面。城镇化引致都市农业高质量发展，两者之间耦合关系显著[28-30]。城市经济发展拉力、资源环境压力、制度政策的支持和城市规划的空间保障是都市农业发展的主要驱动力[31]，政策支持也是都市农业发展的重要因素之一[32]。

粤港澳大湾区是我国开放程度最高、经济活力最强的都市圈之一，常住人口城镇化率超过85%，是全国城镇化率最高的区域，已经达到世界发达国家水平。2021年，大湾区中的珠三角地区农林牧渔业总产值为2926.68亿元，占广东省的35.2%，有900多万人生活在农村，传统的农业经营模式已与粤港澳大湾区的发展不相匹配。随着粤港澳大湾区建设不断深入，都市农业成为湾区内部发达城市的应然选择，也成为解决湾区内部城乡发展不平衡的必然选择。这为本文研究都市现代农业发展提供了最佳观测样本。前人研究对都市农业的评价缺乏对农业"现代化"特征的体现，且对粤港澳大湾区都市现代农业发展的评价及其驱动因素研究较少。本文首先构建粤港澳大湾区都市现代农业评价指标体系，利用熵值法进行综合评价，使用 Dagum 基尼系数分解分析区域差异和动态演进，采用地理探测器方法对粤港澳大湾区都市农业发展的驱动影响因素进行研究。建立对粤港澳大湾区都市现代农业发展水平的评价体系，分析区域差异与驱动因素，研究驱动因素的作用程度与方式。

一、研究区域与数据来源

（一）研究区域

粤港澳大湾区，包括香港特别行政区、澳门特别行政区和广东省广州市、深圳市、珠海市、佛山市、惠州市、东莞市、中山市、江门市、肇庆市（以下简称珠三角九市），总面积 5.6 万平方千米，第七次全国人口普查数据显示，2020 年大湾区人口为 8336 万。其中，香港农业生产稳定但占比极低，澳门几乎没有农业用地和农产品生产，港澳地区农产品主要来自进口。因此，本文重点考察珠三角九市都市农业的发展。

1994 年编制的《珠三角经济区城市群规划》和 2003 年编制的《珠三角城镇群协调发展规划》相继提出探索构建以广佛肇（广州、佛山、肇庆）、深莞惠（深圳、东莞、惠州）和珠中江（珠海、中山、江门）"三大都市圈"为核心的"多中心"区域空间结构。2008 年出台了《珠三角改革发展规划纲要》，并在延续"都市区"格局的基础上首次提出"三大都市圈"的多中心空间结构。据此，本文将粤港澳大湾区分为广佛肇、深莞惠和珠中江 3 个区域。

（二）数据来源

省级休闲农业与乡村旅游示范点数据来源于广东省农业农村厅，其余指标数据来源于历年《广东统计年鉴》《广东农村统计年鉴》和各地市统计年鉴，缺失值使用插值法补齐。深圳农村、农民和农民可支配收入数据使用珠三角地区均值替代。都市现代农业发展驱动因素及计算公式如表 1 所示，其中"都市农业政策"根据各城市政府工作报告中是否有都市农业的相关表述确定，如果有赋值 1，无则赋值 0。

表1 都市现代农业发展驱动因素及计算公式

因变量及代码	单位	计算公式
人口密度（PD）	人/平方千米	常住人口数量（人）/行政区域面积（平方千米）

续表

因变量及代码	单位	计算公式
城镇化水平（UL）	%	户籍人口数量（万人）/常住人口数量（万人）
路网密度（ND）	千米/平方千米	公路里程（千米）/行政区域面积（平方千米）
人均地区生产总值（GP）	万元/人	区域生产总值（万元）/常住人口数量（万人）
三产占比（IS）	%	第三产业产值（万元）/区域生产总值（万元）
人均水资源量（WP）	万立方米/人	水资源总量（万立方米）/常住人口数量（人）
耕地面积占比（LR）	%	耕地数量（平方千米）/行政区域面积（平方千米）
都市农业政策（AP）	—	地市政府工作报告

二、研究方法

（一）指标体系构建

农业农村部都市农业重点实验室（上海交通大学）提出的《中国都市现代农业发展评价指标体系（UASJTU）》和《2019 年中国现代都市农业竞争力综合指数》[33]中的指标体系体现了都市农业"现代化"特征，本文在这两套指标体系的基础上，构建了粤港澳大湾区评价指标体系（见表2）。其中，一级指标包含"菜篮子"产品保障能力、农业生态与可持续发展水平、三产融合发展水平、农业先进生产要素集聚水平、现代农业经营水平。

表 2　都市现代农业发展水平指标评价体系

一级指标	权重	二级指标	计算方式	权重	属性
"菜篮子"产品保障能力	0.153	主要"菜篮子"产品保障水平（%）	7 天平均产量/7 天最低产量	0.063	—
		单位面积农作物产量（吨/公顷）	（粮食作物+经济作物+其他）总产量/年末实有耕地面积	0.047	+
		耕地保有率（%）	当年耕地面积/上一年耕地面积	0.043	+
农业生态与可持续发展水平	0.170	化肥施用强度（吨/公顷）	化肥施用量/年末实有耕地面积	0.038	−
		农药使用量强度（吨/公顷）	农药施用量/年末实有耕地面积	0.049	−
		单位能耗创造的农林牧渔增加值（元/吨标准煤）	农林牧渔业增加值/农业生产全过程的能量消耗总量	0.046	+
		森林覆盖率（%）	—	0.037	+

续表

一级指标	权重	二级指标	计算方式	权重	属性
三产融合发展水平	0.278	农产品加工业与农业总产值比（%）	农产品加工业产值/农林牧渔业总产值	0.109	+
		农业生产性服务业发展水平（%）	农林牧渔服务业产值/农林牧渔业总产值	0.058	+
		休闲农业与乡村旅游发展水平	省级休闲农业与乡村旅游示范点数量	0.067	+
		地市级以上农业科普教育基地数量（个）	—	0.045	—
农业先进生产要素集聚水平	0.182	农林水事务支出占一产增加值比重（%）	农林水事务支出/一产增加值	0.069	+
		农业固定资产投入比例（%）	农业固定资产收入/固定资产投入总额	0.054	+
		耕种收综合机械化水平（%）	机耕水平×0.4+机播水平×0.3+机收水平×0.3	0.058	+
现代农业经营水平	0.217	农业劳动生产率（元/人）	农林牧渔业增加值/农林牧渔业劳动力数量	0.032	+
		农业土地生产率（元/公顷）	一产增加值/耕地面积	0.044	+
		农林牧渔业法人单位（个）	—	0.042	+
		农户兼业程度（%）	一产从业人数/农民劳动力总人数	0.034	−
		农村居民人均可支配收入（元）	—	0.065	+

二级指标需说明的有以下方面：主要"菜篮子"产品保障水平=7天平均产量/7天最低需求量，7天平均产量=主要"菜篮子"产品全年总产量×7/365，7天最低需求量=常住人口数量×（蔬菜人均最低每周需求量+鲜奶人均最低每周需求量+水产品人均最低每周需求量+肉类人均最低每周需求量+禽蛋人均最低每周需求量）。其中，主要"菜篮子"产品人均最低需求量参照《中国居民膳食指南》（2016）的最低标准，其中，蔬菜和鲜奶为300克/天，水产品为250克/周，肉类和禽蛋为280克/周。

依据国家现代农业示范区指标体系中的农业生产全过程能量消耗计算方式，农业生产全过程的能量消耗总量=机电排灌能源消耗系数×机电排灌面积+农用柴油能源消耗系数×农用柴油量+化肥能源消耗系数×化肥施用量（折纯量），其中机电排灌、农用柴油、化肥能源消耗系数（用氮肥能源消耗系数代替）分别为0.3869吨/公顷、1.4571吨/吨、4.6308吨/吨。

（二）驱动因素分析

选取8个因素作为都市现代农业发展驱动因素进行分析，各因素的统计描述如表3所示。

表3　都市现代农业发展驱动因素及统计描述

因变量及代码	单位	最大值	最小值	均值	标准差
人口密度（PD）	人/平方千米	8828.07	268.82	2282.29	2190.57
城镇化水平（UL）	%	100.00	43.30	80.25	16.55
路网密度（ND）	千米/平方千米	2.15	0.36	1.21	0.42
人均地区生产总值（GP）	万元/人	20.35	3.59	10.27	4.35
三产占比（IS）	%	72.51	35.10	49.00	9.75
人均水资源量（WP）	万立方米/人	0.44	0.01	0.14	0.13
耕地面积占比（LR）	%	0.17	0.02	0.09	0.04
都市农业政策（AP）	—	2.00	0.00	0.28	0.56

（三）计算模型

1. 熵值法

熵值法是一种客观赋权法，其根据各项指标观测值所提供的信息的大小来确定指标权重。本文将时间因素考虑在内，详细参考卢泓钢等计算方式。采用熵值法确定指标权重，熵值法是根据指标传输给决策者信息量的大小来确定群众的方法，能够深刻反映指标信息熵值的效用价值，所给出指标权重比层次分析法和专家评估法更具有可信度，适合对多元指标进行综合评价[34]。设有 m 个待评方案，n 项评价指标，形成原始指标数据矩阵 $X = (x_{ij})_{m×n}$，对于某项指标 x_j，指标值 X_{ij} 的差距越大，则该指标在综合评价中所起的作用越大；如果某项指标的指标值全部相等，则该指标在综合评价中不起作用。熵值法的算法实现过程如下：

数据的非负数化处理，对于正向指标，计算方法如下：

$$X'_{ij} = \frac{X_{ij} - \min(X_{1j}, X_{2j}, \cdots, X_{nj})}{\max(X_{1j}, X_{2j}, \cdots, X_{nj}) - \min(X_{1j}, X_{2j}, \cdots, X_{nj})} + 1 \quad (i = 1, 2, \cdots,$$

n; j = 1, 2, …, m)

（1）

对于负向指标，计算方法如下：

$$X'_{ij} = \frac{\max\ (X_{1j},\ X_{2j},\ \cdots,\ X_{nj})\ -X_{ij}}{\max\ (X_{1j},\ X_{2j},\ \cdots,\ X_{nj})\ -\min\ (X_{1j},\ X_{2j},\ \cdots,\ X_{nj})} + 1\ (i = 1,\ 2,\ \cdots,$$

$n;\ j = 1,\ 2,\ \cdots,\ m)$ (2)

记非负化处理后的数据为 X_{ij}

计算第 j 项指标下第 i 个方案占该指标的比重：

$$P_{ij} = \frac{X_{ij}}{\sum_{i=1}^{n} X_{ij}}\ (j = 1,\ 2,\ \cdots,\ m)$$ (3)

计算第 j 项指标的熵值：

$$e_j = -k \times \sum_{i=1}^{n} P_{ij} \log(P_{ij})$$ (4)

其中，k>0，ln 为自然对数，$e_j \geqslant 0$；常数 k 与样本数 m 有关，k = 1/lnm，$0 \leqslant e \leqslant 1$。

计算第 j 项指标的差异系数：

对于第 j 项指标，指标值 X_{ij} 的差异越大，对方案评价的作用越大，熵值就越小。

$g_j = 1-e_j$，则 g_j 越大指标越重要。

求权数：

$$W_j = \frac{g_j}{\sum_{j=1}^{m} g_j}\ (j = 1,\ 2,\ \cdots,\ m)$$ (5)

计算各方案的综合得分：

$$S_i = \sum_{j=1}^{m} W_j \times P_{ij}(i = 1,\ 2,\ \cdots,\ n)$$ (6)

2. Dagum 基尼系数计算及分解方法

采用 Dagum 基尼系数计算及分解方法，参照刘忠宇等计算区域相对差异及研究分布动态[35]。计算公式如下：

$$G_w = \sum_{j=1}^{k} G_{jj} p_j s_j$$ (7)

$$G_{nb} = \sum_{j=2}^{k} \sum_{h=1}^{j-1} G_{jh}(p_j s_h + p_h s_j) D_{jh}$$ (8)

$$G_t = \sum_{j=2}^{k} \sum_{h=1}^{j-1} G_{jh}(p_j s_h + p_h s_j)(1 - D_{jh})$$ (9)

$$G_{jj} = \frac{\sum\limits_{i=1}^{n_j} \sum\limits_{r=1}^{n_j} |y_{ji} - y_{jr}|}{2n^2 \bar{y}} \tag{10}$$

$$G_{jh} = \frac{\sum\limits_{i=1}^{n_j} \sum\limits_{r=1}^{n_h} |y_{ji} - y_{hr}|}{n_j n_k (\bar{y}_j + \bar{y}_h)} \tag{11}$$

式中，k 为划分的区域数量，本文中 k=3，即广佛肇、深莞惠、珠中江三个区域，j、h 分别代表区域不同地市，n 为每个区域内的地市数量，n_j、n_h 为区域 j、h 内地市的数量，y_{ji}、y_{hr} 分别为 j、h 区域内地市 i、r 的都市现代农业发展水平，y 为粤港澳大湾区都市现代农业发展平均值。Dagum 基尼系数能够分解为区域内差距贡献（G_w）、区域间净值差距贡献（G_{nb}）和超变密度贡献（G_t），三者之和等于总基尼系数。G_{jj}、G_{jh} 表示区域 j 的基尼系数和区域间基尼系数。

3. 地理探测器

地理探测器是探测某一事物的空间分异性并揭示其驱动因素的一种统计学方法[36-38]。地理探测器包括因子探测、交互探测、风险探测和生态探测四大部分，其中因子探测主要用于检验某种影响因子是否是导致特定变量空间分异的原因，而交互探测可以识别影响因子是独立起作用还是交互起作用。本文主要采用因子探测和交互探测对都市现代农业的驱动因素进行分析。采用交互探测，假设 U_1 和 U_2 是影响 W 空间分异的两个因素，通过空间叠加 U_1 和 U_2 形成新图层 $U_1 \cap U_2$，新图层属性由 U_1 和 U_2 共同决定。首先，计算 U_1、U_2 和叠加图层 $U_1 \cap U_2$ 对 W 空间分异的影响程度，即 $q(U_1)$、$q(U_2)$、$q(U_1 \cap U_2)$；其次，通过比较 $q(U_1)$、$q(U_2)$、$q(U_1 \cap U_2)$ 揭示不同因素 U_i 之间对 W 空间分异的交互作用，并评估这种交互作用是否会增强或减弱单个因素 U_i 对 W 空间分异的影响程度。采用因子探测，假设存在变量 W、U_i（i=1，…，I），比较 W 的空间分异与 U_i 的空间分异是否具有显著一致性，如具有一致性，表明 U_i 对 W 的空间分异有影响，其程度用 q 值度量，如下式所示：

$$q = 1 - \frac{\sum\limits_{h=1}^{H} N_h \sigma_h^2}{N \sigma^2} \tag{12}$$

式中，q 表示影响空间分异的因素作用，取值范围是 [0，1]，q 值越大表明 U_i 对 W 空间分异的影响越大，反之越弱。q=0 表明 W 的空间分异不受 U_i 的影响，q=1 表明 U_i 完全控制 W 的空间分布。N 表示全部区域样本数，h=1，…，H 表示 W 和 U_i 的分区，N_h 表示次级区域 h 样本数。需要强调的是，q 值是自变

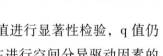

量 U_i 的空间分异解释因变量 W 的空间分异，不对 q 值进行显著性检验，q 值仍有明确物理意义，不服从正态分布假设[25]。此外，在进行空间分异驱动因素的分析时，首先需对驱动因素进行分区，本文采用自然断点法将各驱动因素分为 5 个等级区。

三、结果与分析

(一) 粤港澳大湾区都市现代农业发展整体趋势

整体来看，粤港澳大湾区都市现代农业发展水平呈现逐年增加趋势（见表4），都市现代农业发展水平由 2013 年的 0.294 增加到 2020 年的 0.419，年平均增长率为 5.3%。从各城市来看，广州市由 2013 年的 0.365 增加到 2020 年的 0.495，年平均增长率为 4.4%，是粤港澳大湾区都市农业发展水平最高的城市；深圳市由 2013 年的 0.351 增加到 2020 年的 0.361，增长较为缓慢；东莞市由 2013 年的 0.312 增加到 2020 年的 0.477，年平均增长率为 6.6%，都市农业发展水平仅次于广州市；佛山市由 2013 年的 0.261 增加到 2020 年的 0.410，平均增长率达 7.2%，在所有城市中增长速度最快；惠州市由 2013 年的 0.289 增加到 2020 年的 0.428，平均增长率为 6.0%；江门市由 2013 年 0.242 增加到 2020 年的 0.343，年平均增长率为 5.2%；肇庆市由 2013 年的 0.301 增加到 2020 年的 0.471，年平均增长率为 7.1%；中山市由 2013 年 0.255 增加到 2020 年的 0.381，年平均增长率为 6.1%；珠海市由 2013 年的 0.270 增加到 2020 年的 0.409，年平均增长率为 6.4%。从不同区域情况来看（见图1），各区域都市现代农业发展水平均呈上涨趋势。从 2015 年开始，广佛肇地区超过深莞惠地区，成为都市农业发展水平最高的区域，而珠中江区域一直处于平均水平以下，与深莞惠、广佛肇地区有较大差距。

表4 2013~2020 年粤港澳大湾区各城市都市农业评价结果

城市 \ 年份	2013	2014	2015	2016	2017	2018	2019	2020
东莞	0.312	0.328	0.337	0.354	0.403	0.449	0.453	0.477
佛山	0.261	0.278	0.293	0.302	0.357	0.368	0.395	0.410
广州	0.365	0.374	0.409	0.422	0.414	0.431	0.462	0.495
惠州	0.289	0.318	0.354	0.378	0.402	0.407	0.432	0.428
江门	0.242	0.250	0.278	0.312	0.302	0.308	0.322	0.343

续表

年份\城市	2013	2014	2015	2016	2017	2018	2019	2020
深圳	0.351	0.343	0.333	0.289	0.271	0.303	0.314	0.361
肇庆	0.301	0.300	0.351	0.370	0.364	0.384	0.402	0.471
中山	0.255	0.258	0.274	0.284	0.360	0.354	0.363	0.381
珠海	0.270	0.297	0.307	0.328	0.354	0.363	0.385	0.409
均值	0.294	0.305	0.326	0.338	0.359	0.374	0.392	0.419

图1 粤港澳大湾区与各区域都市现代农业发展水平

（二）粤港澳大湾区都市现代农业各维度评价结果

由图2可知，2013～2020年粤港澳大湾区"菜篮子"产品保障能力处于平稳发展状态，发展水平维持在0.078～0.080。从表5各城市维度得分均值可以看出，"菜篮子"产品保障能力较高的城市分别为肇庆（0.114）、惠州（0.098）、广州（0.097），最低为东莞（0.053）、珠海（0.055）和深圳（0.056）；农业生态与可持续发展水平呈现波动上涨趋势，年平均增长率为3.3%，其中，惠州和珠海发展水平较高，年均水平分别为0.105和0.121；中山较低，平均水平为0.045；三产融合水平年平均增长率为12.1%，其中，东莞和广州三产融合水平较高，均值分别为0.113和0.090，江门和中山水平较低，均值分别为0.021和0.031；农业先进生产要素集聚水平变化不大，呈现"上升—下降—上升"的波动变化趋势，年平均增长率仅为0.45%，其中，肇庆和江门先进生产要素集聚程度最高，均值分别为 0.063 和 0.050，佛山较低（0.032）；现代农业经营水平增长较快，年均增速达 17.2%，其中，中山和佛山相对水平较高，均值分别为 0.117 和 0.105；江门和肇庆相对较低，均值分别为 0.046 和 0.051。

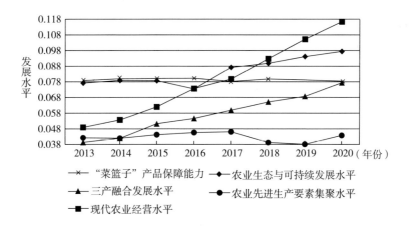

图 2 粤港澳大湾区都市现代农业各维度发展情况

表 5 2013~2020 年粤港澳大湾区各城市都市农业不同维度发展均值

城市	"菜篮子"产品保障能力	农业生态与可持续发展水平	三产融合发展水平	农业先进生产要素集聚水平	现代农业经营水平
东莞	0.053	0.088	0.113	0.043	0.092
佛山	0.075	0.068	0.048	0.032	0.105
广州	0.097	0.083	0.090	0.034	0.087
惠州	0.098	0.105	0.047	0.045	0.065
江门	0.082	0.089	0.021	0.050	0.046
深圳	0.056	0.063	0.082	0.043	0.077
肇庆	0.114	0.099	0.026	0.063	0.051
中山	0.084	0.045	0.031	0.037	0.117
珠海	0.055	0.121	0.056	0.036	0.072

四、粤港澳大湾区都市现代农业发展的区域差异与驱动因素

（一）区域差异及其来源

为分析粤港澳大湾区都市现代农业发展水平的区域差异，使用 Dagum 基尼

系数法计算2013~2020年发展水平的总体基尼系数，并进一步分解、测算出广佛肇、深莞惠、珠中江三大都市群的基尼系数，结果如表6所示。

表6　粤港澳大湾区都市现代农业发展区域差异的 Dagum 基尼系数计算结果

年份	总基尼系数	区域内基尼系数			区域间基尼系数			贡献率（%）		
		广佛肇	深莞惠	珠中江	广佛肇—深莞惠	广佛肇—珠中江	深莞惠—珠中江	区域间净值差距贡献 G_{nb}	超变密度贡献 G_t	区域内差距贡献 G_w
2013	0.077	0.043	0.075	0.024	0.068	0.108	0.098	60.789	17.963	21.249
2014	0.070	0.017	0.067	0.039	0.064	0.102	0.091	63.242	17.504	19.255
2015	0.069	0.074	0.014	0.026	0.062	0.106	0.088	63.622	17.746	18.632
2016	0.073	0.073	0.058	0.032	0.077	0.096	0.071	51.346	23.313	25.341
2017	0.067	0.033	0.082	0.038	0.077	0.056	0.094	36.361	38.358	25.281
2018	0.071	0.035	0.084	0.036	0.075	0.072	0.097	44.145	31.463	24.392
2019	0.072	0.035	0.077	0.039	0.072	0.081	0.094	49.901	26.510	23.589
2020	0.068	0.041	0.061	0.039	0.065	0.097	0.074	63.062	13.777	23.161

注：广佛肇为 A 地区，深莞惠为 B 地区，珠中江为 C 地区。

在总体差异与区域内差异方面，粤港澳大湾区现代都市发展水平的基尼系数呈波动下降趋势，呈现出"下降—上升—下降"的趋势，总体由2013年的0.077下降到2020年的0.068；地区内差异由大到小依次为深莞惠、广佛肇、珠中江。三大城市群中，广佛肇地区呈现"下降—短暂上升—逐渐下降"的趋势，观察期内下降幅度为4.65%；深莞惠地区呈现"下降—上升—下降"的趋势，观察期内下降幅度为18.67%；珠中江地区呈现"上升—下降—上升"的趋势，观察期内区域内基尼系数上升62.5%，说明珠海、中山和江门3个城市都市农业发展程度差异有逐渐扩大的趋势。

在区域间差异方面，广佛肇—珠中江之间差异最大，其次是深莞惠—珠中江，广佛肇—深莞惠之间差异最小。广佛肇—深莞惠区域间差异先增加后缩小，由2013年的0.068下降到2020年的0.065，下降幅度为4.41%；广佛肇—珠中江区域间基尼系数表现为先下降后上升的趋势，由2013年的0.108下降到2017年的0.056，再上涨到2020年的0.097，观测期内总体下降10.19%；深莞惠—珠中江区域间差距也呈现波动下降的趋势，由2013年的0.098下降到2020年的0.074，下降幅度为24.49%。

区域间都市农业发展水平差距是粤港澳大湾区都市现代农业发展水平总体差异的主要来源，且呈先下降后上升的趋势，贡献率由 2013 年的 60.789% 下降到 2017 年的 36.361%，再上升到 2020 年的 63.062%；地区内差距贡献呈"下降—上升—下降"的趋势。超变密度总体波动变化，由 2013 年的 17.963% 上涨到 2017 年的 38.358%，再下降到 2020 年的 13.777%。从分解结果可以看出，城市群间差异是总差异的主要来源，需要进一步缩小三大城市圈间的都市农业发展差距。

（二）驱动因素

1. 单因素驱动力

基于地理探测器方法分析各区域都市农业发展差异的驱动因素，表 7 显示了粤港澳大湾区样本中各驱动因素对都市农业发展影响的 q 值。第一为耕地面积占比（LR），作用强度为 0.294，在全部驱动因素中作用程度最大，说明耕地面积越大，则都市现代农业发展程度越高，耕地资源作为农业发展的必备要素，对都市农业发展具有较大的约束作用；第二为三产占比（IS），作用强度为 0.280，说明第三产业占比越高的地区都市现代农业发展程度越高；第三为人均地区生产总值（GP），说明人均地区生产总值越高，则都市农业发展程度越高，具有正向影响；第四为城镇化水平（UL），作用强度为 0.234，说明区域内城镇化水平越高，则都市农业发展水平越高；第五为人均水资源量（WP），作用强度仅为 0.188，粤港澳大湾区区域内水资源相对丰富，对都市农业发展起到重要作用；第六为人口密度（PD），作用强度为 0.169，说明人口密度越高，则都市农业发展程度越高，也说明城市居民对农业的多功能性需求越大；第七为路网密度（ND），作用强度为 0.112，说明基础设施对都市农业发展具备较大影响；第八为都市农业政策（AP），作用强度为 0.046，对区域都市农业发展也有影响但相对有限。

表 7　粤港澳大湾区及各区域单因素作用程度

地区	人口密度（PD）	城镇化水平（UL）	路网密度（ND）	人均地区生产总值（GP）	三产占比（IS）	人均水资源量（WP）	耕地面积占比（LR）	都市农业政策（AP）
粤港澳大湾区	0.169	0.234	0.112	0.238	0.280	0.188	0.294	0.046
广佛肇	0.468	0.141	0.010	0.495	0.686	0.210	0.084	0.165
深莞惠	0.541	0.201	0.505	0.172	0.185	0.203	0.140	0.004
珠中江	0.039	0.336	0.334	0.493	0.577	0.384	0.453	0.013

注：广佛肇为 A 地区，深莞惠为 B 地区，珠中江为 C 地区。

从各区域情况来看，广佛肇地区都市农业发展主要驱动因素是三产占比（IS）（0.686）、人均地区生产总值（GP）（0.495）、城市人口密度（PD）（0.468），都市农业政策的作用程度相对其他区域较大，达 0.165。深莞惠地区都市农业发展主要驱动因素为人口密度（PD）（0.541）、路网密度（ND）（0.505），其他因素作用程度相对较低；珠中江地区都市农业发展主要驱动因素为三产占比（IS）（0.577）、人均地区生产总值（GP）（0.493）、耕地面积占比（LR）（0.453），此外，人均水资源量、城镇化水平、路网密度也对珠中江区域都市农业发展有重要影响。

2. 各因素交互驱动作用

由图3可以看出，都市农业驱动因素中任意两个因素之间的交互影响均大于其各自的单独作用强度，这一结论在粤港澳大湾区和各区域样本中均成立。换言之，各因素的交互作用都属于"双因子增强型"，任意两个驱动因素共同作用时都会增强其对都市农业发展的作用强度。但各双因子组合的驱动力强化幅度有所不同。粤港澳大湾区样本下，交互作用最高为三产占比（IS）与路网密度（ND）、耕地面积占比（LR）与三产占比（IS）、耕地面积占比（LR）与人均地区生产总值（GP）、路网密度（ND）与人口密度（PD），交互强度为 0.56 ~ 0.60；人均地区生产总值（GP）与人口密度（PD）（0.54）、人均地区生产总值（GP）与城镇化水平（UL）（0.54）交互作用也较强，说明这些因素产生的驱动力量远大于其各自独立作用。从交互作用结果来看，各个因素需要彼此配合才能较好地推动都市农业发展。

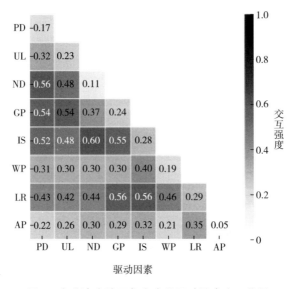

图3 粤港澳大湾区都市农业驱动因素交互作用

从各区域情况来看，各因素的交互作用也均属于"双因子增强型"。其中广佛肇地区三产占比（IS）与城镇化水平（UL）（0.81）、三产占比（IS）与耕地面积占比（LR）（0.79）、三产占比（IS）与都市农业政策（AP）（0.78）交互作用最强，此外三产占比（IS）与人均地区生产总值（GP）（0.73）、三产占比（IS）与路网密度（ND）（0.70）也显示出较高交互作用，可见三产占比（IS）对广佛肇都市农业发展具有关键作用（见图4）。深莞惠地区交互作用最强的分别为人均地区生产总值（GP）与路网密度（ND）（0.68）、人均地区生产总值（GP）与人口密度（PD）（0.67）、三产占比（IS）与人口密度（PD）（0.64），此外人均水资源量（WP）与人口密度（PD）（0.63）、城镇化水平（UL）与人口密度（PD）（0.62）、三产占比（IS）与路网密度（ND）（0.61）也有较强的交互作用（见图5）。珠中江地区交互作用最强的分别为三产占比（IS）与城镇化水平（UL）（0.81）、耕地面积占比（LR）与三产占比（IS）（0.79）、都市农业政策（AP）与三产占比（IS）（0.78），此外三产占比（IS）与人均地区生产总值（GP）（0.73）、三产占比（IS）与路网密度（ND）（0.70）、三产占比（IS）与人口密度（PD）（0.73）等也有较强的交互作用（见图6）。从结果来看，都市农业发展的分异是由多个因素发挥合理共同作用的结果，其交互作用均为双因子增强型。

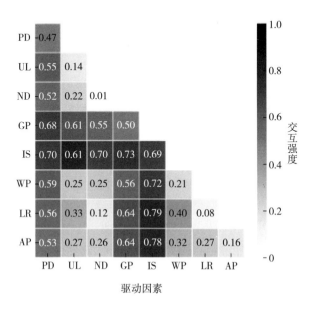

图4 广佛肇地区都市农业驱动因素交互作用

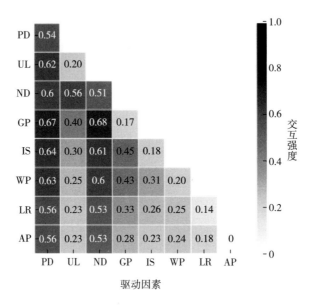

图 5　深莞惠地区都市农业驱动因素交互作用

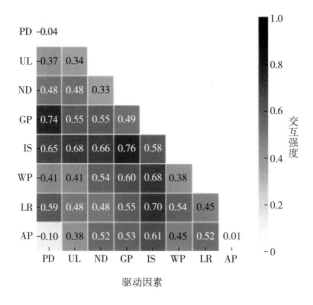

图 6　珠中江地区都市农业驱动因素交互作用

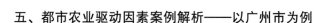

五、都市农业驱动因素案例解析——以广州市为例

前文分析得出广州市都市农业发展水平在粤港澳大湾区处于领先水平，本部分以广州市为例，从资源禀赋、经济社会和政策制度方面深入分析驱动因素。广州市农业增加值为271.8亿元，占GDP比重为1.06%，占粤港澳大湾区农业增加值的19.00%，虽然农业生产比重处于较低水平，但在大湾区农业中占据重要地位；全市乡村人口191.7万人，占户籍人口比例超20%，乡村人口仍占较大比例。广州市农业发展模式将逐渐向都市型现代农业转变。2021年末，广州市城镇化率已达86.46%，将步入城乡高质量融合阶段，正建设与国家中心城市相匹配的都市现代农业。《广州市农业农村现代化"十四五"规划》指出，广州把乡村作为国际大都市的稀缺资源和城市综合功能的重要承载地，着力建设全省乃至全国都市农业现代化先行区和乡村振兴引领地，在2035年形成国际化大都市农业农村发展新格局。本部分以广州市为典型案例，着重分析其都市农业发展过程中的驱动因素。

（一）广州市都市农业发展现状

目前，广州市都市现代农业发展势头良好，表8为广州市都市农业发展主要指标①，具体情况如下：

1. 都市农业总产值逐年增长

广州市都市农业总收入从2010年的1461.8亿元增加到2021年的2799.4亿元，年均增长幅度为7.6%。广州市都市农业产值主要集中在农林牧渔业生产、加工本地农产品和批发零售本地农产品，运输本地农产品和观光休闲旅游产值较低，即主要集中在第一产业和第二产业，第三产业产值相对较低（见图7）。

2. "菜篮子"产品保障能力、农业生态与可持续发展与农业生态与可持续发展水平无显著变化

从表9可以看出，2013~2020年广州市"菜篮子"产品保障能力指数一直处于0.09~0.10，其中耕地保有率从2013年开始没有明显变化，主要"菜篮子"产品保障水平由2013年的4.53下降到2020年的3.42，主要是因为常住人口增加导致的人均"菜篮子"产品占有量下降，而单位面积农作物产量从2013年的46.06吨/公顷上升到2020年的53.05吨/公顷，是广州市维持"菜篮子"产品保障能力不变的主要因素。

---

① 资料来源：《广州统计年鉴》（2011~2021年）。

表 8　广州市都市农业发展指标

指标＼年份	2010	2011	2012	2013	2014	2015	2016	2017	2018	2019	2020	2021
都市农业总收入（万元）	14617704	16332657	16990930	17697717	17945606	18363184	19031687	19538064	21675653	23838601	26125981	27993989
农林牧渔业收入（万元）	2922685	3210536	3364198	3584696	3655996	3795149	4008010	3973773	4119607	4519896	5140286	5425505
加工本地农产品总收入（万元）	7697352	8694099	8902855	8999441	9019934	9106815	9201618	9625150	11672653	12236788	13601189	14795105
运输本地农产品总收入（万元）	567679	662506	776450	909281	985681	1022151	1140721	1275303	1387497	1567872	1783165	1910661
批发零售本地农产品总收入（万元）	3361088	3692116	3868828	4122401	4204395	4364422	4609212	4569839	4398487	4539239	5162679	5531811
观光休闲旅游总收入（万元）	68900	73400	78599	81900	79600	74647	72126	93999	974090	974806	438662	330907
种子、种苗销售额（万元）	97892	108969	113971	86928	84392	72660	82746	108384	197271	222916	288853	327485
都市农业从业人员（万人）	194	197	204	209	209	211	215	221	140	151	155	99
都市农业劳动生产率（元/人）	29726	32877	32617	34307	35291	35894	36468	58262	60541	61771	67514	113107
农业产业化规模比重（%）	21	23	23	20.3	15.5	22.3	13.7	16.6	17.3	17.1	48.4	39.3
农业产业化企业（组织）辐射能力（%）	41	43	45	43.7	39.1	34.7	31.1	36.2	34.2	39.3	35.3	38.1
带动本地农户数（户）	155297	157624	161790	159144	139714	135804	122695	148975	136527	152577	311201	325910
绿色农产品个数（个）	312	306	149	206	196	162	155	47	43	34	57	71
绿色农产品产值（万元）	50052	39101	39842	45545	43539	38001	34006	28981	24611	12841	15951	39000
农业产业化生产单位（个）	1574	1732	1579	1444	1288	1677	1072	1583	2064	2013	899	1051
农业龙头企业（个）	80	80	83	83	93	99	85	157	206	233	374	416
国家级（个）	5	5	7	7	7	8	8	7	7	11	12	15
省级（个）	15	15	13	13	13	24	22	19	35	73	124	145
市级（个）	60	60	63	63	63	63	55	96	93	172	236	330
农业生产基地（示范区）（个）	30	30	30	30	46	35	63	55	54	52	100	101
规模以上农业生产单位（个）	1403	1531	1369	1232	1102	1114	888	926	675	693	715	927
农产品交易市场（个）	61	91	97	99	83	42	41	40	65	65	67	52

资料来源：《广州统计年鉴》（2011~2022年）。

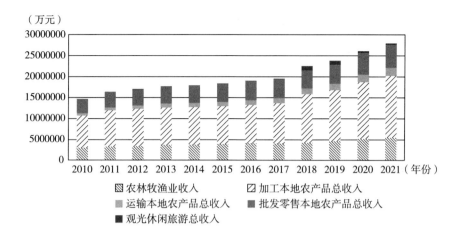

（万元）

图例：
- 农林牧渔业收入
- 运输本地农产品总收入
- 观光休闲旅游总收入
- 加工本地农产品总收入
- 批发零售本地农产品总收入

图 7　2010~2021 年广州市都市农业各项产值

表 9　广州市"菜篮子"产品保障能力及指标水平

年份	单位面积农作物产量（吨/公顷）	耕地保有率（%）	主要"菜篮子"产品保障水平	"菜篮子"产品保障能力指数
2013	46.06	0.99	4.53	0.09
2014	48.54	0.99	4.56	0.10
2015	50.16	0.99	4.51	0.10
2016	51.90	0.99	4.37	0.10
2017	47.12	0.99	4.02	0.09
2018	48.47	0.99	3.96	0.09
2019	50.61	0.99	3.99	0.10
2020	53.05	0.99	3.42	0.10

　　从表 10 可以看出，2013~2020 年广州市农业生态与可持续发展水平指数一直处于 0.08~0.09。其中化肥和农药施用强度、森林覆盖率均没有发生明显变化，而农业生产全过程的能量消耗总量由 2013 年的 3.58 万元/吨标准煤增加到 2020 年的 5.50 万元/吨标准煤，主要是由农林牧渔业产值增长速度快于能量消耗增长速度导致。

表 10　广州市农业生态与可持续发展水平及指标水平

年份	化肥施用强度（吨/公顷）	农药施用强度（吨/公顷）	农业生产全过程的能量消耗总量（万元/吨标准煤）	森林覆盖率（%）	农业生态与可持续发展水平指数
2013	1.32	0.04	3.58	42.00	0.08
2014	1.36	0.04	3.67	42.00	0.08
2015	1.38	0.04	3.80	42.03	0.08
2016	1.41	0.04	4.17	42.14	0.08
2017	1.17	0.03	4.63	42.32	0.09
2018	1.34	0.04	4.35	42.31	0.08
2019	1.30	0.04	4.60	42.31	0.09
2020	1.26	0.03	5.50	41.60	0.09

2013~2020 年，广州市都市农业先进生产要素集聚水平指数一直处于 0.03~0.04，总体变化幅度不大。其中，农林水事务支出占第一产业增加值比重均在 0.3% 左右，考察期间无显著变化，农业固定资产投资占第一产业增加值比重变化幅度较大，2018 年与 2019 年最低，分别为 0.01% 和 0.07%，最高为 2015 年的 0.60%。耕种收综合机械化水平呈现逐年增加趋势，由 2013 年的 37% 增加到 2020 年的 45%，是维持广州市农业先进生产要素集聚水平的主要因素（见表 11）。

表 11　广州市农业先进生产要素集聚指数及指标水平

年份	农林水事务支出占第一产业增加值比重（%）	农业固定资产投资比重（%）	耕种收综合机械化水平	农业先进生产要素集聚水平
2013	0.38	0.20	0.37	0.03
2014	0.27	0.30	0.36	0.03
2015	0.37	0.60	0.38	0.03
2016	0.34	0.40	0.44	0.04
2017	0.34	0.18	0.41	0.03
2018	0.38	0.01	0.41	0.03
2019	0.37	0.07	0.39	0.03
2020	0.39	0.20	0.45	0.04

3. 农业三产融合发展与现代农业经营水平稳定增长

从表12可以看出，广州市三产融合发展水平指数由2013年的0.06增长到2020年的0.12。其中，农产品加工业与农业总产值比重下降，农业生产性服务业发展水平提高，休闲农业与乡村旅游示范点增加幅度较大，由2013年的4个增加到2020年的24个，三产融合发展水平指数增加主要源于该项指标。另外，农村科普示范基地数量也有较大程度下降。

表12 广州市三产融合发展水平及指标水平

年份	农产品加工业与农业总产值比重（%）	农业生产性服务业发展水平（%）	休闲农业与乡村旅游示范点（个）	农村科普示范基地（个）	三产融合发展水平指数
2013	1.20	0.10	4	150	0.06
2014	1.23	0.11	5	150	0.06
2015	1.13	0.11	10	188	0.08
2016	1.20	0.11	14	188	0.09
2017	0.92	0.13	15	84	0.10
2018	0.75	0.14	18	84	0.11
2019	0.75	0.14	21	84	0.11
2020	0.64	0.13	24	95	0.12

2013~2020年，广州市现代农业经营水平指数从0.06增加到0.13。其中，农业劳动生产率从35323.88元/人增加到51727.02元/人，土地产出率从231926.35元/公顷增加到364370.35元/公顷，农林牧渔业法人单位数量由1032家增加到3199家，农户兼业程度（农村居民中从事农业劳动的所占比重）由24%增加到29%，农村居民人均可支配收入由18887.04元增加到31266.30元。除农户兼业程度有小幅增长抑制现代农业经营水平外，其他因素均起到支撑现代农业经营水平的重要作用（见表13）。

表13 广州市现代农业经营水平指数及指标水平

年份	农业劳动生产率（元/人）	土地产出率（元/公顷）	农林牧渔业法人单位（家）	农户兼业程度	农村居民人均可支配收入（元）	现代农业经营水平指数
2013	35323.88	231926.35	1032	0.24	18887.04	0.06
2014	37581.45	241112.40	1306	0.25	17662.80	0.06

续表

年份	农业劳动生产率（元/人）	土地产出率（元/公顷）	农林牧渔业法人单位（家）	农户兼业程度	农村居民人均可支配收入（元）	现代农业经营水平指数
2015	39081.20	249164.90	1434	0.23	19323.10	0.07
2016	41792.59	266826.50	1623	0.36	21448.60	0.07
2017	39041.74	274408.75	1786	0.35	23483.90	0.08
2018	41693.21	282081.39	2186	0.34	26020.10	0.09
2019	43628.80	317940.11	2989	0.32	28867.90	0.12
2020	51727.02	364370.35	3199	0.29	31266.30	0.13

（二）广州市都市农业驱动因素分析

1. 资源禀赋因素

广州市地处南方丰水区，境内河流水系发达，大小河流（涌）众多，水域面积广阔，集雨面积在100平方千米以上的河流有22条，全市水域面积744平方千米，占全市土地面积的10.15%，全市多年平均降雨量1830.2毫米，本地平均水资源总量79.79亿立方米，全市本地水资源可利用总量为28.38亿立方米，占全市本地水资源总量的35.57%，水资源相对丰富。本部分主要分析耕地资源，如图8所示，1978~2021年，广州市耕地资源总体呈现下降趋势，从1978年的24.9万公顷下降到2021年的8.8万公顷，下降幅度达64.7%。2006年后，耕地面积的下降趋势减缓，2006年为10.7万公顷，至2021年下降幅度为17.8%，从图中也可以看出，耕地资源总面积从2006年后相对平稳，人均耕地面积从2009年后保持相对平稳。耕地资源是当前都市农业发展的核心要素，耕地稳定有利于都市农业中重要农产品生产保障，这与前文中关于重要农产品生产保障能力水平（2013~2020年）相对平稳的结论相符。

2. 经济社会因素

（1）经济及产业结构。

如表14所示，广州市人均地区生产总值、从事第三产业占比呈现逐年递增趋势，这与都市农业发展水平趋势一致。其中，人均地区生产总值增加意味着居民收入增加，对休闲旅游等产品的需求增加，进而促进休闲农业与乡村旅游产业的发展。第三产业占比提升趋势明显，意味着社会经济结构转型升级，对农业产业融合具有一定的辐射作用，从广州市都市农业三产融合发展水平来看，两者发展趋势保持一致。

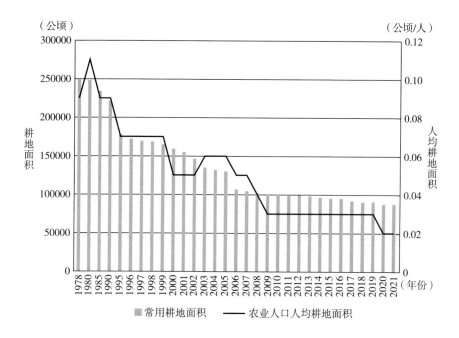

图 8　主要年份广州市耕地与人均耕地面积变化情况

表 14　2013~2020 年广州市部分社会经济发展指标

年份	人均地区生产总值（元）	第三产业占比（%）	城镇化（%）	人口密度（人/平方千米）	公路网密度（平方千米）
2013	116825. 11	64. 62	85. 27	1783. 29	1. 24
2014	124087. 88	65. 23	83. 97	1804. 49	1. 27
2015	130521. 66	67. 11	84. 22	2200. 28	1. 29
2016	134761. 31	69. 35	84. 35	2315. 25	1. 29
2017	139245. 59	71. 00	84. 41	2408. 89	1. 28
2018	142860. 16	71. 70	84. 75	2480. 43	1. 24
2019	156427. 41	71. 62	85. 13	2526. 06	1. 24
2020	135047. 17	72. 51	86. 19	2585. 13	1. 25

（2）人口密度与城镇化。

广州市人口密度逐渐增加，导致对"菜篮子"产品需求增加。2013~2020 年广州市都市农业"菜篮子"产品保障能力，在人口密度增加和耕地面积保持不变的背景下，广州市重要农产品产量和单产等水平逐年增加以维持重要农产品保障。广州市城镇化率已超过85%，但近年来变化不大，城镇化发展已经进入相对稳定时期。城镇化对都市农业发展影响体现在耕地资源的占用，发展水平与耕地面积减少趋势相反，进而影响都市农业发展。另外，城镇化水平还会减少农村人口和农业劳动力，导致农业机械和技术替代比例提高，进而农业劳动生产率和土地生产率提高，现代农业经营水平提升。

3. 政策制度

1984年，广州市政府制定了城郊型农业的生产方针，即"服务城市、富裕农民、活跃市场、方便群众、增加出口、积极创汇"。具体方式为：在发展粮食生产的同时，主要生产菜、肉、禽、鱼、蛋、奶、果、花8种农产品供应城市。通过政府财政拨款扶助的方式，逐步建立起优质大米、蔬菜、荔枝、生猪、肉鸡、鸡蛋、牛奶等生产基地。这一时期是广州市都市农业发展的雏形。

广州市国民经济和社会发展第九个五年计划期间（1996~2000年），提出发展"三高"农业和菜篮子工程技术支持政策。"十五"期间（2001~2005年），提出加速形成都市型农业，"依靠科技进步，发展都市型农业，推进农业产业化和现代化"，并首次提出"农业划圈层"，农业生产呈三个各具特色的圈层分布。其中，第一圈层（白云、天河、海珠、黄埔、芳村）侧重发展花卉、林果、草坪等绿色园艺产业，以及健身、休闲、体验型农业，近郊及卫星城、城市饮用水源流域限制发展畜牧水产业。第二圈层（番禺、花都、从化和增城靠近广州中心区的村镇及白云区的边远村镇）突出种养业和多种经营，因地制宜发展优质谷、蔬菜、林果、花卉园艺、畜牧、水产业，重点抓好增城、番禺的优质米基地，花都、从化的蔬菜基地，番禺、花都的花卉基地，从化、增城的水果基地，增城、花都的畜牧基地，番禺的水产基地。第三圈层（外围其他村镇）发展名优土产品、反季节农业、特色农业、生态农林业、休闲度假农业和速生丰产林，重点抓好从化和增城的生态林、商品林、毛竹、特色水果、特种种养业基地建设。这一时期都市农业规划突出"圈层结构"，且基本完成第一圈层畜牧、水产业转移和第二、第三圈层优势产业基地布局，具有广州特色的"林带+林区十园林"城市森林体系建设在一定程度上改善了广州绿地"北多南少、东西更少"的状况，农业空间布局在"三个圈层"的基础上向多功能组团式的方向发展。

"十一五"期间（2006~2010年）提出形成都市型现代农业的基本框架，规划更加具体：高标准建设都市型现代农业示范区，建设和完善较大规模蔬菜、水果、花卉和渔业基地及专业村，确立了都市型现代农业产业结构和"组团式网络化多板块"的都市型农业空间架构。这一时期，都市型现代农业产业体系基本

确立。

"十二五"期间（2011~2015年），提出重点发展品牌农业、设施农业、生态农业、深加工和现代流通农业、种子种苗农业和观光休闲农业，高标准规划建设重点"菜篮子"基地、都市型现代农业园区，形成组团式多板块的都市型现代农业布局。这一时期是都市型现代农业快速发展阶段，建成都市型现代农业示范区30个，都市农业从业人员达209万人。

"十三五"期间（2016~2020年），提出建成保障有力、生态和谐和示范领先的都市型现代农业的总目标，建设与国家中心城市相匹配的都市型现代农业创新示范区，都市型现代农业的生产、生活、生态、示范四大功能进一步拓展，为广州全面建成小康社会、提升国家中心城市地位提供重要支撑。可以看出，这一时期广州将都市型现代农业提高到更高层次建设目标，并开始重视农业的生态功能。

通过广州市都市农业政策梳理发现（见图9），广州对都市农业发展探索较早、目标明确。本项目研究期间内（2013~2020年），处于"十二五"和"十三五"期间，正是广州市都市农业快速发展和成型时期，前文评价结论也显示广州市都市农业发展指数正处于平稳增加时期，这其中广州市都市型农业导向政策势必也发挥了重要的指引和支撑作用。

20世纪八九十年代	"九五"（1996~2000年）	"十五"（2001~2005年）	"十一五"（2006~2010年）	"十二五"（2011~2015年）	"十三五"（2016~2020年）
城郊型农业，都市农业雏形形成	"三高"农业和"菜篮子"工程技术支持政策	提出形成"都市型农业"和"农业划圈层"结构	建设都市型现代农业示范区，确立了都市型现代农业产业结构和"组团式网络化多板块"的都市型农业空间架构	都市型现代农业快速发展阶段，由生产功能转向多功能发展	将都市型现代农业定为农业农村发展总目标，提出建设与国家中心城市相匹配的都市型现代农业创新示范区，重视农业的生态功能建设

图9 广州市都市农业政策演变

（三）广州市都市农业发展中面临的问题

目前，广州市迎来粤港澳大湾区战略、乡村振兴战略重大机遇，在新时代和新要求下，广州市都市现代农业发展尚存在以下六大"难点"：

第一，产业用地供需矛盾突出，用地难。都市农业的特征是从生产向生态、休闲和文化等多业态拓展，许多项目的主要盈利点在二三产业上，因此对设施农业用地、建设用地的需求较大。然而，广州市农村土地资源稀缺，供需矛盾较为突出。首先，设施农业用地范围窄，管理弹性不足，不能满足二三产业设施用地需求；其次，农村建设用地指标少，产业项目落地难，粗放利用情况普遍；最后，农地分散化、碎片化，难以进行规模化作业，流转土地存在租金贵、规模小、周期短的普遍问题，导致经营主体不敢进行长期投资。

第二，人力和人才缺乏，用工难。一方面，缺乏稳定的劳动力队伍。广州市第一产业从业人员约 65.4 万人，只占常住人口的 4.1%，农业人力资源短缺严重。另一方面，专业人才缺乏，大部分企业面临专业技术人才不足的问题。农村劳动力整体素质普遍不高，基层农业科技服务能力弱。农村基础配套设施落后，且人才政策缺乏长效激励机制，导致人才很难下乡。

第三，农业功能拓展不足，融合难。从传统的农产品供给功能逐步拓展至生态、服务、创新示范、文化教育等多种功能是都市农业特征，但从整体来看，广州市农业产业结构趋同单一，经营范围相对较窄，产业链条较短，农业经营对直接生产环节的依赖程度较高，农村内部农业与第二产业、第三产业的融合程度偏低，直接影响了农业生态、社会、文化等功能的挖掘。

第四，农产品物流配送薄弱，流通难。广州市人多地少，保障农产品完全自给存在困难，但广州拥有交通便利的优势，可建设完整的农产品流通体系，保障区域内农产品供给和居民消费需求。然而当前流通环节较薄弱：如产后商品化处理存在设施不足，难以在田间地头有效进行商品化处理，普遍存在多次处理才能满足商超、餐饮单位、集体伙食单位等需要；加工配送主体普遍规模较小，管理粗放，操作不规范，导致效率低、损耗高、卫生安全隐患大；批发市场功能普遍仍较传统，冷链物流、仓储、信息化等配套设施及服务功能仍较弱，对组织化、包装化、标准化、品牌化、产业链等发展的促进提升仍不足；物流车辆等资源整合共享利用率仍较低，冷链物流比例仍较低，且断链现象突出。

第五，农业农村缺乏抵押物，融资难。大部分农业企业面临"融资难、融资贵"的问题。由于"村资产确权颁证—资产处置市场建立—风险防范"机制构建等相关工作没有整体、协同推进，导致投入大量资产到农村农业的企业无法通过资产抵押获得信贷。

第六，配套设施不完善，发展难。现代农业生产企业对加工、仓储等配套设施需求较大，但因土地资源稀缺等因素，配套设施无法有效供给，约束了企业规

模的扩大；另外，不少地区农村基础设施十分薄弱，涉农项目周边和内部基础设施配套不到位，阻碍休闲农业与乡村旅游等产业发展。

六、结论与政策建议

（一）研究结论

本文构建了粤港澳大湾区都市现代农业评价指标体系，采用 2013~2020 年粤港澳大湾区九市数据测算了都市现代农业发展水平，并分析了区域差异和驱动因素，得到主要结论如下：

第一，从整体来看，粤港澳大湾区都市现代农业发展水平呈逐年增加趋势，各区域发展水平有差异。大湾区整体都市农业发展水平年平均增长率为 5.3%，广州是大湾区中发展水平最高的城市。分区域来看，各区域都市现代农业发展水平均呈上涨趋势。从 2015 年开始，广佛肇地区超过深莞惠地区，成为都市农业发展水平最高的区域，珠中江地区处于平均水平以下。分维度来看，粤港澳大湾区"菜篮子"保障能力发展平稳，肇庆"菜篮子"供应能力较强，深圳、珠海、东莞等地较低；农业生态与可持续发展水平呈现波动上升趋势，惠州和珠海发展水平较高；三产融合水平发展较快，年平均增长率为 12.1%，东莞和广州三产融合水平较高，江门和中山水平较低；农业先进生产要素集聚水平增长幅度小，年平均增长率仅为 0.45%，肇庆、江门先进生产要素集聚程度最高，佛山较低；现代农业经营水平增长较快，年平均增长率达 17.2%，中山和佛山相对水平较高，江门和肇庆相对较低。

第二，从相对差异来看，粤港澳大湾区现代都市发展水平的基尼系数呈波动下降趋势。大湾区整体差异从 2013 年的 0.070 下降到 2020 年的 0.068。地区内差异由大到小依次为深莞惠、广佛肇、珠中江，观察期内广佛肇区域内基尼系数下降幅度为 4.65%。深莞惠下降幅度为 18.67%，珠中江上升幅度为 62.5%，说明珠海、中山和江门 3 个城市都市农业发展程度差异有逐渐扩大的趋势。从基尼系数分解结果来看，城市群间差异是总差异的主要来源，需要进一步缩小三大城市圈间的都市农业发展差距。

第三，从驱动因素来看，对都市农业作用最大的因素是耕地面积占城市行政区域比重，作用强度为 0.294，三产占比（0.280）、人均地区生产总值（0.238）、城镇化水平（0.234）等也有一定程度的影响。各区域驱动因素作用程度有区别，广佛肇地区都市农业主要驱动因素是三产占比（0.686）、人均地区生产总值（0.495）、人口密度（0.468）；深莞惠地区主要驱动因素为人口密度

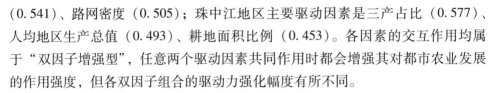

（0.541）、路网密度（0.505）；珠中江地区主要驱动因素是三产占比（0.577）、人均地区生产总值（0.493）、耕地面积比例（0.453）。各因素的交互作用均属于"双因子增强型"，任意两个驱动因素共同作用时都会增强其对都市农业发展的作用强度，但各双因子组合的驱动力强化幅度有所不同。

（二）政策建议

粤港澳大湾区都市现代农业发展水平存在一定的空间非均衡特征，区域间发展差距有扩大趋势，统筹区域都市农业发展并避免极化程度加剧是亟须解决的问题。因此，提出以下建议：

第一，加强区域规划，促使粤港澳大湾区各地重视都市农业的发展。各市按照自然禀赋和社会经济条件发展都市农业，推动都市农业功能模式推广与功能扩展；在有条件的村镇探索建设都市现代农业试验示范区，重点围绕都市农业中的"菜篮子"保障、生态与可持续、产业融合、先进要素集聚和现代农业经营各维度进行试验，探索和推广与粤港澳大湾区发展相适应的都市农业发展模式。

第二，加快补齐粤港澳大湾区各城市都市现代农业发展短板。广佛肇区域和深莞惠区域要强化"菜篮子"产品供给的主体责任，减缓区域间保供能力不平衡、差距大的情况。培育新型农业经营主体，鼓励企业化管理机制，提高农民收入，增加肇庆等地的现代农业经营水平。深莞惠区域还要注重倡导发展绿色农业，鼓励支持化肥减量增效，提高农业可持续发展能力。珠中江区域应确保耕地保有率，加强农产品质量安全监管，确保区域内"菜篮子"产品稳定供应。加强三产融合水平，积极发展农业加工业和服务业，充分利用地方自然资源禀赋和文化特色发展乡村旅游和休闲农业。加强农业技术推广服务，提高农业金融服务和机械化水平，增强农业先进生产要素集聚水平。

第三，聚焦可控变量，保障都市现代农业发展要素和政策供给。相比三产占比、城镇化水平等短时间内无法改变的变量，耕地面积、都市农业政策等要素是可控变量，需要给予保障，促使都市农业高质量发展。首先，统筹土地资源，保障都市农业产业用地。在严防都市农地"非粮化""非农化"风险的前提下，应适当拓宽设施农业用地范围，完善建设用地配给机制。推进农村土地经营权集中连片流转，适当延长土地租期，稳定经营主体投入预期；强顶层设计，出台相关支持政策，在有条件的村镇探索建设都市农业试验示范区，重点围绕都市农业的业态方向、产业融合的形态模式、制度与标准、产业用地创新、新一代信息技术与新型经营模式（电商、直播）的应用、社会资本与农村农民的利益联结机制等方面进行试验，探索和推广与粤港澳大湾区发展相适应的都市农业发展模式。

其次，强化资金与人才保障，建立和完善公共财政对都市农业投入持续增长的长效机制，鼓励各地出台完善都市农业财政支持政策。再次，培育都市农业人才，以培养新型经营主体为重点，制定都市农业人才建设规划，通过实施农民素质提升战略和城市人才服务农村战略。最后，加强都市农业科技研发，加大对农业科技创新的扶持，充分发挥科研机构功能，提升服务都市农业经营主体的范围和力度。通过成果转化建立一批高技术、高投入、高产出的农业科技创新示范项目。

参考文献

［1］陆益龙．乡村振兴中的农业农村现代化问题［J］．中国农业大学学报（社会科学版），2018，35（3）：48-56.

［2］刘依杭．新时代构建我国现代农业产业体系的若干思考［J］．中州学刊，2018（5）：45-49.

［3］马晓河．构建优先发展机制推进农业农村全面现代化［J］．经济纵横，2019（2）：1-7+137.

［4］谢艳乐，祁春节，顾雨檬．都市农业发展与资源环境承载力协调性研究［J］．世界农业，2020（10）：4-12+62+135.

［5］俞菊生，张占耕，白尔钿，等．"都市农业"一词的由来和定义初探——日本都市农业理论考［J］．上海农业学报，1998（2）：3-5.

［6］周维宏．论日本都市农业的概念变迁和发展状况［J］．日本学刊，2009（4）：42-55.

［7］俞菊生．都市农业的理论与创新体系构筑［J］．农业现代化研究，1999（4）：3-5.

［8］毋青松．城市化进程中都市农业发展路径创新［J］．农业经济问题，2013，34（9）：34-37.

［9］詹慧龙，刘燕，矫健．我国都市农业发展研究［J］．求实，2015（12）：61-66.

［10］李梦桃，周忠学．基于多维评价模型的都市农业多功能发展模式探究［J］．中国生态农业学报，2016，24（9）：1275-1284.

［11］谯薇，张嘉艺．我国都市农业发展困境及对策思考［J］．农村经济，2017（3）：61-65.

［12］陈方．城乡关系：一个国外文献综述［J］．中国农村观察，2013（6）：80-89.

［13］刘玉，冯健．城乡结合部农业地域功能研究［J］．中国软科学，2016
（6）：62-72.

［14］Dalsgaard J P T，Lightfoot C，Christensen V. Towards Quantification of Ecological Sustainability in Farming Systems Analysis［J］. Ecological Engineering，1995（3）：172-185.

［15］Isabelle V. Economic Appraisal of Profitability and Sustainability of Peri-urban Agriculture in Bangkok［J］. Ecological Economics，2007，61（2/3）：516-529.

［16］朱蕾，王克强．基于功能分异的都市农业发展模式研究［J］．农业工程学报，2019，35（10）：252-258.

［17］冯海建，周忠学．都市农业功能空间分异研究——以西安都市圈为例［J］．中国生态农业学报，2014，22（3）：333-341.

［18］任国平，刘黎明，管青春，马聪，孙锦．基于变结构协整检验的都市农业景观演变阶段分析［J］．农业工程学报，2017，33（24）：249-260.

［19］Lovell，Sarah T. Multifunctional Urban Agriculture for Sustainable Land Use Planning in the United States［J］. Sustainability，2010，2（8）：2499.

［20］王辉．"两型社会"建设背景下长株潭城市群都市农业发展研究［J］．安徽农业科学，2011，39（7）：4346-4347+4350.

［21］潘迎捷，杨正勇．试论都市型现代农业评价指标体系的构建［J］．上海农村经济，2012（4）：11-15.

［22］李梦桃，周忠学．基于多维评价模型的都市农业多功能发展模式探究［J］．中国生态农业学报，2016，24（9）：1275-1284.

［23］周灿芳．城乡融合背景下粤港澳大湾区都市农业发展研究［J］．广东农业科学，2020，47（12）：175-182.

［24］佟宇竞．基于国内先进城市比较视角的都市农业经济发展战略思路与路径——以广州为例［J］．广东农业科学，2022，49（1）：167-176.

［25］田璞玉，万忠，王建军，黄薇妮，林萍，陶清清，张丹婷，张磊．粤港澳大湾区都市农业发展模式、制约因素及对策研究［J］．南方农村，2021，37（3）：4-9.

［26］张凤荣，赵华普，陈阜．都市型现代农业产业布局［M］．北京：中国石油大学出版社，2007.

［27］刘彦随，刘玉，翟荣新．中国农村空心化的地理学研究与整治实践［J］．地理学报，2009，64（10）：1193-1202.

［28］谢艳乐，祁春节，顾雨檬．新型城镇化与都市农业发展耦合关系及时序特征研究——以武汉市为例［J］．中国农业资源与区划，2021，42（6）：215-224.

［29］黎孔清，孙晓玲．南京都市农业发展与资源环境承载力协调性研究［J］．长江流域资源与环境，2018，27（6）：1242-1250.

［30］李强，周培．资源环境约束与都市型农业的特殊问题［J］．中国农业资源与区划，2013（4）：69-74.

［31］王晓君，吴敬学，蒋和平．我国都市型农业发展的典型模式及驱动机制——基于14个大中城市案例研究［J］．农业现代化研究，2017，38（2）：183-190.

［32］Bryld E. Potentials，Problems，and Policy Implications for Urban Agriculture in Developing Countries［J］．Agriculture and Human Values，2003，20（1）：79-86.

［33］中国现代都市农业竞争力研究课题组，吴方卫，刘进．2019年中国现代都市农业竞争力综合指数［J］．上海农村经济，2020（8）：8-15.

［34］卢泓钢，郑家喜，陈池波．中国乡村生活富裕程度的时空演变及其影响因素［J］．统计与决策，2021，37（12）：62-65.

［35］刘忠宇，热孜燕·瓦卡斯．中国农业高质量发展的地区差异及分布动态演进［J］．数量经济技术经济研究，2021，38（6）：28-44.

［36］王劲峰，徐成东．地理探测器：原理与展望［J］．地理学报，2017，72（1）：116-134.

［37］Jin-feng W，Yi H. Environmental Health Risk Detection with GeoDetector［J］．Environmental Modelling & Software，2012（2）：33114-33115.

［38］刘彦随，杨忍．中国县域城镇化的空间特征与形成机理［J］．地理学报，2012，67（8）：1011-1020.

Ⅱ 产业发展篇

粤港澳大湾区粮食产业现状、矛盾透视及高质量发展实现路径

张　磊*

摘　要：粮食产业高质量发展是提升国家粮食安全水平与满足人民日益增长的美好生活需要的必然要求。为满足粤港澳大湾区消费升级和粮食产业供给侧改革的内在要求，有效提升大湾区粮食产业高质量发展和供应链韧性水平，通过"产购储加销"全产业链视角对大湾区粮食产业进行理论与实证分析，厘清粤港澳大湾区粮食生产的水土光热等禀赋条件及演化变迁，并结合消费、生产、加工、储运对大湾区粮食产业现状及存在问题进行实证分析。2010~2020年，粤港澳大湾区内地九市耕地面积变化率约为-5%，其中水田、旱地面积变化率分别为-3%和-8%；粮食生产集中度不断提升，肇庆、江门、惠州和广州占大湾区稻谷总播种面积比例由2005年的91%提升至2020年的97%。通过分析大湾区粮食产业迈向高质量发展的主要影响因素及逻辑演化机理，系统解构了"产购储加销"存在的难点与堵点，提出应在大食物观下推进"大粮食、大产业、大市场、大流通"的大湾区粮食产业高质量发展格局；促进"产业内"分工与深化是大湾区粮食产业高质量发展的关键，实施优粮优产、优粮优储、优粮优价、优粮优加，打造品牌价值链；坚持大湾区粮食生产保障一定自给率的底线，以"优粮优产"为基础，大力发展优质食味型水稻，走与其他稻作主产大省差异化、不对称战略，结合大湾区禀赋条件创新提出"富硒水稻工程"，开展"粮食生产双强"计划；试点中国式粮食全产业链现代化先行区，建立大湾区粮食储备与应急保障中心，立足于"双循环"战略建立大湾区粮食长效安全保障机制。

关键词：粮食主销区；粤港澳大湾区；粮食全产业链；粮食应急保障；高质量发展；路径分析

张磊，广东省农业科学院农业经济与信息研究所，博士、助理研究员，研究方向为农业经济理论与政策。

在当前百年未有之大变局背景下，推动我国经济高质量发展是全面建设社会主义现代化国家新征程中的必由之路。经济高质量发展是新时代中国经济发展理论自信的全新思想和战略行动，推动粮食产业高质量发展是新时期我国现代化强国建设和更高层次上保障国家粮食安全的战略选择[1]。习近平总书记多次强调，要把饭碗牢牢端在自己手里，主产区、主销区、产销平衡区要饭碗一起端、责任一起扛，抓好"粮头食尾""农头工尾""全方位夯实粮食安全根基"。近年来，随着人民生活水平的不断提升，消费倾向越来越呈现多元化、品质化、功能化和价值化的明显特征。粮食产业作为国民经济的基础性、战略性产业，加快粮食产业高质量发展，不仅是满足人民日益增长的美好生活需要的必然要求，也是保障国家粮食安全和全面乡村振兴的坚实基础[2]。近年来我国粮食除大豆进口外，小麦以美国、加拿大、澳大利亚优质专用小麦为主，大米则以泰国的高端大米为主。截至2022年10月海关数据，我国稻米进口数量累计已达544万吨，较上年同期增加39%，已超过2021年全年稻米进口量且突破配额的532万吨，其中高端大米进口增幅高达15.29%，证实中国粮食市场的高端需求越来越旺盛。近年来，我国农业发展内外部环境引致粮食生产受价格"天花板"和成本"地板"的双重挤压[3]，加之土壤退化、面源污染、资源短缺、气候恶化及国际贸易保护等内外因素交织[4]，迫切需要粮食产业迈向高质量发展道路[1]。黄季焜等认为"十四五"乃至2050年我国粮食产业主要向提高竞争力和可持续发展转变，对粮食的高价值产品、多功能需求（如生态、景观、旅游、文化等）也将成为粮食产业高质量发展与农民增收的增长点[5]。杜磊等认为，从组织形式来看，可通过发展集体经济来实现对粮农、粮食产业的赋能，形成粮食产业加工集聚区与地方经济的协同高质量发展[6]。何为高质量发展？王一鸣认为经济的高质量发展主要是从"数量追赶"转向"数量与质量并重"，迈向"结构升级、创新驱动、绿色发展"[7]。张军扩等提出注重产业的全产业链建设，打通生产、分配、流通和消费全过程，延长创新链、产业链、供应链和价值链[8]。简言之，高质量发展是能够更好满足人民日益增长的美好生活需要的经济发展方式、结构和动力状态[9]。从发展内容来看，高质量发展囊括经济、民生、生态、安全等多元维度，发展目标更高效率、更加健康、绿色可持续[10]。粮食产业高质量发展内含于国民经济发展之中。目前，学术界认为粮食产业高质量发展表现为产业体系更加完备、品牌影响力和市场竞争力更强，绿色优质、低碳、营养和健康更加深化[11]。粮食产业高质量发展更关注粮食使用价值及其质量合意性[4]，也更重视激活粮食产业的生态功能、人文功能、康养功能和社会功能[12]。程国强指出高质量发展内涵上包括"高质量供给与需求""高质量资源配置与投入产出""高质量区域联动和收入分配"[13]。还有学者从供给侧角度提出，粮食产业高质量发展必须要延伸产业链、提升价值链、打造供应链，扎实推进结构调整和绿色发展[14-15]。

粤港澳大湾区作为我国经济高度发达的地区之一，居民对绿色安全、口味多元、高品质的粮食产品消费意愿更强烈，但大湾区较之于广东及全国其他地区而言，在促进粮食产业高质量发展中面临更多的独特性、复杂性、规则性和风险性问题。如何基于广东省情、农情及大湾区经济社会发展条件下，探索大湾区粮食产业高质量发展新格局十分必要，为此，必须在理论和实践上解决好如下问题：大湾区粮食产业的现状如何，在迈向高质量发展进程中面临哪些问题；新时期大湾区如何在坚持系统思维、战略思维、创新思维和底线思维下，探究实现粮食产业高质量发展的路径；尤其在当前国际地缘冲突频发和国际贸易不稳定背景下，如何基于大湾区粮食产业短板和问题，建立健全粮食安全应急保障体系？上述问题的解决，不仅对促进粤港澳大湾区粮食产业高质量发展有着直接的促进作用，也对"十四五"及更长时期持续提升大湾区经济社会的高质量发展有重大的理论与现实意义，对我国其他高度集中的现代化城市群粮食产业高质量发展也有着借鉴意义。

一、粤港澳大湾区粮食生产变迁与现状

（一）粮食产量

2000~2020 年粤港澳大湾区粮食产量整体呈下降趋势，总产量由 2000 年的498.32 万吨下降至 2020 年的 303.60 万吨，降幅为 39%，其中稻谷产量由 2000 年的 491.44 万吨下降至 2020 年的 265.19 万吨，降幅为 46%。稻谷产量占粮食总产量的比例呈现波动中下降的趋势，由 2000 年的 98.61% 下降至 2020 年的87.35%（见图 1）。从大湾区不同地市来看，粮食生产集中度不断提升。2000年，肇庆、广州、江门和惠州的粮食产量占比较高，四地约占大湾区粮食总产量的 81.59%，其中稻谷约占大湾区稻谷总量的 82.69%；2005~2020 年，肇庆、佛山、东莞和广州的总粮食产量占比较高，其占整个大湾区比例由 2005 年的91.00% 提升至 2020 年的 96.77%，其中四地稻谷占比也由 2005 年的 91.19% 提升至 2020 年的 97.03%（见表 1）。

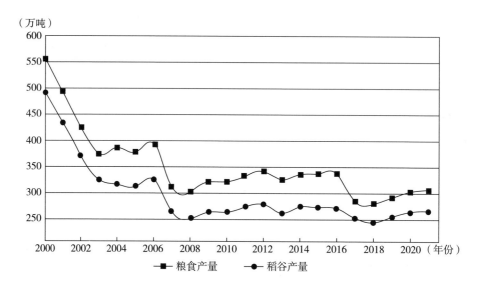

（万吨）

图1　2000～2020年粤港澳大湾区内地九市粮食产量变化

（二）粮食播种面积

2000～2020年粤港澳大湾区粮食播种面积呈下降趋势，粮食总播种面积由2000年的966371公顷下降至2020年的545290公顷，降幅为43.57%，其中稻谷播种面积由2005年的554561公顷降至2020年的461079公顷，降幅为16.86%。稻谷播种面积占粮食总播种面积的比例呈现波动中增加的态势，由2005年的77.24%逐步提升至2020年的84.56%。从粤港澳大湾区不同地市来看，2000年肇庆、江门、惠州和广州四市粮食播种面积占比较高，四个地市的粮食总播种面积占大湾区粮食播种总面积的比例，由2000年的83.25%逐步提升至2020年的96.39%；四个地市稻谷总播种面积占大湾区稻谷总播种面积的比例，也逐步由2005年的91%提升至2020年的97%（见表2）。

二、粤港澳大湾区粮食生产条件

（一）光热水资源

粤港澳大湾区光热水资源丰富，适宜水稻等粮食作物生长。年均日照时数在1587.27～2050.59小时，平均为1782.04小时，其中沿海地区年均日照时数较高；历年大湾区年均气温在13.69℃～23.19℃，平均为21.60℃，除山区外其他地区年均气温较高；在水资源方面，大湾区降水充沛，历年年均降水在1429.78～2558.73毫米，其平均为1885.93毫米（见表3）。

表1 粤港澳大湾区内地九市粮食产量变化

单位：万吨，%

年份	项目	广州	深圳	珠海	惠州	东莞	中山	江门	佛山	肇庆	合计
2000	粮食产量	88.11	0.37	8.83	77.75	20.41	23.51	96.84	38.59	143.92	498.32
	占比	17.68	0.07	1.77	15.60	4.10	4.72	19.43	7.74	28.88	100.00
	稻谷产量	82.41	0.04	8.33	86.95	18.35	22.13	110.14	36.23	126.87	491.44
	占比	16.77	0.01	1.70	17.69	3.73	4.50	22.41	7.37	25.82	100.00
2005	粮食产量	51.73	0.06	5.73	13.05	74.21	2.02	13.23	90.92	127.99	378.93
	占比	13.65	0.02	1.51	3.44	19.58	0.53	3.49	23.99	33.78	100.00
	稻谷产量	45.03	0.00	4.70	10.72	50.63	1.19	11.09	82.26	108.71	314.33
	占比	14.33	0.00	1.50	3.41	16.11	0.38	3.53	26.17	34.58	100.00
2010	粮食产量	43.04	0.00	4.18	9.70	58.68	1.25	7.31	87.20	110.51	321.88
	占比	13.37	0.00	1.30	3.01	18.23	0.39	2.27	27.09	34.33	100.00
	稻谷产量	32.40	0.00	3.06	6.66	41.64	0.88	3.57	80.36	96.43	264.99
	占比	12.23	0.00	1.15	2.51	15.71	0.33	1.35	30.33	36.39	100.00
2015	粮食产量	44.09	0.01	4.16	9.82	59.72	1.27	7.79	95.57	115.93	338.35
	占比	13.03	0.00	1.23	2.90	17.65	0.38	2.30	28.25	34.26	100.00
	稻谷产量	31.01	0.00	2.89	5.16	42.01	0.41	2.99	88.61	101.11	274.19
	占比	11.31	0.00	1.05	1.88	15.32	0.15	1.09	32.32	36.88	100.00
2020	粮食产量	14.22	0.04	2.89	4.72	60.44	0.82	1.34	97.92	121.22	303.60
	占比	4.68	0.01	0.95	1.55	19.91	0.27	0.44	32.25	39.93	100.00
	稻谷产量	11.60	0.03	2.61	3.61	47.12	0.61	0.99	91.25	107.36	265.19
	占比	4.37	0.01	0.98	1.36	17.77	0.23	0.37	34.41	40.48	100.00

资料来源：《广东农村统计年鉴》（2000~2021年）。

表2 粤港澳大湾区内地九市粮食种植面积

单位：公顷，%

年份	粮食播种面积	广州	深圳	珠海	佛山	惠州	东莞	中山	江门	肇庆	总计
2000	总面积	153019	648	15405	68414	189265	35179	42168	226369	235904	966371
	占比	15.83	0.07	1.59	7.08	19.59	3.64	4.36	23.42	24.41	100.00
2005	总面积	97692	105	10273	25453	151280	4206	24398	186545	218025	717977
	占比	13.61	0.01	1.43	3.55	21.07	0.59	3.40	25.98	30.37	100.00
	稻谷面积	81169	1.00	8186	19389	97865	2290	20164	157720	167777	554561
	占比	14.64	0.00	1.48	3.50	17.65	0.41	3.64	28.44	30.25	100.00
2010	总面积	89801	10.00	8066	20824	120161	2795	14956	193164	202408	652185
	占比	13.77	0.00	1.24	3.19	18.42	0.43	2.29	29.62	31.04	100.00
	稻谷面积	65884	0.00	5869	13073	85352	1742	7177	174526	167086	520709
	占比	12.65	0.00	1.13	2.51	16.39	0.33	1.38	33.52	32.09	100.00
2015	总面积	89634	10.00	7039	20633	116594	2806	14918	190873	202195	644702
	占比	13.90	0.00	1.09	3.20	18.08	0.44	2.31	29.61	31.36	100.00
	稻谷面积	59778	0.00	4422	9520	80312	737	5160	171242	164949	496120
	占比	12.05	0.00	0.89	1.92	16.19	0.15	1.04	34.52	33.25	100.00
2020	总面积	28157	1448	4924	9036	112791	1615	2665	185431	199223	545290
	占比	5.16	0.27	0.90	1.66	20.68	0.30	0.49	34.01	36.54	100.00
	稻谷面积	22081	955	4422	6492	87112	1116	1977	169005	167919	461079
	占比	4.79	0.21	0.96	1.41	18.89	0.24	0.43	36.65	36.42	100.00

资料来源：《广东农村统计年鉴》（2000~2021年）。

表3 粤港澳大湾区各个地区降水、日照时数和年均气温均值

单位：毫米，小时，℃

地区	降水	日照时数	年均气温
广州	1900.95	1759.89	21.65
深圳	1868.06	1941.40	22.42
珠海	2119.56	1873.92	22.63
佛山	1720.01	1728.40	22.27
惠州	1990.53	1866.42	21.41
东莞	1818.97	1865.01	22.48
中山	1892.28	1826.39	22.59
江门	2078.05	1790.95	22.21
肇庆	1703.11	1670.61	20.64
香港	1950.26	1981.89	22.31
澳门	2112.30	1905.85	22.84
全域	1885.93	1782.04	21.60

资料来源：2010~2021年中国国家气象科学数据中心数据整理分析所得。

（二）耕地资源

1. 耕地面积

从近10年耕地演化情况来看，中国土地遥感监测数据显示，2010年粤港澳大湾区耕地总面积为12763平方千米，2020年大湾区耕地实有面积为12187平方千米，其中香港仅有48平方千米；2020年湾区耕地面积比2010年减少576平方千米，降幅约为5%。2020年水田和旱地面积分别为8719平方千米和3468平方千米，比2010年分别减少270平方千米和306平方千米，降幅分别约为3%和8%。2020年大湾区内地九市适宜水稻种植的水田面积为8694平方千米（见表4）。

从大湾区耕地空间分布来看，江门、惠州、肇庆和广州耕地面积较大，2010年、2020年四地耕地总量分别占大湾区耕地总量的79%和78%；从不同地区的耕地变化来看，2010年、2020年除佛山的水田面积和耕地总量增加外，其余耕地面积均有减少（见图2）。

表4 2010年和2020年粤港澳大湾区耕地面积   单位：平方千米

地区	2010年			2020年		
	水田	旱地	总量	水田	旱地	总量
广州	1881	317	2198	1715	311	2026
深圳	47	180	227	36	119	155
珠海	262	180	442	229	145	374
佛山	794	210	1004	1043	190	1233
惠州	1876	855	2731	1792	787	2579
东莞	206	156	362	156	150	306
中山	492	40	532	484	31	515
江门	1641	1128	2769	1630	1062	2692
肇庆	1764	676	2440	1609	650	2259
香港	26	32	58	25	23	48
澳门	0	0	0	0	0	0
全域	8989	3774	12763	8719	3468	12187

资料来源：《广东农村统计年鉴》（2010~2021年）。

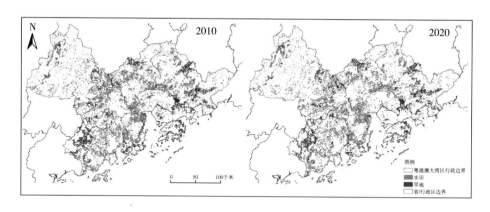

图2 2010年、2020年粤港澳大湾区耕地空间分布图

审图号：GS（2019）4342号。

2. 耕地地形

粤港澳大湾区有平原、丘陵和山地三类地形。从耕地所处地形可以看出，大湾区85.00%以上的耕地处于平原，其中9.90%的耕地处于海平面以下，有3.65%和0.34%的耕地为丘陵和山地（见图3）。值得一提的是，大湾区不少耕地被开发为星罗棋布的鱼塘，2020年数据显示，大湾区内地九市中淡水池塘养殖面积约 17.25 万公顷,占全省池塘养殖总面积的 67.40%,养殖产量 277.78 万吨,占全省池塘养殖总产量的 63.70%。

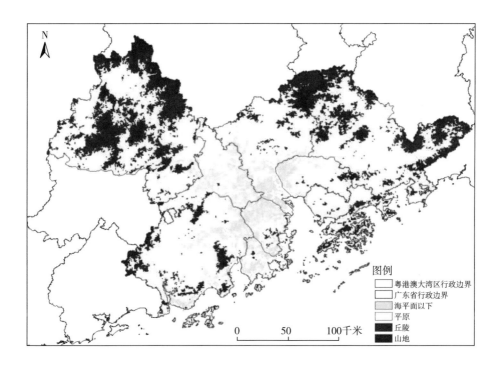

图 3 粤港澳大湾区地形分布图

审图号: GS (2019) 4342 号。

(三)农田水利建设

粤港澳大湾区耕地有效灌溉面积呈波动中下降的趋势,从 2000 年的 732.02 千公顷下降至 2020 年的 499.12 千公顷,降幅为 31.82%,其中,节水灌溉面积呈增加态势,从 2000 年的 0.38 千公顷增加至 2020 年的 127.06 千公顷,增幅为 33336.84%(见表 5)。

(四)生产成本与收益

粤港澳大湾区稻谷生产成本与收益如表 6 所示。2005 年、2010 年、2015 年、2020 年大湾区稻谷生产总成本分别为 7346.70 元/公顷、11328.90 元/公顷、18802.80 元/公顷、20283.15 元/公顷,均高于当年全国平均水平;稻谷净利润分别为 2441.63 元/公顷、2523.30 元/公顷、-33.15 元/公顷、-876.45 元/公顷,稻谷种植利润较全国更早跌入负收益阶段,尤其早稻更明显。

表 5　粤港澳大湾区耕地有效灌溉面积和节水灌溉面积

单位：千公顷

地区	2000 年		2005 年		2010 年		2015 年		2020 年	
	有效灌溉	节水灌溉	有效灌溉	节水灌溉	有效灌溉	节水灌溉	有效灌溉	节水灌溉	有效灌溉	节水灌溉
广州	116.20	—	106.55	5.64	106.85	29.26	73.18	29.28	73.18	29.32
深圳	5.47	0.01	3.88	2.48	3.07	2.48	2.13	0.47	2.13	0.47
珠海	32.32	0.05	31.55	0.05	31.36	0.05	9.43	—	9.43	—
佛山	76.58	—	26.84	—	139.47	0.24	127.02	9.49	127.02	34.72
惠州	114.64	—	66.00	—	57.55	—	32.73	1.99	32.73	17.18
东莞	42.86	—	139.47	0.24	118.36	12.07	109.18	29.34	109.18	30.42
中山	40.40	—	126.74	0.08	26.84	—	13.13	0.88	13.15	0.88
江门	174.70	0.24	114.64	7.81	30.00	—	15.54	1.42	15.54	2.43
肇庆	128.85	0.08	33.30	—	125.17	0.08	116.76	10.88	116.76	11.64
总量	732.02	0.38	648.97	16.30	638.67	44.18	499.10	83.75	499.12	127.06

资料来源：《广东农村统计年鉴》（2000~2021 年）。

表6 粤港澳大湾区稻谷成本与收益　　　　单位：元/公顷

年份	产值		总成本		净利润	
	全国平均	大湾区	全国平均	大湾区	全国平均	大湾区
2005	8703.83	9788.33	6989.55	7346.70	1714.28	2441.63
2010	13318.43	13852.20	10646.40	11328.90	2672.03	2523.30
2015	18046.20	18769.65	16672.65	18802.80	1373.55	-33.15
2020	16501.95	19406.70	17582.70	20283.15	-1080.75	-876.45

资料来源：《全国农产品成本收益资料汇编》（2005~2021年）。

三、粤港澳大湾区粮食消费状况

广东省作为全国人口第一大省和最大的粮食主销区，近年来年均粮食缺口高达3800万吨以上。以2020年粮食实际消费为例，全省粮食缺口高达3884.2万吨，而全省粮食产量仅为消费量的24.2%。在粮食消费结构方面，饲料用粮占50.0%，口粮消费占38.0%，其他主要为工业及种子用粮。此外，大湾区还存在粮食生产与消费空间分布上的严重不均衡。2020年粤港澳大湾区人口约为8640.22万人，比2015年增加978.28万人，年均增长率约为2.60%，广东作为最大粮食主销区，多年来一直通过"内外循环"维系粮食消费平衡，进口粮食类型主要是大米，2018~2021年广东进口大米数量几近全国总进口量的50%（见表7）。

表7 广东及全国进口大米情况　　　　单位：万吨,%

年份	全国大米进口量	广东大米进口量	广东占比
2018	306.0	164.0	53.5
2019	255.0	120.0	47.1
2020	294.0	130.0	44.2
2021	496.0	230.0	46.4

资料来源：根据国家统计局、国家海关总署及广东省粮食和物资储备局公布数据统计整理所得。

2015~2020年，粤港澳大湾区内地九市口粮消费呈现不断增加的趋势，由2015年的812.7万吨增加至2020年的1003.1万吨，增幅为23.4%，年均增长率约为5%。从不同品种粮食消费来看，2015~2020年大湾区谷类消费总量呈现增加的趋势，占口粮消费总量的90%以上；薯类消费总量呈现出增加的趋势，占口粮消费总量的比例稳定在1%左右；豆类消费总量呈现增加的趋势，占口粮消费总量比例徘徊在6%~7%。从不同地区的粮食消费来看，2015~2020年各地区的谷类、薯类和豆类消费总量均呈增加的趋势，其中广州、深圳、佛山和东莞的口粮消费总量、谷类消费总量、薯类消费总量和豆类消费总量均较大（见表8）。

表8　粤港澳大湾区内地九市口粮消费变化　　　　　　单位：万吨

类别	地区	2015年	2016年	2017年	2018年	2019年	2020年
粮食总消费量	广州	188.7	198.3	204.0	195.4	212.2	240.3
	深圳	167.3	177.4	185.4	181.1	198.2	226.1
	珠海	22.4	23.1	24.2	24.0	27.0	31.4
	佛山	102.3	103.3	105.1	100.6	109.3	122.0
	惠州	65.1	66.5	66.8	63.5	69.2	77.7
	东莞	118.3	120.1	121.3	113.4	121.2	134.4
	中山	47.0	48.2	48.8	46.6	50.8	56.8
	江门	54.2	54.6	54.3	51.1	55.1	61.6
	肇庆	47.4	47.5	47.2	44.2	47.4	52.8
	总计	812.7	839.0	857.1	819.9	890.4	1003.1
谷类	广州	176.2	184.5	190.1	181.8	195.3	221.8
	深圳	156.3	165.1	172.8	168.4	182.4	208.7
	珠海	21.0	21.5	22.5	22.3	24.9	29.0
	佛山	95.5	96.2	98.0	93.6	100.6	112.7
	惠州	60.8	61.9	62.3	59.1	63.7	71.7
	东莞	110.4	111.8	113.0	105.5	111.5	124.1
	中山	43.9	44.8	45.5	43.3	46.8	52.4
	江门	50.6	50.8	50.6	47.5	50.7	56.9
	肇庆	44.2	44.2	44.0	41.1	43.7	48.7
	总计	758.9	780.8	798.8	762.6	819.6	926.0
薯类	广州	2.3	2.6	2.9	2.8	3.0	3.0
	深圳	2.0	2.3	2.6	2.6	2.8	2.9
	珠海	0.3	0.3	0.3	0.3	0.4	0.4
	佛山	1.2	1.4	1.5	1.4	1.6	1.5
	惠州	0.8	0.9	0.9	0.9	1.0	1.0
	东莞	1.4	1.6	1.7	1.6	1.7	1.7

续表

类别	地区	2015 年	2016 年	2017 年	2018 年	2019 年	2020 年
薯类	中山	0.6	0.6	0.7	0.7	0.7	0.7
	江门	0.7	0.7	0.8	0.7	0.8	0.8
	肇庆	0.6	0.6	0.7	0.6	0.7	0.7
	总计	9.9	11.0	12.1	11.6	12.7	12.7
豆类	广州	10.2	11.1	11.0	10.9	13.9	15.4
	深圳	9.1	10.0	10.0	10.1	13.0	14.5
	珠海	1.2	1.3	1.3	1.3	1.8	2.0
	佛山	5.5	5.8	5.7	5.6	7.2	7.8
	惠州	3.5	3.7	3.6	3.5	4.5	5.0
	东莞	6.4	6.7	6.5	6.3	7.9	8.6
	中山	2.5	2.7	2.6	2.6	3.3	3.6
	江门	2.9	3.1	2.9	2.8	3.6	3.9
	肇庆	2.6	2.7	2.5	2.5	3.1	3.4
	总计	43.9	47.1	46.1	45.6	58.3	64.2

资料来源:《广东统计年鉴》(2015~2021 年)。

四、粤港澳大湾区粮油加工产业现状

(一)粮油加工产业概况

粮油加工是粮食产业高质量发展的重要环节,是延伸粮食产业链、拓宽价值链和保障供应链的重要途径。2021 年,全国重点粮油企业专项调查结果显示,广东 14 家会员企业获得"50 强""10 强"称号,其中粤港澳大湾区粮油企业占比高达 100%,全省被纳入"国家粮油统计信息系统"的粮油加工企业 771 家,其中,国有及国有控股企业 48 家,占比为 6.2%,外商及港澳台商企业 78 家,占比为 10.1%,民营企业 645 家,占比为 83.7%;全年实现工业总产值 2804.5 亿元,产品销售收入 3118.8 亿元,利润总额 159.6 亿元,销售利润率为 5.12%。目前,已在东莞市麻涌镇、虎门镇等地形成了大湾区粮油加工产业集聚区,尤其是麻涌镇粮油产业聚集基础良好,其粮油加工年产值近 320 亿元,与天津港、张家港并列全国三大粮油生产基地,丰益国际、嘉吉和路易达孚世界级三大粮商均在麻涌设基地,涉及小麦、大豆、油脂等仓储及面粉、饲料、食用油等加工产业。

（二）粮油加工企业特点

一是大湾区粮油加工产业集聚效应明显。2021 年，大湾区内地九市粮油加工企业产值达 2098.7 亿元，占广东省的 74.8%，粤西同类企业产值和占比分别为 436.9 亿元和 15.6%，粤北分别为 184.3 亿元和 6.6%，粤东地区则分别为 84.6 亿元和 3.0%。二是饲料加工业在粮油产业中地位突出。饲料加工业占广东粮油加工产业整体产值约 38.5%，食用植物油加工业占 26.5%，粮油食品加工业占 18.9%，稻米和小麦粉加工分别占 5.6% 和 4.5%，其他占 6.0%。三是民营企业行业重要性不断提升。民营企业在数量上占广东粮油加工产业的比例高达 82%，民营粮油企业产值占全省的 52.7%，而外商及港澳台商投资企业、国有企业分别占省的 40.6% 和 6.7%。四是规模以上加工企业龙头带动效应明显。广东粮油加工及饲料产业以规模以上加工企业为主，2021 年，全省 203 家日均 400 吨以上产能企业的年产值为 2172.9 亿元，占全省的 77.5%；食用植物油日产能 400 吨以上企业占全省的 98.0%，小麦粉和饲料规模以上企业分别占全省的 88.5% 和 88.2%。

五、粤港澳大湾区粮食产业存在问题

（一）粮食供需结构失衡，供给数量与质量潜力挖掘不够

一是从数量来看，大湾区粮食产量严重低于湾区居民消费量。2020 年大湾区耕地实有面积 12187 平方千米，其中香港仅 48 平方千米，内地九市中适宜水稻种植的水田面积为 8694 平方千米，且随着工业化、城镇化用地需求日益增加，与粮争地问题日渐突出。同时，由于蔬菜等高附加值作物种植对大湾区水稻生产直接带来较大竞争，造成耕地租金持续上涨。二是从粮食供给质量来看，目前大湾区乃至全国整体稻米市场品牌化、绿色化、高端化、特色化的产品依然严重短缺。大湾区居民对绿色优质粮食消费需求持续走高，尤其符合岭南居民消费习惯的软香长粒型优质油黏籼米更是供不足需，仍需从泰国、柬埔寨等东南亚国家大量进口。此外，大湾区乃至广东水稻种植中过量使用化肥与农药问题依然不容忽视，尤其是返青肥和促蘖肥期间投入过量，引致水稻无效分蘖多、成穗率低等问题；加之目前农业社会化服务整体水平较低，特别是统防统治滞后使得农药防控病虫害难以整体协同、低效严重。三是在消费方面，大湾区内地九市农产品质量安全标准与港澳标准存在较大差异，且在湾区内部尚未形成农产品质量追溯和食品安全信息通报体系。

（二）粮食生产成本不断高企，机械化与社会化服务短板突出

近 10 年来，大湾区粮食生产成本持续上涨，人工、田租、物质与服务费用

等较国内其他地区明显偏高，其中人工成本的不断高企已成为侵蚀种粮收益的主要因素。在农业机械化方面，2020 年广东农业机械总动力为 1.67 瓦/公顷，低于浙江的 2.11 瓦/公顷。广东主要农作物耕种综合机械化率为 65.7%，比浙江低 6 个百分点，尤其水稻耕种收综合机械化率为 75.3%，比浙江低 10.2 个百分点，其中广东水稻机械化插秧率不足 30%，而江苏、浙江等省份机插秧率则分别高达 70%、56% 以上；广东农产品初加工机械化率为 24.2%，比浙江低 22 个百分点。社会化服务发展滞后是大湾区乃至广东全省种植业的短板，浙江开展农业社会化服务的合作社有 6104 个，而广东仅有 1665 个；广东开展社会化服务的企业仅有 924 家，远低于浙江的 2003 家；其他服务组织广东有 1356 个，仅为浙江的 39.3%，服务对象也仅为浙江的 56.2%。水稻机烘干也是目前大湾区乃至广东全省水稻机械化的严重短板，2021 年全省水稻烘干率不足 25%，尤其大湾区内的肇庆、惠州、江门等地机械化烘干不足更明显，由于水稻收割前后多发连阴雨天气，种粮大户等新收稻谷因无法及时晾晒而发霉变质现象屡见不鲜。

（三）粮食储备方式和主体单一，"优粮优储"和应急保障力不足

大湾区乃至我国粮食储备主要以政府储备粮为主，长期依托国有企业的超大规模储备导致财政压力过大，而世界主要发达国家和地区则普遍依靠市场主体开展粮食储备，如美国、澳大利亚、俄罗斯等国政府储粮约占 8%，农场和相关企业自储分别为 50% 和 42%[16-17]。国外依托私有企业开展的粮食储备对我国或不具有完全的可参考性，但目前我国社会和市场储备确实占比较低，尤其是在粮食和重要农产品供给不确定性压力扰动下，大湾区城市和农村居民自储蔬菜及粮食储备周期分别仅为 3 天和 17 天。此外，在粮食收储中缺乏对水稻品种及优质稻米的差异化分储机制，难以在储存环境、加工等方面保障"优粮优储""优粮优加"。

（四）粮食精深加工能力不足，对高质量发展引领效应较弱

粮食加工业是大湾区整体粮食产业高质量发展的重要环节，虽然大湾区粮食生产不占优势，但粮油加工与储备有良好的基础和发展潜力。目前，大湾区粮油加工企业生产经营主要面临以下困难：

一是融资渠道少，融资成本高。粮油购销与加工属资金密集型产业，大宗粮食交易对资金需求量较大，而大湾区乃至广东全省粮油加工企业 80% 以上属民营企业，较难获得政策性银行贷款，且农业加工利润率较低、抵押流通性差、发展规模受限等原因，受商业银行资本约束和金融抑制较为明显。二是粮食生产成本不断上涨，利润空间受侵蚀严重。受新冠肺炎疫情等全球事件影响，逆全球化、单边主义、贸易保护主义对国际粮食和能源市场造成了较大冲击，引致全球

粮食等大宗商品价格不断上涨。尤其是在突发重大安全事件下跨境跨地区物流运输受阻，直接导致企业运输成本、材料采购成本大幅增加。三是专业人才短缺、用工难。粮油加工作为传统民生微利行业，在薪酬待遇、工作氛围等方面较之其他非农行业对人才的吸引力不足，且粮油加工企业普遍缺乏高级技术人才。此外，以民营为主的粮油加工企业囿于守旧的家族式经营，也对专业化经理人和先进管理模式的引进滞后。四是用地指标落实难。大湾区粮油加工企业普遍面临厂房、仓库等空间严重不足问题，随着大湾区持续净输入的人口日益增长的消费需求，粮油加工企业面临扩建厂房和仓储等永久性设施和用地指标难题。五是产业发展水平不高。目前，广东粮油加工企业八成以上为民营企业，规模小、体系散、竞争力弱、现代企业制度滞后、产品品种单一、附加值低等问题普遍存在，不少企业缺乏产品及技术研发能力，甚至没有设置研发部门。

六、促进大湾区粮食产业高质量发展的思考与对策建议

（一）逻辑驱动机制

政策设计需以政策目标为基础和依据[18]，促进大湾区粮食产业高质量发展是一项系统工程，也是多个变量共同影响的目标函数，要厘清重点变量因素对目标函数的影响机理，既要注重种植积极性的激励，也要提升粮食产业的竞争力及粮食流通、加工、科研与技术相协调，做好"产储购加销"协同发展。粮食产业高质量发展既要粮食数量也要粮食质量，既要吃饱也要吃好，重视提质增效，提升粮食产业竞争力为导向，重视延伸粮食产业链、拓展价值链、保障供应链，并通过农业社会化服务与良好的利益联结机制，实现小农户与现代粮食产业的衔接与融合。鉴于粤港澳大湾区及广东省粮食产业的特殊情况，面临严峻的粮食产销空间不平衡现实，在压实本地区粮食安全责任的同时，必须充分利用好国内与国际粮食市场，构建持续、稳定、高效和安全的粮食长效安全保障体系。毋庸置疑，粤港澳大湾区粮食产业高质量发展势必要适应大湾区消费升级的客观现实，满足消费者绿色、无公害和高品质的需求；除水稻等口粮外，还应因地制宜、因时制宜，注重薯类、鲜食玉米等杂粮冬种生产优势。此外，结合大湾区禀赋条件的同时，满足消费需求升级和产业链、价值链和供应链协同提升，实现优粮优产。面对大湾区居民对"优粮"的巨大需求，从科技育种、政府支持、粮农生产等方面实施"优粮优产"，与此同时，还需要保障农户的合理收益才是粮食产业高质量发展的长效动力。而产业链的延展、价值链的拓宽是农民增收与公司获益的核心环节，两者是"优粮优产"和"优粮优加"的两大主体。由于粤港澳大湾区人口高密度、粮食资源禀赋不足等客观因素制约，建立应急和常态相结合的大湾区粮食储备体系至关重要，为此要做到"优粮优储"。通过产业链和价值链对大湾区粮食产业产、加、销、储四大方面的有机协同，实现质效同增，是推进大湾区粮食产业高质量发展的逻辑驱动机制与核心要义（见图4）。在延伸粮食"三链协同"要求下，打造大湾区粮食产业的品牌价值链，推进产业链各环节、实施主体和驱动要素以优质为导向，紧密联结农民、合作社、收储企业、加工企业、销售企业等，形成全产业链上的闭环运营，才能达到农民增收、企业盈利、消费者获益的目标。

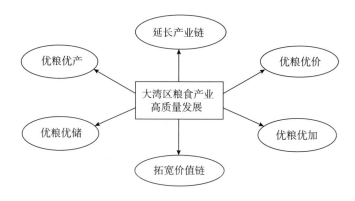

图4 大湾区粮食产业高质量发展逻辑驱动机制

做好粮食应急保障和供应链稳定。由于粤港澳大湾区人口密度高、粮食资源禀赋不足等因素制约，建立应急和常态相结合的大湾区粮食储备体系至关重要，为此要做到以下几点：一是推进粤港澳大湾区粮食产业高质量发展。强化延链、补链、强链，打造大湾区粮食产业品牌价值链，在延伸粮食产业链、提升价值链、打造供应链的"三链协同"要求下，推进产业链各环节、实施主体和驱动要素以优质为导向，紧密联结农民、合作社、收储企业、加工企业、销售企业等，形成全产业链上的闭环运营，才能达到农民增收、企业盈利、消费者获益的目标。二是做好粮食应急保障和供应链稳定。按照"大粮食、大产业、大市场、大流通"的思路，紧紧围绕大湾区粮食市场需求，整合区域内骨干粮食企业，为匹配人口增长需求，服务粤港澳大湾区建设战略大局、惠及全省乃至整个华南地区，打造"珠江粮食走廊"的关键支柱，支撑"北粮南运"沿海粮食大通道的战略运行，建设粤港澳大湾区粮食应急保障中心，发挥协同效应，强保障、重应急，以点带面作用。三是注重粤港澳大湾区粮食产业具有多功能属性发挥。粮食

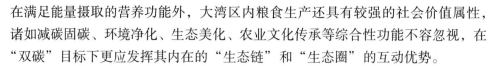

在满足能量摄取的营养功能外，大湾区内粮食生产还具有较强的社会价值属性，诸如减碳固碳、环境净化、生态美化、农业文化传承等综合性功能不容忽视，在"双碳"目标下更应发挥其内在的"生态链"和"生态圈"的互动优势。

（二）对策建议

1. 粮食生产：以"优粮优产"为基础，增加绿色优质粮源供给

一是以绿色生态为导向，提升大湾区稻米绿色化水平。"种好一半利、秧好一半谷"，应持续加大对优质稻米品种的选育和科技创新，加大丝苗米全产业链的高质量支撑，推进高端化、品牌化、个性化稻米品种创新。科学栽培对粮食高产抗逆有着重要的价值，应加强水稻绿色防控与节本增效，大力推进控肥、控苗和控病虫的"三控"技术，强化农作物病虫害统防统治和绿色防控融合发展，集成应用生态调控、生物防治等绿色防控技术[19]。可借鉴浙江"肥药两制"改革经验，试点推进大湾区内地九市全链条式农业绿色化"证码改革"，对大湾区粮食、蔬菜等重要农产品建立数字化监测预警平台。二是聚焦提升农业科技助力粮食提质增效，构建大湾区"一廊多点"农业科技创新体系。对接广深港澳科技创新走廊建设，充分发挥科技创新对现代农业生物技术、绿色智慧高效农业、农产品质量与生命健康等方向溢出效应[20]。充分利用大湾区耕地富含硒元素的得天独厚优势，加大对富硒水稻的产业化开发①，尤其是充分利用大湾区耕地富含硒元素的得天独厚优势[21]。三是进一步挖掘粮食生产潜力。一方面，充分利用大湾区冬季良好的气候资源大力推进冬种粮食生产，尤其注重惠州、江门、肇庆等地冬种马铃薯及鲜食玉米潜力开发；另一方面，探索特色化的渔稻共作模式，渔稻共作②是大湾区提升粮食产量的潜力板，"渔稻模式"能够实现水稻有效吸收水体中氮、磷等营养元素，实现养分循环与有序利用，大湾区鱼塘种稻不仅能够缓解全省粮食自给率持续下降问题，而且能够有效解决水产尾水处理、环境保护等问题，实现水产养殖与粮食安全协同互促，"一水两用、一塘双收"模式。

2. 大力开展粮食生产"双强"计划，建设中国式粮食全产业链现代化先行区

推广水稻生产全程机械化是大湾区粮食生产提质增效的关键环节。一是要提升水稻机插秧机械化率。浙江科技强农、机械强农"双强"成功经验表明，科

---

① 资料来源：省地质局、省科协地球科学与工程学会联合体、省地质学会等，https：//static. nfapp. southcn. com/content/201904/27/c2164822. html。富硒水稻具有抗癌、防癌、抗氧化与消除自由基、提高人体免疫力等保健功能。粤港澳大湾区大面积分布着得天独厚的富硒优质耕地，耕植土硒含量最高达 2. 209 微克/克，平均值为 0. 55 微克/克，高于我国表层土壤硒平均值。

② 目前，大湾区"东涌模式"水稻产量亩均约 350 千克，水产养殖品种方面，加州鲈、鲫鱼、黄颡鱼、澳洲淡水小龙虾等混养取得了较好成效。

技和机械化是粮食生产提升效益和效率的核心，唯有通过"机器换人"才是对冲成本上涨的最可行路径，通过机械化"引擎"赋能，建立符合大湾区实际的适用农机具需求清单，重点补齐水稻机插秧及马铃薯机收方面机械化率。二是注重推进农机农艺的融合和基础设施宜机化改造[22]，优化育秧育苗、粮食烘干、稻米加工、机库棚等配套设施建设标准和规划布局。此外，在财政支持补贴方面，可借鉴浙江、江苏对重点品类农机具施行累加定额补贴，调整优化农机购置补贴政策范围和标准。三是试点建设中国式粮食全产业链现代化先行区。充分利用大湾区粮食加工企业及其基础设施，通过互联网、物联网等推进粮食烘干、贮藏、加工、销售全产业链融合，实现大湾区水稻产加储销全过程的一体化和标准化，并推进水稻收获后烘干贮藏加工一体化建设，加大对合作社、种粮大户的烘干机购置补贴，布局以水稻专业村、专业镇为中心的粮食烘干与农事综合服务中心。

3. 粮食流通与储备：建立常态化与应急协同的粮食保障机制

一是建立"双循环"粮食流通产销协调机制。立足于"双循环"战略视角，国内布局战略性的产销合作机制，创新跨省建库、跨省收储、补贴共赢；充分研究国际粮食市场，支持大湾区有潜力的粮油企业做大做强，学习国际大型粮商的一流管理经验和技术，培育具有国际竞争力的大型粮油企业在国外建设粮食"飞地"。二是建立大湾区粮食应急保障中心。建议充分利用东莞市麻涌镇粮油产业聚集及区位优势，打造华南最大粮油结算基地和食材加工配送基地。还应结合突发公共事件中居民消费特点，在储备与分销类型上满足原粮、小包装散粮、粮种等多方面需求；大型储备点在高质量储备原粮的同时，还应由国家部委、省级政府及大型制种公司等多部门参与，统筹协调开展粮种应急储备。此外，还应加强饲料粮的储备布局和重点区域保障，适度鼓励加强民间粮食自主储备。三是积极推动粮油加工行业集聚发展。充分利用粤港澳大湾区海港、高速公路和铁路等粮食物流通道优势，在港口等重要粮食物流节点建成若干粮油加工产业园区，提高粮食物流周转效率，减少粮食运输损耗，推动大湾区粮油加工企业集聚发展。四是打造大湾区粮食产业供需协同信息产业链。加强粮食智慧物流建设，提高粮食储备与应急调运协同能力，建立基于大数据的粮食产销智慧物流监测平台，推进粮食跨区域调运、分配、物流和配送的时效性。针对粤港澳大湾区城市群及重点城市，应建立供需动态台账，包括重点用户、重点储备、加工与流通企业清单名录，以备不时之需进行扩产增能。

4. 粮食加工：以"优粮优加"为引擎，推进粮食全产业链增值

粮油加工企业既是联结生产者与消费者的重要主体，也是实施"优粮优

加""优粮优价""优粮优储"的核心，支持粮油加工企业又好又快发展是推动粤港澳大湾区粮食产业高质量发展的重要一环。一是重点打造龙头企业，加大对粮油加工企业的财政及金融支持力度。对产品竞争力强、具有良好发展前景的企业，在项目融资、用地指标等方面给予优先解决；鼓励政策性、商业性金融机构在风险可控前提下，加大对粮油加工龙头企业的信贷支持。加快培育一批"专精特新"粮油加工龙头企业，聚力打造一批高附加值产品，培育一批知名粮油加工产品品牌，以龙头企业辐射带动作用，引领粮食加工企业发展提质增效。二是增强粮食资源掌控能力。以"双循环"战略为契机，提升粤港澳大湾区外向型粮食长效安全保障机制。在国内市场方面，支持大湾区粮食重点企业与主产大省建立粮食安全长效保障机制，建设跨省域粮源基地。在国际市场方面，引导和鼓励龙头企业丰富粮食进口来源国，加强与"一带一路"沿线国家建立粮食产业链与供应链合作体系，分散进口风险，提升国际粮食资源掌控能力。

5. 粮食消费与品牌建设：推进政府与市场协同建设湾区粮食产业品牌

一是推动建立粤港澳大湾区统一的大市场及农产品质量安全标准。实现食品安全与港澳标准对接，打造大湾区高质量、高标准、高效益的粮食产供销体系，形成一批国际上具有影响力话语权的先进标准，以标准化带动广东甚至更多地区粮食产业高质量发展。二是夯实品牌培育基础。把品牌打造作为推进大湾区粮食产业高质量发展的重点之一，以大湾区丝苗米专业村镇、现代农业产业园、丝苗米产业集群为重点，打造精品区域公用品牌。完善大湾区优质丝苗米标准制定，鼓励市、县根据优质丝苗米规程实施标准化生产，采取政策引导、项目带动等措施，支持新型农业经营主体创建产品和服务品牌[23]。三是完善区域公用品牌管理、监督与推介机制建设。统筹布局线上线下渠道，完善农业品牌协作机制，推动优质丝苗米标准化生产。鉴于大湾区居民人口密度高和居民日常储粮低的习惯，还应有针对性地打造城乡多元立体化购销渠道，保障供应链平台、电商平台、新零售平台、大型农批市场等无缝对接。提升大湾区经营主体品牌营销能力，内地九市在协同情况下，可以依托农民丰收节、丝苗米文化节及国际农产品交易会等推介宣传优质品牌[23]。此外，要重视大湾区农业的多功能属性发挥，重视农业公园、农业非物质文化遗产、稻米饮食文化、节庆文化等发掘和融合，强化诸如丝苗米等品牌文化价值赋能。

参考文献

[1] 罗光强.粮食经济高质量发展的内涵特征、行为逻辑与行动战略 [J].中州学刊,2022(10):34-41.

[2] 张务锋.让"中国饭碗"成色更足 [N].人民日报,2021-09-22 (007).

[3] 张磊.粮食主产区水稻规模种植效率研究 [D].长沙:湖南农业大学,2018.

[4] 高维龙.中国粮食产业高质量发展驱动机制研究 [D].长春:吉林大学,2021.

[5] 黄季焜,解伟,盛誉,王晓兵,王金霞,刘承芳,侯玲玲.全球农业发展趋势及2050年中国农业发展展望 [J].中国工程科学,2022,24(1):29-37.

[6] 杜磊,支大林,张友祥.新发展阶段农业的三个构成及其高质量发展路径 [J].经济纵横,2022(2):97-103.

[7] 王一鸣.百年大变局、高质量发展与构建新发展格局 [J].管理世界,2020,36(12):1-13.

[8] 张军扩,侯永志,刘培林,何建武,卓贤.高质量发展的目标要求和战略路径 [J].管理世界,2019,35(7):1-7.

[9] 金碚.关于"高质量发展"的经济学研究 [J].中国工业经济,2018 (4):5-18.

[10] 张占斌,毕照卿.经济高质量发展 [J].经济研究,2022,57(4):21-32.

[11] 陈燕.高质量发展视角下的粮食安全问题研究 [J].东南学术,2020 (1):176-183.

[12] 张露,罗必良.中国农业的高质量发展:本质规定与策略选择 [J].天津社会科学,2020(5):84-92.

[13] 程国强.推进粮食产业高质量发展的思考 [J].中国粮食经济,2019 (9):54-59.

[14] 高强.农业高质量发展:内涵特征、障碍因素与路径选择 [J].中州学刊,2022(4):29-35.

[15] Xiang Z D, Han Z, Xie W, Wang G X &Fan Z. Risk Evaluation of the

Grain Supply Chain in China［J］. International Journal of Logistics Research and Applications，2021，11（30）：123-131.

［16］Dhruv B，Oorvi Y. Enhancing Enterprise Resource Planning with Blockchain：Food Supply Chain［J］. Journal of Global Economy，Business and Finance，2022，4（7）：277-283.

［17］Ben H T，Ei B H. Impacts of the Russia-Ukraine War on Global Food Security：Towards More Sustainable and Resilient Food Systems？［J］. Foods，2022，11（15）：2301.

［18］孔祥智. 农业政策学［M］. 北京：高等教育出版社，2014.

［19］浙江省人民政府关于印发浙江省实施科技强农机械强农行动大力提升农业生产效率行动计划（2021—2025 年）的通知［EB/OL］.［2021-12-10］. www. zj. gov. cn.

［20］王进，李宁. 西北地区生态保护与经济高质量发展耦合研究［J］. 广东农业科学，2022，49（10）：164-172.

［21］Chang N C，Tie H Z，Zhang H. Selenium Transfor Mation and Selenium-rich Foods［J］. Food Bioscience，2021，40：100875.

［22］石保纬，王田月，梁盛凯，陆泉志，陆宇明，周文亮，范稚莲，莫良玉. 产业结构与聚集视角下广西农业高质量发展路径研究［J］. 广东农业科学，2019，46（5）：165-172.

［23］杨晓晶. 农业农村部发布农业品牌精品培育计划［N］. 中国食品报，2022-06-16.

粤港澳大湾区蔬菜生产时空格局演变及影响因素分析

刘　序　　冯珊珊　　胡韵菲　　刘淑娴　　周灿芳*

摘要：粤港澳大湾区人口众多，蔬菜需求旺盛。研究蔬菜生产格局演变及其影响因素，为大湾区蔬菜产业空间布局优化和高质量发展提供参考。利用2010～2020年粤港澳大湾区县域蔬菜统计数据和行政区划图，计算每个年度蔬菜播种面积、单位产量和总产量的全局自相关指数，判断蔬菜生产的区域相互关联关系；借助局部自相关指数探索分析县域蔬菜生产的聚集区域及其空间格局演变过程；运用空间回归模型分析蔬菜生产在空间相关作用下的社会经济影响因素。结果表明：大湾区蔬菜生产存在正向空间关联，并逐渐形成产业核心区；龙门、博罗、惠城等蔬菜生产区域呈现"高—高"的聚集格局，并逐渐在大湾区东北部形成聚集格局；影响蔬菜生产的主要因素为种质规模。今后需在博罗、龙门、惠城、从化等蔬菜生产核心区域，加强农业科技投入，进一步提升生产的现代化水平，不断带动周边区域提升产业综合效益，推进蔬菜产业高质量发展。

关键词：空间自相关；蔬菜生产；时空格局；影响因素；粤港澳大湾区

　　蔬菜是人们日常生活必备食物，蔬菜产业高质量发展是满足粤港澳大湾区（以下简称大湾区）众多人口的迫切需求。大湾区蔬菜产区主要位于珠三角地区九市，2020年播种面积为52.17万公顷，产量为1392.68万吨，分别比2010年

刘序，广东省农业科学院农业经济与信息研究所，博士、副研究员、所长，研究方向为农业规划与地理信息。

冯珊珊，广东省农业科学院农业经济与信息研究所，博士，研究方向为农业遥感。

胡韵菲，广东省农业科学院农业经济与信息研究所，博士，研究方向为农业区域发展。

刘淑娴，广东省农业科学院农业经济与信息研究所，研究实习员，研究方向为科研项目管理。

周灿芳，广东省农业科学院农业经济与信息研究所，博士、研究员，研究方向为农业规划与都市农业。

增加 0.06%、12.49%，均居广东四大区域（东翼、西翼、粤北、珠三角）首位。开展大湾区蔬菜生产格局演变及其影响因素分析，有利于蔬菜产业空间布局优化，为产业高质量发展提供参考。空间自相关由 Cliff 和 Ord 在 1967 年区域科学会议上首次提出，即空间上的事物是相互关联的，但近距离事物之间大于远距离事物之间的影响作用[1-3]，蔬菜产业同样在空间上存在聚集或分散的演变过程。纪龙和吴文劼利用 1978~2013 年数据测算了我国蔬菜生产全局和局部空间自相关指数，表明蔬菜生产总体为中等集聚水平且各地集聚程度差异较大，蔬菜生产集聚呈现地域梯度和连片化特征[4]。吴建寨等以 31 个省份为研究单元，利用集中度指数和基尼系数模型研究 1995~2012 年我国蔬菜生产的空间集聚演变特征、效应与机制，发现我国东、西部蔬菜产量差距明显减弱，生产重心向北方发生转移，蔬菜生产空间聚集的加强可有效促进蔬菜产值的增加[5]。张倩等利用 2011~2016 年京津冀 13 个市 168 个县域单元的面板数据，借助莫兰指数对京津冀地区蔬菜生产空间相关性进行研究，发现京津冀蔬菜生产水平存在空间负相关性且呈现减弱趋势，地理相近的市域之间在蔬菜生产上具有较低相互依赖性[6]。苗晓颖等利用探索性空间数据分析方法，对山东 1995~2019 年蔬菜生产空间格局进行分析，发现蔬菜生产分布具有空间集聚性和空间相关性，但专业化程度较低[7]。余超然等采用专业化、集聚化程度指数，对茂名市县域 1998~2018 年蔬菜产地集中状况进行量化分析，发现该市蔬菜产业集中度高，但区位熵表明蔬菜种植面积最小的茂南区反而专业化水平最高，集中度与其专业化水平不匹配[8]。余永松等利用 2015~2016 年广西蔬菜产量数据，借助灰色预测模型 GM（1，1）进行预测分析，发现蔬菜产量与种植面积、消费量、财政支农支出呈极显著正相关[9]。于丽艳等采用空间杜宾模型对环渤海区域 5 省市县域农业生产空间集聚形成的影响因素进行分析，发现农业生产空间集聚具有正的空间溢出效应，农业生产要素投入、市场需求、地区经济发展水平和交通条件对农业生产集聚具有显著影响[10]。田亚军等分析我国 1978~2018 年省级蔬菜播种面积等数据，发现我国蔬菜生产空间布局受资源条件、技术进步、经济发展等多种因素影响，蔬菜生产具有向耕地资源更为丰富、人口老龄化程度较轻、农业比重相对较大、交通条件较好地区转移的倾向[11]。钟鑫和张忠明对我国蔬菜区域分布特征及其比较优势进行研究，发现蔬菜生产成本变动、消费习惯变化、技术进步以及交通状况改善等是蔬菜生产比较优势变化的影响因素[12]。相关学者利用空间相关理论在不同区域分析了蔬菜生产格局的空间演变和影像因素，但关于粤港澳大湾区蔬菜生产格局的研究较少。本文针对粤港澳大湾区县域蔬菜产业发展历程，收集 2010~2020

年珠三角九市县域蔬菜生产的统计数据，利用 ArcGIS 软件制作 2010~2020 年行政区划地图，借助 GeoDa 软件和全局莫兰指数测算每年蔬菜生产的空间相关系数，判断蔬菜产业当年空间相关特征，运用局部莫兰指数分析不同县域每年蔬菜产业空间聚集格局及变化趋势，利用空间回归模型探索县域蔬菜产业格局演变的影响因素。以粤港澳大湾区蔬菜生产为例，利用空间相关指数分析县域蔬菜产业空间格局变化趋势，研究其影响因素，为蔬菜产业的布局优化和高质量发展提供依据。

一、研究区域与数据来源

（一）研究区域

粤港澳大湾区包括香港特别行政区、澳门特别行政区和广东广州、深圳、珠海、佛山、惠州、东莞、中山、江门、肇庆（珠三角九市），总面积 5.6 万平方千米[13]，截至 2020 年 12 月，大湾区常住人口高达 8617.19 万人[14]。蔬菜产区主要位于珠三角九市。

（二）数据来源与预处理

1. 统计指标数据来源及预处理

蔬菜生产是多种因素共同作用的结果。本文综合考虑大湾区蔬菜生产的实际情况和数据可获得性，选择蔬菜播种面积、单位产量和总产量作为生产主要指标。蔬菜生产影响因素选择土地、市场需求、经济水平、劳动力和农业技术投入，其中，土地因素选择蔬菜播种面积，市场需求因素选择城镇化率，经济水平因素选择地区生产总值，劳动力因素选择第一产业劳动力，农业技术投入因素选择农用化肥施用量和农用塑料薄膜使用量（见表1）。

表 1 影响因素指标选取

影响因素	选取指标
土地	蔬菜播种面积（公顷）
市场需求	城镇化率（%）
经济水平	地区生产总值（亿元）
劳动力	第一产业劳动力（人）
农业技术投入	农用化肥施用量（吨）
	农用塑料薄膜使用量（吨）

蔬菜生产及其影响因素数据主要来自《广东农村统计年鉴》（2011～2021年）[15]，研究时间为2010～2020年，数据统计单元为县域。为降低量纲影响，需要对数据指标进行标准化处理。由于蔬菜播种面积、单位产量、总产量、第一产业劳动力、农用化肥施用量和农用塑料薄膜使用量的数据在某些县域为0，采用归一法进行数据指标标准化。

$$X' = \frac{X - Min（X）}{Max（X）- Min（X）} \tag{1}$$

其中，X′表示标准化指标数据值；X表示原数据；Max表示最大值；Min表示最小值。

2. 图件数据来源及预处理

大湾区县域行政地图来自《广东省地图》（审图号：粤S（2020）102号）。利用ArcGIS将珠三角九市行政图进行底图制作，将每个县域蔬菜播种面积、单位产量、总产量、城镇化率等数据建立属性表，并与矢量图形一一对应，地图坐标系为CGCS2000。由于中山和东莞没有县域行政区划，以市域范围代表。

鉴于2010～2020年珠三角九市县域行政区划有部分调整，按图属一致原则，依据民政部《广东省县级以上行政区划变更情况2010—2018》[16] 和黄埔区（审图号：粤S（2020）01-005号）、南沙区（审图号：粤S（2020）01-005号）、番禺区（审图号：粤S（2020）01-005号）、宝安区（审图号：粤BS（2022）063号）、光明区（审图号：粤BS（2022）058号）、坪山区（审图号：粤BS（2022）055号）、龙华区（审图号：粤BS（2022）062号）行政区划镇街图，对照《广东省政区图册》[17]，按镇街修改当年度行政区域边界，利用ArcGIS进行底图编制，保持与当年统计年鉴的行政区域一致，且镇街底图无修改；行政区划无调整的区域，则不修改行政边界。各年度县域行政区划主要修改情况为：①2010～2013年存在广州萝岗区、黄埔区。②2014年广州南沙区与番禺区调整行政区划，广州萝岗区、黄埔区合并为新黄埔区。③2017年深圳坪山区与龙华区成立、龙岗区与宝安区调整行政区划。④2018年深圳光明区成立、宝安区调整行政区划。

二、研究方法

（一）全局空间自相关指数

空间自相关常用模型是Moran's I（莫兰指数）统计和Geary's C比值等[18-19]。本文参考前人研究成果[2-8]，选择莫兰指数作为全局空间自相关指数的分析指标。利用GeoDa软件进行空间自相关指数计算，利用蒙特卡洛模拟方法计算Z值与评估显著性[20-21]。

莫兰指数是用来衡量相邻的县域蔬菜生产空间相关关系，指数的取值范围在-1~1，正值表示蔬菜生产具有空间正相关性，负值表示蔬菜生产具有空间负相关性，零表示蔬菜生产不存在空间相关，即空间随机分布[3,20,22]。计算公式如下[3]：

$$I = \frac{n \cdot \sum\limits_{i=1}^{n} \sum\limits_{j=1}^{n} w_{ij} \cdot (y_i - \bar{y})(y_j - \bar{y})}{\sum\limits_{i=1}^{n} \sum\limits_{j=1}^{n} w_{ij} \cdot \sum\limits_{i=1}^{n} (y_i - \bar{y})^2} \tag{2}$$

其中，n 表示样本数；y_i 或 y_j 表示 i 或 j 区域的蔬菜生产指标值；$\bar{y}$ 表示均值；w_{ij} 表示权重矩阵，一般为对称矩阵，其中 $w_{ii} = 0$。

一种是在零假设条件下，即蔬菜生产指标没有任何空间相关性；另一种是假设蔬菜生产空间分布是随机的。两种假设下的 Z-score 检验形式为：

$$Z_N = \frac{I - E(I)}{\sqrt{var_N(I)}} \tag{3}$$

$$Z_R = \frac{I - E(I)}{\sqrt{var_R(I)}} \tag{4}$$

一般来说，根据正态分布检验值，当 $|Z| > 1.65$、1.96、2.58 时，此时拒绝两种假设，即蔬菜生产不存在空间正态分布或者随机分布，也就是在 90%、95%、99%的概率下（0.1、0.05、0.01 显著水平），存在空间自相关。

（二）局部空间自相关指数

全局莫兰指数能够判断出蔬菜生产在空间上的整体分布情况，但难以探测出聚集位置所在区域的相关程度[3,23]。为进一步分析每个县域蔬菜生产指标的空间关联特征，本文利用局部相关指数（Local Indices of Spatial Association）分析某一县域与其邻近县域蔬菜生产指数之间的相似性或相关性，识别空间集聚和空间孤立，探测空间聚集与异质状况。空间关联格局呈现"高—高""低—低""高—低""低—高" 4 种格局，其中，"高—高"为蔬菜生产指标高于均值的县域集聚，"低—低"为蔬菜生产指标低于均值的县域集聚，"高—低"为蔬菜生产指标高于均值的县域被低于均值的县域所包围，"低—高"为蔬菜生产指标低于均值的县域被高于均值的县域所包围[2-3,24]。局部空间相关指数采用局部莫兰指数，计算公式如下[3]：

$$I_i = \frac{(y_i - \bar{y})}{S^2} \sum_j^N W_{ij}(y_j - \bar{y}) \tag{5}$$

其中，$S^2 = \dfrac{\sum\limits_{j=1,j\neq i}^{N}(y_i - \overline{y})^2}{n}$；$I_i$ 表示第 i 个分布对象全局相关性系数。利用 GeoDa 软件进行局部空间自相关指数计算和显著性检验。

（三）空间回归模型

为进一步分析蔬菜生产指标在空间相关作用下的影响因素，本文引入空间回归模型，探索县域蔬菜生产的相关影响因素对其的空间影响。常用空间回归模型包括空间滞后模型（SLM）和空间误差模型（SEM），选择蔬菜总产量为因变量，选择土地、市场需求、经济水平、劳动力、农业技术投入为自变量。

1. 空间滞后模型

探索各变量在空间上的溢出效应，能够检验因变量的扩散效应以及解释变量对邻域县域因变量的影响[10,25]，其公式为：

$$y_{it} = \rho \sum_{j=1}^{n} w_{ij}y_{jt} + \beta x_{it} + \mu_i + \gamma_t + \varepsilon_{it} \tag{6}$$

2. 空间误差模型

在空间误差项的空间扰动相关下，探讨未知误差变量对观测值的影响[10,25]，其公式为：

$$y_{it} = \lambda \sum_{j=1}^{n} w_{ij}\varepsilon_{jt} + \beta x_{it} + \mu_i + \gamma_t + v_{it} \tag{7}$$

式（6）和式（7）中，y_{it} 和 y_{jt} 分别表示 t 年度区域 i 和区域 j 的因变量观测值；w_{ij} 表示空间权重矩阵；ρ 和 λ 表示空间自回归系数；x 表示自变量；β 表示自变量的回归系数；μ_i 和 γ_t 分别表示个体效应和时间效应；ε_{it} 和 ε_{jt} 表示误差项；v_{it} 表示新误差项。

三、结果与分析

（一）蔬菜生产年际变化分析

近 10 年来，大湾区蔬菜产业持续发展，播种面积和总产量呈现"先减，后增，再减，再增"的变化过程（见图 1 和图 2），而单位产量则是"先增，减少，再增加，再减，最后增加"的变化过程（见图 3）。蔬菜播种面积在 2010~2011 年均出现较大减少，减少 7.65%；2012~2013 年播种面积均持续增加，年均增长 4.03%；2014~2017 年蔬菜播种面积再次出现大幅减少；2018~2020 年则开始逐年以年均 5.00% 的速度增加。蔬菜单位产量在 2010~2011 年均出现较大增加，达到 1.75%；2012~2014 年单位产量持续下降，在 2014 年降低幅度达 4.01%；2015~2016 年蔬菜

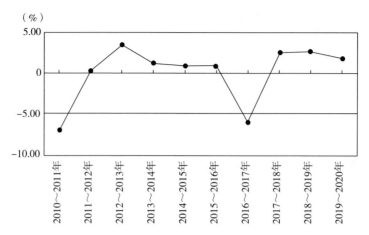

图 1　2010~2020 年粤港澳大湾区蔬菜播种面积变化率

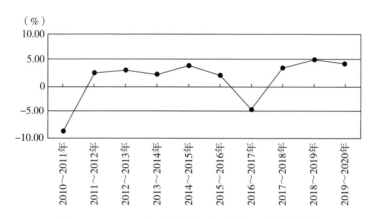

图 2　2010~2020 年粤港澳大湾区蔬菜总产量变化率

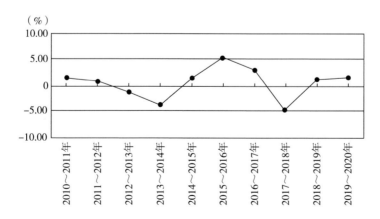

图 3　2010~2020 年粤港澳大湾区蔬菜单位产量变化率

单位产量再次增加；2017~2018 年则再次降低，减少幅度达 5.17%；2018~2020 年则开始逐年以年均 3.04% 的速度增加。蔬菜总产量在 2010~2011 年均出现较大下降，减少 8.82%；2012~2016 年产量均持续增加，年均增长 2.71%；2016~2017 年蔬菜产量再次出现大幅减少；2018~2020 年则开始逐年以年均 4.23% 的速度增加。

通过分析 2010~2020 年县域蔬菜播种面积、单位产量和总产量的统计数据发现（见表 2、图 4 至图 6），蔬菜播种面积排名前五县（区）从 2010 年增城、南海、白云、博罗、高要，逐渐变到 2020 年增城、白云、博罗、高要、惠东，蔬菜种植大县主要集中在大湾区中北、东北和西北部；蔬菜单位产量排名前五县（区）从 2010 年南山、三水、怀集、端州、鼎湖，逐渐变到 2020 年怀集、封开、三水、德庆、南沙，单产高的区域主要集中在大湾区西北部；蔬菜总产量排名前五县（区）从 2010 年增城、高要、白云、南海、博罗，逐渐变到 2020 年增城、高要、博罗、白云、惠东，蔬菜产出大县主要位于大湾区东北、中北和西北部。

表 2　2010~2020 年粤港澳大湾区县域蔬菜生产指标前五位排序

生产指标 ＼ 年份	2010	2011	2012	2013	2014	2015	2016	2017	2018	2019	2020
播种面积	增城	增城	增城	增城	增城	增城	增城	增城	增城	增城	增城
	南海	南海	白云	白云	白云	白云	白云	博罗	白云	白云	白云
	白云	白云	南海	惠东	惠东	惠东	惠东	白云	博罗	博罗	博罗
	博罗	惠东	惠东	南海	博罗	博罗	博罗	高要	高要	高要	高要
	高要	博罗	博罗	博罗	高要	高要	高要	惠东	惠东	惠东	惠东
单位产量	南山	南山	南山	南山	怀集	怀集	怀集	禅城	怀集	怀集	怀集
	三水	端州	怀集	怀集	三水	三水	三水	怀集	三水	三水	封开
	怀集	怀集	三水	三水	端州	端州	端州	南山	封开	封开	三水
	端州	三水	端州	端州	封开	封开	南沙	三水	端州	端州	德庆
	鼎湖	鼎湖	德庆	封开	四会	南沙	封开	封开	德庆	德庆	南沙
总产量	增城	增城	增城	增城	增城	增城	增城	增城	增城	增城	增城
	高要	高要	广宁	高要	高要	高要	高要	高要	高要	高要	高要
	白云	南海	白云	白云	白云	白云	惠东	博罗	博罗	博罗	博罗
	南海	白云	南海	博罗	博罗	博罗	白云	白云	白云	白云	白云
	博罗	博罗	博罗	惠东	惠东	惠东	博罗	惠东	惠东	惠东	惠东

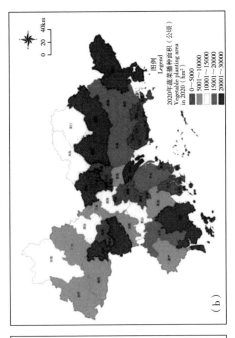

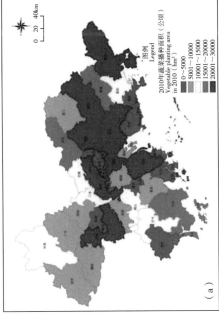

图 4　2010 年和 2020 年粤港澳大湾区蔬菜县域播种面积分布图

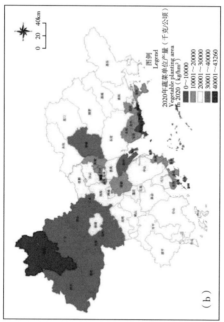

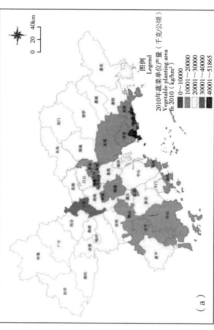

图 5 2010 年和 2020 年粤港澳大湾区蔬菜县域单位产量分布图

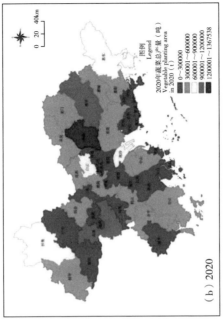

（b）2020

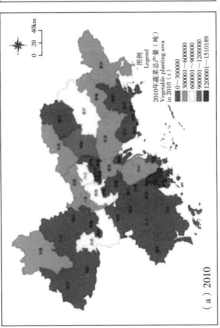

（a）2010

图6 2010 年和 2020 年粤港澳大湾区蔬菜县域总产量分布图

（二）全局空间关联年际变化分析

1. 蔬菜播种面积全局空间关联分析

以蔬菜播种面积为指标，计算2010~2020年粤港澳大湾区9个地市县域的全局莫兰指数（见表3），发现2010~2011年的莫兰指数没有通过显著性检验，说明蔬菜播种面积在这两个年度不存在空间自相关关系，每个县域蔬菜生产相对独立或随机。2012~2020年，莫兰指数通过显著性检验，显著水平从0.10逐渐提高到0.05，莫兰指数大于0，说明县域蔬菜播种面积存在正向空间相关关系，蔬菜播种面积大的县域存在空间聚集现象。从图7可以看出，从2012年0.2949逐年上升到0.3482，说明蔬菜播种面积在空间上存在正向关联关系，播种面积越多的区域对相邻区域具有正向影响，存在相互聚集的现象。莫兰指数总体上呈现上升趋势，说明蔬菜种植规模存在区域相互影响，蔬菜种植规模越大，空间上越聚集，而且聚集程度随年际变化逐年增强。

表3 2010~2020年粤港澳大湾区蔬菜播种面积莫兰指数统计

年份	莫兰指数	期望E（I）	均值	标准差	Z-score	显著性
2010	0.2320	−0.0213	0.1780	0.0672	0.8029	—
2011	0.2696	−0.0213	0.1781	0.0672	1.3609	—
2012	0.2949	−0.0213	0.1805	0.0679	1.6861	0.10
2013	0.3179	−0.0213	0.1803	0.0698	1.9710	0.05
2014	0.3386	−0.0217	0.1853	0.0694	2.2097	0.05
2015	0.3415	−0.0217	0.1855	0.0693	2.2516	0.05
2016	0.3392	−0.0217	0.1853	0.0689	2.2320	0.05
2017	0.3474	−0.0208	0.1820	0.0678	2.4415	0.05
2018	0.3464	−0.0204	0.1864	0.0700	2.2845	0.05
2019	0.3437	−0.0204	0.1863	0.0701	2.2453	0.05
2020	0.3482	−0.0204	0.1824	0.0697	2.3777	0.05

2. 蔬菜单位产量全局空间关联分析

以蔬菜单位产量为指标，计算2010~2020年粤港澳大湾区9个地市县域的全局莫兰指数（见表4），发现仅有2010年没有通过显著性检验，说明该年度各个县域蔬菜单位产量不存在空间上自相关关系。而从2011年开始，蔬菜单位产量莫兰指数大于0，且呈现"急剧上升—下降—上升"趋势，表明存在正向空间自相关关系。2011~2013年，蔬菜单位产量的空间自相关指数在0.3以上，2014~2015年

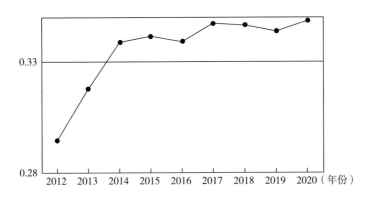

图 7　2012~2020 年粤港澳大湾区蔬菜播种面积莫兰指数变化

表 4　2010~2020 年粤港澳大湾区蔬菜单位产量莫兰指数统计

年份	莫兰指数	期望 E（I）	均值	标准差	Z-score	显著性
2010	0.2101	−0.0213	0.1789	0.0653	0.4775	—
2011	0.3473	−0.0213	0.1782	0.0674	2.5106	0.05
2012	0.3185	−0.0213	0.1785	0.0678	2.0642	0.05
2013	0.3231	−0.0213	0.1785	0.0681	2.1236	0.05
2014	0.6839	−0.0217	0.1798	0.0733	6.8817	0.01
2015	0.7426	−0.0217	0.1806	0.0713	7.8767	0.01
2016	0.4756	−0.0217	0.1781	0.0682	4.3605	0.01
2017	0.4461	−0.0208	0.1857	0.0700	3.7216	0.01
2018	0.6977	−0.0204	0.1840	0.0693	7.4182	0.01
2019	0.6956	−0.0204	0.1835	0.0686	7.4693	0.01
2020	0.6980	−0.0204	0.1835	0.0683	7.5314	0.01

则加速上升，空间自相关作用快速增强，2016~2017 年快速下降，2018~2020 年快速上升且保持较为强烈的正向空间相关关系。此外，通过显著性检验发现，在 2014 年以后，蔬菜单位产量的空间相关程度非常显著，达到 0.01 水平，莫兰指数数值逐年提高，说明蔬菜单位产量空间聚集现象非常明显。通过年际变化（见图 8）可以看出，蔬菜单位产量的莫兰指数呈现波动上升趋势。

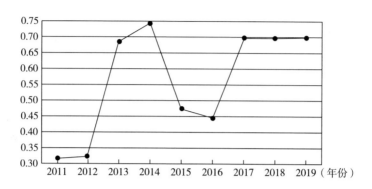

图 8　2011~2019 年粤港澳大湾区蔬菜单位产量莫兰指数变化

3. 蔬菜总产量全局空间关联分析

以蔬菜总产量为指标，计算 2010~2020 年粤港澳大湾区 9 个地市县域的全局莫兰指数（见表 5），发现 2010~2011 年的莫兰指数没有通过显著性检验，说明蔬菜总产量在这两个年度不存在空间自相关关系，每个县域蔬菜产量相对独立或随机。2012~2020 年，蔬菜总产量的莫兰指数通过显著性检验，显著水平在 0.05，莫兰指数大于 0，说明县域蔬菜产量存在正向空间相关关系，蔬菜高产的县域在空间上呈现聚集现象。从图 9 可以看出，蔬菜总产量的空间自相关程度从 2012 年开始逐年上升，呈现逐年增加趋势，说明县域蔬菜产量的空间集聚程度在逐年变强。2012~2016 年莫兰指数加速上升，增速达 12.34%，蔬菜产出区域呈现出快速集聚状态；而 2016~2020 年波动稳定上升，增速仅有 1.32%，蔬菜产出区域的空间聚集呈现相对稳定状态。

表 5　2010~2020 年粤港澳大湾区蔬菜总产量莫兰指数统计

年份	莫兰指数	期望 E（I）	均值	标准差	Z-score	显著性
2010	0.2252	−0.0213	0.1796	0.0625	0.7292	—
2011	0.2781	−0.0213	0.1777	0.0668	1.5016	—
2012	0.3111	−0.0213	0.1762	0.0672	2.0076	0.05
2013	0.3172	−0.0213	0.1846	0.0660	2.0087	0.05
2014	0.3327	−0.0217	0.1855	0.0687	2.1424	0.05
2015	0.3383	−0.0217	0.1855	0.0687	2.2242	0.05
2016	0.3495	−0.0217	0.1855	0.0684	2.3971	0.05

年份	莫兰指数	期望 E (I)	均值	标准差	Z-score	显著性
2017	0.3487	-0.0208	0.1825	0.0673	2.4713	0.05
2018	0.3532	-0.0204	0.1858	0.0697	2.4013	0.05
2019	0.3528	-0.0204	0.1856	0.0696	2.4015	0.05
2020	0.3541	-0.0204	0.1856	0.0696	2.4220	0.05

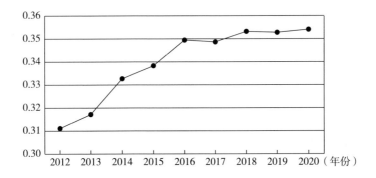

图 9   2012~2020 年粤港澳大湾区蔬菜总产量莫兰指数年际变化

（三）局部空间关联年际变化分析

1. 蔬菜播种面积局部空间关联分析

利用 GeoDa 软件计算 2010~2020 年的县域蔬菜播种面积的局部莫兰指数，利用 Z-score 进行检验。在显著性 0.05 水平下，大部分县域局部莫兰指数没有通过显著性检验，通过检验的区域则大多呈现"高—高""低—低"聚集的空间关联格局（见图 10）。

其中，蔬菜播种面积"高—高"聚集格局，数量上呈现先上升后下降趋势，空间上聚集区域大多位于大湾区东北部，2010 年位于博罗县，2011~2013 年位于博罗、惠城、惠东 3 个县（区）域，2014 年位于龙门、博罗、惠城、惠东 4 个县（区）域，2015 年位于龙门、博罗、惠城、惠东、增城 5 个县（区）域，2016 年位于龙门、博罗、惠城、惠东 4 个县（区）域，2017 年位于龙门、博罗、惠城 3 个县（区）域，2018 年位于龙门、博罗、惠城、从化 4 个县（区）域，2019~2020 年位于龙门、博罗、惠城 3 个县（区）域。

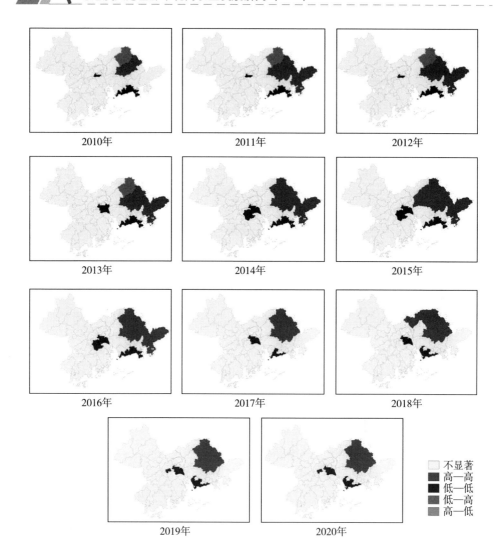

图 10 2010~2020 年粤港澳大湾区蔬菜播种面积局部空间关联格局图

蔬菜播种面积"低—低"聚集区域位于大湾区中部和东南部，数量上从 2010 年 6 个增加到 2020 年 10 个，空间上主要分布在荔湾、海珠、南山、罗湖等大湾区城市核心区域，该区域没有蔬菜种植或种植面积很少。

蔬菜播种面积"高—低""低—高"集聚区域，数量很少，2010 年仅有龙门县（"低—高"）、番禺区（"高—低"），2011~2013 年为龙门县（"低—高"），2014~2018 年则没有，2019 年为南海区和东莞市（"高—低"），2020 年则没有。"高—低""低—高"区域说明蔬菜播种面积反差较大，随着相邻区域蔬菜播种面积变化，逐渐变为相同"高—高""低—低"聚集趋势或者空间相关不显著。

2. 蔬菜单位产量局部空间关联分析

通过计算 2010~2020 年的县域蔬菜单位产量的局部莫兰指数，发现大部分县域局部莫兰指数没有通过 0.05 水平显著性检验，而通过检验的区域则多为"高—高"聚集和"低—低"聚集的空间关联格局，"高—低"格局很少，"低—高"格局则没有（见图 11）。

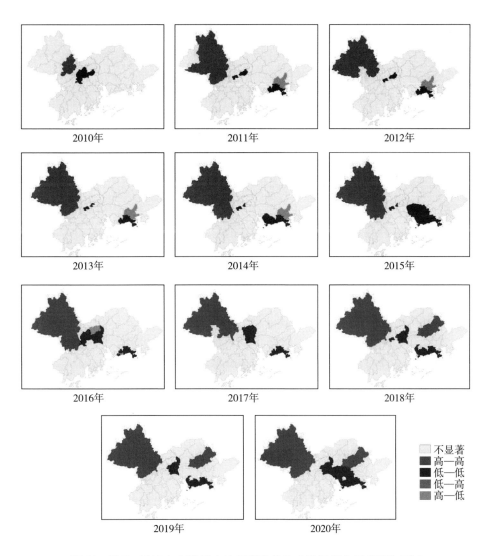

图 11　2010~2020 年粤港澳大湾区蔬菜单位产量局部空间关联格局图

其中，蔬菜单位产量"高—高"聚集格局，数量上呈现逐年上升趋势，空间上聚集区域大多位于大湾区西北部肇庆市及周边。2010 年位于四会、鼎湖、端州 3 个县（区）域，2011 年位于广宁、四会、鼎湖等 7 个县（区）域，2012年位于封开、怀集、德庆等 6 个县（区）域，2013 年位于高要、德庆、端州等 8个县（区）域，2014~2016 年位于鼎湖、高要、高明等 9 个县（区）域，2017年位于三水、端州、封开等 8 个县（区）域，2018~2020 年位于封开、三水、博罗等 10 个县（区）域。

蔬菜单位产量"低—低"聚集区域位于大湾区中部和东南部，数量上从2010 年 6 个增加到 2020 年 15 个，空间上主要分布在天河、越秀、盐田、禅城等大湾区城市核心区域，该区域没有蔬菜种植或种植面积很少，单位产量不高。

蔬菜单位产量"高—低"区域在 2011~2014 年仅有惠阳区，2016 年为白云区和罗湖区，2017 年以后则没有。"高—低"区域说明蔬菜单位产量反差较大，随着相邻区域蔬菜单位产量变化，逐渐变为相同空间关联趋势或者空间相关不显著。

3. 蔬菜总产量局部空间关联分析

通过计算 2010~2020 年县域蔬菜总产量的局部莫兰指数，发现大部分县域局部莫兰指数没有通过 0.05 水平显著性检验，通过检验的区域多为"高—高"和"低—低"聚集的空间关联格局，仅有 1 个县域存在 6 个年度的"低—高"格局，没有"高—低"格局（见图 12）。

其中，蔬菜总产量"高—高"聚集格局，数量上呈现逐年上升趋势，空间上聚集区域大多位于大湾区东北部。2010 年位于博罗、斗门 2 个县（区）域，2011~2012 年位于博罗、增城 2 个县（区）域，2013~2015 年位于博罗、增城、惠城、惠东 4 个县（区）域，2016 年位于博罗、龙门、惠城、惠东 4 个县（区）域，2017 年位于博罗、龙门、惠城 3 个县（区）域，2018~2020 年位于博罗、龙门、惠城、从化 4 个县（区）域。

蔬菜总产量"低—低"聚集区域位于大湾区中部广州、佛山和深圳等城市核心区域，数量上从 2010 年 7 个增加到 2020 年 11 个，该区域没有蔬菜种植或少量种植，总产量不高。

蔬菜总产量"低—高"聚集区域，在 2010~2015 年仅有龙门县，在 2016 年以后龙门县被相邻区域正向影响作用明显，变为"高—高"聚集的空间关联格局。

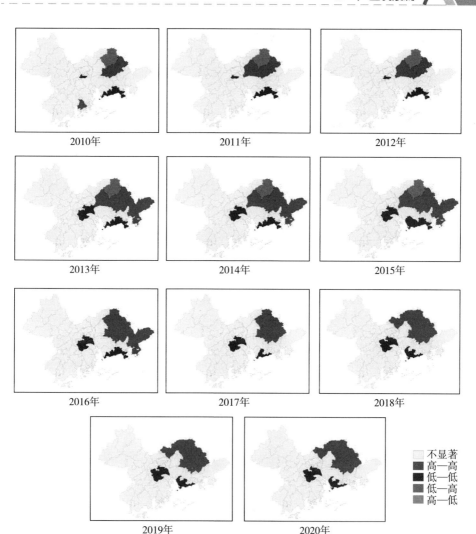

图 12 2010～2020 年粤港澳大湾区蔬菜总产量局部空间关联格局图

（四）蔬菜生产的影响因素分析

根据大湾区蔬菜生产全局空间关联分析结果，以蔬菜总产量为主要分析指标，2012 年以后莫兰指数开始显著，则以 2012～2016 年和 2016～2020 年划分两个阶段，以 2012 年、2016 年和 2020 年县域数据为基础，利用空间回归模型分析相应年份影响因素作用大小。通过对比分析模型拟合度程度及相关指标（见表6），选择空间滞后模型（SLM）作为空间回归模型。

表6　回归模型检验结果

指标	2012 年		2016 年		2020 年	
	SLM	SEM	SLM	SEM	SLM	SEM
R²	0.9684	0.9684	0.9631	0.9628	0.9621	0.9616
logL	85.4041	85.3995	79.4654	79.1880	83.6066	83.2205
AIC	−154.8080	−156.7990	−142.9310	−144.3760	−151.2130	−152.4410
SC	−139.8390	−143.7010	−128.1300	−131.4250	−135.9170	−139.0570

　　对比3个年度空间回归模型的参数估计结果发现（见表7），蔬菜生产的影响因素在2012年主要是土地、经济水平、劳动力和农业技术投入，2016年和2020年则均为土地和农业技术投入。具体影响因素的指标中，2012年的蔬菜播种面积和第一产业劳动力对蔬菜生产具有正向作用；而地区生产总值和农业化肥施用量则具有负向作用，说明经济发展水平越高，对蔬菜生产影响具有一定负向作用，而农用化肥施用量则对蔬菜的产量增加不明显，反而影响产量提升，化肥使用需要减少。2016年和2020年的影响因素主要为蔬菜播种面积和农用塑料薄膜使用量，但蔬菜的产量主要依赖播种面积的增加，虽然农用塑料薄膜对蔬菜生产具有负向作用，但影响作用相对较小。总体上，土地对大湾区蔬菜生产影响最大，市场需求、经济水平、劳动力、农业技术投入在2016年以后均影响不大或作用不显著，说明大湾区蔬菜产量的提高主要依赖种植规模的扩大。

表7　空间回归模型参数估计结果

因素	指标	2012 年	2016 年	2020 年
土地	蔬菜播种面积	0.8323 ***	0.8567 ***	0.8323 ***
市场需求	城镇化率	0.0343	−0.0063	0.0071
经济水平	地区生产总值	−0.0647 **	−0.0554	−0.0553
劳动力	第一产业劳动力	0.1830 ***	−0.0048	0.0641
农业技术投入	农用化肥施用量	−0.1257 **	0.0619	0.0220
	农用塑料薄膜使用量	−0.0378	−0.0582 *	−0.0697 *

　　注：***、**和*分别表示在1%、5%和10%的水平上显著。

四、讨论

（一）从年际和县域分析蔬菜生产空间关联格局

　　空间自相关的基础是来自地理学第一定律[1-3]，距离远近影响事物的空间分布。蔬菜生产除受到自然条件因素影响外，还受到周边经营主体、产业政策市场需求、经济效益等社会经济因素，进而形成区域蔬菜种植的空间聚集格局。相关学者从全国层面[4-5]、区域层面[6]、省级层面[7-9]进行了深入研究，蔬菜生产格局在空间上呈现出聚集、连片或负相关的空间格局，对蔬菜产业发展和布局调整提供科学依据。

本文从区域层面，聚焦粤港澳大湾区的蔬菜生产格局，采用逐年分析模式，从县域视角判断蔬菜生产的空间关联。蔬菜是每日必需品，而大湾区人口众多，蔬菜种植规模和产量均在逐年增加以满足市场。从全局莫兰指数来看，空间相关性的正向作用不断增强，表现出空间聚集程度不断提升，形成了蔬菜生产的核心区域，这也为蔬菜产业布局优化提供了决策依据。从局部莫兰指数来看，蔬菜生产的核心区域在年际上出现一定程度变化，主要聚集区域集中在大湾区东北部。

（二）借助空间回归模型定量分析蔬菜生产影响因素

蔬菜生产的影响因素主要包括自然、社会经济等，相关学者研究运用经济计量模型、空间回归模型、灰色模型等多种方法开展研究，发现影响因素主要包括产业聚集程度、种植面积、消费量、财政支出、经济发展水平、交通条件、技术进步、成本变动等[7-12,24-28]。在前人研究基础上，本文借助空间回归模型，定量分析土地、市场需求、经济水平、劳动力、农业技术投入社会经济因素对蔬菜生产空间聚集的影响程度，通过分析发现，土地仍然是蔬菜产量增加的关键因素，劳动力正向作用则逐渐不显著。由于影响因素选择的不同和研究区域差异，市场需求、经济水平、农业技术投入与相关学者研究结果不同。大湾区虽然是蔬菜消费重要区域，蔬菜生产的比较优势明显，但本区域生产不能完全满足市场需求，外调蔬菜也是重要的供给措施。因此，在研究蔬菜生产的影响因素上，需要进一步增加物流、外调、农业装备等因素分析。

（三）空间自相关分析依赖图属一致和显著性检验

空间关联分析主要利用莫兰指数、Geary's C 比值等相关模型进行分析，借助空间数据分析其关联的属性数据空间分布格局[3]。因此，空间数据和属性数据准确程度对分析结果影响很大，尤其空间数据是表达空间位置与距离，必须准确对应属性数据。相关研究多以省域、县域为研究单元，开展空间相关研究[4-10,24-26]。与前人不同的是，本文发现蔬菜统计数据在一些年份存在较大变化，是由于行政区域变化导致的。所以，本文在数据收集和预处理中，核实和修正每个年度行政区划边界，确保当年度蔬菜生产的数据与当年度的行政区划保持一致。在计算莫兰指数时，本文特别加入期望值，表达空间自相关在计算上的图属一致，计算结果同样说明行政区划变化影响了空间关联程度的判断。

此外，蔬菜生产的相关指标是否存在空间自相关，不仅需要计算其空间相关指数（莫兰指数），还需要通过显著性检验，在一定显著水平下分析其空间自相关程度与关联格局。本文发现，蔬菜播种面积、单位产量、总产量在某些年份的全局莫兰指数显著性检验不通过，说明这些年份的蔬菜生产各自独立或随机分布，不存在空间自相关。在局部莫兰指数分析中，同样以显著性检验筛选出空间关联区域，仅有少量区域通过检验而表现空间聚集状态，大多数区域则没通过显著性检验，不能反映空间聚集、异质等空间格局。

五、结论与建议

（一）结论

本文收集2010~2020年粤港澳大湾区9个地市县域蔬菜生产指标和相关影响因素数据，借助全局空间自相关指数测算分析当年蔬菜产业空间相关特征，运用局部空间相关指数分析当年度县域蔬菜产业空间相关格局，判断蔬菜产业空间聚集特征及变化趋势，利用空间回归模型探索蔬菜生产的影响因素。得出以下结论：

1. 蔬菜生产在总体上形成空间正向自相关格局

近10年来，粤港澳大湾区蔬菜播种面积和产量呈现"减—增—减—增"的变化过程，播种面积和产量总体上仍在不断增加。通过全局自相关分析，发现2012~2020年县域蔬菜播种面积、总产量和2011~2020年蔬菜单位产量存在正的空间相互关联，表明蔬菜生产上存在一定程度的聚集格局，随着年际变化聚集程度在不断增强。

2. 蔬菜生产区域在空间上逐渐聚集，形成产业核心区

通过局部空间自相关分析，发现蔬菜播种面积和总产量在龙门县、博罗县、惠城区等区域，呈现"高—高"聚集格局，并逐渐在大湾区东北部聚集。通过县域播种面积和产量对比分析，同样发现该聚集区域及周边是蔬菜生产主要区域。蔬菜单位产量"高—高"集聚在封开、怀集等区域，逐渐在大湾区西北部集聚。而"高—低""低—高"等空间相关格局，在周边县域蔬菜产业发展的影响下，逐渐演变为"高—高""低—低"聚集格局或空间不相关状态。

3. 土地是蔬菜生产的主要因素

通过空间回归模型分析，发现2012年影响蔬菜生产的主要因素是土地、经济水平、劳动力和农业技术投入；2016年以后主要因素是土地，其余影响作用

不明显或不显著，说明大湾区蔬菜种植规模的扩大是产量增加的第一因素。

（二）建议

在粤港澳大湾区蔬菜产业发展中，建议在博罗县、龙门县、惠城区、从化区等蔬菜生产核心区，加大农业科技、农业装备投入，加强农机与农艺深度融合，因地制宜发展设施蔬菜，加强田间自动灌溉、施肥等设备建设，进一步提升蔬菜生产的现代化水平，不断带动周边蔬菜生产区域提升产业综合效益，形成蔬菜高质量发展新格局。同时协调蔬菜本地生产与外地调运关系，进一步满足大湾区需求能力。

参考文献

［1］ Getis A. Reflections on Spatial Autocorrelation ［J］. Regional Science and Urban Economics，2007（37）：491-496.

［2］ 宋洁华，李建松，王伟. 空间自相关在区域经济统计分析中的应用 ［J］. 测绘信息与工程，2006（6）：11-13.

［3］ 王劲峰等. 空间分析 ［M］. 北京：科学出版社，2006.

［4］ 纪龙，吴文劼. 我国蔬菜生产地理集聚的时空特征及影响因素 ［J］. 经济地理，2015，35（9）：141-148.

［5］ 吴建寨，沈辰，王盛威，张建华，孔繁涛. 中国蔬菜生产空间集聚演变、机制、效应及政策应对 ［J］. 中国农业科学，2015，48（8）：1641-1649.

［6］ 张倩，平阳，于峰，鲁建斌，陈蕾. 京津冀地区蔬菜生产空间集聚演变分析 ［J］. 中国农业资源与区划，2020，41（7）：94-101.

［7］ 苗晓颖，胡继连，王秀鹃. 山东蔬菜生产格局演变及空间集聚效应分析 ［J］. 山东农业科学，2021，53（9）：148-156.

［8］ 余超然，李嘉炜，宋钊，陈潇，张白鸽，曹健，何裕志，陈俊秋，尹艳. 基于县域尺度的茂名蔬菜产地专业化及集聚化程度分析 ［J］. 广东农业科学，2021，48（9）：157-164.

［9］ 余永松，庞正武，周叶宁，钟文峰，何龙飞，王爱勤. 广西蔬菜产量灰色预测模型 GM（1，1）的建立及其相关性分析 ［J］. 广东农业科学，2018，45（7）：157-164.

［10］ 于丽艳，穆月英，侯玲玲，丁建国. 县域农业生产集聚形成的影响因素——以环渤海区域蔬菜生产为例 ［J］. 中国农业大学学报，2022，27（8）：303-312.

［11］田亚军，朱孟帅，周向阳，张晶，吴建寨，沈辰．我国蔬菜生产布局演化及其影响因素分析［J］．中国食物与营养，2022，28（11）：5-10.

［12］钟鑫，张忠明．我国蔬菜生产区域特征及比较优势研究［J］．中国食物与营养，2014，20（6）：24-28.

［13］新华社．中共中央　国务院．粤港澳大湾区发展规划纲要［EB/OL］．http：//www. gov. cn/zhengce/2019-02/18/content_ 5366593. htm？from＝groupmessage&isappinstalled＝0#1 Area.

［14］国务院第七次全国人口普查领导小组办公室．中国人口普查年鉴 2020［M］．北京：中国统计出版社，2022.

［15］广东农村统计年鉴编辑委员会．广东农村统计年鉴［M］．北京：中国统计出版社，2011.

［16］中华人民共和国民政部．广东省县级以上行政区划变更情况 2010-2018［EB/OL］．http：//xzqh. mca. gov. cn/fsdescription？dcpid＝44.

［17］广东省民政厅，广东省地图院．广东省政区图册［M］．广州：广东省地图出版社，2020.

［18］Moran Pap. The Interpretation of Statistical Maps［J］. Journal of the Royal Statistical Society（B），1948（10）：243-251.

［19］Anselin L，Getis A. Spatial Statistical Analysis and Geographic Information Systems［J］. Annals of Regional Science，1992，26（1）：19-33.

［20］陈雅淑，张昆．美国纽约州华人的空间分布研究［J］．西北人口，2008（5）：32-35+40.

［21］Heikkinen Rk，Luoto M，Kuussaari M，Poyry J. New Insights into Butter-fly-environment Relationships Using Partitioning Methods［J］. The Royal Society Proceedings（B），2005（272）：2203-2210.

［22］A'ngel DF，Pedro Po，Rub'en V. Analyzing and Modelling Spatial Distribution of Summering Lesser Kestrel：The Role of Spatial Autocorrelation［J］. Ecological Modeling，2007（200）：33-44.

［23］Anselin L. Local Indicators of Spatial Association-LISA［J］. Geographical Analysis，1995，27（2）：93-115.

［24］Sand-II Lm. Spatial Association Measures for an ESDA-GIS Framework：Developments，Significance Tests，and Applications to Spatio-Temporal Income Dynamics of U. S. Labor Market Areas［D］. Ohio：the Ohio state University，2001.

［25］孟菲，谭永忠，陈航，熊雯颖. 中国耕地"非粮化"的时空格局演变及其影响因素［J］. 中国土地科学，2022，36（1）：97-106.

［26］周海菊，胡靓达，喻素芳. 基于 GIS 和空间自相关模型的南宁市林地空间变化研究［J］. 广东农业科学，2022，49（1）：51-61.

［27］包乌兰托亚，马龙波. 山东省乡村旅游空间分布特征及优化对策研究［J］. 广东农业科学，2020，47（9）：141-152.

［28］王琳，赵俊三，黄义忠，陈国平. 不同空间尺度下西南高原山地基本农田质量景观格局分析［J］. 广东农业科学，2019，46（2）：120-129+173.

粤港澳大湾区水产产业发展现状、趋势与对策研究

高卓君　江　顺　黄红星　金青婷　陈　强　王靖杰*

摘　要：大湾区内地九市是广东省水产养殖尤其是淡水养殖的产业集聚优势区，大湾区内地九市水产产量占全省超过40%，其中淡水养殖产量约占全省的68%。大湾区水产产业链条完整，覆盖了种苗、装备、养殖、流通、加工、销售全产业链，依托大湾区庞大的市场消费需求，水产品流通业发展，大湾区内地九市水产品流通和服务业总产值占全省超过50%。从产业空间布局来看，江门、佛山是大湾区水产生产两个重要的发展极，广州、佛山是水产苗种的中心。当前，大湾区水产业还存在育种技术不足、生产现代化水平不高、资源和环境约束大、精深加工少、品种失衡、产业融合程度不高等问题。综合国内外水产产业发展趋势，未来大湾区水产业将呈现三个特点：一是工厂化、设施化、生态综合养殖等新模式将逐步取代传统养殖模式；二是水产业将由单一产品供给目标转向产品与服务多功能发展目标；三是产业链将主要向上游种苗和下游流通及精深加工发力。针对大湾区水产产业存在的问题，研判未来的发展趋势，提出了大湾区水产产业高质量发展的基本路径、必要条件、核心动力，并提出了夯实产业基础、推动产业融合发展、强化产业集聚、加强产业化数字建设、发挥种苗业优势五方面的措施建议。

关键词：水产；生产；消费；产业布局；趋势；问题；对策

高卓君，广东省农业科学院农业经济与信息研究所，助理研究员，研究方向为农业信息化。
江　顺，广东省农业科学院农业经济与信息研究所，助理研究员，研究方向为农业遥感与信息技术。
黄红星，广东省农业科学院农业经济与信息研究所，研究员，研究方向为农业信息化。
金青婷，广东省农业科学院农业经济与信息研究所，助理研究员，研究方向为农业工程。
陈　强，广东省农业科学院农业经济与信息研究所，助理研究员，研究方向为农业经济。
王靖杰，广东省农业科学院农业经济与信息研究所，助理研究员，研究方向为农业工程。

引言

水产品已经成为世界众多人口摄取营养和动物性蛋白的一个重要来源。根据第七次全国人口普查数据,粤港澳大湾区(珠三角九市及香港、澳门)人口规模达8335.98万人。党中央明确提出要树立"大食物观",向江河湖海要食物,提高水产品供给能力,是保障国家和区域食物供给安全,满足人民群众对食物多样性消费需求的战略性举措。同时,在全面推进乡村振兴、实施海洋强国、建设生态文明等重大战略的背景下,随着城乡居民对优质安全水产品和优美水域生态环境需求的日益增长,水产品由过去的区域性、季节性消费转为全民消费、常年消费,渔业文化、休闲体验等消费已经成为乡村产业新的增长点,将为水产产业发展创造新的更为广阔的空间。

大湾区内地九市是广东省水产养殖尤其是淡水养殖的产业集聚优势区。大湾区水产产业链条完整,覆盖了种苗、装备、养殖、流通、加工、销售全产业链,水产种苗业、水产品加工流通业较为发达。水产产业已经成为大湾区内地九市农业的特色优势产业,对保障优质水产品供应、促进农业增效、乡村产业振兴等都发挥了重要作用。但同时,大湾区水产产业也存在育种技术不足、生产现代化水平不高、资源和环境约束大、精深加工少、品种失衡、产业融合程度不高等问题亟待解决。针对大湾区水产产业存在的问题,研判未来的发展趋势,研究提出促进大湾区水产产业绿色发展、高质量发展的措施建议,以期为大湾区都市型现代农业转型升级提供思路和样板。

一、大湾区水产产业发展现状及特点分析

(一)大湾区水产产业发展现状

1. 大湾区水产养殖现状

2021年广东省水产总产值为2689.74亿元,大湾区内地九市水产产值合计1333.66亿元,占全省的49.58%。广东省水产总产量875.95万吨,大湾区内地九市水产产量合计370.35万吨,占全省的42.28%(见表1)。

广东省淡水养殖面积和产量分别为30.99万公顷和420.57万吨,平均亩产0.90吨;大湾区内地九市淡水养殖面积合计17.57万公顷,占全省的56.70%,产量合计288.44万吨,占全省的68.58%,大湾区淡水养殖平均亩产1.09吨,单位面积产量高于全省平均水平。广东省海水养殖面积和产量分别为16.57万公顷和336.24万吨,平均亩产1.35吨;大湾区只有广州、深圳、珠海、惠州、江门

表1　2021年大湾区内地九市水产产值及产量

单位：亿元，万吨,%

地区	广东省	广州市	深圳市	珠海市	惠州市	东莞市	中山市	江门市	佛山市	肇庆市	大湾区内地九市占全省比重
水产总产值	2689.74	261.27	3.72	145.54	59.07	22.26	126.66	285.50	329.64	100	49.58
水产总产量	875.95	49.85	1.04	33.48	19.78	5.09	37.01	90.94	81.10	52.06	42.28

五市存在海水养殖产业，养殖面积合计 3.76 万公顷，产量为 51.17 万吨，平均亩产为 0.91 吨，低于全省平均水平（见表2）。

表2　2021年大湾区内地九市淡水/海水养殖面积及产量

单位：万公顷，万吨,%

地区	广东省	广州市	深圳市	珠海市	惠州市	东莞市	中山市	江门市	佛山市	肇庆市	大湾区内地九市占全省比重
淡水养殖面积	30.99	1.72	0.03	1.02	1.54	0.44	2.03	4.19	3.55	3.05	56.70
淡水养殖产量	420.57	34.55	0.31	22.41	12.29	4.25	36.07	51.95	75.22	51.38	68.58
海水养殖面积	16.57	0.44	0.07	1.19	0.18	—	—	1.88	—	—	22.69
海水养殖产量	336.24	11.00	1.78	9.62	5.10	—	—	23.67	—	—	15.22

大湾区淡水养殖包括池塘、水库、其他类等水面类型；从养殖方式来看，肇庆市以网箱养殖为主，其他八市以工厂化养殖为主。海水养殖包括海上、滩涂、其他类等水面类型；从养殖方式来看，广州市以工厂化养殖为主，其他地市包括普通网箱、深水网箱、筏式、吊笼、底播、工厂化等多种养殖方式（见表3）。

表3　大湾区内地九市淡水/海水养殖水面类型、养殖方式

地区	广东省	广州市	深圳市	珠海市	惠州市	东莞市	中山市	江门市	佛山市	肇庆市
淡水养殖水面类型	池塘、湖泊、水库、河沟、其他、稻田	池塘、水库、其他	池塘、其他	池塘、其他	池塘、水库、河沟、其他	池塘、水库、其他	池塘	池塘、水库、河沟、其他	池塘、水库	池塘、水库、河沟、其他

续表

地区	广东省	广州市	深圳市	珠海市	惠州市	东莞市	中山市	江门市	佛山市	肇庆市
淡水养殖方式	网箱、工厂化	工厂化	工厂化	未统	未统	工厂化	未统	未统	未统	网箱
海水养殖水域类型	海上、滩涂、其他	其他	海上、滩涂、其他	海上、其他	海上、滩涂、其他	—	—	海上、滩涂	—	—
海水养殖方式	池塘、普通网箱、深水网箱、筏式、吊笼、底播、工厂化	工厂化	普通网箱、深水网箱、工厂化	普通网箱、深水网箱、筏式、底播	池塘、普通网箱、深水网箱、筏式、吊笼、底播、工厂化	—	—	池塘、普通网箱、筏式、底播	—	—

大湾区水资源丰富,水产养殖种类品种多样化,水产苗种业发达,主要包括淡水鱼苗(罗非鱼等)、淡水鱼种、海水鱼苗、虾类育苗(南美白对虾等)、贝类育苗(鲍鱼等),同时还有稚鳖、稚龟、河蟹育苗等特色苗种(见表4)。

表4 大湾区内地九市主要水产苗种类型

地区	广州市	深圳市	珠海市	惠州市	东莞市	中山市	江门市	佛山市	肇庆市
主要水产苗种类型	淡水鱼苗、淡水鱼种、河蟹育苗、稚鳖、稚龟、海水鱼苗、虾类育苗	淡水鱼苗、海水鱼苗、虾类育苗	淡水鱼苗、淡水鱼种、河蟹育苗、海水鱼苗、虾类育苗	淡水鱼苗、淡水鱼种、稚鳖、稚龟、海水鱼苗、贝类育苗	淡水鱼苗、淡水鱼种、虾类育苗、稚鳖、稚龟	淡水鱼苗、淡水鱼种、虾类育苗、稚鳖、稚龟	淡水鱼苗、淡水鱼种、稚鳖、稚龟、虾类育苗、贝类育苗	淡水鱼苗、淡水鱼种、稚鳖、稚龟	淡水鱼苗、淡水鱼种、稚鳖、稚龟

2. 大湾区水产品初加工及预制菜现状

广东省是我国推动预制菜产业发展力度最大的地区之一。大湾区的佛山市、江门市、肇庆市均成立了预制菜产业联盟,水产加工企业和冷链产业集中在大湾区中西部,即珠海市、中山市、江门市、佛山市,加之台资、港资食品企业为珠海、东莞、佛山等城市培养了大批专业管理与技术人才,使该地区水产加工基础更加夯实、预制菜产业链条更加完整。同时,大湾区依托庞大的人口规模,水产品消费量占到全省的七成以上。

大湾区 2021 年水产加工企业有 173 家，水产冷库有 162 座，分别占全省的 17.39% 和 22.95%。规模以上水产品加工企业一直稳定在 50 家以上，占广东省的 31.98%，集中分布于珠海市、江门市、佛山市。大湾区近年来水产冷库数量持续增加，2021 年同比增长 24.73%，集中分布于珠海市、中山市、江门市和佛山市，为预制菜产业发展提供稳定支持（见表 5）。

表 5　2021 年大湾区内地九市水产加工企业、水产冷库情况

单位：个，座

地区	广东省	广州市	深圳市	珠海市	惠州市	东莞市	中山市	江门市	佛山市	肇庆市	大湾区内地九市合计
水产加工企业	995	3	—	26	5	15	12	82	23	7	173
规模以上加工企业	172	2	—	17	3	—	9	12	10	2	55
水产冷库	706	8	—	36	3	—	26	47	35	7	162

大湾区水产品加工主要以淡水产品（罗非鱼等）、海水产品、鱼糜制品及干腌制品、罐制品等为主，加工能力年均 50 万吨以上，约占全省总量的 1/5，加工能力稳定且突出。2021 年大湾区水产加工总量为 30.80 万吨，占全省的 20.76%，其中淡水加工产品占全省约七成。其中广州市、佛山市、肇庆市以淡水加工产品为主，珠海市、惠州市、江门市则以海水加工产品为主（见表 6）。

表 6　2021 年大湾区内地九市水产加工能力、加工量情况

单位：吨/年，吨，%

地区	广东省	广州市	深圳市	珠海市	惠州市	东莞市	中山市	江门市	佛山市	肇庆市	大湾区内地九市占全省比重
水产加工能力	2298865	37055	2500	136420	17691	380	80481	91643	98115	74699	23.45
水产加工品总量	1483550	8283	1240	58340	9407	438	38242	73680	75353	43037	20.76
淡水加工产品	425914	8283	—	34090	—	58	38011	19716	75353	43037	51.31
海水加工产品	1057636	—	1240	24250	9407	380	231	53964	—	—	8.46

2021 年大湾区水产日冻结能力合计 0.4 万吨/日，占全省总量的 12.36%，平

均每日 449.22 吨。2021 年大湾区水产冷藏能力合计 11.9 万吨/日，占全省总量的 27.57%。佛山市、江门市的水产冻结能力与冷藏能力在大湾区内地九市中均居于前列（见表7）。

表7 2021 年大湾区内地九市水产冷库冻结能力、冷藏能力情况

单位：吨/日，吨/次,%

地区	广东省	广州市	深圳市	珠海市	惠州市	东莞市	中山市	江门市	佛山市	肇庆市	大湾区内地九市占全省比重
冻结能力	32698	185	—	249	244	—	360	652	2200	153	12.36
冷藏能力	431593	4610	—	8912	200	—	955	43900	55000	5426	27.57

3. 大湾区水产品流通现状

大湾区水产品流通和服务业总产值占全省 50% 以上，广州市、佛山市的产值远远领先其他地市，国家水产阵型企业和重点企业（广东上榜企业）也集中在广州市、佛山市，显示出广佛市产业互动和技术研发协作紧密，促进了两市的水产产业市场化发展。

2021 年广东省水产品流通和服务业总产值为 533.57 亿元，其中总产值为 292.93 亿元，占全省的 54.90%。佛山市和广州市水产品流通和服务业总产值最高，均超过百亿元。2021 年大湾区内地九市水产流通总产值为 284.83 亿元，占全省的 55.78%（见表8）。

表8 2021 年大湾区内地九市水产品流通和服务业产值

单位：千万元,%

地区	广东省	广州市	深圳市	珠海市	惠州市	东莞市	中山市	江门市	佛山市	肇庆市	大湾区内地九市占全省比重
水产品流通和服务业总产值	5335.71	1002.05	0.05	129.6	61.52	109.52	238.40	135.06	1239.74	12.96	54.90
水产流通总产值	5106.28	1000	—	126.78	54.86	96.60	208.82	114.51	1237.07	9.62	55.78

4. 大湾区水产品消费现状

2021 年广东省年末常住人口为 12684.00 万人，大湾区内地九市合计

7860.60万人，占全省人口的61.97%。大湾区内地九市2021年水产品消费总量达216.56万吨，占全省的74.72%，消费市场优势突出。2021年大湾区内地九市人均年水产品消费量达27.55千克，其中广州市和深圳市消费量最高。大湾区扎实的水产品加工能力和完备的冷链物流体系，保障了城乡居民水产品消费供应（见表9）。

表9　2021年大湾区内地九市水产品消费量情况

单位：万人，万吨,%

地区	广东省	广州市	深圳市	珠海市	惠州市	东莞市	中山市	江门市	佛山市	肇庆市	大湾区内地九市占全省比重
年末常住人口数	12684.00	1881.06	1768.16	246.67	606.60	1053.68	446.69	483.51	961.26	412.97	61.97
全年水产品消费量	289.83	51.82	48.71	6.80	16.71	29.03	12.31	13.32	26.48	11.38	74.72

（二）大湾区水产产业总体特点

1. 淡水养殖占比重大，是广东池塘养殖的主要区域

大湾区内地九市拥有全省一半以上的淡水养殖面积，是广东省池塘养殖的主要区域。大湾区淡水养殖产量占全省总产量的约七成，亩产1.09吨，高出全省均值21%，优势明显。且大湾区种苗业较为发达，育种品类丰富，为广东省养殖业持续健康发展提供可靠保障。

2. 水产加工及流通服务业较为发达

大湾区内地九市水产业流通和服务总产值占全省总产值的五成以上，产值主要来自广州、中山、佛山等交通枢纽地市。而水产加工和冷链企业集中分布在大湾区中西部，即珠海市、中山市、江门市、佛山市，加之台资、港资食品企业为珠海市、东莞市、佛山市培养了大批专业管理与技术人才，为大湾区水产加工、预制菜产业发展等奠定了基础。

3. 产业总体技术水平较高

广东海兴农集团有限公司、广东梁氏水产种业有限公司、广东绿卡实业有限公司、深圳华大基因股份有限公司等国家水产阵型企业和重点企业集中分布在广州市、佛山市、东莞市、深圳市，在水产淡水鱼（草鱼、罗非鱼、黄颡鱼、乌鳢等）、虾类（南美白对虾、罗氏虾等）、中华鳖、鲈鱼等水产品的良种选育、种苗繁育等方面具有突出优势。同时大湾区是全国科技创新机构、人才、平台最集

中的区域之一，增强了大湾区水产技术研发和产业联结互动，为水产业高质量发展提供有力的科技支撑。

二、大湾区水产产业布局时空变迁分析

（一）产业时空变迁分析的理论基础

"点—轴系统理论"是我国著名学者陆大道先生最早提出的，"点"指各级居民点和中心城市，"轴"指由交通、通信干线和能源、水源通道连接起来的"基础设施束"；"轴"对附近区域有很强的经济吸引力和凝聚力。轴线上集中的社会经济设施通过产品、信息、技术、人员、金融等，对附近区域有扩散作用。扩散的物质要素和非物质要素作用于附近区域，与区域生产力要素相结合，形成新的生产力，推动社会经济的发展。

点轴开发模式是增长极理论的延伸，从区域经济发展的过程来看，经济中心总是首先集中在少数条件较好的区位，呈斑点状分布。这种经济中心既可称为区域增长极，也是点轴开发模式的点。随着经济的发展，经济中心逐渐增加，点与点之间由于生产要素交换需要交通线路以及动力供应线、水源供应线等相互连接起来，这就是轴线。这种轴线首先是为区域增长极服务的，但轴线一经形成，对人口、产业也具有吸引力，吸引人口、产业向轴线两侧集聚，并产生新的增长点。点轴贯通，就形成点轴系统。因此，点轴开发可以理解为从发达区域大大小小的经济中心（点）沿交通线路向不发达区域纵深地发展推移。

（二）大湾区水产业发展极变迁

大湾区水产产业总体呈从西南向东北辐射的发展格局。从2003~2020年的大湾区内地九市水产品生产总量分布状况来看，江门市长期以来是大湾区水产品生产的龙头，产量面积稳居区域首位，是大湾区水产产业的重要发展极。佛山市水产产量有较快的发展，由2003年的30余万吨增长至2020年的50万吨以上，是区域水产产业一个重要增长点。2003~2020年大湾区水产产量增长呈先快后慢的趋势。2003~2010年是高速发展阶段，佛山、广州、肇庆、中山等市均实现了产量的跃迁。2010~2015年是稳步提升阶段，2015年至今则基本维持了稳定的空间格局。在可预计的将来，大湾区水产生产将继续保持平稳发展甚至有所萎缩的态势。从区域内水产产量分布情况来看，大湾区水产生产呈现出鲜明的西北多、东南少的分布态势，且产量以江门市、佛山市连线的增长带向两侧呈扇状辐射，珠江东岸的大湾区地区，包括东莞、深圳、惠州等市产量较少，且缩减趋势明显（见图1）。

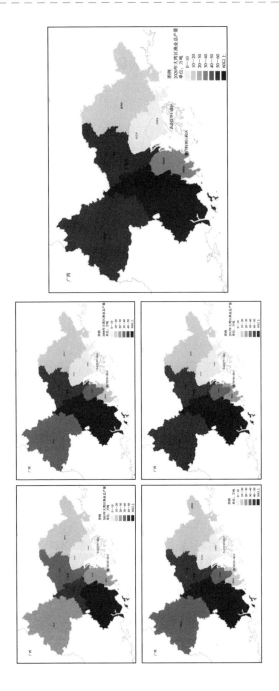

图 1　大湾区水产业总产量时空量变迁图

审图号：粤 S（2018）012 号。

（三）大湾区水产品品类时空分布

1. 大湾区鱼类生产以佛山市为中心向外辐射

鱼类产品是水产品中产量占比最大的品类，且在大湾区长期保持产量增长。从产量的空间分布来看，佛山市一直是大湾区鱼类产品生产的中心，产量由2003年的40余万吨增长至2020年的70余万吨，区域内鱼类生产呈以佛山市为中心向四周辐射的分布特点，2003~2015年，佛山周边的广州、肇庆、江门、中山和珠海等市鱼类产品经过一轮快速发展，实现了产量的跃升。2015年至今，除佛山市仍保持较快的鱼类产量增速，珠江西岸，即大湾区西北翼地区基本保持2015年的生产格局，珠江东岸鱼类生产则基本维持2003年以前的产量和空间格局（见图2）。

2. 大湾区甲壳类生产呈现轴带状的发展格局

大湾区甲壳类生产呈现出较为鲜明的地域性分异和轴带状的发展特点。2010年以前，珠江口西岸沿海地区（江门市、珠海市、中山市）具有较强的生产优势，产量位于区域内前三甲，这一阶段大湾区甲壳类产品的生产空间格局基本保持稳定。2010年后，大湾区西北翼的广州市、肇庆市甲壳类水产品产量经历了一轮发展，珠海市和中山市则少量萎缩，江门市则一直保持了生产龙头的地位。2020年，大湾区甲壳类产品的生产沿江门市至广州市一线呈显著的带状分布格局，佛山市、东莞市产量较少，基本呈现西北多东南少的态势（见图3）。

3. 大湾区贝类生产逐步萎缩

大湾区贝类生产整体呈萎缩的趋势。从总产量来看，江门市长期保持贝类产品生产龙头的地位，但在2010年产量达到顶峰后呈逐步回落的趋势；广州市则在2010年产量达峰后快速下滑，至今已不足万吨产量。2020年贝类水产品除江门、珠海、深圳、惠州4个沿海地级市外已全部不足万吨产量，生产的沿海分布特征显著，贝类生产的整体下滑趋势已不可避免（见图4）。

4. 大湾区藻类生产整体衰退

2003年以前，珠海市、深圳市、惠州市是大湾区藻类水产品生产的主要集聚地区，至2008年，广州、东莞、江门等市的藻类水产品生产经过一轮发展。但2010年之后明显衰退，至2020年，大湾区已不存在500吨以上的藻类产品生产基地，区域内藻类生产主要集中在江门市和惠州市两个生产中心（见图5）。

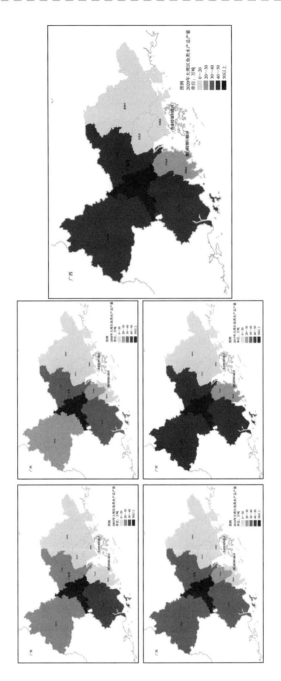

图 2 大湾区鱼类水产总产量时空变迁图

审图号：粤 S（2018）012 号。

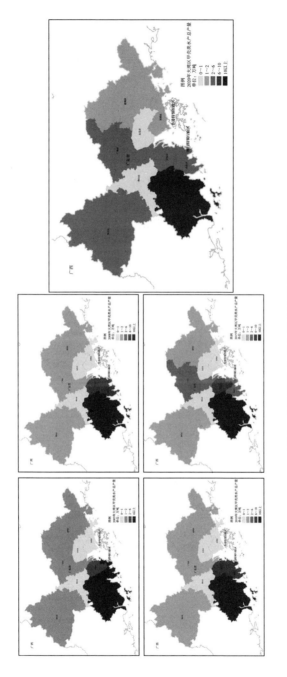

图 3　大湾区甲壳类水产总产量时空变迁图

审图号：闽 S（2018）012 号。

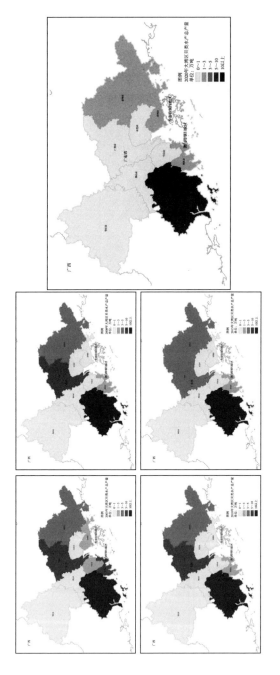

图 4　大湾区贝类水产总产量时空变迁图

审图号：粤 S（2018）012 号。

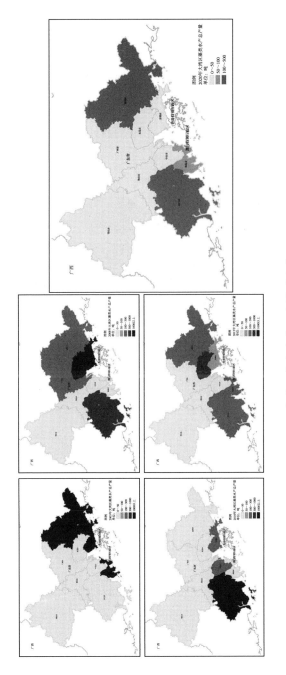

图 5 大湾区藻类水产总产量时空变迁图

审图号：粤 S（2018）012 号。

（四）广佛是大湾区水产苗种极化中心

大湾区现有苗种场集中分布于广州和佛山两市，已形成集群化优势产区，且呈向外辐散的空间分布格局，总体分布呈条带状，除广州—佛山连片分布核心外，其他地区分布数量稀少，整体面积狭小（见图 6）。

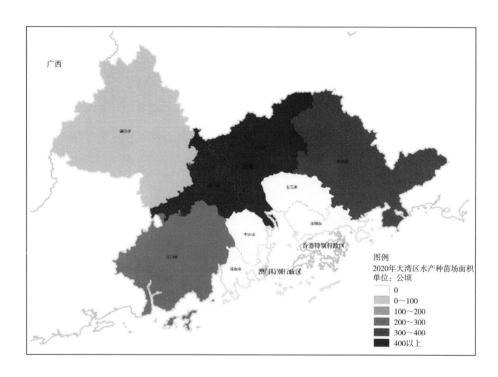

图 6　2020 年大湾区水产种苗场面积分布图

审图号：粤 S（2018）012 号。

（五）大湾区养殖水面时空分布格局不断优化

从 2003~2022 年的大湾区内地九市养殖水面分布情况来看，江门市长期以来生产面积稳居大湾区首位，2020 年以前水产养殖面积长期保持在 6 万公顷以上。20 年间大湾区各市的养殖水面均有所减少，但总体格局仍呈现西北部多、东南部少的分布特点。结合区域人口对水产品消费量需求的增长及未来城市化、工业化发展及生态环保政策变迁等因素，大湾区水产产业发展将由生产规模及从业人口的要素驱动发展模式转变为科技驱动发展模式。在总体养殖规模下降这一不可避免的发展趋势下，必须依靠种苗、养殖技术、养殖模式、产业链创新，实现产量和产值的持续增长（见图 7）。

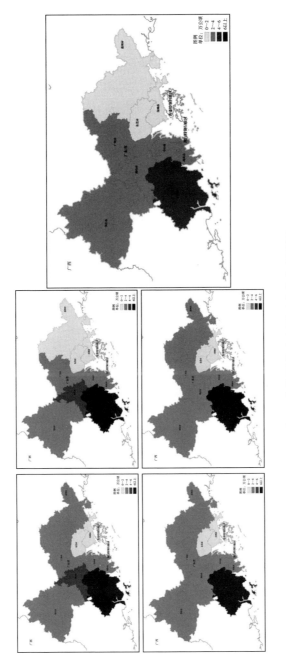

图 7 大湾区养殖水面时空分布变迁图

审图号：粤 S（2018）012 号。

三、大湾区水产产业面临的主要问题

（一）生产环节主要问题

1. 育种技术不足，繁育体系准入门槛低

苗种是水产业生产最重要的物质基础，观赏鱼、乌鳢、鲈鱼、南美白对虾等都是大湾区水产优势品种，近年来，因种苗繁育过程中长期近亲交配、逆向选择等原因，部分水产品种出现了生长缓慢、抗病能力下降、个体变小等种质退化问题。目前的育种技术体系，水产生物原种保存和维护技术还未突破，种质评价、鉴定和种质创新利用技术有待提高，难以满足对大批量、高质量、多性状和适应力强的新品种的需求，特别是没有培育出大湾区大部分地区高密度养殖模式下急迫所需的抗病品种。此外，大湾区水产种苗场分布主要集中在广州市、佛山市，受到用地、成本等因素约束，产业拓展较为困难。同时，水产苗种还存在一些监管空白，监管手段也比较落后，缺乏完整的标准和市场准入制度，市场化体系还不成熟，限制了苗种产业在全国范围内影响力的提升。

2. 生产设施现代化程度还不高

目前海水养殖和淡水养殖都主要依靠人力，机械化程度低，除基础的增氧机和投饲机以外的自动化、智能化设施非常欠缺。由于大湾区城镇化水平的快速提升，塘租逐年看涨，在经济利益的驱动下，各市淡水养殖区域普遍土地承租流转过快，长的5~8年，短的仅1年。过短的流转期使承租人不愿意在高值高效的设施装备上投入，导致防灾减灾能力不强，生产效率低。海水养殖装备技术在网箱结构材料、抗风浪能力、配套设施及灾害天气应对方面仍有很大不足，目前研制的养殖及配套设备，体积大、耗能高、维护成本高等问题较为突出。

3. 疫病绿色防控技术亟待提升

大湾区水产养殖品种众多，有鳜鲈鳢、鳗鱼、黄颡鱼、叉尾和黄鳍鲷、尖吻鲈、金鲳、南美白对虾等，每个品种都有不同的生活习性和吃食方式，需要有针对性地精准喂养。目前大多数水产养殖产品已开发出专用的配合饲料且取得较好的效果，然而许多养殖户旧有观念没有转变，对配合饲料的接受程度不高，肉食性鱼类仍以投喂幼杂鱼为主，容易造成水体污染。大湾区内地九市超90%的水产业生产属于个体经营，且从业者年龄偏大，对于不同水产养殖品种，缺乏先进养殖技术指导，生产方式粗放，水产健康管理也停留在大量依靠药物防控的经验做法，缺乏风险识别、评估和管控的水产疫病生物综合防控理念。

4. 水产养殖资源和环境双重约束加大

大湾区水网密集、池塘星罗棋布，水产业尤其是淡水养殖业分布范围广、养

殖传统悠久、产业基础好。大湾区内地九市作为广东省经济最发达的区域，工业发展、城镇建设、交通建设与水产养殖业争地、争水的资源矛盾越来越突出。工业和第三产业的高速发展带来的工业废水、生活污水等也成了养殖水域环境质量下降的重要原因。

随着土地、人工等成本的快速上涨，养殖户为了追求产出和产值的增长，大力发展高密度养殖模式，过量投喂饲料，甚至违规使用抗生素以抑制病害，导致部分地区水质不断恶化，对环境也造成了一定程度的污染。部分淡水池塘养殖密度过大，水库、湖泊中的养殖网箱过多过密，而一些可以合理利用的空间（如深远海、水稻田等）却开发利用得不够，也加重了水产养殖环境的恶化。

5. 养殖成本较快上涨，经济效益受到压缩

水产养殖主要成本有鱼塘建设、饲料、水电、人工、苗种等。近年来，塘租、饲料价格过快上涨显著性地拉高成本。以佛山顺德池塘养殖为例，塘租5000~8000元/亩/年；塘租整体远高于大湾区周边区，且仍保持上涨趋势。从饲料投入来看，鱼粉作为饲料的主要营养成分，往往被成本更低但营养不够的植物蛋白所替代，造成饲喂量增加，致使饲料成本增长1~2元/斤，且过量投料，对养殖水体造成一定程度的污染。

（二）加工环节主要问题

水产品的加工主要是为了提高水产食品原料的利用率，通过现代加工工艺开发多层次的水产品、药品、生物材料等。目前大湾区内地九市水产品加工主要以水产冷冻品和鱼糜制品及干腌为主，在加工过程中会产生大量副产品，副产品中所含的蛋白质、生物活性成分均未被充分利用，既浪费资源也污染环境。另外，大湾区水产品加工仍停留在初加工阶段，产业化程度较低，且种类单一，产品同质化严重，产品附加值不高。

（三）流通环节主要问题

水产品流通环节对水产品供应品质有直接影响。大湾区具有优越的地理位置，具有华南地区主要物资集散地和国际贸易中枢岗，东、西、北河道通往广东省各市及外省，港澳地区又可助力内地通往世界。目前海水、冰鲜产品流通主要依靠冷链物流业，但目前针对水产品的冷链物流设备和技术还未成熟，专用冷库和冷藏车投入不够，冷链物流覆盖范围不足。大湾区大型冷库集中分布在广州、佛山，且主要是仓储加工型，常常会出现"断链"情况，影响产品品质。另外，冷链物流需要精确的数据和强大的网络系统进行支撑，受限于人才和技术问题，流通过程信息化程度较低，虽然目前有水产行业网、广东省水产网等信息网站，

但也更新慢、时效性低、信息记录不完整，这些都制约了水产品可追溯制度的建立，对流通效率也有所影响。

淡水产品区域内流通主要采用活体运输方式，为了提高水产品存活率、延长存活时间，运输过程中常常会加入违禁药品，这也成了严重的食品安全风险。目前水产流通环节上游是养殖户，下游是批发商或零售终端，水产物流相关公司是连接这两方的重要枢纽，但专业水产保活企业少，管理水平偏低，未能形成规模性的物流网络体系。另外，物流经营管理成本和水产品的高损耗率也大大地提高了水产品流通的成本。

（四）营销环节主要问题

1. 品种供求失衡

大湾区处于珠江三角洲核心地带，有丰富的淡水河流资源。四大家鱼、生鱼等淡水水产品由于养殖技术和水质要求不高、养殖风险低，是大湾区广大养殖户的首选养殖产品，从而维持这类水产品的高产量。此外，由于买方、卖方信息不对称，养殖户对生产的判断是基于前一年或前几年同行的盈利品种且跟风严重，导致这类普通水产品市场供过于求，形成"买方市场"。相反，受限于养殖技术和水质降低，高端优质水产品供应不足，高端消费市场需求得不到有效满足。

2. 交易流程规范化程度低

大湾区有省级龙头水产公司35家，规模化企业一般有较为稳定的销售路径，可以进行批发、零售、出口、销往超市、加工厂等，交易制度和产品分等分级明晰。但对于大量散户来说，主要由水产中介进行收购再统一销售，但这一环节没有统一行业性标准和监管，容易造成市场交易混乱，甚至引发恶性竞争的"内卷"行为。

3. 品牌意识不强

大湾区虽然有了一批水产品区域公用品牌和企业品牌，但品牌知名度、市场竞争力还不高。大部分中小规模养殖企业及养殖户，品牌和宣传意识欠缺，仍停留在随行就市的传统意识。

4. 产业融合度不高

大湾区水产业总产值仍然主要集中在生产环节，水产品加工附加值较低，休闲渔业等新兴产业以及深水网箱、工厂化养殖等高效集约化养殖比重不高，一二三产业融合发展乏力，整体盈利能力相较江浙等发达省份还不高。

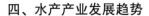

四、水产产业发展趋势

（一）全球水产业发展趋势

1. 全球水产品供应的增长主要依赖于水产养殖业

根据 FAO 的数据，全球的水产捕捞产量（含内陆和海洋）从 2000～2020 年基本维持在 9000 万吨上下的水平，且从 2018 年以来呈现明显的逐年下降的趋势；而全球水产养殖产量（含内陆和海洋）从 2000 年的 4300 多万吨增长至 2020 年的 8700 多万吨，增长超过了 1 倍。

2. 全球水产品人均消费量仍将保持增长

水产品（包括捕捞和养殖）为人类食物及营养保障做出了重要贡献。1960～2000 年，全球水产食品人均消费量的增长率是全球人口增长率的 2 倍。2020 年全球水产食品人均消费量达 20.2 千克。由于收入增长、城市化推进、收获后做法改善以及膳食趋势变化，预计到 2030 年水产食品消费总量将增长 15%，达人均 21.4 千克。丰富多样的水产食品，包括在水中养殖以及从水中捕获的动物、海藻和微生物以及新的食品技术创造出的细胞培养食品和植物基食品，将在保障粮食安全和营养安全以及为全球人类提供生计方面发挥重要作用。

3. 全球水产业走向蓝色转型

2021 年，粮农组织渔业委员会一致通过了《可持续渔业和水产养殖宣言》，把蓝色转型作为基本目标，支持以环境、社会、经济各方面可持续的方式，为不断增长的人口提供充足的水产食品。蓝色转型的目的是：①促进可持续水产养殖系统的开发和应用。②确保水产养殖被纳入国家、区域及全球发展战略和粮食政策。③确保水产养殖生产满足对水产食品日益增长的需求，并改善包容性生计。④提高所有层面的能力，开发和采用创新技术和管理措施，使水产养殖业更具效率和韧性。

（二）中国水产业发展趋势

1. 重视水产（渔业）在食物和营养供给及农业产业中的重要作用

中国是全球最大的水产养殖国、消费国，随着国民经济和人口规模的持续稳定增长，在未来 10 年甚至更长的时间内，对水产品的消费需求仍将保持较快增长的趋势。《全国渔业经济统计公报》数据显示，2021 年全国渔业综合产值为 29689.73 亿元，与 2011 年相比，增长了 14684.72 亿元，增幅约 97.87%，渔业仍是农业产业中产值增长较快的门类，对促进农村劳动力就业、农民增收发挥了重要作用。

2. 坚持绿色发展的总方针

我国自 2012 年以来，以"提质增效、减量增收、绿色发展、富裕渔民"为总目标，坚持"生态优先、绿色发展"的总方针，持续推进水产产业转方式调结构，着力加强海洋渔业资源和陆地水生态环境保护，不断提高水产（渔业）可持续发展能力。总体来看，水产品捕捞仍将维持稳中有降的趋势；而海水养殖业加快向深水化、设施化、集约化方向发展，建设现代化海洋牧场；淡水养殖业着力发展工厂化高效养殖模式、生态综合养殖模式。

3. 加强水产种业振兴

种业是农业产业的基础。我国高度重视逐步提高动植物种子种苗的自给化水平，水产种业也不例外。农业农村部、沿海发达地区等水产大省都纷纷出台支持水产种业振兴的具体措施。水产种业振兴重点围绕三个方面布局：一是加强水产种质资源的收集和保护利用工作；二是支持科研机构、重点企业开展水产种业"卡脖子"技术攻关，加快优质水产品种选育和种苗繁育的"补缺口""补短板"，培育一批水产种业育繁推一体化优势企业；三是加强水产种业市场监管和知识产权保护工作。

（三）大湾区水产业发展趋势

1. 工厂化、设施化、生态综合养殖等新模式将逐步取代传统养殖模式

在淡水养殖方面，为了解决养殖尾水治理，提高水产养殖空间利用率、单位产出率，将逐步扩大工厂化循环水养殖模式，随着工厂化养殖技术和设施装备的进一步成熟，建造、运营成本将大幅降低，工厂化循环水养殖模式将有望在技术和经济效益上适合更多的养殖品种，从而逐步成为主要的养殖模式之一。此外，鱼菜共生、稻鱼（稻虾）等生态种养结合模式，也将得到进一步的发展。

2. 水产业将由单一产品供给目标转向产品与服务多功能发展目标

大湾区拥有规模庞大、具有一定消费能力的城市群人口。优质水产品供给只是水产产业的基本功能，但随着绿色发展、高质量发展和城乡一体化发展战略的深入推进，水产业将加快由第一产业为主向一二三产业融合且均衡发展的格局转变，生产将与生态保护、休闲休憩、科普及文化体验、垂钓、康养、景观塑造等融为一体，以更好地满足城市群人口多样化、高品质的服务需求。

3. 产业链将主要向上游种苗和下游流通及精深加工发力

根据"产业微笑曲线"理论，在产业链中，附加值更多地体现在两端。大湾区水产产业链条完整，但从大湾区要素禀赋优势和市场空间发展趋势来看，大湾区水产产业链将逐步向上游种苗和下游的流通及精深加工发力，在相关领域将

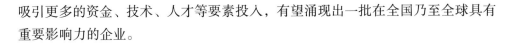

吸引更多的资金、技术、人才等要素投入，有望涌现出一批在全国乃至全球具有重要影响力的企业。

五、促进大湾区水产产业高质量发展的对策建议

（一）总体思路

立足大食物观，深刻把握高质量发展的内涵，推进水产产业现代化、标准化、规模化、绿色化发展。坚持产业提质增效为抓手，科学规划符合市场需求、符合资源环境承载力的水产产业发展格局。要加强水产全产业链数字化监管能力，守住安全底线。优化要素资源配置，提高生产效率。要加大水产科研投入力度，牢牢抓住水产苗种这个"牛鼻子"，提升水产产业科技竞争力。要推动水产一二三产业融合发展，提高水产产品精深加工水平，提升产业综合效益。要积极发挥大湾区消费中心、市场流通中心的区域优势，做大做强水产知名品牌，提高市场影响力。要促进国际交流，推动更多水产品"走出去"。挖掘水产生态发展空间和潜力，更好地传承发扬桑基鱼塘等农耕文化，探索休闲渔业等水产新业态发展，打造大湾区水产业绿色生态发展的亮丽名片。

1. 基本路径：优化要素资源配置

优化水产生产要素资源配置，定期开展水产养殖容量、水域滩涂承载能力等数据调查工作，精准量化湖泊、河流、水库等公共自然水域网箱养殖规模、密度等指标，优化水域滩涂等资源的配置，通过加强对水域滩涂经营权的保护等措施，保障资源环境协调可持续发展。加大培育家庭渔场、水产养殖合作社、龙头企业等新型经营主体，引导产业经营主体良性发展。提升水产产业市场监测水平，加强饲料、塘租等生产成本监测，构建水产产业大数据平台，根据市场需求，引导生产经营主体合理安排养殖品种、养殖规模、上市期，预防市场大幅波动对产业健康发展的冲击。提升全产业链上下游中人才、科技、资金等要素投入，推动各环节竞争力不断提升。

2. 必要条件：完善产业政策设计

着眼水产全产业链，对龙头企业、现代农业产业园、交易市场等开展深入调研，掌握水产一线生产经营的最新动态、实际需求、存在问题等情况，邀请专家、企业代表等进行研讨，不断丰富产业政策研究内容，保障政策的科学性、精准性、有效性。同时，要加大财税和金融对水产产业的支持力度，充分运用金融保险等工具，积极对接重点水产生产经营主体的融资需求，开发出更多解决养殖户、合作社、企业等实际需求的信贷产品，发挥相关产业基金的作用，引导社会

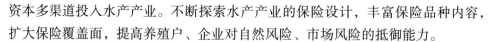

资本多渠道投入水产产业。不断探索水产产业的保险设计，丰富保险品种内容，扩大保险覆盖面，提高养殖户、企业对自然风险、市场风险的抵御能力。

3. 核心动力：强化科技创新能力

要坚持创新驱动发展，加大大湾区水产产业人才队伍、科研平台等方面建设。深化产学研合作，加强水产苗种、绿色低碳养殖技术、高效智能生产设施、精深加工、冷链物流等产业关键技术研发。引导高校、职业技术学校等培养符合生产实际需求的各类人才。搭建更多的产业交流平台，促进水产产业科技成果转化。

（二）大湾区水产产业高质量发展的政策建议

大湾区内地九市是广东省水产产业的重点优势产区之一，具有良好的产业基础和庞大的市场消费需求。要着力推动水产养殖全产业链高质量发展，瞄准绿色化、高效化、集约化、标准化、品牌化发展方向，进一步夯实产业基础，培育壮大新型养殖经营主体，强化科技创新支撑，鼓励规模化经营、设施化养殖，推动养殖、加工、流通、休闲服务等产业融合发展，提高全产业数字化水平，发挥和加强水产苗种核心优势，持续推动产业提质增效。

1. 夯实产业基础，推进水产养殖现代化发展

依托水产健康养殖和生态养殖示范区、现代农业产业园、美丽渔场、美丽渔村等建设，为推动水产养殖基础提档升级。加强水产养殖池塘标准化升级改造，积极发展立体循环水设施渔业，提高尾水治理能力，加大水产向绿色、健康、生态等养殖模式的转型力度。打造一批水产绿色优质养殖示范带，带动水产业绿色升级发展。

2. 积极探索大湾区水产新业态，推动产业融合发展

立足大湾区特色，持续推动水产产业园区科技研发、产品加工、参观体验等一体化建设，扩展水产科普公园、休闲体育（垂钓）等文旅体发展空间，推动一二三产的融合发展。推动企业与高校、科研院所等科研团队的交流合作，提升水产业绿色发展生态链的科技实力，不断挖掘农业园区生态文化服务等多种功能，拓展水产业从传统养殖向研学、文旅观光、生态农业等领域发展的空间。

3. 强化产业集聚，提升大湾区水产产业品牌价值

推进大湾区水产产业向集聚化、规模化、标准化等方向发展，整合各区域主要水产品类，提升生产经营的聚合度，重点打造几个集聚效应明显、功能配套完善的大湾区水产集聚样板，鼓励有条件的区域积极创建水产生产经营企业总部示范区、优势特色产业集群等。通过整合优势产品品类，打造区域知名品牌，积极发展大湾区水产产业会展经济，提升产业的整体影响力。

4. 加强数字渔业建设力度，打造大湾区水产数字化全产业链

深入推进水产产业数字化转型升级，推进基础设施数字化改造，通过集成生产监控、水质监测、尾水处理、饲料投喂、能耗监测等数字化管控系统建设，提高水产养殖管理精细化、集约化、自动化水平。推进特色优势水产品单品种全产业链大数据平台建设，完善智慧养殖、电商交易、检测检疫、产品追溯等功能，提升水产全产业链规范化、标准化、安全化等监管水平。探索"订单水产"模式，打通产销衔接信息渠道，提高市场信息服务水平，引导水产产品优质优价良性发展。

5. 发挥水产种苗业优势，打造全国乃至全球优质水产苗种繁育流通中心

广东省是中国水产养殖第一大省，也是水产苗种第一大省，各类水产种苗年度产能超 1.3 万亿尾。大湾区要充分发挥科研机构、人才、创新平台集聚的区位优势，深入实施水产种业振兴战略，加强名特优水产种苗的遗传育种与新品种培育技术研究，创制优质、抗逆、高产的水产品种资源。实施水产良种工程，着力建设一批淡水苗种、海水苗种繁育基地。鼓励有实力的外资企业在大湾区投资建设水产苗种繁育中心，积极引进国际先进的研发机构、团队。加强水产苗种、转基因水产苗种生产经营许可制度实施和监管，保障水产苗种市场的健康发展。扶持和培育有实力的水产种苗企业，争取创建国家级和省级良种场。推动国家级、省级水产苗种场区及种质资源保护区数字化建设。

参考文献

[1] 廖传松，刘家寿，雷鸣，高芳，陈明波，邓乐平，郑杰添.1978—2017年广东省渔业发展概况浅析［J］.信息与战略，2020，35（2）：124-132.

[2] 张茜.广东水产品质量安全管理问题及对策研究［D］.湛江：广东海洋大学，2015.

[3] 田丛.广东省发展水产品冷链物流的对策研究［D］.湛江：广东海洋大学，2016.

[4] 陆瑶.湛江市水产加工业问题及对策分析［D］.湛江：广东海洋大学，2021.

[5] 李飞，金茹，温欣.中国海洋渔业经济空间差异与影响因素分析［J］.中国渔业经济，2018，36（5）：82-90.

[6] 杨岁岁.广东海洋渔业竞争力研究［D］.湛江：广东海洋大学，2013.

［7］王静香，赵跃龙，刘子飞，周长吉．我国沿海地区渔业绿色高质量发展路径及建议［J］．江西农业学报，2022，34（4）：230-237.

［8］吴锦辉．广东现代渔业经济的现状及困境分析［J］．农业与技术，2021，41（1）：171-174.

［9］黄鑫，周珊珊．我国水产品市场需求特征及营销模式转换——以 W 水产食品有限公司为例［J］．全国流通经济，2018（20）：10-11.

［10］马志洲，欧小华．广东省海水养殖现状与持续发展［J］．海洋与渔业，2018（7）：90-93.

［11］张广海，徐翠蓉．我国沿海地区渔业经济与旅游业融合发展研究［J］．中国渔业经济，2018，36（3）：79-89.

［12］徐倩．水产养殖业发展趋势及对策探讨［J］．广东饲料，2018，27（1）：17-19.

［13］张汉月，罗乔军，张进疆，甘玲，张林泉，龚丽．广东省水产品加工产业现状及发展趋势［J］．现代农业装备，2017（5）：53-56.

［14］联合国粮农组织．2022 年世界渔业和水产养殖状况：努力实现蓝色转型［R］．罗马，2022.

粤港澳大湾区花卉产业发展现状、问题与对策

吴　志*

摘　要：粤港澳大湾区花卉产业历史沉淀悠久，文化底蕴丰厚，已经成为具有国际竞争优势的特色支柱产业。深入研究大湾区内地九市花卉产业数据，找出产业瓶颈问题，提出有针对性的产业发展对策，对大湾区内地九市花卉产业高质量发展具有重大战略意义。广东省和全国花卉产业数据显示，广东花卉种植面积呈上升趋势，而且已经形成观赏植物和盆花产业集聚区。大湾区内地九市花卉产业数据表明，过去 20 年花卉产业注册企业数量迅速增加，花卉产业升级和产业转移趋势明显，典型大湾区城市花卉产业表现出不同趋势，花卉产业创新能力显著提升、平台建设内容丰富。存在的瓶颈问题主要有：大湾区内地各市花卉产业发展不平衡，花卉产业规划缺位，花卉种植用地属性问题突出，花卉产业科技创新能力有待进一步加强。针对这些瓶颈问题，提出依托行业协会和产业联盟制订大湾区花卉产业规划，统筹兼顾坚守耕地红线和深挖土地资源，同步做好花卉产业升级、产业拓展与产业转移，建立参与国内市场大循环的花卉市场流通体系，以科技体制改革创新提高花卉产业技术含量和附加值，积极筹备酝酿有利于大湾区花文化建设的各类花事活动。

关键词：大湾区内地；花卉产业；发展现状；发展问题；发展对策

粤港澳大湾区（Guangdong-Hong Kong-Macao Greater Bay Area, GBA）包括珠三角广州市、深圳市、珠海市、佛山市、惠州市、东莞市、中山市、江门市、肇庆市（以下称大湾区内地九市）以及澳门特别行政区和香港特别行政区，2021

吴志，广东省农业科学院环境园艺研究所，博士，研究方向为创意园艺栽培技术研发、创意花卉产品开发与产业应用推广。

年粤港澳大湾区 11 个城市 GDP 达 12.63 万亿元，是我国创新能力最强、开放程度最高、经济活力最强的地区之一[1-3]。粤港澳大湾区内地九市花卉产业历史沉淀悠久，文化底蕴丰厚[4-5]，如广州迎春花市、深圳花展、中山花木博览会等拥有民间广泛认同基础[6]，具有独特的花卉文化记忆与持续的生活实践，已成为粤港澳大湾区地方文化符号代表[7]。大湾区内地九市花卉产业经过数十年发展，已成为具有国际竞争优势的特色支柱产业[8-10]；大湾区内地九市是我国盆栽花卉的主产区；香港是我国花卉进出口贸易的重要中转地。

相对于畜禽[11]、蔬菜[12] 和果树[13] 等主要可食用农产品，花卉产业经济体量相对较小，产业链条还不是很完备。花卉产业链主要包括花卉育种、花卉种植、花卉批发、花卉加工和花卉零售等产业分工。大湾区花卉产业企业经营范围主要集中在花卉种植、花卉批发和花卉零售，少数花卉种植企业开展了花卉育种工作，部分花卉批发和花卉零售企业的工作内容涵盖了花卉加工；重点分析花卉种植、花卉批发和花卉零售三类企业，足可以充分了解大湾区花卉产业发展状态。本文深入研究大湾区内地九市花卉产业数据，指出大湾区内地九市花卉产业瓶颈问题，提出有针对性的产业发展对策，对大湾区内地九市花卉产业高质量发展具有重大战略意义。

一、广东花卉产业发展现状

（一）广东花卉种植面积呈上升趋势

2008~2020 年，广东花卉种植面积呈上升趋势，但相对于全国花卉种植面积增长速度，广东花卉种植面积占比呈下降趋势。2008 年，广东花卉种植面积 4.95 万公顷，相对于全国占比为 9.23%；2020 年，广东花卉种植面积增长到 9.00 万公顷，但相对于全国占比下降到 6.11%。广东不同类型花卉产量表现出不同的变化趋势。2008 年，广东观赏苗木产量 1.32 亿株，相对于全国占比为 3.11%；2018 年，广东观赏苗木产量增长到 1.66 亿株，但相对于全国占比下降到 1.42%。2008 年，广东切花切枝切叶产量 14.31 亿支，相对于全国占比为 12.24%；2020 年，广东切花切枝切叶产量增长到 33.79 亿支，但相对于全国占比上升到 13.01%。2008 年，广东盆栽植物产量 1.79 亿盆，相对于全国占比为 8.98%；2020 年，广东盆栽植物产量增长到 32.79 亿盆，但相对于全国占比上升到 11.06%（见表 1）。

（二）广东已经形成观赏植物和盆花产业集聚区

我国花卉产业格局初步形成地域特色鲜明三大产业集聚区：广东观赏植物和盆花、云南鲜切花和江浙园林观赏苗木。2008 年，广东、江苏、浙江和云南花卉

表 1　广东和全国花卉生产情况

单位：万公顷，亿株，亿支，亿盆，%

年份		2008	2009	2010	2011	2012	2013	2014	2015	2016	2017	2018	2019	2020
花卉种植面积	广东	4.95	4.70	5.15	6.81	7.24	6.11	7.35	6.26	8.29	7.56	7.61	8.26	9.00
	全国	53.64	63.26	76.40	86.22	96.91	104.25	102.21	129.23	132.80	144.89	163.28	150.77	147.24
	占比	9.23	7.43	6.74	7.90	7.48	5.86	7.20	4.85	6.25	5.22	4.66	5.48	6.11
观赏苗木产量	广东	1.32	1.26	1.13	3.32	2.94	3.43	2.68	1.43	1.42	3.44	1.66	4.1589	4.6069
	全国	42.35	50.18	57.08	120.86	124.08	124.32	111.21	100.34	112.42	120.22	116.67	9.73642	9.76099
	占比	3.11	2.51	1.97	2.74	2.37	2.76	2.41	1.42	1.26	2.86	1.42	—	—
切花切枝切叶产量	广东	14.31	13.79	14.72	15.37	20.07	20.05	19.40	21.12	22.78	41.02	27.85	37.14	33.79
	全国	116.91	123.94	125.21	142.34	185.30	181.71	175.93	183.60	192.75	193.80	176.64	262.27	259.85
	占比	12.24	11.13	11.76	10.80	10.83	11.03	11.02	11.50	11.82	21.17	15.77	14.16	13.01
盆栽植物产量	广东	1.79	2.90	1.84	3.21	2.23	2.76	2.62	2.61	2.67	8.90	3.07	31.60	32.79
	全国	19.92	19.84	28.94	29.16	34.36	54.01	45.17	41.42	46.89	50.44	56.50	82.05	296.46
	占比	8.98	14.63	6.35	11.00	6.50	5.11	5.80	6.30	5.70	17.64	5.43	38.51	11.06

注：2019 年和 2020 年，观赏苗木产量统计单位从"万株"改为"万公顷"。

资料来源：《广东农村统计年鉴》（2008~2020 年）、《中国林业统计年鉴》（2008~2018 年）和《中国林业和草原统计年鉴》（2018~2020 年）。

种植面积分别为 4.95 万公顷、7.87 万公顷、6.19 万公顷和 1.57 万公顷；2020年，广东、江苏、浙江和云南花卉种植面积分别增长到 9.00 万公顷、15.19 万公顷、15.68 万公顷和 13.62 万公顷。三大产业集聚区的不同类型花卉产量表现出不同的变化趋势。在观赏苗木产量方面，江苏增长最为迅速，由 2008 年的 4.38亿株增长到 2018 年的 40.06 亿株，增加了 8.15 倍。在切花切枝切叶产量方面，云南增长最为迅速，由 2008 年的 47.09 亿支增长到 2020 年的 145.76 亿支，增加了 2.1 倍（见表 2）。

表 2　广东、江苏、浙江和云南花卉生产情况

单位：万公顷，亿株，亿支，亿盆

年份		2008	2009	2010	2011	2012	2013	2014	2015	2016	2017	2018	2019	2020
花卉种植面积	广东	4.95	4.70	5.15	6.81	7.24	6.11	7.35	6.26	8.29	7.56	7.61	8.26	9.00
	江苏	7.87	14.77	10.68	15.67	12.29	11.88	11.14	29.21	29.90	30.17	31.08	16.16	15.19
	浙江	6.19	5.49	5.23	5.82	5.73	56.16	6.91	9.05	10.29	10.23	6.79	15.84	15.68
	云南	1.57	1.85	1.30	1.26	1.39	1.80	1.35	1.93	2.31	3.25	30.44	11.71	13.62

续表

年份		2008	2009	2010	2011	2012	2013	2014	2015	2016	2017	2018	2019	2020
观赏苗木产量	广东	1.32	1.26	1.13	3.32	2.94	3.43	2.68	1.43	1.42	3.44	1.66	4.16	4.60
	江苏	4.38	6.94	8.98	46.30	43.43	32.22	27.61	27.62	39.41	38.82	40.06	13.48	12.73
	浙江	11.76	15.41	17.54	30.58	24.58	22.01	18.70	15.00	17.43	17.79	18.39	13.83	13.68
	云南	0.29	0.34	0.63	0.06	0.10	0.42	1.95	1.79	1.92	2.12	1.60	2.09	0.82
切花切枝切叶产量	广东	14.31	13.79	14.72	15.37	20.07	20.05	19.40	21.12	22.78	41.02	27.85	37.14	33.79
	江苏	29.31	7.94	8.04	16.57	17.01	16.90	13.74	13.10	13.11	12.20	14.29	14.64	13.21
	浙江	9.42	12.73	14.47	13.45	13.92	13.24	12.99	11.70	6.76	6.39	6.11	6.38	5.75
	云南	47.09	0.34	35.14	37.04	42.31	31.67	4.31	50.14	66.60	60.31	62.22	139.00	145.76
盆栽植物产量	广东	1.79	2.90	1.84	3.21	2.23	2.76	2.62	2.61	2.67	8.90	3.07	31.60	32.79
	江苏	1.25	1.86	1.21	2.13	3.94	2.45	2.47	3.00	2.03	3.20	3.43	8.53	11.57
	浙江	1.03	1.14	2.32	1.91	2.18	2.49	2.58	2.74	3.75	3.48	3.99	3.80	2.57
	云南	0.14	0.34	0.30	0.12	0.10	0.21	0.38	0.34	0.68	0.69	1.06	5.80	7.12

注：2019 年和 2020 年，观赏苗木产量统计单位从"万株"改为"万公顷"。

资料来源：《中国林业统计年鉴》（2008~2018 年）和《中国林业和草原统计年鉴》（2018~2020 年）。

二、大湾区内地九市花卉产业发展现状

（一）广东花卉产业经营主体多注册在大湾区内地九市

根据广东省农业农村厅数据，截至 2021 年，广东省重点农业龙头企业有 1292 家，其中涉及花卉的企业 29 家，而注册地在大湾区内地九市的有 20 家。

根据国家企业信用信息公示系统数据，截至 2022 年 11 月 12 日，广东省有花卉种植企业 76181 家（见图 1）。大湾区内地九市花卉种植企业 50087 家，占比为 65.74%；广州市花卉种植企业 20019 家，占比为 26.27%；佛山市和深圳市的花卉种植企业分别有 6298 家和 6224 家，上述三个地级市花卉种植企业数量占比为 42.72%。在粤东西北地区中，花卉种植企业数较多的是梅州、茂名和河源，分别有 3805 家、3499 家和 3409 家。可见，广东省花卉种植企业多成立在大湾区内地九市，其中广州市拥有近三成的花卉种植企业数量。

根据国家企业信用信息公示系统数据，2006 年大湾区内地九市注册有限责任公司 160 家，个体工商户 108 家，个人独资企业 4 家，股份有限公司 1 家，其他类型企业 46 家（见图 2）。2021 年大湾区内地九市注册有限责任公司 4666 家，较 2006 年增加了 42.2 倍；个体工商户 2375 家，较 2006 年增加了 20.99 倍；农民

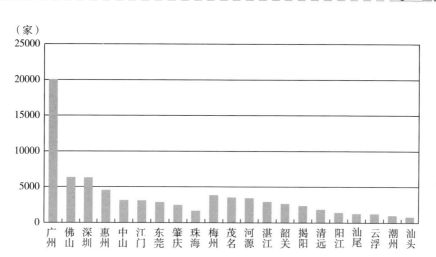

图1　广东省各市花卉种植企业数量

专业合作社291家；个人独资企业185家，较2006年增加了45.25倍；股份有限公司8家；其他类型企业42家。

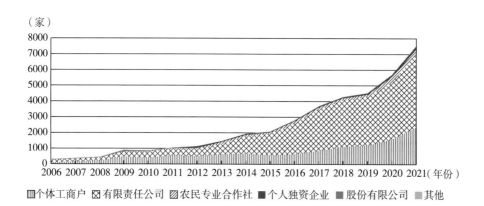

图2　2006~2021年大湾区内地九市各类型花卉种植企业数量

根据国家企业信用信息公示系统数据，2006年，大湾区内地九市新注册的花卉种植企业319家，广东省397家，大湾区内地九市占比80.35%（见图3）。2011年大湾区内地九市新注册的花卉种植企业首次超过千家，达1070家，大湾区内地九市占比为68.02%。2011年后，大湾区内地九市花卉种植企业注册数迅速增加，但大湾区内地九市占比逐渐下降。2021年大湾区内地九市新注册花卉种植企业达到 7567 家，较 2006 年增加了 22.72 倍；但大湾区内地九市占比下降到 62.55%，降低了 22.15%。

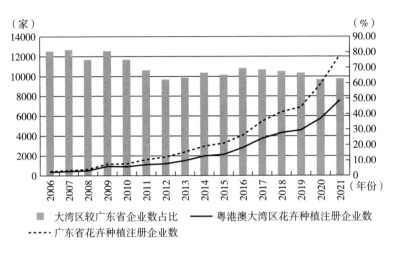

图 3　2006~2021 年粤港澳大湾区内地九市花卉种植企业注册情况

根据国家企业信用信息公示系统数据库，2000~2020 年，大湾区内地九市花卉产业注册企业数量迅速增加（见表 3）。从花卉产业链的角度分析，广东花卉产业注册企业大概可以分成三大类：花卉种植、花卉批发和花卉零售。经过 20 年的发展，大湾区内地九市这三类企业注册数均出现成倍增长，而且花卉批发注册企业数表现出更高的增长倍数。2000 年大湾区内地九市花卉种植企业为 122 家；2020 年增加到 5945 家，较 2000 年增长了 46.73 倍。2000 年大湾区内地九市花卉批发企业为 130 家；2020 年增加到 13283 家，较 2000 年增长了 100.18 倍。2000 年大湾区内地九市花卉零售企业为 240 家；2020 年增加到 13163 家，较 2000 年增长了 52.85 倍。非大湾区这三类企业注册数也出现成倍增长，但花卉种植注册企业数却表现出更高的增长倍数。2000 年非大湾区内地九市花卉种植企业为 25 家；2020 年增加到 3652 家，较 2000 年增长了 144.08 倍。2000 年非大湾区内地九市花卉批发企业为 22 家；2020 年增加到 1233 家，较 2000 年增长了 54.05 倍。2000 年非大湾区内地九市花卉零售企业为 73 家；2020 年增加到 1982 家，较 2000 年增长了 25.15 倍。

在大湾区内地九市中，广州起着显著的大湾区花卉产业引领作用，深圳表现出强劲的增长力。2000 年广州和深圳花卉种植企业分别为 66 家和 6 家（见表3）；2020 年分别增加到 2225 家和 744 家，较 2000 年分别增长了 32.71 倍和

123.00 倍。2000 年广州和深圳花卉批发企业分别为 77 家和 18 家；2020 年分别增加到 9159 家和 1934 家，较 2000 年分别增长了 117.95 倍和 106.44 倍。2000 年广州和深圳花卉零售企业分别为 124 家和 21 家；2020 年分别增加到 7762 家和 2106 家，较 2000 年分别增长了 61.60 倍和 99.29 倍。但也要注意到，广州花卉种植企业数量的增长速度要低于大湾区内地九市整体增长速度。

大湾区花卉产业升级和产业转移趋势明显。2000~2020 年，大湾区内地九市花卉种植企业数量占比出现下降趋势，花卉批发和花卉零售企业数量占比出现上升趋势（见表 3）。2000 年大湾区内地九市花卉种植、花卉批发和花卉零售企业数量占比分别是 82.99%、85.53% 和 76.68%；2020 年大湾区内地九市花卉种植企业数量占比下降到 61.95%，而花卉批发和花卉零售企业数量占比上升到 90.86% 和 86.91%。

表 3 粤港澳大湾区花卉产业注册企业数量变化情况 单位：家,%

企业类型	年份	广州	深圳	珠海	佛山	惠州	东莞	中山	江门	肇庆	内地九市	广东省合计	占比
花卉种植	2000	66	6	10	12	12	5	5	3	3	122	147	82.99
	2005	114	24	21	37	23	11	14	12	18	274	336	81.55
	2010	388	45	26	138	118	42	73	38	22	890	1183	75.23
	2015	863	343	57	219	199	120	125	155	94	2175	3322	65.47
	2020	2225	744	232	704	640	230	351	466	353	5945	9597	61.95
花卉批发	2000	77	18	15	8	2	2	0	5	3	130	152	85.53
	2005	182	27	17	7	8	7	7	10	7	272	310	87.74
	2010	432	100	50	13	13	20	11	7	4	650	730	89.04
	2015	1670	772	109	89	79	115	57	45	15	2951	3245	90.94
	2020	9159	1934	411	592	168	335	287	168	135	13283	14516	90.86
花卉零售	2000	124	21	22	33	4	11	8	8	9	240	313	76.68
	2005	225	43	36	45	19	41	18	19	26	472	574	82.23
	2010	468	127	61	46	35	45	27	34	91	934	1137	82.15
	2015	1441	727	97	140	107	179	95	84	42	2912	3330	87.45
	2020	7762	2106	448	843	441	615	411	319	218	13163	15145	86.91

资料来源：国家企业信用信息公示系统数据库。

（二）典型大湾区城市花卉产业表现出不同趋势

广州市花卉种植面积和单位产值增长放缓，花卉种植的发展瓶颈凸显。根据

《广州统计年鉴》数据，从 2006 年起，广州花卉种植面积、产业产值和从业人员生产力逐年增加（见图 4 和图 5）。2006 年广州花卉种植面积为 13461 公顷，2020 年增长到 24488 公顷，增长了 81.92%。2006 年广州花卉产业产值为 25.34 亿元，2020 年增长到 57.38 亿元，增长了 1.26 倍。2006 年广州花卉从业人员生产力为 3830 千克，2020 年增长到 10696 千克，增长了 1.79 倍。2018~2020 年，广州市

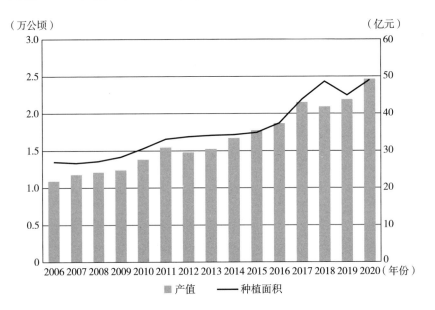

图 4　2006~2020 年广州市花卉种植面积和产值

资料来源：《广州统计年鉴》。

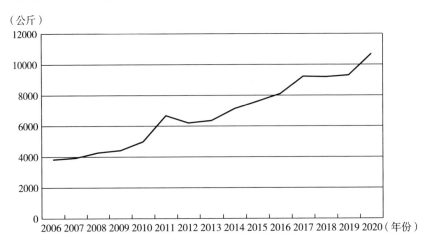

图 5　2006~2020 年广州市花卉从业人员生产力

花卉种植面积、产业产值和从业人员生产力没有出现明显的增长，而且在中间年份还出现了一定程度的下滑。另根据《广东农村统计年鉴》数据，2009年广东省花卉种植面积为5.46万公顷，广州市占比为25.86%；2009年广东省花卉产业产值为43.33亿元，广州市占比为66.59%（见图6）。到2020年，广东省花卉种植面积为7.73万公顷，广州市花卉种植面积增长不大，占比提高到31.68%；2020年广东省花卉产业产值为143.57亿元，广州市花卉产业产值虽然也在增长，但占比却下降到39.97%（见图7）。

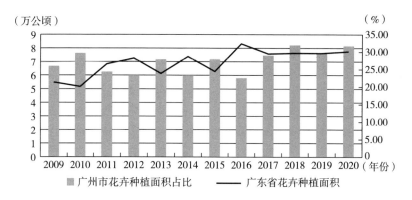

图6　2009～2020年广州市花卉种植面积和占比

资料来源：《广州统计年鉴》和《广东统计年鉴》。

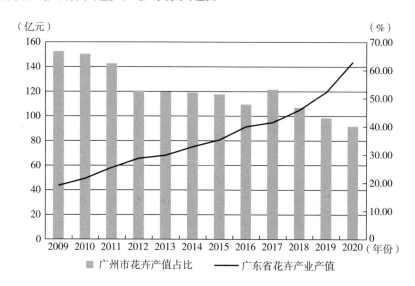

图7　2009～2020年广东省和广州市花卉种植产业产值和占比

资料来源：《广州统计年鉴》和《广东统计年鉴》。

根据图 4 的数据，计算出 2006 年广州市花卉种植单位产值 18.83 万元/公顷（见图 8）；2006 年之后增长缓慢，2015 年达到最高值，为 23.72 万元/公顷，增长了 25.97%；2016 年之后，广州市花卉种植单位产值不再增加，在 21.50 万元/公顷左右波动。统计分析时，暂未考虑年度通货膨胀率；如果加入年度通货膨胀率参数后，广州市花卉种植单位产值可能会出现逐年下降的趋势。

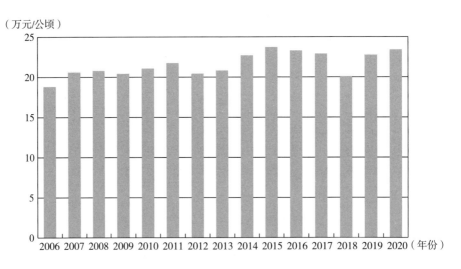

（万元/公顷）

图 8　2006~2020 年广州市花卉种植单位产值

佛山市顺德区花卉种植面积呈明显的下降趋势。根据《顺德统计年鉴》数据，2006 年佛山市顺德区花卉种植面积为 3734.20 公顷，其中用于花卉种植的耕地面积为 2848.37 公顷；2006 年之后，虽然 2007 年有所上升，但佛山市顺德区花卉种植面积整体呈下降趋势；2021 年佛山市顺德区花卉种植面积为 2308.75 公顷，较 2006 年下降了 38.17%，其中用于花卉种植的耕地面积为 1402.00 公顷，较 2006 年下降了 50.78%（见图 9）。

惠州市花卉种植面积出现一定波动，但变化幅度不大。根据《惠州统计年鉴》，从 2006 年起，惠州市花卉种植面积呈下降趋势（见图 10）。2006 年惠州市花卉种植面积为 785.87 公顷，2016 年减少到 279.60 公顷。2016 年之后，惠州市花卉种植面积先逐年上升到 2018 年的 702.87 公顷，然后逐年下降到 2020 年的 482.13 公顷。

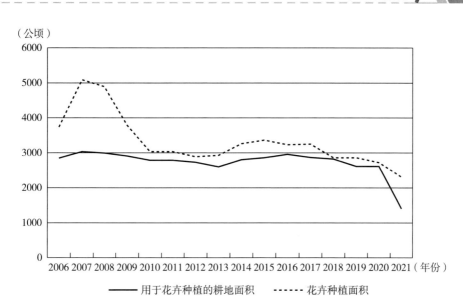

（公顷）

图9　2006~2020 年佛山市顺德区花卉种植面积

资料来源:《顺德统计年鉴》。

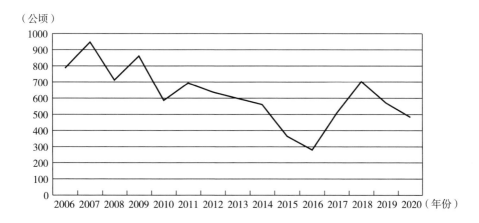

（公顷）

图10　2006~2020 年惠州市花卉种植面积

资料来源:《惠州统计年鉴》。

根据《惠州统计年鉴》数据，从 2006 年起，惠州市鲜切花和盆栽观赏植物产量呈上升趋势（见图 11）。2006 年惠州市鲜切花产量为 445 万枝，这年之后出现波动；2020 年惠州市鲜切花产量最高达到 702 万枝，增长了 57.75%。2006 年惠州市盆栽观赏植物产量为 92.02 万盆；2006~2015 年惠州市盆栽观赏植物产量逐年上升，2015 年惠州市盆栽观赏植物产量为 378.26 万盆，比 2006 年增长了311.06%；2015～2020 年惠州市盆栽观赏植物产量稳定在 290 万盆左右。

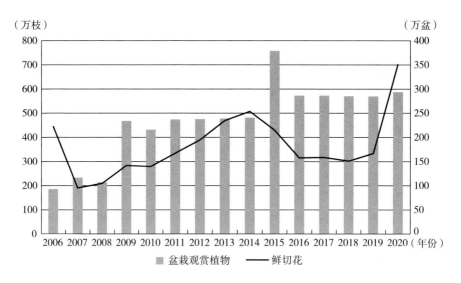

图 11 2006～2020 年惠州市鲜切花和盆栽观赏植物产量

（三）大湾区花卉产业创新能力显著提升

粤港澳大湾区内地九市几乎集中全省花卉产业创新研究机构。粤港澳大湾区内地九市拥有广东省农科院环境园艺研究所、中国科学院华南植物园、华南农业大学、仲恺农业工程技术学院和广东省林业科学研究院 5 家省级以上花卉科研院所，广州市林业和园林科学研究院、广州花卉研究中心、东莞市粮作花卉研究所、佛山市农业科学研究所和深圳市园林科学研究所等 10 多家市级以上花卉科研院所。同时，粤港澳大湾区内地九市拥有省部级以上研发平台 7 个（见表 4）。

表 4 粤港澳大湾区内地九市省部级以上研发平台

序号	省部级以上研发平台名称	建设单位	属地
1	国家蝴蝶兰、墨兰种质资源库	广东省农业科学院环境园艺研究所	广州
2	国家花卉工程技术研究中心兰花研发与推广中心	广东省农业科学院环境园艺研究所	广州
3	广东省园林花卉种质创新综合利用重点实验室	广东省农业科学院环境园艺研究所	广州
4	广东省名优花卉种质资源库	广东省农业科学院环境园艺研究所	广州

续表

序号	省部级以上研发平台名称	建设单位	属地
5	省部产学研结合育种基地兰花新品种及高效生产技术研发中心	广东省农业科学院环境园艺研究所	广州
6	广东省园林花卉工程技术研发中心	广东省农业科学院环境园艺研究所	广州
7	广东高校热带亚热带花卉与园林植物重点实验室	仲恺农业工程学院	广州

资料来源：网络汇总。

近 30 年，大湾区内地九市花卉产业市场科技成果产出逐年增加，市场创新能力持续增强。2004 年，大湾区内地九市在中国知网上发表的成果数量达到峰值的 74 项，之后每年成果数量维持在 30 项左右（见图 12）。2004 年，大湾区内地九市花卉专利申请数量 22 项，之后逐年增加，2020 年专利申请数为 281 项，较 2004 年增加了 11.77 倍。2004 年，大湾区内地九市在 Web of Science 上发表的成果数量 17 项，之后逐年增加，2020 年发表的成果数量为 339 项，较 2004 年增加了 18.94 倍。

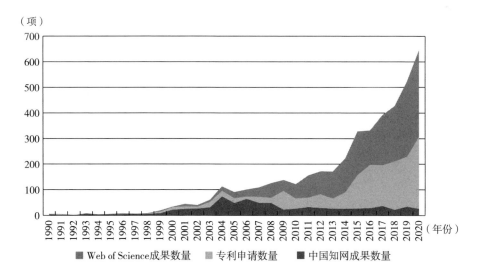

图 12　1990~2020 年粤港澳大湾区内地九市花卉学术成果和专利申请数量

大湾区内地九市花卉产业专利申请数量呈显著增长。根据国家知识产权局数据库，2000 年，大湾区内地九市花卉专利申请数 7 项，之后逐年增加，2020 年专利申请数为 281 项，较 2000 年增加了 11.77 倍（见表 5）。大湾区各市花卉产业专利申请数量增长速度不一，广州市和深圳市花卉产业专利申请数量增长幅度最为显著。2000 年广州市和深圳市花卉产业专利申请数量分别为 2 项和 4 项；2020 年分别增长到 102 项和 48 项，各增长了 50 倍和 11 倍；这两个城市合计的专利申请数量比非大湾区合计起来还多。佛山市和东莞市专利申请数量增长幅度较大。2000 年佛山市和东莞市均无专利申请；2020 年专利申请数量分别为 15 项和 16 项。2000~2020 年，珠海市、惠州市、中山市、江门市和肇庆市花卉产业专利申请数量较少而且变化不大。

表 5 粤港澳大湾区内地九市花卉专利申请数量变化   单位：项

年份	广州	深圳	珠海	佛山	惠州	东莞	中山	江门	肇庆	大湾区	广东合计
2000	2	4	0		0			1	0	7	10
2005	7	3	3	0	0	1	0	1	0	15	19
2010	3	14	0	0	2	2	1	0	0	22	40
2015	25	30	0	3	5	13	7	1	0	84	131
2020	102	48	1	15	4	16	2	2	1	191	281

资料来源：国家知识产权局数据库。

20 多年来，粤港澳大湾区内地九市花卉产业依托花卉相关院校和科研院所，整合科技资源，鼓励科研联盟，促进产学研结合，形成花卉科研协作网络，推动科研成果快速有效转化为生产力。特别是针对盆花、观叶植物、切花、绿化苗木的规模化生产、经营等方面的关键性技术问题开展研究，重点研究花卉市场、物流、出口等环节的共性问题，取得了丰硕的研究成果，获得省部级以上成果 20 多项（见表 6），甚至有多项成果被联合国多家花卉产业研究机构所认可。

表 6 粤港澳大湾区内地九市省部级以上成果列表

序号	省部级以上成果名称	获奖等次	获奖单位	获奖年份
1	主要商品盆花新品种选育及产业化关键技术与应用	国家科技进步二等奖	北京林业大学、广东省农业科学院环境园艺研究所、南京农业大学、中国科学院昆明植物研究所、北京林福科源花卉有限公司、云南远益园林工程有限公司、丹东天赐花卉有限公司	2011
2	中国特色兰科植物保育与种质创新及产业化关键技术	国家科技进步二等奖	福建农林大学、中国热带农业科学院热带作物品种资源研究所、中国科学院华南植物园、遵义医科大学、中国科学院植物研究所、海南大学、福建连城兰花股份有限公司	2019

续表

序号	省部级以上成果名称	获奖等次	获奖单位	获奖年份
3	大花蕙兰和兜兰新品种创制及产业化关键技术	广东省科学技术一等奖	广东省农业科学院环境园艺研究所、中国科学院华南植物园、华南农业大学	2018
4	蝴蝶兰新品种选育及产业化关键技术研究与开发	广东省科学技术一等奖	广东省农业科学院环境园艺研究所、汕头市农业科学研究所、中国科学院华南植物园、广东陈村花卉世界有限公司、东莞市清溪玉山兰花场、众生园生物科技股份有限公司	2010
5	特色兰花种质创新与产业化关键技术应用	湖南省科技进步二等奖	广东省农业科学院环境园艺研究所、湖南省农业科学院	2019
6	基于B/S体系的观赏植物网络平台建设与应用	广东省科学技术二等奖	广东省农业科学院环境园艺研究所、广州市玄武资讯科技有限公司	2013
7	观赏植物水培技术创新与产业化应用	广东省科学技术二等奖	广东省农业科学院环境园艺研究所、东莞市农业科学研究中心、华南农业大学、东莞市生物技术研究所	2012
8	现代农业优良品种示范工程研究	广东省科学技术二等奖	广东省农业科学院科技处、广东省农业科学院水稻研究所、广东省农业科学院蔬菜研究所、广东省农业科学院作物研究所、广东省农业科学院土壤肥料研究所、广东省农业科学院环境园艺研究所、广东省农科集团良种苗木中心	2006
9	卡特兰品种资源收集、性状评价及利用研究	广东省科学技术三等奖	广东省农业科学院环境园艺研究所	2011
10	矿山植被生态恢复技术及植被生态稳定性跟踪评估研究	广东省科学技术三等奖	仲恺农业工程学院、深圳市铁汉园林绿化有限公司、广东省农业科学院环境园艺研究所	2010
11	非洲菊、观叶花烛等观赏植物组培与工厂化快繁技术创新和应用	广东省科学技术三等奖	广东省农业科学院环境园艺研究所	2008
12	大花蕙兰新品种引进、染色体分析及兰属种间远缘杂交利用研究	广东省科学技术三等奖	广东省农业科学院环境园艺研究所	2006
13	九种名优花卉的组织培养和工厂化育苗技术研究	广东省科学技术三等奖	广东省农业科学院环境园艺研究所	2005
14	天南星科观赏植物的组织培养和快速繁殖技术研究	广东省科学技术三等奖	广东省农业科学院环境园艺研究所	1999

续表

序号	省部级以上成果名称	获奖等次	获奖单位	获奖年份
15	蝴蝶兰品种创新关键技术与产业化	福建省科技技术进步奖一等奖	福建农林大学、广东省农业科学院环境园艺研究所、漳州钜宝生物科技有限公司、山东省农业科学院蔬菜花卉研究所、济南麒麟花卉有限公司、漳州新镇宇生物科技有限公司、厦门和鸣花卉科技有限公司、福州旗山花卉有限公司	2020
16	兰花资源与遗传育种创新团队	神农中华农业科技奖优秀团队奖	广东省农业科学院环境园艺研究所	2020
17	春石斛兰新品种创制及开花调控关键技术	神农中华农业科技奖三等奖	广东省农业科学院环境园艺研究所、华南农业大学、东莞市粮作花卉研究所、汕头市农业科学研究所、华南师范大学	2020
18	基于 Web 的南方花卉信息平台构建研究	广东省科学技术三等奖	仲恺农业工程学院	2010
19	珠江三角洲地区切花百合高效栽培新技术研究	广东省科学技术三等奖	东莞市农业种子研究所、仲恺农业工程学院花卉研究中心、惠州芊卉种苗有限公司广州分公司	2009
20	姜科园林花卉新品种研制及产业化关键技术	广东省科学技术二等奖	广州普邦园林股份有限公司、仲恺农业工程学院、广州市农业技术推广中心、华南农业大学、华南植物园、珠海市现代农业发展中心	2019
21	珠江三角洲地区滨水植物的选育与水生态修复关键技术研究与应用	广东省科学技术二等奖	广州华苑园林股份有限公司、中国科学院华南植物园、华南农业大学	2019
22	木棉与野牡丹等四种花卉新品种培育及产业化	广东省科技进步奖二等奖	广州市林业和园林科研院、华中农业大学、中山大学、广州普邦园林股份有限公司、广州市名卉景观科技发展有限公司、广州市嘉卉园林绿化建筑工程有限公司	2019

资料来源：网络汇总。

（四）大湾区花卉产业平台建设内容丰富

粤港澳大湾区内地九市花卉产业平台建设涉及花卉产业协会、花卉产业联盟、省级现代花卉农业产业园、花卉产业重点县和省级花卉专业村镇。

广东省花卉协会（以下简称省花协）成立于1989年1月5日，协会业务指导单位是广东省林业局。协会是全国较早成立的省级花卉协会，由广东省内卉生产、销售企业和花卉事业、科研教育等相关单位联合组成，是花卉专业性、学术性、行业性、非营利性的社会团体。经过29年的努力，广东省花协被中国花卉协会、省民政局社团管理处、省科协评为先进单位，现有企业、事业单位会员140 个。

广东省现代花卉产业园联盟将通过整合政府、企业、高等院校、科研机构等各方资源，加强交流合作，以提升产品品质、促进区域协作发展为目标，以共推技术创新、品牌创建、市场拓展为重点，促进花卉一二三产业融合发展，提高广东省花卉产业技术创新能力，延长产业链，支撑和引领产业技术进步，为联盟成员的发展提供全方位的支持，打造广东花卉品牌，进一步提升广东花卉产业在国内外的影响力和核心竞争力。

广东省现代花卉产业园联盟理事长梁申华回顾了花卉产业园联盟成立以来的工作，并表示广东省花卉产业园联盟成立一年多以来，已有 106 个成员单位，此次年会是联盟的第一次年会，希望能吸引更多的服务于花卉全产业链上下游的企业加入。接下来，联盟会充分发挥聚集要素、搭建桥梁、整合资源、抱团发展等平台作用，加快推进产业园建设。

广东花卉产业联盟汇集了花卉科研、花卉种苗生产、花卉产品生产、花卉设施设备、花卉销售配送、花卉农业观光旅游、花境设计规划及施工、花卉电子商务及交易平台、南方农村报社及花卉杂志社等 107 家单位。未来，广东花卉产业联盟将继续发挥资源、技术和平台优势，提升科技创新能力，助推科研创新、新品种推广、产业调研、对接服务现代农业产业园等工作，为政府制定花卉产业相关政策提供依据和支撑，优化广东花卉上下游产业链、推动花卉产业升级，助力广东乡村振兴。

广东花卉产业联盟是由在广东省境内从事花卉全产业链生产、销售、科研、物流、电商等活动的企业和高校、研究所自愿联合组成的公益性社会组织。联盟以共同的发展需求为基础，以重大产业技术创新形成广东花卉产业核心竞争力为目标，以具有法律约束力的契约为保障，以企业为主体，以多样化、多层次的开放合作与研发创新相结合，优势互补、利益共享、风险共担，实现企业、大学和科研机构在战略层面的有效结合，共同致力于突破花卉产业技术创新和产业发展的技术和市场瓶颈，提升广东省花卉产业整体水平。

广东园林植物与观赏园艺（以下简称园艺）产业联盟由仲恺农业工程学院、广东省农科院环境园艺研究所、华南农业大学风景园林学院等省内 40 家园艺行业知名高校、科研院所和园艺企业联合发起组建。目的是以"优势互补、资源共享、产业共建、行业共治、合作共赢"为原则，做大做强广东省园林植物与观赏园艺产业，提升园艺产业核心竞争力和影响力，服务美丽乡村建设。

广东省级现代农业花卉产业园有 10 个，其中 6 个位于粤港澳大湾区内地九市，它们分别是：

佛山市南海区花卉园艺产业园。南海区花卉园艺产业园项目总投资 3.3 亿元，面积达 36000 亩，核心板块包括广东万顷园艺世界、梦里花田、梦里水乡百花园及南海花卉博览园。项目创建期为 2019～2022 年，预计产业园全面建成后，花卉产业园农业（含观赏鱼）总产值达 20 亿元，产业园主导产业（花卉）产值达 15 亿元，产业园内农民人均收入约为 35000 元，高于里水镇农民平均水平的 15% 以上，可辐射带动周边地区发展花卉园艺产业面积为 10 万亩。南海区花卉种植面积超过 6 万亩，其中里水花卉种植 3.2 万亩，约占全区的 53.33%。尤其是百合花、蝴蝶兰、小盆栽种植产业优势特别明显，无论种植面积、产量以及销售额均在广东省前列。而且，里水镇是中国香水百合名镇，百合花种植面积达 1600 多亩，30 多个品种，年生产销售百合切花 1900 多万枝，年销售额超 2.5 亿元。蝴蝶兰种植面积达 1000 多亩，年销售额超 5 亿元。此外，产业园区建设了一批兰花、绿萝、百合、发财树等富有特色的现代农业园区，其中蝴蝶兰的年成花产量 300 多万株，种苗近 2000 万株，是华南最大的生产销售中心。万顷洋园艺世界、南海花博园已经成为区域内的龙头项目，带动了上百家花卉园艺企业的发展，年产值达 12 亿元以上，缤纷园艺、吉宏园艺成为中国花卉园艺的重要电商企业，具备成为粤港澳大湾区园艺花卉产业的研发、生产、交易、营销辐射中心条件。

佛山市顺德花卉产业园。顺德区花卉产业园范围涵盖广东省佛山市顺德区陈村镇、北滘镇、勒流街道和伦教街道 4 个镇街，其中陈村镇是产业园的核心区。产业园建设期为 2019～2021 年，经济效益将突破 35 亿元。产业园的花卉种植面积约 2.3 万亩，占顺德全区花卉种植面积的 76.67%。顺德区花卉现代农业产业园将以蝴蝶兰、国兰、年橘、高端苗木、小盆栽等为主导产业，打造全产业链体系。2019 年 6 月，顺德区花卉产业园入选第二批省级现代农业产业园建设名单。顺德区是全国著名的"花卉之乡"，在全国花卉产业格局中有举足轻重的地位。当前，顺德花卉本土种植面积约 3 万亩，外延基地种植面积约 6 万亩，花卉总产值占全省的 15% 左右，花卉出口额更占全省的 63%，是广东省花卉供求关系和出口市场的风向标。

佛山市顺德区种苗花卉栽培种植历史悠久，素有"千年花乡"之名誉，全区种植面积近 5 万亩，产业规模超过 16 亿元，近三年出口创汇超过 1 亿美元，是全国最重要的种苗花卉种植基地和年花市场之一。以陈村年橘、顺德国兰为代表的佛山特色优质种苗花卉闻名海内外，而且屡获荣誉。其中，陈村四季橘荣获第五届中国花卉博览会金奖，顺德国兰自 20 世纪 90 年代以来，共获国内外展览金奖超 30 次。中国花卉协会 2012 年授予顺德区"中国兰花之乡"称号，2017 年顺德蝴蝶兰还代表中国介质兰花首次出口美国和加拿大。近年来，顺德种苗花卉品牌建设喜讯不断，"顺德国兰"成为顺德首个国家农产品地理标志产品；2 家企业被评为国家级农业龙头企业；建成 1 个"广东省农产品出口示范基地"、3 个广东省著名商标、2 个介质蝴蝶兰输美温室（我国共 11 个温室通过评审）。

佛山市高明区花卉产业园。园区已确定了广东盈香生态园有限公司为牵头主体，广东凌谷胜林实业投资有限公司、佛山市高明区坤厚园艺股份有限公司、佛山市高明旺林园艺有限公司、佛山市泰康山旅游开发有限公司、佛山市基石旅游文化有限公司 5 家企业为实施主体。高明区产业园以高值花卉为主导产业，规划面积约 6 万亩，核心种植区约 2 万亩，范围包括荷城街道、明城镇，高明区计划将荷城街道富湾片区石洲村委会一带和明城镇城北片区打造成一个具有文化民俗特色的结合现代园林景观、特色花卉产业、农业创业平台、高端农业科技研发、观光农业旅游、农业科普教育、餐饮娱乐、康乐养老等于一体的花卉观光产业带。

广州市从化区花卉国家现代农业产业园。总面积超过 2.97 万亩，辐射带动示范片 8.46 万亩以上。产业园建设完成后，将示范带动周边农户 37966 户以上，促进农户增收 20%。

广州空港花世界现代农业产业园。预计花卉苗木盆景种植提质面积超过 5000 亩，将增加农户就业 2000 户以上，促进核心区农村农民收入高于产业园外农民收入 15%以上。

中山横栏花卉产业园。面积约 3 万亩，连片面积超过 1 万亩，花木场 2600 多个，品种数量 1000 多个，从业人员超过 2 万人。横栏已成为华南地区重要的花木集散地，花木产品销往福建、广西、湖南、四川、重庆等 30 多个省份，年销售额近 50 亿元。

2021 年 9 月，《广东省推进农业农村现代化"十四五"规划》发布，规划涉及重点打造花卉产业重点县 16 个，其中有几个位于粤港澳大湾区内，分别是广州（从化、花都）、肇庆（四会）、佛山（顺德、南海）、中山、珠海（斗门、金湾）。自 2019 年起，广东开始发展"一村一品、一镇一业"富民兴村产业。截至 2022 年，广东有省级花卉专业镇 13 个和专业村 111 个，其中粤港澳大湾区内地九市有省级花卉专业镇 9 个和专业村 55 个（见表 7）。

表7　粤港澳大湾区内地九市省级花卉专业镇9个和专业村

年份	专业称号	地点
2019	省级花卉专业镇（5个）	广州市从化区城郊街道（花卉）、佛山市顺德区陈村镇（花卉）、惠州市龙门县龙华镇（年橘）、中山市横栏镇（花卉苗木）、肇庆四会市石狗镇（兰花）
	省级花卉专业村	无
2020	省级花卉专业镇（2个）	广州市花都区赤坭镇（盆景苗木）、佛山市高明区荷城街道（花卉苗木）
	省级花卉专业村（34个）	广州市从化区江埔街锦二村（锦二桃花）、广州市南沙区榄核镇牛角村（兰花）、广州市番禺区沙湾镇新洲村（盆栽花卉）、广州市番禺区石基镇桥山村（花卉）、广州市白云区均禾街石马村（桃花）、广州市白云区江高镇两上村（花卉）、广州市白云区江高镇峡石村（花卉）、广州市白云区钟落潭镇寮采村（花卉）、广州市白云区钟落潭镇黎家塘村（盆栽花卉）、广州市白云区钟落潭镇登塘村（观赏苗木）、广州市花都区炭步镇骆村村（花卉）、广州市花都区狮岭镇旗新村（绿萝）、广州市花都区花山镇源和村（花卉）、广州市花都区赤坭镇丰群村（盆景苗木）、广州市花都区赤坭镇瑞岭村（盆景苗木）、广州市花都区赤坭镇竹洞村（盆景苗木）、佛山市顺德区陈村镇仙涌村（陈村年橘）、佛山市南海区里水镇汤村村（香水百合）、佛山市南海区里水镇金利村（蝴蝶兰）、佛山市顺德区狮山镇沙水村（沙水桃花）、佛山市顺德区勒流街道连杜村（桃花）、佛山市高明区荷城街石洲村（花卉）、惠州市龙门县龙华镇四围村（龙门年橘）、惠州市龙门县龙华镇朗背村（龙门年橘）、惠州市龙门县龙华镇龙石头村（龙门年橘）、惠州市龙门县麻榨镇北隅村（龙门年橘）、惠州市龙门县麻榨镇罗坑村（龙门年橘）、惠州市龙门县龙田镇田尾村（兰花）、中山市横栏镇三沙村（花卉苗木）、中山市横栏镇五沙村（花卉苗木）、江门市台山市海宴镇和阁村（富贵竹）、江门市台山市海宴镇联南村（富贵竹）、肇庆市四会市石狗镇石狗村（兰花）、肇庆市四会市石狗镇程村村（兰花）
2021	省级花卉专业镇（2个）	佛山市南海区里水镇（花卉）、中山市古镇镇（盆景苗木）
	省级花卉专业村（17个）	广州市增城区小楼镇二龙村（百合花）、广州市番禺区化龙镇沙亭村（荫生花卉）、广州市花都区花山镇南村（花卉）、佛山市顺德区陈村镇庄头村（年橘）、佛山市高明区荷城街道东西村（花卉苗木）、佛山市高明区更合镇梧桐村（苗木）、惠州市博罗县杨村镇羊和村（兰花）、惠州市龙门县龙潭镇左潭村（兰花）、东莞市清溪镇铁场村（盆栽花卉）、中山市古镇镇海洲村（花木）、中山市大涌镇南文社区（花木）、江门市鹤山市龙口镇三洞村（花卉）、肇庆市四会市石狗镇廻龙村（兰花）、肇庆市封开县大洲镇上律村（兰花）、肇庆市德庆县莫村镇双楼村（四季茶花）、肇庆市高要区回龙镇大田塱村（四季茶花）、肇庆市高要区金渡镇水口社区（桃花）

续表

年份	专业称号	地点
2022	省级花卉专业镇	无
	省级花卉专业村（4个）	广州市花都区赤坭镇下连珠村（微盆景）、东莞市麻涌镇华阳村（花卉）、中山市横栏镇新茂村（花卉苗木）、中山市横栏镇贴边村（花卉苗木）

三、存在问题

（一）大湾区花卉产业与省内非湾区花卉产业发展不平衡

大湾区花卉产业升级，与向非湾区进行花卉产业转移，这两个产业发展趋势正在同时发生。大湾区花卉产业升级主要表现为，产业附加值较低的花卉种植比重正在降低，而产业附加值较高的花卉批发和花卉零售比重正在提高，尤其是花卉批发企业数量大幅增加。可见，大湾区花卉产业正在形成广东省乃至华南地区的花卉贸易中心和消费中心。与此同时，非湾区花卉产业依托其良好的土地资源、气候条件和人力成本等地域优势，接收来自大湾区的花卉产业转移；非湾区花卉种植企业数量大幅增加；花卉批发和花卉零售企业数量虽然在不断增加，但增长幅度要显著低于花卉种植。在大湾区花卉产业转移的过程中，花卉生产模式简单复制、花卉品种单一和花卉生产资源消耗高等花卉产业转移问题已不断出现[14-16]。

（二）大湾区内地各市花卉产业发展不平衡

大湾区内地九市花卉产业发展已形成三个梯队，广州市是第一梯队，深圳市和佛山市是第二梯队，东莞市、珠海市、惠州市、中山市、江门市和肇庆市是第三梯队。不管是花卉种植企业数量，还是花卉批发和花卉零售企业数量，广州市花卉产业发展明显处于大湾区乃至全省的龙头地位；相对于广东省，广州市花卉产业升级趋势明显，花卉种植企业数量占比正在不断下降，花卉批发和花卉零售企业数量占比正在不断上升。2015年前，深圳市花卉种植、花卉批发和花卉零售企业数量均出现良好的增长势头，但2015~2020年花卉种植、花卉批发和花卉零售企业数量占比均出现不同程度的下降。佛山市花卉种植企业数量变化与深圳市类似，但花卉批发和花卉零售企业数量占比却逐渐下降，其花卉产业发展受阻明显。第三梯队的6个城市花卉产业发展差异较大，江门市花卉种植企业数量占比不断上升，东莞市花卉批发企业数量占比不断上升，其余城市的三类花卉产业企业数量占比均变化不大或呈下降趋势。大湾区各市花卉产业并没有形成有效的协同机制，广州市、深圳市和佛山市花卉产业发展并没有带动其他大湾区6个城市花卉产业的发展。

（三）大湾区及内地九市花卉产业规划不足

《深化粤港澳合作推进大湾区建设框架协议》签订已五年，广东省尚未制订省级花卉产业专项发展规划，大部分粤港澳大湾区内地城市也尚未开展地市级花卉产业专项发展规划。除广州市、惠州市和佛山市顺德区外，其他大湾区内地城市尚未将花卉产业数据纳入本地区统计年鉴。以深圳市为例，由于具有中国经济特区的先行先试优势，最早实行产业准入机制，而花卉产业未被纳入指导目录，产业发展未得到大力支持和重点发展[10]。过去五年，大湾区内地九市花卉产业政策不明朗，既没有长远发展规划，也没有近期发展指引，更缺乏明确的产业扶持政策。

（四）大湾区内地九市花卉种植用地属性问题突出

随着大湾区城市化进程的急剧发展，各级政府重点项目建设用地的需求增加，农田保护措施的加强实施，大湾区内地九市花卉生产出现逐渐萎缩的趋势。类似广州市、惠州市和佛山市顺德区，深圳市花卉种植面积由2006年的946.7公顷降至2019年的229.0公顷，降幅达75.81%[10]；2018年，莲花山花卉世界、香蜜湖花卉市场、深圳市福田花卉世界等几家规模较大的花卉市场，因城区规划、产业布局、租期到期等原因相继搬离或拆迁[10]。土地供应严重不足，不仅限制了大湾区内地九市花卉生产的发展，也严重影响了花卉市场的发展，导致部分全国知名的花卉企业不断由大变小，甚至消失。由于用地规模的限制，大湾区内地九市花卉企业以有限责任公司和个体种植户为主，股份有限公司较少；既没有花卉生产的龙头企业，也无花卉销售或流通的龙头企业，更无从提及无品牌效应和龙头企业引领示范作用。

（五）大湾区花卉产业科技创新能力需要进一步加强

大湾区内地九市花卉产业专利申请数量偏少，各市花卉专利申请量增长差异较大，大湾区花卉产业科技创新能力有待提升。近年来大湾区花卉研究机构和生产企业已开始运用芽变育种、胚细胞克隆、基因编辑等先进的育种技术，但花卉品种研发投入较少，育种创新能力总体水平较低，新育成品种总量较少，所以培育出的特色鲜明和市场接受度高的主流品种极少，一方面种质资源特性摸索有限，另一方面技术不够成熟；多数商品种依赖进口才能满足国内花卉消费市场的需求[17,18]。同时，相对于大田作物，大湾区花卉品种长期以来处于种业监管盲区，市场上"一品多名""同名异种"现象严重，品种权保护水平低，品种权保护意识低缺乏公平竞争的营商环境，企业育种积极性低，育种创新主要来自高等院校和科研机构等事业单位，品种权维困难，维权成本较高[1]。

（六）大湾区花卉市场流通体系专业性不强，亟待现代化升级

粤港澳大湾区内地九市是我国盆栽花卉的主产地，盆栽花卉属于特殊的鲜活植物产品，具有鲜嫩、易凋亡腐烂、不耐贮藏、对温度和湿度要求较高等特点[11]，同时带土、带盆也决定了其不可能和鲜切花一样包装，因此盆栽花卉在贮藏、运输、销售的过程中，对电商渠道包装提出了不同的要求[12]。目前粤港澳大湾区内地九市缺少专业的盆栽花卉全程冷链物流企业，盆栽花卉物流设施设备比较落后[13]，既抬高了花卉物流成本，又降低了出口花卉的品质，导致花卉出口一直在低端市场徘徊[14]。

（七）花卉产业专业化职业化产业人才缺乏，人才队伍有待增强

由于大湾区花卉生产规模小且不集中，花卉生产基地距市场较远，花卉生产经营者为节约成本，一般采用简易且过于拥挤的包装进行常温运送；有的承运商虽有先进的贮运理念，但没有经过专业培训，缺乏对不同花卉贮运要求的了解，不能做到分类处理[15]。另外，大湾区花卉产业技术人员文化水平普遍偏低，主要品种和技术研究队伍以高校和科研单位为主；而长期以来大湾区花卉科研方向缺乏与产业结合，虽然拥有比较完善的理论知识和先进的技术，但基本上只专注于某一个或几个方向的课题研究，对行业的发展缺乏可持续性指导，推动行业向良好区域的延伸相对力度也弱。

四、对策与建议

（一）依托行业协会和产业联盟制订大湾区花卉产业规划

行业协会和产业联盟是连接政府、平台、会展和行业活动资源的重要纽带[17]，为会员积极传达政府对行业的优惠和扶持政策[19]，促进出口花卉产品质量标准与国际接轨[20]，强化花卉产业内企业间的相互联系，加快花卉产业技术的创新水平和传播速度[21]。2021年9月《广东省国民经济和社会发展第十四个五年规划和2035年远景目标纲要》（以下简称《纲要》）发布，首次将粤港澳大湾区建设作为国家战略写入广东五年规划，《纲要》中有两处提及花卉产业。广东省及大湾区内地九市可以此为契机，抓紧制订大湾区和内地九市的花卉产业规划，建立以花卉行业协会或花卉产业联盟为主体，与政府公共服务相结合的省、市、县（区）花卉产业服务网络；进一步完善花卉产业数据统计调查制度

和信息管理制度，建立覆盖大湾区花卉全产业链的信息收集、处理与发布平台；健全以质量控制为核心的花卉产品生产、加工、包装、储藏、运输等花卉标准化体系；协助各级政府部门制订适合本地区花卉产业发展的整体规划和扶持计划；配合广东省花卉产业主管部门，优化广东花卉产业在不同区域的功能配置，助力大湾区花卉产业升级和高质量发展。

（二）同步做好坚守耕地红线和深挖土地资源

牢牢守住 18 亿亩耕地红线，充分利用各类型土地资源，是着力推进大湾区内地九市花卉产业高质量发展的基本立足点。充分发挥大湾区内地九市人口密度大、交通便捷和配套设施齐备等特点，增加耕地中的彩色作物种类和品种，增加农业科学知识普及要素，在区位优势明显地区可以实施具有地方特色的彩色水稻田、彩色油菜花或种养复合型生态稻田等大田景观项目。充分利用符合设施农用地要求的花卉设施化生产用地，将传统花木生产场地转型为高品质花卉设施生产场地、新优花卉苗木扩繁场地或现代农业科普场地等土地单位产值更高的用地模式[10]。充分利用城乡结合区域的集体经营性建设用地，在符合国土空间规划、用途管制和依法取得前提下，以土地使用权租赁、入股、联营等多种方式，用于花卉产业涉及的餐饮、住宿、大型停车场等配套用地，不断培育花卉龙头企业，推动花卉优势特色产业集群成长壮大[22]。

（三）同步做好花卉产业升级、产业拓展与产业转移

要加快推进大湾区内地九市现代花卉产业体系建设，运用系统思维和科学方法，解决广州与大湾区其他内地城市以及大湾区与粤东西北地区发展不平衡问题，使花卉种子种苗、花卉产品、生产设施、生产耗材、技术人员和生产资金等生产要素在大湾区内地九市间，或于粤东西北地区间自由流动、优化配置。引导大湾区内地九市花卉产业链向下游拓展，将花卉种植业与休闲旅游、观光融合发展[10]，增强产业链韧性和对风险的应对能力；开发新产品，对食用、药用花卉以及相关产品进行研发，做精做强花卉服务业[23]；利用花卉产品独立于食物链的先天优势，与环境修复产业融合，培育大湾区内地九市花卉产业新的利润增长点[24]。向粤东西北地区的产业转移时，不是简单重复"昨天的故事"，着力发挥土壤、气候和人力等要素优势，与大湾区内地九市形成区域协调发展，着力解决广东省花卉产业链供应链结构性矛盾和问题，畅通花卉生产、流通、消费各个环节，促进花卉产业链供应链上下游有效衔接和高效运转。

（四）建立参与国内市场大循环的花卉市场流通体系

建立大湾区内地九市现代花卉产业线上线下市场流通体系，提高花卉交易流

通效率，增强国内大循环内生动力和可靠性。大湾区内地九市花卉市场是我国盆栽花卉的重要集散地，已形成完整、较为高效的花卉市场体系，在继续优化市场主体功能、完善市场配套设施基础上，应用区块链、可视化等技术手段，建立从种植到采后处理再到销地配送的一体化、一条龙的盆花质量溯源体系[25]。在大数据的背景下，利用现有花卉交易市场体系优势，建立苗木交易信息平台，形成在花卉产品信息、库存数量、区域位置、价格以及采购效率上的显著优势，提高电子商务的销售量在大湾区花卉产业中的比例。同时，加大力量完善盆花物流体系，支持建立专业花卉物流，加大对物流基础设施的投资力度，突破创新花卉产业链全过程的关键技术。

（五）以科技体制改革创新提高花卉产业技术含量和附加值

持续加大花卉科研投入，强化大湾区花卉产业战略科技力量，提升大湾区花卉产业创新体系整体效能，形成具有全球竞争力的开放创新生态。依托大湾区已初具规模的花卉科技创新平台，以热带、亚热带观赏植物为重点研究对象，特别针对盆花、观叶植物、切花、绿化苗木的规模化生产、经营等方面的关键性技术问题开展研究[26]，重点研究花卉市场、物流、出口等环节的共性问题[27]。积极组织申报大湾区花卉产业标准项目[28]，不断健全大湾区花卉产业标准体系建设，逐步形成科学合理、层次分明、重点突出的大湾区花卉产业标准体系。加大力度开展广东花卉种质资源普查，引导大湾区特色盆栽植物种质资源圃建设，挖掘驯化野生花卉资源[29]，开展多种技术手段的育种工作[30]，整合高校、科研院所与政府、企业间资源的优化组合，加大科研投入和产学研联合发展，力争推出一批具有国际竞争力的自主知识产权品种。

（六）积极筹备酝酿有利于大湾区花文化建设的各类花事活动

以建设美丽大湾区和满足人民日益增长的美好生活需要为根本点，以花卉市场需求为导向，积极支持和鼓励大湾区内地九市举办各类花事活动，加强大湾区花文化建设，提升花卉产品的内在价值，增强花卉产品的文化属性[23]，培育大湾区花卉消费市场。利用大湾区各类花卉行业协会资源，积极支持发展一批高水平的插花花艺培训和盆景、造型植物生产企业，研究、继承和发扬中国传统插花、盆景和植物造型等花卉艺术；组织开展境内外交流等活动，提高花文化艺术水平；定期举办花卉展览，如兰花、菊花、茶花、苔藓等，在展览中讲述花故事，争取全方位媒体的支持，提升人们对花卉的认知与兴趣程度，探索建立盆栽植物通往家庭的快捷通道[31,32]；定期举办各种花卉知识大赛，向大众宣传普及花卉知识，内容涵盖花卉种类识别与观赏、花卉日常栽培管理、花艺、花卉容器、工具使用、园艺修剪、病虫害预防等，以全方位提升市民的花卉素养，提高市民爱花、护花意识[10]；鼓励中小学开展花卉实践课程，利用校园空间和社区空间开展花卉种植和管理，通过探究性的学习、实践和体验让学生认识各种花卉、了解部分花卉的种植技术，培养学生热爱花卉、热爱科学、亲近自然、保护环境的意识[10]。

（七）坚持高水平对外开放，加快构建国内国际双循环新发展格局

充分利用中国（广东）自由贸易试验区优势，推进大湾区花卉产业高水平对外开放，稳步扩大花卉产品交易规则、规制、管理、标准等制度型开放，加快建设花卉贸易强国，推动共建"一带一路"花卉产业高质量发展[10]，持续深化与RECP成员的双边和多边合作[4]，促进我国对外花卉贸易更加顺畅地走向国际市场。引进国际花卉产品经销商，为进出口花卉产品交易搭建完善的服务平台[14]。充分利用大湾区各类花卉行业协会资源，积极参与国际合作，不断提高大湾区花卉产业的国际地位，吸引了一大批境外花卉企业落户国内，促成了一批国内花卉企业到国外投资兴业。

参考文献

［1］陈孟强，刘洪，饶得花，徐振江. 粤港澳大湾区农业植物新品种保护现状与展望［J］. 中国种业，2020（9）：5.

［2］刘毅，任亚文，马丽，王云. 粤港澳大湾区创新发展的进展、问题与战略思考［J］. 地理科学进展，2022，41（9）：1555-1565.

［3］秦莹. 粤港澳大湾区花卉出口贸易对策研究［J］. 环渤海经济瞭望，2018（5）：84-85.

［4］华于睿. RCEP背景下基于引力模型的中国花卉出口贸易影响因素分析［J］. 时代经贸，2021，18（8）：58-60.

［5］梁奕诚. 2019年广东省花卉产业发展形势及对策［J］. 热带农业工程，2020，44（4）：35-38.

［6］廖珍杰. 广州迎春花市集体记忆的建构与传播研究［D］. 广州：华南理工大学，2021.

［7］范月青. 广州市花卉产业发展现状、问题与对策［J］. 热带农业工程，2018，42（4）：45-48.

［8］中国花卉协会. 2020中国花卉产业发展报告［M］. 北京：中国花卉园艺，2021.

［9］习近平.习近平谈治国理政第四卷［M］.北京：外文出版社，2022.

［10］田大翠，严萍，郭明鑫，雷江丽.深圳市花卉产业现状和可持续发展建议［J］.热带农业科技，2022，45（4）：47-50.

［11］袁仁强，陈瑶生，刘小红.广东省生猪产业发展历史演变、问题与对策［J］.广东农业科学，2022，49（5）：142-149.

［12］戴修纯，罗燕羽，黄绍力，刘绍钦，曹健松.广东省芋头产业现状与发展对策［J］.广东农业科学，2021，48（6）：126-135.

［13］向旭.广东荔枝产业发展瓶颈与产业技术研发进展［J］.广东农业科学，2020，47（12）：32-41.

［14］窦婧晗，潘淑仪，周俊辉，蔡东雯，谢禄洁，许立为.广州微景观市场调研——以岭南花卉市场为例［J］.现代园艺，2022，45（5）：49-52.

［15］石林，陈建婷.电商渠道盆栽花卉包装浅谈［J］.中国花卉园艺，2022（5）：52-53.

［16］周雨琦，温振英，樊晚林，顾梦梦，彭东辉.中美花卉产业比较研究［J］.北方园艺，2019（4）：154-161.

［17］李小青.我国花卉出口贸易的现状、问题及对策［J］.中国市场，2022（29）：75-78.

［18］王燕培，刘彩霞.我国花卉产业发展存在的问题及对策建议［J］.南方园艺，2021，32（1）：78-80.

［19］李艳梅.花卉行业如何把握电商新风口——广州市花卉电子商务行业协会成立［J］.中国花卉园艺，2020（16）：12-13.

［20］连青龙.中国花卉产业的发展现状、趋势和战略［J］.农业工程技术，2018，38（13）：28-35.

［21］姚飞，黄修杰，马力，储霞玲.基于产业集群的农业技术扩散网络研究——以广东省陈村花卉产业集群为例［J］.科技管理研究，2018，38（20）：222-227.

［22］豆利杰，杨佳慧，党镇宇.粤港澳大湾区战略背景下的陈村花卉物流研究［J］.广西质量监督导报，2021（2）：212-213.

［23］刘晓珂，黄红星，万忠，朱根发.2015年广东花卉产业发展形势与对策建议［J］.广东农业科学，2016，43（5）：10-14.

［24］高园园，孔露露，温志良.3-吲哚乙酸对花卉植物生长和修复重金属效果的影响［J］.广东农业科学，2022，49（7）：65-71.

［25］宋昌昊．新冠肺炎疫情对中国花卉产业发展的影响［J］．北方园艺，2020（20）：142-145.

［26］徐放，张卫华，潘文，杨会肖，杨晓慧，廖焕琴，徐斌，朱报著，王裕霞．27 种木本花卉抗寒与抗旱性评价［J］．广东农业科学，2020，47（8）：37-46.

［27］张引潮．坚定信心　锚定花卉业高质量发展——在 2022 全国花卉产销形势分析会上的讲话［J］．中国花卉园艺，2022（4）：10-15.

［28］程堂仁，王佳，张启翔．中国设施花卉产业形势分析与创新发展［J］．农业工程技术，2018，38（13）：21-27.

［29］温志佳，许良政，梁社坚．世界客都城区蓝色花卉植物资源调查与分析［J］．嘉应学院学报，2020，38（3）：48-54.

［30］赵鑫，贾瑞冬，朱俊，杨树华，葛红．我国重要花卉野生资源保护利用成就与展望［J］．植物遗传资源学报，2020，21（6）：1494-1502.

［31］李煦红．广东欠发达地区花卉产业发展对策研究［D］．广州：华南农业大学，2016.

［32］曾春山，徐扬，王代容．花卉旅游现状及发展对策初探［J］．北方园艺，2018（13）：179-184.

粤港澳大湾区休闲农业和乡村旅游空间分布特征及影响因素研究

代丽娜　杨　琴*

摘　要：以大湾区内地九市 160 个休闲农业与乡村旅游示范点为研究样本，结合区域休闲农业年营业收入、接待人次，采用最邻近点指数、核密度估计和 GIS 分组分析的方法对休闲农业空间分布特征进行定性和定量分析，并通过缓冲区分析和相关分析等方法探究影响其空间布局的主要因素。研究发现：休闲农业与乡村旅游示范点在空间分布上呈现凝聚分布态势；休闲农业与乡村旅游示范点的高密度区和次高密度区，适宜建设乡镇振兴示范带、乡村精品旅游线路、乡村休闲旅游示范单位等；在大湾区内地九市中，形成两个休闲农业发展较好的组别，包含广州市从化区、增城区，惠州市博罗县，东莞市，中山市，佛山市顺德区，珠海市斗门区和江门市新会区，适宜建设都市农业休闲核心区；休闲农业旅游的布局主要受到区位条件、经济发展水平、旅游资源禀赋和区域特色农业的影响。

关键词：粤港澳大湾区；休闲农业；空间分布；核密度分析；分组分析；对策建议

发展休闲农业与乡村旅游对推进我国农业转变发展方式、优化调整农业和农村产业结构、促进农民就业增收、建设社会主义新农村、扩大内需、统筹城乡发展以及拓展旅游业发展空间具有重要的意义。一是有助于延长产业链，提高乡村经济收入。根据农业农村部数据，2019 年，我国乡村休闲旅游业接待游客达 33 亿人次，营业收入超过 8500 亿元。通过发展休闲旅游，带动食住行游购娱旅游

代丽娜，广东省农业科学院农业经济与信息研究所，助理研究员，研究方向为都市农业与区域协调发展。

杨琴，广东省农业科学院农业经济与信息研究所，博士，研究方向为文化传承与乡村振兴。

六要素的全链条发展，拓展产业增值增效空间，大幅提高农产品附加值，活化利用农村闲置屋舍，拓宽农民增收渠道。二是有助于推进乡村内生发展，助推乡村振兴。根据农业农村部数据，截至 2019 年底，休闲农业与乡村旅游经营单位超过 290 万家，全国休闲农庄、观光农园等各类休闲农业经营主体达 30 多万家，7300 多家农民合作社进军休闲农业和乡村旅游。农文旅相融合，将市场要素从"单向流动"变成"双向流动"，变"输血"为"造血"，推进农业产业结构调整和转型升级，形成乡村发展内生动力。三是有助于完善乡村公共服务体系，助推农业农村现代化。庞大的休闲农业与乡村旅游消费市场有利于带动投资资金向农业农村流动，促进农村基础设施建设，推动城乡基本公共服务均等化。四是有助于留住"乡愁"，促进农业农村文化传承。有利于结合当地文化符号、文化元素，通过休闲养生、农耕体验等活动，挖掘当地的民俗乡土文化、农耕饮食文化、图腾文化和民间工艺等乡村文化根脉，将其激活、保护、传承和弘扬，促进农业农村文化传承和教育价值实现。

一、政策环境

（一）国家和省对乡村振兴的高度重视

近年来，休闲农业和乡村旅游呈现蓬勃发展态势，成为国家实施乡村振兴战略的有力抓手和重要支撑。中央一号文件连续多年聚焦"三农"工作，多次指出要发展休闲农业和乡村旅游，推进农旅融合。2009 年，国家首次提出实施乡村旅游富民工程，并于 2010 年开始开展全国休闲农业与乡村旅游示范单位创建活动。随着我国社会经济发展步入新阶段，休闲农业发展也逐渐成为农业功能拓展、乡村价值发掘、业态类型创新，横跨一二三产业、兼容乡村生产生活生态、融通工农城乡的综合性产业体系。2018 年，中共中央、国务院印发《关于实施乡村振兴战略的意见》明确提出，实施休闲农业和乡村旅游精品工程，建设一批设施完备、功能多样的休闲观光园区、森林人家、康养基地、乡村民宿、特色小镇。2021 年，《中华人民共和国国民经济和社会发展第十四个五年规划和 2035 年远景目标纲要》明确提出，壮大休闲农业、乡村旅游、民宿经济等特色产业，提升度假休闲、乡村旅游等服务品质。2022 年中央一号文件进一步明确，实施乡村休闲旅游提升计划。支持农民直接经营或参与经营的乡村民宿、农家乐特色村（点）发展。将符合要求的乡村休闲旅游项目纳入科普基地和中小学学农劳动实践基地范围。2023 年中央一号文件提出实施乡村休闲旅游精品工程，推动乡村民宿提质升级。农业农村部印发《全国乡村产业发展规划（2020－2025

年）》，将优化乡村休闲旅游业作为乡村产业发展的重点任务，提出到 2025 年，实现全国乡村休闲旅游业优化升级，年接待游客人数超过 40 亿人次，经营收入超过 1.2 万亿元。《广东省国民经济和社会发展第十四个五年规划和 2035 年远景目标纲要》提出，促进农业和旅游、教育、文化、医疗、体育等产业深度融合，因地制宜发展休闲观光、文化体验、健康养老、民宿旅游、创意农业等新产业新业态。休闲农业和乡村旅游发展处于重要战略机遇期。

（二）双循环新格局下居民消费升级

党的十九届五中全会提出，加快构建以国内大循环为主体、国内国际双循环相互促进的新发展格局。党的二十大报告进一步强调，把实施扩大内需战略同深化供给侧结构性改革有机结合起来，增强国内大循环内生动力和可靠性，提升国际循环质量和水平。2022 年底，中共中央、国务院印发的《扩大内需战略规划纲要（2022-2035 年）》提出，促进消费投资，内需规模实现新突破。新发展格局下，"消费"成为国民经济和社会发展的关键词，满足人们越发多元化、个性化的消费需求，成为促进消费、拉动经济增长的应有之义。旅游业作为综合性产业，在稳就业、促消费、惠民生等方面作用明显，需要在构建"双循环"新发展格局中发挥更大的能量，为休闲农业和乡村旅游提出了新的更高要求。

（三）全面进入大众旅游时代

国务院印发的《"十四五"旅游业发展规划》指出，"十四五"时期，我国将全面进入大众旅游时代。一方面，人们的旅游消费需求更加旺盛，为休闲农业和乡村旅游的发展提供了更大的市场空间；另一方面，全面建成小康社会后，人民群众旅游消费需求将从低层次向高品质和多样化转变，由注重观光向兼顾观光与休闲度假转变，粗放、低层次的旅游发展模式已经不适应新的时代需求，将倒逼休闲农业和乡村旅游加快供给侧结构性改革，提质发展、以适应人们品质化的旅游消费需求。

二、基础与成效

广东省休闲农业发展迅速，经济影响作用逐渐凸显，2020 年，广东有乡村休闲经营主体 8013 个，乡村休闲从业人员达 57.89 万人，乡村休闲接待游客 1.24 亿人次，营业收入 143.70 亿元。粤港澳大湾区内地九市（以下简称大湾区九市）是广东省的核心区域，也是休闲农业发展的重要区域。2021 年，粤港澳大湾区内地九市乡村休闲产业接待游客 7972.29 万人次，营业收入 957359.38 万元（见表 1）。

表1　粤港澳大湾区内地九市休闲农业和乡村旅游产业现状

单位：万人次，万元，%

市别	接待人次		营业收入	
	数量	占比	金额	占比
广州	2794.01	35.05	653765.94	68.29
深圳	115.00	1.44	6760.00	0.71
珠海	1065.90	13.37	5140.00	0.54
佛山	1123.47	14.09	62591.08	6.54
惠州	522.63	6.56	93085.35	9.72
东莞	610.00	7.65	23705.75	2.48
中山	436.40	5.47	26745.00	2.79
江门	952.00	11.95	63819.00	6.67
肇庆	352.55	4.42	21747.46	2.27
合计	7972.29	100.00	957359.38	100.00

资料来源：广东省农业农村厅。

大湾区九市休闲农业和乡村旅游资源丰富，市场广阔，发展环境良好。近年来，乡村文旅、休闲农业、农业公园等新业态新模式发展势头良好，城乡融合发展取得重要突破。农业多功能性愈加凸显，已建成许多农业观光园区，农业游、乡村游已经成为城市居民节假日休闲娱乐活动的热门选择。截至2021年底，大湾区获批休闲农业与乡村旅游示范县3个，示范镇58个；休闲农业与乡村旅游示范点160个；还有广州从化温泉生态乡村游休闲精品线等12条全国休闲农业与乡村旅游精品线路，79条广东省文化和旅游厅推荐的乡村旅游精品线路；21个全国乡村旅游重点村镇；13个中国美丽休闲乡村（见表2）。美丽田园、田园综合体等领域建设成效显著，涌现出珠海岭南大地田园综合体、佛山"百里芳华"乡村振兴示范带等一批优质产业项目。

表2　粤港澳大湾区内地九市休闲农业和乡村旅游基础　单位：个，条

市别	休闲农业与乡村旅游示范县/镇			休闲农业与乡村旅游示范点			全国休闲农业与乡村旅游精品线路	全省乡村旅游精品线路	全国乡村旅游重点村镇	中国美丽休闲乡村	国家历史文化名镇	中国历史文化名村	广东省文化和旅游特色名村
	小计	国家级示范县	省级示范镇	小计	国家级	省级							
广州	11	2	9	26	1	25	3	14	4	4	1	2	18
深圳	—	—	—	4	—	4	—	6	—	—	—	1	3

续表

市别	休闲农业与乡村旅游示范县/镇			休闲农业与乡村旅游示范点			全国休闲农业与乡村旅游精品线路	全省乡村旅游精品线路	全国乡村旅游重点村镇	中国美丽休闲乡村	国家历史文化名镇	中国历史文化名村	广东省文化和旅游特色名村
	小计	国家级示范县	省级示范镇	小计	国家级	省级							
珠海	4	—	4	13	2	11	—	7	1	—	2	—	6
佛山	7	—	7	20	3	17	2	9	2	2	1	3	9
惠州	16	1	15	29	2	27	1	11	3	1	1	—	9
东莞	8	—	8	15	2	13	1	7	3	1	2	—	5
中山	7	—	7	17	—	17	2	5	1	1	1	1	6
江门	8	—	8	15	—	15	2	9	4	2	1	4	11
肇庆	—	—	—	21	—	21	1	11	3	2	—	—	12
合计	61	3	58	160	10	150	12	79	21	13	8	13	79

资料来源：广东省农业农村厅。

（一）发展基础

1. 休闲农业和乡村旅游资源丰富

农业景观别具特色。大湾区九市地处东亚季风区，从北向南分别为中亚热带、南亚热带和热带气候，是中国光、热和水资源最富集的地区之一，拥有丰富多样的农业景观资源，如以广州的广东岭南荔枝种植系统（增城）、海珠高畦深沟传统农业系统等为代表的国家重要农业文化遗产资源；以桑基鱼塘、果基鱼塘为代表的水网水乡景观；以从化米涉村等为代表稻田景观；以广州百万葵园、花都香草世界、深圳青青世界、三水荷花世界、珠海农科中心、高要广新农业生态园等为代表的种植园景观。广东农林土特产品丰盛，如广州增城和从化的荔枝、龙眼等岭南佳果；增城迟菜心、中山黄圃腊肠、顺德鱼生等土特产；珠海斗门白蕉海鲈等海产品，均成为大湾区旅游的特色物产资源。

乡村文化底蕴深厚。大湾区是岭南文化中心地，拥有世界文化遗产开平碉楼与村落、8个中国历史文化名镇、13个中国历史文化名村、46个中国传统村落，以及8个广东省历史文化名镇、30个广东省历史文化名村、30个广东省传统村落。此外，大湾区还拥有一批观赏、休闲和游憩价值较高的生态山水名镇名村，如以怀集桥头镇、南海西樵镇、增城派潭镇、深圳半天云村、江门天马村等为代表的拥有优美自然山水生态的美丽村镇；以惠东巽寮镇为代表的滨海旅游名镇名村；以珠海万山群岛为代表的渔家风情村镇；以中山岭南水乡、恩平歇马举人村、顺德逢简水乡、德庆金林水乡、江门古劳水乡等为代表的岭南秀丽的水乡景

观村镇。各具特色的集聚村镇资源为乡村旅游发展提供了良好条件。

2. 休闲农业和乡村旅游市场广阔

旅游产业发展成熟。广东是旅游大省，粤港澳大湾区内地九市是大湾区旅游的重要目的地。"十三五"时期，全省旅游总收入从2015年的9081亿元增长至2019年的15158亿元，2019年接待过夜游客达5.31亿人次，旅游业核心指标多年保持全国第一，食、住、行、游、购、娱等旅游要素完备，旅游产业链体系较为健全，可以为休闲农业和乡村旅游发展提供良好的产业要素支持。

客源市场基础稳固。广东是人口大省、经济大省，其经济、人口主要集中在珠三角九市。2021年，大湾区内地九市地区生产总值达100585亿元，常住人口7860.6万人，两项指标均居全国第一，超过1000万人的城市有3个，500万~1000万人口的城市有5个。庞大的人口基数和厚实的经济基础奠定了珠三角核心区作为旅游客源大省的地位，居民旅游消费能力强、出游意愿高，可以为休闲农业和乡村旅游发展提供广阔的客源市场支撑。省文化和旅游厅统计数据显示，2021年"五一"期间，珠三角八市（除东莞外）共接待游客2617.22万人次，旅游总收入167.82亿元，其中红色旅游、乡村旅游、研学旅游、亲子旅游等专项旅游市场实现较大幅度增长，微度假、轻露营等旅游形式快速兴起，特别是湾区九市城边、村边、海边、景边成为乡村旅游新增长点，为休闲农业与乡村旅游发展提供了新的机遇。

3. 休闲农业和乡村旅游发展环境改善

"十三五"时期，广东深入推进美丽乡村建设，实施"千村示范、万村整治"工程，农村人居环境整治覆盖率达99.8%以上，农村卫生户厕普及率达95%，生活垃圾收运处置体系覆盖所有行政村，农村生活污水治理率达42%以上；自然村集中供水覆盖率达87%以上，农村光纤入户率近57%；通乡镇和行政村路面硬化、行政村通客车率均达100%；农村面貌明显改善[①]。其中珠三角九市打造广州"花漾年华"、佛山"百里芳华"等80多条美丽乡村风貌带，建成366个专业村和64个专业镇，全省农村景观环境进一步提升，为休闲农业和乡村旅游发展奠定了环境基础[②]。

（二）取得成效

1. 休闲农业和乡村旅游产业渐成规模

2021年，大湾区九市共有乡村休闲经营主体5321个，乡村休闲接待游客

---

① 资料来源：《广东省推进农业农村现代化"十四五"规划》（粤府〔2021〕56号）。
② 资料来源：《广东省乡村休闲产业"十四五"规划的通知》（粤农农〔2022〕92号）。

7972 万人次, 营业收入 94.16 亿元, 全省乡村休闲营业收入的 60%。截至 2021 年底, 广东已累计创建全国休闲农业和乡村旅游示范县 11 个, 其中大湾区九市占 6 个, 全国休闲农业和乡村旅游示范点 19 个, 其中大湾区九市占 10 个, 中国美丽休闲乡村 42 个, 其中大湾区九市占 14 个, 全国乡村旅游重点村 42 个, 其中大湾区九市占 21 个。在省级乡村休闲品牌创建方面, 大湾区九市获省级休闲农业与乡村旅游示范点 156 个、广东省文化和旅游特色村 77 个、广东省乡村民宿示范点 50 个, 随着全省休闲农业和乡村旅游产业逐步壮大, 大湾区九市乡村休闲旅游呈现蓬勃发展趋势。

2. 休闲农业和乡村旅游产品日益丰富

休闲农业和乡村旅游业态功能不断扩展, 与文化、教育、康养等产业逐步融合, 都市农业游、乡村文化游、乡村度假游、乡村研学游等快速兴起, 培育了一批以深圳市光明农场大观园、广州市宝趣玫瑰世界等为代表的都市休闲农业项目; 以从化区温泉等为代表的乡村度假项目; 以东莞市南社村和塘尾村古建筑群景区等为代表乡村文化旅游项目; 形成了环罗浮山—南昆山、广州增城、从化等一批乡村民宿集群; 广东广垦热带农业公园等一批休闲农业和乡村旅游点纳入广东省中小学生研学实践教育基地名单。休闲农业和乡村旅游业逐步从单一的观光游览向多元化经营、深度体验转变。

3. 休闲农业和乡村旅游综合效益渐显

休闲农业和乡村旅游在促进村民就业、带动村民增收等方面作用明显。据全省 117 个原旅游扶贫重点村监测数据, 各村乡村旅游总收入平均值从 2016 年的 42.52 万元增长到 2019 年的 389.41 万元, 增长 8 倍以上; 平均每村旅游从业人数从 2016 年的 36 人增长到 2019 年的 73 人, 增长 1 倍以上; 村民人均可支配收入从 2016 年的 6675.54 元增长到 2019 年的 17469.01 元, 达当年全省农村居民人均可支配收入 (18818 元) 的 92.83%。其中大湾区九市在乡村休闲联农带农方面也表现不俗。截至 2021 年底, 大湾区九市 2021 年乡村休闲从业人员达 36.29 万人, 带动农民 12.98 万人。

4. 休闲农业和乡村旅游配套不断完善

广东在全国率先出台《广东省民宿管理暂行办法》, 制定《广东省乡村休闲产业"十四五"规划》, 休闲农业和乡村旅游政策支持力度逐步加大。实施乡村旅游"八小工程"①, 推动重点旅游村完善旅游厕所、旅游标识标牌等设施配套。

---

① 一个停车场、一个旅游厕所、一个垃圾集中收集站、一个医疗急救点、一个农副产品商店、一批旅游标识标牌、一个游客咨询中心和一个 A 级景区。

推出两批共 256 个基层综合性文化服务中心与旅游服务中心融合试点，提升乡村旅游公共服务水平。加快南粤古驿道、万里碧道、粤港澳大湾区文化遗产沿线乡村旅游资源整合开发，推出 200 条广东省乡村旅游精品线路，打造"粤美乡村"旅游品牌。

（三）主要经验

1. 强化政策引领

全省乡村休闲产业高质量发展"美丽基础"不断夯实，省委省政府先后出台《中共广东省委 广东省人民政府关于全面推进乡村振兴加快农业农村现代化的实施意见》《广东省推进农业农村现代化"十四五"规划》及推进实施的农村违法乱占耕地建房整治攻坚行动、农村生活污水治理攻坚行动、农村供水保障攻坚行动、村内道路建设攻坚行动、美丽圩镇建设攻坚行动、渔港建设攻坚行动等"九大行动"，聚力加快发展乡村美丽经济。在全国率先出台《广东省民宿管理暂行办法》，组织召开全省乡村民宿发展现场推进会，发布"广东旅游民宿"品牌标识，启用广东省旅游民宿管理系统，大力推动乡村民宿发展。2022 年 3 月，广东省农业农村厅、广东省乡村振兴局出台《广东省乡村休闲产业"十四五"规划》，并提出"广东乡村休闲产业高质量发展十大行动"作为落实《广东省乡村休闲产业"十四五"规划》的具体方案。此外，广东省在推进实施对 901 个镇驻镇帮镇扶村工作中，把编制完善镇域乡村振兴规划纳入帮扶任务，要求有条件的镇编制休闲农业专项规划。启动成立广东省乡村休闲产业发展智库工作首批入库 100 位专家，48 个咨询机构；推动智库与驻镇帮镇扶村结对共建，引智入镇，因地制宜，推动全省休闲农业与乡村旅游高质量发展。

2. 加大财政投入力度

2022 年，省财政安排驻镇帮镇扶村资金 129 亿元，重点支持巩固拓展脱贫攻坚成果与乡村振兴有效衔接、发展富民兴村产业、提升镇村公共基础设施水平和公共服务能力，集中解决乡村振兴的短板弱项；安排 150.08 亿元聚焦支持解决农村生活污水治理、村内道路建设、农村集中供水、美丽圩镇建设等短板弱项，同步建立健全长效管护机制；安排 25 亿元支持现代农业产业园、优势特色产业集群、产业强镇建设，大力发展县域富民产业；安排 1.6 亿元支持深化文旅融合发展，扶持文化旅游产业园区、促进文旅消费。

3. 推进业态融合

乡村休闲产业是农村一二三产业融合发展的典型业态，是拓展农业多种功能和挖掘乡村多元价值的重要途径：一是促进三产融合。围绕建设"跨县集群、一县一园、一镇一业、一村一品"农业产业强镇、现代农业产业园等现代农业产业体系，推动第一产业向第二产业、第三产业延伸，拓展农业功能，延伸价值链，着力以农业公园、田园综合体、特色小镇及其他休闲农业园区等模式促进乡村三产融合。二是推进乡村文化赋能。组织做好岭南特色农业文化遗产的发掘认定保护工作，鼓励各地市开展农耕文化整理，改造建设一批农耕文化博物馆、打造一批农事节庆品牌，加强岭南特色、少数民族特色传统村落和历史文化名村名镇保护，推动"农业+文化""农产品加工业+文化"等业态融合发展。全省共有 6 个中国重要农业文化遗产项目。做好乡村非物质文化遗产和红色文化资源挖掘推广工作，推动乡村振兴非遗工坊和省级非遗工作站建设，梳理推荐乡村非物质文化遗产代表性项目，培育非遗传承人，以非遗保护助力乡村休闲产业。

4. 创建乡村休闲品牌

在部级层面，积极申报休闲农业与乡村旅游示范县、中国美丽休闲乡村、全国乡村旅游重点村镇，推介乡村休闲旅游精品线路。自 2013 年以来，省持续开展省级休闲农业与乡村旅游示范镇示范点创建活动，共创建休闲农业与乡村旅游示范镇 167 个、示范点 438 个。为扩大休闲农业品牌影响力，省开发了"粤休闲农业"微信、支付宝小程序，展示创建的休闲农业示范点和乡村旅游精品线路，拓宽休闲农业园区营销途径。充分挖掘红色资源，保护红色文化，推出 10 条全省红色旅游精品线路，3 条线路入选国家"建党百年红色旅游百条精品线路"，各地推出 129 条红色旅游线路，串联起众多代表性革命遗址，组织省内旅行社和线上 OTA 企业以"走读广东、粤游粤红"为主题开展系列活动。

三、存在不足

（一）产值相对偏低，综合带动能力有待增强

2020 年，广东省有休闲农业经营主体 8013 个，乡村休闲接待人数 1.24 亿人次，营业收入 143.7 亿元；同期江苏省具有一定规模的休闲农业园区景点（包括农家乐）超过 1.2 万个，乡村旅游接待人数达 2.6 亿人次，年综合经营收入超过 800 亿元（实现乡村旅游总收入 1148.9 亿元）；浙江省有农家乐 2.15 万户、休闲渔业经营主体 2413 家，休闲农业和乡村旅游接待游客 2.47 亿人次，产值达 503.98 亿元。相比之下，广东省休闲农业和乡村旅游发育得还不够成熟，从规模来看，全省农业和乡村旅游资源开发还不充分，农业第一产业和第二产业向第三产业延伸规模、成效还不够显著，经营主体和产品供给仍有较大提升空间；从效益来看，不少休闲农业和乡村旅游点仍处于简单"走一走""看一看"的层

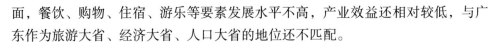

面，餐饮、购物、住宿、游乐等要素发展水平不高，产业效益还相对较低，与广东作为旅游大省、经济大省、人口大省的地位还不匹配。

（二）整体统筹不足，体制机制有待健全

休闲农业和乡村旅游的发展涉及部门多，行业覆盖面广，需要整合农业农村、文旅、住建、交通、发改、水利、自然资源等多部门力量推进，更要协调好政府、农户、投资者等利益主体间的关系，从更高层面进行全局谋划，实现跨行业、跨地域、跨部门协调。自"十三五"以来，吉林、江西、山东、甘肃、河南、四川等均在省级层面专门出台了推进乡村旅游发展的政策文件①，吉林省明确"将召开乡村旅游发展大会作为推动乡村旅游的创新机制。从 2021 年起，采取市（州）申办制，每年以省委、省政府名义召开一次全省乡村旅游发展大会，整合全省资金、项目、政策等力量支持申办地区的 2 个乡村基础较好的县（市）发展乡村旅游，充分调动县域党委、政府积极性和创新性"。浙江省政府将休闲农业和乡村旅游作为重要内容纳入《关于开展未来乡村建设的指导意见》（浙政办发〔2022〕4 号），江苏省文化和旅游厅、发展改革委、农业农村局等 8 个部门联合印发《关于推进乡村旅游高质量发展的指导意见》（苏文旅发〔2021〕73号）。相比之下，广东省在休闲农业和乡村旅游方面的政策启动较晚，除了广东省农业农村厅、广东省乡村振兴局出台了《广东省乡村休闲产业"十四五"规划》，未见相关专门针对休闲农业与乡村旅游的联合文件出台。大湾区九市早期对休闲农业发展的认识不到位，近年才开始逐步发力，但由于行业协会指导不够，部分地区休闲农业与乡村旅游盲目跟风，忽视了旅游支撑环境的建设，缺乏系统长远的规划设计，出现发展粗放、同质化、后劲不足的现象。

（三）精品项目较少，文化引领作用尚未充分发挥

截至 2021 年底，广东有全国休闲农业和乡村旅游示范县 11 个，比浙江少 8个、比江苏少 9 个；有全国休闲农业和乡村旅游示范点 19 个，比江苏少 5 个、比浙江少 4 个；有中国美丽休闲乡村 42 个，比江苏少 6 个、比浙江少 8 个；有全国乡村旅游重点村 42 个，比江苏少 4 个、比浙江少 4 个，与江浙相比，广东休闲农业和乡村旅游在示范创建和品牌打造方面稍显落后。近年来，江浙在推进

---

① 《吉林省人民政府关于推进乡村旅游高质量发展的实施意见》（吉政发〔2021〕10 号）、《河南省人民政府办公厅关于加快乡村旅游发展的意见》（豫政办〔2020〕18 号）、《山东省人民政府办公厅关于印发山东省乡村旅游提档升级工作方案的通知》（鲁政办字〔2017〕84 号）、《甘肃省人民政府办公厅关于加快乡村旅游发展的意见》（甘政办发〔2018〕23 号）、《江西省人民政府办公厅关于进一步加快发展乡村旅游的意见》（赣府厅发〔2017〕59 号）、《四川省人民政府办公厅关于大力发展乡村旅游合作社的指导意见》（川办函〔2016〕65 号）。

休闲农业和乡村旅游提质增效中持续发力，例如，浙江正紧抓共同富裕示范区建设机遇，着力打造"万村景区化"2.0时代，以红色乡情、田园村韵、绿色康养、教育研学、农事体验、乡村夜游等为特色主题，打造富有江南文化韵味的"浙里田园"品牌，推进休闲农业和乡村旅游向数字化、国际化迈进，培育了一大批高品质的乡村旅游项目，安吉余村被联合国世界旅游组织认定为全球44个"世界最佳旅游乡村"之一，乌镇、莫干山、拈花湾已打造成为国际知名的乡村旅游目的地。相比之下，虽然广东也建成了惠州禾肚里稻田民宿田园综合体、茂名高州根子镇元坝村等一批特色休闲农业和乡村旅游项目，但整体质量水平还不高，只是简单依托农业资源、田园景观和特色农产品等发展以农家乐为主要形式的观光休闲型产品，对休闲度假型、体验型、健康疗养型等"深度游"产品开发力度不够。与此同时，广东乡村地区文化审美意识还较为薄弱，乡村旅游建设过程中对文化的关注不足，广府文化、潮汕文化、客家文化、海丝文化、华侨文化等特色岭南文化价值在乡村旅游产品开发中展现得不多。

（四）基础设施不足，服务能力有待加强

良好的景观风貌和完善的基础服务设施是休闲农业和乡村旅游发展的重要支撑。自2003年以来，浙江全面开展"千村示范、万村整治"工程，乡村整体人居环境得到显著改善，乡村景观风貌品质得到显著提升，已跨越人居环境整治阶段，重心转向乡村产业发展，为推动浙江省休闲农业和乡村旅游发展走在全国前列创造了条件；2017年启动"万村景区化"工作，近5年累计建成A级景区村庄11531个，其中3A级景区村1597个，全省村庄景区化覆盖率达56.5%，乡村旅游停车场、厕所、标识标牌、环卫设施等基础配套较为完善；建成"四证"①齐全的乡村民宿2万多家。相比之下，广东乡村环境和基础服务设施建设仍有一定差距，如珠三角田间窝棚、农村公路、乡村建筑风貌等仍有较大的改善空间，乡村旅游问询、展示、导览、医务等公共服务配套也较为薄弱。休闲农业与乡村旅游的发展关键环节在于游客能"进得来""留得下""出得去""想再来"，基础设施的优劣对游客的旅游体验影响巨大，尤其是在注重口碑的网络时代，乡村道路路况、酒店民宿供应、食住卫生条件等都是潜在游客选择乡村旅游目的地的决定性要素。

（五）专业人才紧缺，管理服务水平有待提升

省内休闲农业和乡村旅游发展中，大部分乡村旅游项目除少数负责人和骨干

---

① "四证"分别为民宿（农家乐）特种行业许可证、公共场所卫生行政许可证、食品经营许可证、工商营业执照。

人才是本科学历外，工作人员多为当地农民，文化程度都是高中以下，且缺乏系统专业的岗前培训。一方面乡村旅游项目管理人才难找，流失率高；另一方面农户自主经营和管理项目，缺乏现代经营管理意识，惯于固守一亩三分地，缺乏试错的创新意识和风险承受能力。培养适应产业发展的休闲农业和乡村旅游从业人员队伍需要长远谋划。

四、空间分布特征及影响因素

传统的农业经营模式已与粤港澳大湾区的发展不匹配，需要发展都市农业[1]，率先实现城乡融合发展[2]。休闲农业是都市农业的一种具体表现形式[3]，也是城市休闲消费外延扩张和农业功能转型下的产物，其空间分布有着很强的地域性，会随着休闲农业主体所在地的自然条件、农业基础、历史文化背景和社会经济条件等因素的具体情况而变化。因此，系统研究休闲农业的空间格局，可为乡村休闲旅游评价、资源配置和布局优化提供重要参考。

2021 年，《广东省推进农业农村现代化"十四五"规划》明确提出，聚焦农业多功能开发，建设珠三角都市农业休闲核心区。2022 年，广东省农业农村厅发布《广东省乡村休闲产业"十四五"规划》，首次提出构建"4321"乡村休闲产业体系空间布局，着力推动城边、景边、海边、村边"四边"，交通干道、碧（绿）道、南粤古驿道"三道"，少数民族特色居住区、古镇古村特色村落"二特"，"一园"农产品加工业旅游园区等乡村休闲区（带）建设，以产业发展思路引领全省休闲农业发展。本文运用最邻近点指数、核密度估计和 GIS 分组分析方法对休闲农业空间分布特征进行分析。本文以国家级、省级休闲农业与乡村旅游示范点为样本，结合粤港澳大湾区内地九市各县（市、区）休闲农业年营业收入、接待人次，揭示休闲农业的空间分布特征，探索适宜建设都市农业休闲核心区的区域，为推动大湾区内地九市休闲农业发展提供参考。

（一）研究方法与数据来源

1. 研究方法

（1）最邻近指数。

最邻近指数（Nearest Neighbor Index）是点状事物在地理空间中相互邻近程度的地理指标，能很好地反映点状要素的空间分布特征[4]。计算方法是实际平均最邻近距离与理论最邻近距离的比值，公式如下：

$$R = \frac{\overline{r_1}}{r_E} = \overline{r_1} \times 2\sqrt{\frac{n}{A}} = \overline{r_1} \times 2\sqrt{D} \tag{1}$$

其中，R 表示最邻近指数；$\overline{r_1}$ 为平均实际最邻近距离，可通过 ArcGIS 软件计算得出；r_E 表示理论最邻近点距离；n 表示休闲农业与乡村旅游示范点的数量；A 表示研究区域面积。R＝1 时为随机分布，R<1 时为集聚分布，R>1 时为均匀分布。

（2）核密度分析。

核密度估计法（Kernel Density Estimation）用来分析点要素在不同地理空间位置的发生概率，核密度值越高则事件发生概率越高，点越密集。计算公式为：

$$F(x) = \frac{1}{nh}\sum_{i=1}^{n}k\left(\frac{x-x_i}{h}\right) \tag{2}$$

其中，F（x）表示核函数；x_i 表示第 i（i＝1，2，…，n）点的地理坐标；k 表示核的权重函数；h 表示核密度函数的带宽。F（x）值越大表明分布越密集[5]。

（3）GIS 分组分析。

分组分析（Grouping Analysis）是指将客体按研究要求进行分类编组，使同组客体之间的差别小于各种客体之间的差别，进而进行分析研究的方法，该方法同时考虑了研究单元之间的空间位置关系和属性因素对研究单元进行空间聚类分析，分类结果能够实现组内最大相似、组间最大差异性[6]。本文利用 ArcGIS10.2 中的分组分析工具对粤港澳大湾区内地九市的县（市、区）进行分组分析，能直观地根据县（市、区）休闲农业与乡村旅游示范点数量、年营业收入、年接待人次进行分组。

2. 数据来源

本文以粤港澳大湾区内地九市的 160 个休闲农业与乡村旅游示范点为样本。休闲农业与乡村旅游示范单位具备农业食品保障、生态涵养、休闲体验文化传承等多种功能，是广东省发展农业休闲的重要举措。根据广东省农业农村厅文件要求，2022 年起，各地市要相应地开展市级、县级乡村休闲旅游示范单位创建认定工作，并作为省级、国家级乡村休闲旅游示范单位申报的前置条件。休闲农业营业收入、接待游客人次是反映区域休闲农业发展最直观的指标，文中区域 2021 年休闲农业营业收入、接待游客人次来源于广东省农业农村厅。文中所有地图来源于国家测绘地理信息服务局标准地图服务网站下载，底图未修改。

（二）结果与分析

1. 休闲农业和乡村旅游产业现状分析

2021 年，粤港澳大湾区内地九市乡村休闲产业接待游客 7972.29 万人次，营业收入 95.74 亿元（见表 1）。从各市数据来看，休闲农业和乡村旅游产业呈现不均衡分布。其中，广州休闲农业和乡村旅游产业发展最好，2021 年休闲农业接待人次和营业收入均位列第一，分别为 2794.01 万人次和 653765.94 万元，占比分别为 35.05% 和 68.29%。肇庆休闲农业和乡村旅游产业相对较弱。

休闲农业与乡村旅游示范点既是休闲农业的排头兵，也是农村一二三产业融合的重要载体。为了推动休闲农业持续健康发展，2010 年，原农业部和原国家旅游局开始实行全国休闲农业与乡村旅游示范点评定。广东省自 2013 年开始培育省级休闲农业与乡村旅游示范点。截至 2021 年底，广东省共培育 457 个示范点（国家级 19 个），粤港澳大湾区内地九市 160 个（国家级 10 个）。从休闲农业与乡村旅游示范点数量看，数量最多的地市依次是惠州、广州、肇庆（见表 2）。值得注意的是，肇庆、中山、东莞等市休闲农业和乡村旅游示范点数量较多，但营业收入和接待人次较少。

2. 休闲农业与乡村旅游空间分布分析

粤港澳大湾区内地九市休闲农业与乡村旅游旅游资源有很多，有示范点、美丽休闲乡村、美丽田园、农业公园等，通过对比发现，休闲农业与乡村旅游示范点是建设最早，覆盖范围最广。故本文选用休闲农业与乡村旅游示范点进行空间分析。

（1）空间分布特征。

粤港澳大湾区内地九市休闲农业与乡村旅游示范点的空间分布如图 1 所示。休闲农业与乡村旅游示范点大部分分布在城郊农业县（市、区），其中数量较多的依次为博罗县、斗门区、从化区，占比分别为 7.50%、5.63%、5.00%。运用最邻近指数 R 定量分析休闲农业与乡村旅游示范点的空间分布特征，通过 Arc-GIS10.2 中的 Near 工具计算得出粤港澳大湾区内地九市休闲农业与乡村旅游示范点的平均实际最邻近距离为 7.90 千米，理论预期最邻近距离为 9.27 千米，最邻近指数 R=0.85<1，说明示范点在空间分布上呈现凝聚分布状态。

（2）空间分布核密度。

利用 ArcGIS10.2 中的 Kernel Density 工具对休闲农业与乡村旅游示范点进行核密度分析，结果如图 2 所示。示范点空间分布特征如下：①示范点分布呈现 1 个"Y"状高密度区和 2 个点状次高密度区。高密度包括广州市南沙区、佛山市禅城区和高明区、惠州市博罗县、东莞市北部、中山市中部，以及珠海市斗门区；次高密度区一个位于广州市从化区，另一个涉及惠州市惠东区、惠阳区和惠城区部分区域。②示范点在大湾区内地九市的空间分布上呈东多西少、南密北疏的特征。从核密度分析结果看，高密度区和次高密度区为适宜建设都市农业休闲核心区的区域。

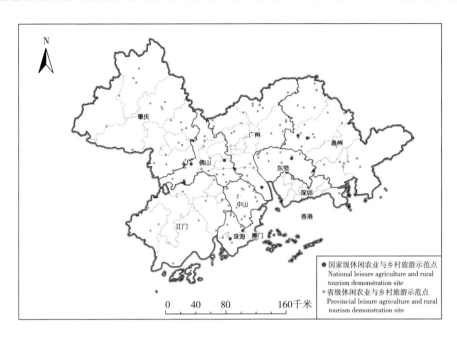

图1　休闲农业与乡村旅游示范点空间分布图

审图号：粤 S（2018）011 号（底图）。

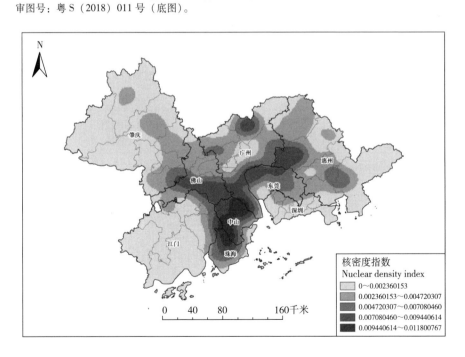

图2　休闲农业与乡村旅游示范点空间分布核密度

审图号：粤 S（2018）011 号（底图）。

3. 综合分组分析

大湾区内地九市各县（市、区）2021 年休闲农业营业收入、接待人次、休闲农业与乡村旅游示范点数量如表 3 所示。当伪统计量 F 达到最大值时，分组达到最优解。利用 ArcGIS10.2 中的 Grouping Analysis 工具，计算伪统计量，确定分组数为 3 组，以县（市、区）休闲农业与乡村旅游示范点数量、营业收入、接待人次为分析内容进行分组分析，结果如图 3 所示。分组结果如下：①一等组为广州市从化区，是休闲农业发展最好的组别。从统计数据来看，从化区 2021 年休闲农业营业收入和接待人次为研究区域最高，且远高于第二名龙门县营业收入和斗门区接待人次；该区还是国家级休闲农业与乡村旅游示范镇，拥有 8 个休闲农业与乡村旅游示范点。②二等组包含广州市增城区、惠州市博罗县、东莞市、中山市、佛山市顺德区、珠海市斗门区和江门市新会区，是休闲农业发展次好的组别。从统计数据来看，这一组别 2021 年的休闲农业营业收入超过亿元的区域有 5 个，休闲农业接待人次超过 500 万人次的区域有 4 个，休闲农业与乡村旅游示范点数量超过 7 个的区域有 6 个。分组分析同时考虑了研究单元之间的空间位置关系和属性因素，因此，二等组还在空间上形成了"增城—博罗—东莞""中山—顺德—斗门—新会"两片集聚区。③三等组为其他区域。从分组结果来看，一等组、二等组所包含的区域适宜建设都市农业休闲核心区。

表 3 粤港澳大湾区内地九市休闲农业数据汇总

单位：万元，万人次

市别	区县	示范点数量	营业收入	接待人次	市别	区县	示范点数量	营业收入	接待人次
广州	白云区	3	2254	56	惠州	惠城区	3	4430	19
	花都区	3	12271	116		惠阳区	4	7710	178
	番禺区	2	42368	53		惠东区	4	5385	68
	南沙区	3	22514	210		博罗县	12	5367	50
	从化区	8	512680	1580		龙门县	6	70193	207
	增城区	7	61679	779	江门	蓬江区	1	—	—
深圳	光明区	3	760	70		新会区	3	10048	620
	大鹏区	1	6000	45		台山市	3	14545	109
珠海	香洲区	1	—	—		开平市	1	30680	37
	金湾区	3	380	16		江海区	2	846	17
	斗门区	9	4760	1050		鹤山市	3	4200	133

续表

市别	区县	示范点数量	营业收入	接待人次	市别	区县	示范点数量	营业收入	接待人次
佛山	禅城区	1	2000	40	江门	恩平市	2	3500	37
	南海区	5	13059	150	肇庆	鼎湖区	2	650	4
	顺德区	7	18212	423		高要区	5	2293.80	33
	高明区	5	21220	110		广宁县	4	8613.00	84
	三水区	2	8100	400		怀集县	4	4031.60	24
东莞	东莞市	15	23706	610		封开县	—	493.11	9
中山	中山市	17	26745	436		德庆县	2	300.00	171
						四会县	4	5366	28

资料来源：广东省农业农村厅。

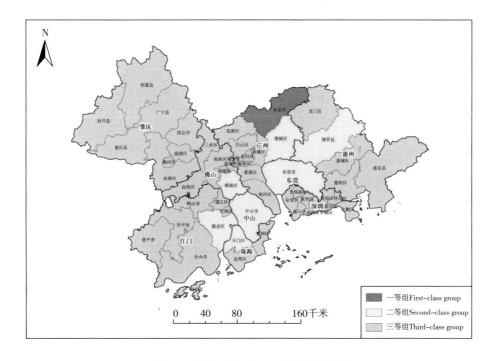

图3 粤港澳大湾区内地九市分组分析

审图号：粤S（2018）011号（底图）。

（三）休闲农业与乡村旅游的影响因素分析

1. 区位条件

休闲农业是一种面向城市区有休闲需求应运而生的新型农业经营方式，以城市及周边地区居民的短途旅游为主，其发展与区位条件紧密相关。本文使用 Arc-GIS 软件对大湾区九市的城市总体规划范围进行缓冲区分析，结果如表 4 所示，首先，城市总体规划缓冲区 0~10 千米范围内休闲农业与乡村旅游示范点数量最多，为 49 个，占比为 30.63%；其次，缓冲区 10~20 千米范围内，数量为 35 个，占比为 21.87%；最后，城市总体规划大于 40 千米范围内，数量为 23 个，占比为 14.37%。可以发现，大湾区内 66.87% 的休闲农业与乡村旅游示范点都在这三个范围内。此外，城市总体规划缓冲区 20~30 千米范围与 30~40 千米范围的休闲农业与乡村旅游示范点数量没有变化，说明缓冲距离超过 20 千米后，区位条件随着距离的变化不明显。由此可见，城市总体规划缓冲区 20 千米范围内适宜发展休闲农业，此区域与休闲农业发展较好的两个组别相似。

表 4　城市总体规划缓冲区内休闲农业旅游点分布　　　　单位：个,%

范围	数量	占比
城市总体规划范围内	23	14.37
城市总体规划缓冲区 0~10 千米范围内	49	30.63
城市总体规划缓冲区 10~20 千米范围内	35	21.87
城市总体规划缓冲区 20~30 千米范围内	15	9.38
城市总体规划缓冲区 30~40 千米范围内	15	9.38
城市总体规划缓冲区大于 40 千米范围内	23	14.37

2. 经济发展水平

良好的经济基础是发展休闲农业旅游的重要支撑，在很大程度上决定了休闲农业旅游点的分布[7]。由表 4 可知，大湾区内各县区之间的经济发展状况存在较大差距，主要体现为核心和外围的发展不平衡，2021 年核心六市的平均地区生产总值是外围地区的 4.42 倍。运用 SPSS 软件将各县区的休闲农业营业收入、接待人次、示范点数量与地区生产总值进行 Pearson 相关分析，示范点数量与地区生产总值在 0.01 的水平上呈正相关，相关系数 0.541，可见区域经济发展水平是影响休闲农业与乡村旅游示范点分布的重要因素。广州等经济发展水平高的地区也是休闲农业与乡村旅游示范点核密度高的区域。营业收入、接待人次与地区生产总值无相关性，考虑是因为营业收入、接待人次为 2021 年数据，该年度休闲农业受到了疫情影响，地方疫情防控政策，以及倡导两点一线生活方式对数据造成了影响。

3. 旅游资源禀赋

旅游资源是发展休闲农业旅游的必要条件，休闲农业多数围绕名胜景区周边发展，如从化区在温泉景区周边发展配套休闲农业，与景区"共建共享""共管共治"，做到"景区农区、公园田园、游客村民"和谐共生，共同打造了从化综合旅游目的地。大湾区内旅游资源众多，3A级以上景区共有249个（见表5），其中5A级8个、4A级74个、3A级167个。对大湾区内各县区的3A级以上景区数量与休闲农业营业收入、接待人次、示范点数量做相关分析。由表6可以看出，接待人次、示范点数量与3A级以上景区数量分别在5%、10%的水平上呈正

表5　2021年各县区GDP和3A级以上景区数量　　单位：万元，个

市别	区县	GDP	3A级以上景区数量	市别	区县	GDP	3A级以上景区数量
广州	白云区	2551.00	4	惠州	惠城区	1781.04	8
	花都区	1800.41	10		惠阳区	1556.12	9
	番禺区	2653.91	8		惠东区	710.87	6
	南沙区	2131.61	3		博罗县	741.46	8
	从化区	413.39	13		龙门县	187.87	8
	增城区	1266.66	8	江门	蓬江区	831.73	2
深圳	光明区	1285.33	2		新会区	896.14	7
	大鹏区	—	1		台山市	503.23	9
珠海	香洲区	2598.63	7		开平市	438.45	3
	金湾区	815.09	2		江海区	285.32	1
	斗门区	468.03	2		鹤山市	440.69	2
佛山	禅城区	2148.90	7		恩平市	205.72	6
	南海区	3560.89	6	肇庆	鼎湖区	146.62	2
	顺德区	4064.38	13		高要区	507.44	7
	高明区	977.10	3		广宁县	176.80	4
	三水区	1405.19	5		怀集县	276.67	6
东莞	东莞市	10855.35	26		封开县	164.32	7
中山	中山市	3566.17	24		德庆县	175.65	5
					四会县	725.22	5

资料来源：《广东统计年鉴2022》及广东省文化和旅游厅网站。

相关，相关系数分别为 0.371、0.768。大湾区休闲农业发展较好的组别包含的区域，其 3A 级以上景区数量也较多，如从化区和顺德区分别有 13 个。营业收入与 3A 级以上景区数量无相关性，考虑仍然是疫情防控对数据造成了影响。

表 6　休闲农业与各影响因素之间的相关关系

影响因素	具体指标	休闲农业指标	相关系数
经济发展水平	地区生产总值	营业收入	0.057
		接待人次	0.176
		示范点数量	0.541**
旅游资源禀赋	3A 级以上景区数量	营业收入	0.247
		接待人次	0.371*
		示范点数量	0.768**

注：**和*分别表示在5%和10%的水平上显著。

4. 区域特色农业

近年来，大湾区各地区依托各自不同的环境条件和资源优势，培育出许多具有当地特色的农业产业。休闲农业发展较好的组别以从化井岗红糯荔枝产业、增城丝苗米和迟菜心产业、博罗福田蔬菜产业、顺德花卉产业、江门新会陈皮产业为主要代表，产品普遍具有较高的品牌价值，在省内乃至全国拥有一定的知名度。其中，从化荔枝品牌价值高达 68.1 亿元，增城丝苗米品牌价值 18.4 亿元，增城迟菜心品牌价值 36.7 亿元。该区域围绕这些区域特色农业，打造了一批具有浓郁地方特色的休闲农业集群。而休闲农业发展一般组别的县区，虽然农业资源丰富，拥有柏塘山茶、谭脉西瓜、文岁鲤、肇实等优良品质农产品，但知名度仅在区域范围内，在省内其他地区的知名度较低，品牌性不强。由此可知，特色农业发展的地区差异会在一定程度上影响休闲农业与乡村旅游的空间布局。

（四）讨论与结论

1. 讨论

在粤港澳大湾区休闲农业发展和空间布局中，学者进行了一系列研究。吴清等提出肇庆市休闲农业空间合理布局需要加强政策规划与引导、协调不同类型休闲农业发展、创新休闲农业产品、加强区域合作以及完善交通条件等方面进行优化[8]。王少婷等认为经济发展水平、市场需求和交通条件对休闲农业有显著的正向影响，农业基础条件、旅游资源禀赋对其无明显的依托作用[9]。佟宇竞认为广州应发展休闲农业和乡村旅游，着力建设现代都市农业产业园[10]。本文在粤港澳大湾区尺度的休闲农业研究中率先采用核密度和分组分析产业空间分布，明确了大湾区范围内休闲农业发展的密集区，并以县域为研究单元筛选出发展较好的县域，研究结论对未来大湾区内地九市以及全省的休闲农业发展有一定的指导作用。

第一，本文通过最邻近点指数法分析，结果显示研究区域呈凝聚分布态势，说明大湾区休闲农业与乡村旅游空间分布是不均衡和集聚化，这种分布有利于各类资源与发展要素的优化配置和高效利用。

第二，本文通过核密度分析，明确了大湾区休闲农业与乡村旅游的高密度区和次高密度区。

第三，本文采用分组分析，同时考虑了县域之间的空间位置关系和属性因素，筛选出了大湾区内地县域的一二等组，适合建设珠三角都市农业休闲核心区。休闲农业发展最好的一等组为从化区，该区域的旅游资源、休闲农业品牌、区位优势也较为突出。从化区精心打造乡村旅游产品，树立品牌形象，自2005年，从化区实施休闲农业旅游产业融合战略以来，逐步构建了农旅融合的生态产业链[11]。目前，从化区已建成休闲农业与乡村旅游景区景点40多处。休闲农业发展次好的二等组，包含7个区域，各自均具有鲜明的特色，例如，顺德环城水乡游憩、斗门沿海渔家风情、博罗山地度假等。

本文研究结果需要进一步讨论的包括：

第一，在分组分析中，本文以县域为研究单位，但中山市和东莞市行政区划没有县域，故将两市作为一个研究单位，与其他县域存在一定的差异。

第二，在结合"4321"乡村休闲产业体系空间布局分析中，由于数据获取存在一定难度以及"四边""三道"的划分标准难以确定，没有进一步分析休闲农业与乡村旅游示范点在"四边""三道"的分布情况。

第三，本文未涉及长时序的休闲农业空间分布数据，未能发掘休闲农业发展进程中的现象与问题。今后若能从上述方面做进一步的研究，将有助于提高研究的可信度，发掘变化背后的机理，明确社会对休闲农业发展态势的期望。

2. 结论

确定发展区域是农业休闲核心区建设的前提。本文通过采用最邻近指数分析、核密度分析、GIS分组分析等定量方法，对大湾区内地九市休闲农业空间分布特征进行识别和划分分析。主要结论如下：

第一，通过ArcGIS软件计算得出休闲农业与乡村旅游示范点最邻近点指数R=0.85，说明示范点在空间分布上呈现凝聚分布态势。从空间分布来看，休闲农业与乡村旅游示范点大部分分布在城郊农业县（市、区），其中数量较多的依次为博罗县、斗门区、从化区，占比分别为 7.50%、5.63%、5.00%。在今后的发展中要发挥集聚区域的优势，抢抓经济发展机遇，实现休闲农业与乡村旅游的高质量发展。

第二，休闲农业与乡村旅游示范点的分布呈现 1 个"Y"状高密度区和 2 个点状次高密度区。形成以串联广州、佛山、惠州、东莞、中山、珠海的带状高密度区；以从化区为中心的次高密度区；以惠州市惠东区、惠阳区和惠城区部分区域为中心的次高密度区。在下一步发展中，应结合"4321"乡村休闲产业体系空间布局推进休闲农业和乡村旅游发展，优化产业空间布局，在高密度区和次高密度区大力发展乡镇振兴示范带，推介一批乡村精品旅游线路，创建省级、市级、县级乡村休闲旅游示范单位，形成点线面层次分明、亮点突出、各有特色的全景式休闲农业和乡村旅游发展格局。

第三，大湾区内地九市中，形成两个休闲农业发展较好的组别，分别广州市从化区的一等组以及包含广州市增城区、惠州市博罗县、东莞市、中山市、佛山市顺德区、珠海市斗门区和江门市新会区的二等组。这些区域休闲农业发展基础较好，适宜建设都市农业休闲核心区，同时，环珠三角山区应该注重休闲农业与乡村旅游示范点的多元化建设，实现示范点向深度体验、休闲度假转变。南部沿海地区应该立足已有发展基础和经验，注重产品与服务的创新，实现乡村旅游产品与服务向优质化、高端化发展。

第四，休闲农业旅游的布局主要受到区位条件、经济发展水平、旅游资源禀赋和区域特色农业的影响。城市总体规划缓冲区 20 千米范围内休闲农业与乡村旅游示范点数量最多。休闲农业与经济状况、旅游资源之间存在显著的正相关关系。区域特色农业的发展状况在一定程度上影响着休闲农业旅游的空间布局。

五、对策建议

（一）加强统筹，优化休闲农业和乡村旅游空间布局

从更高层面统筹推进全省休闲农业和乡村旅游发展，建议省政府成立以省农业农村厅牵头、各相关部门参与的联席会议制度，定期召开联席会议研究从规划、资金到产业政策的"一揽子"工作方案，形成统筹协调、齐抓共管的工作机制。一是按照广东省农业农村厅、文化和旅游厅的文件要求，利用开展省级乡村休闲旅游示范单位创建认定工作的契机，进一步优化休闲农业与乡村旅游示范点的空间布局，形成省、市、县三级乡村休闲产业发展格局。二是扎实推动《广

东省乡村休闲产业"十四五"规划》落地,推进"4321"乡村休闲示范带(区)建设,充分考虑一二线城市对休闲农业与乡村旅游的辐射效应,尝试在核密度较高的地区以及 GIS 分组分析中属于一等组、二等组的县域,建设珠三角都市农业休闲核心区。三是促进业态创新融合,推进乡村休闲产业全产业链、集聚化发展。推动乡村休闲产业"点、线、面"提档升级,发展壮大美丽经济,满足城乡居民多元化、品质化乡村休闲旅游体验需求。

(二)因地制宜,构建各具特色的农文旅绿色长廊

优化产业空间布局,形成点线面层次分明、亮点突出、各有特色的全景式休闲农业和乡村旅游发展格局。依托以广东万里碧道、绿道、南粤古驿道初步形成的慢生活交通网络,结合各市建设项目基础,打造各具特色的大湾区农文旅绿色长廊,形成都市现代农业与绿道碧水古道互联互通的网络化空间格局。在农文旅绿色长廊沿线,在核密度较高的地区,结合区域农业生产特点、农业景观及当地历史文化旅游景点、乡村文化风俗等,推进休闲农业和乡村旅游开发,打造集农田景观观光、农耕文化体验、乡村风情欣赏、历史文化旅游、自然生态享受等为一体的休闲农业集聚区。推进农产品高品质生产和农耕体验、康养度假的系统性融合,大力发展景观农业、创意农业、会展农业、休闲农业,构筑特色农业景点、精品路线、乡村旅游等。

(三)文化赋能,推动农耕文化传承与活化

文化是民族之魂,而农耕文化则是乡村振兴之基。一是加强大湾区农耕文化研究,推进岭南优秀传统文化创造性转化、创新性发展。传承弘扬岭南优秀传统文化,加强古籍保护、研究、利用,深入开展历史文化、文物资源普查、保护,促进资源共享、活化利用。强化重要文化和自然遗产、非物质文化遗产系统性保护,联合实施重要文化遗产保护传承专项计划,加快制定岭南农耕文化的保护名录。二是结合荔枝、水产、花卉、茶叶等岭南特色产业以及渔村、客家、侨乡等特色村落和龙舟、武术、疍家咸水歌等地方特色文体节日活动,建设农耕文化园、民俗风情园、生态农业园等。支持深圳引进世界高端现代农业技术,发展现代农耕文化;支持广州结合传统农业发展农业新创意;支持珠海、佛山发展水乡、基塘农业文化;支持东莞和中山发展与侨乡、红色文化相结合的农耕文化;支持江门、肇庆和惠州利用侨乡文化、渔村文化、客家文化等文化遗产资源,提升旅游目的地文化内涵。三是支持和鼓励大湾区相关文旅机构参与中国(深圳)国际文化产业博览交易会、广东国际旅游产业博览会等"一带一路"文化和旅游展会活动,利用"欢乐春节""美丽中国"等加强与"一带一路"沿线国家和

地区的文化旅游交流，深化文化产业和旅游业合作。

（四）创新业态，丰富农耕研学体验形式

依托丰富的岭南文化和侨乡文化，打造一批农业研学实践教育基地，形成一批实践教育活动品牌，将农耕文化融入青少年教育科普。在城市公园绿地、社区小区、屋顶阳台、道路隔离地带等适宜空间发展城市"微农业"，鼓励学校、市民自愿自主建设"小菜园"，亲身体验"采菊东篱下，悠然见南山"的田园生活。一是打造农业研学实践基地，形成一批实践教育活动品牌。二是拓展农耕文化教育教学资源，推动更多农耕文化实践教育走进校园，让青少年体验农事、动手实践，培养其良好的劳动品质，使其在潜移默化中热爱劳动、尊重劳动者，不断涵养勤俭、奋斗、创新、奉献的劳动精神。三是探索推广城市"微农业"。在城市公园绿地、社区小区、屋顶阳台、道路隔离地带等适宜空间发展城市"微农业"。

（五）引育人才，打造一支高水平农旅人才队伍

加强休闲农业和乡村旅游人才的培养力度，着力打造一支结构合理、富有活力的高水平农旅人才队伍，增强休闲农业和乡村旅游发展的内生动力。一是加强"扶智"。加大休闲农业和乡村旅游培训力度，推动部门联合与资源整合，建设省、市、县、企多层级、全覆盖的培训体系，持续组织开展相关技能培训。结合广东省"粤菜师傅"工程建设，加强乡村美食厨师的培养。二是大力"引智"。鼓励各地特别是休闲农业和乡村旅游示范县将农旅人才纳入当地紧缺型人才目录，加强人才政策扶持，壮大休闲农业和乡村旅游人才力量。三是积极"送智"。鼓励高校与乡村旅游地区对点合作，建设产学研一体的休闲农业和乡村旅游实践基地。探索推动文化旅游企业干部到旅游资源富集、开发相对滞后的乡村地区挂职，帮扶乡村更好对接市场资源。四是实施乡村旅游巾帼行动。重视妇女在休闲农业和乡村旅游发展中的作用，为妇女经营民宿、生态农庄等提供政策优惠与专业指导，引导妇女广泛、深度参与休闲农业和乡村旅游建设。

（六）强化基础，实施乡村建设行动

加强乡村基础设施和公共文化服务设施建设，进一步优化、美化乡村风貌，提升休闲农业和乡村旅游接待能力和服务质量，筑牢休闲农业和乡村旅游发展根基。一是推进实施乡村建设行动。完善乡村水、电、路、气、邮政通信、广播电视、物流等基础设施，推动城乡公共基础设施向乡村旅游景区延伸、覆盖，完善游客接待中心、公共厕所、停车场等配套设施。二是推动乡村休闲产业发展体系化、集群化发展。结合"万企兴万村"行动、"6·30"活动资源和平台，广泛发动企业和社会资本参与乡村风貌提升行动，引导整县整镇整村提升乡村风貌；

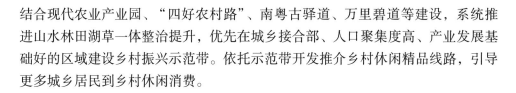

结合现代农业产业园、"四好农村路"、南粤古驿道、万里碧道等建设，系统推进山水林田湖草一体整治提升，优先在城乡接合部、人口聚集度高、产业发展基础好的区域建设乡村振兴示范带。依托示范带开发推介乡村休闲精品线路，引导更多城乡居民到乡村休闲消费。

参考文献

［1］田璞玉，万忠，王建军，黄薇妮，林萍，陶清清，张丹婷，张磊．粤港澳大湾区都市农业发展模式、制约因素及对策研究［J］．南方农村，2021（3）：175-182.

［2］周灿芳．城乡融合背景下粤港澳大湾区都市农业发展研究［J］．广东农业科学，2020，47（12）：175-182.

［3］罗毅．基于农旅融合的都市休闲农业发展研究［D］．重庆：西南大学，2020.

［4］樊念，韩荣培，李瑞．贵州省星级农家乐空间分异格局及影响因素研究［J］．贵州师范大学学报（自然科学版），2022，40（3）：112-120.

［5］郭晓东，张启媛，马利邦．山地—丘陵过渡区乡村聚落空间分布特征及其影响因素分析［J］．经济地理，2012，32（10）：114-120.

［6］陈姝卉．广东省市际边界镇空间发展类型研究［D］．广州：广东工业大学，2021.

［7］刘洁卉．河北省农业生态旅游空间格局分析［J］．中国农业资源与区划，2019，40（7）：227-232.

［8］吴清，陈前，李小婷，郑楚燕．都市边缘区休闲农业空间格局及优化研究——以肇庆市为例［J］．广东农业科学，2017，44（10）：121-128.

［9］王少婷，张丽清，彭剑豪．广东省休闲农业及乡村旅游示范点空间分布及其影响因素［J］绿色科技，2021，23（21）：198-200.

［10］佟宇竞．基于国内先进城市比较视角的都市农业经济发展战略思路与路径——以广州为例［J］．广东农业科学，2022，49（1）：167-176.

［11］余华荣，曹阳，周灿芳，刘序，雷百战．广东省休闲农业旅游产业融合发展的现状与对策研究——以广州市从化区为例［J］．广东农业科学，2016，43（12）：186-192.

Ⅲ　专题研究篇

粤港澳大湾区耕地及种植结构时空演变研究

冯珊珊　胡韵菲*

摘　要：耕地是农业生产与发展的基础物质资源，农作物种植结构反映区域内农作物的供需格局，耕地及种植结构时空演变规律是政府制定未来一段时间耕地保护政策及农业发展战略的重要依据。研究大湾区耕地时空变化及农作物种植结构演变规律，可以为大湾区耕地资源保护、农作种植结构优化调整提供重要数据支持。利用遥感数据与统计年鉴数据，分别获得获取大湾区耕地和种植结构时空变化结果：①2010~2020年大湾区耕地数量总体动态平衡，耕地空间破碎度降低，耕地空间聚集程度提高。②1990~2020年大湾区种植结构变化呈现从粮食生产为主向多元种植演变又进一步集中在蔬菜、水果等经济作物的演变趋势。在资源环境约束日益增强的背景下，守住耕地红线，提高农业综合服务水平，进一步满足城镇居民对高质量农产品的需求，是下一步大湾区耕地保护及种植结构调整的关键。

关键词：耕地；种植结构；时空变化；景观格局；空间特征；粤港澳大湾区

一、粤港澳大湾区地理与社会特征概况

粤港澳大湾区（北纬21°25′~24°30′，东经111°12′~115°35′）是由珠三角九市（广州、深圳、东莞、佛山、珠海、中山、惠州、江门、肇庆）及两个特别行政区（香港、澳门）组成的城市群，总面积约56000平方千米。粤港澳大湾区位于珠江流域下游，"三面环山，三江汇聚"，具有漫长的海岸线，地理条件十

---

* 冯珊珊，广东省农业科学院农业经济与信息研究所，博士，研究方向为农业遥感。
　胡韵菲，广东省农业科学院农业经济与信息研究所，博士，研究方向为农业区域发展。

分优越。该区域属于亚热带季风气候，年均降水量约 1800 毫米，年均日照时数约 2000 小时，年均气温约 23.5℃，全年实际有霜期在 3 天以下。

粤港澳大湾区在国家发展大局中具有重要的战略地位，大湾区以香港、澳门、广州和深圳四大中心城市作为区域发展的核心引擎，旨在建设成为充满活力的世界级城市群、国际科技创新中心、内地与港澳深度合作示范区。粤港澳大湾区与美国纽约湾区、旧金山湾区、日本东京湾区并称为世界四大湾区。2022 年粤港澳大湾区常住人口达 8631 万。

二、粤港澳大湾区 2010~2020 年耕地时空演变

（一）耕地时空演变研究进展

耕地是指种植农作物的土地，包括熟地，新开发、复垦、整理地，休闲地（含轮歇地、休耕地）；以种植农作物（含蔬菜）为主，间有零星果树、桑树或者其他树木的土地[1]。耕地是粮食生产的基础，是人类赖以生存和发展的基本资源与物质条件[2]。耕地资源的稀缺性、不可再生性以及在整个自然资源中的不可替代性，决定了严格保护耕地资源、实现耕地可持续利用的必要性与重要性。随着我国城市化进程加快和社会经济发展，耕地资源保护与城镇空间扩张、生态用地需求之间的矛盾日益突出，导致近年来耕地总量减少、质量下降和空间破碎化等问题频发，保护耕地资源刻不容缓[3-9]。科学保护和管理耕地资源，获取实时、准确的耕地空间分布与时空变化信息尤为重要[10-11]。因此，开展耕地时空变化监测研究，对于粤港澳大湾区粮食安全保障、耕地保护政策制定与国土空间布局优化具有重要的指导意义[12-16]。

传统的耕地资源监测一般以行政区域为基本单元，利用人工目视解译与实地调查验证相结合的方法开展，该方法提取与监测耕地主要依赖于技术人员的经验判别，主观性较高、耗时费力且更新速度较慢，难以满足相关部门决策与管理需求[17]。遥感技术以其覆盖范围大、现实性强和观测周期短等优势，成为大范围、及时和准确监测耕地信息的有效技术手段[18-19]。耕地遥感监测可以获取耕地空间分布及其时空变化的定性与定量信息，主要包括耕地空间分布变化、数量变化、耕地类型转移、景观及形态变化等方面的内容。当前，国内外学者在耕地遥感监测方面开展了大量的研究，在数据源、提取方法方面都进行了积极的尝试，有效地推动了耕地遥感监测领域的研究进展[20]。项铭涛等利用全球地表覆盖遥感数据集 GlobeLand30，结合 GIS 空间分析，探究了 2000~2010 年欧洲地区耕地空间及时空变化规律[21]。Liu 等基于 Landsat TM 影像获得了 1990~2020 年中国

耕地时空格局变化[22]；韩春雷等基于时序 MODIS 数据集，提取了黄河上游 2002~2018 年连续的耕地分布信息，获得了研究区耕地时空变化情况[23]。满卫东等以 Landsat 系列影像为数据源，获取了 1990~2013 年东北地区耕地信息，分析了耕地数量、重心变化趋势，并分析耕地时空分异特征的主要驱动因素[24]。苏锐清等基于 Landsat 影像，利用监督分类方法分析京津冀潮白河区域的耕地利用转移特征与空间聚集程度的演变特征[25]。刘巍等基于亚米级高分辨遥感影像，采用深度学习方法提取了贵州省息烽县的耕地信息[26]。从这些研究可以发现，数据源作为耕地提取与监测的基础，不同时空分辨率的遥感数据具有不同的适用范围与应用条件[11]。其中，由于数据易获取、分辨率适中和覆盖范围广等特点，MODIS、Landsat、Sentinel 等中等分辨率遥感影像是目前耕地监测常用的遥感数据，可以适应全球、流域、城市群及城市范围的耕地监测与应用研究。

粤港澳大湾区是我国经济开放程度最高、经济活力最强、创新能力最强、吸纳人口最多的区域之一，在国家发展大局中具有重要的战略地位。粤港澳大湾区城市化程度高，地表覆盖更新速度快，对粤港澳大湾区耕地时空变化趋势的把握成为重要的研究内容。本文利用多时相 Landsat 遥感数据提取粤港澳大湾区 2010~2020 年耕地分布信息，分析耕地时空变化特征与年际变化趋势，既对分析耕地保护相关政策的落实程度等方面具有重要的现实意义，也对粤港澳大湾区粮食安全和可持续发展具有重要的指导意义。

（二）数据来源

为研究粤港澳大湾区 2010~2020 年耕地时空变化，主要选取 2010 年、2015 年和 2020 年的 Landsat 影像进行分析。粤港澳大湾区覆盖范围广阔，共需要 8 景 Landsat 影像才能完全覆盖整个研究范围，所有的 Landsat 影像来源于美国地质调查局（https：//www.usgs.gov/），空间分辨率为 30 米。本文所用的 Landsat 影像数据信息如表 1 所示，所选影像云量覆盖少，影像质量良好。

表 1 2010 年、2015 年和 2020 年的 Landsat 数据信息

行列号	2010 年		2015 年		2020 年	
	获取时间	云量（%）	获取时间	云量（%）	获取时间	云量（%）
121/044	2011 年 1 月 1 日	0.00	2016 年 12 月 16 日	0.09	2019 年 11 月 7 日	4.23
121/045	2008 年 12 月 10 日	1.00	2016 年 12 月 16 日	1.53	2019 年 11 月 23 日	7.12
122/043	2009 年 11 月 2 日	0.00	2015 年 1 月 19 日	0.01	2020 年 2 月 18 日	0.00
122/044	2009 年 11 月 2 日	1.00	2015 年 1 月 19 日	0.11	2020 年 2 月 18 日	0.05

续表

行列号	2010 年		2015 年		2020 年	
	获取时间	云量（%）	获取时间	云量（%）	获取时间	云量（%）
122/045	2009 年 1 月 18 日	0.00	2016 年 2 月 7 日	0.27	2019 年 11 月 14 日	0.25
123/043	2009 年 11 月 25 日	1.00	2016 年 11 月 28 日	0.02	2019 年 12 月 7 日	0.02
123/044	2009 年 11 月 25 日	0.00	2016 年 11 月 28 日	0.08	2019 年 12 月 7 日	0.04
123/045	2009 年 11 月 25 日	1.00	2016 年 11 月 28 日	0.31	2019 年 12 月 7 日	0.06

（三）研究方法

首先，对粤港澳大湾区耕地 2010 年、2015 年和 2020 年 Landsat 影像进行辐射定标、大气校正、几何配准及研究范围裁剪与拼接等预处理；其次，采用支持向量机（Support Vector Machine, SVM）方法对 3 个时相的 Landsat 影像进行分类，获得耕地、林地、草地、不透水面、未利用地和水体 6 种土地覆盖分类结果，从中提取 3 个时相的耕地空间分布信息，并对结果进行精度验证；最后，对研究区域耕地时空变化进行分析。具体研究技术路线如图 1 所示。

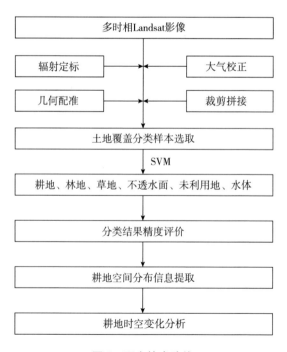

图 1　研究技术路线

1. 土地覆盖分类及精度评价

（1）土地覆盖分类。

本文采用 SVM 方法进行土地覆盖遥感分类。SVM 方法是一种非参数判别分类方法，其分类思想是：建立一个最优的决策超平面（感知机），使这个平面两侧距离该平面最近的两类样本间距离最大化；对于多个训练样本数据，计算机随机产生一个移动的超平面，对训练样本进行分类，直至不同类别的训练样本点能正好位于该超平面的不同侧面；可能满足该条件的超平面有多个，SVM 方法正是在保证分类精度基础上，寻找到一个最优的超平面，从而实现对线性可分样本的最优分类。目前，SVM 方法已经在地表覆盖分类与监测方面得到广泛应用，也被证明能获得较高精度的土地覆盖分类结果[27-29]。

选取样本是最为关键的一步。本文所有样本均是从粤港澳大湾区 3 个时相的 Landsat 影像上手动选取，基于空间分辨为 1 米的谷歌影像和野外调查，通过目视对比与对照分析从 Landsat 影像上均匀选取"纯净"的样本（像元），包括耕地、林地、草地、不透水面、未利用地和水体 6 种样本类型。3 个时相的影像均选取样本 6560 个（耕地 1500 个、林地 2000 个、草地 360 个、不透水面 1500 个、未利用地 200 个、水体 1000 个），其中，用于分类训练的样本共 4592 个，用于精度评价的样本共 1968 个。基于分类训练样本，利用 SVM 方法对 3 个时相的 Landsat 影像进行自动分类，获得对应的土地覆盖分类结果（耕地、林地、草地、不透水面、未利用地和水体）。

（2）精度评价。

本文基于混淆矩阵对粤港澳大湾区 3 个时相的土地覆盖结果进行精度评价。基于验证样本，获得对应分类结果的混淆矩阵，分别计算获得用户精度（User's Accuracy，UA）、生产者精度（Producer's Accuracy，PA）、总体精度（Overall Accuracy，OA）3 个精度评价参数。以耕地为例，UA 表示被正确分类的耕地像元占所有分类结果为耕地的比例，UA 越高表示耕地分类结果出现错分的现象越少；PA 表示被正确分类的耕地像元占所有真实耕地像元的比例，PA 越高表示耕地分类结果出现漏分的现象越少；OA 表示所有被正确分类的像元占全部被验证像元的比例，反映土地覆盖分类结果的总体精度，OA 越大表示土地覆盖总体分类精度越高。

2. 土地覆盖变化转移矩阵

土地覆盖变化转移矩阵能定量描述某一区域在特定时段内的土地覆盖类型之间的空间转移情况，获得区域内土地覆盖类型动态变化的方向和数量。土地覆盖变化转移矩阵的数学模式可以表示为：

$$S_{ij} = \begin{bmatrix} S_{11} & \cdots & S_{1n} \\ \vdots & \ddots & \vdots \\ S_{n1} & \cdots & S_{nn} \end{bmatrix} \tag{1}$$

其中，S 表示土地面积；n 表示转移前后的土地覆盖类型数；i、j 分别表示转移前后的土地覆盖类型；S_{ij} 表示转移前的土地覆盖类型 i 变成转移后的土地覆盖类型 j 的面积。

3. 耕地景观格局分析

景观格局包含景观组成单元的空间配置和多样性，景观格局指数可定量化表达景观的数量、破碎程度、聚集程度等特征信息[30]。本文从斑块尺度上以耕地作为斑块类型，探究粤港澳大湾区耕地的空间破碎化和聚集程度的时空变化特征，选取斑块密度（Patch Density，PD）、聚集度指数（Aggregation Index，AI）两个景观格局指数。PD 的具体数学模型和原理如下：

$$PD = \frac{N_i}{A} \tag{2}$$

其中，N_i 表示景观斑块总数量；A 表示景观总面积；PD 表示斑块密度，用于反映景观的空间异质性，PD 值越大，景观的空隙越大，景观的空间破碎程度就越高。AI 的具体数学模型和原理如下：

$$AI = \left[\sum_{i=1}^{n} (g_{ii}/maxg_{ii}) p_i \right] \times 100$$

其中，g_{ii} 表示基于单倍法的斑块类型 i 像元之间的节点数量，$maxg_{ii}$ 表示对应最大的节点数量；p_i 表示景观类型中斑块类型 i 的面积比例。AI 为聚集度指数，可以定量描述斑块的集聚程度，当某个斑块破碎度达到最大时，AI 值为 0，AI 值随着斑块聚集度的提高而增大；当某个斑块聚集成一个紧密的整体时，AI 值为 100。

（四）耕地时空演变结果

1. 土地覆盖分类结果

基于 3 个时相的 Landsat 影像，利用 SVM 方法进行土地覆盖遥感分类，分别得到 2010 年、2015 年和 2020 年粤港澳大湾区耕地、林地、草地、不透水面、未利用地和水体 6 种土地覆盖分类结果（见图 2 和表 2）；基于高分辨率遥感影像和野外调查的精度验证样本，对 3 个时相的土地覆盖结果进行精度评价，混淆矩阵与精度评价参数结果如表 3 所示，2010 年、2015 年和 2020 年土地覆盖分类结果总体精度分别为 85.11%、84.65% 和 84.86%，总体分类精度可满足研究的需要。

就耕地提取效果而言，耕地结果的生产者精度均大于80%，用户精度在78%~80%，说明提取耕地产生的漏分现象较少，而提取耕地产生的误分现象较多，主要表现为耕地与草地、林地和不透水面信息的混淆。

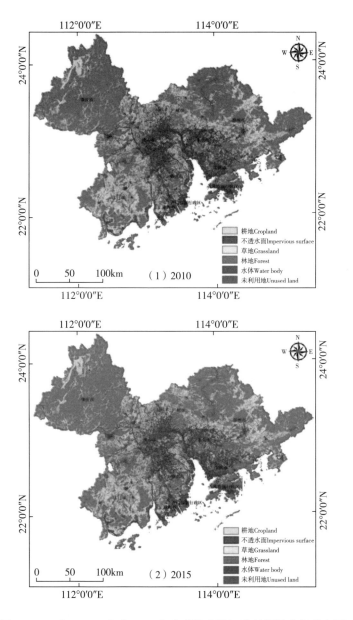

图2　2010年、2015年和2020年粤港澳大湾区土地覆盖空间分布图

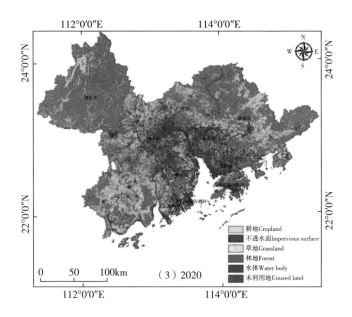

图 2　2010 年、2015 年和 2020 年粤港澳大湾区土地覆盖空间分布图（续）

注：本图边界基于自然资源部标准地图服务网站下载的审图号 GS（2019）4342 号的标准地图制作，底图无修改。本图界线不作为权属争议的依据。

表 2　2010 年、2015 年和 2020 年粤港澳大湾区土地覆盖面积变化

单位：平方千米,%

土地覆盖类型	2010 年		2015 年		2020 年	
	面积	占比	面积	占比	面积	占比
耕地	16155.56	25.98	15740.54	25.31	16473.93	26.49
林地	33221.24	53.41	33456.22	53.79	32653.61	52.50
草地	112.00	0.18	65.92	0.11	43.66	0.07
不透水面	6244.80	10.04	6906.23	11.10	7582.44	12.19
未利用地	16.70	0.03	18.76	0.03	19.34	0.03
水体	6445.58	10.36	6008.21	9.66	5422.89	8.72

表 3 2010 年、2015 年和 2020 年粤港澳大湾区土地覆盖分类精度评价

年份	分类	验证							用户精度（%）
		耕地	林地	草地	不透水面	未利用地	水体	合计	
2010	耕地	369	36	23	23	8	6	465	79.35
	林地	13	513	10	15	0	0	551	93.10
	草地	22	26	72	12	3	1	136	52.94
	不透水面	19	25	0	388	3	5	440	88.18
	未利用地	15	0	3	7	46	1	72	63.89
	水体	12	0	0	5	0	287	304	94.41
	合计	450	600	108	450	60	300	1968	—
	生产者精度（%）	82.00	85.50	66.67	86.22	76.67	95.67	—	—
	总体精度 OA = 85.11%								
2015	耕地	363	32	23	28	9	7	462	78.57
	林地	10	518	11	12	0	0	551	94.01
	草地	24	22	69	10	6	4	135	51.11
	不透水面	16	27	4	391	1	5	444	88.06
	未利用地	21	1	1	1	44	3	71	61.97
	水体	16	0	0	8	0	281	305	92.13
	合计	450	600	108	450	60	300	1968	—
	生产者精度（%）	80.67	86.33	63.89	86.89	73.33	93.67	—	—
	总体精度 OA = 84.65%								
2020	耕地	370	38	17	34	10	5	474	78.06
	林地	16	511	14	13	0	0	554	92.24
	草地	22	26	76	14	1	1	140	54.29
	不透水面	19	25	0	376	2	4	426	88.26
	未利用地	15	0	1	6	47	0	69	68.12
	水体	8	0	0	7	0	290	305	95.08
	合计	450	600	108	450	60	300	1968	—
	生产者精度（%）	82.22	85.17	70.37	83.56	78.33	96.67	—	—
	总体精度 OA = 84.86%								

从土地覆盖总体结果来看，粤港澳大湾区土地覆盖主要以林地为主，2010~2020年林地面积占粤港澳大湾区总面积的50%以上；从土地覆盖变化结果来看，不透水面面积增加最为明显，从2010年的6244.80平方千米增加至2020年的7582.44平方千米，增长21.42%。

2. 耕地时空变化特征

（1）耕地时空分布与数量变化特征。

基于上述土地覆盖分类结果，分别获得2010年、2015年和2020年粤港澳大湾区的耕地时空信息（见图3和表4）。从耕地空间分布来看，粤港澳大湾区耕地空间分布较集中，区域差异较明显，其中江门、惠州、肇庆和广州的耕地面积相对较大，深圳、香港和澳门的耕地面积相对较小。从耕地数量变化来看，2010~2020年粤港澳大湾区耕地资源变化总体稳定，表现为先减少后增加的变化趋势，从2010年的16155.56平方千米减少至2015年的15740.54平方千米，再增加至2020年的16473.93平方千米。总体而言，2010~2020年粤港澳大湾区耕地呈现平缓增长的趋势，过去10年耕地净增加量为318.37平方千米。

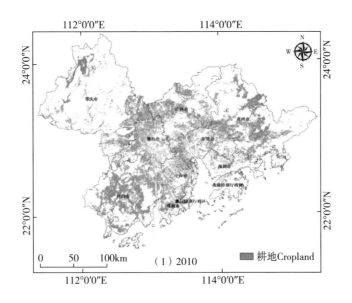

图3　2010年、2015年和2020年粤港澳大湾区耕地空间分布图

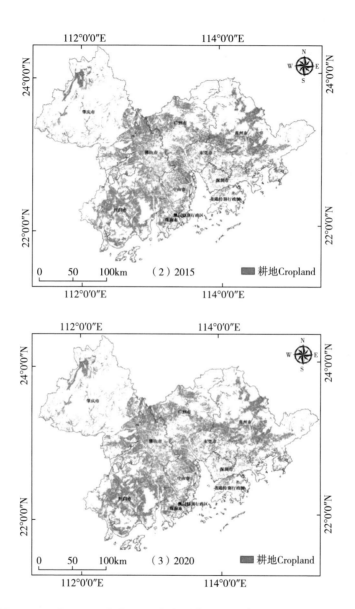

图 3 2010 年、2015 年和 2020 年粤港澳大湾区耕地空间分布图（续）

注：本图边界基于自然资源部标准地图服务网站下载的审图号 GS（2019）4342 号的标准地图制作，底图无修改。本图界线不作为权属争议的依据。

表4　2010 年、2015 年和 2020 年粤港澳大湾区耕地面积变化情况

单位：平方千米

范围	耕地面积			耕地净增加、减少面积		
	2010 年	2015 年	2020 年	2010~2015 年	2015~2020 年	2010~2020 年
粤港澳大湾区	16155.56	15740.54	16473.93	−415.02	733.39	318.37
广州	2453.99	2351.41	2390.47	−102.57	39.05	−63.52
深圳	452.40	408.68	406.27	−43.71	−2.42	−46.13
珠海	515.46	518.45	566.11	3.00	47.66	50.66
惠州	3137.53	3126.92	3282.67	−10.61	155.75	145.13
肇庆	2638.49	2575.62	2673.04	−62.87	97.42	34.55
江门	3778.43	3648.70	3955.42	−129.73	306.72	176.99
佛山	1534.18	1537.67	1612.83	3.49	75.16	78.65
中山	690.92	665.32	659.87	−25.60	−5.45	−31.05
东莞	827.66	770.42	752.98	−57.24	−17.43	−74.68
香港	123.07	133.83	169.37	10.76	35.54	46.30
澳门	3.44	3.52	4.90	0.08	1.39	1.46

　　从市域尺度耕地数量变化来看，2010~2020 年耕地变化具有明显的时空异质性。2010~2015 年各市耕地数量以减少为主，江门、广州、肇庆、东莞、深圳、中山、惠州 7 个市的耕地数量呈减少趋势，其中，江门耕地净减少量最多、为129.73 平方千米，其次为广州，耕地净减少量为 102.57 平方千米；2015~2020 年各市耕地数量以增加为主，江门、惠州、肇庆、佛山、珠海、广州、香港、澳门 8 个市（特别行政区）的耕地数量呈增加趋势，其中，江门耕地净增加量最多，为 306.72 平方千米，其次为惠州，耕地净增加量为 155.75 平方千米。总体来看，过去 10 年以江门耕地净增加量最多，为 176.99 平方千米，东莞耕地净减少量最多，为 74.68 平方千米。

　　（2）耕地空间转移特征。

　　从 2010~2020 年粤港澳大湾区耕地空间转移结果（见表 5 和表 6）可以看出，粤港澳大湾区耕地与其他土地覆盖类型之间的转化呈显著差异。从其他土地覆盖类型转为耕地的情况来看，2010~2020 年，粤港澳大湾区的新增耕地主要来源于林地和水体，新增耕地 60.25%来源于林地，35.85%来源于水体。2010~2015 年，耕地转入总面积为 1473.44 平方千米，其中，新增耕地来源于林地的面积为 910.97 平方千米（占比为 61.83%），来源于水体的面积为 523.99 平方千米

（占比为 35.56%），来源于草地、不透水面和未利用地的总面积为 38.48 平方千米（占比为 2.61%）；2015~2020 年，耕地转入总面积为 1906.99 平方千米，其中，新增耕地来源于林地的面积为 1347.25 平方千米（占比为 70.65%），来源于水体的面积为 542.47 平方千米（占比为 28.45%），来源于草地、不透水面和未利用地的总面积为 17.27 平方千米（占比为 0.91%）。

表5　2010~2020 年粤港澳大湾区耕地转入情况　　单位：平方千米

耕地转入类型	2010~2015 年	2015~2020 年	2010~2020 年
林地→耕地	910.97	1347.25	1715.29
草地→耕地	37.65	16.77	41.78
不透水面→耕地	0.27	0.09	2.42
未利用地→耕地	0.56	0.41	0.96
水体→耕地	523.99	542.47	983.85
合计	1473.44	1906.99	2744.30

表6　2010~2020 年粤港澳大湾区耕地转出情况　　单位：平方千米

耕地转出类型	2010~2015 年	2015~2020 年	2010~2020 年
耕地→林地	1165.48	563.04	1201.60
耕地→草地	24.25	12.95	18.61
耕地→不透水面	536.79	549.89	1055.63
耕地→未利用地	0.31	0.12	1.52
耕地→水体	161.63	47.60	148.58
合计	1888.46	1173.60	2425.94

从耕地转出为其他土地覆盖类型的情况来看，2010~2020 年，粤港澳大湾区耕地减少的主要去向是转出为林地和不透水面，减少的耕地有 49.53%转化为林地，43.51%转化为不透水面。2010~2015 年，耕地转出总面积为 1888.46 平方千米，其中，耕地转为林地的面积为 1165.48 平方千米（占比为 61.72%），转为不透水面的面积为 536.79 平方千米（占比为 28.42%），转为草地、未利用地和水体的总面积为 186.19 平方千米（占比为 9.86%）；2015~2020 年，耕地转出总面积为 1173.60 平方千米，其中，耕地转为林地的面积为 563.04 平方千米（占比为 47.98%），转为不透水面的面积为 549.89 平方千米（占比为 46.86%），转

为草地、未利用地和水体的总面积为 60.67 平方千米（占比为 5.17%）。

（3）耕地景观格局变化特征。

2010~2020 年，粤港澳大湾区耕地时空分布发生了深刻变化，耕地景观格局也随之发生显著变化。从斑块密度变化结果（见表 7）来看，2010~2020 年粤港澳大湾区耕地斑块密度从 2010 年的 14.74 增加至 2015 年的 15.17，再下降至 2020 年的 1.38，说明耕地空间分布的空隙减小，耕地的空间破碎度降低；从聚集度指数变化结果来看，2010~2020 年粤港澳大湾区耕地聚集度指数从 2010 年的 85.90 下降至 2015 年的 84.97，再增加至 2020 年的 95.65，说明耕地空间聚集程度提高，表现为集中连片发展趋势。总体而言，随着耕地空间分布的持续变化，过去 10 年粤港澳大湾区耕地空间破碎度降低，耕地空间聚集程度提高。

表 7　2010 年、2015 年和 2020 年粤港澳大湾区耕地景观格局指数统计

年份	景观格局指数	
	斑块密度	聚集度指数
2010	14.74	85.90
2015	15.17	84.97
2020	1.38	95.65

从图 4 可以看出，2010~2020 年粤港澳大湾区各城市耕地景观格局存在相似的变化趋势，各城市的耕地斑块密度均表现为"增加—减少"的变化趋势，各城市的聚集度指数均表现为"下降—提高"的变化趋势，这同样说明过去 10 年粤港澳大湾区各城市的耕地空间破碎度降低，耕地聚集程度提高。

（五）耕地时空演变结论

从耕地空间分布来看，粤港澳大湾区耕地空间分布较为集中，区域差异较为明显，耕地资源绝大部分位于珠三角九市，江门、惠州、肇庆和广州的耕地面积相对较大，香港和澳门的耕地资源较为匮乏。

从耕地数量变化来看，2010~2020 年粤港澳大湾区耕地资源变化总体稳定，表现为先减少后增加的变化趋势；市域尺度上耕地资源变化具有明显的时空异质性，以江门耕地净增加量最多，东莞耕地净减少量最多。

从耕地空间转移特征来看，2010~2020 年粤港澳大湾区耕地与其他土地覆盖类型之间的转化呈现显著差异。从耕地转入情况来看，新增耕地主要来源于林地和水体；从耕地转出情况来看，耕地减少的主要去向是转出为林地和不透水面。

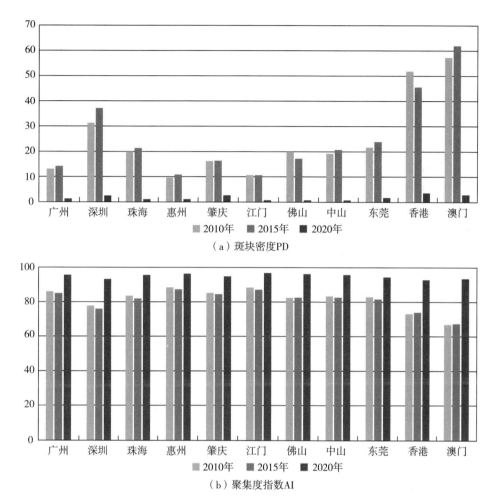

（a）斑块密度PD

（b）聚集度指数AI

图 4　2010 年、2015 年和 2020 年粤港澳大湾区各城市耕地景观格局
斑块密度和聚集度指数统计

从耕地景观格局变化来看，2010～2020 年粤港澳大湾区耕地空间破碎度降低，耕地聚集程度提高。

三、1990～2020 年粤港澳大湾区种植结构时空演变

（一）农作物种植结构演变研究进展

农作物种植结构的时空演变特点是农业可持续发展研究的重要内容[31]，对区域农业生产、粮食安全预警和评估的理论和实践有重要意义[32]。农作物种植

结构变化以区域农作物的种植面积变化数据为基础，能体现出一定时间内区域内部农作物供给能力的变化，其规律特征可为未来合理调整区域种植结构和指导农业适应气候变化提供依据。

当前国内对种植结构时空演变特征的研究，较重视区域农产品在较长时期供应能力的变化，主要关注点集中在粮食种植的时空格局变化及其因素分析上。刘珍环等的研究表明，中国的种植结构调整从 2002 年起发生重大变化，类型丰富度显著增加，多元种植结构逐渐替代单一型种植结构，三大粮食作物占优的单一种植结构类型呈逐年递减趋势[33]。刘彦随等分析 1990~2005 年中国粮食生产与耕地变化的时空动态特征，发现粮食产量变化对耕地变化的敏感性呈增强趋势。随着种植业专业分工发展，种植结构时空变化趋势呈现空间聚集态势[34]。刘冬等利用重心模型和区位商指数考察 1995~2019 年陕西省 10 个地级市 5 类 14 种农作物重心格局的时空演变规律，指出农作物区域分工和专业化，促使主要农作物形成一定规模的集聚格局[35]。同时，研究也逐渐关注生产格局的变化对农产品质量的影响[36]，石淑芹等通过探讨区域性耕地数量与质量动态变化对粮食生产能力的影响，发现耕地质量越好，粮食种植面积越有增加的趋势[37]。屈艳辉等对河南省的粮食生产格局研究表明，其粮食生产朝低碳有机和规模化方向发展[38]。

国外对种植结构的研究成果，多体现在能源代替资源和种植结构发展演进规律上，能源资源的合理利用和人类消费需求合理性的反思与种植结构的关系，近年来关注度较高[39-42]。Willaarts 等采用足迹法评估 2005~2011 年西班牙农业灌溉现代化政策的实施对土地、水、能源和碳排放的影响，发现价值低的非永久性作物逐步被价值高的永久性作物取代[43]。D'ambrosio 等用 SWAT 模型研究流域水足迹，对意大利东南部地中海盆地的作物用水可持续性，进行了污水扩散和点源污染的不确定性分析和评估，证明了盆地内水足迹的时空变异性很高。由于输入物质和未知的自然背景要素，水足迹测量的不确定性变得很大；研究还指出，因为径流不足以稀释污染物负荷，导致当前的种植结构可能并不可持续[44]。"水足迹""碳足迹"以及污染物控制程度等量化的种植结构相关研究充分体现了国际上对种植结构调控的重点方向，在于城市发展与生态系统的关系，重视生态系统对人口承载能力的考虑，更重视人类健康与对未来人与自然和谐关系是否可持续的预测。Muñoz 的研究对 8000 多户分别位于城市、半城市和农村家庭的碳足迹进程计算，证明了城市化发展可能会有助于降低未来碳足迹[45]。

对多年统计年鉴数据进行时空分析，是国内研究区域种植结构时空变化的主要方法，数据单元多见为县域层面。空间自相关模型[46-48]、地理加权回归[38]、重心移动模型[34,49,50] 是较为常见的方法。此外，还有研究从专业化生产程度[51,52]、耕地综合质量评价[37] 和土地利用类型变化的角度[53]，探究农作物生产格局的变化。王爱民和陈其兵采用规模比较优势指数、单产比较优势指数以及综合比较优势指数等方法，对天祝县 2003~2012 年种植面积较大且特色明显的三种主要农作物进行优势比较，发现其马铃薯和油菜具有明显优势，蔬菜则具有发展潜力，指出特色产区应该充分发挥区域气候资源优势，形成优势作物的规模种植[54]。

农作物种植结构的时空分布受自然资源和市场经济行为影响不断发生变化，常住人口超过 8000 万的粤港澳大湾区农产品需求刚性增长与资源环境承载力的矛盾将越来越突出，及时对农业种植结构时空演变特征进行研究十分必要。党的二十大报告指出，我国发展进入战略机遇和风险挑战并存、不确定难预料因素增多的时期，各种"黑天鹅""灰犀牛"事件随时可能发生。必须增强忧患意识，坚持底线思维，做到居安思危、未雨绸缪，准备经受风高浪急甚至惊涛骇浪的重大考验。随着大湾区进一步的发展，为保障湾区人民的饭碗端得更稳、更牢，农作物种植结构也将面临一系列问题。比如农产品产量与市场需求变化的适应、部分区域的农产品生产区污染问题突出[34,55]、农业经济效益低导致农地非农化、作物连荏导致病虫害加重等，都对种植结构的战略性调整带来了压力。探究粤港澳大湾区农业种植结构的演变规律，是在未来一段时间内合理调整粮食种植结构和农业布局的基础，为保障各类农产品供给提供重要依据。

利用区县级农作物种植数据，综合运用时序变化趋势、空间集聚分析等方法，从种植结构类型和种植比例变化趋势分析大湾区县域种植结构的时空特征，总结过去 30 年的农作物种植结构时空变化规律，为大湾区农作物种植结构的科学调整和粮食安全保障提供科学支持。

（二）数据来源

1. 区县级农作物种植数据库

整理出 1990 年、2000 年、2010 年、2015 年和 2020 年的粤港澳大湾区农作物总产量、面积和单产数据库。由于县级数据的来源《广东农村统计年鉴》始于 1993 年，1990 年县级数据以 1992 年数据代替；1990 年与 2000 年薯类统计数据缺失；同时，因香港和澳门的数据无法获取，本文仅讨论粤港澳大湾区内地九市的种植结构时空演变。以 2020 年国家基础地理信息中心发布的县级行政边界为基础，依据历史时期行政边界变化，将大湾区内地九市的农作物研究单元整合

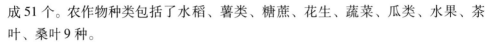

成 51 个。农作物种类包括了水稻、薯类、糖蔗、花生、蔬菜、瓜类、水果、茶叶、桑叶 9 种。

2. 种植结构类型

种植结构类型按照某农作物播种面积占 9 种农作物总播种面积的比例计算。参考刘珍环等的研究[33]，大湾区种植结构存在两类情形：第一类，某农作物播种面积占总面积大于 30% 和前三位的组合确定，一般组合不超过三种作物。如某县级行政单元的农作物中前三位只有水稻的种植面积比例高于 30%，则认为该县种植结构类型属于以水稻为主型；若其中有两种或三种农作物超过 30%，则以超过的农作物进行组合，如"水稻—蔬菜"组合型，"水稻—蔬菜—水果"组合型。第二类，若没有农作物种植比例高于 30%，则以前三位作为其种植结构类型，如某县水稻面积占 20%，水果占 10%，蔬菜占 17%，则该县（区）的种植结构类型为"水稻—水果—蔬菜"组合型。

（三）研究方法

1. 农作物种植结构类型变化趋势分析

为考察大湾区的农作物种植结构类型演变趋势，参考刘珍环等的研究[33]，采用种植类型组合丰富度计算公式，计算某一年份区域种植结构类型数量与研究时段内全部出现的类型比例：

$$R_t = m_t/m_{max} \tag{4}$$

其中，R_t 表示某一年农作物种植结构类型的比例，其值域为（0,1]，值越大则种植结构类型越丰富；m_t 表示某一年种植结构类型的种类数量；m_{max} 表示研究时段内所有种植结构组合类型的种类数量。采用 ArcGIS 软件制作粤港澳大湾区农作物种植结构类型空间分布图，并分析其空间分布变化特征。

2. 农作物种植结构变化趋势分析

为研究 1990~2020 年大湾区农作物种植结构变化的状况以及该种植结构类型的变化速率在空间上的差异，对大湾区 51 个县级行政单元内的 9 种农作物对应的种植面积占比按年份进行一元回归分析，得到斜率系数（K），表示某种农作物比例的变化趋势。斜率为正，表示该县（区）的某种农作物呈增加趋势，斜率为负值反之；K 越大，表明变化程度越大。斜率计算公式如下：

$$K = \frac{n\sum_{t=1}^{n} tX_{tj} - \left(\sum_{t=1}^{n} t\right)\left(\sum_{t=1}^{n} X_{tj}\right)}{n\sum_{t=1}^{n} t^2 - \left(\sum_{t=1}^{n} t\right)^2} \tag{5}$$

其中，K 表示某类农作物种植面积占比的变化趋势线性斜率；t 表示研究时段内的年份；n 表示研究时段内的年份数；X_{tj} 表示的是某年 j 作物的种植面积占比。为分析 30 年内区域农作物类型的种植面积占比变化，制作斜率系数 K 的空间分布图。

3. 农作物种植结构变化的空间聚集

采用局部空间自相关分析（LISA）方法测度大湾区农作物种植结构是否存在变化趋势高度集聚[47]。局部 Moran's I 指数公式如下：

$$LISA_i = \frac{(x_i - \bar{x})}{s^2} \sum_j w_{ij}(x_j - \bar{x}) \qquad (6)$$

其中，$LISA_i$ 表示农作物种植面积占比变化趋势的局部自相关指数；s 表示某类农作物种植面积占比的变化趋势线性斜率的标准差；x_i 表示 i 县（区）某类农作物种植面积占比的变化趋势线性斜率；x_j 表示 j 类农作物种植面积占比的变化趋势线性斜率；x 表示某类农作物种植面积占比的变化趋势线性斜率的平均值；w_{ij} 表示空间权重，表示县（区）级单元 i 与 j 的临近关系，这里根据欧几里得距离标准来度量，当 i 县（区）与 j 县（区）相邻时权重 w_{ij} 取 1，否则取 0。高高（HH）集聚和低低（LL）聚集的显著性 LISA 图可分别表示农作物种植结构增加和减少变化趋势在县域层面上的连片分布。

（四）种植结构时空演变结果

1. 农作物种植结构变化

（1）主要农作物种植面积占比变化。

1990~2020 年，薯类、糖蔗、花生、瓜类、桑叶和茶叶变化幅度不大，大湾区的农作物种植结构主要变化体现在水稻、蔬菜和水果的种植面积占比上（见表8）。具体而言，1990 年，大湾区农作物种植以水稻为主，蔬菜、水果次之。2000 年，水稻种植面积占比有所下降，但是仍然占大湾区主要农作物的 50%，同时，蔬菜种植面积占比快速上升，水果种植面积占比也有所提高。2010 年，水稻种植面积占比减少为 37.17%，蔬菜上升到 33.99%，同时，水果提高到 18.16%。2015 年水稻继续减少，蔬菜种植面积占比 35.79%，超过水稻。2020 年，蔬菜为大湾区种植面积最大的农作物，比例达 37.90%，水稻则占 33.50%。整体而言，大湾区农作物种植结构中，水稻比例从 1990 年的 65.88% 下降到 2020 年的 33.50%，蔬菜比例从 1990 年的 11.43% 上升到 2020 年的 37.90%，水果比例从 1990 年的 11.05% 上升到 2020 年的 19.09%，反映近 30 年来，大湾区农作物的供应结构从粮食逐渐向蔬菜、水果转变。

表8　大湾区不同时间节点主要农作物种植面积占比　　　单位：%

年份	水稻	薯类	糖蔗	花生	蔬菜	瓜类	水果	桑叶	茶叶
1990	65.88	—	4.42	5.95	11.43	0.77	11.05	0.19	0.31
2000	50.14	—	1.35	5.44	27.63	0.92	14.20	0.05	0.28
2010	37.17	4.31	0.32	4.79	33.99	0.98	18.16	0.06	0.22
2015	34.78	5.18	0.24	4.94	35.79	0.98	17.77	0.06	0.25
2020	33.50	3.29	0.13	4.59	37.90	1.00	19.09	0.05	0.47

　　由大湾区不同时间节点主要种植农作物的总产量和单产变化可知（见图5），水稻和糖蔗的总产量明显下降，蔬菜和水果的产量不断上升，与种植面积的变化趋势对应；在单产方面，除了水稻变化不明显外，糖蔗、蔬菜、瓜类以及水果等经济作物的单产则有较明显的提高。近30年来对经济作物的重视程度提升以及农作物种植基础条件改善，使其单产不断提高。

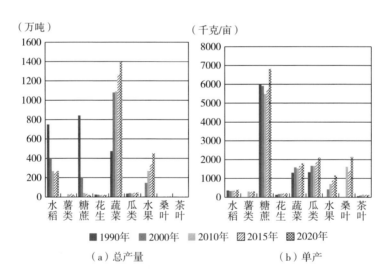

图5　大湾区不同时间节点主要种植农作物总产量及单产变化情况

　　（2）粮食和经济作物种植面积比变化。

　　图6按照1990年的"粮—经"种植面积比排序，凸显不同城市（区域）30年间的变化特征与变化幅度。总体来看，粤港澳大湾区"粮—经"种植面积比从1990年的2.11下降到2020年的0.63，表明粮食作物种植面积从1990年两倍于经济作物，逐渐减少到2020年仅有经济作物的六成左右。具体而言，1990年，

除深圳市外，大湾区其他八市粮食和经济作物种植面积之比都大于1，表明粮食作物占农作物播种面积的50%以上，为绝对的主导作物，江门、中山、肇庆等的"粮—经"种植比甚至超过2.5；2000年，广州、珠海、佛山、东莞四个城市的"粮—经"种植比下降至小于1的水平，表明该时期大湾区有近一半城市粮食种植面积低于经济作物，且没有一个城市的"粮—经"种植比大于2。2010~2020年，大湾区绝大部分城市的"粮—经"种植比持续下降，其中，中山、佛山、东莞下降程度较大。30年间，深圳市的"粮—经"种植比变化绝对值最小，中山市最大；江门市的"粮—经"种植比变化率最小，东莞市最大。截至2020年，大湾区九市中仅江门市的粮食种植面积大于经济作物种植面积。

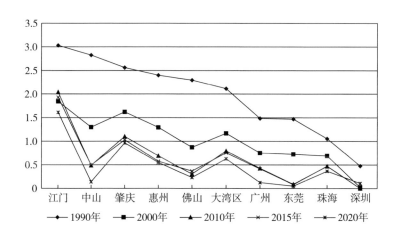

图6　大湾区及内地九市不同时间节点粮食和经济作物种植面积之比

2. 农作物种植结构类型变化

（1）主要农作物种植结构类型分布。

对大湾区内地九市51个县（区）1990~2020年种植结构类型、分布数量和丰富度进行汇总，结果如表9所示。在本部分所选年份节点中，大湾区种植结构类型共10种，其中，分别以水稻、蔬菜为主型的变化最为显著。种植结构属于水稻为主型的县（区）数从1990年的29个减少到2020年的5个，蔬菜为主型的县（区）数则从1990年的6个增加到2020年的25个，与大湾区水稻减少、蔬菜增加的变化趋势相对应；"水稻—蔬菜—水果"组合型的县（区）数从1990年的0个增加到2020年的10个，"蔬菜—水果"组合型的县（区）数则从1990年的2个增加到2020年的6个，表明组合型种植结构在一定程度上代替了单一型农作物为主型的种植结构。值得一提的是，水果为主型的县（区）数从 1990 年的 1 个增加到 2020 年的 4 个，表明在大湾区，水果比除水稻、蔬菜外的其他农作物更具竞争力。从种植结构类型丰富度变化来看，大湾区自 2000 年开始的 3 个时间节点上种植结构类型保持在 7 种，高于 1990 年的 5 种，可见大湾区种植结构丰富度有过提升，但没有形成显著趋势；从集中程度来看，1990 年大湾区 74%县（区）的种植结构类型属于水稻为主型，2000 年 45%县（区）的属于水稻为主型，2010 年 41%县（区）属于蔬菜为主型，2020 年 50%县（区）属于蔬菜为主型，表明水稻为主型种植结构逐步失去竞争力，种植蔬菜对农户吸引力显著上升。

表 9　大湾区不同时间节点种植结构类型、分布数量和丰富度

年份 种植结构类型	1990	2000	2010	2015	2020
蔬菜	6	9	19	22	25
水稻	29	21	6	5	5
水稻—蔬菜—水果	0	6	11	10	10
蔬菜—水果	2	5	5	5	6
水果	1	2	3	3	4
水稻—蔬菜	0	3	0	0	0
茶叶	0	0	1	1	0
水稻—蔬菜—薯类	0	0	1	1	0
糖蔗	0	1	0	0	0
水稻—蔬菜—甘蔗	1	0	0	0	0
丰富度	0.50	0.70	0.70	0.70	0.70

注：1990 年广州市越秀区、南沙区，深圳市盐田区、龙岗区、龙华区、坪山区、光明区，珠海市金湾区，江门市蓬江区，2000 年广州市越秀区，深圳市龙华区、坪山区、光明区，珠海市金湾区，2010 年广州市越秀区、深圳市福田区，2015 年广州市越秀区，深圳市福田区、龙华区、坪山区、光明区，2020 年广州市越秀区、深圳市龙华区、坪山区、光明区没有种植数据，不算入总类型数。

对大湾区 1990~2020 年 5 个时间节点当年对应的主要种植结构类型县（区）数占比进行比较（见图 7），以 2010 年为分界，2010 年以前种植结构以水稻为主型；2010 年以后转变为以蔬菜为主型（占当年统计县区数 50%，下同），"水稻—蔬菜—水果"组合型（20%）为辅，水稻为主型、水果为主型和"蔬菜—

水果"组合型（各占约10%）三类平衡的格局。

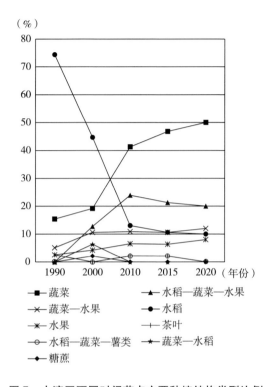

图 7 大湾区不同时间节点主要种植结构类型比例

（2）不同城市农作物种植结构丰富度及类型变化。

对大湾区内地九市 1990~2020 年 5 个时间节点种植结构丰富度进行比较，以期寻找不同城市种植结构时间变化特征。由图 8 可知，广州、深圳种植结构的丰富度一度达 0.40，然而，在 2015 年和 2020 年，大湾区内地九市种植结构丰富度最多仅达 0.30，即一个城市最多只有全大湾区 30 年来 10 类种植结构类型中的 3 种。从单个城市来看，东莞与中山作为一个整体统计单元，种植结构只有 1 种，广州、深圳、佛山、惠州、江门的种植结构丰富度先升后降，珠海和肇庆则自 2000 年丰富度有所增加后维持不变。

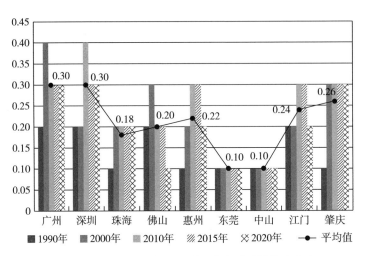

图8 大湾区内地九市不同时间节点种植结构丰富度

进一步对大湾区内地九市1990~2020年5个时间节点种植结构类型及其比例进行分析，以期寻找不同城市种植结构类型变化特征。由表10可知，大湾区种植结构从水稻为主型转变为"水稻—蔬菜—水果"组合型，其中，在2010年和2015年2个时间节点上，组合型种植结构中蔬菜与水稻的比例相当，2020年蔬菜比例超过水稻。进一步看各个城市在不同时间节点的变化，广州、佛山和中山的种植结构类型演变相似，均从水稻为主型或"水稻—蔬菜"组合型向蔬菜为主型转化；惠州、东莞、肇庆则从水稻为主型向"蔬菜—水稻—水果"型或"蔬菜—水果"组合型两种以蔬菜为主的组合型种植结构转化；江门则一直属于水稻为主型，且水稻的种植面积占比波动不显著；相对而言，深圳的演变较特殊，1990年深圳是唯一的"水果—水稻—蔬菜"组合型种植结构城市，之后蔬菜种植面积占比逐渐增加，水果逐渐减少，2020年，深圳以种植蔬菜为主，蔬菜比例仅次于广州、中山和佛山；珠海则是内地九市中唯一在5个时间节点上种植结构不断发生变化的城市。

表10 大湾区及内地九市不同时间节点种植结构类型及其比例   单位:%

城市＼年份	1990	2000	2010	2015	2020
大湾区	水稻	水稻	水稻—蔬菜—水果	蔬菜—水稻—水果	蔬菜—水稻—水果
	40.68	33.44	26.31—24.06—12.85	25.53—24.81—12.67	27.49—24.31—13.85

续表

年份城市	1990	2000	2010	2015	2020
广州	水稻	水稻—蔬菜	蔬菜	蔬菜	蔬菜
	57.39	38.78—36.32	46.35	47.68	59.34
深圳	水果—水稻—蔬菜	水果—蔬菜	蔬菜—水果	蔬菜—水果	蔬菜
	24.34—22.88—21.98	55.33—41.08	63.53—35.68	64.26—34.94	55.66
珠海	水稻	水稻—糖蔗—蔬菜	水果—蔬菜—水稻	蔬菜—水果—水稻	蔬菜
	32.96	27.62—16.22—14.81	25.19—22.53—18.45	27—30—23.40—16.16	31.99
佛山	水稻	蔬菜—水稻	蔬菜	蔬菜	蔬菜
	40.03	31.19—30.02	57.31	53.14	60.62
惠州	水稻	水稻	蔬菜—水稻—水果	蔬菜—水稻—水果	蔬菜—水稻—水果
	37.99	31.24	23.72—21.89—14.34	28.61—19.50—14.19	29.08—20.91—14.88
东莞	水稻	水稻	蔬菜—水果	蔬菜—水果	蔬菜—水果
	35.60	34.57	54.70—31.03	49.47—30.90	55.35—35.41
中山	水稻	水稻	蔬菜	蔬菜	蔬菜
	41.66	34.57	41.38	43.32	63.53
江门	水稻	水稻	水稻	水稻	水稻
	41.01	36.53	36.85	36.18	35.28
肇庆	水稻	水稻	水稻—蔬菜—水果	水稻—蔬菜—水果	蔬菜—水稻—水果
	38.49	33.39	29.07—14.09—11.92	28.13—13.80—13.70	28.33—15.04—13.46

不同城市种植结构类型变化，在一定程度上反映了大湾区不同区域内农作物的选择随市场经济和社会需求发生变化。以广州、佛山、中山为例，城镇人口快速增加，刺激了蔬菜的消费量，自然条件较好、较平坦的耕地转而生产蔬菜，占

用了原来种植粮食的耕地，或原来种植两茬水稻的耕地，改种一茬粮食，其余时间都种植蔬菜。种植茬增加的同时提高了郊区农民的收入，符合市场经济行为。对于惠州、东莞、肇庆而言，由于城镇化发展进程稍慢于广州、佛山、中山，蔬菜的空间距离运输优势也不如城市中心的郊区，并且这3个城市有更多样化的土地条件，可以发展适合更长距离运输、同样有消费需求增长的水果，这些区域的农业劳动力从耕地转而投入果园乃至经济林的开发，种植荔枝、龙眼、火龙果、葡萄、草莓等水果，增加农业收入，因此逐渐演化为组合型种植结构。江门保持水稻为主型种植结构在一定程度上也是扬长避短，没有直接与其他城市竞争蔬菜和水果的消费市场，但将稳定粮食生产转化为自身的突出优势，同时有利于大湾区粮食的战略保障。然而，蔬菜、水果等农作物虽然有较高的经济收益，但种植过程中耗水、耗肥、耗药比水稻更大，对生态环境影响也更大。从长远来看，大湾区粮食种植的持续减少，将对区域粮食安全带来重大的考验。

3. 农作物种植结构类型空间分异与演化态势

（1）农作物种植结构类型空间分布。

大湾区主导种植结构类型空间分布图同时展示出不同县（区）种植结构类型的空间分异和演变态势。由图9可知，大湾区农作物主要种植类型丰富度增加，不同类型分布区域空间格局变化较明显。类型变化上，除广州市天河区、白云区和江门市蓬江、江海区一直以蔬菜型种植结构为主，江门市新会区、台山市、开平市、恩平市和肇庆市怀集县一直属于水稻为主型种植结构外，1990~2020年大湾区82.35%的县市（42个）调整了种植结构，主要改变方向为降低水稻种植面积占比，增加蔬菜、水果等经济类作物的种植面积占比。

为便于阐明空间格局，以下表述的"大湾区中部"主要指广州市越秀区、海珠区、荔湾区、天河区、白云区、黄埔区、番禺区，以及佛山市南海区、禅城区、顺德区；"大湾区北部"主要指广州市花都区、从化区、增城区，惠州市龙门县；"大湾区西部"主要指肇庆市德庆区、高要区、四会区、鼎湖区、端州区，佛山市三水区、高明区，以及江门市鹤山市；"大湾区南部"主要指广州市南沙区，中山市，珠海市，江门市蓬江区、江海区、新会区，以及澳门特别行政区；"大湾区东部"主要指惠州市惠城区、惠阳区和惠东县、博罗县，以及东莞市；"大湾区西南部"主要指江门市台山区、开平市、恩平市；"大湾区东南部"主要指深圳市、香港特别行政区；"大湾区西北部"主要指肇庆市封开县、怀集县、广宁县。

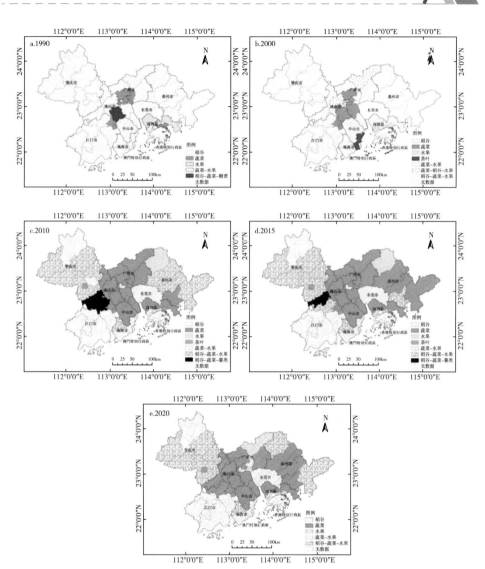

图9 大湾区内地九市不同时间节点主导种植结构类型空间分布图

审图号：GS（2019）4342号（底图）。本图界线不作为权属争议的依据。

1990年，大湾区种植结构空间特征较为简单，绝大部分区域属于水稻为主型，蔬菜为主型、"水稻—蔬菜—糖蔗"组合型零星分布于广州、佛山部分县（区），水果为主型的种植结构类型分布于深圳部分区域。2000年，水稻为主型种植结构分布区域减少，在大湾区西部连片；在大湾区东部，组合型种植结构明显增多，惠州市惠城区、惠阳区、惠东县以及东莞市，连片转变为"水稻—蔬菜—水果"组合型种植结构；大湾区中部蔬菜为主型种植结构范围有所扩大，形成连片；"蔬菜—水稻"组合型则同时出现在佛山市南海区、肇庆市的南部（端州区）和广州市北部（从化区）几个城镇化水平较高的地区。2010 年，大湾区中部广州、佛山、中山等市种植结构多属于蔬菜为主型，并形成明显连片特征，深圳市北部和东部与惠州市西南部惠阳区接壤区域，也形成蔬菜为主型种植结构的连片分布；大湾区西北部肇庆市和东部惠州市大部分区域，形成了"水稻—蔬菜—水果"组合型种植结构，佛山市西部的高明区和江门市北部相邻的鹤山市，形成"水稻—蔬菜—薯类"组合型种植结构聚集区。2015 年，大湾区蔬菜为主型的种植结构空间连片特征增强，大致形成了中部、东部蔬菜为主型连片分布，西部"水稻—蔬菜—水果"组合型连片分布，西南部水稻为主型连片分布的种植结构格局。2020 年，大湾区蔬菜为主型的种植结构分布重心整体向西移动，主要体现为惠东县转变为"水稻—蔬菜—水果"组合型种植结构，而大湾区西部的佛山市高明区和江门市鹤山市转变为以蔬菜为主型种植结构。

对 1990~2020 年大湾区内地九市主要农作物种植面积占比变化程度进行汇总，由表 11 可知，大湾区水稻、蔬菜、水果种植面积占比变化显著，水稻比例显著减少（K 为 -3.73），蔬菜比例显著增加（K 为 4.80），水果比例显著增加（K 为 1.73）。其中，水稻种植面积占比在大湾区 8 个城市显著减少，以广州、中山、东莞和佛山减少幅度较大；蔬菜种植面积占比在 8 个城市显著增加，以中山、佛山、东莞增加幅度较大；水果种植面积占比则在 6 个城市显著增加，以东莞、广州和珠海增加幅度较大。

表 11　1990~2020 年大湾区内地九市主要农作物种植面积占比变化斜率（K）

区域	水稻	薯类	糖蔗	花生	蔬菜	瓜类	水果	桑叶	茶叶
广州	-11.66**	0.59	-0.99**	-0.71*	9.21**	-0.04**	3.62**	0.00	-0.01**
深圳	-3.44	0.53	-0.12**	-0.69	9.05	0.06	-2.07	—	0.13**
珠海	-3.90*	0.56	-5.45**	-0.07	6.78**	0.30	4.78*	0.00	-0.00
佛山	-7.65**	1.21	-0.72	-0.26**	12.82**	0.66**	0.14	0.00	-0.04**
惠州	-4.59**	0.8*	-0.36	-0.25	6.40**	0.05	2.00**	0.00	0.10
东莞	-9.01**	1.25	-0.54	-0.61	12.28**	0.01	5.74**	—	0.01
中山	-9.17**	1.03	-1.13	-0.24*	14.12**	0.27*	2.44**	0.00	0.01
江门	-1.18*	0.66*	-0.38**	-0.27	2.35**	-0.10	0.14	-0.01	0.01
肇庆	-2.56**	1.04*	-0.20**	0.19	2.12**	0.19**	2.08*	-0.06	-0.01

区域	水稻	薯类	糖蔗	花生	蔬菜	瓜类	水果	桑叶	茶叶
大湾区	-3.73**	0.85	-0.60*	-0.08*	4.80**	0.05**	1.73**	-0.02	0.02

注：**和*分别表示在5%和10%的水平上显著。

（2）主要农作物变化幅度空间格局。

为进一步分析种植结构演变的空间分异特征，图10展示出不同县（区）主要农作物1990~2020年种植面积占比显著变化及其变化程度的空间分布。由于薯类只有3个时间节点的数据，因此没有显著的变化趋势。由图10a可知，水稻种植面积占比的减少在大湾区中部部分区域、南部和西北部较显著，其减少格局呈现为"中高—西北低"。具体而言，水稻减少程度在空间上以"广佛"两城交界区域（花都区、南海区、三水区）为中心，向南、向东的中山和东莞等地水稻种植面积占比显著减少的程度有所减弱，而向西北方向的佛山西部和肇庆区域，水稻种植面积占比显著减少的程度相对变低。其余区域的水稻种植面积占比变化不显著。

蔬菜种植面积占比的增加在大湾区中部部分区域、东部、南部和西部较显著，其增加格局呈现为"中高—东西低"。具体而言，蔬菜种植面积占比增加程度在空间上以佛山市南海区为中心，向南、向东的中山和东莞等地水稻种植增加的程度有所减弱，而向西方向的佛山西部、肇庆南部、江门西部和北部区域，以及向东方向的广州市增城区、惠州北部区域，蔬菜种植面积占比增加的程度相对变低。仅有深圳市南山区的蔬菜种植面积占比呈现显著的减少趋势，其余区域的蔬菜种植面积占比变化不显著（见图10b）。

水果种植面积占比在大湾区西北部、东部、南部和西部都有部分区域显著增加，中部和西南部水果种植的变化均不显著，其增加格局呈现为"分散型"。在空间上，大湾区南部显著增加区域的增加程度高于北部。具体而言，水果种植面积占比在深圳市南山区、珠海市香洲区增加幅度较大，其次是东莞市、中山市和肇庆市封开县，也有较显著增加，高要区、花都区、博罗县则有一定程度增加。其余区域的水果种植面积占比变化不显著（见图10c）。

糖蔗种植面积占比的减少在大湾区南部、西南部和西北部部分区域显著，其减少格局呈现为"西北—西南聚集"。具体而言，在空间上，大湾区南部珠海市斗门区糖蔗种植面积占比减少幅度最大，往西向邻接的江门市新会区、台山市减少程度递减。在西北减少片区，肇庆市的封开县和怀集县有不同程度的减少。此

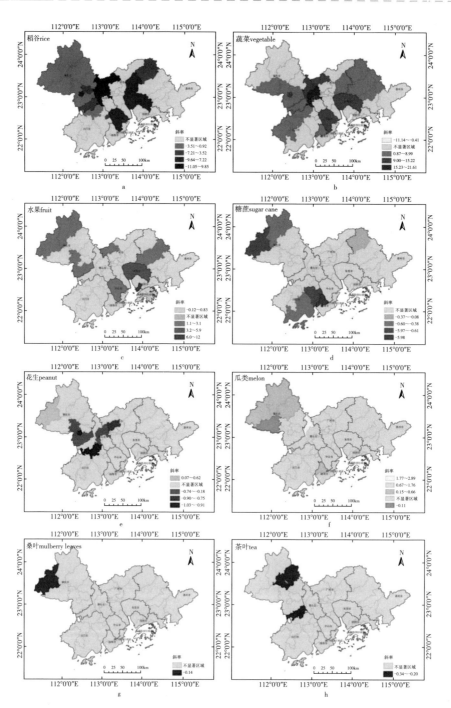

图 10 大湾区内地九市不同时间节点农作物种植比例变化斜率空间分布图（p<0.05）

审图号：GS（2019）4342 号（底图）。本图界线不作为权属争议的依据。

外，惠州市的龙门县糖蔗种植面积占比有较小幅度的减少，其余区域糖蔗种植面积占比变化不显著（见图10d）。

花生种植面积占比的显著变化区主要在大湾区西北部连片，自北往南在佛山的三水区、江门市的江海区以及珠海市的斗门区也有不同程度的显著增加。其中，瓜类种植面积占比增加幅度最大的是三水区，其次是江海区。肇庆市北部怀集县、封开县、广宁县有较少程度的增加，德庆县与这3个增加的县均相邻接，但其属于大湾区唯一瓜类种植面积占比显著减少的县（区）。其余区域瓜类种植面积占比变化不显著（见图10e）。

瓜类种植面积占比的显著变化区相对集中于大湾区西部和西北部，其中，显著减少区相对集中程度更高，县（区）数量更多。具体而言，江门市鹤山市减少程度最大，其次是肇庆市端州区，与之空间距离较近的肇庆市高要、佛山市南海区、广州市白云区都有不同程度的减少。在空间上，大湾区唯一的花生种植面积占比增加区为肇庆市封开县（见图10f）。茶叶种植面积占比显著变化的区域为肇庆市广宁县和佛山市高明区（见图10h）；桑叶种植面积占比显著变化的区域为肇庆封开县（见图10g），其余区域茶叶和桑叶种植面积占比变化均不显著。

4. 农作物种植结构变化的空间聚集

运用局部自相关方法，对种植结构类型进行空间集聚分析，获得了1990～2020年大湾区内地九市种植结构变化趋势的空间集聚图（见图11），图11a呈现增加趋势的聚集分布，图11b呈现减少趋势的聚集分布。呈现增加聚集的县（区），表明与之空间距离接近区域的同类农作物也呈现增加趋势；呈现减少聚集的县（区）则反之。23个县（区）具有农作物的空间增加聚集特征，27个县（区）具有农作物的空间减少聚集特征。

出现显著增长聚集特征的农作物有蔬菜、花生、瓜类、茶叶4种，主要分布在大湾区西北部、北部、中部和东部部分区域，有明显的连片特征（见图11a）。其中，蔬菜高度增长聚集县（区）17个，占显著增长集聚区的74%，在大湾区连片分布特征显著，主要分布在广州、佛山、肇庆和江门的部分县（区），而且，蔬菜增长聚集区域仅有蔬菜增长聚集，没有其他农作物同步出现集聚增长。花生则分别在肇庆和惠州出现高增长聚集，其中，在大湾区西北部肇庆市的德庆县、封开县和怀集县形成连片分布特征。茶叶也分别在肇庆的封开县和惠州的博罗县出现高增长聚集，其中封开县同时出现茶叶和花生的增长聚集。瓜类显著的增长聚集区只有肇庆的广宁县。值得一提的是，水果种植面积在大湾区有显著增长，但并未形成显著的空间增长聚集，表明水果种植的增长区域呈现分散分布特征。

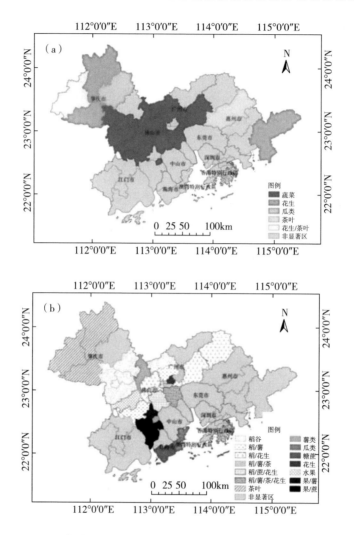

图 11 1990~2020 年大湾区内地九市农作物种植增加和减少趋势的空间集聚特征

审图号：GS（2019）4342 号（底图）。本图界线不作为权属争议的依据。

  出现显著减少聚集特征的农作物，有水稻、薯类、花生、水果、瓜类、糖蔗、桑叶、茶叶 8 种，主要分布在大湾区西北部、西部、中部以及南部和东部部分区域，也有明显连片特征（见图 11b），然而，不同农作物类型在同一个县（区）出现减少聚集的情况，较增长聚集区普遍。具体而言，水稻显著减少聚集的县（区）共 16 个，占显著减少集聚区的 59%，存在连片特征，主要分布在广州、佛山、肇庆部分区域，以及江门和惠州的小部分县（区），而且部分位于"广佛"地区的水稻减少聚集区域不仅有水稻减少聚集，还有花生、糖蔗、薯类等其他农作物同步出现集聚减少。薯类则分别在广州、佛山和江门部分区域出现高减少聚集，其中，在大湾区中部"广佛"地区的部分区域形成连片特征。花生分别在广州、佛山和惠州部分区域出现显著减少聚集，同时也在大湾区中部"广佛"部分区域形成连片特征。桑叶则集中在肇庆出现了显著减少聚集，且该区域没有同步出现其他农作物的减少聚集。水果显著减少聚集区有佛山的高明区和江门的蓬江区和新会市，位于江门的水果减少聚集区，同时又伴随薯类（蓬江区）和糖蔗（新会市）的种植面积占比减少。茶叶的减少聚集区出现在广州的黄埔区和番禺区；瓜类减少聚集区则仅有珠海市香洲区。

（五）种植结构时空演变结论

第一，从种植结构演变来看，1990～2020 年，粤港澳大湾区农作物种植结构从粮食主导逐渐向蔬菜、水果增多转变。水稻种植面积占比从 1990 年的 65.88%下降到 2020 年的 33.50%，蔬菜种植面积比例从 1990 年的 11.43%上升到 2020年的 37.90%，水果种植面积比例从 1990 年的 11.05%上升到 2020 年的 19.09%；大湾区绝大部分城市的"粮—经"种植面积比显著下降，中山、佛山、东莞的下降程度较大，截至 2020 年，九市中仅有江门市的粮食种植面积大于经济作物种植面积。

第二，从种植结构丰富程度来看，粤港澳大湾区主要种植结构丰富度较为稳定。大湾区种植结构类型一共有 10 种，其中，水稻为主型、蔬菜为主型两种种植结构类型变化最为显著，水稻为主型种植结构逐步失去竞争力，种植蔬菜对农户吸引力上升。以 2010 年为分界，2010 年以前大湾区种植结构属于水稻为主型；2010 年以后大湾区种植结构分布逐渐演变成蔬菜为主型的占一半，"水稻—蔬菜—水果"组合型为辅，水稻、水果为主型，以及"蔬菜—水果"组合型种植结构三类平衡的格局。

第三，从种植结构空间格局演变来看，不同类型分布区域空间格局变化明显。1990 年，大湾区绝大部分区域属于水稻为主型；2000 年，水稻为主型分布区域减少，东部以"水稻—蔬菜—水果"组合型种植结构为主；2010 年，大湾区中部大部分属于蔬菜为主型种植结构，西北部和东部大部分区域形成了"水稻—蔬菜—水果"组合型为主的种植结构格局；2015 年，大湾区蔬菜为主型种植结构的空间连片特征增强；2020 年，大湾区蔬菜为主型种植结构的分布重心整体向西移动。

第四，从演变态势来看，粤港澳大湾区种植结构变化趋势呈现空间聚集特征。出现显著增长聚集特征的农作物有蔬菜、花生、瓜类、茶叶 4 种，主要分

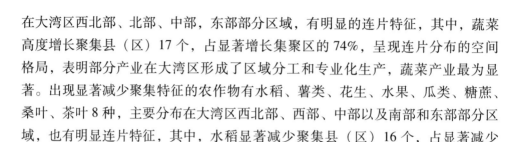

在大湾区西北部、北部、中部，东部部分区域，有明显的连片特征，其中，蔬菜高度增长聚集县（区）17 个，占显著增长集聚区的 74%，呈现连片分布的空间格局，表明部分产业在大湾区形成了区域分工和专业化生产，蔬菜产业最为显著。出现显著减少聚集特征的农作物有水稻、薯类、花生、水果、瓜类、糖蔗、桑叶、茶叶 8 种，主要分布在大湾区西北部、西部、中部以及南部和东部部分区域，也有明显连片特征，其中，水稻显著减少聚集县（区）16 个，占显著减少集聚区的 59%，也呈现连片分布特征。

四、粤港澳大湾区耕地保护与种植结构优化的建议

（一）耕地保护建议

1. 严格执行耕地保护制度，落实耕地占补平衡，维持耕地总量动态平衡

粤港澳大湾区作为国家建设世界级城市群和参与全球竞争的重要空间载体，其发展也面临着耕地资源保护与城市化建设兼顾的现实问题。从 2010~2020 年粤港澳大湾区耕地时空变化结果来看，耕地资源变化总体稳定，表现为先少量减少后缓慢增加的变化趋势；从耕地空间转移结果来看，新增耕地主要来源于林地和水体，耕地减少的主要去向是转出为林地和不透水面。从粤港澳大湾区 2010~2020 年耕地景观格局变化来看，耕地空间破碎度降低，耕地聚集程度提高，耕地总体上表现为集中连片发展的趋势，这在一定程度上可以说明耕地保护政策在其中发挥着至关重要的保障作用。因此，粤港澳大湾区在未来建设与发展过程中，要继续严格执行耕地保护制度，落实耕地占补平衡，维持耕地总量动态平衡。

2. 建立耕地保护长效机制，确保耕地数量稳定、质量提升、布局合理

土地是城市发展的"生命线"，耕地是城市稳定的"压舱石"，维持耕地总量不减少、质量不下降对城市稳定发展至关重要。粤港澳大湾区在未来发展与建设中，应加强落实耕地保护政策，建立健全耕地保护长效机制。在数量上，保持耕地总量动态平衡，落实耕地占补平衡措施，确保实有耕地数量基本稳定；在质量上，加强耕地质量调查评价与监测工作，确保补充耕地的质量不低于占用耕地的质量；同时，科学有效开展土地开发、复垦与整治，合理高效推进耕地资源保护。

3. 实行耕地保护动态监测，强化耕地"一张图"管控

利用遥感卫星技术与方法，全方位精确掌握辖区耕地的数量、质量、分布情况，全周期监管耕地变化处置情况，全过程监管耕地保护业务工作，形成耕地保

护"一张图"动态监测与管控。对触碰耕地保护红线,加大查处力度,在规定时段内从严查处整改到位;并加大督察力度,强化"刀刃向外"的监督与管理,加强对违法违规用地责任的追究。

(二)农作物种植结构优化建议

1. 以适应大湾区居民对农产品的消费需求为调整方向

种植结构与区域农产品供给保障能力密切相关,2019 年《中国的粮食安全》白皮书指出,推进种植结构调整,增加绿色优质粮油产品供给。这在宏观层面为大湾区农作物种植结构调整指明了方向,更加关注粮食的稳生产和重要农产品供给,也对未来一段时间提升大湾区现代农业发展基础支持能力提出了更高的要求。随着城市化发展,大湾区对生态观光农业产生了巨大需求,同时因为物流技术的发展,对全国乃至世界各地优质农产品需求也飞速增加。国内外对种植结构的关注从供给保障、供给质量逐渐扩展到供需平衡和协调关系发展研究,这也提示我们,在资源环境约束日益增强的背景下,守住耕地红线,满足大湾区居民对农产品多样化的消费需求,将是大湾区种植结构调整的关键。

2. 引导专业生产区域充分发挥农业多功能特性

在部分城镇化发展较成熟的农村地区,水稻明显被蔬菜、水果等高经济收益作物代替,并出现一定程度的空间集聚。为减少高强度施肥施药对生态环境的影响,应利用城市科技要素和人才要素集中的优势,发展低碳农业、有机农业、设施农业等,减轻农业生产对环境的压力、降低农业生产对能源的消耗、减少环境污染、提高农产品质量。同时,对这些专业化生产的区域进行农业功能拓展,优化农业景观,开发农业除了提供农副产品以外的功能,如科技创新、教育科普、调节自然生态、传承历史文化等,促使各功能相互促进,提高都市区农业的综合服务水平。

3. 进一步研究种植结构变化的驱动机制

根据前人研究,适应气候变化以及优化水资源利用,是种植结构调整的重要依据。同时,政策引导、消费结构转变、经济发展及农业科技进步等影响,增加了区域农作物种植面积的相对变动的不确定影响。而随着生态农业推进,绿色发展意识的提高,种植方式转变和专业化种植规模扩大,农户种植行为也深刻地影响区域种植结构的变化。本文中,大湾区的种植结构在某一阶段(2010 年)发生突变,水稻和蔬菜的变化在空间上存在显著的集聚特征,表明种植结构的时空变化可能同时受到快速城镇化、消费需求拉动、物流水平提升、农业技术进步等多种因素影响,但每种影响发挥作用的机制,有待进一步深入探讨。

参考文献

［1］中华人民共和国国家质量监督检验检疫总局，中国国家标准化管理委员会．土地利用现状分类：GB/T 21010－2017［S］．北京：中国标准出版社，2017.

［2］陈航，谭永忠，邓欣雨，肖武．撂荒耕地信息获取方法研究进展与展望［J］．农业工程学报，2020，36（23）：258-268.

［3］Wang L，Li C C，Ying Q，Cheng X，Wang X Y，Li X Y，Hu L Y，Liang L，Yu L，Huang H B，Gong P．China's Urban Expansion from 1990 to 2010 Determined with Satellite Remote Sensing［J］．Chinese Science Bulletin，2012，57（22）：2802-2812.

［4］Du S Q，Shi P J，Rompaey A．The Relationship between Urban Sprawl and Farmland Displacement in the Pearl River Delta，China［J］．Land，2014，3（1）：34-51.

［5］关兴良，方创琳，鲁莎莎．中国耕地变化的空间格局与重心曲线动态分析［J］．自然资源学报，2010，25（12）：1997-2006.

［6］袁承程，张定祥，刘黎明，叶津炜．近10年中国耕地变化的区域特征及演变态势［J］．农业工程学报，2021，37（1）：267-278.

［7］陈正发，史东梅，何伟，夏建荣，金慧芳．基于"要素-需求-调控"的云南坡耕地质量评价［J］．农业工程学报，2020，36（12）：236-246.

［8］张弛，曹银贵，陈智，耿明阳，丁莲，孙术达．基于政策量化的我国耕地保护政策效果评价［J］．广东农业科学，2020，47（9）：153-160.

［9］王文旭，曹银贵，苏锐清，邱敏，周伟．基于政策量化的中国耕地保护政策演进过程［J］．中国土地科学，2020，34（7）：69-78.

［10］蒋如琦，王卫，任向宁，胡月明．青海省耕地生态承载力评价［J］．广东农业科学，2020，47（8）：137-144.

［11］习文强，杜世宏，杜守基．多时相耕地覆盖提取和变化分析：一种结合遥感和空间统计的时空上下文方法［J］．地球信息科学学报，2022，24（2）：310-325.

［12］眭海刚，王建勋，华丽，段志强，许贵林．遥感耕地监测现状与方法综述［J］．广西科学，2022，29（1）：1-12+211.

［13］刘文超，颜长珍，秦元伟，闫慧敏，刘纪远．基于遥感的中国陕北地

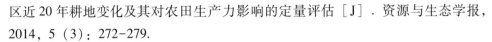

区近 20 年耕地变化及其对农田生产力影响的定量评估〔J〕. 资源与生态学报，2014，5（3）：272-279.

〔14〕See L, Fritz S, You L, Ramankutty N, Herrero M, Justice C, Becker-reshef I, Thornton P. Improved Global Cropland Data as an Essential Ingredient for Food Security〔J〕. Global Food Security, 2015（4）：37-45.

〔15〕陈磊，陈燕，陈宇阳，陈文宽. 四川省耕地演变时空特征及影响因素研究〔J〕. 广东农业科学，2015，42（20）：176-181.

〔16〕马伟龙，任平，曾雨晴，陶晓明. 基于 ESDA 和 GIS 的四川省县域耕地变化时空关联性分析〔J〕. 广东农业科学，2015，42（16）：154-155.

〔17〕陈仲新，任建强，唐华俊，史云，冷佩，刘佳，王利民，吴文斌，姚艳敏，哈斯图亚. 农业遥感研究应用进展与展望〔J〕. 遥感学报，2016，20（5）：748-767.

〔18〕吴志峰，骆剑承，孙营伟，吴田军，曹峥，刘巍，杨颖频，王玲玉. 时空协同的精准农业遥感研究〔J〕. 地球信息科学学报，2020，22（4）：731-742.

〔19〕Graesser J., Ramankutty N. Detection of Cropland Field Parcels from Landsat Imagery〔J〕. Remote Sensing of Environment, 2017（201）：165-180.

〔20〕Xiong J, Thenkabail P S, Gumma M K, Teluguntla P, Poehnelt J, Congalton R G, Yadav K, Thau D. Automated Cropland Mapping of Continental Africa Using Google Earth Engine Cloud Computing〔J〕. ISPRS Journal of Photogrammetry and Remote Sensing, 2017（126）：225-244.

〔21〕项铭涛，吴文斌，胡琼，陈迪，陆苗，余强毅. 2000—2010 年欧洲耕地时空格局变化分析〔J〕. 中国农业科学，2018，51（6）：1121-1133.

〔22〕Liu J Y, Liu M L, Tian H Q, Zhuang D F, Zhang Z X, Zhang W, Tang X M, Deng X Z. Spatial and Temporal Patterns of China's Cropland during 1990-2000：An Analysis Based on Landsat TM Data〔J〕. Remote Sensing of Environment, 2005, 98（4）：442-456.

〔23〕韩春雷，沈彦俊，武兰珍，郭英，陈晓璐. 基于时序 MODIS 的黄河上游 2002—2018 年耕地时空变化特征分析〔J〕. 中国生态农业学报，2021，29（11）：1940-1951.

〔24〕满卫东，王宗明，刘明月，路春燕，贾明明，毛德华，任春颖. 1990—2013 年东北地区耕地时空变化遥感分析〔J〕. 农业工程学报，2016，32

（7）：1-10.

［25］苏锐清，曹银贵，王文旭，邱敏，宋蕾．京津冀潮白河区域2001—2017年耕地利用变化时空特征分析［J］．农业资源与环境学报，2020，37（4）：574-582.

［26］刘巍，吴志峰，骆剑承，孙营伟，吴田军，周楠，胡晓东，王玲玉，周忠发．深度学习支持下的丘陵山区耕地高分辨率遥感信息分区分层提取方法［J］．测绘学报，2021，50（1）：105-116.

［27］Okujeni A, Sebastian V D, Tits L, Somers B, Hostert P. Support Vector Regression and Synthetically Mixed Training Data for Quantifying Urban Land Cover ［J］. Remote Sensing of Environment, 2013 (137)：184-197.

［28］Wang X F, Zhou C W, Feng X M, Cheng C W, Fu B J. Testing the Efficiency of Using High-resolution Data from GF-1 in Land Cover Classifications ［J］. IEEE Journal of Selected Topics in Applied Earth Observations and Remote Sensing, 2018, 11 (9)：3051-3061.

［29］Sun Z C, Guo H D, Li X W, Lu L L, Du X P. Estimating Urban Impervious Surfaces from Landsat-5 TM Imagery Using Multilayer Perceptron Neural Network and Support Vector Machine ［J］. Journal of Applied Remote Sensing, 2011, 17 (5)：1-17.

［30］Li H, Wu J G. Use and Misuse of Landscape Indices ［J］. Landscape Ecology, 2004 (19)：389-399.

［31］唐华俊，吴文斌，杨鹏，周清波，陈仲新．农作物空间格局遥感监测研究进展［J］．中国农业科学，2010，14（43）：2879-2888.

［32］胡琼，吴文斌，宋茜，余强毅，杨鹏，唐华俊．农作物种植结构遥感提取研究进展［J］．中国农业科学，2015，48（10）：1900-1914.

［33］刘珍环，杨鹏，吴文斌，李正国，游良志．近30年中国农作物种植结构时空变化分析［J］．地理学报，2016，71（5）：840-851.

［34］刘彦随，王介勇，郭丽英．中国粮食生产与耕地变化的时空动态［J］．中国农业科学，2009，42（12）：4269-4274.

［35］刘冬，余侃华，师小燕，舒瑞妍．陕西省种植业结构变化及时空演变分析［J］．中国农业资源与区划，2021，42（9）：251-261.

［36］陈百明，周小萍．中国近期耕地资源与粮食综合生产能力的变化态势［J］．资源科学，2004（5）：38-45.

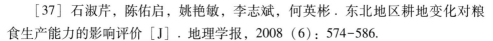

［37］石淑芹，陈佑启，姚艳敏，李志斌，何英彬．东北地区耕地变化对粮食生产能力的影响评价［J］．地理学报，2008（6）：574-586．

［38］屈艳辉，李二玲，范诔嘉．河南省县域粮食生产格局演化及影响因素［J］．地域研究与开发，2017，36（3）：148-153．

［39］Vicente-Vicente J L, Piorr A. Can a Shift to Regional and Organic Diets Reduce Greenhouse Gas Emissions from the Food System? A Case Study from Qatar［J］．Carbon Balance Manag, 2021, 16（1）：2．

［40］Li M, Fu Q, Singh V P, Dong L, Li T X, Li J. Sustainable Management of Land, Water, and Fertilizer for Rice Production Considering Footprint Family Assessment in a Random Environment［J］．Journal of Cleaner Production, 2020（258）：120785．

［41］Clark S, Khoshnevisan B, Sefeedpari P. Energy Efficiency and Greenhouse Gas Emissions during Transition to Organic and Reduced-input Practices：Student Farm Case Study［J］．Ecological Engineering, 2016（88）：186-194．

［42］Ogle S M, Mccarl B A, Baker J, Grosso S J, Adler P R, Paustian K, Parton W J. Managing the Nitrogen Cycle to Reduce Greenhouse Gas Emissions from Crop Production and Biofuel Expansion［J］．Mitigation and Adaptation Strategies for Global Change, 2016, 21（8）：1197-1212．

［43］Willaarts B A, Lechón Y, Mayor B, RúA C, Garrido A. Cross-sectoral Implications of the Implementation of Irrigation Water Use Efficiency Policies in Spain：A Nexus Footprint Approach［J］．Ecological Indicators, 2020（109）：105795．

［44］D'ambrosio E, Gentile F, Girolamo A M. Assessing the Sustainability in Water Use at the Basin Scale through Water Footprint Indicators［J］．Journal of Cleaner Production, 2020（244）：118847．

［45］Muñoz P, Zwick S, Mirzabaev A. The Impact of Urbanization on Austria's Carbon Footprint［J］．Journal of Cleaner Production, 2020（263）：121326．

［46］吴芳，潘志芬，李涛，燕欣瑶，马小林，唐淑，张富有．西藏县域农作物种植结构时空变化及专业化分区［J］．应用与环境生物学报，2022，28（4）：935-944．

［47］邓宗兵，封永刚，张俊亮，王炬．中国粮食生产空间布局变迁的特征分析［J］．经济地理，2013，33（5）：117-123．

［48］任频频，李保国，黄峰．农作物种植结构演变下的黄淮海旱作区小麦

玉米生产时空格局 [J]. 资源科学，2022，44（3）：436-449.

[49] 刘序，雷百战，陈鹏飞，周灿芳. 不同管理方式荔枝遥感监测与空间变化研究 [J]. 广东农业科学，2022，49（8）：145-154.

[50] 林正雨，陈强，邓良基，李晓，何鹏，廖桂堂，费建波. 中国柑橘生产空间变迁及其驱动因素 [J]. 热带地理，2021，41（2）：374-387.

[51] 陈鹏程，班洪赟，田旭. 中国农业生产地区专业化现状及演变规律 [J]. 农林经济管理学报，2019，18（1）：54-62.

[52] 肖卫东. 中国农业生产地区专业化的特征及变化趋势 [J]. 经济地理，2013，33（9）：120-127.

[53] 司成兰，濮励杰. 广西土地利用变化及对粮食生产的影响 [J]. 农村生态环境，2004（2）：12-15.

[54] 王爱民，陈其兵. 天祝县民族地区特色农作物比较优势实证分析 [J]. 中国农业资源与区划，2016，37（4）：31-37.

[55] 熊凡，胡丹心，肖竑，欧锦琼. 广州市流溪河流域农产品重金属污染特征与评价 [J]. 广东农业科学，2022，49（5）：85-94.

粤港澳大湾区农产品冷链物流业高质量发展的困境与走向

黄红星[*]

摘 要：冷链物流对提高农产品产业链供应链韧性、提高农产品应急保障能力和推动农业高质量发展具有重要意义。推动粤港澳大湾区农产品冷链物流高质量发展，既是发展现代服务业、完善都市农业产业链的重要内容，也是打造大湾区优质生活圈的重要支撑。从粤港澳大湾区独特的区位和产业空间视角出发，基于全产业链分析大湾区农产品冷链物流产业特点、发展空间和市场需求。大湾区农产品冷链物流产业链条完整，企业数量和规模居于全国前列。"冷链物流+跨境电商""生鲜电商+冷链宅配""冷链物流+预制菜"等新模式、新业态的兴起，将为大湾区农产品冷链物流业带来新动力。同时，大湾区农产品冷链物流业也面临标准体系不完善、全程冷链覆盖率低、冷链资源整合度不高、城市限行政策困扰冷链配送、信息化水平不高、全程监管难度大等关键问题。在新形势、新格局下，要充分认识冷链物流在现代农产品供应链中的战略性地位，通过优化冷链物流产业布局，改善冷链物流产业发展环境，着力补足农产品冷链物流"最初一公里"和"最后一公里"的突出短板，同时依靠科技创新，推动农产品冷链物流智慧化、绿色化、标准化发展。

关键词：冷链物流；产业链；市场需求；发展模式；科技创新；粤港澳大湾区

农产品冷链物流是指果蔬、肉类、水产品等生鲜农产品采收（或屠宰、捕捞）后，在加工、贮藏、运输、销售等各个环节始终处于适宜的低温控制环境

---

* 黄红星，广东省农业科学院农业经济与信息研究所，研究员，主要从事农业知识服务、农业信息化研究。

下，最大限度地保证产品品质和质量安全、减少损耗、防止污染的特殊供应链系统。冷链物流具有复杂性、协调性及高投入等特征，是一种专业化的特殊物流服务，也是今后较长时期新的经济增长点。推动农产品冷链物流高质量发展，构建高效、安全、绿色、集约的农产品冷链物流服务体系，是支撑农业规模化产业化发展，促进农业转型和农民增收，助力乡村振兴的重要基础；是满足城乡居民个性化、品质化、差异化消费需求，推动消费升级和培育新增长点，深入实施扩大内需战略和促进形成强大国内市场的重要途径，是健全"从农田到餐桌、从枝头到舌尖"的生鲜农产品质量安全体系的重要保障。

《粤港澳大湾区发展规划纲要》明确提出，构建现代服务业体系。促进商务服务、流通服务等生产性服务业向专业化和价值链高端延伸发展，推进粤港澳物流合作发展，大力发展第三方物流和冷链物流，提高供应链管理水平，建设国际物流枢纽。推动大湾区农产品冷链物流高质量发展，既是发展现代服务业、完善都市农业产业链的重要内容，也是打造大湾区优质生活圈的重要支撑。

欧美日等发达国家和地区农产品冷链物流起步早，发展成熟、产业化、专业化、规模化程度高，标准体系较为完善[1]。从国内来看，京津冀、长三角地区都把物流业作为区域协同发展的重要抓手之一[2]。目前，国内学者在农产品冷链物流方面的研究主要集中在区域冷链物流发展现状及模式、农产品冷藏保鲜技术及装备[3-4]、需求预测[5]、信息技术融合应用[6]、农产品冷链物流系统优化[7] 等方面，从产业链的视角分析冷链物流产业结构、要素及驱动机制的研究较少报道。本文从粤港澳大湾区独特的区位和产业空间视角出发，从全产业链角度分析大湾区农产品冷链物流产业特点、发展空间和市场需求，并瞄准绿色化、智慧化的发展方向，提出了大湾区农产品冷链物流高质量发展的措施建议。

一、粤港澳大湾区农产品冷链物流产业发展现状

粤港澳大湾区是中国乃至全球最重要的城市群之一，2021 年人口规模达 6957 万人，经济总量超过 12 万亿元，人均 GDP 达 2.3 万美元①，已经远远超过世界银行对高收入经济体定义的门槛（2021 年该标准为人均国民总收入大于 12695 美元）。随着消费升级，人们追求更健康的生活方式和更高的质量，对冷链物流的需求将迅速增加。同时，大湾区物流业发达，具有优越的交通基础设施条件和完善的物流运输网络，广州、深圳、佛山、东莞、江门已经成为区域冷链物流产业集聚区，在全国冷链物流产业布局中具有重要地位。

---

① 资料来源：CBRE（世邦魏理仕集团公司）；《粤港澳大湾区：中国先驱城市群，未来世界第一湾》。

（一）大湾区农产品冷链物流产业发展迅猛

1. 农产品冷链物流发展环境持续优化

从中央到地方各级政府均高度重视冷链物流业发展，近年来出台了一系列政策文件，为农产品冷链物流健康、稳定发展创造了良好的宏观环境。2017 年 4 月，国务院办公厅印发了《关于加快发展冷链物流保障食品安全促进消费升级的实施意见》，聚焦农产品产地"最初一公里"和城市配送"最后一公里"等突出问题。2021 年中央一号文《中共中央　国务院关于全面推进乡村振兴加快农业农村现代化的意见》，要求加快实施农产品仓储保鲜冷链物流设施建设工程，推进田头小型仓储保鲜冷链设施、产地低温直销配送中心、国家骨干冷链物流基地建设。2021 年 11 月，国务院办公厅印发了《"十四五"冷链物流发展规划》，明确提出要加快建立畅通高效、安全绿色、智慧便捷、保障有力的现代冷链物流体系，提高冷链物流服务质量效率，有效减少农产品产后损失和食品流通浪费，扩大高品质市场供给，改善城乡居民生活质量。2022 年 4 月，交通运输部等五部门联合印发了《关于加快推进冷链物流运输高质量发展的实施意见》，明确在冷链产品消费和中转规模较大的城市，推进建设销地冷链集配中心，研究设置冷链配送车辆卸货临时停车位，推动出台冷链配送车辆便利通行政策，提升城市冷链配送服务质量。鼓励生鲜电商、寄递物流企业加大城市冷链前置仓等"最后一公里"设施建设力度，在社区、商业楼宇等设置智能冷链自提柜等，提升便民服务水平。

2022 年 9 月，广东省政府办公厅发布了《广东省推进冷链物流高质量发展"十四五"实施方案》，明确了构建现代冷链物流设施网络、夯实农产品产地冷链物流基础、提高冷链运输服务质量、完善销地冷链物流网络、优化重点品类冷链物流服务、推进冷链物流数字化智能化绿色化发展、大力培育冷链物流骨干企业、加强冷链物流标准化建设、加强冷链物流全链条监管等重点任务。2020 年 6 月，广东省供销合作联社发布了《广东供销公共型农产品冷链物流基础设施骨干网建设总体方案》，提出在 3 年内将完成总投资 170 亿元，建设"1 个中心+2 个区域网+3 个运营平台"，其中在广州建设粤港澳大湾区中心库，作为骨干网运营管理中枢，并建设公共型智慧冷链物流信息服务平台。相关政策文件如表 1 所示。

各级政府及相关部门除了加大农产品冷链物流政策扶持和设施建设投入力度外，也积极推进冷链物流标准化、规范化发展，为产业发展营造开放、透明、规范的市场环境。广东省市场监督管理局批准发布了《冷藏车监控管理》（DB44/T

2227-2020）、《冷库安全管理规范》（DB44/T 2161-2019）、《跨境电商冷链物流管理要求》（DB44/T 2188-2019）等7项地方标准，公开了《蔬果类冷链物流操作规范》（T/HZBX 018-2018）等17项冷链物流相关团体标准，建设国家级"广州拜尔绿色空港冷链物流服务标准化试点"。广州、深圳、东莞等市也积极开展冷链物流标准化工作，如东莞市制定了《冷链物流服务规范》《冷链物流冷库技术规范》。

表1　粤港澳大湾区内地九市冷链物流相关政策文件

城市	相关文件	发布时间	主要措施
广州	广州市人民政府办公厅关于印发《广州市商务发展"十四五"规划》的通知	2022年	加快建设广州南沙国际物流中心（南区）项目，支持建设供销公共型冷链物流骨干网，培育一批冷链物流龙头企业，鼓励和支持企业提升生鲜冷链物流管理和服务水平，开展冷链共同配送、"生鲜电商+冷链宅配""生鲜生产基地+冷链物流"等多种经营模式
深圳	深圳市交通运输局、市规划和自然资源局关于印发《深圳市现代物流基础设施体系建设策略（2021—2035）及近期行动方案》的通知	2022年	打造高品质冷链物流体系，促进冷链物流规模化发展，探索开展冷链共同配送、"生鲜电商+冷链宅配"等新模式
东莞	东莞市人民政府关于印发《东莞市现代产业体系中长期发展规划纲要（2020—2035年）》的通知	2020年	发展冷链物流，鼓励冷链物流服务企业开展产品从产地到销地的一体化冷链物流运作，支持建设集分拣、储存、加工、配送于一体的冷链物流中心，推广冷链运输车辆和末端冷链设备，着力强化重点农产品冷链物流体系建设
珠海	珠海市人民政府办公室关于加快现代物流业发展的实施意见	2020年	培育南屏、前山、白蕉等商贸物流和冷链物流园区；完善冷链物流基础设施网络，构建肉类、水产、果蔬等产品的冷链物流体系
江门	江门市人民政府办公室关于印发《江门市现代物流业发展规划（2019—2025年）》的通知	2019年	围绕江门水果、蔬菜、海水产品等产销地和流通节点，优化完善冷链物流网络布局，完善产地预冷、冷链储藏、冷链加工、冷链运输、冷链配送、冷鲜销售等配套设施设备，重点解决农产品生产地预冷设施不足问题，提高鲜活农产品冷链运输比例

2. 农产品冷链物流基础设施提档升级

广东是农产品冷链物流大省。截至 2020 年底，全省各型冷库超过 1700 座，库容超过 550 万吨；冷链运输车辆共约 12000 辆[8]；约 70%的冷库和营运冷藏车集中在珠三角地区。深圳市拥有冷链物流相关企业 962 家，居全国第二位。广州市冷库容量约 120 万吨，主要分布在黄埔区、番禺区、白云区；冷藏车超过 2400 辆，其中约 60%为专业第三方物流公司，约 40%为生鲜农产品、食品供应链企业自有。据统计，截至 2019 年 5 月，佛山全市有冷库 54 个，库容量达 39 万吨，登记在册的冷链运输车 670 辆，从事农产品冷链物流的企业 55 家，年运输量上万吨的企业有 20 家[9]。惠州市有较大型冷库企业共 12 家，总库量容约 3.31 万吨，其中低温库容量约 2.77 万吨，大型低温冷库主要分布在惠城区、惠东县和大亚湾区。东莞和江门于 2020 年、2022 年分别入选国家骨干冷链物流基地（全国累计共 41 个）。

粤港澳大湾区内地九市，尤其是广州、深圳、佛山、江门、东莞，将冷链物流列入重点项目建设布局（见表 2），通过重大项目建设，加速引导冷链物流园区化、规模化、集群化发展，推动冷链物流产业提质升级。

表 2 粤港澳大湾区内地九市冷链物流重大项目

编号	项目名称	基本情况
1	广州南沙国际冷链项目	建设地点：广州市南沙区。建设内容：规划建设 3 座 8 层冷库、1 个冷藏箱堆场和 1 栋配套展示楼，总库容量 22.7 万吨，地面冷藏集装箱堆场可容纳 430 标准集装箱，配备冷插位 1880 个
2	玉湖冷链（广州）交易中心项目	建设地点：广州市花都区花东镇。建设内容：建设国际标准的 10 万吨以上级冷库、智慧物流分拨中心、展示交易区、综合加工配送区、电商前置仓、检验检疫楼等核心功能区
3	深圳盐田智能供应链物流园项目	建设地点：深圳市盐田区。建设内容：建成温控计划库容量 6.6 万吨、总计划库容量 12 万吨，集智能物流信息平台、冷链全链条产业基地、全球进口食品、国际中转分拨集拼中心等先进业态于一体的智慧冷链物流服务综合体
4	江门市台山穗通冷链物流产业园	建设地点：江门市台山市大江镇。建设内容：包括冷库、分拣加工中心、配送物流中心等
5	粤港澳大湾区（惠州）冷链物流枢纽基地	建设地点：惠州市惠东县。建设内容：计划建设 70 万立方米低温仓库、80 万立方米恒温仓库、90 万立方米常温仓库以及农产品加工车间、中央厨房加工车间等

续表

编号	项目名称	基本情况
6	粤港澳大湾区民生保障冷链物流园	建设地点：佛山市禅城区南庄镇。建设内容：建成冷库容积不低于17万平方米，集冷链总部经济、产品采购、冷链运输、产品冷藏、食材加工、团餐配送、生鲜交易、供应链服务等功能于一体的冷链物流集群
7	佛山市鼎昊冷链物流产业园	建设地点：佛山市禅城区张槎街道。建设内容：冷库库容量超过3万吨，兼具冷藏和低温配送能力
8	广东国通物流城	建设地点：佛山市顺德区陈村镇。建设内容：重点建设超低温（-60℃）冷链，以满足高端冻鲜海产品等储运需求
9	万纬广州黄埔冷链物流园	建设地点：广州市黄埔区。建设内容：总面积约6万平方米，主营冷冻水产品仓储、集散

广州、深圳作为粤港澳大湾区的核心城市，拥有涵盖制冷设备设施、冷库工程设计安装、冷链管理软件及信息服务、产业咨询服务的冷链物流完整产业链条，同时具有发达的汽车工业、电子信息产业基础，为农产品冷链物流产业发展提供了良好的保障。广州、深圳等地在新建的大型农产品冷链物流项目中，仿真设计、人工智能、大数据、物联网等技术得到越来越多的应用，提高冷库、冷藏车等设施的精细管理和管控水平，能够大幅降低管理、运营成本，提高设备安全运行效能。如佛山市商务局每年投入1000万元用于支持智慧物流项目，提高农产品冷链过程的信息化管理，提升水产品等鲜活产品冷链物流标准化水平。

3. 农产品冷链物流发展模式多样化

"冷链物流+跨境电商"模式。2020年11月，区域全面经济伙伴关系（RCEP）协定在15个成员国正式签订，形成一个涵约35亿人，GDP总和达23万亿美元（占全球总量1/3），覆盖区域世界最大的自贸区。广东作为对外贸易大省、电子商务强省，紧紧抓住RCEP带来的发展机遇，积极推动农产品跨境电商发展。2020年10月，全国唯一的"国家农产品跨境电子商务标准化示范区"落户东莞。2021年，在广东省（里水）农产品跨境电子商务综合试验区，探索适合农产品特点的跨境电商发展模式。跨境电商对农产品冷链物流提出了更高的发展要求，在对接国际标准、境内外资源整合、专业化人才等方面既产生了新的需求，也带来了新的市场。

"生鲜电商+冷链宅配"模式。2021年，农业农村部发布的《关于促进农业产业化龙头企业做大做强的意见》提出，鼓励龙头企业完善配送及综合服务网络，在大中城市郊区发展工厂化、立体化、园艺化农业，推广"生鲜电商+冷链宅配""中央厨房+食材冷链配送"等新模式,提高鲜活农产品供应保障能力。在"宅经济"蓬勃发展的背景下,社区团购、生鲜电商的快速扩张倒逼城市冷链配送体系的加速布局。如深圳小田冷链公司在仓配一体化及衍生增值服务能力基础上,叠加生鲜电商宅配服务,为生鲜电商等客户提供最后 100 米的配送服务。粤旺集团推出了"柜鲜生"5G 智能零售柜,在机关单位、大型社区布设了逾千个终端,消费者通过扫码支付即可"零距离""无接触"地购买到新鲜食材,通过智能化、可控温的零售柜,解决冷链物流"最后一公里"的难题。

"冷链物流+预制菜"模式。自 2020 年以来,广东加快入局预制菜这条"新赛道"。2022 年,广东省人民政府办公厅发布了《加快推进广东预制菜产业高质量发展十条措施》,推动广东预制菜产业高质量发展走在全国前列。东莞市充分发挥粮油、食品加工、冷链物流等综合优势,制订了《东莞市推进预制菜产业发展实施方案》,鼓励冷链企业与预制菜企业融合发展,着力构建以国家骨干冷链物流基地为重要支撑、城市冷链物流配送骨干网为渠道的预制菜流通体系。东莞市麻涌镇依托优秀的食材供应链和国家级港口资源,打造食材供应链与中央厨房产业集群,实现中央厨房食材供应链进社区、进学校、进企业、进餐饮店。广州市花都区推进预制菜产业建设,引入玉湖集团等冷链龙头企业,集冷冻冷藏、加工生产、物流配送、服务配套于一体的综合性预制菜产销中心。此外,广州南沙、珠海斗门、佛山南海及顺德、江门蓬江、肇庆高要、惠州博罗等也在开展预制菜产业园建设,进一步带动区域冷链物流资源整合和发展。

4. 农产品冷链物流智慧化加速发展

物联网、移动互联网、大数据等现代化信息技术越来越多地应用于冷链物流,在提高冷藏车管理调度效率、降低各环节成本、减少农产品储运过程中损耗或劣变损失等都发挥了重要作用[10]。顺丰等大型物流企业在农产品冷链配送环节上通过视频识别(RFID)、温控技术、全球定位技术等获取数据,并通过互联网的智能分析,实时监控冷链农产品的品质,保证运输过程迅速及透明化,从而实现合理高效、高质的配送服务[11]。广东雪印集团有限公司建成了大数据平台,系统实时显示每辆运输车辆的位置、司机、货物情况。以深圳市易流科技股份有限公司为代表的冷链物流数字化服务商,采用物联网设备和大数据平台,可实现车辆温湿度、轨迹全程可视化,及时处理在途异常,帮助冷链物流企业提高服务质量与水平[12]。目前,粤港澳大湾区冷链物流企业的冷链车辆 90% 以上能够实现车辆监控和温度监控。

（二）农产品冷链物流产业链日趋完善

农产品冷链物流从产业链结构上看，可以分为上游的冷链设备制造、冷链工程及技术、信息服务企业，中游的冷库、冷藏运输（配送）运营企业，下游的冷链供应链用户企业，主要包括但不限于连锁生鲜超市、大型农产品批发市场、鲜活农产品供应商、连锁餐饮企业、农产品加工（含预制菜）企业等（见图1）。同时，在科技研发和技术成果供给方面，相关高校和科研院所仍然是主力军；冷链物流相关行业协会对促进行业自律、健康发展、信息交流、标准制定等方面也发挥了重要作用。在产业链上中下游，大湾区都汇聚了大批有一定规模和竞争力的企业。

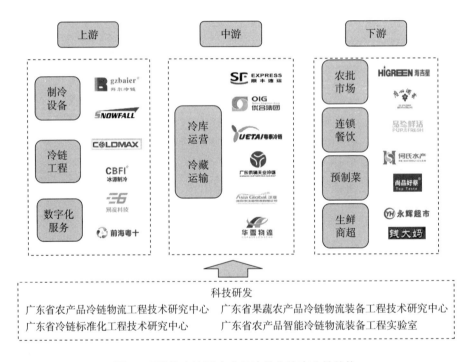

图1　粤港澳大湾区农产品冷链物流产业链结构

据中物联冷链委员会发布的2021年中国冷链物流企业百强榜，珠三角共有13家企业上榜，其中广州8家、深圳3家、佛山2家（见表3）。从企业集中度来看，广州是大湾区冷链物流业的核心区；从企业规模来看，位于深圳的顺丰速运连续多年居于百强榜的前三位，优合集团也多次进入二十强。

表3 "2021年全国冷链物流百强"珠三角上榜企业

序号	企业名称	百强排位
1	顺丰速运有限公司	2
2	优合集团有限公司	15
3	中外运冷链物流有限公司	16
4	佛山市粤泰冷库物业投资有限公司	28
5	广州拓领物流有限公司	37
6	深圳泛亚物流有限公司	42
7	广东华雪冷链物流有限公司	50
8	广州鑫赟冷冻运输有限公司	53
9	广州保事达物流有限公司	68
10	广州长运冷链物流服务有限公司	75
11	广东新供销天业冷链集团有限公司	76
12	广州蓝链集团有限公司	85
13	佛山市鼎昊冷链物流有限公司	95

（三）大湾区农产品冷链物流市场潜力大

党的十九大报告指出，我国经济已由高速增长阶段转向高质量发展阶段。党的二十大报告要求加快构建以国内大循环为主体、国内国际双循环相互促进的新发展格局。当前中高端消费正成为转变发展方式、优化经济结构、转化经济增长的动力之一。随着城市中产阶层群体规模的日益扩大及其带来的消费升级，生鲜农产品冷链物流需求日趋旺盛。另外，新冠肺炎疫情期间引发的线上消费、无接触式配送的需求激增，为生鲜农产品电商、农产品冷链物流发展提供了强大的市场驱动力。连锁超市、生鲜电商、中央厨房、预制菜等市场主体对农产品冷链物流服务的需求呈现多样化、个性化、定制化等特征，市场对全链条高品质冷链物流服务需求越来越旺盛。

1. 生鲜农产品保供稳供提升冷链物流能力

根据国际经验，当人均GDP达到1.1万美元左右时，社会冷链物流需求快速增长，冷链设施建设和冷链物流发展将进入快速成长期。至2021年底，粤港澳大湾区人均GDP已经达到2.3万美元，消费者对高品质农产品消费需求的日益增长，将推动冷链物流产业迈入新阶段。

采用平均增长率法预测粤港澳大湾区内地九市2025年的人口规模，根据人口规模推测主要冷链农产品年消费量，预测结果显示，2025年大湾区内地九市冷链物流农产品需求量将达到 2767.32 万吨（见表 4）。目前，现有冷链设施远远不能满足生鲜农产品冷链流通的需求。

表 4　粤港澳大湾区内地九市 2025 年冷链物流农产品需求量预测 单位：万吨

城市	蔬菜	肉类	禽类	水产品	蛋	奶及奶制品	水果	合计
广州	232.23	79.27	79.60	78.58	20.71	18.75	137.80	646.94
深圳	222.80	76.05	76.37	75.39	19.87	17.99	132.21	620.67
珠海	32.27	11.01	11.06	10.92	2.88	2.61	19.15	89.89
东莞	146.84	50.12	50.33	49.69	13.09	11.85	87.13	409.05
中山	51.27	17.50	17.57	17.35	4.57	4.14	30.42	142.81
肇庆	54.23	18.51	18.59	18.35	4.83	4.38	32.18	151.06
惠州	71.53	24.42	24.52	24.21	6.38	5.78	42.45	199.28
佛山	121.17	41.36	41.53	41.00	10.80	9.78	71.90	337.56
江门	61.04	20.84	20.92	20.66	5.44	4.93	36.22	170.06
合计	993.38	339.09	340.49	336.14	88.57	80.20	589.45	2767.32

注：冷链物流农产品需求量＝人口规模×主要生鲜农产品人均需求量。各市主要生鲜农产品人均需求量采用广东省主要农产品人均需求量代替；各市人口规模数据及生鲜农产品人均需求量数据来源于《广东统计年鉴》。

2. 生鲜农产品电商仍在成长阶段，市场空间大

由于果蔬、水产品、肉类等生鲜农产品具有易腐性的特点，冷链物流在生鲜农产品电商整条链路中扮演着至关重要的角色，包括预冷、冷库中转、冷链运输及配送服务[13]。新冠肺炎疫情助推了"宅经济"的爆发式增长。相关学者通过问卷调查发现，疫情期间消费者使用线上平台购买果蔬的比例大幅度提升[14]。中央财经大学等机构发布的《2022 中国农产品电商发展报告》显示，各类互联网平台旗下的社区团购、网络直播、"品牌＋"等新模式不断迭代，市场规模快速发展。随着生鲜农产品电商渗透率近年来快速提升，为了保障生鲜农产品品质，提升消费者体验，各大电商平台和物流企业通过自建或合作的方式不断加强生鲜农产品产销地的冷链物流设施建设。

此外，跨境电商凭借线上化、多边化、数字化等优势，呈现高速增长态势，成为稳外贸的重要力量。农产品跨境电商在农产品国际贸易市场中具有较大的发展空间和良好的发展前景。在新形势下，党中央提出要"加快构建以国内大循环为主体、国内国际双循环相互促进的新发展格局"。党的二十大报告强调要"着

力提升产业链供应链韧性和安全水平"。2020 年粤港澳大湾区的国际贸易总额超过 14 万亿元，居全球各湾区之首。包括跨境电商在内的国际贸易的高质量发展，将成为粤港澳大湾区经济发展的重要支撑点。随着 RCEP 的生效和逐步深化，粤港澳大湾区在农产品进出口方面也面临更多的机遇和挑战。完善农产品冷链物流体系，将有效提高农产品产业链供应链的韧性，增强在国际贸易中的竞争力，使企业获得更多的市场机会。

3. 预制菜产业持续扩张，激发冷链物流需求

从消费端需求来看，近年来简单方便易操作的预制菜因其口味的相对灵活性而呈快速增长趋势，其以生鲜或冻品为主，对冷链物流有刚性需求。广东拥有深厚的饮食文化底蕴，粤港澳大湾区经济繁荣、消费力强、市场巨大，物流发达，具有发展预制菜产业的坚实基础[15]。广东省预制菜企业有 5300 多家，约占全国企业总数的 7.5%。据第三方咨询机构数据，2021 年我国预制菜市场规模为 3459 亿元，同比增长 18.1%；预制菜市场仍会高速增长，预测至 2023 年、2025 年和 2030 年的市场规模将分别突破 5000 亿元、8000 亿元和 10000 亿元[16]。

（四）粤港澳大湾区农产品冷链物流产业存在的问题

1. 农产品冷链物流产业标准化程度低

目前与我国与冷链物流和农产品有关的标准达 200 多项，但绝大部分都是推荐性标准。我国《食品安全国家标准　食品冷链物流卫生规范》（GB31605－2020）于 2021 年 3 月 11 日正式施行，对我国冷链物流缺乏强制性标准进行了弥补，促进行业的健康发展[17]。但由于冷链物流整体产业链庞大，相关内容仍需要进一步完善，以保障冷链物流行业的稳健发展。粤港澳大湾区涉及 3 个独立的关税区，缺乏统一的冷链标准。香港特区在冷链方面大量采用国际标准，并根据《公众卫生及市政条例》对食品进行检验；澳门特区主要依据《食品安全法》对食品生产经营进行管理，并未对冷链物流作出规定；广东地区则采用国家标准、行业标准以及地方标准作为依据。长期以来，粤港澳三地缺乏相互认可的冷链标准体系，行业企业主要依据所在地的要求及企业内部标准进行质量控制。

2. "最初一公里"和"最后一公里"仍是最大短板

生鲜农产品保质期短、损腐率高，产地预冷是关键。目前，粤港澳大湾区内多数果蔬产品在运输过程中缺乏商品化的包装和保鲜措施，特别是田头分选、预冷设施覆盖率低，果蔬产品预冷占比仅约 30%。农产品产地预冷技术较为落后，常用的预冷方法是自然通风降温或冷库预冷方式，耗时长、效果差。同时，产地缺乏农产品低温集配中心，分选、初加工在开放环境中进行操作，从产地到物流

节点的装卸也通常在常温环境下进行，很难做到物流节点的低温无缝衔接。此外，目前多数商超、便利店、大货场缺乏冷链配送停车场、卸货平台等设施。总体来看，生鲜农产品全程冷链配送体系尚未形成[18-19]，存在大量"断链"隐患。

3. 冷链资源整合度低、空闲与不足并存

各大电商企业都喊出"全程冷链"口号，但在落地配送环节却大相径庭，主要原因是对成本的考虑。冷链物流体系投资大、资产重，以目前生鲜电商冷链物流发展规模来看，前期投资成本回收期至少5~10年，对于中小企业来说自建成本太高，因此，多数企业选择第三方冷链物流公司。但由于第三方物流总体规模不大，冷链物流需求又有明显的季节性特点，旺季"吃不下"、淡季"吃不饱"，冷链物流的服务质量难以保证。许多大型企业采取自建物流模式，在满足自身产品配送需求的同时，为解决冷链资源淡季闲置问题，"共享"空间或库存成为一种新趋势。但由于缺乏成熟的市场模式和机制引导，"共享"仍处于尝试阶段。如广州本土企业广州风行牛奶有限公司拥有近500家社区店，有包括冷藏车、冷柜等大量冷链资源，但利用率偏低。近年来该公司一直以共享社区店为出发点，寻求一种新的发展模式，但苦于市场机制不成熟，收效甚微。

4. 现有城市限行政策困扰冷链配送发展

区域城市群内部的城际通道能力紧张，物流集散中心布局不合理是造成冷链物流高额运输成本的一大原因。目前，珠三角城市冷链物流配送车进城仍受到很大的局限性。现行"一刀切"的货车分时段分区域限行政策对冷藏车入城及终端配送造成了诸多限制，使从事冷链配送的企业大大增加了运营成本。与北京、上海、天津等国内其他大型城市相比，广州、深圳的货车通行证数量明显偏少。单纯的限行措施，难以从根本上解决城市配送需求和城市交通容量之间的矛盾。应当将城市冷链配送纳入城市基本公共服务范畴统筹考虑，优化冷藏配送车分级分类管理，规划更多的临时停靠和装卸点，通过信息化手段，提高管理效能。

5. 农产品冷链物流全链条监管困难

农产品冷链贯穿从产地农田到家庭冰箱的全过程，一部分冷链物流企业为了降低成本，在运输过程中制冷设备断电、农产品装卸暴露在常温环境下、没有为不同类型农产品在储运中设置不同温区。同时，由于信息化监测普及率低、缺乏强制性标准，出了问题难以追查定责，在一定程度上容易导致"劣币驱逐良币"的柠檬市场效应，"伪冷链""断链"问题突出。此外，粤港澳大湾区是我国进出口最活跃的地区之一，对进口冷链产品的检验检疫和质量安全防控提出了重大挑战。

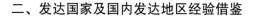

二、发达国家及国内发达地区经验借鉴

(一) 发达国家农产品冷链物流发展现状

美国、日本、德国、加拿大等国冷链物流业处于世界领先地位。发达国家冷链物流普遍在 20 世纪 50 年代起步，20 世纪 70 年代迎来了发展"黄金时代"，随后一直保持稳定发展态势，并从满足国内需求向国际化服务扩展。美国、日本的食品生鲜预冷率在 80% 以上，中国仅为 30%；美国、日本的冷链流通率在 95% 以上，中国仅为 20%~40%；美国、日本人均冷库容量为中国的 2~4 倍，每万人冷藏车保有量为中国的 7~9 倍。

1. 美国

美国的冷链物流体系具有以下几个特点：一是建立了覆盖全国的庞大的运输网络。美国是高速公路和铁路最完善的国家之一。美国设计并建造了高通行量、高速度的高速公路网，当中最重要的是州际高速公路系统的建设。依仗这些纵横交错的高速公路网，国内冷链运输主要由集装箱卡车完成，1000 千米以内 24 小时可以送达。除了公路外，美国建造了横贯大陆的铁路网络，用以在 48 个州之间运载货物。美国冷链物流当前大力发展火车温控集装箱，也是基于铁路网络的优势。二是冷链物流专业化程度高，第三方物流发展成熟。冷链的每个环节，包括农产品分拣包装、冷加工、冷藏卡车租赁、维修、冷库仓储、产品检验、终端配送、结算等都由专业的第三方承担，分工非常细致。同时各环节的无缝链接又有赖于广泛应用的电子信息技术，包括电子数据交换、卡车卫星定位系统、车载电脑及远程控制平台、项目化管理软件等。此外，美国的第三方冷链物流已从提供运输、仓储等功能性服务向提供咨询、信息和管理服务延伸，致力于为客户提供改进价值链的解决方案，与客户结成风险、利益共享的战略合作伙伴关系。三是完善的标准和立法。美国成立的冷链协会（CCA）为温度敏感和易腐的产品提供标准化的运输指导，统一设定行业标准，使生鲜产品的冷藏、加工、包装等环节有规可循。

2. 日本

日本冷链物流起步于 20 世纪 50 年代，进入 20 世纪 70 年代，日本便利店、餐饮业的高速发展推动冷链物流发展进入黄金时期。截至 2020 年，日本冷库容量达 3926 万立方米，其中营业用冷库容量达 2792 万立方米，人均冷库容量达 0.339 立方米，位列全球第十。日本冷链物流具有以下特点：一是温度带严格划分。根据《日本冷库法》规定，冷库划分为营业用和非营业用冷库，其中营业用冷库划分为 F 级（Frozen）和 C 级（Chilled）。针对货品性质，冷链物流企业分为冷冻（-18℃~22℃）、冷藏（0℃~7℃）、恒温（18℃~22℃）3 个温度带进行分装配送。二是精细化冷库管理，机械化信息化并存。日本较高的专业技术和先进的专业设施保证了集约化和高效化的冷链物流管理。在冷库结构上，日本冷库大多采用多层结构，并根据客户需求实行梯级温度设置。在流程设计上，实行无缝式冷链管理，避免冷链断链。在仓储环节中，自动化立体仓库在实际操作过程中完全采用机器设备进行生鲜产品的存取，提高作业效率。三是从需求结构来看，预制菜消费占比较高。日本人均冷冻品消费量平均在 20 千克/人，冷冻食品行业发展较为成熟，其中冷冻食品分类中，预制菜消费占比高达 90%，成为推动冷链物流发展的核心品类。

（二）长三角、京津冀地区农产品冷链物流发展现状

长三角、珠三角、京津冀是我国规模最大的三大城市群，在推动区域内冷链物流一体化协同发展方面，长三角、京津冀率先起步，对大湾区内地九市有重要的借鉴意义。

1. 长三角地区

据中物联冷链委发布的数据显示，2021 年中国冷链物流行业百强企业，上海市有 21 家，居全国首位，企业总部位于长三角地区的冷链物流企业占百强企业总数超过 50%，集聚态势明显。上海沪牌冷链专用车辆有 9800 辆，支持冷链的前置仓数量已经突破 1000 家，以"叮咚买菜""光明奶站""盒马集市""美团买菜"为代表的专业型前置仓运营企业，为市民提供冷链到家的便捷化服务。2022 年 2 月，"长三角智慧冷链联盟"在长三角区域合作办公室的指导下成立，致力于推进长三角冷链产业一体化高质量发展，推动冷链产业数字化转型升级，保障冷链产业双碳目标达成，搭建冷链公共信息平台，建立区域产业保障体系，完善区域产业标准体系，培育壮大具有国际竞争力的冷链产业联合体。2022 年 5 月，上海市政府发布了《上海市加快经济恢复和重振行动方案》，明确要求加紧建设一批集仓储、分拣、加工、包装等功能于一体的城郊大仓基地，推动应急物资储备基地建设，并确保应急状况下及时就近调运生活物资。进一步优化配置社区生活消费服务综合体，支持智能快件箱、智能取餐柜和快递服务站进社区、园（厂）区、楼宇，支持冷链物流网络及前置仓布点建设，加强末端环节及配套设施建设。

2. 京津冀地区

物流一体化是京津冀协同发展的重要内容之一。2018 年，天津、北京、河

北三地的商务、市场监督部门共同组织制定并发布了京津冀冷链物流区域协同标准体系，该标准体系包括冷链物流冷库技术规范、冷链物流运输车辆设备要求、冷链物流温湿度要求与测量方法、畜禽肉冷链物流操作规程、果蔬冷链物流操作规程、水产品冷链物流操作规程、低温食品储运温控技术要求、低温食品冷链物流履历追溯管理规范 8 项标准。京津冀地区试点物流标准化改造的数据显示，试点企业库内人工效率提高超过 50%、装卸人员成本降低 50% 以上，产品破损率明显降低。

（三）经验借鉴

1. 完善的标准体系是冷链物流的基础

标准化是冷链物流效率提升的基础和产品质量安全的保障。国外发达国家制定严格的标准和行业行为规范，并建立有效的监管机制，冷链企业受到社会多方监督，从而确保冷链产品质量。国外冷链物流标准体系涉及整个产业链，基于完善的标准体系，生鲜农产品生产加工流通全程可实现机械化，部分作业实现自动化，物流作业效率显著提高。例如，美国制定了农产品冷链物流操作标准和强制性规定，并建立了配套监督机制与惩罚措施；日本规定了食品在低温情况下流通的严格温度环境范围。作为全国"农产品冷链流通标准化试点城市"，天津市率先制定发布了 9 项冷链物流地方标准，走在国内前列，其冷链物流标准化水平得到明显提升。在此基础上，由天津市牵头，天津、北京、河北三地联合制定并推行的冷链物流协同地方标准，对推动京津冀物流一体化发展，优化生鲜农产品供应保障发挥了重要作用。

2. 产前预冷是农产品冷链物流的关键一环

日本蔬菜水果的筛选、定级、预加工、包装、预冷、冷藏、运输和销售冷链保鲜贯穿始终。德国 98% 的生鲜农产品从原产地到销售网点全程都处在要求的温度环境中，冷库中的制冷设备通过电脑实现精细控制。生鲜蔬果 100% 实施分等级包装方法，流通市场中所有的生鲜肉类都置放于相应的严格冷藏温度环境里。在国内，生鲜农产品的"最初一公里"（生鲜农产品从产地采摘、分级、加工、包装、仓储等各个环节）预冷问题一直被忽视，不经预冷的果蔬在流通环节损失率高达 25%～30%，间接提高单位产品冷链成本，而国外生鲜农产品损腐率控制在 2% 以内。发达国家冷链利润率为 20%～30%，而我国常温利润率约为 10%，冷链利润率约为 8%。

3. 先进的全链条冷链物流管理技术

冷链物流的发展离不开技术创新，这是冷链物流发展的根本动力。一是国外普遍采用先进的物流管理信息系统。系统中库存数据和销售数据可实现预警，为企业采购提供依据，降低仓储成本和保存期损耗，而国内冷链信息系统落后，导致冷链物流不经济。二是国外物联网技术应用广泛。国外冷链物流拥有先进的辅助设备，如卡车卫星定位系统、远程控制平台、车载电脑等，应用 RFID、GPS 技术实时监控车辆位置及生鲜农产品运输品质，提升了冷链的运输效率。三是物流技术的研究与应用比较受重视。国外目前主要应用的技术有气调技术、微生物控制技术、预冷技术和冷库自动化技术等，国内这些技术应用多停留在试验阶段。

4. 规模化、市场化、专业化程度高

由于农产品冷链物流技术要求相对较高，同时也涉及食品安全和生产安全等因素，在多数发达国家里农产品冷链物流是一个高度专业化和高度集约化的产业，专业化集约化第三方冷链物流企业的发展水平已经成为衡量其冷链物流产业发展质量标志性指标。美国美冷集团拥有近 22% 的全球冷链物流市场份额，普菲斯冷库、美国冷藏公司（USCS）、Able Freight 等全美排名前五的冷链仓储公司冷库容量占美国总量的 63.4%。全美最大的干线运输企业 C. R. England 的市场份额达 13.5%。日本最大的冷库企业——日冷物流集团冷库容量占日本总量的 11.5%，冷库规模排名全球第六。

根据中物联的监测数据，我国冷链物流百强市占率从 2016 年的 9.2% 提升至 2020 年的 18.1%。在百强企业中，头部效应较为明显，前 10 的企业占据了百强近 60% 的份额，企业平均规模超过 40 亿元；说明我国冷链物流市场化、规模化水平在逐步提高。

三、科技创新是大湾区农产品冷链物流产业高质量发展的重要支撑

2021 年 2 月，国务院印发《关于加快建立健全绿色低碳循环发展经济体系的指导意见》，要求全方位全过程推行绿色生产、绿色流通、绿色生活、绿色消费等，统筹推进高质量发展和高水平保护，确保实现"碳达峰""碳中和"目标，推动我国绿色发展迈上新台阶。高效低碳制冷新技术、绿色防腐保鲜新方法、环境友好包装新材料、智能化信息处理与实时监控技术装备开发受到全球性的高度关注。构建"产地分级预冷—产地冷库贮藏—冷藏车配送—配送中心冷库转存—超市冷柜销售—家庭冰箱保存"的全程冷链物流体系，保障农产品从"农田到餐桌"全程处于适宜环境，实现农产品物流保质减损成为全球农产品冷链物流产业的共识，智慧冷链、绿色冷链是农产品冷链物流现代化发展的主要

方向。

（一）农产品冷链物流产业关键技术

1. 农产品冷加工技术

农产品冷加工主要指果蔬产品采后预冷以及水产品、肉类的速冻。农产品预冷存在的主要问题是：产地专用预冷设备严重缺乏；预冷工艺不完善；能耗大、成本高。

果蔬采后预冷是果蔬贮藏、流通中重要的前处理技术，是指果蔬产品从常温（25℃~30℃）迅速降至所需要的冷藏温度（0℃~15℃）的过程，预冷能迅速排除田间热、抑制呼吸作用、延长储藏期，是果蔬冷链流通的重要环节。果蔬预冷技术的发展方向主要有真空预冷、差压预冷、冰浆预冷等。

真空预冷技术利用果蔬在低压环境下水分的蒸发，快速吸收果蔬蓄存的田间热量，同时不断去除产生的水蒸气，使果蔬温度得到快速降低。

差压预冷技术是一种利用差压风机抽吸作用在果蔬包装箱内外两侧形成一定的压力差，促使冷空气通过包装箱上的通风孔进入箱体内部，与果蔬进行对流换热，从而达到降低果蔬温度、延长贮藏期目的的空气预冷技术。该技术具有预冷速度快、冷却均匀、适用范围广等优点。

冰浆预冷技术是利用冰浆的潜热、零度恒温和疏松、多孔及良好包裹性，冰浆和果蔬直接接触，能够迅速消除果蔬的田间热和呼吸热，是农产品采后预冷的新兴方法。预冷过程的核心问题是果蔬内部温度场判断准确性。

速冻是指运用现代冻结技术在尽可能短的时间内，将食品（农产品）温度降低到其冻结点以下的某一温度，使其所含的全部或大部分水分随着食品（农产品）内部热量的外散而形成合理的微小冰晶体，最大限度地减少食品（农产品）中的微生物生命活动和食品（农产品）营养成分发生生化变化所必需的液态水分，达到最大限度地保留食品（农产品）原有的天然品质的一种方法。冻结要在-30℃~-18℃下进行，并应该在20分左右完成；冻结后食品（农产品）的中心温度要达到-18℃~-15℃，速冻食品（农产品）内水分形成无数针状小冰晶，其直径应小于100微米，避免在细胞间隙形成较大颗粒的冰晶体。速冻设备形式可分为强烈鼓风机式、流化床式、隧道式、螺旋式、接触式及直接冻结式。速冻技术存在的主要问题是：速冻设备的适应性差；自动化水平低；能耗大。速冻技术的发展重点是超低温速冻技术。

2. 农产品冷贮藏技术

农产品冷贮藏主要依赖各种类型的冷库实现。冷库是指用人工手段创造与室外温度或湿度不同的环境，以延长农产品的储藏期的一种制冷设备。农产品冷库按库内温度高低可分为高温库、中温库、低温库；按结构类型可分为土建型、轻钢结构型以及混合型。冷库存在的主要问题是：冷库分布不均衡（销地多、产地少；低温库多、高温库少）；涉氨冷库安全问题；冷库单位容量能耗高。冷库要解决的关键技术是：冷库节能技术；涉氨冷库安全技术；超低温冷库技术。

新型环保制冷剂如二氧化碳也越来越多的应用在冷库制冷系统中。二氧化碳具有高密度和低黏度，流动损失小、传热效果良好，并且费用低、易获取、稳定性好。氨系统一般采用集中式制冷，设有专门机房，应用于大型制冷系统（万吨以上），近年来的发展重点在于提高安全性，降低充注量。在冷库制冷应用上，二氧化碳通常与氨、氟利昂分别组合，"氨+二氧化碳"组合能够有效降低氨充注量，提高安全性；"氟利昂+二氧化碳"组合能够减少对环境的影响，符合环保要求。高效安全环保的冷库保温材料研发和应用。具有良好隔热、抗压、防潮、防火性能的新型（复合型）保温材料和冷库建造工艺，将大幅降低冷库的能耗，提高使用寿命和安全性。

典型案例：南沙国际物流中心冷链母港项目的冷库采用冰轮环境的"氨和二氧化碳复叠"制冷技术和冷凝余热回收系统技术，是近年来在工商制冷行业取得规模化应用的低碳绿色制冷技术，以"安全、环保、节能"于一体为其显著特点。

3. 农产品冷藏运输技术

农产品冷藏运输主要以冷藏运输车实现，冷藏车制冷方式包括冰、干冰、蓄冷板、低温制冷剂系统、机械制冷等。农产品冷藏运输存在的主要问题是：多温区运输技术滞后；运输过程缺乏对运输环境及农产品品质的高效监测技术；"最后一公里"配送专用设备少。农产品冷藏运输技术的发展重点是：低温工质气化冷藏车研制；蓄冷冷藏车研制；多温区、多空间冷藏车研制；"最后一公里"便携式冷藏设备研制。

新能源技术和产业的快速发展，将推动新能源冷藏车制造技术的提升、成本的下降以及国家环保政策实施等，进一步提高新能源冷藏车的市场份额，同时对制冷系统、监控系统等提出了新的要求，要求更加低功耗、低排放。

环境友好包装新材料研发和应用。采用保鲜材料对农产品进行包装，能有效减少农产品在冷链运输和仓储过程中的品质衰变，提高商品价值。多功能聚烯烃基保鲜膜保鲜是重要发展方向之一，如使用银纳米材料，能有效抑制细菌；微孔保鲜膜能增加透气性；脱乙烯保鲜膜能将果蔬产品释放的微量乙烯吸收。

典型案例：日本一家造纸公司生产了一种水果保鲜包装箱。它是在瓦楞纸箱的瓦楞纸衬纸上加一层聚乙烯膜，然后涂上一层含有微量水果消毒剂的防水蜡涂层，以防止水果水分蒸发并抑制呼吸达到保鲜的目的。用这种包装箱包装水果可在一个月内使水果保持新鲜。

4. 农产品冷链物流信息化技术

冷链物流信息化是指利用现代传感器技术、通信技术、网络技术以及大数据、区块链等技术，实现冷链物流全过程要素的数字化，并最终通过智能决策技术，实现冷链物流资源的高效优化配置。

（1）物联网技术。

1）产品溯源。

通过传感器能够追溯到农产品从种植到运输到交付环节的所有信息，包括种植条件、投入品使用、农产品品质、运输过程温度等，同时通过区块链记录货物从发出到接收过程中的所有步骤，确保了信息的可追溯性和不可篡改性。

2）冷链控制。

通过部署多样化的传感器，实现对冷库内乙烯监测、二氧化碳监测、温度监测、风扇监测等功能。通过冷藏车辆内部安装的温控装置，对车内的温湿度情况进行实时监控，确保全程冷链不掉链。

3）路由优化。

通过车辆上安装的信息采集设备，可以采集运输车辆情况、路况、天气等信息，上传给信息中心，分析后对车辆进行调度优化。

（2）大数据技术。

1）需求预测。

通过收集用户消费特征、商家历史销售等大数据，利用算法提前预测需求，前置仓储与冷链运输环节。

2）网络及路径规划。

利用历史数据、时效、覆盖范围等构建分析模型，对仓储、运输、配送网络进行优化布局。

（3）人工智能技术。

1）决策辅助。

利用机器学习、深度学习等技术来自动识别货物、设备、车辆的状态，提高冷链物流指挥调度、冷库及冷藏车等资源供需匹配的效率，逐步实现辅助决策和自动决策。

2）智能调度。

通过对商品特性、数量、包装等基础数据分析，利用深度学习算法技术，由系统智能地计算并推荐冷库堆放、冷藏车温区空间划分等作业排序、流程，从而提高作业效率。

3）自动化技术。

自动化技术包括仓内自动作业机器人、物流无人车、无人机等应用，能大幅减少劳动力投入，提高冷链物流效率。

冷链物流信息化技术存在的主要问题是：冷链物流信息感知能力弱；信息"断链"；设备与预测或决策模型耦合度低。冷链物流信息化要解决的关键技术包括：多源信息感知技术；农产品区块链溯源技术；冷链物流大数据技术。

5. 农产品冷链物流标准化

农产品冷链物流标准化包括各类生鲜农产品原料处理、分选加工、预冷、冷库储藏、包装标识、冷藏运输、分销零售等环节的保鲜技术和制冷保温技术标准，以及制定冷链各环节有关设施设备、工程设计安装标准。

农产品冷链物流标准化存在的主要问题是：标准体系不健全，与国际标准对接程度低，推荐性标准多、强制性标准少，标准的实施缺乏监管。

（二）大湾区农产品冷链物流科技创新分析

采用专利导航分析方法，对大湾区农产品冷链物流科技创新资源分布和研发能力进行了分析。顺丰速运有限公司的专利申请量领先于其他申请（专利权）人。顺丰速运有限公司名列 2019 年中国冷链物流企业百强名单第 1 位，其专利的申请量也是位居广东省申请总量之首。华南农业大学、华南理工大学、东莞职业技术学院、仲恺农业工程学院是最主要的申请方。华南农业大学工程学院吕恩利团队建立了广东省果蔬农产品冷链物流装备工程技术研究中心，主要开展冷水预冷、气调保鲜运输等装备创新研究。华南理工大学孙大文团队建立了广东省农产品冷链物流装备工程实验室，主要开展冷链过程品质的智能快速感知与信息集成、冷链过程调控技术装备、农产品品质数据驱动的冷链物流调控技术装备、品质驱动的冷链物流优化体系等研究。

围绕绿色低碳、安全高效、标准化、智能化和可溯化发展需求，应加强产学研管合作，鼓励龙头企业与高校、科研院所等建立创新联合体，开展以农产品冷链物流品质劣变及蓄冷传热机制等方面的源头创新研究，系统分析环境条件对产品品质劣变、质构变化和腐败损耗的生物学机制，开展热管技术与蓄冷传热机理等基础研究；围绕农产品冷链物流核心工艺技术、物流包装与技术装备、全供应链智能化物流管理与产品质量安全溯源和标准系统、"互联网+电商"等产业技术需求，开展物流保质减损新工艺与新技术、包装新材料和新装备研发，构建基于信息技术的智能化物流管理平台、微环境智能化监控和品质质量及安全溯源技术体系；开展"互联网+电商"物流及其配套保质减损与包装新技术开发研究，集成相关技术装备，构建技术标准体系，开展规模化示范应用。

四、促进粤港澳大湾区农产品冷链物流产业高质量发展的对策建议

《国民经济和社会发展第十四个五年规划和2035年远景目标纲要》提出，要强化流通体系支撑作用，加快发展冷链物流。在新形势、新格局下，要从公共服务保障和产业高质量的全面视角，充分认识冷链物流在现代农产品供应链中的战略性地位，着力补足农产品冷链物流"最初一公里"和"最后一公里"的突出短板，同时依靠科技创新，推动农产品冷链物流智慧化、绿色化、标准化发展。

（一）优化产业布局，提升农产品冷链物流基础设施水平

农产品冷链物流覆盖农产品供应链的全部环节，但最大的短板是在产地预冷、分选、包装以及配送到消费者手中的"一头一尾"两个环节。从粤港澳大湾区内地九市整体来看，兼具产地和销地的双重特点，需要系统考虑农产品冷链物流发展布局和产业结构。从城市功能和人口发展的角度规划先行，合理布局产地仓、产地集配中心、城郊大仓、城市冷链物流基础设施等冷链物流节点建设，实现农产品全产业链冷链无缝对接。

1. 加强田间地头冷藏保鲜设施，补足"最初一公里"短板

加大对家庭农场、农民合作社建设小微型田头冷库的支持力度。组织有关企业尽快研发推广小型移动式田头冷库设施、田头预冷处理设施。统筹乡村振兴建设资金，在"一村一品、一镇一业"规划布局建设中，结合特色产业发展需求，建设一批乡镇冷链物流骨干节点，重点完善果蔬产地分拣、预冷、冷库仓储等设施条件。

2. 面向疫情之后的新需求，大力发展城市"最后一公里"智能配送

将智能化、品牌化连锁便利店纳入城市公共服务设施体系，推进"一刻钟便民生活圈"建设。发展无接触配送、无人零售等新模式。加快发展城市"最后一公里"智能配送，推进生鲜智能配送柜、生鲜智能售卖机进社区，在有条件的大型社区、写字楼率先开展试点示范。加快布局建设城市末端智能冷链配送设施，完善面向居民消费的农产品冷链物流配送网络。鼓励生鲜农产品生产经营企业与电商平台、冷链物流企业合作，创新经营方式和商业模式，实现线上线下相

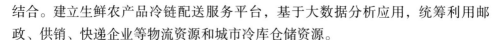

结合。建立生鲜农产品冷链配送服务平台，基于大数据分析应用，统筹利用邮政、供销、快递企业等物流资源和城市冷库仓储资源。

3. 完善农产品冷链物流网络建设

支持供销社系统加强公共型农产品冷链物流网络建设，发挥资源和体系优势，促进农产品"上行"和城乡冷链物流衔接。依托大型农产品批发市场、农产品交易集散中心、农产品物流园区等，建设一批具有一定规模、集中采购、低温加工、中转保鲜、应急保供、冷藏冷冻和冷链运输配送能力的区域仓储保鲜冷链物流骨干基地，衔接农产品干支线仓储保鲜冷链物流，提供农产品低温直运、低温仓储、低温中转、低温集散等服务，打造现代农产品流通体系的规模化平台。充分整合资源，合理规划和建设一批城郊大仓基地。鼓励大型电商平台、专业化物流企业加大海外仓建设力度，完善农产品跨境冷链供应链体系。

（二）进一步改善农产品冷链物流产业发展环境

国家出台了"十四五"冷链物流发展规划，广东省也出台了推进冷链物流高质量发展实施方案。多个部门加大了政策支持力度，为农产品冷链物流产业发展营造了良好的外部环境，但在政策的协同性、落地性方面仍然需要进一步试验和探索，同时在引导产业集聚发展、用地保障、补齐产地短板、完善市场化服务、培育龙头等方面还需要更多的具体措施。

1. 加大农产品冷链物流产业园建设力度

扩大农产品冷链物流现代农业产业园覆盖面和投资规模，加快用地审批，重点支持优势农产品产区建设产地冷链集配中心、产地大仓，支持产地批发市场改造提升冷链物流功能，强化生鲜农产品上行冷链物流通道。

2. 加强冷链物流用地保障

按城市人口分布和配送需求，加快建设网格化畜禽集中屠宰中心、农产品加工配送中心，纳入城市总体规划，加强用地保障。支持各地将冷链物流基础设施作为公共基础设施建设纳入国土空间规划，优先保障冷链物流重大项目的用地指标，合理确定冷链物流项目土地出让底价。鼓励支持利用旧工业厂房、仓储用房等存量房产改造建设冷链设施。田头冷链物流设施应按乡村振兴"点状供地"执行[20]。

3. 加快发展城市"最后一公里"智能配送

鼓励将智能冷藏柜（快件箱）纳入城市公共服务设施规划，推进生鲜智能配送柜、生鲜智能售卖机进社区，在有条件的大型社区、写字楼率先开展试点示范，发展无接触配送、无人零售等新模式，完善城市末端智能冷链配送设施，鼓

励社区便利店、连锁店探索"共享冷柜"等共享经济模式。

4. 加大农产品产业冷藏保鲜支持力度

鼓励和支持有关企业研发推广小型移动式田头冷库设施、田头预冷处理设施。加大对家庭农场、农民合作社建设小微型田头冷库的支持力度。统筹乡村振兴建设资金，在"一村一品、一镇一业"项目建设中，结合特色产业发展需求，重点完善产地分拣、预冷、冷库仓储等设施条件。对各类新型经营主体建设的田头保鲜冷藏设施用电执行农业生产电价。

5. 积极发展面向冷链物流的金融保险产品和服务

鼓励平台企业与保险机构合作开发种类更丰富的农产品冷链物流保险产品，降低企业运营风险，提高理赔效率，保障消费者合法权益。引导乡村振兴基金、地方债项目等加大对农产品冷链物流的投资力度，缓解冷链物流企业资金压力。

6. 积极培育农产品冷链物流龙头企业，提高产业整体竞争力

吸引国内外代表性冷链物流企业在大湾区建立全国性冷链物流枢纽和区域性集散分拨中心，重点引进中国冷链物流百强企业、星级冷链物流企业。积极培育专业化农产品冷链龙头企业，有效整合规模小、实力弱冷链物流企业，通过改组、合并等方式方法，提升行业规模化、规范化水平。

（三）加强农产品冷链物流技术和模式创新

智慧化、绿色化是农产品冷链物流产业高质量发展的必然方向。必须推动"互联网+"与农产品冷链物流深度融合，深化产业链大数据建设和应用，提高冷链物流资源配置效率；加大农产品冷链物流环保绿色、节能低碳技术及新型装备的研发和推广，加快建立大湾区统一协调的标准化体系；同时要加大各类人才培育，鼓励院企联合培养创新模式。

1. 大力发展"互联网+"农产品冷链物流

支持农产品冷链物流企业应用电子追溯、物联网、大数据、人工智能等现代信息技术，提高配送效率、保障食品安全。鼓励发展集中配送、分温层集约配送等新模式。将5G、数据中心等新基建与冷链物流信息化、网络化、智能化改造提升结合起来，推动城乡一体、产销地衔接、上下游产业链协同的冷链物流公共服务建设。加强冷链物流大数据的分析和利用。实现冷藏车辆、冷库、冷柜等冷链资源整合、共享、路径优化、交易撮合等功能，改善和提高冷链物流配送效率和冷链资源利用率，降低企业运营成本。鼓励和推广"共享"模式。利用平台资源积极探索可推广的冷链资源共享机制和模式，鼓励和推进公共冷链建设。加强农产品质量安全追溯管理信息平台建设，完善跨部门、跨区域信息共享机制，

实现生产、加工、流通、进出口各个环节的信息衔接；建立黑白名单制度，引导行业自律和规范发展。

2. 支持农产品冷链物流企业创新发展

支持企业开展冷链物流核心技术攻关，推广应用冷链物流先进技术。研发可减轻品质劣变和腐败损耗的物流核心技术，突破无损分级、预冷气调、包装保鲜等果蔬产后商品化绿色处理核心关键技术，推进产品商品化加工和冷链物流过程中微环境、品质信息的实施监测、预测预警及产品溯源技术。推动农产品冷链物流产业数字化升级。通过"政府引导、企业主体、市场运作、合作共赢"的方式，支持行业协会、产业链龙头企业建设农产品冷链物流大数据平台，推动农产品冷链物流设施设备资源"上云上图"、服务供需信息有效对接，提高农产品冷链物流资源利用率，打通冷链供应链"堵点、痛点"。充分发挥广深汽车制造、新能源产业优势，积极发展先进适用新能源冷藏配送车，解决冷藏车入城难问题。

3. 建立和完善生鲜农产品冷链物流标准体系

制定并完善农产品冷链流通标准体系，包括各类生鲜农产品在原料处理、分选加工与包装、储运、销售过程中的冷链温度控制范围标准，以及冷链各环节有关设施设备、工程设计及安装标准。要鼓励粤港澳三地的行业协会、标准化机构积极开展跨区域、跨领域协作，因地制宜发展符合粤港澳大湾区实际情况的城市间农产品冷链流通标准体系。政府组织开展大湾区农产品冷链物流标准化试点建设，通过试点示范，积累经验，以标准化为牵引，倒逼相关政策的完善，为企业便利化、产业链一体化发展提供良好的外部环境。

4. 加强农产品冷链物流人才培养

按照"面向市场、服务产业、学用结合"的原则，鼓励相关专业院校、高职学校与冷链物流企业联合开展农产品冷链物流专业化技能人才、综合管理人才、信息系统实施人才等的培养和实训；进一步完善冷链物流相关专业及课程设计，充实师资力量，强化实用型人才、复合型人才培养。完善农产品冷链物流行业的职业技能等级认定体系，培育"工匠精神"，发挥各类人才的价值。

参考文献

［1］旷健玲. 国内外冷链物流发展状况研究［J］. 农业技术与装备，2021（8）：77-78.

［2］薛建强，李子涵. 京津冀农产品流通协同创新机制研究［J］. 廊坊师

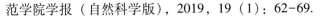
范学院学报（自然科学版），2019，19（1）：62-69.

［3］赵国利．农产品冷链物流发展现状及对策研究文献综述［J］．农业与技术，2021，41（2）：178-180.

［4］陈绮．中国农产品冷链物流理论与研究综述［J］．漯河职业技术学院学报，2018，17（4）：79-82.

［5］王晓平，闫飞．基于神经网络分析的北京城镇农产品冷链物流需求预测［J］．广东农业科学，2018，45（6）：120-128.

［6］周思琦，葛玉辉．基于 Vosviewer 和 Citespace 国内农产品冷链物流研究热点可视化分析［J］．物流科技，2022，45（6）：140-143.

［7］汪涛，潘郁，潘芳，朱晓峰．基于改进人工蜂群算法的生鲜农产品配送路径优化［J］．广东农业科学，2018，45（10）：143-149.

［8］吴乐燕．广东省冷链物流业调查研究［J］．商场现代化，2021（3）：31-33.

［9］郑佩燕，刘军，彭晓洁．乡村振兴战略下广东佛山农产品跨境物流发展的 SWOT 分析［J］．物流科技，2021，44（11）：69-71+75.

［10］Chen C，Chen T，Zhang C，Xie G. Research on Agricultural Products Cold-chain Logistics of Mobile Services Application［C］// 7th IFIP WG 5.14 International Conference，CCTA2013.

［11］何铭强，陶亚萍．顺丰速运冷链发展研究［J］．商场现代化，2020（12）：60-62.

［12］王翠竹．采用数字化管理技术让食品供应链更安全［J］．食品安全导刊，2022（13）：10-11.

［13］李燕．从生鲜农产品采、仓、配谈我国冷链物流发展趋势［J］．中国市场，2022（25）：1-3+7.

［14］李冬男，潘国杨，周倩，李斌．新冠疫情后我国生鲜农产品供应链发展方向［J］．农业大数据学报，2022（3）：42-51.

［15］徐玉娟，张业辉，周芳．广东预制菜发展模式与现状分析［J］．中国食品学报，2022，22（10）：27-38.

［16］黄晓婷．预制菜产业概况及加工技术研究进展［J］．现代食品，2022，28（17）：69-72.

［17］黄小旭．我国农产品冷链物流发展存在的问题及法律对策［J］．粮油食品科技，2022，30（2）：214-220.

［18］Li H . Research on Distribution Mode of Agricultural Products Cold Chain Logistics［C］//2014 International Conference on Mechatronics，Electronic，Industrial and Control Engineering，2014.

［19］Ma X ，Wang D. The Study on the Elusion Approach to "Chain Scission" in the Fresh Agricultural ProductCold-chain Logistics［C］//International Conference on Logistics Engineering，Management and Computer Science（LEMCS 2015），2015.

［20］广东省供销合作社．整合系统资源打造"冷"园区"链"起产销网——关于广东农产品冷链物流专题调研报告［J］．中国合作经济，2021（5）：24-27.

粤港澳大湾区城乡居民食物消费结构与膳食营养特征研究

王佳友[*]

摘　要： 本文以大湾区为视角，基于 2000~2021 年城乡居民食物消费及膳食营养数据，重点分析了大湾区城乡居民食物消费结构特征及营养摄入水平，并运用 AIDS 模型对比分析城乡居民食物消费需求弹性，预测大湾区城乡居民食物消费结构变化趋势。研究结果显示，大湾区城乡居民食物消费结构变迁特征明显、膳食营养状况和营养结构变化显著，未来变化趋势存在异同。由此提出了引导居民合理消费，促进膳食营养均衡；调整优化农业生产结构，确保食物供给充足；大力发展营养健康产业；加强食品营养科技创新和应用；强化营养和食品安全监测与评估等政策建议。

关键词： 食物消费；膳食营养；大湾区

一、食物消费研究进展

食物消费是保障居民生活的物质基础，是任何家庭消费中不可或缺的一部分。随着经济发展和居民收入水平提高，人们对食物的需求由解决温饱逐渐向丰富营养的方向发展，不同种类食物的消费量和消费结构在逐年发生变化。因此，食物消费问题是牵动社会广泛关注的热点。

政府对食物消费政策的制定也一直保持审时度势、谨慎探索的态度。相关问题持续得到学术界关注，取得了大量有价值的研究成果。国内对食物消费的研究开始于 20 世纪 90 年代初期，主要研究可以分为以下三类：第一类是对食物消费

* 王佳友，广东省农业科学院农业经济与信息研究所产业经济研究室，副研究员、博士，主要从事农业经济理论与政策及食物消费研究。

结构演变特征的梳理。早期关于食物消费结构的定量研究主要围绕食物消费结构的趋势性演变分析展开，如卢良恕和许世卫总结我国食物供给与消费情况，认为在长期演进中，我国形成了以植物性食物消费为主，豆、薯、菜、果相互搭配的"东方型食物消费"模式[1]。随后，有学者倾向于通过食物消费量、消费比重的变化对食物消费结构演变进行判断，如钟甫宁和向晶通过对各类食物消费比重的测算发现，中国居民谷物消费下降，动物性食物消费增加，食物消费更加多元[2]。随着社会经济转型加快，围绕城乡居民食物消费结构演变特征比较分析的研究日渐丰富，如曾国军等从时空交互视角分析了我国城乡居民食品消费结构的变迁情况，研究发现城乡居民食品消费结构的差异逐渐减小，粮食在中国城乡居民食品消费结构中的刚需程度下降，居民对肉禽和蔬菜表现出更高的消费倾向[3]。第二类是食物消费影响因素的研究。有学者通过建立食物消费结构经济理论模型，探索影响食物消费结构的因素，考察居民食物消费结构的转变规律。收入差距、城镇化水平、价格、消费习惯、健康信息等因素被纳入分析食物消费结构的影响机制，判断其对居民食物消费结构的影响。第三类是食物消费结构升级研究。一部分学者探索了我国食物消费结构升级所处的阶段，如谢瑾岚回顾了我国居民食物消费升级历史进程，判断当前我国居民食物消费处于"生存温饱型"向"小康享受型"跃升阶段[4]；另一部分学者对我国食物消费升级与农业转型的关系进行了研究，如陈忠明等认为居民食物消费升级与中国农业发展之间存在矛盾，农业生产急需转型升级，以适应居民消费升级的需要[5]。

通过文献梳理，将我国食物消费研究领域的研究热点概括为以下三个主要方面：

第一，农村居民食物消费影响因素。食物消费影响因素一直是食物消费领域的关注热点，农村地区作为推动食物与营养发展方式转变的重点地区，其食物消费影响因素更是学术界的研究重点。在研究初期，有学者主要从宏观视角切入，定性探讨影响农村居民食物消费的因素，涉及的影响因素主要包括宏观层面的经济水平、城镇化水平、食物消费环境、社会风俗与消费观念等。随着对群体异质性的重视以及研究方法的不断发展，有学者将研究视角逐渐转向微观层面，运用计量模型对农村居民食物消费影响因素展开实证分析，收入水平、年龄、教育水平、家庭规模等成为学者探讨较多的影响因素，多元线性回归分析模型、LASSO方法等则是学者运用较多的分析方法。随着我国对资源环境问题的重视，有学者逐渐从资源经济学视角探讨食物消费的生态足迹及其影响因素。其中，有学者测算了我国农村居民食物消费的总生态足迹，也有学者仅对食物消费的水足迹进行探讨。他们一致认为，城镇化是一个影响农村居民食物消费生态足迹的重要因素。但对于城镇化对食物消费生态足迹的影响机制，学术界还存在不同观点。有学者认为，城镇化将导致农村居民食物消费生态足迹减少；还有学者认为，城镇化对农村居民食物消费量及其生态足迹呈现非线性的倒"U"形变化关系，当城镇化率达到一定临界水平时，居民食物消费量将趋于稳定，由此所带来的食物消费生态环境压力也将减缓。

第二，食物消费结构与农业生产结构。食物消费结构特征及其变化趋势与农业生产结构调整息息相关，学术界在这一问题上已达成共识。从时间维度来看，食物消费结构与农业生产结构之间的关系处于动态调整中。在20世纪90年代初期，由于我国居民食物消费结构单一，有学者希望通过调整和改善居民食物消费结构，解决食物消费结构和农业生产结构不合理的问题；随着居民生活水平的提高，食物消费结构日益优化，有学者提出农业生产结构调整中应充分考虑食物消费结构的变化趋势；当居民食物消费结构进一步升级，某些食物消费量已达到饱和状态，进而出现结构性不合理时；有学者认为建立食物消费与农业生产结构良性互动耦合机制，能够促进消费需求结构与产业供给结构同步发展。从研究方法来看，对于食物消费结构与农业生产结构关系之间的评估方法，经历了一个不断优化的过程。从早期的定性分析、到采用GM（1，1）模型、再到Gerbens-Leenes等（2002）设计的评估方法，学者越来越能精准地测算食物消费与农业生产之间的差异，从而提出更准确的措施建议[6]。

第三，食物消费与膳食营养。居民食物消费的营养结构和合理膳食消费模式的差异，是食物消费研究早期就开始探讨的话题。学者首先围绕食物消费量和消费结构的变化展开了丰富讨论。随着研究的深入，有学者开始对居民食物消费量进行趋势预测。在明确了食物消费量之后，他们估算出各类食物消费量对应的营养素摄入量。其中，有学者利用食物营养素成分表，根据各类食物的消费量对其摄取的营养素进行估算，还有学者按食物平衡法对食物消费摄入的营养素进行估算。在此基础上，有学者将我国居民食物消费与营养发展历程划分为不同的阶段，并对各阶段的相应特征进行分析。接下来，有学者将食物消费的营养摄入情况与我国居民营养发展目标进行对照，得出相应结论。根据不同时期学者得出的结论，可以清楚看到我国居民膳食营养状况经历了一个由热量、蛋白质摄入达到目标要求，到脂肪摄入量超标的过程。据此，有学者针对膳食营养变化有关的健康问题，提出了一系列政策措施，科学指导居民食物消费。面对食物消费结构优化措施，有学者从成本角度出发，探讨优化过程的经济及资源环境成本。还有学者针对粮食这一消费对象，探讨了营养视角下的食物消费与粮食需求，为解决粮食安全问题提供了新视角。

二、大湾区城乡居民食物消费结构变迁分析

（一）大湾区城乡居民粮食消费结构变迁分析

2000~2021年，大湾区城镇居民粮食人均消费量基本保持稳定，农村居民粮食人均消费量则呈现下降的趋势，农村居民粮食人均消费量明显高于城镇居民（见图1）。2000~2021年，大湾区城镇居民粮食人均消费量基本保持在100千克左右，仅2013年粮食人均消费量达到最高值为129.60千克；大湾区农村居民人均消费量从381.28千克下降至165.20千克，年均降幅达3.91%。2000~2021年，大湾区城乡居民粮食人均消费量差距不断缩小，农村居民粮食人均消费量与农村居民消费量的倍数比由3.52下降至1.53。

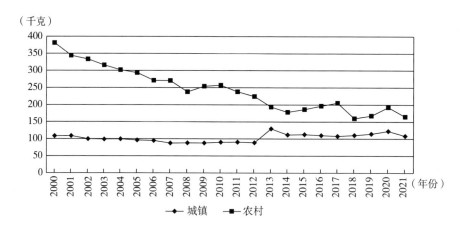

图1　2000~2021年大湾区城乡居民粮食人均消费量

资料来源：根据《广东统计年鉴》（2001~2022年）相关数据整理。

（二）大湾区城乡居民食用植物油消费结构变迁分析

2000~2021年，大湾区城镇居民食用植物油人均消费量基本保持稳定，农村居民食用植物油人均消费量则呈现出上升的趋势，农村居民食用植物油人均消费量在2013年超过了城镇居民（见图2）。2000~2021年，大湾区城镇居民食用植物油人均消费量基本保持在10千克左右，仅2007年食用植物油人均消费量超过12.80千克；大湾区农村居民人均消费量从8.94千克上升至12.90千克，年均增幅为 1.76%。2000～2012 年，大湾区农村居民食用植物油人均消费量均小于城镇居民，但两者差距不断缩小；2013 年，农村居民食用植物油人均消费量超过城镇居民，此后差距不断扩大；2021 年，农村居民食用植物油人均消费量是城镇居民消费量的 1.26 倍。

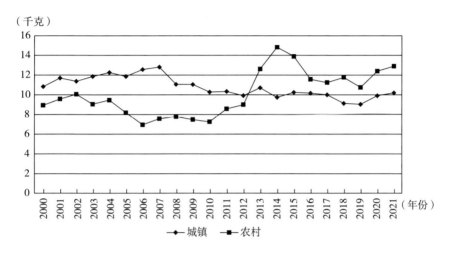

图 2　2000～2021 年大湾区城乡居民食用植物油人均消费量

资料来源：根据《广东统计年鉴》（2001～2022 年）相关数据整理。

（三）大湾区城乡居民肉类消费结构变迁分析

2000～2021 年，大湾区城乡居民肉类人均消费量均呈现出上升的趋势，农村居民肉类人均消费量与城镇居民消费量差距逐渐缩小（见图 3）。2000～2021 年，大湾区城乡居民肉类人均消费量分别从 32.37 千克、36.02 千克增长到 41.87 千克、43.71 千克，年均增幅分别为 0.12% 和 0.93%；农村居民肉类人均消费量增速明显快于城镇居民。2001～2015 年，大湾区农村居民肉类人均消费量均小于城镇居民，但两者差距不断缩小；2016 年，农村居民肉类人均消费量超过城镇居民，此后差距基本保持稳定；2021 年，农村居民肉类人均消费量是城镇居民消费量的 1.04 倍。

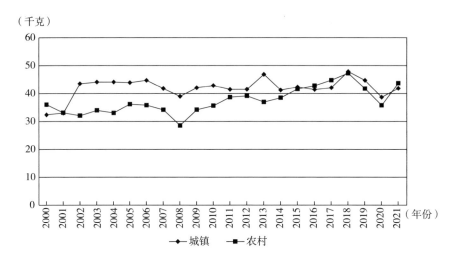

（千克）

图3 2000~2021年大湾区城乡居民肉类人均消费量

资料来源：根据《广东统计年鉴》（2001~2022年）相关数据整理。

（四）大湾区城乡居民禽类消费结构变迁分析

2000~2021年，大湾区城乡居民禽类人均消费量均呈现出上升的趋势，农村居民禽类人均消费量逐渐超过城镇居民（见图4）。2000~2021年，大湾区城镇居民禽类人均消费量从23.72千克增长到25.12千克，年均增幅为0.27%；农村居民禽类人均消费量从15.99千克增长到33.52千克，年均增幅为3.59%，农村居民禽类人均消费量增速明显快于城镇居民。2000~2013年，大湾区农村居民禽类人均消费量均小于城镇居民，但两者差距不断缩小；2014年，农村居民禽类人均消费量超过城镇居民，此后差距逐渐扩大；2021年，农村居民禽类人均消费量是城镇居民消费量的1.33倍。

（五）大湾区城乡居民水产品消费结构变迁分析

2000~2021年，大湾区城乡居民水产品人均消费量均呈现出上升的趋势，农村居民水产品人均消费量始终低于城镇居民，但两者之间的差距逐渐缩小（见图5）。2000~2021年，大湾区城镇居民水产品人均消费量从23.96千克增长到32.92千克，年均增幅为1.53%；农村居民水产品人均消费量从17.68千克增长到27.16千克，年均增幅为2.07%，农村居民水产品人均消费量增速明显快于城镇居民。2000~2010年，大湾区农村居民水产品人均消费量与城镇居民之间的差距逐渐缩小，此后经历了扩大到缩小的时期；2021年，农村居民水产品人均消费量是城镇居民消费量的82.51%。

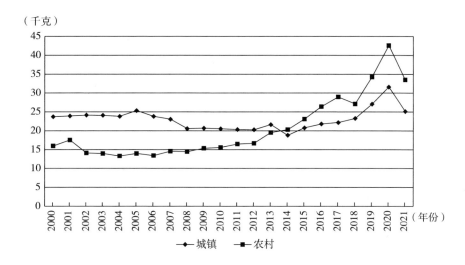

图4 2000~2021年大湾区城乡居民禽类人均消费量

资料来源：根据《广东统计年鉴》（2001~2022年）相关数据整理。

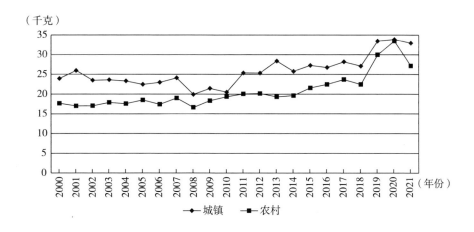

图5 2000~2021年大湾区城乡居民水产品人均消费量

资料来源：根据《广东统计年鉴》（2001~2022年）相关数据整理。

（六）大湾区城乡居民鲜蛋消费结构变迁分析

2000~2021年，大湾区城镇居民鲜蛋人均消费量呈现出波动下降的趋势，而农村居民鲜蛋人均消费量呈现出波动上升的趋势，农村居民鲜蛋人均消费量始终低于城镇居民，但两者之间的差距逐渐缩小（见图6）。2000~2021年，大湾区城镇居民鲜蛋人均消费量从10.44千克下降到9.36千克，年均增幅为-0.52%；

农村居民鲜蛋人均消费量从 4.19 千克增长到 8.67 千克，年均增幅为 3.52%。2000~2017 年，大湾区农村居民鲜蛋人均消费量与城镇居民之间的差距逐渐缩小；2017 年，农村居民鲜蛋人均消费量与城镇居民基本相等，此后差距稍有扩大；2021 年，农村居民水产品人均消费量是城镇居民消费量的 92.65%。

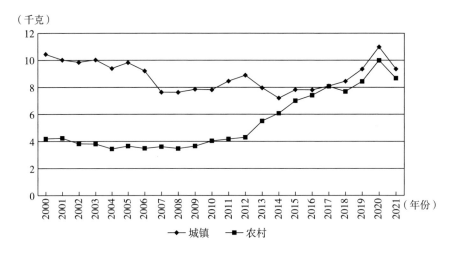

图 6　2000~2021 年大湾区城乡居民鲜蛋人均消费量

资料来源：根据《广东统计年鉴》（2001~2022 年）相关数据整理。

（七）大湾区城乡居民鲜奶消费结构变迁分析

2000~2021 年，大湾区城乡居民鲜奶人均消费量均呈现出波动上升的趋势，农村居民鲜奶人均消费量始终低于城镇居民，但两者之间的差距逐渐缩小（见图 7）。2000~2021 年，大湾区城镇居民鲜奶人均消费量从 4.92 千克增长到 12.15 千克，年均增幅为 4.40%；农村居民鲜奶人均消费量从 1.00 千克增长到 6.44 千克，年均增幅为 9.30%，农村居民鲜奶人均消费量增速明显快于城镇居民。2000~2021 年，大湾区农村居民鲜奶人均消费量与城镇居民之间的差距逐渐缩小，农村居民鲜奶人均消费量占城镇居民消费量的百分比由 20.22% 增长至 52.97%。

（千克）

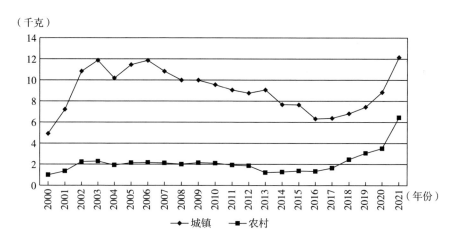

图7 2000～2021年大湾区城乡居民鲜奶人均消费量
资料来源：根据《广东统计年鉴》（2001～2022年）相关数据整理。

（八）大湾区城乡居民鲜菜消费结构变迁分析

2000～2021年，大湾区城乡居民鲜菜人均消费量均呈现出波动下降的趋势，城镇居民鲜菜人均消费量始终低于农村居民，但两者之间的差距逐渐缩小（见图8）。2000～2021年，大湾区城镇居民鲜菜人均消费量从152.75千克下降到104.48千克，年均增幅为-1.79%；农村居民鲜菜人均消费量从175.55千克下降到113.57千克，年均增幅为-2.05%，农村居民鲜菜人均消费量降速明显快于城镇居民。2000～2021年，大湾区城镇居民鲜菜人均消费量与农村居民之间的差距逐渐缩小，农村居民鲜菜人均消费量与城镇居民消费量的倍数比由1.15下降至1.09。

（九）大湾区城乡居民鲜瓜果消费结构变迁分析

2000～2021年，大湾区城乡居民鲜瓜果人均消费量均呈现出波动上升的趋势，城镇居民鲜瓜果人均消费量始终高于农村居民，但两者之间的差距近年来逐渐缩小（见图9）。2000～2021年，大湾区城镇居民鲜瓜果人均消费量从29.39千克增长到51.41千克，年均增幅为2.70%；农村居民鲜瓜果人均消费量从28.84千克增长到36.32千克，年均增幅为1.10%，农村居民鲜瓜果人均消费量增速明显慢于城镇居民。2000～2003年，大湾区农村居民鲜瓜果人均消费量与城镇居民之间的差距逐渐扩大；2004年开始，两者之间的差距逐渐缩小；2021年，农村居民鲜瓜果人均消费量占城镇居民消费量的70.64%。

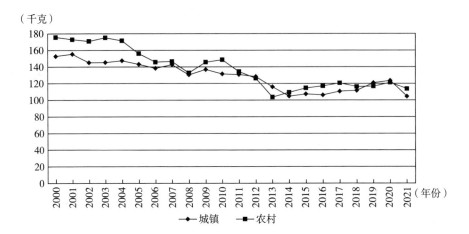

图 8　2000~2021 年大湾区城乡居民鲜菜人均消费量

资料来源：根据《广东统计年鉴》（2001~2022 年）相关数据整理。

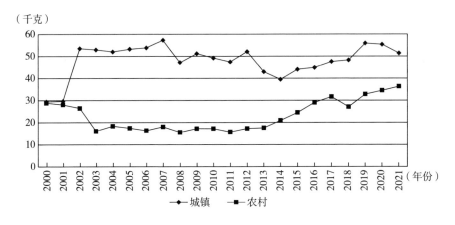

图 9　2000~2021 年大湾区城乡居民鲜瓜果人均消费量

资料来源：根据《广东统计年鉴》（2001~2022 年）相关数据整理。

（十）大湾区城乡居民食糖消费结构变迁分析

2000~2021 年，大湾区城乡居民食糖人均消费量均呈现出波动下降的趋势，城镇居民食糖人均消费量在 2013 年之前高于农村居民，后被农村居民超过，两者之间的差距整体逐渐缩小（见图 10）。2000~2021 年，大湾区城镇居民食糖人均消费量从 3.58 千克下降到 1.23 千克，年均增幅为-4.98%；农村居民食糖人均消费量从 2.02 千克下降到 1.46 千克，年均增幅为-1.55%，农村居民食糖人均消费量降速明显慢于城镇居民。2000~2013 年，大湾区农村居民食糖人均消费量与城镇居民之间的差距逐渐缩小；2014 年开始，两者之间的差距逐渐扩大后缩小；2021 年，农村居民食糖人均消费量为城镇居民消费量的 1.19 倍。

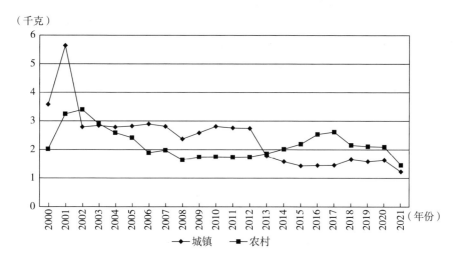

图 10 2000~2021 年大湾区城乡居民食糖人均消费量

资料来源：根据《广东统计年鉴》（2001~2022 年）相关数据整理。

三、大湾区城乡居民膳食营养变化趋势

（一）大湾区居民主要营养素摄入量变化趋势

营养水平决定于食物消费的数量和结构，根据前文的分析，大湾区居民食物消费结构正在发展变化，因此，居民的膳食营养结构也将发生变化，即营养变迁的深入发生。本部分继续使用《广东统计年鉴》相关食物消费数据，根据《中国食物成分表》，将食物消费量转换为营养素摄入量，选取和健康息息相关的热量、三大宏量营养素以及两个微量营养素进行分析，包括热量、脂肪、蛋白质、碳水化合物、膳食纤维和胆固醇。

2000~2021 年，大湾区居民食物消费相关的热量、碳水化合物、蛋白质、膳食纤维每日摄入量均呈现出不同程度的波动下降趋势，脂肪和胆固醇则出现不同程度的波动上升趋势（见表 1）。具体来看，就热量摄入量而言，2000~2021 年，大湾区居民每日热量摄入量从 2692.89 千卡下降至 2139.30 千卡，年均增幅为 -1.09%。就碳水化合物摄入量而言，大湾区居民每日碳水化合物摄入量波动下降，2000~2021 年，从 448.40 克下降至 300.50 克，年均增幅为 -1.89%。就每

日蛋白质摄入量而言，大湾区居民经历了波动减少的变化过程，2000~2021年，从89.82克下降至84.31克，年均增幅为-0.30%。就脂肪摄入量而言，大湾区居民脂肪摄入量呈现出波动上升的趋势，2000~2021年，大湾区居民每日脂肪摄入量从80.50克上升至91.36克，年均增长0.60%。就膳食纤维摄入量而言，大湾区居民膳食纤维摄入量保持相对稳定的波动趋势，2000~2021年，大湾区居民每日膳食纤维摄入量从8.66克波动下降至8.13克，年均增幅为-0.29%。就胆固醇摄入量而言，2000~2021年，大湾区居民每日胆固醇摄入量波动上升，从349.32毫克上升至427.07毫克，年均增幅为0.96%。

表1 2000~2021年大湾区居民主要营养素每日摄入量变化趋势

年份	营养素摄入量					
	热量（千卡）	碳水化合物（克）	蛋白质（克）	脂肪（克）	膳食纤维（克）	胆固醇（毫克）
2000	2692.89	448.40	89.82	80.50	8.66	349.32
2001	2612.57	424.91	87.86	82.86	8.46	351.61
2002	2564.94	406.34	87.96	88.03	9.53	357.40
2003	2487.59	385.85	86.94	89.26	9.17	365.17
2004	2440.48	374.21	85.22	89.74	9.12	354.19
2005	2366.00	357.50	84.42	89.76	8.96	368.06
2006	2279.24	336.42	81.89	90.51	8.76	360.92
2007	2218.86	326.37	79.41	88.46	9.00	336.34
2008	2037.70	302.17	72.60	80.07	7.93	311.97
2009	2093.53	307.80	76.06	83.76	8.43	330.40
2010	2082.82	307.75	76.15	82.74	8.25	331.83
2011	2057.97	299.07	77.03	83.63	7.99	353.66
2012	2025.45	293.38	76.30	83.05	8.23	360.87
2013	2329.90	345.19	85.42	91.36	7.79	371.25
2014	2088.21	304.99	76.59	84.02	7.14	339.41
2015	2154.12	312.61	79.98	87.69	7.61	364.97
2016	2137.20	311.10	79.89	86.61	7.70	366.95
2017	2151.16	312.24	81.58	87.57	8.00	381.27

年份	营养素摄入量					
	热量（千卡）	碳水化合物（克）	蛋白质（克）	脂肪（克）	膳食纤维（克）	胆固醇（毫克）
2018	2127.27	302.26	83.07	90.28	7.93	394.58
2019	2209.28	318.27	88.39	90.70	8.79	436.02
2020	2322.50	339.48	91.17	92.21	9.01	469.93
2021	2139.30	300.50	84.31	91.36	8.13	427.07

资料来源：根据《广东统计年鉴》《中国食物成分表》相关数据整理。

（二）大湾区居民膳食营养状况分析

人体每天所需热量的主要来源是三大营养素：碳水化合物、蛋白质和脂肪。各类营养素均来源于每日的膳食，因此为了提供数量及质量适宜的营养素，需要科学合理地安排每日膳食。在总热量摄入量适宜的情况下，三种宏量营养素的摄入比例也要合适。如果某一种营养素供能比过高或过低，可能产生相应的营养不足或营养过量的健康危害。

为本文提供参考依据的为《中国居民膳食营养素参考摄入量（2013 版）》提出的针对不同年龄、性别的热量、脂肪、蛋白质等营养素的每日推荐摄入量（Recommended Nutrient Intake，RNI）（见表 2）。每日推荐摄入量指的是能够满足某一特定群体中绝大多数（97%~98%）个体需求量的摄入水平，长期摄入 RNI 水平的营养素，既能满足个体对该营养素的需求，也能保持健康和维持组织中有适当的储备。每日推荐量可以作为个体每天摄入某类营养素的目标值。《中国居民膳食营养素参考摄入量（2013 版）》提出，我国 18 岁以上的成年男性每日摄入热量和蛋白质分别为 2600 千卡、65 克，女性为 2100 千卡、55 克，每日摄入膳食纤维为 25~30 克，脂肪供能比不低于 20%、不高于 30%，碳水化合物供能比不低于 50%、不高于 60%。

表 2　成人每日营养素推荐摄入量及脂肪、碳水化合物供能比

热量 RNI（千卡）		蛋白质 RNI（克）		膳食纤维RNI（克）	脂肪占热量百分比（%）	碳水化合物占热量百分比（%）
男	女	男	女			
2600	2100	65	55	25~30	20~30	50~60

资料来源：《中国居民膳食营养素参考摄入量（2013 版）》。

根据《中国居民膳食营养素参考摄入量（2013版）》提供的各营养素参考摄入量，2000~2021年，大湾区居民食物消费提供的热量摄入量基本均在2100千卡/天以上，基本符合参考摄入量。就蛋白质摄入量而言，大湾区居民食物消费提供的蛋白质摄入量为70~90克/天，近年来稳定在85克/天以上，均达到参考摄入量指标。就膳食纤维摄入量而言，大湾区居民食物消费提供的蛋白质摄入量仅为8克/天左右，仅为参考摄入量的30%，远低于参考摄入值下限。就脂肪摄入量而言，2000~2021年，大湾区居民食物消费提供的脂肪供能比仅为4%左右，不到参考摄入量的一半。就碳水化合物摄入量而言，2000~2021年，大湾区居民食物消费提供的碳水化合物供能比仅为14%左右，不到参考摄入量的30%。由此可见，2000~2021年，大湾区居民食物消费提供的主要营养素摄入量仅热量、蛋白质达到了中国居民膳食营养素参考摄入量参考标准，膳食纤维、脂肪和碳水化合物摄入量均未达到参考标准，原因可能为：本文获取的数据仅为大湾区居民食物消费数据，未包含加工食品，故食物消费提供的营养素摄入量数据有低估的可能。

（三）大湾区城乡居民膳食营养结构变化趋势

2000~2021年，大湾区城乡居民食物消费相关的热量、脂肪、蛋白质、碳水化合物、膳食纤维和胆固醇摄入量呈现出不同的变化趋势（见表3）。2000~2021年，大湾区城镇居民每日热量摄入量出现波动上升的趋势，从1960.10千卡上升至2064.88千卡，年均增幅为0.25%；农村居民每日热量摄入量则出现波动下降的趋势，从4432.71千卡下降至2660.46千卡，年均增幅为-2.40%，两者之间的差距逐渐缩小。就碳水化合物摄入量而言，大湾区城乡居民碳水化合物摄入量呈现出不同的变化趋势，2000~2021年，大湾区城镇居民碳水化合物摄入量波动上升；大湾区农村居民碳水化合物摄入量则出现波动下降的趋势，城镇居民碳水化合物摄入量始终低于农村居民，但两者差距不断缩小。就蛋白质摄入量而言，大湾区城乡居民蛋白质摄入量呈现出不同的变化趋势，城镇居民蛋白质摄入量始终低于农村居民；2000~2021年，城镇居民每日蛋白质摄入量从74.27克增长到82.58克；农村居民每日蛋白质摄入量从126.73克下降到96.42克，两者差距不断缩小。就脂肪摄入量而言，大湾区城乡居民脂肪摄入量均呈现出波动上升的趋势，2000~2013年，大湾区城镇居民脂肪摄入量均高于农村居民，从2014年开始，农村居民脂肪摄入量开始高于城镇居民，近年来出现差距不断扩大的趋势。就膳食纤维摄入量而言，大湾区城镇居民膳食纤维摄入量出现波动上升的趋势；农村居民膳食纤维摄入量呈现波动下降的趋势；2000~2021年，城镇居民膳食纤维摄入量与农村居民摄入量之间的差距不断缩小。就胆固醇摄入量而言，大湾区城乡居民胆固醇摄入量均出现波动增长的趋势，2000~2021年，大湾区城乡居民每日胆固醇摄入量分别从392.82毫克、246.05毫克增长到427.89毫克、421.37毫克，年均增幅分别为0.41%、2.59%，农村居民胆固醇摄入量年均增幅明显快于城镇居民，两者之间的差距不断减小。

表3　2000~2021年大湾区城乡居民主要营养素每日摄入量变化趋势

地区	年份	营养素摄入量					
		热量（千卡）	碳水化合物（克）	蛋白质（克）	脂肪（克）	膳食纤维（克）	胆固醇（毫克）
城镇	2000	1960.10	278.30	74.27	81.54	7.22	392.82
	2001	2023.68	285.32	76.00	85.05	7.31	394.64
	2002	2040.54	277.63	78.65	92.67	8.98	406.64
	2003	2046.53	274.95	78.87	94.61	8.92	411.71
	2004	2053.48	275.52	78.44	95.13	8.89	398.05
	2005	2024.08	269.71	78.12	94.80	8.86	407.22
	2006	2024.72	266.79	77.34	96.39	8.79	395.78
	2007	1945.12	254.12	74.10	93.49	9.05	363.01
	2008	1821.71	245.07	68.74	84.16	7.96	336.82
	2009	1862.18	248.59	71.45	87.16	8.42	352.15
	2010	1857.91	251.46	71.44	85.45	8.19	349.45
	2011	1859.69	250.87	73.10	85.21	8.03	372.73
	2012	1849.17	251.10	72.91	84.20	8.35	380.08
	2013	2258.15	326.97	85.30	92.32	8.01	387.67
	2014	1981.90	284.72	75.06	82.11	7.20	346.42
	2015	2042.58	290.57	77.97	86.05	7.66	369.72
	2016	2010.08	284.71	76.98	85.34	7.66	368.10
	2017	2008.69	282.95	78.12	86.00	7.94	380.23
	2018	2059.95	289.51	81.78	89.08	8.06	397.58
	2019	2143.11	305.10	86.95	89.89	8.95	438.15
	2020	2235.37	322.76	88.97	90.83	9.09	469.53
	2021	2064.88	286.88	82.58	89.72	8.15	427.89

地区	年份	营养素摄入量					
		热量 （千卡）	碳水化合物 （克）	蛋白质 （克）	脂肪 （克）	膳食纤维 （克）	胆固醇 （毫克）
农村	2000	4432.71	852.27	126.73	78.03	12.09	246.05
	2001	4092.00	775.59	117.65	77.35	11.37	243.52
	2002	3972.45	751.82	112.94	75.57	11.01	225.24
	2003	3759.67	705.68	110.22	73.82	9.92	230.96
	2004	3627.26	676.88	106.01	73.23	9.82	219.67
	2005	3532.01	656.87	105.90	72.58	9.30	234.53
	2006	3265.16	606.10	99.52	67.74	8.64	225.89
	2007	3280.18	606.47	100.00	68.97	8.79	232.92
	2008	2910.77	532.97	88.23	63.51	7.78	211.53
	2009	3119.53	570.40	96.49	68.67	8.44	233.91
	2010	3159.68	577.26	98.71	69.75	8.54	247.46
	2011	3026.46	534.50	96.22	75.94	7.83	260.47
	2012	2911.19	505.82	93.33	77.26	7.58	264.34
	2013	2701.08	439.42	86.03	86.35	6.66	286.33
	2014	2646.00	411.33	84.63	94.08	6.81	302.61
	2015	2759.66	432.27	90.89	96.59	7.35	339.20
	2016	2845.30	458.10	96.08	93.66	7.94	360.55
	2017	2963.68	479.27	101.29	96.54	8.38	387.17
	2018	2530.52	378.61	90.82	97.51	7.16	376.63
	2019	2622.55	400.50	97.39	95.82	7.79	422.73
	2020	2923.38	454.80	106.36	101.75	8.43	472.70
	2021	2660.46	395.86	96.42	102.83	7.98	421.37

资料来源：根据《广东统计年鉴》《中国食物成分表》相关数据整理。

1. 大湾区城乡居民热量摄入量比较分析

2000～2021 年，大湾区城乡居民热量摄入量呈现相反的变动趋势，大湾区城镇居民热量摄入量出现波动上升的趋势，而农村居民热量摄入量则呈现波动下降的趋势（见图11）。大湾区城镇居民热量摄入量始终低于农村居民，但两者之间的差距不断缩小。对比《中国居民膳食营养素参考摄入量（2013 版）》提供的热量参考摄入量，目前，大湾区城镇居民食物消费提供的热量摄入量与参考摄入量之间存在较小差距，而农村居民热量摄入量则达到参考摄入量标准。

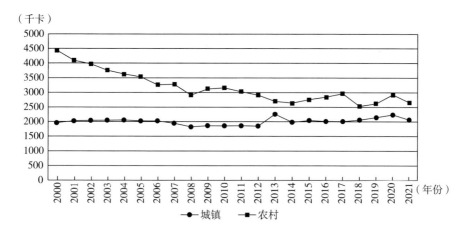

图 11　2000～2021 年大湾区城乡居民热量摄入量变化趋势

资料来源：根据《广东统计年鉴》《中国食物成分表》相关数据整理。

从 2000～2021 年大湾区城乡居民热量摄入量构成来看（见图 12），城乡居民热量摄入量主要由粮食、食用植物油和肉类构成。根据前文对大湾区城乡居民粮食、食用植物油及肉类消费的变化趋势分析，城镇居民仅在肉类消费上呈现增长趋势，而农村居民在食用植物油和肉类均呈现增长趋势。据此推断，大湾区城镇居民热量摄入量仍将保持小幅度增长，而农村居民热量摄入量则将逐渐趋于稳定。

2. 大湾区城乡居民碳水化合物摄入量比较分析

2000～2021 年，大湾区城镇居民碳水化合物摄入量波动上升，而大湾区农村居民碳水化合物摄入量则出现波动下降的趋势（见图 13）。对比《中国居民膳食营养素参考摄入量（2013 版）》提供的碳水化合物参考摄入量，碳水化合物供能比不低于 50%、不高于 60%，经过计算，大湾区城镇居民碳水化合物供能比维持在 13% 左右，农村居民碳水化合物供能比则在 14% 左右，远低于碳水化合物参考值的下限。由此可见，大湾区居民食物消费提供的碳水化合物摄入量仍未达到居民营养标准。

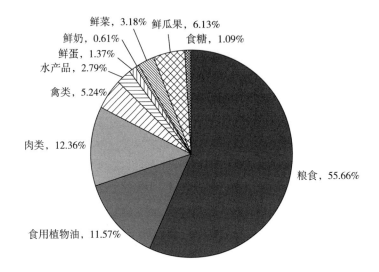

图 12　2000～2021 年大湾区城乡居民热量摄入量构成

资料来源：根据《广东统计年鉴》（2001～2022 年）相关数据整理。

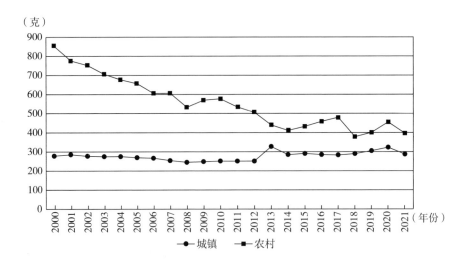

图 13　2000～2021 年大湾区城乡居民碳水化合物摄入量变化趋势

资料来源：根据《广东统计年鉴》《中国食物成分表》相关数据整理。

从 2000～2021 年大湾区城乡居民碳水化合物摄入量构成来看（见图 14），城乡居民热量摄入量主要由粮食和鲜瓜果构成。根据前文对大湾区城乡居民粮食及鲜瓜果消费的变化趋势分析，城乡居民仅在鲜瓜果消费上呈现增长趋势，但由于鲜瓜果在碳水化合物摄入量上的构成比例远低于粮食，据此推断，大湾区城乡居民碳水化合物摄入量均将出现下降趋势。

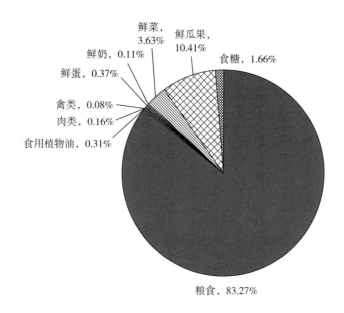

图 14　2000~2021 年大湾区城乡居民碳水化合物摄入量构成

资料来源：根据《广东统计年鉴》（2001~2022 年）相关数据整理。

3. 大湾区城乡居民蛋白质摄入量比较分析

2000~2021 年，大湾区城乡居民蛋白质摄入量呈现出不同的变化趋势，城镇居民蛋白质摄入量呈现波动增长的变化趋势，农村居民蛋白质摄入量则出现波动下降的趋势，城镇居民蛋白质摄入量始终低于农村居民，两者之间的差距逐渐缩小（见图 15）。对比《中国居民膳食营养素参考摄入量（2013 版）》提供的蛋白质参考摄入量，我国 18 岁以上的成年男性、女性每日摄入蛋白质分别为 65克、55 克，大湾区城乡居民食物消费提供蛋白质摄入量均已达到参考摄入量标准。

从 2000~2021 年大湾区城乡居民蛋白质摄入量构成来看（见图 16），城乡居民蛋白质摄入量主要由粮食和肉类构成。根据前文对大湾区城乡居民粮食及肉类消费的变化趋势分析，城乡居民在肉类消费上呈现增长趋势，在粮食消费上均呈现下降趋势。据此推断，大湾区城乡居民碳水化合物摄入量均将呈现趋于稳定的趋势。

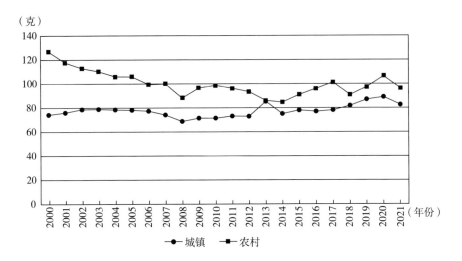

图 15　2000~2021 年大湾区城乡居民蛋白质摄入量变化趋势

资料来源：根据《广东统计年鉴》《中国食物成分表》相关数据整理。

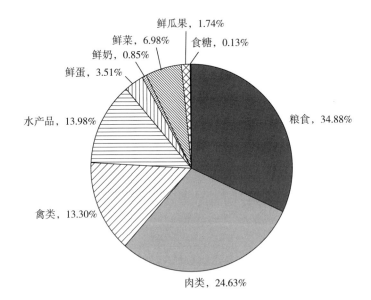

图 16　2000~2021 年大湾区城乡居民蛋白质摄入量构成

资料来源：根据《广东统计年鉴》（2001~2022 年）相关数据整理。

4. 大湾区城乡居民脂肪摄入量比较分析

2000~2021 年，大湾区城乡居民脂肪摄入量均呈现出波动上升的趋势，农村居民脂肪摄入量在 2014 年开始超过城镇居民，近年来与城镇居民脂肪摄入量之间保持一定差距（见图 17）。对比《中国居民膳食营养素参考摄入量（2013版）》提供的脂肪参考摄入量，脂肪供能比不低于 20%、不高于 30%，通过计算，大湾区城镇居民脂肪供能比维持在 4% 左右，农村居民脂肪供能比则维持在 3% 左右，低于脂肪供能比最低参考值。由此可见，大湾区居民食物消费提供的脂肪摄入量仍未达到居民营养标准。

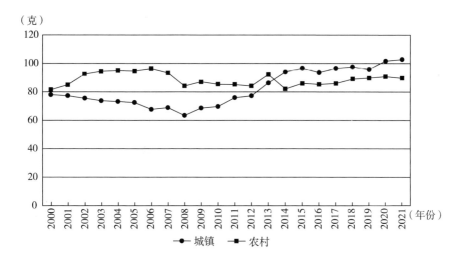

图 17 2000~2021 年大湾区城乡居民脂肪摄入量变化趋势

资料来源：根据《广东统计年鉴》《中国食物成分表》相关数据整理。

从 2000~2021 年大湾区城乡居民脂肪摄入量构成来看（见图 18），城乡居民脂肪摄入量主要由肉类和食用植物油构成。根据前文对大湾区城乡居民肉类及食用植物油消费的变化趋势分析，农村居民在肉类和食用植物油消费上均呈现增长趋势，城镇居民仅在肉类消费上呈现增长趋势，在食用植物油消费上则基本保持稳定。据此推断，大湾区城乡居民脂肪摄入量均将呈现增长趋势，农村居民增长速度将要快于城镇居民。

5. 大湾区城乡居民膳食纤维摄入量比较分析

2000~2021 年，大湾区城镇居民膳食纤维摄入量出现波动上升的趋势，而农村居民膳食纤维摄入量呈现波动下降的趋势，两者之间的差距逐渐缩小（见图19）。对比《中国居民膳食营养素参考摄入量（2013 版）》提供的膳食纤维参考摄入量，每日摄入膳食纤维在 25~30 克，大湾区城乡居民膳食纤维摄入量均不到

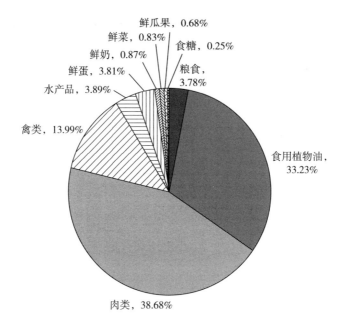

图18 2000~2021年大湾区城乡居民脂肪摄入量构成

资料来源：根据《广东统计年鉴》（2001~2022年）相关数据整理。

参考值的1/3。由此可见，大湾区居民食物消费提供的膳食纤维摄入量对于居民营养需求来说远远不够。

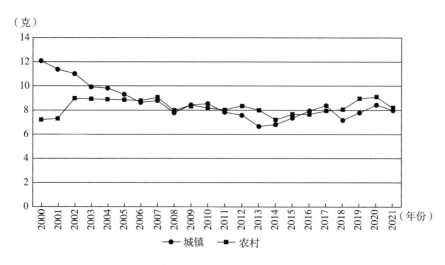

图19 2000~2021年大湾区城乡居民膳食纤维摄入量变化趋势

资料来源：根据《广东统计年鉴》《中国食物成分表》相关数据整理。

从 2000~2021 年大湾区城乡居民膳食纤维摄入量构成来看（见图 20），城乡居民膳食纤维摄入量主要由鲜瓜果、鲜菜和粮食构成。根据前文对大湾区城乡居民鲜瓜果、鲜菜和粮食消费的变化趋势分析，城乡居民在鲜瓜果消费上呈现出波动上升的趋势，在鲜菜消费上呈现波动下降的趋势，城镇居民在粮食消费上保持稳定，农村居民在粮食消费上呈现波动下降的趋势。据此推断，大湾区城乡居民膳食纤维摄入量均将保持趋于稳定的趋势。

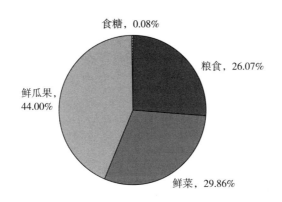

图 20　2000~2021 年大湾区城乡居民膳食纤维摄入量构成

资料来源：根据《广东统计年鉴》（2001~2022 年）相关数据整理。

6. 大湾区城乡居民胆固醇摄入量比较分析

2000~2021 年，大湾区城乡居民胆固醇摄入量出现波动上升的趋势，两者之间的差距逐渐缩小（见图 21）。对比《中国居民膳食营养素参考摄入量（2013版）》提供的胆固醇参考摄入量，每日摄入胆固醇为 300~500 毫克，大湾区城乡居民胆固醇摄入量均达到参考摄入量标准。由此可见，大湾区居民食物消费提供的胆固醇摄入量对于居民营养来说已能满足需求。

从 2000~2021 年大湾区城乡居民胆固醇摄入量构成来看（见图 22），城乡居民胆固醇摄入量主要由鲜蛋、肉类和水产品构成。根据前文对大湾区城乡居民鲜蛋、肉类和水产品消费的变化趋势分析，大湾区城镇居民鲜蛋人均消费量呈现出波动下降的趋势，农村居民鲜蛋人均消费量呈现出波动上升的趋势；城乡居民肉类和水产品人均消费量均呈现出上升的趋势。据此推断，大湾区城镇居民胆固醇摄入量将呈现趋于稳定的趋势，农村居民胆固醇摄入量则将出现上升的趋势。

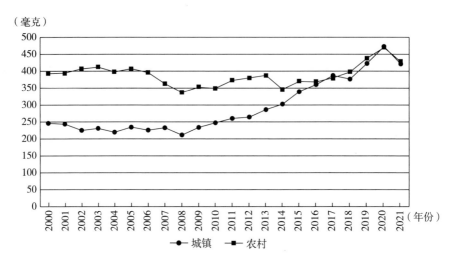

图 21　2000~2021 年大湾区城乡居民胆固醇摄入量变化趋势

资料来源：根据《广东统计年鉴》《中国食物成分表》相关数据整理。

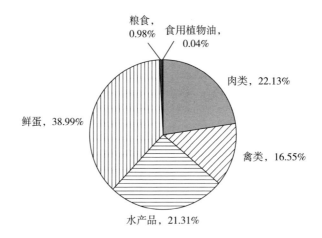

图 22　2000~2021 年大湾区城乡居民胆固醇摄入量构成

资料来源：根据《广东统计年鉴》（2001~2022 年）相关数据整理。

四、大湾区城乡居民食物消费结构实证分析

（一）实证模型

在需求系统模型选择上，本文选择 AIDS 模型的依据为：第一，以希克斯需求为理论依据的 AIDS 模型的拟合优度优于以马歇尔需求为理论依据的线性支出系统（Linear Expenditure System，LES）及其扩展模型[7]；第二，相比于扩展线性支出系统（Extended Linear Expenditure System，ELES）模型侧重于测度消费数

量方面的差异，AIDS 模型更为注重消费份额方面的差异[8]；第三，AIDS 模型可以一阶逼近任何一种需求系统，便于对需求系统理论上必须满足的条件进行实证检验[9]，并且对各类食物的支出弹性、价格弹性等能进行较为准确的测度[10]。

AIDS 模型是由 Deaton 和 Muellbauer 于 1980 年根据需求理论提出来的，其建模思想是在给定价格体系和一定的效用水平下，消费者如何达到支出最小化，它被广泛用于描述居民的消费行为。描述大湾区城乡居民食物消费与价格、支出之间的关系可用下式表示：

$$w_i = \alpha_i + \sum_j \gamma_{ij} \text{In} p_j + \beta_j \text{In}\left(\frac{X}{P}\right) \tag{1}$$

其中，w_i 表示第 i 类食物的预算份额，即第 i 类食物的支出占食物总支出的份额；X 表示食物消费总支出；价格指数 P 为：

$$\text{In}P = \alpha_0 + \sum_k \alpha_k \text{In} p_k + \frac{1}{2} \sum_k \sum_j \gamma_{kj} \text{In} p_k \text{In} p_j \tag{2}$$

由于式（2）为非线性模型，直接估计较困难，因此可以用 Stone 价格指数进行线性化近似估计，Stone 价格指数表示为：

$$\text{In}P^* = \sum_{k=1}^{n} w_k \text{In} p_k \tag{3}$$

模型确立后，本文将对大湾区城镇居民和农村居民的食物消费支出结构分别进行分析。为了提高参数估计效率，本文运用似不相关回归（SUR）方法估计大湾区城乡居民各类食物支出份额[11]。同时，为了与需求理论保持一致，AIDS 模型必须满足需求理论约束条件：①可加性 $\sum_i \alpha_i = 1$，$\sum_i \gamma_{ij} = 0$，$\sum_i \beta_i = 0$。②齐次性 $\sum_j \gamma_{ij} = 0$。③对称性 $\gamma_{ij} = \gamma_{ji}$。由于 AIDS 模型的可加性已经包含在模型中，因而无须对模型进行检验。由于本文构建的需求系统模型的因变量是支出份额，误差协方差矩阵是奇异的，系统估计时必须去掉一个方程以避免共线性问题，被删除方程的相应参数值可以根据 AIDS 模型的可加性和齐次性等约束条件推导得出。

根据式（1）和式（2），用 Stone 价格指数进行线性化近似处理后可得到各类食物支出弹性：

$$\eta_i = 1 + \frac{\beta_i}{w_i} \tag{4}$$

模型估计后，可得到各类食物的价格弹性（ε_{ij}）：

$$\varepsilon_{ij} = -\delta_{ij} + \gamma_{ij}/w_i - \beta_i w_j/w_i \tag{5}$$

（二）数据说明

目前，研究居民食物消费问题的数据主要有两类：一类是宏观加总数据[12-14]，另一类是住户调查数据[15-17]。住户调查数据虽然具有样本量较大的优点，但受到时间年份的限制，大多数为截面数据，仅能反映某个时点的居民消费特征。本文为考虑广东省城乡居民食物消费的总体特征，因此，采用宏观加总数据进行研究。结合数据的可获性，本文选取2000~2021年大湾区城镇及农村居民10类食物的人均食物消费支出用于食物需求弹性的估计，其中10类食物包括：粮食、食用植物油、肉类、禽类、水产品、鲜蛋、鲜奶、鲜菜、鲜瓜果、食糖。此外，还有一些食物，如酒类、茶叶等，居民在实际生活中也有消费，由于《广东统计年鉴》中未统计具体消费数额，且相对于其他事物来说，居民对这类食物购买量非常小，对耕地需求影响很小，因此这里不予考虑。

由于在公开的统计资料中，只有历年人均消费量数据和部分年份的价格数据，因此，本文需要对收集的数据进行处理。首先，对于历年各类食物的价格数据，统计年鉴中仅包括部分年份各类食物的零售价格，缺失年份价格数据可利用各类食物零售价格指数迭代求出，公式为：本年度价格=上一年度价格×本年度价格指数。其次，对于历年各类食物人均消费支出数据，利用公式（消费支出=消费量×价格）得出。最后，对于统计年鉴中个别消费量数据的缺失，采用平滑法原则进行弥补，公式为：$Q_t = (Q_{t-1}+Q_{t+1})/2$，其中，$Q_t$、$Q_{t-1}$ 和 Q_{t+1} 分别表示第 t 年、第 t-1 年和第 t+1 年的消费量。以上数据均取自2001~2022 年的《广东统计年鉴》。

（三）实证分析

表4和表5显示了通过似不相关回归（SUR）方法得到的参数估计结果。由于因变量是支出份额，误差协方差是奇异的，估计时需要去掉一个方程以避免共线性问题，被删除方程的参数估计结果可由可加性和齐次性等约束条件计算得出。

表4　大湾区城镇居民食物消费结构的 AIDS 模型估计参数

食物	变量										
	ln(X/P)	lnp_1	lnp_2	lnp_3	lnp_4	lnp_5	lnp_6	lnp_7	lnp_8	lnp_9	lnp_{10}
粮食	-0.0550 (-1.87)	0.0661 (1.06)	—	—	—	—	—	—	—	—	—

续表

食物	变量										
	In(X/P)	Inp₁	Inp₂	Inp₃	Inp₄	Inp₅	Inp₆	Inp₇	Inp₈	Inp₉	Inp₁₀
食用植物油	-0.0068 (-0.65)	-0.0441 (-2.50)	0.0535 (6.79)	—	—	—	—	—	—	—	—
肉类	0.1380 (6.66)	-0.0293 (-1.44)	-0.0135 (-1.80)	0.1000 (5.16)	—	—	—	—	—	—	—
禽类	-0.0617 (2.62)	-0.0928 (-2.17)	0.0683 (4.49)	0.0136 (0.73)	-0.0128 (4.25)	—	—	—	—	—	—
水产品	-0.0673 (-3.93)	-0.0383 (-1.09)	-0.0608 (-5.15)	-0.0108 (-0.88)	-0.0257 (-0.80)	0.0720 (3.86)	—	—	—	—	—
鲜蛋	-0.0053 (-0.68)	-0.0027 (-0.17)	-0.0122 (-1.91)	0.0037 (0.66)	-0.0096 (-0.69)	0.0155 (1.27)	0.0076 (0.78)	—	—	—	—
鲜奶	0.0052 (0.36)	0.0190 (0.77)	-0.0048 (-0.57)	-0.0073 (-0.65)	-0.0482 (-2.30)	0.0122 (0.75)	0.0199 (2.41)	0.0440 (2.75)	—	—	—
鲜菜	-0.0776 (-4.30)	0.0555 (2.39)	0.0014 (0.17)	-0.0222 (-1.52)	-0.104 (-4.87)	-0.0311 (-1.83)	-0.0187 (-2.32)	0.0112 (0.85)	0.0952 (5.19)	—	—
鲜瓜果	0.1298	0.0756 (2.11)	0.0040 (0.32)	-0.0206 (-1.17)	-0.0570 (-1.95)	-0.0002 (-0.01)	-0.0058 (-0.56)	-0.0394 (-1.99)	0.0071 (0.38)	0.0531 (0.32)	—
食糖	0.0006 (0.08)	-0.0090 (-0.73)	0.0080 (1.84)	-0.0135 (-2.54)	0.0278 (2.23)	-0.0029 (-0.32)	0.0024 (0.50)	-0.0065 (-1.06)	0.0054 (0.84)	-0.0168 (-0.07)	0.0052 (1.04)

注：括号内数字为 t 检验值。

表5　大湾区农村居民食物消费结构的 AIDS 模型估计参数

食物	变量										
	In(X/P)	Inp₁	Inp₂	Inp₃	Inp₄	Inp₅	Inp₆	Inp₇	Inp₈	Inp₉	Inp₁₀
粮食	-0.0450 (-7.65)	0.1780 (4.07)	—	—	—	—	—	—	—	—	—
食用植物油	0.0202 (0.98)	0.0988 (6.09)	0.0016 (0.16)	—	—	—	—	—	—	—	—

食物	ln(X/P)	lnp₁	lnp₂	lnp₃	lnp₄	lnp₅	lnp₆	lnp₇	lnp₈	lnp₉	lnp₁₀
	变量										
肉类	-0.1960 (-7.79)	-0.0523 (-4.08)	-0.0287 (-3.51)	0.0601 (3.81)	—	—	—	—	—	—	—
禽类	-0.0307 (-1.93)	-0.0958 (-4.42)	-0.0676 (-6.86)	0.0503 (6.19)	0.0639 (2.93)	—	—	—	—	—	—
水产品	-0.1060 (-5.14)	-0.0902 (-3.74)	-0.0627 (-5.28)	0.0630 (6.15)	0.0589 (3.36)	0.0766 (2.85)	—	—	—	—	—
鲜蛋	0.0382 (3.31)	0.0223 (2.18)	0.0031 (0.52)	-0.0162 (-3.33)	-0.0179 (-2.09)	0.0086 (0.99)	-0.0024 (-0.27)	—	—	—	—
鲜奶	0.0288 (1.78)	0.0297 (1.67)	0.0123 (1.51)	-0.0151 (-2.09)	0.0040 (0.30)	-0.0105 (-0.78)	-0.0209 (-3.38)	-0.0084 (-0.64)	—	—	—
鲜菜	0.0243 (0.81)	-0.0884 (-4.38)	0.0730 (6.55)	-0.0646 (-4.72)	0.0006 (0.04)	-0.0689 (-4.31)	0.0360 (5.16)	0.0278 (2.49)	0.0913 (3.89)	—	—
鲜瓜果	0.2677	-0.0216 (-1.26)	-0.0191 (-2.43)	-0.0008 (-0.10)	0.0033 (0.28)	0.0279 (1.98)	-0.0086 (-1.45)	-0.0180 (-1.94)	0.0029 (0.22)	0.0322 (5.60)	—
食糖	-0.0015 (-0.16)	0.0198 (1.74)	-0.0107 (-2.10)	0.0042 (0.88)	0.0003 (0.04)	-0.0028 (-0.33)	-0.0040 (-1.13)	-0.0008 (-0.13)	-0.0097 (-1.30)	0.0018 (2.84)	0.0019 (0.35)

注：括号内数字为 t 检验值。

表 4 和表 5 中的 ln（X/P）表示一种"真实支出"，当各类消费品相对价格和"真实支出"保持不变时，各类消费品支出份额不变。"真实支出"的变化由 ln（X/P）的系数体现，表示某一消费品占支出比重随着支出增加而变动的份额，其符号的正负与消费品为奢侈品和必需品相对应。据表 4 和表 5 可知，粮食、禽类和水产品对于城乡居民来说均体现出"必需品"特性，即随着支出增加，其支出份额减少，但城镇居民的粮食和禽类支出份额减少得更多，可见粮食和禽类对于城镇居民的"必需品"特性更强；而粤港澳大湾区水系丰富，农村居民对于水产品的可获得性更加便利，因此水产品对于农村居民体现出更高的"必需品"特性。鲜奶和鲜瓜果对于城乡居民均体现出"奢侈品"特性，即随着支出增加，其支出份额增加，但农村居民的支出份额增加得更多，体现出更高的"奢侈品"特性。另外，从其他食物支出份额的弹性来看，城乡居民也存在一定

差异，如城镇居民食用植物油、鲜蛋、鲜菜的消费比重随着支出增加有所下降，肉类、食糖消费比重随着支出上升而增长，农村居民对于这些食物消费则呈现出相反态势。这体现了城乡居民消费行为的差异，食用植物油、鲜蛋、鲜菜等食物既具备"必需品"特性，也存在"奢侈品"特性。对于城镇居民来说，食用植物油、鲜蛋和鲜菜已成为消费必需品，对于农村居民仍是奢侈品，说明城镇居民对于这几类食物消费需求均已饱和，农村居民仍处于消费结构升级中；肉类和食糖消费对于农村居民来说主要为满足基本生活需求，对于城镇居民而言，在其支出增加的情况下可能更为注重消费品质的提升。

估计出大湾区城乡居民食物消费 AIDS 模型的参数后，可进一步计算城乡居民食物消费的支出弹性 e_i、价格弹性 e_{ij} 和边际预算份额 Mc_i。其中，边际预算份额 Mc_i 为支出弹性 e_i 和各类食物预算份额 c_i 的乘积。根据弹性的定义，可推导出以下关系式：

$$e_i = 1 + \frac{\beta_i}{w_i} \tag{6}$$

$$e_{ij} = -\delta_{ij} + \gamma_{ij}/w_i - \beta_i w_j/w_i \tag{7}$$

$$Mc_i = e_i \cdot c_i \tag{8}$$

通过计算，得出大湾区城乡居民食物消费的支出弹性、价格弹性和边际预算份额如表 6 所示：

表 6 大湾区城乡居民食物消费的支出弹性、价格弹性和边际预算份额

食物	支出弹性		价格弹性		边际预算份额	
	城镇	农村	城镇	农村	城镇	农村
粮食	0.6090	0.7962	−0.4750	−0.1488	8.5647	17.5813
食用植物油	0.8249	1.6373	0.3861	−0.9684	3.1997	5.1896
肉类	1.5511	0.0644	−0.7386	−0.5171	38.8413	1.3492
禽类	0.5181	0.6404	−1.0382	−0.2209	6.6339	5.4685
水产品	0.4394	0.3086	−0.3329	−0.3943	5.2751	4.7315
鲜蛋	0.7849	3.8022	−0.6838	−1.2127	1.9240	5.1832
鲜奶	1.2009	6.9115	0.6921	−2.7509	3.1132	3.3671
鲜菜	0.5933	1.0988	−0.4235	−0.6528	11.3231	27.0068
鲜瓜果	2.6864	9.3544	−0.4402	−0.2613	20.6822	29.9709
食糖	1.1617	0.5076	0.3545	−0.3587	0.4423	0.1515

从各类食物消费的支出弹性来看，可得出以下结论：第一，城乡居民粮食、禽类、水产品消费的支出弹性都小于1，体现出"必需品"特性，即随着收入增加其占支出比重不断下降；第二，鲜奶和鲜瓜果消费的支出弹性都大于1，说明随着经济发展和居民收入水平的提高，城乡居民的营养健康意识不断增强；第三，在肉类、食糖消费上，城镇居民支出弹性大于1，农村居民支出弹性小于1，可见这两类食物消费既存在"必需品"特性，又呈现出"奢侈品"特征，对于城镇居民来说，肉类和食糖消费已达到一定饱和程度，农村居民对这两类食物消费需求仍有上升空间；第四，在食用植物油和鲜菜消费方面，城镇居民支出弹性小于1，农村居民支出弹性大于1，从食用植物油消费来看，随着食物支出水平的增加，农村居民油脂类支出比重不断上升，油脂类消费饱和程度高于城镇居民；从鲜菜消费来看，大湾区蔬菜种植面积接近全省蔬菜种植面积的1/3，故大湾区农村居民鲜菜消费具有"自给自足"的优势，其消费已呈现"奢侈品"特征。

从各类食物消费的价格弹性来看，可得出以下结论：第一，城镇居民除食用植物油、鲜奶和食糖消费以外，其他食物的价格弹性均小于0，表明绝大多数食物价格提高都会降低其需求量；第二，粮食、肉类、水产品、鲜菜和鲜瓜果消费的价格弹性绝对值小于1，反映出这些食物作为"必需品"缺乏弹性的特性；第三，在城镇居民的禽类消费和农村居民的鲜蛋、鲜奶消费上，城乡居民消费富有价格弹性，可能与近年来这几类食物价格波动较大有关；第四，除了粮食、肉类、禽类和鲜瓜果外，城镇居民其他各类食物消费的价格弹性绝对值均小于农村居民，这表明大多数食物对于农村居民的"奢侈品"特征更强。

从各类食物消费的边际预算份额来看，可得出以下结论：第一，城镇居民食物消费的边际预算份额最大的是肉类、鲜瓜果和鲜菜，农村居民食物消费的边际预算份额最大的是鲜瓜果、鲜菜和粮食，可见在未来一段时期内，城乡居民对鲜瓜果和鲜菜需求仍会增加，城镇居民的肉类消费需求、农村居民的粮食消费需求仍呈现上升趋势，可见城镇居民主食消费较农村居民更为饱和，肉类消费增长趋势更为明显；第二，城镇居民的肉类、禽类、水产品等消费的边际预算份额大于农村居民，农村居民的粮食、食用植物油、鲜蛋、鲜奶、鲜菜、鲜瓜果和食糖消费的边际预算份额大于城镇居民，由此可见，未来城镇居民消费结构仍以动物性食品为主，农村居民消费结构则仍以主食和植物性食品为主。

五、结论与政策建议

（一）主要研究结论

1. 食物消费研究成果丰硕但仍存在探索空间

通过对食物消费相关文献的梳理后发现，食物消费结构演变特征、食物消费影响因素、食物消费结构升级研究是学者们主要研究的几个方面。从研究热点来看，我国食物消费领域的研究主要围绕农村居民食物消费影响因素、食物消费结构与农业生产结构、食物消费与膳食营养三大主题展开。大湾区居民收入和食物消费水平居全国前列，主导全国居民食物消费结构的变化方向。大湾区城乡居民食物消费结构与特征具有典型性和代表性，其演变轨迹将是未来全国城乡居民食物消费结构转变的方向和路径。研究大湾区城乡居民食物消费结构及其特征，揭示食物消费结构与膳食结构变化规律，提出改善居民营养健康状况的策略建议，对于卫生健康部门联合制定营养干预的公共政策具有重要的参考价值。

2. 大湾区城乡居民食物消费结构变迁特征明显

通过对大湾区城乡居民粮食、食用植物油、肉类、禽类、水产品、鲜蛋、鲜奶、鲜菜、鲜瓜果、食糖10类消费进行对比分析后发现，大湾区城镇居民粮食、食用植物油人均消费量基本保持稳定，肉类、禽类、水产品、鲜奶、鲜瓜果人均消费量均呈现出上升的趋势，鲜蛋、鲜菜、食糖人均消费量呈现出波动下降的趋势；农村居民食用植物油、肉类、禽类、水产品、鲜蛋、鲜奶、鲜瓜果人均消费量呈现出上升的趋势，粮食、鲜菜、食糖人均消费量则呈现出下降的趋势。目前，大湾区城镇居民仅在水产品、鲜蛋、鲜奶、鲜瓜果人均消费量上高于农村居民。

3. 大湾区城乡居民膳食营养状况和营养结构变化显著

大湾区居民食物消费相关的热量、碳水化合物、蛋白质、膳食纤维每日摄入量均呈现出不同程度的波动下降趋势，脂肪和胆固醇则呈现出不同程度的波动上升趋势。对比《中国居民膳食营养素参考摄入量（2013 版）》提供的各营养素参考摄入量，大湾区居民食物消费提供的主要营养素摄入量仅热量、蛋白质达到了中国居民膳食营养素参考摄入量参考标准，膳食纤维、脂肪和碳水化合物摄入量均未达到参考标准。通过对大湾区城乡居民食物消费膳食营养摄入量进行对比分析后发现，大湾区城镇居民热量、碳水化合物、蛋白质、脂肪、膳食纤维、胆固醇摄入量均出现波动上升的趋势，农村居民热量、碳水化合物、蛋白质、膳食纤维摄入量则出现波动下降的趋势，仅脂肪、胆固醇摄入量出现波动上升的趋势。预计未来大湾区城镇居民热量摄入量仍保持小幅度增长，胆固醇摄入量呈现出趋于稳定的趋势，农村居民热量摄入量则将逐渐趋于稳定，胆固醇摄入量则出现上升的趋势；城乡居民碳水化合物摄入量均出现下降趋势，蛋白质、膳食纤维摄入量均呈现趋于稳定的趋势，脂肪摄入量均呈现增长趋势。

4. 大湾区城乡居民食物消费差异显著

通过构建 AIDS 模型，估计大湾区城乡居民食物消费支出弹性、价格弹性和边际预算份额可知，城乡居民粮食、禽类、水产品消费体现出"必需品"特性，农村居民鲜菜消费已呈现"奢侈品"特征。粮食、肉类、禽类和鲜瓜果消费对于农村居民的"奢侈品"特征更强。城镇居民主食消费较农村居民更为饱和，肉类消费增长趋势更为明显，未来城镇居民消费结构仍以动物性食品为主，农村居民消费结构则仍以主食和植物性食品为主。

（二）政策建议

1. 引导居民合理消费，促进膳食营养均衡

优化食物消费结构，合理膳食对居民的营养健康状况尤为重要。引导居民健康饮食的关键在于提高其膳食营养均衡理念，增加对食物营养和膳食知识的了解，因此，要加强全民营养健康教育、多层次、多形式的营养教育。从人群分类上，应该兼顾学生、上班族和老年人。将食物与营养知识纳入中小学素质教育，加强对教师、家长的营养教育和对学生食堂及学生营养配餐单位的指导，引导学生养成科学的膳食习惯；工作单位应该开展健康和营养促进宣传，发放营养指导手册，提供餐饮的单位可以配合营养标签的标注和知识普及；对独居老年人进行饮食家访和营养知识讲解，并对养老机构进行营养指导。多层次的营养教育从地区分类上，应该兼顾城市和农村，特别关注流动人群集中及新型城镇化地区，加强对在外就餐人员及新型城镇化地区居民膳食指导，倡导合理膳食模式，控制高热量、高脂肪、高盐饮食，降低慢性非传染性疾病的发病率。多形式的营养教育指的是发挥主流媒体对营养知识进行公益宣传的主渠道作用，增强营养知识传播的科学性和广泛性。随着消费者越来越频繁地搜寻营养健康信息，应该有针对性地扩大营养健康信息的传播渠道，保证信息渠道的通畅性，充分发挥营养健康信息提高膳食质量和促进合理膳食的作用。在信息传播中，尽量利用通俗易懂的形式，生动宣传不健康膳食与肥胖、高血压、高血脂、糖尿病等慢性疾病的关系，使公众获得健康膳食知识，提高自身保健能力，遏制营养相关慢性病的上升趋势，提高全民健康水平。例如，电视节目可以利用互动式的、通俗易懂的形式对消费者开展营养教育；公共部门或者食品制造企业可以通过积极宣传食品营养标

签，来提高消费者对营养标签的信任度和理解力，进而增加食品营养标签的使用。另外，大湾区城乡居民食物消费结构存在一定异同点，故针对城乡居民食物和营养需求，采取差别化干预措施，坚持引导与干预有效结合。针对城镇居民动物性食物消费量不断提高的预测结果，从改善营养摄入结构入手，监测居民营养水平，引导居民科学合理膳食，一方面保障充足的能量和蛋白质摄入量，另一方面控制脂肪摄入量。对于农村居民未来更偏好消费植物性食物而言，采取扶持与开发相结合方式，积极创新营养改善方式，加强营养与健康知识的宣传，以消除营养不足为目标的收入政策应向农村居民倾斜。

2. 调整优化农业生产结构，确保食物供给充足

食物消费与生产息息相关，食物消费结构的转变必然关系农业生产结构的调整。因此，为应对居民食物消费结构的转变，应严格落实藏粮于地、藏粮于技的战略，适当调整农业生产结构，为缓解由于动物性食物消费的增加引起的饲料粮供给压力，应优化生产布局，适当调整主要粮食生产区的口粮和饲料粮的种植结构，提高饲料粮供给能力。虽然大湾区饲料供给能力建设取得长足进步，但是由居民食品消费结构升级带来的畜禽饲料供给压力依然显著。为满足未来动物性食物耕地不断增长的需求，一方面，需充分发挥不同地区的比较优势优化生产布局，合理规划口粮与饲料粮的种植结构，合理利用资源；另一方面，应借助"一带一路"倡议和粤港澳大湾区战略的区位优势，利用好国际市场，适当进口饲料粮保证动物性食物的有效供给。此外，积极发挥农业科技进步作用，提高饲料粮单产水平，依靠市场改革提高农民种粮收益，综合提高饲料粮生产能力。

3. 大力发展营养健康产业

发展优质营养型食用农产品产业。推动传统食用农产品向优质食用农产品转型，提升食用农产品维生素、矿物质及蛋白质等基本营养成分含量。扩大优质食用农产品生产规模，无公害农产品、绿色食品、有机农产品和农产品地理标志等"三品一标"产品在同类农产品中的占比提高至80%以上。开展农产品品牌建设行动，以认定省"十大名牌"系列农产品、省名牌产品（农业类）和省名特优新农产品为抓手，提高营养型农产品质量和档次，创建优质品牌。加强对食物营养健康产业的支持和指导。开发利用地方特色农产品资源，加大针对不同人群健康需求的保健食品、营养强化食品的科学研究和开发力度，对相关产品研发给予政策倾斜支持。推进安全、营养、健康食品相关工艺的创新优化或升级改造，构建以营养需求为导向的现代食物产业体系。推广营养均衡配餐食谱和烹饪模式。重点在托幼机构、中小学校、大专院校、社会福利机构食堂和企业集体食堂推广

健康烹饪模式和营养均衡配餐。鼓励高等院校和科研院所创建国家食物营养教育示范基地，设置营养课程，开展供餐食品的营养成分分析，实施营养配餐。餐饮服务食品安全示范食堂和示范单位覆盖所有地级以上城市。加大营养主食、双蛋白工程等项目实施力度。开展主食加工业和奶业提升行动，落实主食产品和奶制品加工标准。开展传统米制品、面制品营养强化产品及马铃薯、红薯等主食产品研发。实施双蛋白工程，加大对以优质动物、植物蛋白为主要营养基料的优质双蛋白食品产品研发力度。加大食品加工营养化转型。推进《中国居民膳食指南》中"少盐少油，控糖限酒"推荐措施在加工食品行业中的应用，引导餐饮企业、集体食堂积极采取控制食盐、油脂和添加糖使用量的措施。开展健康教育主题活动，鼓励减少含糖饮料和高糖食品摄入。鼓励对食品加工工艺技术研究，减少加工过程中有毒有害物质的产生及营养素的损耗。加强冷链物流基础设施工程建设，促进先进储运、保鲜技术的应用和推广。加大冷链物流在果蔬、肉类、水产等农产品及集体用餐、中央厨房配送食品和半成品等的应用力度。

4. 加强食品营养科技创新和应用

第一，加强营养科研能力建设。积极开展营养与疾病、营养与社会发展的研究。加强营养科研能力建设，依托高等院校和科研院所，争创区域性营养创新平台和省部级营养专项重点实验室。强化营养人才的专业教育和高层次人才的引进培养，推进临床营养医学和公共卫生食品营养教育体系建设。加强执业资格范围内的临床营养师、运动营养师、公共营养师和健康管理师等技能型健康服务人才的培训教育，加强临床营养质量控制。推动有条件的学校、幼儿园、养老机构等场所配备或聘请营养师。加强营养健康基础数据共享应用。第二，加强营养健康基础数据共享应用。实施广东"健康云"服务计划，将食物成分与人群健康监测数据纳入广东省全民健康信息综合管理平台，实现营养健康数据共享。协同共享部门信息资源，探索建立跨行业、跨地区、跨业务应用的基础数据平台。推动国家、省、市管理平台和信息系统纵向间，以及各领域子系统横向间的数据交换共享，实现数据单点采集、多点共享、业务协同。鼓励高等院校和科研院所研究建立膳食营养、食品安全与人群健康等多领域数据综合分析模型，开展应用研究。推进营养健康人工智能、全息数字人等的融合创新发展，实现营养健康智慧化和个性化。发展信息惠民服务，建设省级营养、食品安全科普平台，开发营养移动终端等健康产品。

5. 强化营养和食品安全监测与评估

开展营养与健康状况监测。监测范围逐步实现县（市、区）全覆盖，准确掌握广东省不同地区城乡居民和重点人群的膳食结构、营养水平及变化趋势，为科学制定营养性疾病防控策略、引导居民形成健康生活方式提供依据。定期开展我省地方特色食品及主要消费食品品种的食物成分监测，更广泛地收集地方特色食品营养成分、功能成分、毒理实验结果等数据，加大食物与健康相关性的研究力度。开展综合评价与评估。开发应用食品安全风险评估和人群营养健康状况评估模型，开展膳食营养素摄入、食品污染物暴露的风险—受益评估。健全食品安全风险监测网络，将全省所有二级以上综合医院纳入监测范围。加强食源性疾病监测，分析影响广东省居民营养健康的食源性致病因素并采取有效干预措施。开展地方病监测和防治。开展饮用水、食品含碘量状况调查，定期开展碘营养监测，根据国家制定的碘干预措施，结合区域人群碘营养状况，实施精准补碘；合理布设未加碘食盐销售网点，满足特定人群未加碘食盐消费需求。开展地方性氟中毒监测和评价工作，实施农村饮水提质增效工程建设项目，有效控制饮水型地方性氟中毒。

参考文献

［1］卢良恕，许世卫．中国农业的发展与东方食品［J］．中国工程科学，2000（11）：12-16.

［2］钟甫宁，向晶．城镇化对粮食需求的影响：基于热量消费视角的分析［J］．农业技术经济，2012（1）：4-10.

［3］曾国军，梁月和，徐雨晨．中国城乡居民食品消费结构变迁研究［J］．数量经济研究，2022，13（1）：54-72.

［4］谢瑾岚．居民食物消费升级与我国农业转型发展［J］．农村经济，2020（6）：66-73.

［5］陈忠明，郭庆海，姜会明．居民食物消费升级与中国农业转型［J］．现代经济探讨，2018（12）：120-126.

［6］Gerbens-Leenes P W, Nonhebel S. Consumption Patterns and Their Effects on Land Required for Food［J］. Ecological Economics, 2002, 42（1）：185-199.

［7］范金，王亮，坂本博．几种中国农村居民食品消费需求模型的比较研究［J］．数量经济技术经济研究，2011（5）：64-77.

［8］郭晗，任保平．基于 AIDS 模型的中国城乡消费偏好差异分析［J］．中国经济问题，2012（5）：45-51.

［9］周津春．农村居民食物消费的 AIDS 模型研究［J］．中国农村观察，

2006（6）：17-22.

［10］陈治国，李晨，辛冲冲，李成友，李红．基于 LA-AIDS 模型的新疆城镇居民消费结构研究［J］．干旱区资源与环境，2017（1）：82-87.

［11］Zellner, A. An Efficient Method of Estimating Seemingly Unrelated Regressions and Tests for Aggregation Bias ［J］. Journal of the American Statistical Association, 1962, 57（298）：348-368.

［12］Fan, S., Wades, E. J., and Cramer, G. L. Household Demand in Rural China：A Two-Stage Les-Aids Model ［J］. American Journal of Agricultural Economics, 1995, 77（1）：54-62.

［13］王志刚，许前军．探索农村食品消费结构的转变规律——一个嵌入时间路径的 LA/AIDS 模型的应用［J］．数量经济技术经济研究，2012（1）：50-64.

［14］杨鑫，穆月英．不同地区城镇居民收入对食品消费水足迹的影响——基于 QUAIDS 模型［J］．资源科学，2018（5）：1026-1039.

［15］黄季焜．食品消费的经济计量分析［J］．数量经济技术经济研究，1995（2）：54-62.

［16］吴蓓蓓，陈永福，于法稳．基于收入分层 QUAIDS 模型的广东省城镇居民家庭食品消费行为分析［J］．中国农村观察，2012（4）：59-69.

［17］李国景，陈永福．收入水平、老龄化与营养摄入——基于广东省城镇住户数据的研究［J］．南方经济，2018（2）：103-119.

［18］陈冬冬，高旺盛．近 30 年来中国农村居民食物消费的生态足迹分析［J］．中国农业科学，2010，43（8）：1738-1747.

［19］高利伟，徐增让，成升魁，许世卫，张宪洲，余成群，孙维，武俊喜，曲云鹤，马杰．农村居民食物消费结构对耕地需求的影响——以西藏"一江两河"流域为例［J］．自然资源学报，2017，32（1）：12-25.

［20］郭爱君，武国荣．基于 AIDS 模型的我国农村居民消费结构的动态分析［J］．人口与经济，2008，167（2）：34-38，27.

［21］侯鹏，张丹，成升魁．城市家庭食物消费差异的实证研究——以郑州市为例［J］．自然资源学报，2021（8）：1976-1987.

［22］李朋华，张润清．河北省农村居民食物消费结构影响因素的实证分析［J］．广东农业科学，2011（10）：196-205.

［23］刘鹏举，马云倩，郭燕枝．基于 LASSO 方法的四川农村居民食物消费

支出影响因素探究 [J]. 中国农业资源与区划, 2020, 41 (8): 213-219.

[24] 马凤楼, 许超. 近五十年来中国居民食物消费与营养、健康状况回顾 [J]. 营养学报, 1999, 21 (3): 249-257.

[25] 马晓茹, 姜会明. 吉林省农村居民食物消费影响因素实证分析 [J]. 中国农业资源与区划, 2016, 37 (2): 91-95, 167.

[26] 马云倩, 王秀丽, 孙君茂, 郭燕枝. 基于 LASSO 方法的我国城乡居民食物消费结构影响因素研究 [J]. 广东农业科学, 2017, 44 (10): 141-147.

[27] 王恩涛. 我国农村居民食物消费的发展特点及对策建议 [J]. 中国食物与营养, 2007 (4): 30-33.

[28] 王海平, 陈志峰, 曹红亮. 城镇化背景下福建城乡居民食物消费转型及其生态足迹 [J]. 江苏农业科学, 2019, 47 (22): 315-321.

[29] 王佳友, 何秀荣, 王茵. 中国油脂油料进口替代关系的计量经济研究 [J]. 统计与信息论坛, 2017, 32 (5): 39-45.

[30] 王佳友, 王茵, 何秀荣, 方伟. 食物消费结构对耕地需求的影响——来自广东省的经验证据 [J]. 农业经济与管理, 2021 (3): 80-92.

[31] 王灵恩, 郭嘉欣, 冯凌, 罗艳华, 张宪洲, 范玉枝, 成升魁. 青藏高原"一江两河"农区居民食物消费结构与特征 [J]. 地理学报, 2021 (9): 2104-2117.

[32] 王灵恩, 倪笑雯, 徐舒静, 李云云, 苏洪文, 石磊, 成升魁. 北方牧区居民家庭食物消费结构与特征研究 [J]. 中国农业资源与区划, 2020 (7): 1-13.

[33] 王茵, 王佳友. 营养健康信息影响食物消费吗?——基于北京市消费者调查的实证分析 [J]. 中国食物与营养, 2020 (11): 50-56.

[34] 尹业兴, 贾晋, 申云. 中国城乡居民食物消费变迁及趋势分析 [J]. 世界农业, 2020 (9): 38-46.

[35] 袁梦烨, 李晓云, 黄玛兰. 营养视角下的食物消费与粮食需求——以湖北省城乡居民粮食消费为例 [J]. 湖北社会科学, 2017 (9): 59-64.

[36] 张翠玲, 强文丽, 牛叔文, 王睿, 张赫, 成升魁, 李凡. 基于多目标的中国食物消费结构优化 [J]. 资源科学, 2021, 43 (6): 1140-1152.

[37] 张卫建, 李春生, 冯金侠, 柯建国, 章熙谷. 长江三角洲城乡居民食物消费结构演变及农业生产结构调整 [J]. 南京农业大学学报, 2001, 24 (1): 108-112.

［38］郑必清 . 农业结构调整需要食物消费发展做支撑［J］. 湘潭大学社会科学学报，2003（2）：3-7.

［39］郑翔益，孙思奥，鲍超 . 中国城乡居民食物消费水足迹变化及影响因素［J］. 干旱区资源与环境，2019，33（1）：17-22.

［40］周津春，秦富 . 我国城乡居民食物消费的影响因素及启示［J］. 调研世界，2006（7）：42-44.

［41］周密 . 略论优化我国食物消费结构的基本途径［J］. 湘潭大学学报（社会科学版），1994（3）：34-36.

［42］周莹，谢清心，张林秀，田旭 . 新冠肺炎疫情对农村居民食物消费的影响——基于江苏省调查数据的实证分析［J］. 农业技术经济，2021（9）：270-283.

RCEP 对粤港澳大湾区农产品出口的影响与政策启示

陈龙江[*]

摘　要：实证评估 RCEP 关税减让对大湾区农产品出口 RCEP 成员国家的影响，为大湾区抓住 RCEP 机遇扩大农产品出口提供政策启示。比较 RCEP 协定生效 5 年内的协定税率与 2021 年有效税率的差异，识别 RCEP 协定下其他成员国对华进口农产品的关税降税情况，采用关税弹性方法，基于 HS4 位编码的产品部门测算关税减让对大湾区农产品出口的影响。在大湾区已有出口的农产品中，RCEP 生效第一年，预计有 69 种农产品出口受关税减让的正面促进效应，假定其他因素不变，关税减让将使总出口比 2021 年增长 34.50%；5 年内共有 80 种农产品出口将受到关税减让的影响，出口额预计比 2021 年增长 48.20%；在 RCEP 协定生效 5 年内，农产品出口面临的关税减让主要来源于日本和韩国，因此关税减让的出口增长效应预计主要来源于日本和韩国，其他少量增长来源于印度尼西亚、菲律宾、马来西亚、文莱、柬埔寨等；由于关税减让幅度和关税弹性存在差异，关税减让对不同类别产品的促进效应差异非常大，RCEP 生效 5 年内，关税减让的出口增长效应排在前十位的分别为 1211、1604、2103、4409、0301、4412、3503、2005、1302 和 2403。为抓住 RCEP 关税减让机遇、扩大农产品出口，应重视对日本和韩国的农产品出口促进；支持降税效应大且具有出口基础的优势农产品生产和出口；加快提升农产品出口便利化水平。

关键词：关税；RCEP；粤港澳大湾区；农产品；出口

---

* 陈龙江，广东外语外贸大学经济贸易学院，教授、博士，研究方向为农业经济、国际贸易。

一、引言

2022 年 1 月，东盟十国、日本、新西兰、澳大利亚、韩国和中国共 15 国签署的 RCEP 正式生效，全球人口最多、贸易规模最大、最具发展潜力的自由贸易区正式启航。RCEP 的建立预计将对中国的贸易、GDP、社会福利、居民收入和消费水平等产生积极影响[1-7]，但对中国不同区域和不同产业部门的影响大相径庭：农业的多数部门将受益于贸易自由化，劳动密集型产业如轻工业部门、纺织服装部门、木材制造业及造纸业等将受益颇多[2]。

对中国而言，RCEP 的生效更具特殊重要的意义，因为 RCEP 间接构建了中国和日本之间的首个自由贸易协定。日本是中国最大的农产品出口目的国，RCEP 在农产品关税减让、农业服务贸易和农业投资等方面均作出了优惠安排，在农业问题这一全球自由贸易协定谈判中的难点、焦点问题上取得了突破。在此背景下，RCEP 生效对中国农产品贸易和农业的影响值得特别关注。粤港澳大湾区内地九市①是广东重要的农产品出口地市，近年对 RCEP 国家的农产品②出口呈现不断增长的发展趋势，2019~2021 年，对 RCEP 出口额从 15.94 亿美元增加到 19.7 亿美元，占九市农产品总出口的比重也从 2019 年的 20.99% 增长至 2021 年的 23.53%，占比近 1/4。在 RCEP 生效的大背景下，细致深入研究 RCEP 对大湾区农产品出口的影响并揭示相应的政策启示具有重要意义。

RCEP 与中国农产品贸易发展的关系已经受到部分学者的关注，但已有研究更多关注研究中国与 RCEP 成员国的农产品贸易结构、竞争互补关系、影响因素、贸易效率和贸易潜力等[8-13]，而对于 RCEP 对中国农产品贸易和农业影响的实证评估研究较少，代表性研究如刘艺卓和赵一夫、朱浩和孔祥贞（2021）、钱静斐等（2022）[14-16]，采用 GTAP 或 CGE 模型模拟评估 RCEP 关税削减对中国农产品贸易和农业的影响，总体认为 RCEP 建立存在贸易创造效应，将增加中国大多数农产品的进出口规模，但对不同类别农产品影响存在较大差异[15]，中国与 RCEP 国家的农产品贸易具有弱竞争性，RCEP 实施不会冲击中国农产品市场；城镇居民将从农产品关税下降中获益，由于面临产业竞争，农村居民社会福利将略有下降[16]。

显然，已有研究主要从国家层面评估 RCEP 签署生效对中国宏观经济的影

---

① 内地九市包括：广州、深圳、珠海、江门、惠州、肇庆、中山、东莞、佛山。
② 本文所指农产品包括：WTO 谈判口径农产品（HS 海关编码第 01~24 章）、WTO 口径其他农产品（290543、290544、3301、3501-3505、380910、382360、382460、4101-4103、4301、5001-5003、5101-5103、5201-5203、5301、5302）、林产品（第 44~45 章）和天然或养殖珍珠（7101）四大类。

响，对于农产品贸易和农业产业的影响研究较少，极少关注和系统实证评估 RCEP 对于地方农产品贸易和农业的影响，结合粤港澳大湾区建设的国家战略探讨 RCEP 对大湾区农产品贸易的影响研究则极为稀缺。在研究方法上，已有研究主要采用 GTAP 等全球宏观分析模型进行模拟评估，难以应用于分析 RCEP 对国内地方贸易的影响。

基于此，本文将在统计分析大湾区内地九市农产品对 RCEP 出口现状基础上，总结解析 RCEP 协定涉农产品的贸易优惠安排，重点从关税减让角度，基于 RCEP 协定优惠税率与协定生效前的 2021 年有效关税税率的差异比较，采用 Fontagné Lionel 等估算的关税弹性，从关税弹性视角切入，实证测算 RCEP 关税减让对大湾区农产品出口 RCEP 其他成员的影响，并揭示相应的政策含义，以更好地抓住 RCEP 的机会，扩大大湾区内地九市农产品出口[17]。

二、大湾区对 RCEP 国家农产品出口现状

（一）大湾区对 RCEP 国家农产品出口增长态势

1. 总体出口态势

2019~2021 年，粤港澳大湾区内地九市对 RCEP 国家的农产品出口呈现不断增长的发展趋势，如图 1 所示，出口额从 15.94 亿美元增加到 19.70 亿美元，2022 年前 7 个月出口已超过 2019 年全年水平。对 RCEP 成员国出口占总出口的比重也同步上升，从 2019 年的 20.99%增长至 2021 年的 23.53%。

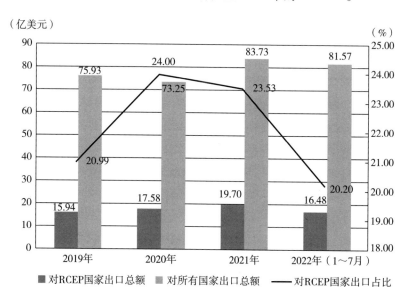

图 1　大湾区对 RCEP 国家和全部贸易伙伴农产品出口及占比

2. 大湾区九市出口增长态势

如表 1 所示，2019～2021 年，除广州、肇庆部分年份出口有所下降以外，其他地市 2021 年的出口均呈现上升态势。随着 RCEP 生效落地；2022 年 1～7 月，九市向 RCEP 国家出口均相对增长，部分地市甚至超过之前年度出口额，如深圳市等。东莞 2022 年前 7 个月的出口额达 1.27 亿美元，高于 2019 年和 2020 年的全年出口额，部分反映出 RCEP 的落地促推了大湾区农产品出口。

表 1 大湾区九市对 RCEP 国家农产品出口统计　　　单位：亿美元

城市	东莞	佛山	广州	惠州	江门	深圳	肇庆	中山	珠海
2019 年	0.83	1.74	3.56	0.29	1.09	6.90	0.38	0.56	0.59
2020 年	1.23	1.79	4.29	0.31	1.77	6.50	0.29	0.67	0.73
2021 年	1.60	2.79	3.90	0.31	1.79	7.32	0.36	0.89	0.74
2022 年（1～7 月）	1.27	1.99	2.79	0.30	1.44	7.47	0.17	0.62	0.43

从九市农产品出口 RCEP 国家占总出口（见表 2）的比重来看（见图 2），佛山、广州等对 RCEP 成员农产品出口贸易额均超过各市农产品出口总额的 1/3。2022 年 1 月 RCEP 生效后，九市对 RCEP 国家农产品出口占比较前几年进一步上升，佛山、江门和中山等 2022 年前 7 个月的出口额占比都已经超过前三年的比重。

表 2 大湾区九市农产品总出口统计　　　单位：亿美元

城市	东莞	佛山	广州	惠州	江门	深圳	肇庆	中山	珠海
2019 年	6.46	5.83	10.92	2.18	5.50	33.59	2.56	5.05	3.84
2020 年	6.37	5.90	11.41	1.91	6.29	28.83	2.57	5.73	4.24
2021 年	8.46	7.69	12.85	2.30	6.51	31.41	2.76	6.55	5.20
2022 年（1～7 月）	7.60	5.36	8.06	2.17	4.24	46.62	1.57	2.83	3.12

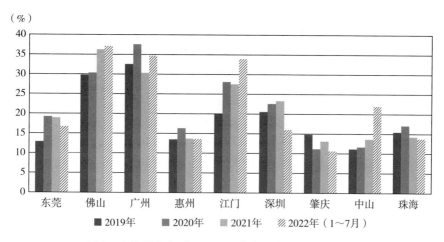

图2 大湾区九市对 RCEP 国家出口占总出口的比重

（二）大湾区农产品对 RCEP 出口国别结构

1. 大湾区出口总体国别结构

2021 年大湾区向 RCEP 国家出口农产品总值近 20 亿美元。其中，进口金额最大的是与我国首次签订自贸协定的日本，日本全年从大湾区进口农产品 4.57 亿美元（见图 3），占 RCEP 国家从大湾区进口总额的 23.19%，远高于其他 RCEP 成员国。此外，越南、马来西亚和泰国进口占比较高，分别达 16.12%、13.14% 和 10.16%。老挝和文莱两个国家进口均在 0.5% 以下，占比远低于其他成员国（见图 4）。

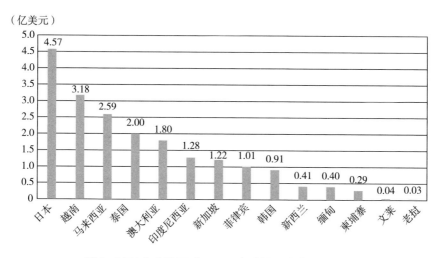

图3 2021 年大湾区对 RCEP 各成员国农产品出口额

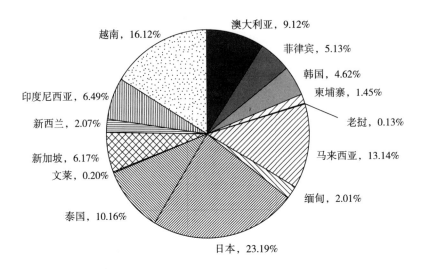

图 4　2021 年大湾区对 RCEP 成员国农产品出口国别分布

2. 大湾区九市对 RCEP 出口国别结构

2021 年，如表 3 所示，大湾区九市农产品出口 RCEP 国家按出口额排名前三的依次为深圳市（7.32 亿美元）、广州市（3.90 亿美元）和佛山市（2.79 亿美元）。其中，深圳 2021 年出口到 RCEP 国家农产品金额超过 7 亿美元，占九市对 RCEP 成员国出口总额的 1/3 以上，远高于其他八市，其中马来西亚、日本和泰国等国从深圳进口金额均超过珠海、肇庆、惠州和中山全年农产品出口额。惠州、肇庆和珠海对 RCEP 成员国出口额相对较低，分别仅为 0.31 亿美元、0.36 亿美元和 0.74 亿美元。

表 3　2021 年大湾区九市对 RCEP 成员国农产品出口统计 单位：亿美元

地区	广州	深圳	珠海	佛山	肇庆	惠州	东莞	中山	江门
澳大利亚	0.48	0.40	0.09	0.12	0.01	0.02	0.21	0.24	0.23
菲律宾	0.24	0.35	0.01	0.22	0.01	0.00	0.05	0.01	0.12
韩国	0.10	0.31	0.01	0.09	0.15	0.00	0.11	0.01	0.14
柬埔寨	0.09	0.09	—	0.03	0.00		0.05	0.00	0.02
老挝	0.02	0.00	—				0.00	—	—
马来西亚	0.47	1.23	0.04	0.24	0.04	0.03	0.20	0.15	0.18
缅甸	0.07	0.17	0.00	0.01	0.01	—	0.13	0.00	0.00
日本	0.28	1.19	0.16	1.30	0.03	0.18	0.43	0.15	0.84
泰国	0.61	1.01	0.03	0.15	0.06	0.00	0.10	0.02	0.02

续表

地区	广州	深圳	珠海	佛山	肇庆	惠州	东莞	中山	江门
文莱	0.00	0.03	0.00	0.00	—	—	0.00	0.00	0.01
新加坡	0.33	0.45	0.04	0.12	0.01	0.01	0.09	0.04	0.10
新西兰	0.07	0.15	0.01	0.02	0.00	0.00	0.05	0.03	0.07
印度尼西亚	0.22	0.72	0.11	0.14	0.02	0.00	0.03	0.01	0.03
越南	0.90	1.22	0.25	0.34	0.02	0.05	0.14	0.23	0.03
RCEP 汇总	3.90	7.32	0.74	2.79	0.36	0.31	1.60	0.89	1.79

（1）广州对 RCEP 农产品出口国家分布。

2021 年广州出口 RCEP 国家农产品总额为 3.90 亿美元，其中出口到越南的比重近 1/4，达 23.14%，出口到泰国、澳大利亚和马来西亚比重超过 10%，分别为 15.69%、12.22% 和 12.09%，对其他国家出口占比均在 10% 以下（见图 5）。其中，出口文莱和老挝的农产品占比相当低，仅分别为 0.07% 和 0.50%。因此，广州对 RCEP 农产品出口的最大伙伴为越南。

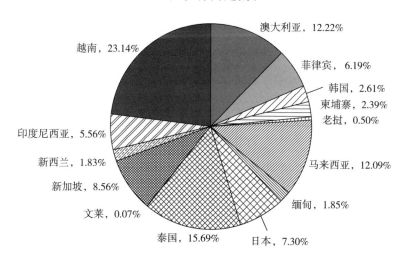

图 5　2021 年广州对 RCEP 农产品出口的国家分布

（2）深圳对 RCEP 农产品出口国家分布。

2021 年深圳对 RCEP 国家农产品出口数据表明（见图 6），在 RCEP 成员中，马来西亚、越南和日本是深圳出口排前三的国家，且这三个国家的占比都在 17% 左右。与广州类似，由于国内市场狭小，文莱和老挝在深圳对 RCEP 国家出口中地位较低，占比仅分别 0.35% 和 0.04%。

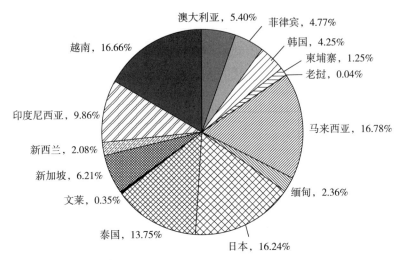

图 6　2021 年深圳对 RCEP 农产品出口的国家分布

（3）珠海对 RCEP 农产品出口的国家分布。

2021 年数据表明，珠海对 RCEP 国家农产品出口集中度较高。由图 7 可知，越南是珠海农产品出口 RCEP 的最大贸易伙伴，对越南出口占比超过 1/3，达 33.98%。日本位居第二，占比超过 1/5，达 21.14%。印度尼西亚以 14.16% 的占比居第三。三个国家合计占珠海对 RCEP 出口的近 70% 份额。同时图 7 也表明，珠海 2021 年未向柬埔寨和老挝出口任何农产品。

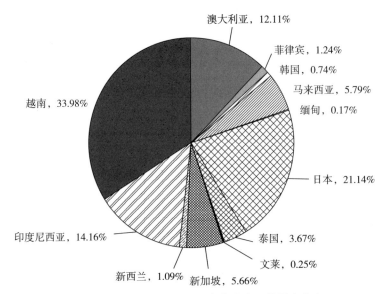

图 7　2021 年珠海对 RCEP 农产品出口的国家分布

（4）佛山对 RCEP 农产品出口的国家分布。

如图 8 所示，日本 2021 年从佛山进口农产品占佛山对 RCEP 国家出口的近一半份额，占比高达 46.73%。其次是越南，占比为 12.20%。马来西亚位居第三，占比 8.58%。三个国家合计占比 67.51%，完全主导佛山对 RCEP 国家的农产品出口。除以上三国外，其余 12 个 RCEP 成员国占比均在 8% 以下，其中文莱和老挝占比非常低。

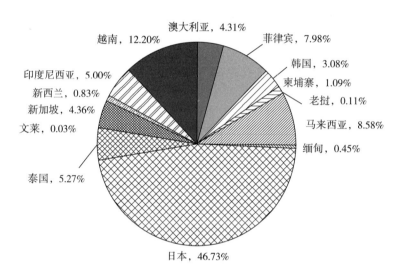

图 8　2021 年佛山对 RCEP 农产品出口的国家分布

（5）东莞对 RCEP 农产品出口的国家分布。

2021 年东莞农产品出口 RCEP 国家中，如图 9 所示，日本是最大的出口贸易伙伴，其占对 RCEP 国家出口总额的 27.10%。其次是澳大利亚和马来西亚，两国从东莞进口农产品占比分别为 12.87% 和 12.78%。从东莞进口额最低的两个国家仍然为文莱和老挝，其进口占比均仅为 0.01%。

（6）肇庆对 RCEP 农产品出口的国家分布。

图 10 显示了肇庆 2021 年出口到 RCEP 的国家分布，其中韩国完全主导了肇庆对 RCEP 国家的农产品出口，其占比达 40.26%。泰国和马来西亚占比分别为 17.55% 和 10.57%，位居第二和第三。肇庆对其余 RCEP 成员国的出口占比较低，多数在 5% 以下，其中老挝和文莱 2021 年未从肇庆进口任何农产品。

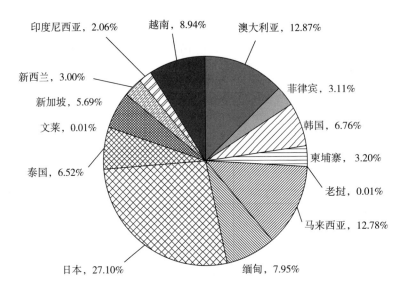

图9　2021 年东莞对 RCEP 农产品出口的国家分布

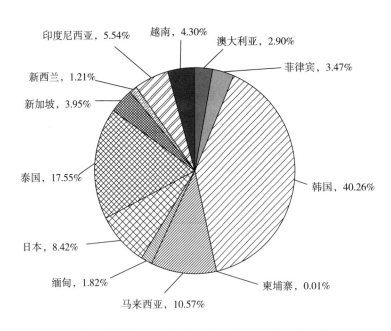

图10　2021 年肇庆对 RCEP 农产品出口的国家分布

（7）惠州对 RCEP 农产品出口的国家分布。

2021 年惠州对 RCEP 国家农产品出口统计表明（见图 11），惠州对 RCEP 国家农产品出口集中度非常高。日本是惠州出口 RCEP 国家的最重要贸易国，其 2021 年从惠州进口农产品超过其他 9 国从惠州进口额，占比高达 58.19%。除日本以外，越南和马来西亚的占比份额均超过 10%，三个国家合计占比超过 80%。而柬埔寨、老挝和文莱三个国家未从惠州进口农产品。

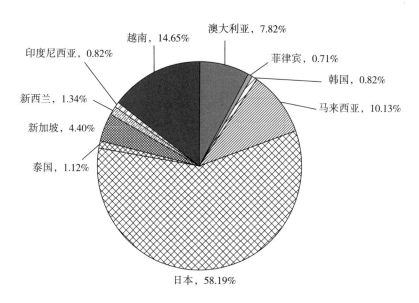

图 11　2021 年惠州对 RCEP 农产品出口的国家分布

（8）江门对 RCEP 农产品出口的国家分布。

2021 年江门对 RCEP 成员国农产品出口总额为 1.79 亿美元，从出口的国别分布来看，如图 12 所示，日本是江门对 RCEP 出口的最大贸易伙伴，2021 年从江门进口量占 RCEP 进口总量的 47.15%。澳大利亚和马来西亚进口占比位居第二和第三，比重分别为 13.06% 和 10.06%。以上三个国家合计占江门对 RCEP 国家总出口的 70% 以上，其余 RCEP 国家进口占比均较低，柬埔寨、文莱和缅甸的进口占比仅在 1% 以下。

（9）中山对 RCEP 农产品出口的国家分布。

如图 13 所示，2021 年从中山进口农产品的 RCEP 成员国中，占比最大的四个国家依次为澳大利亚（占比 26.97%）、越南（占比 25.38%）、马来西亚（占比 17.17%）和日本（占比 16.36%），四国合计占中山对 RCEP 农产品出口总额的 85%，主导了中山的农产品出口。2021 年，中山对缅甸、柬埔寨、文莱等国家出口的占比很小，对老挝则未出口农产品。

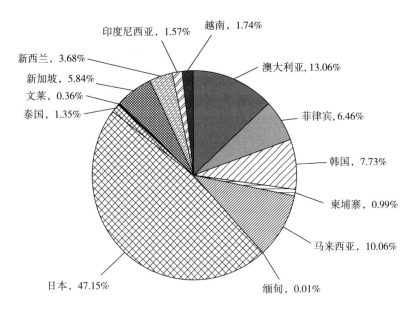

图 12　2021 年江门对 RCEP 农产品出口的国家分布

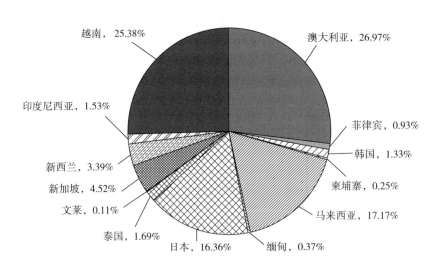

图 13　2021 年中山对 RCEP 农产品出口的国家分布

（三）大湾区农产品对 RCEP 国家出口产品结构

依前文对农产品的界定，农产品包括 WTO 谈判口径农产品、WTO 口径其他农产品、林产品和天然或养殖珍珠四大类。对大湾区和各地市的农产品出口产品结构进行统计分析，有助于识别出大湾区对 RCEP 成员国出口的优势农产品。

1. 大湾区农产品出口总体结构

从大湾区农产品出口到 RCEP 成员国的总体情况来看，如图 14 所示，2021年大湾区对 RCEP 成员国出口的农产品总值为 19.71 亿美元，其中出口最多的为WTO 谈判口径农产品，出口额约为 15.77 亿美元，占农产品出口总额的 80%；其次是林产品，出口额约为 3.53 亿美元，占比 18%；WTO 口径其他农产品和天然或养殖珍珠的出口比较少，占比不到 2%，尤其是天然或养殖珍珠。

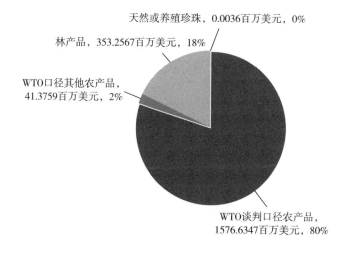

图 14   2021 年大湾区对 RCEP 成员国出口总体结构

分章统计来看，如图 15 所示，在大湾区出口的 WTO 谈判口径农产品类别中，出口额居前的主要产品部门为 07 章、08 章、16 章、17 章、21 章和 23 章农产品，即 2021 年大湾区向 RCEP 国家出口的农产品以食用果蔬、坚果、肉鱼等水产品、饮料等为主，其出口额均超过 1 亿美元。其中 08 章（食用水果及坚果、柑橘属水果或甜瓜的果皮）的出口额最多，高达 2 亿美元，占大湾区出口总额的9.9%左右，表明该章产品为大湾区出口 RCEP 国家最重要的农产品类别。其次是 16 章（肉、鱼、甲壳动物、软体动物及其他水生无脊椎动物制品）农产品，出口额为 1.7 亿美元左右，占比约为 8.5%。01 章、02 章、04 章、10 章、14 章和 18 章农产品出口较少，基本不足 1000 万美元，其中 2021 年整个大湾区的 10章（谷物类）农产品的出口额只有 101 美元。

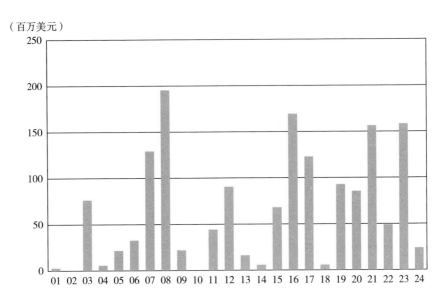

（百万美元）

图 15　2021 年大湾区 WTO 谈判口径农产品类别分章出口情况

此外，在林产品类别出口中，大湾区 2021 年出口的主要是 44 章（木及木制品、木炭），出口额为 3.52 亿美元，占林产品出口总值的 99% 左右，占所有农产品出口总值的 17.9% 左右（见图 16）。而 45 章软木及软木制品的出口额只有 90.20 万美元，占比不足 1%。

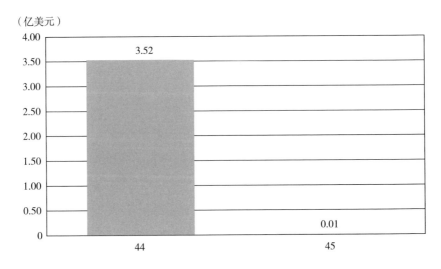

（亿美元）

图 16　2021 年大湾区林产品分章出口情况

2. 大湾区九市出口产品结构

考虑到大湾区内地九市各自的经济发展状况不同，出口结构也可能存在较大差别。因此，本文进一步对大湾区各个地市的农产品出口结构进行统计分析，以识别各地市的农产品出口优势。

首先，就大类而言，由图 17 可知，虽然各地市各类农产品的出口额不同，但出口结构非常相近，均以 WTO 谈判口径农产品为主，林产品次之，与大湾区整体的出口结构一致。其中，深圳市对 RCEP 国家的农产品出口额最多，特别是 WTO 谈判口径农产品，2021 年出口额为 5.76 亿美元，远高于其他市的 WTO 谈判口径农产品出口额。珠海农产品出口结构与其他地市不同之处在于，WTO 口径其他农产品出口相对较高，占比超过了林产品类别。

（亿美元）

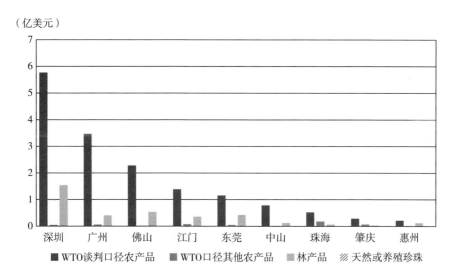

图 17　2021 年大湾区九市对 RCEP 成员国农产品分类出口情况

其次，深圳、广州和佛山居大湾区九市对 RCEP 成员国农产品出口前三，农产品出口大类结构相似，但出口产品章结构存在差异。如图 18 所示，深圳出口的主要产品为 07 章、08 章和 12 章农产品，其中 08 章（食用水果及坚果、柑橘属水果或甜瓜的果皮）的农产品出口额最多，高达 1.64 亿美元，远高于其他两市；广州出口产品主要为 19 章、21 章和 23 章农产品，其中出口最多的 23 章（食品工业的残渣及废料、配制的动物饲料）农产品出口额约为 0.74 亿美元；佛山主要出口 16 章、20 章和 23 章农产品，其中 16 章（肉、鱼、甲壳动物、软体动物及其他水生无脊椎动物制品）出口额近 1.16 亿美元，显著高于其他两市。

以上进一步的结构分析表明，深圳、广州和佛山等市农产品出口结构存在差异，各地市存在一定的错位竞争，均具有自己的出口优势产品。

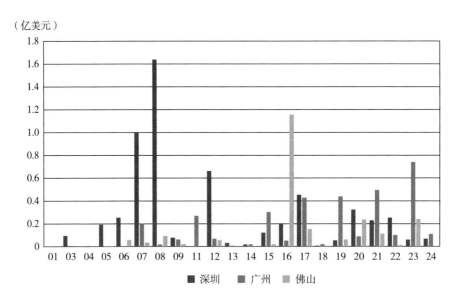

（亿美元）

■ 深圳　■ 广州　■ 佛山

图 18　2021 年广州、佛山、深圳 WTO 谈判口径农产品分章出口统计

最后，对九市农产品出口结构的比较表明，珠海农产品出口结构与其他市存在较显著差异。虽然珠海出口最多的亦是 WTO 谈判口径农产品，但主要集中在 03 章、20 章、21 章和 23 章农产品，特别是 03 章（鱼、甲壳动物、软体动物及其他水生无脊椎动物）出口额及占比显著高于其他地市，而其他章农产品出口非常少，几乎可以忽略不计（见图 19）。同时，珠海 WTO 口径其他农产品的出口额占该市农产品出口总额的 23%左右，仅次于 WTO 谈判口径农产品的出口额，显著高于林产品出口，这与其他地市出口结构存在明显差异。珠海 WTO 口径其他农产品出口以 33 章（精油及香膏、芳香料制品及化妆盥洗品）为主，出口额达 0.17 亿美元。

三、RCEP 协定涉农产品贸易优惠安排

RCEP 是目前世界上人口最多、经贸规模最大、最具发展潜力的自由贸易区。RCEP 的 15 个成员国中很多都是农产品生产和贸易大国，因此，RCEP 谈判中针对农产品的贸易优惠安排是谈判的重点之一。RCEP 生效的协定文本共包括 20 章，与农业相关的章节主要涵盖于货物贸易、原产地规则、投资、服务贸易等

（亿美元）

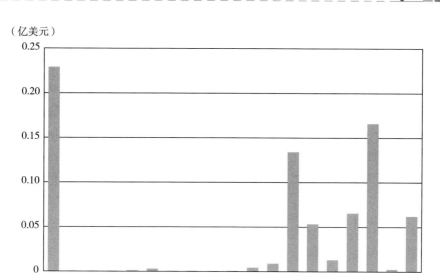

图 19　2021 年珠海农产品分章出口统计

部分。RCEP 生效后，各成员国将根据协定条款，按承诺计划分步实施关税减让、降低非关税壁垒、改善投资和服务贸易市场准入条件、提升贸易投资便利化水平等措施。

（一）大幅度降低农产品关税

关税减让安排是 RCEP 协定中重要规则之一，即成员国之间互相给予关税优惠。RCEP 的关税减让承诺分为"统一减让"和"国别减让"两种方式，其中澳大利亚、新西兰、马来西亚、新加坡、文莱、柬埔寨、老挝和缅甸采取"统一减让"的方式，即对所有缔约国适用同种减税安排；中国、韩国、日本、印度尼西亚、越南和菲律宾采取"国别减让"的方式，即对不同缔约国适用不同的减税安排。此外，RCEP 降税主要分为以下四种模式：一是协定生效立即降为零；二是过渡期降为零；三是部分降税；四是不参与关税减让的例外产品。

根据 RCEP 协议附件中的关税承诺表，各成员最终可以实现零关税的农产品比例总体达到 90% 以上的较高水平。特别是 RCEP 间接实现了我国与日本首次建立自贸关系，中日双方都做出了较高的优惠安排，农产品关税也将大幅度下调。如表 4 所示，我国对东盟、韩国、澳大利亚和新西兰的税目自由化水平均在 92% 左右，分别为 92.8%、88.2%、91.5% 和 92.0%。东盟多数国家实现了 90% 以上的农产品零关税，仅老挝和缅甸的零关税比率较低，分别为 61.3% 和 65.0%，日本和韩国农产品零关税占比也基本上超过五成。总体而言，RCEP 各成员国间农产品税目自由化水平处在较高的水平上。

表 4 RCEP 成员国农产品税目自由化水平 单位:%

RCEP 成员国	对东盟	对澳大利亚	对新西兰	对中国	对日本	对韩国
文莱	96.3	96.3	96.3	96.3	96.3	96.3
柬埔寨	91.0	91.0	91.0	91.0	91.0	91.0
印度尼西亚	93.4	93.1	93.3	93.3	93.3	92.3
老挝	61.3	61.3	61.3	61.3	61.3	61.3
马来西亚	92.0	92.0	92.0	92.0	92.0	92.0
缅甸	65.0	65.0	65.0	65.0	65.0	65.0
菲律宾	88.9	88.8	88.8	88.8	88.8	85.8
新加坡	100.0	100.0	100.0	100.0	100.0	100.0
泰国	82.7	82.7	82.7	81.0	78.3	82.0
越南	92.9	92.5	92.5	91.5	85.0	85.0
中国	92.8	91.5	92.0	—	86.6	88.2
日本	60.0	60.0	60.0	57.8	—	47.9
韩国	69.5	68.6	68.9	62.6	46.9	—
澳大利亚	98.5	—	98.5	98.5	98.5	98.5
新西兰	96.1	96.1	—	96.1	96.1	96.1

资料来源:商务部国际司,RCEP 第二次线上专题培训班资料,第八讲:用好 RCEP 红利促进中国农业高水平开放高质量发展,2021 年 3 月 22~23 日。

（二）进一步提高农业服务贸易开放水平

RCEP 下,各成员国均在服务贸易方面做出了较高水平的开放承诺,实现了农业服务贸易领域的新突破,开放政策的透明度得到了大幅度提高,开放水平达到 15 个成员国各自自贸协定的最高标准。日本、韩国、澳大利亚、新加坡、文莱、马来西亚、印度尼西亚 7 个成员国实行负面清单方式承诺,中国与其他 8 个成员国则采取正面清单承诺,但将在该协定生效后的 6 年间转变为负面清单。与中国-东盟自贸协定相比,马来西亚新增了兽医服务开放,允许外资以合资公司形式提供兽医服务;印度尼西亚开放了与农林牧渔业相关的服务业,仅在园艺、禽类养殖等领域保留了限制[18]。

（三）大幅度降低农业投资领域的限制

各国在 RCEP 农业投资方面做出了突破性的承诺,各成员在农业投资领域均

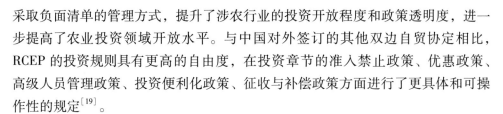

采取负面清单的管理方式，提升了涉农行业的投资开放程度和政策透明度，进一步提高了农业投资领域开放水平。与中国对外签订的其他双边自贸协定相比，RCEP 的投资规则具有更高的自由度，在投资章节的准入禁止政策、优惠政策、高级人员管理政策、投资便利化政策、征收与补偿政策方面进行了更具体和可操作性的规定[19]。

（四）进一步提升投资贸易便利化水平

提升贸易便利化水平是 RCEP 的重要内容，这对于农产品特别是生鲜农产品贸易具有非常重要的积极影响。RCEP 关于海关程序和贸易便利化的章节中，要求采用抵达前处理、装运前检验、预裁定、信息技术运用等更高效的管理方式，且尽量在商品货物送达的 48 小时内放行，大大地简化了产品在海关通关的手续，提高了货物的流通效率[19]。与此同时，对于一些快运货物和容易腐烂的货物等，RCEP 协定要求尽可能在货物送达的 6 小时内快速通关，大大地降低了这些商品在海关的逗留时间，缩短了跨境商品的物流周期，预计将大大地提高了 RCEP 成员国之间果蔬、易腐货物和生鲜产品等的通关速度，提升农产品贸易数量和品质，并可能使原来因通关时间长难以贸易的农产品实现可贸易。

（五）实行区域内原产地累积规则

随着全球范围内产业链的发展，生产一件产品往往是全球范围内多个国家共同加工完成，全球范围内的产业链分工使产品按单一原产地规则享受关税优惠的难度加大。RCEP 协定在原产地规则的章节中明确提出实施区域内原产地累积原则。这一规则表明一件产品的原产地价值可以在 15 个成员国组成的区域内累积，厂商只要在 RCEP 区域内采购的比例达 40%，该产品就可以被视为区域内原产，从而大大降低了企业适用 RCEP 优惠税率的门槛，使更多的产品可以享受关税减免，从而降低了贸易成本促进区域内的产品贸易。与此同时，这一规则也促进了区域内成员国中间产品的生产，并进一步推动全球价值链的区域化，促进区域内产业链的进一步融合发展。

四、RCEP 对大湾区农产品出口的影响测算

（一）测算方法

由于 RCEP 对贸易的主要和直接影响来源于农产品关税减让，因此本文将基于关税减让幅度来测算 RCEP 对大湾区农产品出口的影响。关税变动将影响可变贸易成本，因此我们可以从贸易弹性，更准确而言是从关税弹性的视角来测算 RCEP 的关税减让对于双边贸易额的影响。但如何准确测算关税弹性特别是产品

层面的关税弹性是一个难题。已有研究更多估计包括关税在内的贸易成本变动的贸易弹性，但即使将估计结果的比较限制为控制多边阻力项的引力估计，已有研究的估计结果也存在很大差异，如 Head 和 Mayer 对 32 篇论文的 435 个弹性的比较分析中，贸易弹性的中位数是 5.03，而标准差为 9.3[20]。这种分歧的原因，如 Fontagné 等指出，与测算方法和数据有关，有关贸易成本和价格的数据可用性限制了先前对产品层面贸易弹性的估计[17]。并且如 Goldberg 和 Pavcnik 强调的，基于实际贸易政策变化的贸易弹性估计很少[21]。

基于关税和贸易弹性估算的不足，Fontagné 等最新的研究通过构建一个新的贸易成本数据集部分填补了这一空白，估计获得了产品级的贸易弹性[17]。该研究通过考虑 2001~2016 年 152 个进口国和 189 个出口国在双边和产品层面（HS6）的（优惠或最惠国）适用关税和进口流量范围，在产品层面提供了一组理论一致的贸易弹性估计，并通过比较从不同来源征收不同关税的国家特定产品的进口，计算产品级（HS6）和部门级（HS4）的关税弹性和贸易弹性。该研究采用估计的特定产品贸易弹性预测的贸易流量与美国和智利之间观察到的 EPA 后进口相匹配，证实了估计的准确性。

基于此，我们采用 Fontagné 等提供的关税弹性来估算 RCEP 其他成员对华关税减让对大湾区农产品出口的影响[17]。值得说明的是：①本文采用以上关税弹性方法估算时，未考虑其他影响大湾区对 RCEP 成员国出口的因素变动的效应，因此本文估算的对农产品出口影响仅表明了关税这一因素变动的效应。②就理论而言，要完全精确测算 RCEP 其他成员对华关税减让对大湾区农产品出口的影响，应该采用各个成员国从中国（大湾区）进口的各种农产品的关税弹性数据，但目前关于关税弹性的已有成果表明，尚难以在单个进口国单个来源地的产品层面测算产品级关税弹性。③Fontagné 等研究是基于国家双边层面的估计，因此其估计的弹性可用于计算由于签署优惠贸易协定（PTA）而导致的优惠适用关税降低后的预计进口增长[17]。该研究以美国—智利自贸协定关税削减为例，采用估计的产品贸易弹性预测的贸易流量与美国和智利之间观察到的实际进口相匹配，证实了估计的准确性及其将估算的关税弹性数据用于测算关税削减的双边贸易效应的合理性。这也表明，本文同样采用其弹性数据测算 RCEP 各个国家关税削减对于大湾区出口的影响具有合理性。

为了与我们获取的农产品出口数据相匹配，我们采用部门级（HS4）的关税弹性进行估计。具体的估计步骤为先比较计算 RCEP 协定优惠关税与现行有效关税的关税变动率，再乘以相应的关税弹性，从而得到关税减让的农产品出口影响。

采用的数据来源与测算说明如下：①关税税率基于 HS4 位编码测算，由作者根据 RCEP 协定附件的各国承诺税率和由 International Trade Centre（ITC） Market Access Map 提供的 2021 年关税税率，采用 2021 年各国自中国进口各编码产品的进口金额作为权重，分层加权计算得到。其中各国承诺税率中的非从价关税采用 WTO、UNCTAD 和 ITC 提供的测算方法计算转换为从价税率[22]。②测算税率差异时，仅计算了 RCEP 生效后第 1~5 年内关税有变化的农产品部门（4 位编码），未纳入承诺关税与现行税率无变化或不纳入关税减让的例外产品、现行关税为零关税的产品等。③2021 年各国自中国进口数据来源于 UNCOMTRADE，大湾区九市农产品出口数据来源于广东海关。

（二）RCEP 协定优惠税率与 2021 年有效税率的比较

1. 日本

在 RCEP 之前，中国已与东盟、韩国、澳大利亚以及新西兰签署过相关的自由贸易协定，而中国和日本之间之前未签订自由贸易协定，双边贸易关税以 WTO 最惠国待遇为基准，RCEP 是中国首次与日本达成双边的关税减让安排，在这种情况下，关税减让安排预计对中日贸易关系具有重要的影响，因此也最受关注。

从大湾区九市对日本出口的农产品来看，2022 年 RCEP 的落地给九市农产品的出口带来较大的税收优惠（见表 5），其中约 16% 的出口农产品将实现零关税，如 HS4 位编码为 0604、0814、4404、4405 的产品，也有 23.93% 的农产品如 0511、0813、1211、2208、3301、3504、4407 的关税，未来 5 年将实现超过 60% 的降幅，其中 13.68% 的农产品如 4407 等将实现 90% 的降幅。除此之外，由于 RCEP 降税以 2014 年税率为基准，所以也出现了小部分农产品如 1806、2205、2206、2309 等第一年的承诺税率比 2021 年实际有效税率高，显然 RCEP 协定降税对这些农产品出口面临的关税实质上并无影响。

表 5　日本 RCEP 协定优惠税率与 2021 年有效税率的比较　　　单位：%

产品部门	现行有效税率	第 1 年承诺税率	第 2 年承诺税率	第 5 年承诺税率
0210	9.55	8.49	8.49	8.49
0301	1.56	0.88	0.87	0.83
0302	5.42	3.85	3.83	3.76
0303	3.66	3.34	3.33	3.31

续表

产品部门	现行有效税率	第1年承诺税率	第2年承诺税率	第5年承诺税率
0304	4.00	3.38	3.32	3.12
0305	8.03	6.98	6.59	5.39
0306	1.38	1.01	0.97	0.85
0307	8.52	7.62	7.58	7.44
0308	6.16	4.79	4.46	3.50
0408	21.27	21.27	21.27	21.26
0410	5.25	0.00	0.00	0.00
0511	0.60	0.23	0.22	0.17
0604	3.00	0.00	0.00	0.00
0703	2.94	1.97	1.97	1.97
0704	3.00	2.95	2.90	2.78
0706	2.88	2.83	2.78	2.66
0709	3.79	3.21	3.06	2.56
0710	7.80	7.67	7.55	7.16
0711	8.44	7.47	7.18	6.25
0712	8.12	7.88	7.45	6.08
0713	44.96	40.31	40.29	40.25
0714	9.78	9.50	9.42	9.19
0802	9.24	8.42	8.21	7.57
0803	16.00	8.00	8.00	8.00
0804	1.91	0.31	0.30	0.28
0805	10.95	10.48	10.06	8.72
0806	1.20	0.00	0.00	0.00
0810	5.50	5.00	4.50	3.00
0811	11.47	9.72	9.38	8.36
0812	14.87	11.70	10.96	8.75
0813	8.75	3.14	2.83	1.87
0814	1.50	0.00	0.00	0.00
0902	9.20	5.90	5.90	5.90
0904	2.98	2.78	2.63	2.04
0907	1.80	0.00	0.00	0.00
0908	1.80	0.00	0.00	0.00

续表

产品部门	现行有效税率	第1年承诺税率	第2年承诺税率	第5年承诺税率
0909	3.03	2.71	2.57	1.99
0910	3.70	4.53	4.37	3.80
1005	16.67	5.56	5.56	5.56
1007	1.50	0.00	0.00	0.00
1008	3.57	1.79	1.79	1.79
1102	104.20	82.45	82.10	81.03
1104	88.15	78.90	78.60	77.72
1106	10.03	9.10	8.24	5.53
1202	208.59	104.29	104.29	104.29
1208	4.20	3.90	3.70	2.90
1210	4.14	2.93	2.63	1.72
1211	3.01	0.62	0.62	0.62
1212	25.33	18.30	18.30	18.30
1301	4.25	0.00	0.00	0.00
1302	4.26	3.18	2.99	2.40
1401	6.88	5.83	5.32	3.58
1404	2.68	0.00	0.00	0.00
1501	6.40	5.80	5.20	3.50
1504	7.00	6.60	6.10	4.80
1505	2.10	0.55	0.55	0.40
1506	6.40	5.80	5.20	3.50
1507	9.78	8.02	7.97	7.80
1508	2.90	2.77	2.76	2.73
1513	4.50	0.00	0.00	0.00
1515	2.46	0.82	0.81	0.77
1516	3.95	0.00	0.00	0.00
1517	8.00	4.63	4.51	4.16
1518	2.50	0.00	0.00	0.00
1521	7.46	5.94	5.55	4.36
1522	2.25	0.00	0.00	0.00
1602	9.08	6.09	6.09	6.07
1604	9.56	9.37	9.17	8.54

产品部门	现行有效税率	第1年承诺税率	第2年承诺税率	第5年承诺税率
1605	8.69	8.77	8.61	8.15
1702	36.50	35.21	35.21	35.19
1704	20.03	16.06	16.06	16.06
1806	20.74	20.85	20.76	20.48
1905	17.77	17.77	17.77	17.76
2001	10.84	8.89	8.24	6.32
2002	13.47	11.95	11.60	10.53
2003	11.02	6.22	5.68	3.95
2004	14.16	12.89	11.87	8.78
2005	13.64	13.02	12.53	11.01
2006	16.20	14.10	12.85	9.25
2007	21.03	19.65	18.23	14.02
2008	15.41	13.33	12.64	10.54
2009	23.14	22.55	22.23	21.24
2101	30.70	16.07	15.84	15.22
2102	4.17	3.91	3.64	2.86
2103	9.53	8.87	8.27	6.51
2104	7.70	7.05	6.70	5.75
2106	25.03	21.58	21.38	20.76
2201	3.00	0.00	0.00	0.00
2202	11.50	10.80	10.05	7.90
2204	12.73	3.87	3.56	2.62
2205	23.71	23.88	21.49	14.33
2206	14.24	15.52	14.76	12.50
2207	16.02	13.10	13.10	13.10
2208	24.50	9.35	8.94	7.72
2209	7.50	6.80	6.10	4.10
2309	1.79	5.21	4.86	3.83
2403	1.71	0.86	0.86	0.86
2905	4.79	2.74	2.62	2.28
3301	1.75	0.17	0.15	0.10
3502	5.82	4.29	4.01	3.15

续表

产品部门	现行有效税率	第1年承诺税率	第2年承诺税率	第5年承诺税率
3503	10.03	4.51	4.41	4.04
3504	4.37	1.20	1.13	0.88
3809	3.64	0.55	0.49	0.32
3823	2.50	0.00	0.00	0.00
3824	2.65	0.71	0.62	0.41
4101	10.00	5.35	5.22	4.78
4301	0.06	0.05	0.05	0.03
4403	0.83	0.00	0.00	0.00
4404	4.17	0.00	0.00	0.00
4405	2.50	0.00	0.00	0.00
4407	1.42	0.05	0.05	0.05
4408	5.50	4.36	4.36	4.36
4409	2.29	1.14	1.14	1.14
4418	0.02	0.02	0.02	0.02

资料来源：①本表税率由作者根据 RCEP 协定附件日本承诺税率和由 International Trade Centre（ITC）Market Access Map 提供的 2021 年关税税率，采用 2021 年日本自中国进口各编码产品的进口金额作为权重加权计算得到。非从价关税采用 ITC 提供的测算方法计算转换为从价税率。②本表仅列出了 RCEP 生效后第 1~5 年内关税有变化的农产品部门（4 位编码），未列出承诺关税与现行税率无变化或不纳入关税减让的例外产品、现行关税为零关税的产品等。③除特殊说明外，下文其他 RCEP 成员国关税税率比较表格的数据测算方法和数据来源和处理与本表相同，为节省篇幅，不另作说明。

2. 东盟国家

（1）菲律宾。

在 RCEP 签署前，中国已与东盟签署了中国-东盟自贸协定，因此菲律宾在很多产品已经实现零关税或优惠税率。从 2021 年大湾区出口到菲律宾农产品来看，2021 年已实施零税率的农产品（HS4 位编码）共计 24 个，RCEP 生效后，2004 产品在第一年立即下降为零关税，0704 和 2309 农产品的关税税率在未来 5 年均有下降（见表 6），其中 2309 税率下降幅度较大，税率下降了 37.51%。除此之外，0709、0904、0910、1108 和 1602 这 5 种农产品的 RCEP 协定税率反而高于现行的中国-东盟自贸区协定税率，在这种情况下，出口商显然不会采用更高税率的 RCEP 协定出口，这意味着 RCEP 生效带来的关税减让对这些产品的出口无实质影响。

表 6 菲律宾 RCEP 协定优惠税率与 2021 年有效税率的比较 　　单位:%

产品部门	现行有效税率	第 1 年承诺税率	第 2 年承诺税率	第 5 年承诺税率
0703	39.88	39.93	39.93	39.93
0704	24.25	23.26	23.26	23.26
0709	0.02	0.08	0.08	0.08
0904	2.50	12.58	12.58	12.58
0910	4.95	19.79	19.79	19.79
1108	4.97	19.86	19.86	19.86
1602	36.60	39.95	39.95	39.95
2004	9.76	0.00	0.00	0.00
2309	14.61	9.13	9.13	9.13

（2）泰国。

泰国一直以来是大湾区九市农产品出口的重要贸易伙伴。大湾区出口到泰国的农产品种类众多，但其中大多数农产品在 RCEP 生效前已实现零关税，未实现零关税的农产品仅有 10 种（见表 7），但 RCEP 协定下仅有 1209 农产品真正实现了降税，0712 在协定生效第 5 年略微降税，其余 8 种产品的协定税率均高于 2021 年关税水平。

表 7 泰国 RCEP 协定优惠税率与 2021 年有效税率的比较 　　单位:%

产品部门	现行有效税率	第 1 年承诺税率	第 2 年承诺税率	第 5 年承诺税率
0712	3.40	3.76	3.65	3.33
0801	1.53	36.51	32.62	20.96
0813	11.41	15.78	15.35	14.06
0904	1.34	25.88	24.13	18.87
1209	72.30	36.45	36.42	36.32
1602	0.05	0.26	0.26	0.26
2008	0.86	10.22	9.18	6.06
2009	2.66	2.75	2.74	2.71
2101	0.87	27.88	25.42	18.06
2309	5.00	5.42	5.42	5.42

（3）文莱。

从 2021 年的出口数据来看，文莱从大湾区进口较少，2021 年进口的农产品仅有 8 种，其中有 7 种在 RCEP 签署前已实现 0 关税，未实施零关税的 2106 农产品在 RCEP 协定中大幅下调了税率水平（见表 8），在协定生效的第一年即从 70.83% 大幅下降到 19.07%，并在未来 5 年一直维持 73.08% 的降税幅度。

表 8　文莱 RCEP 协定优惠税率与 2021 年有效税率的比较　　　　单位:%

产品部门	现行有效税率	第 1 年承诺税率	第 2 年承诺税率	第 5 年承诺税率
2106	70.83	19.07	19.07	19.07

（4）印度尼西亚。

我国与印度尼西亚在中国-东盟自贸协定项下已实现了相当多农产品零关税，在 RCEP 协定下，如表 9 所示，有 8 种产品如 0901、3824、4410、4411、4412、4415、5101 和 5203 于协定生效第 1 年即实现零关税。但也有 1006、2103 和 2403 共 3 种农产品协定生效 5 年内的协定税率高于现行税率水平，除此之外，其余 5 种农产品 2106、2401、4414、4416 和 4417 均实现不同程度水平的降税。

表 9　印度尼西亚 RCEP 协定优惠税率与 2021 年有效税率的比较　　　单位:%

产品部门	现行有效税率	第 1 年承诺税率	第 2 年承诺税率	第 5 年承诺税率
0901	20.00	0.00	0.00	0.00
0904	0.01	4.69	4.42	3.59
1006	2.80	30.00	30.00	30.00
1604	0.03	3.76	3.51	2.68
2008	0.25	1.11	1.04	0.80
2009	0.01	2.17	2.03	1.55
2103	0.68	3.58	3.18	1.99
2106	25.88	7.36	7.32	7.19
2401	5.00	4.60	4.30	3.30
2403	14.29	15.42	15.42	15.42
3824	0.65	0.00	0.00	0.00

产品部门	现行有效税率	第1年承诺税率	第2年承诺税率	第5年承诺税率
4410	4.07	0.00	0.00	0.00
4411	4.00	0.00	0.00	0.00
4412	4.07	0.00	0.00	0.00
4414	20.00	4.50	4.00	2.50
4415	1.46	0.00	0.00	0.00
4416	5.00	4.50	4.00	2.50
4417	5.00	2.25	2.00	1.25
5101	5.00	0.00	0.00	0.00
5203	5.00	0.00	0.00	0.00

（5）越南。

从2021年统计数据来看，越南从大湾区进口的农产品种类十分丰富，其中69种农产品在RCEP生效前已实现零关税，其余产品如0902、1602、1704和2208共4种非零关税产品在RCEP生效后并没有大幅降税，税率反而大幅高于原有税率水平（见表10）。

表10　越南 RCEP 协定优惠税率与 2021 年有效税率的比较　　单位:%

产品部门	现行有效税率	第1年承诺税率	第2年承诺税率	第5年承诺税率
0902	0.07	39.18	38.37	35.92
1602	2.00	23.34	22.68	20.70
1704	0.11	15.95	14.24	9.10
2208	5.00	45.00	45.00	45.00

（6）缅甸。

在对缅甸出口的78种产品中有46种产品的现行有效关税已经降为零。而在关税不为零的其他产品中，如表11所示，有7种产品在RCEP减税安排中第1年降税的税率就低于现行有效税率，且有1001和1212两种农产品在RCEP协定生效第1年就降为零关税。其他25种产品的RCEP关税高于现行关税水平，虽然也在逐年下降，但大部分产品的关税直到第5年依旧高于现行有效税率，仅0402和1101在第5年的关税下降至低于现行关税水平。

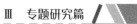

表 11   缅甸 RCEP 协定优惠税率与 2021 年有效税率的比较   单位:%

产品部门	现行有效税率	第 1 年承诺税率	第 2 年承诺税率	第 5 年承诺税率
0402	0.90	0.97	0.97	0.65
0803	15.00	14.00	14.00	11.00
0902	9.50	15.00	15.00	15.00
1001	2.00	0.00	0.00	0.00
1101	3.33	4.00	4.00	3.00
1207	0.91	0.09	0.09	0.09
1211	0.20	1.00	1.00	1.00
1212	2.50	0.00	0.00	0.00
1301	0.79	1.50	1.50	1.50
1302	1.74	0.05	0.05	0.05
1512	0.60	0.25	0.25	0.25
1516	1.92	5.00	5.00	4.67
1517	5.10	6.51	6.51	6.32
1602	0.39	15.00	15.00	15.00
1604	4.56	8.96	8.96	8.96
1902	12.75	15.00	15.00	15.00
1905	14.52	14.64	14.64	14.61
2003	12.89	15.00	15.00	15.00
2007	5.00	15.00	15.00	15.00
2101	5.98	13.89	13.89	11.74
2102	0.46	13.00	13.00	9.12
2103	2.63	15.00	15.00	15.00
2106	2.83	13.69	13.69	13.23
2201	3.75	8.75	8.75	8.50
2204	20.00	30.00	30.00	30.00
2402	20.00	30.00	30.00	30.00
3301	0.96	1.00	1.00	1.00
4401	5.00	4.00	4.00	3.00
4408	3.38	13.90	13.90	12.25
4412	7.50	15.00	15.00	15.00
4415	13.25	15.00	15.00	15.00
5202	0.96	1.00	1.00	1.00

（7）马来西亚。

在对马来西亚出口的48种产品中，有39种产品的现行有效关税为零。在剩余的9种产品中，如表12所示，只有6种产品的RCEP协定优惠关税低于现行有效关税，其中1516、1803、1805和3823的产品出口关税降为零。其余0810、1517、4412共3种农产品5年内的RCEP协定税率则高于现行有效关税。

表12　马来西亚RCEP协定优惠税率与2021年有效税率的比较　　单位:%

产品部门	现行有效税率	第1年承诺税率	第2年承诺税率	第5年承诺税率
0401	1.81	1.35	1.35	1.35
0803	76.57	62.26	62.26	62.26
0810	5.86	15.20	15.20	15.20
1516	2.03	0.00	0.00	0.00
1517	2.20	7.36	6.55	4.12
1803	10.00	0.00	0.00	0.00
1805	10.00	0.00	0.00	0.00
3823	0.19	0.00	0.00	0.00
4412	20.00	33.50	33.50	33.50

（8）老挝。

在对老挝出口的102种农产品中，有94种产品的现行有效关税为零。而非零关税的8种农产品中，如表13所示，其RCEP协定关税均高于现行关税水平，仅2201产品关税在协定生效第5年略有下降，但仍大幅高于现行有效关税税率。这意味着，对于大湾区农产品出口老挝而言，关税优惠基本不会对出口产生实质影响。

表13　老挝RCEP协定优惠税率与2021年有效税率的比较　　单位:%

产品部门	现行有效税率	第1年承诺税率	第2年承诺税率	第5年承诺税率
0105	2.50	10.00	10.00	10.00
0207	0.79	29.83	29.83	29.83
0709	1.20	31.58	31.58	31.58
0710	10.00	11.38	11.38	11.38
0712	8.19	15.44	15.44	15.44

续表

产品部门	现行有效税率	第1年承诺税率	第2年承诺税率	第5年承诺税率
0802	5.00	30.00	30.00	30.00
0808	10.00	30.00	30.00	30.00
2201	8.91	36.73	36.73	36.18

（9）柬埔寨。

2021年出口柬埔寨的农产品中，98种农产品面临的现行有效关税为零。出口产品中仅有2401农产品的关税自协定生效第1年降至低于现行关税水平（见表14）。在RCEP协定生效第1年协定税率高于现行关税水平的21种农产品中，仅有2106农产品在协定生效第2年时的优惠关税低于现行水平，其余产品5年内税率均未降至现行关税水平以下。这表明，RCEP关税减让在五年内仅可能对2401和2106两种农产品出口柬埔寨产生实质影响。

表14 柬埔寨RCEP协定优惠税率与2021年有效税率的比较 单位:%

产品部门	现行有效税率	第1年承诺税率	第2年承诺税率	第5年承诺税率
0207	2.00	30.18	27.21	24.22
0703	1.35	3.50	3.11	2.95
0704	5.00	7.00	6.30	5.60
0705	5.00	7.00	6.30	5.60
0706	5.00	7.00	6.65	6.30
0708	5.00	7.00	6.30	5.60
0709	0.29	7.00	6.03	5.05
0805	4.87	6.03	5.66	5.32
0807	5.00	7.00	6.30	5.60
1702	0.36	4.07	3.50	3.38
1902	6.20	12.84	12.24	11.64
2001	24.31	35.00	32.72	30.43
2003	7.15	35.00	32.61	27.84
2005	12.93	35.00	33.78	32.50
2103	14.18	14.40	14.40	14.40
2106	6.98	7.35	6.82	6.30
2401	7.00	4.66	4.21	3.92

产品部门	现行有效税率	第1年承诺税率	第2年承诺税率	第5年承诺税率
2403	3.64	4.56	4.21	3.87
3301	1.75	12.62	11.54	8.36
3303	5.00	35.00	35.00	35.00
3304	3.06	22.77	22.69	22.62
3306	6.88	7.00	6.99	6.98
3307	0.63	34.18	31.68	29.18
3401	4.81	5.45	5.29	5.22
3402	3.73	6.38	5.91	5.62
3405	3.29	7.00	6.50	6.17
3406	5.00	7.00	7.00	7.00
3506	4.84	7.00	7.00	7.00
3703	5.00	15.00	13.00	11.00
3809	3.45	6.33	6.00	5.93
4408	0.16	6.34	5.43	5.41
4414	5.00	7.00	7.00	7.00

（10）新加坡。

在 RCEP 协定下，新加坡承诺给予所有产品零关税，但由于 RCEP 签署生效之前，新加坡已与中国签署了双边自由贸易协定，在绝大部分产品进口上实现了零关税，因此 RCEP 生效并未对中国出口新加坡农产品带来实质上的关税减让，从而不会对大湾区农产品出口新加坡产生实质性影响。

3. 韩国

虽然中国已与韩国建立了自由贸易区，但 RCEP 协定下，中国对韩国农产品出口面临的关税税率变动较大。对韩国出口的 143 种农产品中，仅有 14 种产品的现行有效关税为零，占比相对较低。在非零关税农产品中，如表 15 所示，有 113 种农产品在 RCEP 协定生效第 1 年的优惠关税高于现行关税水平，其中的 47 种产品在第 5 年关税有所下降，但大部分降税幅度很小，税率略低于现行关税水平。在 RCEP 协定下，韩国没有新增将关税降为零的农产品，但协定生效第 1 年即降税至现行关税水平以下的 16 种产品中，大部分农产品降税幅度较大，如 0714、0813、1102、1302、1806、1901、2106、2308、3301 和 3505 等农产品，这些产品出口短期内显然将会较大受益于 RCEP 带来的关税减让。

表 15　韩国 RCEP 协定优惠税率与 2021 年有效税率的比较　　单位:%

产品部门	现行有效税率	第 1 年承诺税率	第 2 年承诺税率	第 5 年承诺税率
0106	2.51	5.58	5.01	3.34
0210	21.37	21.31	21.06	20.31
0301	4.74	5.25	5.10	4.62
0302	14.38	14.87	14.68	14.14
0303	5.73	6.33	6.17	5.67
0304	5.95	7.14	6.87	5.98
0305	13.93	17.88	16.82	13.69
0306	12.33	15.90	14.97	12.24
0307	14.23	16.39	15.52	12.99
0308	10.79	17.69	16.25	12.07
0410	3.47	4.47	4.07	2.87
0504	19.88	23.27	22.28	19.37
0505	0.90	2.70	2.40	1.50
0506	4.08	9.43	9.33	9.03
0507	9.68	12.33	11.68	9.73
0508	2.08	2.64	2.54	2.27
0511	1.93	5.32	4.76	3.12
0601	5.28	7.19	6.63	5.08
0602	4.87	6.56	6.18	5.07
0604	4.85	7.45	6.81	5.06
0706	25.91	26.07	25.87	25.28
0709	27.57	27.50	27.22	26.40
0710	26.96	27.02	27.00	26.96
0711	102.58	71.91	71.30	69.45
0712	61.91	62.03	61.57	60.18
0713	430.94	431.24	431.15	430.89
0714	118.74	60.65	58.91	53.67
0801	2.40	7.20	6.40	4.00
0802	212.47	212.58	212.56	212.50
0804	27.73	28.97	28.63	27.62
0805	45.93	51.92	49.60	42.63

续表

产品部门	现行有效税率	第1年承诺税率	第2年承诺税率	第5年承诺税率
0806	13.60	19.60	18.20	14.00
0813	228.76	166.48	165.49	162.51
0814	16.00	27.00	24.00	15.00
0901	0.60	1.83	1.63	1.02
0904	269.92	269.92	269.92	269.92
0906	4.20	7.20	6.40	4.00
0907	4.20	7.20	6.40	4.00
0909	3.71	7.20	6.40	4.00
0910	371.58	371.60	371.60	371.59
1008	56.59	58.35	58.12	57.41
1102	18.22	15.92	15.53	14.56
1104	451.92	452.05	452.00	451.84
1106	4.53	5.30	5.10	4.57
1109	4.20	7.20	6.40	4.00
1205	3.25	4.65	4.35	3.35
1206	16.20	23.30	21.70	16.70
1207	357.24	354.03	353.99	353.86
1211	18.41	18.51	17.88	15.99
1212	6.70	9.14	8.56	6.91
1213	4.20	7.20	6.40	4.00
1301	0.45	1.80	1.60	1.00
1302	96.50	77.16	77.03	76.68
1401	4.89	7.47	6.84	5.16
1404	0.22	0.64	0.57	0.36
1504	1.90	2.80	2.60	2.00
1507	1.25	3.96	3.54	2.29
1508	17.50	25.20	23.40	18.00
1513	0.45	1.35	1.20	0.75
1514	0.69	3.60	3.24	2.15
1515	139.30	138.72	138.45	137.64
1516	9.41	9.78	9.22	7.56
1517	3.00	5.80	5.27	3.67

产品部门	现行有效税率	第 1 年承诺税率	第 2 年承诺税率	第 5 年承诺税率
1518	1.80	5.85	5.23	3.38
1521	3.24	5.43	4.88	3.31
1603	19.50	26.30	24.70	19.90
1604	14.72	17.00	16.21	13.93
1605	15.63	17.67	16.84	14.46
1701	25.16	25.27	25.26	25.22
1704	1.42	5.30	4.76	3.16
1806	47.64	16.00	15.74	14.98
1901	168.42	139.18	139.06	138.70
1902	2.88	3.42	3.28	2.85
1903	5.20	7.50	6.90	5.30
1904	2.89	5.55	4.98	3.44
1905	1.68	5.92	5.32	3.50
2001	24.61	26.40	24.48	18.72
2002	3.99	6.10	5.55	3.99
2003	14.73	16.61	15.82	13.52
2004	20.62	21.67	20.88	18.52
2005	16.31	16.97	16.49	15.07
2006	16.82	20.22	18.84	14.77
2008	37.55	40.07	38.66	34.48
2009	45.01	45.01	45.01	45.01
2101	17.99	19.86	19.14	17.05
2102	0.48	4.89	4.35	2.72
2103	7.11	7.30	7.09	6.49
2104	14.51	21.63	19.95	14.89
2105	4.20	7.20	6.40	4.00
2106	62.22	18.69	18.33	17.34
2204	4.50	13.63	12.26	8.15
2206	5.56	12.04	10.75	6.88
2207	29.36	24.66	24.52	24.13
2208	13.55	23.41	21.47	15.64
2301	1.30	3.22	3.00	2.43

续表

产品部门	现行有效税率	第 1 年承诺税率	第 2 年承诺税率	第 5 年承诺税率
2306	10.27	15.34	14.20	10.78
2308	12.78	6.62	6.27	5.27
2309	6.52	9.10	8.42	6.35
2401	11.68	13.65	13.26	12.15
2402	25.47	35.49	33.18	26.09
2403	21.30	26.22	25.42	22.96
2905	0.88	2.47	2.28	1.77
3301	31.14	17.11	16.99	16.65
3501	3.92	15.01	13.57	9.25
3502	7.18	7.85	7.68	7.21
3503	0.60	2.50	2.23	1.43
3504	0.69	2.42	2.17	1.44
3505	281.47	203.95	199.27	185.27
3823	0.29	0.29	0.29	0.29
3824	1.83	5.50	5.08	4.00
4401	0.04	0.12	0.11	0.07
4404	1.50	4.50	4.00	2.50
4405	1.50	4.50	4.00	2.50
4407	3.01	4.43	4.08	3.16
4408	0.88	2.70	2.40	1.50
4409	7.80	7.96	7.92	7.79
4410	4.55	6.72	6.14	4.44
4411	6.02	6.64	6.41	5.72
4412	6.44	7.11	6.71	5.49
4414	5.20	7.50	6.90	5.30
4415	5.20	7.50	6.90	5.30
4416	5.20	7.50	6.90	5.30
4417	5.20	7.50	6.90	5.30
4418	4.20	7.20	6.40	4.00
4420	4.20	7.20	6.40	4.00
4421	4.20	7.20	6.40	4.00
4501	4.20	7.20	6.40	4.00

产品部门	现行有效税率	第1年承诺税率	第2年承诺税率	第5年承诺税率
4503	4.20	7.20	6.40	4.00
4504	4.20	7.20	6.40	4.00

4. 澳大利亚与新西兰

澳大利亚和新西兰之前均与中国建立了双边自由贸易协定，在双边自由贸易协定中，两国均在绝大部分产品进口上实现了零关税。在 RCEP 协定下，澳大利亚和新西兰两国均作出了比双边自贸协定开放度更低的优惠税率安排，两国的关税减让承诺表明，在 RCEP 生效 5 年内，两国分别有 30 种和 71 种农产品的进口关税高于现行的零关税，在此情况下，就澳大利亚和新西兰而言，我国农产品出口商将会继续采用双边自由贸易协定来出口产品，享受相应的零关税待遇。这意味着，从关税减让角度而言，RCEP 将不会对大湾区向澳大利亚和新西兰的农产品出口产生实质影响。

（三）RCEP 关税减让对大湾区农产品出口的影响测算

本文基于关税弹性在 HS 海关 4 位编码层次上测算关税减让的影响。值得说明的是：一是本文仅测算了 RCEP 协定关税低于现行关税从而对出口产品预计产生的影响，对于关税无变化或甚至高于现行关税，由于不会产生影响，因而未有纳入测算；二是对于存在实质降税的产品类别，若大湾区 2021 年未出口该种产品，虽然降税预计将有助于该种产品出口，但由于本文采用的方法所限，无法测算税率优惠对该产品的影响，因此亦未在表中列出；三是本文测算基于其他条件不变、出口供给不存在产能制约的假设，并且未考虑原产地累积规则的可能影响，即仅仅考虑关税变动带来的影响。

1. 日本关税减让的影响测算

日本关税减让的影响测算结果（见表 16）表明，在假设其他条件不变并且出口供给不存在产能制约的前提下，在大湾区所有的出口农产品中，RCEP 生效第 1~5 年，日本关税减让对出口增长率影响前十位的是 4407、4404、4405、0814、1518、0604、4409、3504、2905、1211，这些农产品预计因关税减少带来的增长率均在 5 倍以上，其中 10 倍以上的有 4407。增长率在 1 倍以上 5 倍以下的涉及 19 种 4 位编码产品，其中 1007、3503、0813、1404、1522、3301 等增长率较高；增长率在 50% 以上的包括 11 种产品，其中 2004、2008、0909、1302、0703 等增长率较高；增长率在 50% 以下的有 13 种产品，涉及 0712、0714、

0706、2009、1905 等种类。

表 16 日本关税减让的影响测算

产品部门	第1年变动（%）	第2年变动（%）	第5年变动（%）	第1年变动（万美元）	第2年变动（万美元）	第5年变动（万美元）
0301	180.46	183.90	195.36	5197.32	5296.37	5626.55
0304	21.40	23.37	30.27	0.02	0.02	0.03
0511	238.41	247.92	276.43	179.27	186.42	207.86
0604	743.66	743.66	743.66	94.82	94.82	94.82
0703	71.52	71.52	71.52	214.34	214.34	214.34
0704	20.23	40.47	91.05	0.24	0.48	1.08
0706	13.52	27.03	60.82	10.87	21.74	48.91
0712	19.56	53.74	164.35	24.78	68.10	208.26
0714	19.08	24.16	39.58	32.25	40.85	66.92
0802	34.84	43.87	70.98	63.65	80.15	129.68
0810	58.38	116.16	289.47	26.96	53.63	133.66
0811	127.45	152.84	227.26	0.56	0.67	0.99
0812	118.91	146.55	229.44	5.75	7.09	11.10
0813	466.05	491.43	570.72	257.34	271.35	315.14
0814	837.73	837.73	837.73	573.17	573.17	573.17
0902	191.02	191.02	191.02	680.01	680.01	680.01
0909	76.26	111.12	250.54	44.54	64.90	146.34
1007	498.12	498.12	498.12	108.67	108.67	108.67
1211	573.74	573.74	573.74	34789.02	34789.02	34789.02
1212	55.54	55.54	55.55	213.80	213.81	213.86
1302	75.21	89.12	130.02	923.03	1093.69	1595.65
1401	128.02	189.81	401.66	36.31	53.83	113.92
1404	446.66	446.66	446.66	92.06	92.06	92.06
1515	230.91	232.88	238.81	2.90	2.92	3.00
1518	793.79	793.79	793.79	33.45	33.45	33.45
1521	161.29	203.45	329.95	4.16	5.25	8.51
1522	387.75	387.75	387.75	1.76	1.76	1.76
1602	89.78	89.96	90.67	54.18	54.29	54.72

续表

产品部门	第 1 年变动 （%）	第 2 年变动 （%）	第 5 年变动 （%）	第 1 年变动 （万美元）	第 2 年变动 （万美元）	第 5 年变动 （万美元）
1604	28. 54	56. 41	148. 90	3672. 89	7258. 86	19159. 63
1704	192. 63	192. 63	192. 63	894. 69	894. 69	894. 69
1905	0. 05	0. 09	0. 24	0. 25	0. 46	1. 16
2004	95. 35	171. 61	402. 85	24. 75	44. 55	104. 57
2005	34. 27	60. 95	143. 99	548. 81	976. 15	2306. 13
2006	75. 99	121. 23	251. 50	9. 52	15. 18	31. 50
2008	83. 90	112. 01	196. 94	317. 36	423. 70	744. 93
2009	11. 43	17. 82	37. 09	0. 08	0. 12	0. 25
2102	49. 18	100. 32	249. 82	48. 28	98. 50	245. 27
2103	55. 33	105. 38	253. 28	1245. 76	2372. 52	5702. 54
2106	28. 64	30. 34	35. 43	229. 40	243. 04	283. 82
2202	41. 64	86. 26	214. 16	40. 88	84. 69	210. 26
2207	80. 95	80. 95	80. 95	19. 39	19. 39	19. 39
2208	195. 47	200. 70	216. 53	78. 58	80. 68	87. 05
2209	41. 50	82. 99	201. 56	2. 29	4. 58	11. 11
2403	152. 40	152. 40	152. 40	1098. 99	1098. 99	1098. 99
2905	596. 75	630. 76	728. 67	32. 94	34. 82	40. 22
3301	313. 13	316. 34	326. 40	300. 27	303. 36	313. 00
3503	476. 87	485. 50	517. 18	2377. 64	2420. 71	2578. 65
3504	366. 77	375. 45	404. 37	6. 13	6. 27	6. 76
4404	955. 27	955. 27	955. 27	5. 99	5. 99	5. 99
4405	955. 27	955. 27	955. 27	100. 34	100. 34	100. 34
4407	1449. 56	1449. 56	1449. 56	153. 31	153. 31	153. 31
4408	239. 87	239. 87	239. 87	13. 30	13. 30	13. 30
4409	644. 34	644. 34	644. 34	5951. 40	5951. 40	5951. 40
4418	219. 49	219. 49	219. 49	363. 55	363. 55	363. 55

　　若从出口额变动来评估，各种农产品出口供给不存在产能制约，则在 RCEP 生效第 1~5 年，日本关税减让对出口额增长影响前十位的是 1211、1604、4409、2103、0301、3503、2005、1302、2403、1704，预计以上农产品（除 1704 外）因关税减让带来 1000 万美元以上的出口额增长。其中，1211 出口预计增长 3.48

亿美元，1604 的出口预计将增长 1.62 亿美元；4409、2103 和 0301 将带来 5000 万美元级别的增长，3503 和 2005 则预计将可能产生 2000 万美元级别的增长。表 16 结果也表明，共有 11 种农产品因关税减让带来的出口额增长在 50 万美元以下，包括 0706、2905、1518、2006、2207、4408、3504、2209、0812、1521 和 4404，其中 1521、3504、4404 的出口影响不足 10 万美元。

另外，值得注意的是，RCEP 生效的第 1~5 年内，日本也有约 51 种农产品显著降税，但大湾区在 2021 年并无相应出口，未来大湾区在这些种类农产品出口显然也存在较大的机会。这些农产品中，受关税优惠影响较大的产品主要包括 0907、3823、4403、0806、2201、0908、0803、1301、1505、0410、0804、1516、3824 等。

2. 东盟国家关税减让的影响测算

（1）菲律宾。

如前关税比较分析的结论，对于农产品而言，菲律宾在 RCEP 协定下真正实现比现行税率更优惠从而实质降税的农产品仅有 0704、2004 和 2309 共 3 种产品。其中，2309 受关税减让的影响更大，RCEP 生效第 1~5 年，菲律宾对 2309 的关税减让预计将使大湾区该产品出口增长 130.95%，出口额增加 702.7 万美元。0704 因关税优惠带来的增长预计约为 49.90%，增长约 0.92 万美元，出口变动非常小（见表 17）。2004 虽然直接降至零关税，但大湾区在 2021 年未向菲律宾出口，零关税有助于出口，但因方法所限无法测算其具体影响。因此，对于大湾区农产品出口菲律宾而言，RCEP 生效关税减让带来的影响效应比较有限。

表 17　菲律宾关税减让的影响测算

产品部门	第 1 年变动（%）	第 2 年变动（%）	第 5 年变动（%）	第 1 年变动（万美元）	第 2 年变动（万美元）	第 5 年变动（万美元）
0704	49.90	49.90	49.90	0.92	0.92	0.92
2309	130.95	130.95	130.95	702.70	702.70	702.70

（2）泰国。

如前关税比较分析的结论，RCEP 生效第 1~5 年，对于农产品而言，泰国在 RCEP 协定下真正实现比现行税率更优惠从而实质降税的农产品仅有 0712 和 1209 两种产品，其中 0712 在 RCEP 生效第 1~4 年的税率比现行税率高，在第 5 年才略低于现行税率。从关税减让的影响来看，如表 18 所示，泰国关税减让预计将使大湾区 1209 产品出口在 RCEP 生效第 1 年增长约 135.59%，出口额增加 11.94 万美元，而在 RCEP 生效第 5 年影响略有放大，5 年内的总影响预计为增长 136.09%，出口额增加 11.99 万美元。0712 在 RCEP 生效第 5 年因关税优惠带来的增长预计约为 13.77%，增长约 24.31 万美元。因此，对于大湾区农产品出口泰国而言，RCEP 生效关税减让带来的影响效应在 4 年内将仅限于 1209 产品，5 年内则将促进 1209 和 0712 两种产品的增长，总体而言，短期影响范围小，效应不大。

表 18　泰国关税减让的影响测算

产品部门	第 1 年变动（%）	第 2 年变动（%）	第 5 年变动（%）	第 1 年变动（万美元）	第 2 年变动（万美元）	第 5 年变动（万美元）
0712	0.00	0.00	13.77	0.00	0.00	24.31
1209	135.59	135.72	136.09	11.94	11.96	11.99

（3）印度尼西亚。

根据 RCEP 协定税率和生效前有效税率的比较，在协定生效的 5 年内，印度尼西亚共计 13 种农产品实现关税减让，从而将对农产品出口产生促进效应。如表 19 所示，从增长率效应来看，预计 4411 和 4410 将因关税减少而增长超过 10 倍，而 4412、4414、0901 和 4415 将增长超过 5 倍，受关税减让影响最小的为 2401 农产品，第 1 年预计因此增长 16.31%，随着税率继续减少，预计 5 年内增长将达到 69.32%。从出口额增长来看，4412 由于大湾区出口量大，因此关税减让将大大地促进出口，预计 5 年内出口增长 4527.07 万美元，受益远超过其他农产品。4410、2106、4411 和 2401 等产品也将因关税减让而实现出口数百万美元的增长；4414、4415 和 4417 等产品虽然预计增长率较高，但由于现有出口量有限，因此受益于关税减让的出口增量相当有限。另外，虽然 3824、4416、5101 和 5203 共 4 种农产品关税减让幅度在理论上将有益于出口，但由于 2021 年大湾区并未向印度尼西亚出口以上产品，因此未能测算具体的效应。

表 19　印度尼西亚关税减让的影响测算

产品部门	第 1 年变动（%）	第 2 年变动（%）	第 5 年变动（%）	第 1 年变动（万美元）	第 2 年变动（万美元）	第 5 年变动（万美元）
0901	620.00	620.00	620.00	12.06	12.06	12.06

续表

产品部门	第1年变动（%）	第2年变动（%）	第5年变动（%）	第1年变动（万美元）	第2年变动（万美元）	第5年变动（万美元）
2106	148.90	149.25	150.30	491.81	492.96	496.43
2401	16.31	28.54	69.32	44.66	78.15	189.79
4410	1018.31	1018.31	1018.31	550.61	550.61	550.61
4411	1048.35	1048.35	1048.35	306.23	306.23	306.23
4412	809.18	809.18	809.18	4527.07	4527.07	4527.07
4414	651.79	672.81	735.89	4.40	4.54	4.97
4415	585.59	585.59	585.59	2.19	2.19	2.19
4417	268.99	293.44	366.81	0.15	0.17	0.21

（4）文莱。

RCEP 协定生效后，文莱仅有 2106 农产品进一步降税，表 20 结果表明，关税减让预计使该种农产品出口增长 152.05%，出口额在未来 5 年增加 35.15 万美元。

表 20　文莱关税减让的影响测算

产品部门	第1年变动（%）	第2年变动（%）	第5年变动（%）	第1年变动（万美元）	第2年变动（万美元）	第5年变动（万美元）
2106	152.05	152.05	152.05	35.15	35.15	35.15

（5）越南。

在 RCEP 协定下，相比于现行有效税率，越南农产品并没有降税，部分税率反而大幅高于原有税率水平。因此，越南在 RCEP 的关税减让不会对大湾区出口产生实际影响。

（6）缅甸。

在向缅甸出口农产品中，由于 RCEP 协定税率大部分在 5 年内依旧高于现行有效关税水平，因此 RCEP 关税减让对这些产品出口不会产生实际影响。目前来看，大湾区向缅甸出口的 0402 和 1101 两种产品在协定生效后第 5 年的承诺税率低于现行关税水平，因此预计第 5 年的关税减让将使该两种产品的出口有所增加（见表 21）。另外，0803、1001、1207、1212、1302、1512 和 4401 共 7 种农产品的 RCEP 关税相对现行关税有较大降税，但大湾区在 2021 年并未向缅甸出口以上产品，因此难以测算具体影响，但理论上将有助于这些种类产品的出口突破。

表 21 缅甸关税减让的影响测算

产品部门	第 1 年变动（%）	第 2 年变动（%）	第 5 年变动（%）	第 1 年变动（万美元）	第 2 年变动（万美元）	第 5 年变动（万美元）
0402	0.00	0.00	170.66	0.00	0.00	0.91
1101	0.00	0.00	70.75	0.00	0.00	0.40

（7）马来西亚。

RCEP 协定下，马来西亚有 6 种农产品的协定关税低于现行有效关税，其中 0401、1516、1803、1805 和 3823 的产品出口关税降为零，但由于大湾区并未出口以上农产品，因此虽可预期零关税有助于这 5 种农产品出口，但无法测算具体的影响。对于大湾区出口的 0803 农产品，如表 22 所示，RCEP 协定税率在第 1 年下降预计将使得该产品出口增长，但由于 2021 年出口额很低，因此增长极为有限。

表 22 马来西亚关税减让的影响测算

产品部门	第 1 年变动（%）	第 2 年变动（%）	第 5 年变动（%）	第 1 年变动（万美元）	第 2 年变动（万美元）	第 5 年变动（万美元）
0803	257.67	257.67	257.67	0.21	0.21	0.21

（8）老挝。

在 RCEP 生效 5 年内，老挝在该协定下承诺税率均高于现行有效关税水平，因此 RCEP 关税减让不会对大湾区农产品出口老挝产生实质影响。

（9）柬埔寨。

在 RCEP 生效 5 年内，柬埔寨仅有 2401 和 2106 两种农产品的协定税率降至低于现行有效关税水平，且 2106 农产品是在协定生效第 2 年降税至低于现行水平，基于此测算，如表 23 所示，RCEP 关税减让将仅对大湾区出口的以上两种产品产生影响，其中 2401 将预计因关税优惠在第 1 年增长 68.28%，出口额增长 211.14 万美元，第 5 年达到出口相对于 2021 年增长 277.33 万美元。

表 23　柬埔寨关税减让的影响测算

产品部门	第 1 年变动 (%)	第 2 年变动 (%)	第 5 年变动 (%)	第 1 年变动 (万美元)	第 2 年变动 (万美元)	第 5 年变动 (万美元)
2106	0.00	4.53	20.10	0.00	3.77	16.71
2401	68.28	81.36	89.69	211.14	251.56	277.33

（10）新加坡。

根据前文关税比较分析结果，由于新加坡 RCEP 协定税率相对协定生效前的有效税率未有降税，因此 RCEP 生效关税减让将不会对大湾区向新加坡的农产品出口产生实质影响。

3. 韩国关税减让的影响测算

韩国在 RCEP 协定下关税减让的影响测算结果如表 24 所示。按照 RCEP 协定税率，韩国在协定生效第 1 年即降税的 8 种农产品中，关税减让对第 1 年出口增长率的影响排序为 1806、2308、0813、3301、2106、1901、3505 和 1302，其中 1806 预计将因此增长 710.39%，出口额增加 30.75 万美元；2106 预计将因关税优惠增长 145.58%，出口额增加 157.48 万美元。显然，由于大湾区这些降税产品对韩出口总量不大，因此短期影响相对有限。

表 24　韩国关税减让的影响测算

产品部门	第 1 年变动 (%)	第 2 年变动 (%)	第 5 年变动 (%)	第 1 年变动 (万美元)	第 2 年变动 (万美元)	第 5 年变动 (万美元)
0301	0.00	0.00	10.56	0.00	0.00	39.94
0805	0.00	0.00	59.21	0.00	0.00	0.54
0813	197.68	200.83	210.29	2.13	2.17	2.27
0906	0.00	0.00	36.13	0.00	0.00	6.77
1109	0.00	0.00	28.66	0.00	0.00	113.61
1211	0.00	20.78	95.21	0.00	0.24	1.10
1302	59.72	60.12	61.20	31.75	31.96	32.53
1605	0.00	0.00	66.18	0.00	0.00	285.17
1806	710.39	716.09	733.19	30.75	30.99	31.73
1901	116.00	116.49	117.89	15.87	15.94	16.13
1902	0.00	0.00	6.02	0.00	0.00	0.93

续表

产品部门	第1年变动（%）	第2年变动（%）	第5年变动（%）	第1年变动（万美元）	第2年变动（万美元）	第5年变动（万美元）
2005	0.00	0.00	57.07	0.00	0.00	1.08
2008	0.00	0.00	50.99	0.00	0.00	0.65
2101	0.00	0.00	41.15	0.00	0.00	14.76
2103	0.00	2.81	69.32	0.00	30.12	742.18
2106	145.58	146.76	150.07	157.48	158.75	162.33
2308	336.84	355.98	410.67	40.82	43.14	49.77
2309	0.00	0.00	8.75	0.00	0.00	12.50
3301	155.95	157.31	161.00	25.72	25.95	26.56
3505	71.84	76.17	89.15	0.40	0.42	0.49
4409	0.00	0.00	1.70	0.00	0.00	0.14
4410	0.00	0.00	25.65	0.00	0.00	4.66
4411	0.00	0.00	51.80	0.00	0.00	102.10
4412	0.00	0.00	118.80	0.00	0.00	94.26
4418	0.00	0.00	50.46	0.00	0.00	14.32
4420	0.00	0.00	45.49	0.00	0.00	55.50
4421	0.00	0.00	32.36	0.00	0.00	172.96
4504	0.00	0.00	4.76	0.00	0.00	1.34

按照 RCEP 协定税率，有 20 种大湾区出口韩国农产品在协定生效第 5 年将实现降税，加上第 1 年降税的 8 种农产品，共计 28 种出口农产品在第 5 年时将实现低于现行有效税率的关税水平。基于第 5 年数据测算，从增长率来看，韩国关税减让对 1806、2308、0813、3301、2106、4412、1901 等种类农产品的增长率影响较大，增长幅度预计均超过 100%；对 0301、2309、1902、4504 和 4409 等农产品的影响幅度相当有限。从出口额来看，由于现有出口存在很大差异，不同种类农产品受关税减让影响差别非常大，测算结果表明，预计 2103 的出口因此将增长 742.18 万美元，1605、4421、2106、1109 和 4411 等农产品则预计增长超过 100 万美元，出口预计增长超过 50 万美元包括 4412、4420 等产品。其余 19 种产品在协定生效 5 年内的受益影响相对较小，其中 11 种产品的出口增长低于 10 万美元，特别是 1902、2008、0805、3505 和 4409 共 5 种农产品的出口低于 1 万美元，影响相当小。

综合 RCEP 协定税率和现行税率比较以及大湾区 2021 年出口统计，共有 68 种农产品的 RCEP 协定税率相对现行有效税率并未降税，大湾区在 2021 年向韩国出口了其中 37 种农产品，包括 1704、1518、3503、4408、3504、1905、1404、0602 等大湾区出口较多的农产品，因此 RCEP 关税减让无法助推以上产品对韩国的出口。

同时，RCEP 协定税率和现行税率比较结果表明，共有 35 种农产品在协定生效 5 年内相对现行税率有降税，但大湾区在 2021 年未向韩国出口这些产品，预计关税减让将助推这些产品未来向韩国的出口，特别是降税影响较大的 0714、0711、2001、2004、1516、0410、1102、2207、1604 和 2006 等农产品。

4. 澳大利亚和新西兰关税减让的影响测算

根据前文关税比较分析结果，由于澳大利亚和新西兰 RCEP 协定税率相对协定生效前的有效税率未有降税，因此就关税减让而言，RCEP 生效将不会对大湾区向澳大利亚和新西兰的农产品出口产生实质影响。

五、结论与政策启示

本文从 RCEP 协定关税减让角度，通过比较 RCEP 协定生效 5 年内的协定税率与 2021 年有效关税税率的差异，识别 RCEP 协定下其他成员国对华进口农产品的关税降税情况，在假定其他因素不变的前提下，基于 HS4 位编码的产品部门关税弹性，测算关税减让对大湾区农产品出口 RCEP 其他成员的影响。主要结论如下：

第一，关税减让效应的测算结果表明，如表 25 所示，在大湾区已有出口的农产品中，RCEP 生效第 1 年，预计有 69 种农产品出口即受到关税减让的正面促进效应，总出口将因此增长约 6.8 亿美元，相比于 2021 年增长 34.50%；5 年内共计有 80 种农产品出口将受到关税的影响，出口额预计增长 9.5 亿美元，相比于 2021 年增长 48.20%。

表 25　RCEP 成员国关税减让的总体影响

产品编码	产品名称描述	第 1 年变动（万美元）	第 5 年变动（万美元）	主要出口国
1211	主要用作香料、药料、杀虫、杀菌或类似用途的植物或这些植物的某部分（包括子仁及果实），鲜、冷、冻或干的，无论是否切割、压碎或研磨成粉	34789.02	34790.12	日本、韩国

续表

产品编码	产品名称描述	第1年变动（万美元）	第5年变动（万美元）	主要出口国
4409	任何一边、端或面制成连续形状（舌榫、槽榫、半槽榫、斜角、V形接头、珠榫、缘饰、刨圆及类似形状）的木材（包括未装拼的拼花地板用板条及缘板），无论其任意一边或面是否刨平、砂光或端部接合	5951.40	5951.54	日本、韩国
0301	活鱼	5197.32	5666.49	日本、韩国
4412	胶合板、单板饰面板及类似的多层板	4527.07	4621.33	印度尼西亚
1604	制作或保藏的鱼；鲟鱼子酱及鱼卵制的鲟鱼子酱代用品	3672.89	19159.63	日本
3503	明胶（包括长方形、正方形明胶薄片，无论是否表面加工或着色）及其衍生物；鱼鳔胶；其他动物胶，但不包括品目35.01的酪蛋白胶	2377.64	2578.65	日本
2103	调味汁及其制品；混合调味品；芥子粉及其调制品	1245.76	6444.72	日本、韩国
2403	其他烟草及烟草代用品的制品；"均化"或"再造"烟草；烟草精汁	1098.99	1098.99	日本
1302	植物液汁及浸膏；果胶、果胶酸盐及果胶酸酯；从植物产品制得的琼脂、其他胶液及增稠剂，无论是否改性	954.78	1628.18	日本、韩国
2106	其他品目未列名的食品	913.84	994.44	日本、印度尼西亚、韩国、文莱、柬埔寨
1704	不含可可的糖食（包括白巧克力）	894.69	894.69	日本
2309	配制的动物饲料	702.7	715.2	菲律宾、韩国
0902	茶，无论是否加香料	680.01	680.01	日本
0814	柑橘属水果或甜瓜（包括西瓜）的果皮，鲜、冻、干或用盐水、亚硫酸水或其他防腐液暂时保藏的	573.17	573.17	日本
4410	碎料板、定向刨花板（OSB）及类似板（例如，华夫板），木或其他木质材料制，无论是否用树脂或其他有机黏合剂黏合	550.61	555.27	印度尼西亚、韩国
2005	其他未冷冻蔬菜，用醋或醋酸以外的其他方法制作或保藏的，但品目20.06的产品除外	548.81	2307.21	日本、韩国

续表

产品编码	产品名称描述	第 1 年变动（万美元）	第 5 年变动（万美元）	主要出口国
4418	建筑用木工制品，包括蜂窝结构木镶板、已装拼的地板、木瓦及盖屋板	363.55	377.87	日本、韩国
3301	精油（无萜或含萜），包括浸膏及净油；香膏；提取的油树脂；用花香吸取法或浸渍法制成的含浓缩精油的脂肪、固定油、蜡及类似品；精油脱萜时所得的萜烯副产品；精油水馏液及水溶液	325.99	339.56	日本、韩国
2008	用其他方法制作或保藏的其他品目未列名水果、坚果及植物的其他食用部分，无论是否加酒、加糖或其他甜物质	317.36	745.58	日本、韩国
4411	木纤维板或其他木质材料纤维板，无论是否用树脂或其他有机黏合剂黏合	306.23	408.33	印度尼西亚、韩国
0813	品目 08.01 至 08.06 以外的干果；本章的什锦坚果或干果	259.47	317.41	日本、韩国
2401	烟草；烟草废料	255.8	467.12	柬埔寨、印度尼西亚
0703	鲜或冷藏的洋葱、青葱、大蒜、韭葱及其他葱属蔬菜	214.34	214.34	日本
1212	鲜、冷、冻或干的刺槐豆、海草及其他藻类、甜菜及甘蔗，无论是否碾磨；主要供人食用的其他品目未列名的果核、果仁及植物产品（包括未焙制的菊苣根）	213.8	213.86	日本
0511	其他品目未列名的动物产品；不适合供人食用的第一章或第三章的死动物	179.27	207.86	日本
4407	经纵锯、纵切、刨切或旋切的木材，无论是否刨平、砂光或端部接合，厚度超过 6 毫米	153.31	153.31	日本
1007	食用高粱	108.67	108.67	日本
4405	木丝；木粉	100.34	100.34	日本
0604	制花束或装饰用的不带花及花蕾的植物枝、叶或其他部分、草、苔藓及地衣，鲜、干、染色、漂白、浸渍或用其他方法处理的	94.82	94.82	日本
1404	其他品目未列名的植物产品	92.06	92.06	日本
2208	未改性乙醇，按容量计酒精浓度在 80% 以下；蒸馏酒、利口酒及其他酒精饮料	78.58	87.05	日本

续表

产品编码	产品名称描述	第1年变动（万美元）	第5年变动（万美元）	主要出口国
0802	鲜或干的其他坚果，无论是否去壳或去皮	63.65	129.68	日本
1602	其他方法制作或保藏的肉、食用杂碎、动物血或昆虫	54.18	54.72	日本
2102	酵母（活性或非活性）；已死的其他单细胞微生物（不包括品目30.02的疫苗）；发酵粉	48.28	245.27	日本
0909	茴芹子、八角茴香、小茴香子、芫荽子、枯茗子及页蒿子；杜松果	44.54	146.34	日本
2202	加味、加糖或其他甜物质的水，包括矿泉水及汽水，其他无酒精饮料，但不包括品目20.09的水果汁、坚果汁或蔬菜汁	40.88	210.26	日本
2308	动物饲料用的其他品目未列名的植物原料、废料、残渣及副产品，无论是否制成团粒	40.82	49.77	韩国
1401	主要作编结用的植物材料（例如，竹、藤、芦苇、灯芯草、柳条、酒椰叶，已净、漂白或染色的谷类植物的茎秆，椴树皮）	36.31	113.92	日本
1518	动物、植物或微生物油、脂及其分离品，经过熟炼、氧化、脱水、硫化、吹制或在真空、惰性气体中加热聚合及用其他化学方法改性的，但品目15.16的产品除外；本章各种油、脂及其分离品混合制成的其他品目未列名的非食用油、脂或制品	33.45	33.45	日本
2905	无环醇及其卤化、磺化、硝化或亚硝化衍生物	32.94	40.22	日本
0714	鲜、冷、冻或干的木薯、竹芋、兰科植物块茎、菊芋、甘薯及含有高淀粉或菊粉的类似根茎，无论是否切片或制成团粒；西谷茎髓	32.25	66.92	日本
1806	巧克力及其他含可可的食品	30.75	31.73	韩国
0810	其他鲜果	26.96	133.66	日本
0712	干蔬菜，整个、切块、切片、破碎或制成粉状，但未经进一步加工的	24.78	232.57	日本、泰国
2004	其他冷冻蔬菜，用醋或醋酸以外的其他方法制作或保藏的，但品目20.06的产品除外	24.75	104.57	日本
2207	未改性乙醇，按容量计酒精浓度在80%及以上；任何浓度的改性乙醇及其他酒精	19.39	19.39	日本

产品编码	产品名称描述	第1年变动（万美元）	第5年变动（万美元）	主要出口国
1901	麦精；细粉、粗粒、粗粉、淀粉或麦精制的其他品目未列名的食品，不含可可或按重量计全脱脂可可含量低于40%；品目04.01~04.04所列货品制的其他品目未列名的食品，不含可可或按重量计全脱脂可可含量低于5%	15.87	16.13	韩国
4408	饰面用单板（包括刨切积层木获得的单板）、制胶合板或类似多层板用单板以及其他经纵锯、刨切或旋切的木材，无论是否刨平、砂光、拼接或端部结合，厚度不超过6毫米	13.3	13.3	日本
0901	咖啡，无论是否焙炒或浸除咖啡碱；咖啡豆荚及咖啡豆皮；含咖啡的咖啡代用品	12.06	12.06	印度尼西亚
1209	种植用的种子、果实及孢子	11.94	11.99	泰国
0706	鲜或冷藏的胡萝卜、芜菁、色拉甜菜根、婆罗门参、块根芹、萝卜及类似的食用根茎	10.87	48.91	日本
2006	糖渍蔬菜、水果、坚果、果皮及植物的其他部分（沥干、糖渍或裹糖的）	9.52	31.5	日本
3504	蛋白胨及其衍生物；其他品目未列名的蛋白质及其衍生物；皮粉，无论是否加入铬矾	6.13	6.76	日本
4404	箍木；木劈条；已削尖但未经纵锯的木桩；粗加修整但未经车圆、弯曲或其他方式加工的木棒，适合制手杖、伞柄、工具把柄及类似品；木片条及类似品	5.99	5.99	日本
0812	暂时保藏的水果及坚果，但不适于直接食用的	5.75	11.1	日本
4414	木制的画框、相框、镜框及类似品	4.4	4.97	印度尼西亚、韩国
1521	植物蜡（甘油三酯除外）、蜂蜡、其他虫蜡及鲸蜡，无论是否精制或着色	4.16	8.51	日本
1515	其他固定植物或微生物油、脂（包括希蒙得木油）及其分离品，无论是否精制，但未经化学改性	2.9	3	日本
2209	醋及用醋酸制得的醋代用品	2.29	11.11	日本
4415	包装木箱、木盒、板条箱、圆桶及类似的包装容器；木制电缆卷筒；木托板、箱形托盘及其他装载用木板；木制的托盘护框	2.19	2.19	印度尼西亚

续表

产品编码	产品名称描述	第1年变动（万美元）	第5年变动（万美元）	主要出口国
1522	油鞣回收脂；加工处理油脂物质及动物、植物蜡所剩的残渣	1.76	1.76	日本
0704	鲜或冷藏的卷心菜、菜花、球茎甘蓝、羽衣甘蓝及类似的食用芥菜类蔬菜	1.16	2	日本、菲律宾
0811	冷冻水果及坚果，无论是否蒸煮、加糖或其他甜物质	0.56	0.99	日本
3505	糊精及其他改性淀粉（例如，预凝化淀粉或酯化淀粉）；以淀粉、糊精或其他改性淀粉为基本成分的胶	0.4	0.49	韩国
1905	面包、糕点、饼干及其他烘焙糕饼，无论是否含可可；圣餐饼、装药空囊、封缄、糯米纸及类似制品	0.25	1.16	日本
0803	鲜或干的香蕉，包括芭蕉	0.21	0.21	马来西亚
4417	木制的工具、工具支架、工具柄、扫帚及刷子的身及柄；木制鞋靴楦及楦头	0.15	0.21	印度尼西亚
2009	未发酵及未加酒精的水果汁或坚果汁（包括酿酒葡萄汁及椰子水）、蔬菜汁，无论是否加糖或其他甜物质	0.08	0.25	日本
0304	鲜、冷、冻鱼片及其他鱼肉（无论是否绞碎）	0.02	0.03	日本
0402	浓缩、加糖或其他甜物质的乳及稀奶油	0	0.91	缅甸
0805	鲜或干的柑橘属水果	0	0.54	韩国
0906	肉桂及肉桂花	0	6.77	韩国
1101	小麦或混合麦的细粉	0	0.4	缅甸
1109	面筋，无论是否干制	0	113.61	韩国
1506	其他动物油、脂及其分离品，无论是否精制，但未经化学改性	0	0	日本
1507	豆油及其分离品，无论是否精制，但未经化学改性	0	0	日本
1508	花生油及其分离品，无论是否精制，但未经化学改性	0	0	日本
1513	椰子油、棕榈仁油或巴巴苏棕榈果油及其分离品，无论是否精制，但未经化学改性	0	0	日本
1605	制作或保藏的甲壳动物、软体动物及其他水生无脊椎动物	0	285.17	韩国
1902	面食，无论是否煮熟、包馅（肉馅或其他馅）或其他方法制作，例如，通心粉、面条、汤团、馄饨、饺子、奶油面卷；古斯古斯面食，不论是否制作	0	0.93	韩国

产品编码	产品名称描述	第 1 年变动（万美元）	第 5 年变动（万美元）	主要出口国
2101	咖啡、茶、马黛茶的浓缩精汁及以其为基本成分或以咖啡、茶、马黛茶为基本成分的制品；烘焙菊苣和其他烘焙咖啡代用品及其浓缩精汁	0	14.76	韩国
4420	镶嵌木（包括细工镶嵌木）；装珠宝或刀具用的木制盒子和小匣子及类似品；木制小雕像及其他装饰品；第九十四章以外的木制家具	0	55.5	韩国
4421	其他木制品	0	172.96	韩国
4504	压制软木（不论是否使用黏合剂压成）及其制品	0	1.34	韩国
	合计	68408.18	95047.80	

第二，在 RCEP 协定生效 5 年内，农产品出口面临关税减让主要来源于日本和韩国，关税减让对大湾区出口增长的促进预计效应主要来源于日本和韩国，其他少量增长来源于印度尼西亚、菲律宾、马来西亚、文莱、柬埔寨等。

第三，从产品部门来看，关税减让对不同种类产品的效应差异非常大。RCEP 生效第 1 年，预计关税减让使大湾区农产品出口增长排在前十位的分别为 1211、4409、0301、4412、1604、3503、2103、2403、1302、2106，这些产品预计均因此增长 900 万美元以上，特别是 1211 预计增长超过 3 亿美元，4409 和 0301 增长超过 5000 万美元，这些出口增长主要来自日本和韩国。预计将有 18 种农产品的出口额增长介于 100 万~900 万美元，5 种农产品的出口额增长介于 50 万~100 万美元，18 种农产品的出口额增长介于 10 万~50 万美元，18 种农产品的出口额增长低于 10 万美元。

RCEP 生效 5 年内，预计关税减让使大湾区农产品出口增长排在前十位的分别为 1211、1604、2103、4409、0301、4412、3503、2005、1302 和 2403，这些产品预计均因此增长 1000 万美元以上。从生效 5 年来看，1211 仍以增长超过 3 亿美元位居第一，1604 和 2103 因 5 年内持续减税而增长，出口额增长分别约 2 亿美元和超过 6000 万美元而位居第二和第三。预计将有两种农产品出口额增长在 5000 万美元级别，5 种农产品的出口额增长介于 1000 万~5000 万美元，7 种农产品的出口额增长介于 500 万~1000 万美元，22 种农产品的出口额增长介于 100 万~500 万美元，20 种农产品的出口额增长介于 10 万~100 万美元，21 种农产品的出口额增长低于 10 万美元。

以上研究结论对大湾区抓住 RCEP 机遇扩大农产品出口，可解读出以下政策启示：

第一，重视对日本和韩国的农产品出口促进。前文研究结果表明，在 RCEP 协定生效 5 年内，在 RCEP 其余 14 个成员国中，大湾区农产品出口面临关税实质上的减让主要来源于日本和韩国两国，因此预计 RCEP 关税减让对农产品的促进作用将主要体现在对日本、韩国的出口增长。日本和韩国本身非农产品生产大国，进口需求庞大，因此，为更多抓住 RCEP 关税减让的红利，从国别比较来看，大湾区九市应该抓住机遇，支持对日本、韩国的农产品出口促进政策和措施，引导企业利用 RCEP 下日本和韩国的关税优惠，扩大对日本、韩国的出口。

第二，支持降税效应大且具有出口基础的广东优势农产品出口。前文研究表明，在 RCEP 协定生效 5 年内，关税减让的效应主要集中于大湾区出口的部分农产品，主要包括 1211（人参、中药材、香料等）、4409（木地板、竹地板条、木材等）、0301（鳗鱼、鲈鱼等）、4412（胶合板、单板饰面板及类似多层板）、1604（鱼类制品）、3503（明胶、动物胶等蛋白类物质）、2103（酱油、番茄调味汁、味精等调味品）、2403（烟草及制品）、1302（药用、农药用植物液汁及浸膏、果胶、植物琼脂、胶液）、2106（蛋白质、碳酸饮料的浓缩物、蜂王浆、甘蔗糖、婴幼儿配方食品等）、1704（口香糖、不含可可的糖食）、2309（配制的动物饲料）、0902（茶）、0814（柑橘属水果或甜瓜果皮）、2005（未冷冻均化蔬菜、榨菜、菜制品）等。

以上这些种类农产品不少属于广东的优势和特色农产品，因此，应该整合优势产业发展和出口促进支持政策，重点推进广东特色南药中药材、木材加工、鳗鱼和鲈鱼等水产、调味品、糖料、动物饲料、岭南水果、茶叶、岭南蔬菜等优势农业产业园和农产品出口基地、RCEP 农产品国际采购交易中心等一体化建设发展，通过产业园和农业贸易基地协同建设，扩大这些优质产品出口供给，支持重点企业推进出口农产品质量认证，提升农产品出口品质。

第三，加快提升农产品出口便利化水平。虽然 RCEP 关税减让有助于提升大湾区农产品出口，但其能否最终发挥出口促进效应，在一定程度上取决于农产品能否顺利出口，特别对于生鲜农产品而言，出口快速通关尤为重要。如前所述，提升贸易便利化水平是 RCEP 的重要内容，RCEP 关于海关程序和贸易便利化的章节中对此作出了安排，要求尽量在货物送达的 48 小时内放行，对于生鲜易腐货物则尽可能在 6 小时内快速通关。大湾区应进一步优化海关通关申报模式与签证流程，实现原产地认证数字化，提高海关通关审批效率，通过 RCEP 协定关税

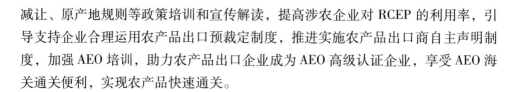

减让、原产地规则等政策培训和宣传解读，提高涉农企业对 RCEP 的利用率，引导支持企业合理运用农产品出口预裁定制度，推进实施农产品出口商自主声明制度，加强 AEO 培训，助力农产品出口企业成为 AEO 高级认证企业，享受 AEO 海关通关便利，实现农产品快速通关。

参考文献

［1］刘璇，孙明松，朱启荣．RCEP 关税减让对各成员国的经济影响分析［J］．南方经济，2021（7）：34-54.

［2］张恪渝，周玲玲．RCEP 对中国经济及其区域内部的影响分析［J］．国际贸易问题，2021（11）：37-53.

［3］许玉洁，刘曙光，王嘉奕．RCEP 生效对宏观经济和制造业发展的影响研究——基于 GTAP 模型分析方法［J］．经济问题探索，2021（11）：45-57.

［4］都倩仪，郭晴．RCEP 生效对全球经济贸易中长期影响研究［J］．亚太经济，2021（1）：65-74+150-151.

［5］王孝松，周钰丁．RCEP 生效对我国的经贸影响探究［J］．国际商务研究，2022，43（3）：18-29.

［6］王春宇，王海成．RCEP 关税减免对我国贸易的主要影响及对策［J］．宏观经济管理，2022（6）：74-81+90.

［7］陈耸，向洪金．RCEP 对全球农产品贸易、生产与福利的影响——基于可计算局部均衡模型的研究［J］．国际商务研究，2022，43（3）：30-39.

［8］孙立芳，陈昭．"一带一路"背景下经济开放度如何影响农产品国际竞争力：来自 RCEP 成员国的证据［J］．世界经济研究，2018（3）：81-94+136.

［9］黄会丹．RCEP 背景下中日农产品贸易现状与潜力分析［J］．河南工业大学学报（社会科学版），2019，15（2）：9-15.

［10］林清泉，郑义，余建辉．中国与 RCEP 其他成员国农产品贸易的竞争性和互补性研究［J］．亚太经济，2021（1）：75-81+151.

［11］陈雨生，王艳梅．中国与 RCEP 成员国农产品贸易结构、效率及影响因素研究——基于细分产品的实证分析［J］．世界农业，2021（12）：72-83+106+128.

［12］李明，喻妍，许月艳，李崇光．中国出口 RCEP 成员国农产品贸易效率及潜力——基于随机前沿引力模型的分析［J］．世界农业，2021（8）：33-43+68+119.

［13］葛明，高远东，赵素萍.RCEP 框架下中国农产品出口增长的驱动因素研究——基于 CMS 三层次分解模型［J/OL］.农业技术经济：1-17［2022-11-07］.

［14］刘艺卓，赵一夫."区域全面经济伙伴关系协定"（RCEP）对中国农业的影响［J］.农业技术经济，2017（6）：118-124.

［15］朱浩，孔祥贞.RCEP 签署实施对中国农产品贸易的影响分析［J］.市场论坛，2021（12）：6-14.

［16］钱静斐，孙致陆，陈秧分，张玉梅.区域全面伙伴关系协定（RCEP）实施对中国农业影响的量化模拟及政策启示［J］.农业技术经济，2022（9）：33-45.

［17］Fontagné，Lionel & Guimbard，Houssein & Orefice，Gianluca. Tariff-based Product-level Trade Elasticities［J］.Journal of International Economics，Elsevier，2022，137（C）：1-25.

［18］商务部国际司.RCEP 第二次线上专题培训班资料，第八讲：用好 RCEP 红利促进中国农业高水平开放高质量发展［EB/OL］.http：//fta. mofcom. gov. cn/zwgkp/zwfb. html.

［19］乔翠霞，王潇成，宁静波.RCEP 框架下的农业规则：机遇与挑战［J］.学习与探索，2021（9）：98-106.

［20］Head，K.，Mayer，T. Gravity Equations：Workhorse，Toolkit，and Cookbook. Handbook of International Economics［J］.Handbook of International Economics，Gita Gopinath，Elhanan Helpman and Kenneth Rogoff editors，2014（4）：134-154.

［21］Goldberg，P. K.，Pavcnik，N. The Effects of Trade Policy［J］.Handbook of Commercial Policy，2016（1）：161-206.

［22］WTO，UNCTAD，ITC. World Tariff Profiles 2006［R］.WTO Publications，2007.

［23］崔鑫妍.RCEP 对中国农产品贸易的机遇、挑战及对策［J］.对外经贸实务，2022（4）：41-44.

粤港澳大湾区荔枝文旅融合发展的典型模式与机制创新

赵永琪[*]

摘　要：文旅融合发展是新时期推动乡村振兴的重要方式之一，大湾区以区域内独特的荔枝文化资源进行旅游开发，在文旅融合发展的道路上形成了许多地方经验和典型模式。本文总结梳理了大湾区荔枝文化资源的发展内涵和特点，在已有荔枝文旅融合研究的基础上，从产业经济的视角将大湾区荔枝文旅融合发展的经验划分为科普研学融合发展模式、文化节庆融合发展模式、采摘体验融合发展模式、产旅联营融合发展模式4种典型模式，通过深入剖析不同模式的主要特征、典型案例实践明晰大湾区荔枝文旅融合发展的具体路径和产业动态。最后从问题的角度提出大湾区接下来可以在政府角色、平台建设、公众参与以及区域整合等方面进行机制创新，推动荔枝文旅融合向实现社会效益、文化效益和经济效益三者统一的方向发展。本文首次对荔枝文旅这种依托地方果品文化资源进行乡村振兴道路设计的发展方式进行综合解读，研究成果可以为其他地区实施文旅融合发展的乡村振兴道路提供一定启示。

关键词：荔枝文旅；典型模式；机制创新；乡村振兴；大湾区

引言

一直以来，文化与旅游具有天然的共生依存关系，旅游是最古老的人类社会活动之一，而文化是最为重要的旅游资源，是旅游活动形成的重要基础[1]。文旅融合不是简单地将文化旅游化，也不是单纯地做旅游文化开发，而是在发展目标、内涵逻辑、实践路径以及功能效应等多个维度上的深度融合，最终在经济、

---

　* 赵永琪，广东省农业科学院农业经济与信息研究所，博士，研究方向为乡村地理与农业经济。

社会以及文化传承等多个方面实现共赢[2]。文旅融合发展的提出最早来源于2009 年原文化部和原国家旅游局联合印发的《关于促进文化与旅游结合发展的指导意见》，旨在通过推动文化与旅游的协同发展，落实中央扩大内需的战略部署。2014 年 2 月国务院发布的《关于推进文化创意和设计服务与相关产业融合发展的若干意见》进一步指出旅游发展过程中文旅融合的要求。2018 年 4 月，在党和国家机构改革中，文化部、国家旅游局进行了职责整合，新组建的文化和旅游部（以下简称文旅部）正式挂牌成立，标志着文旅融合走上了新的历史台阶，文旅融合发展也成为新的时代主题。

经过 40 多年的快速发展，我国居民生活水平得到显著提高，居民对旅游的需求已成为基本需求。而传统的观光旅游已经不能满足如今广大群众对个性化、异质性的旅游需求，这对旅游内涵提出了新的更高要求。而文化作为旅游的灵魂，中国丰富的文化资源为实现旅游产品的差异化发展提供了保障[3]。因此，新时期党和国家大力推动文旅融合发展适应了广大人民群众对美好生活的根本需求，新兴的文旅产业已成为国家发展规划中的重要组成部分，未来将成为我国重要的支柱性产业。

近年来，广东省在文旅融合发展的实践中不断探索，通过不断挖掘地域特色文旅资源，在文旅融合发展的道路上创建了许多地方经验和典型模式。其中，大湾区以岭南地方特色的荔枝文化资源开拓而来的荔枝文旅发展模式是响应国家乡村振兴战略的积极探索，这对当前全国乡村振兴的地方实践具有重要的可借鉴性和可推广性。本文剖析大湾区荔枝文化遗产特点，从产业经济的视角对大湾区荔枝文旅融合发展的典型模式进行总结分析，并从不同角度阐述了其接下来的可实施的机制创新，以期为其他地区实施文旅融合发展的乡村振兴道路提供启示。

一、荔枝文化相关的研究进展

荔枝是典型的亚热带水果，原产于我国岭南地区，目前已传播引种至全球32 个国家和地区种植。中国是种植荔枝第一大国，主要分布在广东、海南、福建、重庆、广西等省份。其中广东、广西栽培最盛。随着全球对农业文化遗产的挖掘、保护及利用越来越重视，荔枝种植作为一类历史悠久、内涵丰富的农业生产系统，荔枝文化遗产的保护问题在中国得到了前所未有的关注。2016 年，在农业部组织的全国农业文化遗产普查中，福建、广东、海南等省份的 6 项荔枝文化遗产入选。目前，海南海口羊山荔枝种植系统、广东岭南荔枝种植系统（增城、东莞、茂名）已获中国重要农业文化遗产立项保护，荔枝文化遗产的利用和保护由此受到众多学者的广泛关注。

早期荔枝文化遗产的研究相对分散，如赵飞等在梳理增城农业遗产时首次对这里的农业物产类遗产进行阐述，详细探讨了有关荔枝文化遗产的历史记载[4]。胡盛红等则对海南海口市羊山古荔枝群农业生态系统的基本情况和优劣势进行了分析，并提出了加强海南省农业文化遗产保护与利用的相关对策[5]。之后，王斌等进一步对海南海口羊山荔枝种植系统的遗产特征与价值进行了深入分析，认为其是热带农耕文化与火山地区农业可持续发展的杰出代表[6]。随着荔枝文化遗产的价值不断被认知，针对其价值所具有的功能及效应研究成为近年来研究的热点，如吴天龙等海口羊山古荔枝群的多功能性及其作用效果进行了较为系统的分析和总结，在此基础上提出了对海口羊山古荔枝群进行可持续开发的建议[7]。

总体来看，当前对荔枝文化遗产具有以下认知：①荔枝属于中国原产，栽培种植始于战国秦汉、兴于唐宋、盛于明清，古代主要分布在岭南、巴蜀以及闽中地区[8]，而最早有历史文献记载成为皇家贡品的是岭南荔枝，四川荔枝则在唐代名气开始兴盛，福建荔枝在宋代至明代成为主要产区和进贡地，而到清代各地荔枝产区基本成形，共同发展[9]。世界其他地区的荔枝栽培来源于中国荔枝的引种，大约在17世纪末的一百年间，中国荔枝陆续引种至缅甸、印度等东南亚及南亚地区[10]。19世纪中叶进一步传播至澳洲、非洲和美洲地区[11]。②中国的荔枝品种最为丰富，宋代郑熊的《广中荔枝谱》、蔡襄的《荔枝谱》分别记载了22个和32个各式各样的荔枝品种，是中国古代最早对荔枝品种的介绍，而明代徐燉的《荔枝谱》则记载了103个品种，是古代记载荔枝品种最多的文献。清代吴应逵的《岭南荔枝谱》记载了74个品种，是对古代岭南地区荔枝品种的详细介绍。目前，我国总共收集和保存的荔枝种质资源超过了400份[12]，相关历史品种已得到了良好的保存。历史上中国荔枝品种的输出为全球荔枝产业的发展提供了动力，当前许多国外荔枝品种的发展大多是对中国荔枝的取种和改良。③荔枝历史人文内涵厚重。荔枝在中国古代是南方独有的水果，可做鲜果、焙干、蜜浸、制酒、入药[13]，其丰富的应用价值被一代一代古人所开发，由此形成了众多的民间技艺、习俗等文化遗产。在古代文人士大夫的追求下，荔枝进一步成为了中国文化底蕴最为厚重的果品之一。关于荔枝的文献记录与文化创造始自荔枝的朝贡，西汉司马相如最早在其《上林赋》中记录和评价荔枝。在文风盛行的唐中期，随着荔枝受到统治阶级的追捧，围绕荔枝的文学创作蔚然成风、经久不衰。历经宋至明清的发展，荔枝文学在古代延续了1000多年的历史[14]，至今遗

留下了超过 15 种荔枝专谱[15]。

近几年，随着我国对传统文化的保护和利用越来越重视，荔枝文化资源的挖掘和开发获得了前所未有的关注。其中，利用荔枝文化进行旅游开发是最主要的形式，但荔枝文旅的相关研究才刚刚起步，现有研究主要聚集于荔枝文化节庆品牌的培育和提升[16]、荔枝文化的旅游开发路径[17]、荔枝文化与乡村旅游的融合[18] 等方面，有关荔枝文旅发展的深层次研究还十分缺乏，对当前荔枝文旅发展的典型模式、存在问题以及可创新之处缺乏深入思考，这类研究的不足有可能会带来荔枝文化资源的开发性破坏和不可持续利用。因此，本文在剖析大湾区荔枝文化遗产特点的基础上，结合大湾区荔枝文旅融合发展的地方实践，从产业经济的视角总结其相应的发展模式，并指出存在的问题和可进一步创新的机制。

二、大湾区荔枝文化遗产的特点

（一）悠久的荔枝种植历史

以珠三角为主要范围的大湾区是广东省荔枝种植的核心区域之一，具有悠久的荔枝种植历史。其中，大湾区东岸的增城、东莞、惠州以及从化一带是荔枝种植的密集区。各地均有数百年到数千年不等的荔枝种植史。大湾区东岸位于珠江流域的东北侧，珠江支流北江和东江流经全区，北部属低山谷地，中部为丘陵河谷平原，南部属于珠江三角洲平原，区内气候炎热，雨量充沛，既有热带特征，也具有亚热带特色。因地形复杂，季风气候显著，适宜荔枝等亚热带作物生长，由于地理环境的差异，区域内部也形成了不同的荔枝种植历史，其中以增城荔枝种植最为悠久。增城因大面积种植荔枝自古便有"荔乡""荔城"的美誉，其荔枝以质量上乘、规模盛大而著称，封建时期被列为皇家贡品。增城区荔枝种植主要区分布在增江、新塘、仙村、石滩、三江、中新、福和、正果、朱村等镇街。据晋代顾微的《广州记》记载："（增城）县北又有搜山荔枝树，高八丈，相去五丈而连理。"由此可见，增城在 1600 多年前就有荔枝种植记录。而到北宋年间，地方官张宗闵编写了《增城荔枝谱》，当时所著录的荔枝品种就达 100 种，该书虽已失传，但一个县的荔枝种植被编成专著，可见增城荔枝种植的盛况。南宋末年增城籍进士李肖龙用"荔子漫山红"描绘了当时增城荔枝种植的繁荣景象。宋末元初，陈大震编纂的《南海志》，在物产荔枝条目中记载："（荔枝）今佳品多出增城。"说明增城荔枝生产在当时的影响力。明清各个时期编著的《增城县志》也能发现关于增城荔枝的记录。其中增城沙贝（今新塘）栽培荔枝在明代中叶已很闻名，到明末清初，广东"荔枝，以增城沙贝所产为最，其状元红等，贱如菽粟，岁收数千万斛，贩于他方"。同时，经过沙贝人民多年的培植，当地"所产荔枝多异种"。到清初年间，新塘进一步发展成为珠江三角洲地区的荔枝交易中心，并被称为"荔枝市"。当时著名的文人谭莹就曾用"家种荔枝三百树，年年果熟问收成"来描绘增城繁盛的荔枝产业[19]。改革开放之后，在对外贸易的不断扩张下，增城荔枝产业发展迅速，全区290多个行政村中有286个村种植荔枝[20]。种植的主要品种有增城挂绿、水晶球、桂味、糯米糍。其中增城挂绿最负盛名，是荔枝中的珍稀品种。明末清初屈大均的《荔枝诗》专门写增城挂绿道："端阳是处子离离，火齐如山入市时。一树增城名挂绿，冰融雪沃少人知。"而清代诗人李凤修也写道："南州荔枝无处无，增城挂绿贵如珠。兼金欲购不易得，五月尚未登盘盂。"足见增城挂绿的珍贵程度，被称为"荔枝之王"。增城挂绿以文献正式记载至今已有400多年的历史，据乾隆年间县志记载原产于增城新塘四望岗，因所产果实品质非凡，果皮微红托绿，故命名为"挂绿"。在屈大均、陈恭尹、朱彝尊等名士的推介下，"挂绿"很快就占据了"荔枝之最"的位置。由于"挂绿"极难繁育推广，清代数量最多时也不过百株左右。后至嘉庆年间因官吏勒扰，百姓不堪重负而砍光挂绿荔枝，万幸在县城西门外西园庵内有1株得以幸存，故取名"西园挂绿"，现为"增城八景"之一，是增城荔枝文化遗产最具代表性和影响力的景观，弥为珍贵。挂绿荔枝果实扁圆，不太大，通常0.5千克有23个左右。果蒂带有一绿豆般的小果粒，蒂两侧果肩隆起，带小果粒侧稍高，谓之龙头，另一边谓之凤尾。果肉细嫩、爽脆、清甜、幽香，特别之处是凝脂而不溢浆，用纱包裹，隔夜纸张仍干爽如故。屈大均在《广东新语》所说："挂绿爽脆如梨，浆液不见，去壳怀之，三日不变。"品质极优，是荔枝最佳品之一。2001年在挂绿广场举行的挂绿珍果拍卖会上，一颗"西园挂绿"荔枝拍出了5.5万元的高价，成为全球最昂贵的水果，一举打破了吉尼斯世界纪录。2000年的拍卖会上，更是拍出了一颗"西园挂绿"荔枝55.5万元的天价，引起了全世界的关注。

（二）完善的荔枝生产技术

岭南地区民间把荔枝生产按照建园环境差异分为"山枝""水枝"两大类。大湾区由于地形复杂，横跨山河平原，各地形成了针对不同地形条件的荔枝生产技术。其中东莞、增城南部地形平坦、河网密布，属于典型的水乡区域，荔枝生产大部分采用"水枝"技术，代表性的生产模式有幼龄果园间套种、果基鱼塘、高畦深沟种植等。荔枝种在河堤两侧、塘边、湖边或者岛屿等临水地带。从化、惠州以及增城北部地区，低山丘陵连绵不绝，属于典型的丘陵山区，荔枝生产大部分采用"山枝"技术，代表性的生产模式有梯级种植、"果—草—禽"立体种养、果园养蜂。其中，梯级种植是山区果农因地制宜创造的一种生态种植模式，也是山区荔枝生产的主要模式。果农根据地形坡度在园地上方直到山顶处沿等高线密植造林，垂直方向造林具有防止山体滑坡、涵养水源、改善植被等作用。在水平方向，园地和水源林之间开挖一条横沟，并与两侧的排水沟相连，起到横向排水、避免暴雨导致土肥流失的作用。整个园地建设成梯田，梯面跨度3~9米，梯壁用碎石堆砌而成，高度为2米左右，大小与山体坡度成比例，在种植荔枝的同时，可以混杂种植乌揽、龙眼、香蕉等果树，丰富物种多样性[21]。除荔枝造林技术外，大湾区还形成了荔枝育苗、管理以及加工等全链条的生产技术。在育苗方面，荔枝的繁育普遍采用嫁接法和驳枝法，嫁接法育苗是大湾区主要的育苗技术，适应性广，适合抗性强的"山枝"品种。驳枝法育苗则一般选择已结果、丰产好且具有品种特性的壮旺树种条。在建园方面，大湾区的荔枝生产经过传承积累已经对温度、光照、土质、水分等因素形成了成熟的经验。一般选择土层深厚、土质疏松肥沃、保水保肥力强、透气性能良好、有机质含量1%以上、土壤pH5.5~6.5的开阔向阳的丘陵、山地及平地建园，其中丘陵和山地沿等高线种植，平地地下水位保持在1米以下，果园地四周营造防护林带。在采摘方面，果农多选择清晨日出前采摘，对于珍贵荔枝古树，为了不伤害古树，则采用搭棚的方式方便采摘及日常管理。在修剪方面，需在采果之后，剪除或者剪疏荔枝的荫枝、枯枝、过密枝、病枝，使养分集中，为翌年顺利开花结果做好准备。在防虫害方面，形成了平腹小蜂防治荔蝽、"烟骨水"防治虫害等成熟的防虫技术。在加工技术方面，对荔枝进行粗加工主要是制作荔枝干，选取"糯米糍""怀枝"等品种，精加工则进行荔枝酿酒，可制作发酵酒和浸泡酒等酒品，而荔枝木还可以进行家具制造，相关制作工艺已被列入增城区非遗项目。

（三）丰富的荔枝种质资源

大湾区拥有丰富的荔枝种质资源，是中国荔枝种质资源的宝库。大湾区自古以来就有众多荔枝品种记载。成书于北宋年间的《增城荔枝谱》就明确记载："增城多植荔枝……搜境内所出，得百余种。"到民国时期，增城荔枝"岭南种几全有"[22]，足以说明大湾区荔枝种质之丰富。中华人民共和国成立之后，广州市依托增城、从化等地的荔枝种质资源，建立了我国第一个荔枝种质资源圃，基本涵盖广东省内现有品种，其中有50个品种为增城本地原产或种植历史悠久。据相关文献记载，当前比较知名的"挂绿""尚书怀""水晶球""苎麻子"等荔枝品种均原产于增城[23]。同时，增城还出产其他地区甚为少见的"苎麻子"

"凤凰球""皇帝耳""绉纱裘"等荔枝品种，并保留有相当数量的荔枝古树。据增城区相关部门统计，全区有超过 1.5 万株 100 年以上的荔枝古树，1400 株 300 年以上的荔枝古树以及 200 株 500 年以上的荔枝古树，集中分布在全区不同街镇的数十个行政村之中，古树以挂绿、糯米糍、桂味等品种为主，同时也有"凤凰球""皇帝耳"等珍稀品种。

此外，在大湾区的东莞市，荔枝种质资源也相对丰富，关于东莞荔枝最早的详细记载出现在 700 多年前的元代，据《元一统志》载："荔枝，番禺、南海、东莞、新会、增城并有之。"根据明清史载，明清时期东莞栽培的荔枝品种有 17 种，包括黑叶、怀枝、三月红、犀角子、七夕红、进奉子、大造、小华山、蜜糖埕、白油麻、糯米糍、桂味、公孙领、万里碧、香荔、山枝、大荔等。中华人民共和国成立后的《东莞农业志》进一步记载了东莞荔枝品种，包括糯米糍、桂味、妃子笑、怀枝、黑叶、三月红、青甜、水东、白蜡、大造、犀角子、雪怀子、增城挂绿、踏死牛、白带、大红团、无核荔等。《广东荔枝志》也详细介绍了东莞的 19 个荔枝品种，分别是：妃子笑、桂味、糯米糍、怀枝、三月红、同沙迟淮枝、新门楼迟淮枝、白带、大红团、踏死牛、犀角子、青甜、早黑叶、紫娘喜、大丁香、鹅蛋荔、糯米山枝、挂绿、黑叶。20 世纪 90 年代，东莞市农业科学研究中心开始进行荔枝种质资源收集工作，收集荔枝品种资源 56 个，并开展东莞特色荔枝种质资源的保护工作，收集了 20 多份种质资源建立种质资源基地，并从中选育出多个荔枝新品种[24]。

（四）厚重的荔枝文化根基

大湾区悠久的荔枝种植历史、生产技术以及丰富的荔枝品种，为大湾区厚重的荔枝文化奠定了坚实基础。由于大湾区在古代处于岭南政治经济文化中心，也便利了荔枝文化的传承和发展，形成了丰富的荔枝文化资源，体现在文学艺术、民俗节庆、名人名言以及地名景观等方面。在文学艺术作品方面，自宋至明清流传下来的有关增城荔枝的诗词古文就达 90 多篇，其中《何仙姑与挂绿的传说》《尚书怀的故事》等若干荔枝故事在民间已广为流传，同时，增城荔枝还是钟表艺术行业的重要创作题材，相关的绘画、书法、曲艺、雕刻、陶瓷等作品也数不胜数。到现代，增城的地方书籍、报纸、杂志也多有荔枝元素。20 世纪 50 年代陈锦章编写出版了《增城荔枝谱》，1987 年增城县出版了《历代荔枝诗词选》，1993 年增城县又出版了《增城挂绿》，1995 年再出版了《挂绿沧桑录》，最近的 2018 年由众多学者共同编撰的《增城荔枝》也相继问世，同时，增城地方媒体《增城日报》还专设有"挂绿副刊"，还出现了《荔都》《荔乡情》《丹荔》等以

"荔"命名的地方杂志。在民俗节庆方面，增城举办荔枝节庆的历史十分悠久，清乾隆年间文人赵希璜的诗作中就有"难忘增城荔子会"之语。从20世纪90年代开始，增城在每年的6月中旬至7月中旬期间都会举办荔枝文化旅游节。同时增城人民还将古荔树视作祖先留给子孙的财富，从不轻易砍伐，每到荔熟时节还会举行采摘前的"拜树"仪式，祈求神灵保佑采摘时上落平安，同时缅怀感恩祖辈留下荔树，祈求来年丰收。在名人名言方面，北宋年间，苏轼被贬到广东惠州，在惠州期间，留下了广为流传的"日啖荔枝三百颗，不妨长作岭南人"经典名句。在地名景观方面，至今，大湾区仍有保留"荔"字的地名数百个，如增城城区名字是荔城，区内有湖为荔湖，市徽是挂绿荔枝，打造的旅游形象是"荔乡仙境"等[25]。

三、大湾区荔枝文旅融合发展的典型模式与地方实践

荔枝作为一种具有岭南特色的水果，由于经历了特殊的历史环境，兼具有经济和文化价值，国内外众多学者在自然科学和人文社科领域都发表了一系列相关研究成果。同时，在我国越来越重视文化遗产的今天，农业文化遗产作为一种新型遗产资源，其价值挖掘、保护利用问题受到了前所未有的重视。在此背景下，依托荔枝文化资源发展特色旅游，实现乡村振兴的文旅融合发展模式在大湾区众多荔枝产区传播开来。主要有科普研学融合发展模式、文化节庆融合发展模式、采摘体验融合发展模式以及产旅联动融合发展模式（见表1）。

表1 粤港澳大湾区荔枝文旅融合发展的典型模式

模式	特征	优势	劣势	典型案例
科普研学融合发展模式	发挥荔枝种质资源所具有的教育、科普、研究功能，融入自然文化要素，吸引游客	公益性强、文化保护力度最大	整体投入大，且灵活度不高	种质资源圃、荔枝展览馆
文化节庆融合发展模式	借助荔枝深厚的历史文化资源，开发节庆活动，促进旅游发展	经济效益高、宣传力度最佳	商业化严重，文化原真性受损	荔枝贡园、荔枝文化节
采摘体验融合发展模式	迎合城市居民亲近自然的需求，与餐饮、住宿结合，开展体验式旅游	体验性最强、公众参与度最高	季节性强，周期性长	荔枝采摘游、荔枝餐饮

模式	特征	优势	劣势	典型案例
产旅联动融合发展模式	发展特色产业，延长产业链，多产融合，实现共同富裕	产业链最全、产品形式丰富	建设期长，受政策影响大	现代农业产业园、荔枝专业镇村

（一）科普研学融合发展模式

科普研学融合发展模式，主要是依托国内悠久的荔枝文化资源、丰富的荔枝种质资源建立起供游客参观、鉴赏、游玩以及科普、学习、研究、教育的展馆或苗圃基地。一种形式是通过制作荔枝品类的图片，收集荔枝相关的历史资料，开发荔枝文化的影视作品以及设计各类荔枝的模型等供游客参观学习，让游客对荔枝文化有更深的认识。另一种形式是通过收集、保存不同地区不同品类的荔枝种质资源，采用集中展览和专业讲解的形式，让游客从视觉、嗅觉、味觉以及听觉等全方位了解荔枝品种。例如，广州市从 20 世纪 50 年代末开始筹建的广州荔枝种质资源圃。目前，荔枝圃面积 80 亩，收集保存荔枝种质共 600 多份，品种来自广东、广西、海南、福建、云南、四川六省份，涵盖了我国荔枝资源分布的大部分地区。广州荔枝种质资源圃的任务是对国内外的荔枝资源有计划地进行收集、整理、登记、鉴定、保存、交流和利用，荔枝圃向国内的科研、教学和生产提供荔枝种质的实物共享利用，是荔枝选育种的重要基因库，并成为国家现代荔枝产业体系中资源与育种功能研究室的合作与交流平台。而大湾区各地新建的荔枝博览园则是开展荔枝文化科普研学活动的主要平台，如广州从化建设的荔枝博览园每年都会开展以荔枝为主题的研学教研活动，组织中小学生和家长参加，增进对从化荔枝的历史和品牌的了解。具体活动包括观百年荔枝树，了解不同树龄荔枝树的形态、产量以及历史由来。看荔枝木制品制作，学习用荔枝木生产木制工艺品的制作过程。寻荔枝树叶，分辨不同品种荔枝的区别。还有品尝荔枝蜜、荔枝月饼等荔枝加工产品。在不同活动中还安排了荔枝科普、趣味问答、参与游戏等方式，让参与者寓教于乐，寓学于趣，不但能在研学中收获友谊、学习知识，也让从化荔枝区域品牌深入人心。

（二）文化节庆融合发展模式

文化节庆融合发展模式是由政府主导、荔枝主产区实施、社会力量参与，以荔枝文化活动为载体，推动荔枝销售和游客参观为目的的文旅发展模式。中国荔枝栽培有两千多年的历史，在秦汉时期便成为皇家贡品。在两千多年的发展过程中，荔枝受历朝历代上层阶级和文人士大夫的青睐，留下了众多古荔枝贡园以及与荔枝有关的历史典故和文人典籍，铸就了荔枝非同一般的文化内涵。随着荔枝传统产区历史文化资源的不断挖掘，地方政府依托所拥有的荔枝历史资源打造各具特色的荔枝文化公园、荔枝主题公园、荔枝节庆活动吸引游客旅游，并为游客提供"吃、住、行、游、购、娱"等全方位的旅游服务产品，带动农民增收，提升地区知名度。在大湾区各荔枝主产地，每年几乎都会举办不同主题的荔枝文化节庆活动，如广州市增城区每年都会举办地区性的荔枝文化旅游节，旨在助力荔枝销售和区域旅游发展。经过多年的实践，增城荔枝文化旅游节已成为广州响当当的节庆活动，形式也越发丰富。以 2020 年为例，增城荔枝节在十个分会场举办了十大系列活动，不仅有各色各样的荔枝美食品尝和展销活动，还有荔枝嘉年华、音乐舞蹈表演、荔枝旅游线路推荐、荔枝小姐评选等户外活动。同时，还引进了智慧旅游系统，采用 VR 技术全景解说，让游客足不出户享受荔枝文化云旅游。而惠州则依托宋代文人苏东坡在惠州品荔的历史记载举办富有地方特色的东坡荔枝文化节，为了讲好东坡故事，弘扬荔枝文化，惠州在荔枝文化节中特设了《苏东坡的荔枝情缘》主题沙龙，并邀请东坡文化研究学者、东坡迷、《东坡来了》剧组创作人、稻田读书会会员、东篱俱乐部会员等代表开展"苏东坡与荔枝的故事"的文化交流，将惠州文化与荔枝相融合，让这座城市充满人文情怀。

（三）采摘体验融合发展模式

随着社会经济的飞速发展，城市化导致环境污染、生态恶化、交通拥堵等城市病不断出现，压力大、节奏快、消费高、环境差等城市生活体验接踵而至，越来越多的城市居民开始厌倦喧嚣的城市，向往幽静的乡村田园，渴望呼吸新鲜的空气，释放工作和生活中的压力。在此背景下，通过动手采摘蔬果体验传统乡村生活的田园文旅休闲活动受到越来越多居民的喜爱[26]。荔枝作为一种季节性的水果，以荔枝采摘为载体的文旅融合发展模式在广东省获得不断的推广和复制。具体而言，采摘体验融合发展模式是一种将采摘文化与旅游行为相结合的全新发展模式，通常由农户自主设计和经营，通过招揽游客付费进入荔枝产地自行采摘、挑选、品尝，满足游客回归自然生态环境、享受荔枝田园文化、体验采摘精神生活的需求，让游客有更多体验感和获得感。受采摘体验客源的限制，广东省的荔枝采摘文旅发展模式在大城市近郊区的荔枝产区比较普遍，在远离城市的外围荔枝产区相对较少。在高度城市化的大湾区，广州、深圳、东莞等荔枝产区市每年都会发布荔枝采摘旅游路线指南，如广州增城区利用该地荔枝集中成熟日期与现代流行爱情日"520"重叠的特点，每年发布 520 增城荔枝品荔图，制订荔枝采摘品尝游览体验方案吸引游客[27]。而深圳的荔枝农户则在荔枝成熟时期，发布荔枝采摘地图和旅游攻略，汇总深圳各地提供荔枝采摘体验的园区，将采摘地址、交通路线、联系方式、开放时间、距离路程以及门票和具体采摘价格方案等信息对外统一公布，避免坐地起价，让游客来得舒心、摘得尽兴、玩得开心、吃得放心。此外，东莞的荔枝果园则通过创新项目类型重塑采摘体验，在传统荔枝采摘活动中引入特色餐饮、亲子娱乐或乡村民宿等项目，建立网红打卡点，吸引采摘游客常住，带动当地经济发展。

（四）产旅联营融合发展模式

随着我国农业现代化的飞速推进，以现代农业产业园为载体的发展模式成为地方推动农业进步、农民增收以及农村事业建设的重要手段。荔枝相关产业已成为广东乡村振兴的重要抓手[28]。近年来，众多荔枝主产区通过建立现代农业产业园推动荔枝文旅产业高质量发展，形成了产旅联营融合发展的模式。具体来看，大湾区的产旅联营发展模式是以产业园以及"一镇一业、一村一品"专业村建设为依托，以荔枝文化发展美食、餐饮、特色住宿、康养等多种旅游服务联合经营的发展模式，是一种农文旅多业态融合发展的模式。如广州市从化区荔枝产业园，创新荔枝定制模式。大力发展"荔枝+"新业态，推出"荔枝+乡村""荔枝+旅游""荔枝+民宿""荔枝+粤菜"等新型组合产品，为乡村注入人流、商流、资本等要素，促进荔枝产业融合发展。2020 年从化荔枝产业园产量达 4 万吨，总产值达 4 亿元以上，年加工荔枝能力达 2 万吨以上，通过带动加工、包装、流通、休闲观光产业等相关环节实现增值 6 亿元以上，以荔为媒带动旅游收入 2 亿元，园区年总产值达 12 亿元，直接带动农户就业 5000 人次，荔枝产业总产值占园区农业产值 50%以上。而作为荔枝专业村镇的典型代表增城仙村镇，通过依托省级仙进奉现代农业产业园建设，以荔枝博览馆、荔枝景观大道、荔枝广场、古荔公园等项目为主导，积极发掘"仙进奉"等荔枝品牌文化底蕴，因地制宜赋能"休闲农业+"，推动一二三产业融合发展，提升荔枝经济、社会、生态、文化价值。2020 年全镇从事荔枝产业农户 3000 多户，荔枝种植面积 1.9 万亩，荔枝产业总产值 2.97 亿元，占全镇农业经济总产值的 40%，带动农户年增收 1 万元。

四、大湾区荔枝文旅融合发展的机制创新

大湾区在荔枝文旅融合发展的道路上形成了众多典型模式，也创造了富有岭

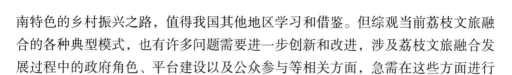
南特色的乡村振兴之路，值得我国其他地区学习和借鉴。但综观当前荔枝文旅融合的各种典型模式，也有许多问题需要进一步创新和改进，涉及荔枝文旅融合发展过程中的政府角色、平台建设以及公众参与等相关方面，急需在这些方面进行相应的机制创新，以实现其可持续发展。

（一）构建荔枝文旅融合的政府指引机制

作为国内荔枝第一生产种植大省，广东省委、省政府历来重视荔枝产业的发展，大力发展荔枝种植就成为各荔枝主产区各级政府必须积极开展的事务。而推动荔枝文旅融合作为地方政府助力荔枝销售的重要手段，是发展壮大荔枝产业的新举措。但这并不意味着政府必须介入荔枝文旅融合发展的微观层面，直接包揽荔枝文旅融合的所有事项。事实上，相比于政府，荔枝种植户更了解自身荔枝文化的资源及其与旅游融合发展所带来的效益。因此，如何在具体行动中推进荔枝文化融合发展，应由各地荔枝种植户自行决定[29]。政府更适合从中观层面和宏观层面为荔枝文旅融合发展提供指引，包括从中观层面为荔枝文旅融合提供可行的政策方案，从宏观层面为荔枝文旅融合提供明确目标。

当前，从支持荔枝产业发展制定的相关政策来看，在荔枝文旅融合的政府指引主要有三方面：一是政府的规划指引机制。广东省已经在宏观层面制定了相关条例和行动计划支持荔枝文旅融合发展，但在大湾区的许多县、市级政府还缺乏相应的地方条例和行动方案与之衔接。因此，在荔枝主产区的县区级以上政府应当在其政府工作报告中明确提出荔枝文旅融合发展的具体目标。二是政府的管理指导机制。当前广东省政府鼓励荔枝文旅融合发展，但具体实施的主管部门除了与之有联系的文化和旅游主管部门之外，与"吃、住、行、游、购、娱"相关的部门也必须在自身职责范围内承担起荔枝文旅融合的相关事宜，特别是在大湾区荔枝主产区，可以考虑将荔枝文旅融合事业的成效纳入相关部门的考核体系之中。三是政府的政策扶持机制。政府应当加强对荔枝文旅融合的经费投入，确保荔枝文旅融合能够可持续发展，鼓励社会资本参与，拓宽发展荔枝文旅融合经费的来源。对积极推进荔枝文旅融合发展的单位和人员给予相应的行政奖励或者税收优惠，发挥好政府扶持荔枝文旅融合发展的政策优势。

（二）完善荔枝文旅融合的平台推广机制

平台推广既是促进荔枝文旅发展的重要途径，也是带动荔枝销售的主要渠道。广东省在荔枝文旅融合发展的过程中创建了众多平台，从省市层面到县区以及荔枝主产区均有开展荔枝文旅的实践平台。特别地，随着网络消费这类新型消费方式成为如今消费的主流[30]，利用新媒体平台从事荔枝文旅传播的形式也越来越多，但各种形式的平台推广在提升荔枝文旅关注程度的同时也带来了众多问题。一方面，多种形式的平台推广只注重形式的创新，忽视荔枝文化及旅游内涵的挖掘，对荔枝文旅的发展带来了信息的扁平化和同质化，众多平台推广对荔枝文旅的具体实施效果并不显著。另一方面，由于荔枝作为一种季节性水果，当前的平台建设往往围绕荔枝销售进行设计，缺乏将荔枝文旅作为一种常态化旅游事业进行开发设计，导致荔枝文旅融合的平台推广缺乏连续性。

面对荔枝文旅平台推广的历史瓶颈，随着大数据、云计算、人工智能等新一代信息技术的兴起和飞速发展，可运用新的信息技术整合荔枝文化内涵，构建荔枝文旅融合的新发展平台，推动文旅融合业态的转化和可持续发展。首先，通过荔枝历史地理研究深挖不同荔枝主产区的文化资源，建立荔枝文旅信息数据平台，对不同主产区的荔枝文旅资源进行差异化认定，避免信息的同质化。同时，通过新一代信息技术为不同地区开发具有针对性的荔枝文旅理念和平台形式。其次，绘制荔枝文旅历史地图，运用数字虚拟技术模拟古代不同时期有关荔枝文旅的活动形式，开发出让游客可以感受古人采摘荔枝、品鉴荔枝的虚拟平台，丰富荔枝文旅融合平台推广的趣味性。最后，针对荔枝的季节性特点对文旅平台推广的影响，可以建立荔枝文旅融合项目孵化平台，加强荔枝主产区在荔枝相关产业产品的拓展。通过荔枝文创产品、研学教育、荔枝种植培训、荔枝智慧园等项目的开发设计、宣传推广，保持荔枝文旅融合平台的活跃性和持续性，拉长荔枝文旅活动的平台推广周期。

（三）推动荔枝文旅融合的公众参与机制

荔枝文旅融合发展的出发点和落脚点最终要落实到具体的"人"上，公众的参与程度是决定荔枝文旅融合发展能否实现可持续发展的基础条件。大湾区荔枝文旅融合发展的出发点是实现地区人民的经济收入和为区域民众创造多样化的旅游需求，落脚点往往停留在其经济效益的最大化，导致荔枝文旅的公众参与主要停留在经营者和消费者之上，对荔枝文旅所带来的社会效益和文化效益认识不足。事实上，荔枝文旅融合发展的另一个重要目的是提升荔枝文化的普及力度，增强公众的文化自觉和文化自信能力。这就需要大力推动普通公众对荔枝文旅的参与力度[31]，增强荔枝文旅活动的公益效应，促进荔枝文化资源实现更好的传承、传播和共享。

当前，大湾区荔枝文旅的公众参与实践仍处于不断探索阶段，导致社会公众对荔枝文旅的参与呈现"碎片化"的趋势。未来可以从规划设计、运营管理到服务供给等方面邀请公众全方面参与。在荔枝文旅的规划设计上，可以邀请社会公众加入荔枝文旅路线、文旅产品、文旅设施的设计和体验之中，对荔枝文旅的相关设计安排提出切实可行的建议，也可以通过举办社会竞赛活动推动公众为荔枝文旅的相关规划设计出谋划策。在荔枝文旅的运营管理上，可以设立相关的专家委员会、公众委员会对荔枝文旅活动进行监督，一方面邀请专业人士参与相关旅游活动的管理，另一方面引导公众共商荔枝文旅融合的发展大计。在荔枝文旅融合的服务供给上，可设立荔枝文旅活动的文化推广大使、文化解读大使等服务岗位，为开展文旅活动提供志愿者服务。同时，还可以吸收社会力量举办公众广泛参与的荔枝文旅公益活动，实现荔枝文旅服务的社会化。

（四）实施荔枝文旅融合的区域联动机制

大湾区推动荔枝文旅融合发展是在乡村振兴的大背景下进行的，乡村振兴作为一项全域性工作，需要全域性的产业发展带动。而全域旅游作为旅游产业的全域性规划，其提出可以有效地应对旅游供给侧不足、市场化不全面以及体制机制不健全等问题，也是推动地方旅游发展从粗放型、低质量向精细化、高质量转型发展的必然要求。荔枝文旅作为一项具有岭南特色的旅游模式，具有地理分布广泛、历史渊源深厚、文化资源丰富等特点，将其嵌入全域旅游网络中，可以极大地增强区域旅游的文化内涵和品牌价值，使之成为吸引游客的重要旅游意象。从某种意义上来说，将荔枝文旅纳入湾区全域旅游，就是要建立湾区各大荔枝主产区的文旅融合区域联动机制，既是推进荔枝文化理念、产业价值、旅游服务的全面深入融合，又是解决荔枝文旅融合规模效益不突出、客源分布不均衡等问题的有效方案，还可以拓宽荔枝文旅服务的范围，提升荔枝文旅的品质，满足游客多层次和多样化的文旅需求。

当前，广东省正在全力打造"一核、一带、一区、一湾"全域旅游发展格局[32]，其中的"一湾"就是要建设粤港澳世界级旅游休闲湾区，这为大湾区的荔枝文旅在广东省全域旅游中奠定了基调。在乡村振兴的带动下，广东省的全域旅游与大湾区的荔枝文旅必将形成历史性的交汇。而推动荔枝文旅在广东省全域旅游中的作用需要找准两者之间的连结点，并建立起区域性的联动机制：一是荔枝文旅融合的区域间联动机制，大湾区的荔枝产区主要分布在珠三角的东岸一带，可以加强东岸各大产区之间的联动，实现不同产区文旅融合的良性循环；还可以产区为核心，加强不同产区之间的文旅合作，充分发挥荔枝主产区在推进文旅融合中的比较优势。二是荔枝文旅融合的区域内联动机制，以所在产区为中心，发挥其与周边地区相关旅游地的文化特色优势，由近及远地推动荔枝文旅与其他旅游目的地的区域合作，实现优势互补；也可以在区域文旅产业联盟、协会等行业组织的指引下，建立起区域内不同文旅活动的合作机制，破除荔枝文旅融合发展的内部障碍。

五、结语

大湾区荔枝文旅融合发展不仅是将荔枝文化资源、荔枝产业资源创造性融合和创新性发展的重要途径，还是丰富人民群众精神文化生活、解决社会公众多样化消费需求的重要手段，更是推动荔枝产业兴旺、实现乡村振兴的必然要求。经过多年来的探索实践，大湾区荔枝文旅融合发展已经形成了科普研学、文化节庆、采摘体验以及产旅联营等典型模式。比较而言，当前推动荔枝文旅融合发展，不能简单地以经济效益为出发点，必须将社会效益和文化效益提升到相应的地位，实现社会效益、文化效益和经济效益三者的统一。未来在推进荔枝文旅融合发展的过程中，需要在政府角色、平台建设、公众参与以及区域整合等方面实现机制创新，对大湾区各地独特的荔枝文化资源进行充分运用，实现中国传统文化的传承、传播、创新和共享等基本目标，提升大湾区荔枝文旅的品牌效应、服务效应，更好地服务大湾区地方经济社会发展和满足人民群众日渐复杂而多样的精神文化需求。

参考文献

［1］张朝枝，朱敏敏．文化和旅游融合：多层次关系内涵、挑战与践行路径［J］．旅游学刊，2020，35（3）：62-71.

［2］龙井然，杜姗姗，张景秋．文旅融合导向下的乡村振兴发展机制与模式［J］．经济地理，2021，41（7）：222-230.

［3］张朝枝．文化与旅游何以融合：基于身份认同的视角［J］．南京社会科学，2018（12）：162-166.

［4］赵飞，倪根金，章家恩．广东增城市农业遗产的调查研究［J］．古今农业，2012（3）：52-62.

［5］胡盛红，林培群，温衍生，柯佑鹏，陈良．海南省农业文化遗产保护和利用探索［J］．经济研究导刊，2015（23）：41-44.

［6］王斌，秦一心，闵庆文，史媛媛，张灿强，徐世兴．海南海口羊山荔枝种植系统的遗产特征与价值分析［J］．中央民族大学学报（自然科学版），2017，26（4）：16-21.

［7］吴天龙，张灿强，王斌，闵庆文．海南海口羊山荔枝种植系统多功能性

分析及可持续开发建议［J］.自然与文化遗产研究，2019，4（11）：106-110.

　　［8］惠富平，王昇.奇果标南土——中国古代荔枝生产史［J］.农业考古，2016（4）：182-189.

　　［9］张生.中国古代荔枝的地理分布及其贡地变迁［J］.中国历史地理论丛，2019，34（1）：98-107.

　　［10］李建国.荔枝学［M］.北京：中国农业出版社，2008.

　　［11］赵飞.西方国家对中国荔枝的关注与引种（1570-1921）［J］.中国农史，2019，38（2）：26-36.

　　［12］陈厚彬，欧良喜，李建国，苏钻贤，杨胜男，吴振先，胡卓炎.新中国果树科学研究70年——荔枝［J］.果树学报，2019，36（10）：1399-1413.

　　［13］刘冬莹.中国荔枝栽培利用史研究综述［J］.农业考古，2015（4）：182-188.

　　［14］赵军伟.地域·政治·审美：唐宋文人的荔枝书写［J］.阅江学刊，2015，7（3）：141-148.

　　［15］彭世奖.历代荔枝谱述评［J］.古今农业，2009（2）：107-112.

　　［16］郭琰龙，王琳霞，梁月桦，等.农文旅融合背景下增城荔枝文化旅游节品牌提升策略研究［J］.太原城市职业技术学院学报，2021（12）：29-31.

　　［17］林媚.乡村振兴战略背景下岭南荔枝文化产业的创新性发展路径选择探究［J］.现代农业研究，2020，26（4）：1-3.

　　［18］章诗琦，曾芳芳.福建永春岵山荔枝文化与乡村旅游融合发展研究［J］.农村经济与科技，2019，30（1）：97-99.

　　［19］赵飞.一棵树的历史与文化——增城挂绿荔枝［M］.北京：中国农业出版社，2015.

　　［20］增城市地方志编纂委员会.增城县志［M］.广州：广东人民出版社，1995.

　　［21］广州市果树科技协作组.荔枝［M］.广州：广东人民出版社，1976.

　　［22］黄继伯.荔枝研究初步（二续）［J］.农声，1933（175）：29-37.

　　［23］廖美敬.增城荔枝［M］.北京：中国农业出版社，2018.

　　［24］马锞，胡锐清，罗诗，王燕，胡珊，赖永超，李建国.东莞市荔枝种质资源收集利用及研究展望［J］.果树资源学报，2022，3（5）：70-72.

　　［25］张文娟，林旭芳.基于GIS的广州市增城区地名景观分析［J］.云南地理环境研究，2017，29（6）：21-27.

［26］彭润华，阳震青．乡村采摘体验游服务质量评价研究［J］．商业研究，2014（7）：188-192.

［27］邓小琼，庄丽娟．广州增城荔枝产业发展现状与对策建议［J］．南方农村，2017，33（3）：14-17.

［28］郭栋梁，黄石连，向旭.2022年广东荔枝生产形势分析［J］．广东农业科学，2022，49（6）：130-137.

［29］刘序，雷百战，陈鹏飞，周灿芳．不同管理方式荔枝遥感监测与空间变化研究［J］．广东农业科学，2022，49（8）：145-154.

［30］齐文娥，陈厚彬，罗滔，宋凤仙．中国大陆荔枝产业发展现状、趋势与对策［J］．广东农业科学，2019，46（10）：132-139.

［31］赵飞，廖美敬，章家恩，黄敏，张湛辉．中国荔枝文化遗产的特点、价值及保护——基于岭南荔枝种植系统（增城）的实证研究［J］．中国生态农业学报（中英文），2020，28（9）：1435-1442.

［32］吴志才．全域旅游创新发展的探索与反思——以广东为例［J］．旅游学刊，2020，35（2）：8-10.

新型城镇化对农民收入的
影响效应研究

——基于珠三角地区市域数据

梁俊芬　张　宁　刘　序　周灿芳*

摘　要： 新型城镇化战略为农民增收提供了新契机，而根据新型城镇化的具体影响效应调整其作用路径则能更为有效地促进农民收入增长。近年来，珠三角地区新型城镇化建设取得突破性进展。基于 2010~2021 年珠三角地区的市域面板数据，利用核密度估计分析农民收入的动态演进趋势，运用固定效应模型实证分析新型城镇化水平对农民收入的影响效应。研究期内珠三角地区农民收入水平有较大幅度的提升，农民收入来源多元化，工资性收入仍是其主要组成部分，房屋出租等财产性收入成为重要来源，市域间农民收入水平的绝对差距在扩大，农民收入向高值区扩散且空间集聚特征明显；新型城镇化有效地促进农民收入增长，其中经济城镇化对农民收入的促进作用最强。然而，珠三角地区的新型城镇化发展仍存在城镇化质量不高、供需不匹配、城乡收入差距大、土地资源紧缺等问题。建议珠三角各市在深入推进以人为核心的新型城镇化战略时，应着力提高农业转移人口市民化质量，促进农业转移人口融入城市；坚持优化本地产业结构，大力发展现代服务业等非农产业，创造更多就业岗位，使城镇化的农民增收效应最大化。

关键词： 新型城镇化；农民收入；固定效应模型；核密度估计；珠三角地区

---

* 梁俊芬，广东省农业科学院农业经济与信息研究所，副研究员，研究方向为农民增收与农业技术效率。

张宁，广东省农业科学院农业经济与信息研究所，研究实习员，研究方向为风景园林。

刘序，广东省农业科学院农业经济与信息研究所，副研究员，研究方向为农业规划与地理信息。

周灿芳，广东省农业科学院农业经济与信息研究所，所长、研究员，研究方向为都市农业与区域区划。

　　城镇化是现代化的必由之路，是解决农业农村农民问题的重要途径，是推动区域协调发展的有力支撑，对推动经济社会平稳健康发展、促进共同富裕都具有重大意义。自党的十八大以来，国家确立了以人为核心的新型城镇化战略，先后出台了《国家新型城镇化规划（2014—2020年）》《国务院关于深入推进新型城镇化建设的若干意见》《关于推进以县城为重要载体的城镇化建设的意见》《"十四五"新型城镇化实施方案》等一系列规划和政策文件，推进我国新型城镇化建设迈上高质量发展新征程。国内外诸多研究表明，城镇化对于提高农民收入和缩小收入差距起到至关重要的作用[1-3]。城镇化的快速发展，一方面，促使农村剩余劳动力向城镇转移，增加农民从事非农产业的收入；另一方面，农业生产的机械化、规模化、集约化特征越发明显，留守农民的人均产出效率得到有效提升[4]。珠三角地区是我国三大城市群中经济最有活力、城镇化水平最高的区域，在全国经济社会发展和改革开放大局中具有突出的带动作用和举足轻重的战略地位。近年来，随着高端装备制造、电子信息、新材料、新能源等战略新兴产业的快速发展以及城市落户限制的放开放宽，珠三角地区吸引了大量人口就业、落户，城镇化发展取得了举世瞩目的成就，2021年城镇化率达87.47%，高于长三角（77.5%）、京津冀（68.7%），甚至超越欧美发达国家70%~80%的城镇化水平，但是城镇化质量不高和城乡市域间收入差距大的问题仍然突出[5]。那么，对珠三角地区来说，新型城镇化的深入推进是否为农民收入增长带来机遇？对该问题展开研究有助于对新型城镇化战略与农民增收之间的关系作出比较准确的判断和评估。

　　关于农民增收的路径选择，学术界从城镇化[6]、农业生产性服务[7-9]、农村劳动力转移[10-11]、农地流转[12-14]、财政支农政策[15-17]、农户受教育程度[18]等角度研究如何促进农民增收。关于城镇化与农民收入增长之间的关系，学者主要从理论层面和实证检验两方面进行研究。其中，部分学者从理论层面论证城镇化促进农民收入增长的机理，包括提供更多的非农就业机会、促进农村剩余劳动力转移、促进农业规模化经营、扩大农产品市场需求等[19-21]。还有学者基于所掌握的数据实证检验城镇化对农民增收的影响效应，认为城镇化能有效地促进农民收入增长[22-33]。研究尺度主要包括国家、省域、市域层面，研究方法也不同，包括向量自回归模型[22,28]、面板数据模型[24,32-33]、空间计量模型[25,30-31]等。以上研究对于探讨城镇化对农民收入的影响提供了诸多方法与结论。但在研究内容上，以上文献对于城镇化水平的度量大都仅考虑人口城镇化单一指标。本文以珠三角城市群为研究尺度，分析自2010年以来新型城镇化进程中农民收入变动阶段性特征，运用面板数据模型检验新型城镇化对农民收入的影响效应，以期为珠三角各市新型城镇化战略的实施和农民增收政策的制定提供实证依据。

一、研究区域与方法

（一）研究区概况

珠三角地区位于广东中南部，珠江下游，毗邻港澳台，与东南亚地区隔海相望，包括广州、深圳、珠海、佛山、惠州、东莞、中山、江门、肇庆九市，土地面积547.66万公顷，占全省的30.5%；海陆交通便利，拥有全球影响力的先进制造业基地和现代服务业基地。得天独厚的地理条件与毗邻港澳所获得的资本技术外溢，使珠三角地区逐步发展成为我国人口集聚最多、创新能力最强、经济最发达、城镇化程度最高的三大城市群之一。区域内拥有广州、深圳两个超大城市，东莞、佛山两个特大城市，中山、惠州、珠海、江门4个Ⅱ型大城市，肇庆1个中等城市（见表1）。在国家战略的推动下，珠三角地区携手香港、澳门共同打造粤港澳大湾区，成为与纽约湾区、旧金山湾区、东京湾区比肩的世界四大湾区之一。《粤港澳大湾区发展规划纲要》提出，建立健全城乡融合发展体制机制和政策体系，推动珠三角九市城乡一体化发展，全面提高城镇化发展质量和水平，建设具有岭南特色的宜居城乡。《广东省新型城镇化规划（2021—2035年）》提出，到2025年珠三角常住人口城镇化率达90.5%。

表1　2021年珠三角九市人口规模、城镇化率、土地开发强度情况比较

单位：万人，%

城市	年末人口		城市等级		常住人口城镇化率	土地开发强度
	户籍人口	常住人口	城区人口	规模等级		
深圳	627.94	1768.16	1743.83	超大城市	99.81	47.68
东莞	278.61	1053.68	955.76	特大城市	92.24	49.05
中山	198.75	446.69	274.28	Ⅱ型大城市	87.00	38.75
佛山	484.13	961.26	853.89	特大城市	95.21	37.79
广州	1011.53	1881.06	1487.84	超大城市	86.46	25.49
珠海	147.83	246.67	189.69	Ⅱ型大城市	90.75	27.54
惠州	405.91	606.6	266.89	Ⅱ型大城市	72.90	9.75
江门	402.87	483.51	167.32	Ⅱ型大城市	67.84	11.25
肇庆	458.10	412.97	70.00	中等城市	51.91	6.43
珠三角	4015.66	7860.60	6009.50	—	87.47	17.79

注：①土地开发强度＝建设用地面积/行政区域面积；②《关于调整城市规模划分标准的通知》（国发〔2014〕51号）。

资料来源：《广东统计年鉴2022》《中国人口普查分县资料2020》《2018年广东省土地利用现状汇总表》。

（二）变量选择与数据来源

1. 变量选择

以2010~2021年珠三角九市新型城镇化水平和农民收入的面板数据为研究对象，变量选取如下：

（1）被解释变量。

居民人均可支配收入是居民可用于最终消费支出和储蓄的总和，包含工资性收入、经营净收入、财产净收入和转移净收入4项，常被用来衡量居民的生活水平和购买力。在计量模型中，以农村居民人均可支配收入作为被解释变量。

（2）核心解释变量。

核心解释变量为新型城镇化水平。借鉴已有研究和《国家新型城镇化规划（2014—2020年）》关于新型城镇化的评价指标，选取人口城镇化率、土地城镇化率、经济城镇化率、就业城镇化率来反映新型城镇化水平。其中，人口城镇化率用城镇常住人口占总人口的比重表示，土地城镇化率用建成区面积与区域总面积之比表示[31,34-36]，经济城镇化率用第三产业产值占GDP的比重表示，就业城镇化率用第二产业、第三产业从业人员占就业总人数的比重表示。

（3）控制变量。

分析过程控制了一些可能影响农民收入的政策环境、产业特征、要素投入等变量，选取财政支农支出、农业结构调整、农业生产性服务业发展水平、农业规模化经营水平、工业化水平5个变量作为控制变量。其中，财政支农支出用财政农林水支出与农林牧渔业增加值的比值表示，农业结构调整用养殖业产值占农林牧渔业总产值的比重表示，农业生产性服务业发展水平用农林牧渔专业及辅助性活动产值与农林牧渔业总产值的比值表示，农业规模化经营水平用耕地面积与第一产业从业人员的比值表示，工业化水平用第二产业产值占GDP的比重表示。

2. 数据来源

数据来源于2011~2022年《广东统计年鉴》《广东农村统计年鉴》《中国城市建设统计年鉴》以及各地市统计年鉴。为尽可能地消除异方差影响，本文对被解释变量取自然对数处理。运用Stata 15.0进行数据的相关性检验和面板数据模型参数估计。面板数据样本包括2010~2021年珠三角九市的数据，其中，截面个体（N）9个，时间跨度（T）12年，总体样本个数为108个。主要变量的描述性统计如表2所示。

（三）研究方法

1. 非参数核密度估计

核密度估计（Kernel Density Estimation）是一种估计概率密度函数的非参数

表2　变量定义及其描述性统计（2010~2021年）

分类	变量名称	符号	变量定义	样本数	均值	标准差	最小值	最大值
被解释变量	农民收入	income	农村居民人均可支配收入（元）	108	24536.8400	12494.0000	7524.0360	70847.3200
		Ln income	取对数	108	9.9930	0.4781	8.9259	11.11683
解释变量	人口城镇化率	purb	城镇常住人口/总人口（%）	108	0.8024	0.1661	0.4240	1.0000
	土地城镇化率	lurb	建成区面积/区域总面积（%）	108	0.1397	0.1627	0.0054	0.4855
	经济城镇化率	eurb	第三产业产值/GDP（%）	108	0.4756	0.0949	0.3850	0.7251
	就业城镇化率	ourb	第二三产业从业人员/就业总人数（%）	108	0.8744	0.1529	0.4402	0.9999
控制变量	财政支农力度	fina	财政农林水支出/第一产业增加值（%）	108	0.9576	1.8520	0.0617	9.7161
	农业结构调整	stru	养殖业产值/农林牧渔业总产值比重（%）	108	0.5048	0.1836	0.0769	0.7793
	农业生产性服务业发展水平	serv	农林牧渔专业及辅助性活动产值/农林牧渔业总产值	108	0.0490	0.0370	0.0082	0.1444
	农业规模化经营水平	land	耕地面积/第一产业从业人员	108	5.2464	8.8266	1.7244	51.1541
	工业化水平	indu	第二产业产值/GDP（%）	108	0.4823	0.0885	0.2634	0.6322

资料来源：根据 Stata 软件计算结果整理。

方法，其优点是不需要进行任何参数模型建设，能够用连续的密度曲线描述随机变量的分布形态和演进特征。

$$f(y) = \frac{1}{nh} \sum_{i=1}^{n} K\left(\frac{y - y_i}{h}\right) \qquad (1)$$

其中，n 表示市域个数；y_i 表示第 i 个城市的农民收入；y 表示全部市域农民收入的均值；h 表示带宽；K（·）表示核函数。本文采用高斯核密度函数对

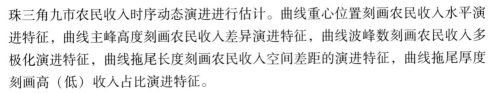

珠三角九市农民收入时序动态演进进行估计。曲线重心位置刻画农民收入水平演进特征，曲线主峰高度刻画农民收入差异演进特征，曲线波峰数刻画农民收入多极化演进特征，曲线拖尾长度刻画农民收入空间差距的演进特征，曲线拖尾厚度刻画高（低）收入占比演进特征。

2. 面板数据模型构建

面板数据模型能同时反映研究对象在时间和截面两个方向上的变化规律，具有解决遗漏变量和提供更多个体动态行为信息的特点，并可以减少多重共线性带来的影响[24,37]。模型设定如下：

$$\text{lnincome}_{it} = \beta_0 + \sum \beta_k x_{kit} + \sum \lambda_m \text{controls}_{mit} + \varepsilon_{it} \tag{2}$$

其中，$i = 1, 2, \cdots, 9$，表示 9 个截面个体；$t = 2010, 2011, \cdots, 2021$，表示 12 个时点。income 表示地区农民收入水平；x 表示解释变量；k 表示解释变量的个数，包括人口城镇化水平、土地城镇化水平、经济城镇化水平、就业城镇化水平 4 个变量；β_k 表示解释变量的待估参数；controls 表示控制变量；m 表示控制变量的个数，包括财政支农力度、农业结构调整、农业生产性服务业发展水平、农业规模化经营水平、工业化水平 5 个变量；λ_m 表示控制变量的待估参数；ε_{it} 表示随机误差项。

二、珠三角地区新型城镇化与农民收入的动态分析

（一）新型城镇化进程

1. 新型城镇化特征

与其他城市群相比，珠三角地区的新型城镇化具有四个特点：一是人口集聚度持续加大。珠三角城市群始终是广东省常住人口数量增幅最大、增长速度最快的区域。2021 年，珠三角地区年末常住人口 7860.6 万人，比 2010 年增加 2237.65 万人，人口增量占全省人口增量的 99.76%；占全省常住人口的比重达 61.97%，比 2010 年提高 8.12 个百分点，集聚了广东一半以上的常住人口；人口密度不断扩大，从 2010 年的 10.27 万人/平方千米上升到 14.35 万人/平方千米，相当于全省平均水平（7.06 万人/平方千米）的 2 倍。二是常住人口城镇化率持续稳步提升。2021 年，珠三角九市拥有城镇人口 6875.67 万人，占广东城镇人口总量的 72.63%；常住人口城镇化率从 2010 年的 82.71% 提高到 87.47%，远高于广东及全国平均水平（见图 1），其中深圳（99.81%）、佛山（95.21%）、东莞（92.24%）、珠海（90.57%）高于上海（89.30%）、北京（87.50%）。三是户籍制度改革持续深化。2010~2021 年，珠三角地区户籍人口从 3024.57 万人增加到

4015.66万人,增加了991.09万人,农业转移人口市民化取得实质性进展。一方面,全面放开放宽落户限制。2021年12月1日,广东省人民政府印发《广东省新型城镇化规划(2021—2035年)》,提出调整完善广州、深圳两个超大城市的落户政策;精简落户积分项目,确保社会保险缴纳年限和居住年限分数占主要比例。全面放宽特大城市和Ⅰ型大城市落户限制,将落户条件中对参加城镇社会保险的年限要求由不超过5年进一步放宽到3年以下。全面取消城区常住人口300万人以下的Ⅱ型大城市和中小城市的落户限制,确保外来常住人口落户标准一视同仁。按照这一思路,中山、珠海、惠州、江门、肇庆全面取消落户限制。另一方面,深入实施市民化配套政策。珠三角地区充分发挥中央和省级财政农业转移人口市民化奖励资金作用,推进农业转移人口市民化,推动各县区为农业转移人口提供与当地户籍人口同等基本公共服务。2020~2022年,广东省下达珠三角地区农业转移人口市民化奖励资金分别为12.96亿元、11.72亿元、17.45亿元,占奖励资金总量的46.10%、46.69%、52.33%。四是未落户常住人口享有更多更好的城镇基本公共服务。珠三角地区在持续深化户籍制度改革的同时,快速推进基本公共服务均等化。在社会保障方面,截至2021年底,珠三角地区基本医疗、基本养老、生育、工伤、失业保险参保人数分别为6181.54万人、4721.05万人、3511.00万人、3494.00万人、3344.00万人,是2010年的1.68倍、1.97倍、1.99倍、1.51倍、2.47倍(见表3)。其中,基本医疗、基本养老保险参保

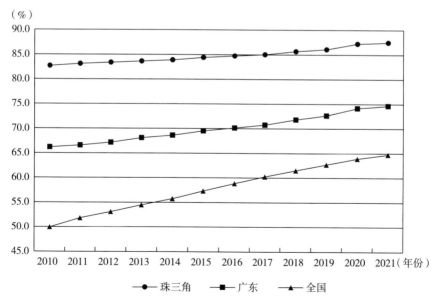

图1　2010~2021年珠三角地区、广东及全国城镇化率比较

表3 2010~2021年珠三角地区常住人口、户籍人口、人口密度和社会保险参保情况

年份	年末常住人口			年末户籍人口（万人）	常住人口－户籍人口	人口密度（人/平方千米）	社会保险参保人数占常住人口比重（%）				
	总人口（万人）	占全省比重（%）	城镇人口（万人）				基本医疗保险	基本养老保险	工伤保险	生育保险	失业保险
2010	5622.95	53.85	4650.64	3024.57	2598.38	102672.00	65.39	42.68	41.18	31.32	24.12
2011	5937.94	55.21	4935.29	3073.87	2864.07	108424.00	69.58	48.81	41.59	34.21	26.19
2012	6216.60	56.30	5183.35	3105.01	3111.59	113512.00	73.02	48.65	41.16	34.69	26.83
2013	6446.86	57.20	5390.61	3156.02	3290.84	117716.00	72.15	48.15	40.59	36.34	36.47
2014	6664.86	58.01	5590.56	3207.94	3456.92	121697.00	71.08	54.37	39.62	36.32	37.26
2015	6868.51	58.82	5797.80	3265.69	3602.82	125416.00	72.70	65.82	38.72	39.58	37.27
2016	7101.24	59.63	6018.53	3350.52	3750.72	129665.00	71.86	67.18	39.05	39.30	37.24
2017	7338.07	60.44	6240.51	3475.10	3862.97	133989.00	72.39	69.30	39.52	39.84	37.78
2018	7545.46	61.11	6463.52	3628.04	3917.42	137776.00	73.25	58.88	40.51	40.92	39.01
2019	7683.95	61.53	6616.26	3767.72	3916.23	140305.00	74.73	56.70	42.44	42.11	39.98
2020	7823.54	61.97	6825.60	3892.19	3931.35	142854.00	75.90	58.05	42.39	42.90	41.35
2021	7860.60	61.97	6875.67	4015.66	3844.94	143531.00	78.64	60.06	44.45	44.67	42.54
增量	2237.65	8.12	2225.03	991.09	1246.56	408.59	13.25	17.38	3.27	13.34	18.42

资料来源：《广东统计年鉴2022》《中国统计年鉴2021》《中华人民共和国2021年国民经济和社会发展统计公报》。

人数占常住人口的比重为 78.64%、60.06%，分别提高了 13.25 个百分点和 17.38 个百分点，社会保险覆盖面不断扩大。在义务教育方面，广东省财政将外来人员子女全部纳入免费义务教育补助范围，对全部在普通各种小学（包括民办学校）就读的义务教育阶段学生免除学杂费和课本费。

2. 新型城镇化制约因素探析

在珠三角地区快速城镇化过程中，城镇化质量不高、供需不匹配、城乡市域收入差距大、土地资源紧缺等问题仍然突出。主要表现在三个方面：一是农业转移人口市民化质量有待提升。就绝对值而言，珠三角地区年末常住人口数与户籍人口数的差值，从 2010 年的 2598.38 万人增至 2021 年的 3844.94 万人，有序推进常住人口市民化依然任重道远。主要原因为，珠三角地区外来人口众多，教育、医疗等公共资源供给不足，尤其是不少地区的教育资源仍是按照户籍人口而非常住人口配置，导致农民工随迁子女入学难问题较为突出。二是城乡市域收入差距大。随着居民收入水平的显著提高，珠三角地区城乡居民收入绝对差距延续扩大态势。从表 4 可以看出，2021 年珠三角地区城乡居民收入绝对差距为 34653.95 元，大于浙江（33240.00 元）、江苏（30952.00 元）；城乡居民收入相对差距为 2.14∶1.00，高于同为东部沿海发达地区的浙江（1.94∶1.00）。另外，珠三角九市农民收入明显分成两个梯队，深圳、东莞、中山、佛山、广州、珠海 6 个核心城市农民收入水平明显高于惠州、江门、肇庆，其中东莞农民收入是肇庆的 2 倍。三是土地开发强度较高。2018 年，珠三角地区土地开发强度已达 17.79%，9 个城市中有 4 个城市超过 30% 的国际警戒线。其中，东莞、深圳超过 45%，分别为 49.05%、47.68%；中山、佛山超过 35%，分别为 38.75%、37.79%；珠海、广州已接近 30%，分别为 27.54%、25.49%。

表 4　2021 年珠三角地区与全国、部分省市城乡居民收入差距比较　　单位：元

地区	城镇居民人均可支配收入	农村居民人均可支配收入	城乡居民收入比	城乡居民收入绝对差距
全国	47412.00	18931.00	2.50	28481.00
天津	51486.00	27955.00	1.84	23531.00
江苏	57743.00	26791.00	2.16	30952.00
广东	54853.60	22306.00	2.46	32547.60
浙江	68487.00	35247.00	1.94	33240.00
上海	82429.00	38521.00	2.14	43908.00

地区	城镇居民人均可支配收入	农村居民人均可支配收入	城乡居民收入比	城乡居民收入绝对差距
北京	81518.00	33303.00	2.45	48215.00
珠三角	65118.64	30464.68	2.14	34653.95

资料来源：《浙江统计年鉴 2022》《广东统计年鉴 2022》《中华人民共和国 2021 年国民经济和社会发展统计公报》。

（二）农民收入时空变化特征

1. 时序变化特征

为科学反映市域尺度下珠三角地区农民收入的动态演进特征，采用珠三角九市面板数据对农民收入进行核密度估计，借助 Eviews 10 软件绘制 2010 年、2015 年和 2021 年的农民收入核密度分布曲线（见图 2）。从曲线位置来看，农民收入的核密度曲线位置整体呈向右偏移，且移动距离较大，表明研究期内农民收入水平呈上升趋势。从曲线形态来看，主峰波峰高度呈下降趋势，由尖峰形态向宽峰形态演变，分布区间变宽，右侧拖尾拉长，表明研究期内农民收入市域间差距在不断扩大。从曲线波峰数量来看，由多峰向单峰演变，密度曲线偏平，表明研究期内农民收入多极分化现象逐渐消失，呈现出向高值区扩散态势，存在较大的市域差异。

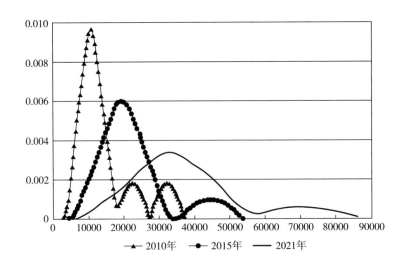

图 2　2010 年、2015 年和 2021 年珠三角地区农村居民人均可支配收入核密度

2. 来源结构特征

从收入总量来看，珠三角地区农村居民人均可支配收入逐年提高，2021 年为 30464.68 元，但总量低于上海（38521.00 元）、浙江（35247.00 元）、北京（33303.00 元）。在农村居民人均可支配收入中，东莞以 43187.76 元位列全省第一。除深圳外，珠三角 5 个地市超过 3 万元，分别是东莞、中山、佛山、广州、珠海。从收入结构来看，东莞农村居民工资性收入高达 35160.96 元，稳居全省第一，其后依次是中山、广州、佛山、珠海，均超过 2 万元。农村居民人均可支配收入较高的 5 个城市，均拥有较高的工资性收入，说明促进农民就地就近创业就业、拓展农民就业空间对增加农民收入非常关键。

房屋出租、集体分红等财产性收入成为珠三角地区农村居民重要收入来源，东莞、中山、佛山等部分城市的财产性收入接近甚至超过经营性收入。从市域差异来看，东莞农村居民人均可支配收入和人均工资性收入最高；肇庆最低，仅为东莞的 52.54%、35.68%；惠州人均经营净收入最高，为 7531.83 元；江门最低，仅为惠州的 38.84%；佛山人均财产净收入最高，为 5122.41 元；肇庆最低，仅为佛山的 11.95%；肇庆人均转移净收入最高，达 3766.37 元；其他城市均低于全省平均水平。从城乡差距来看，广州城乡居民收入差距为 2.14∶1.00，其他各市均小于 2.00∶1.00（见表 5）。

表 5　2021 年珠三角九市农村居民人均可支配收入及其构成　　　单位：元

地市	农村居民人均可支配收入					构成				城乡居民收入比
	可支配收入	工资性收入	经营净收入	财产净收入	转移净收入	工资性收入	经营净收入	财产净收入	转移净收入	
深圳	70847.32	59094.83	7238.45	6747.46	-2233.42	83.41	10.22	9.52	-3.15	1.00
东莞	43187.76	35160.96	3708.30	4936.70	-618.20	81.41	8.59	11.43	-1.43	1.48
中山	41749.90	28473.50	5302.20	4926.50	3047.70	68.20	12.70	11.80	7.30	1.44
佛山	37067.04	24266.49	5643.84	5122.41	2034.30	65.47	15.23	13.82	5.49	1.70
广州	34533.26	25371.95	3925.53	3336.15	1899.63	73.47	11.37	9.66	5.50	2.15
珠海	34393.98	23623.00	4753.00	3383.00	2634.98	68.68	13.82	9.84	7.66	1.87
惠州	27580.00	16368.64	7531.83	1528.28	2151.25	59.35	27.31	5.54	7.80	1.79
江门	23376.40	17206.61	2925.55	1118.36	2125.89	73.61	12.51	4.78	9.09	1.87
肇庆	22688.75	12547.02	5763.01	612.35	3766.37	55.30	25.40	2.70	16.60	1.67
广东	22306.00	12765.00	5438.80	795.30	3306.80	57.23	24.38	3.57	14.82	2.46

资料来源：《广东统计年鉴 2022》。

3. 空间变化特征

运用 ArGIS 自然断点法将 2010 年、2021 年珠三角九市农民收入划分为高、较高、中等、较低、低 5 个等级（见图 3）。2010 年，珠三角地区农民收入总体处于较低水平，农民收入处于高水平等级的有 1 个为深圳；处于较高水平等级的有 1 个为东莞；处于中等水平等级的有 3 个，分别为广州、佛山、中山；处于较低水平等级的有 2 个为惠州、珠海；处于低水平等级的有 2 个为肇庆、江门。2021 年，珠三角地区农民收入得到较大幅度提升；中山跃居较高水平等级，处于较高水平等级的城市数量增加到 2 个；珠海跃居中等水平等级，处于较低水平等级城市减少为 1 个，中等及以上等级区在珠三角核心区集中连片分布，较低及以下等级区则趋于珠三角东西两侧边缘分布。

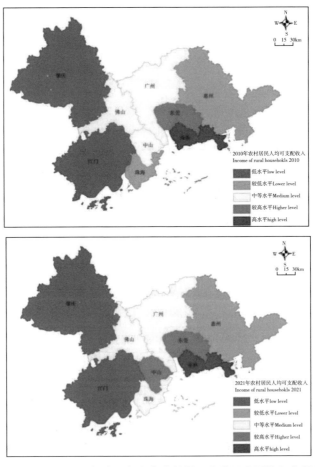

图 3　2010 年和 2021 年珠三角九市农村居民人均可支配收入空间分布

审图号：粤 S（2018）011 号。

（三）新型城镇化与农民收入相关性分析

对农村居民人均可支配收入对数值、人口城镇化率、土地城镇化率、经济城镇化率、人口城镇化率等指标进行相关性检验（见表6）。结果显示，农民收入水平与新型城镇化水平之间存在显著的正相关关系，其中与土地城镇化率的相关系数为 0.706，与人口城镇化率的相关系数为 0.664，与就业城镇化率的相关系数为 0.651，与经济城镇化率的相关关系为 0.487，但与农业结构调整并不具有统计学意义上的显著相关性。

表6　变量间的相关系数

variable	Ln income	purb	lurb	eurb	ourb	fina	stru	serv	land	indu
Ln income	1	—	—	—	—	—	—	—	—	—
purb	0.664***	1	—	—	—	—	—	—	—	—
lurb	0.706***	0.599***	1	—	—	—	—	—	—	—
eurb	0.487***	0.382***	0.470***	1	—	—	—	—	—	—
ourb	0.651***	0.941***	0.555***	0.377***	1	—	—	—	—	—
fina	0.584***	0.452***	0.741***	0.348***	0.353***	1	—	—	—	—
stru	0.0660	0.336***	−0.128	−0.0370	0.184*	0.136	1	—	—	—
serv	0.213**	0.460***	0.195**	0.686***	0.433***	0.0520	0.118	1	—	—
land	0.354***	0.283***	0.459***	0.212**	0.218**	0.839***	0.165*	0.0610	1	—
indu	−0.190**	0.149	−0.178*	−0.832***	0.162*	−0.170*	0.148	−0.476***	−0.109	1

注：***、**和*分别表示在1%、5%和10%的水平上显著。

综合来看，随着新型城镇化进程的持续推进，珠三角地区农村居民人均可支配收入也在攀升，两者之间表现出明显同向的发展趋势；新型城镇化水平较高的城市，其农村居民人均可支配收入水平也较高。相关分析结论在一定程度上反映了新型城镇化发展是促进农民收入增长的重要因素。当然，这一关系仍需后文的实证检验来印证。

三、实证检验与结果解释

（一）模型设定

面板数据模型通常有混合回归模型、固定效应模型和随机效应模型，在进行实证分析时应根据样本数据情况进行选择。在模型形式的选择上，通常采用F检验选择混合回归模型还是固定效应模型，原假设为使用混合回归模型；然后，采用 LM 检验选择混合回归模型还是随机效应模型，原假设为使用混合回归模型；再用 Hausman 检验来选择随机效应模型还是固定效应模型，原假设为使用随机效应模型。本文使用 Stata15.0 计量软件，选用农民收入作为核心解释变量进行模型设定的基准回归，结果如表 7 所示。通过 F 检验，发现 F 统计量的概率为 0.0000，拒绝建立混合回归模型原假设，说明存在个体差异，固定效应模型优于混合回归模型；LM 检验得到的 p 值为 1.0000，接受建立混合回归模型原假设；Hausman 检验的 p 值为 0.0000，拒绝使用随机效应模型的原假设，固定效应模型优于随机效应模型。因此，本文选用固定效应模型进行分析。

表 7　基准回归估计结果

变量	混合回归 Mixed regression	固定效应 Fixed effect	随机效应 Random effect
purb	2.3506 **	2.2509 **	2.3506 ***
	(0.7039)	(1.0963)	(0.7039)
lurb	0.4736	3.6993 ***	0.4736
	(0.3355)	(0.5962)	(0.3355)
eurb	−5.8534 ***	22.6737 ***	−5.8534 ***
	(1.4789)	(2.8015)	(1.4789)
ourb	2.0177 **	1.6706 ***	2.0177 ***
	(0.5986)	(0.4289)	(0.5986)
fina	0.0197	0.0142	0.0197
	(0.0418)	(0.0234)	(0.0418)
stru	−0.2113	−0.2168	−0.2113
	(0.1940)	(0.1714)	(0.1940)
serv	−5.1009 ***	0.5049	−5.1009 ***
	(1.1739)	(0.8419)	(1.1739)
land	−0.0021	−0.0016	−0.0021
	(0.0061)	(0.0029)	(0.0061)
indu	−8.2209 ***	17.6446 ***	−8.2209 ***
	(1.5228)	(2.8075)	(1.5228)
_cons	13.3741 ***	−13.0052 ***	13.3741 ***
	(1.0324)	(2.6340)	(1.0324)

续表

变量	混合回归 Mixed regression	固定效应 Fixed effect	随机效应 Random effect
N	108	108	108
R^2	0.741	0.881	—
F	31.22	73.89	—

注：***和**分别表示在1%和5%的水平上显著；括号内为标准误。

（二）模型结果分析

实证检验结果显示（见表8），固定效应模型的R^2值较大，说明模型的拟合程度较好，且具有较好的解释能力。人口城镇化率、土地城镇化率、经济城镇化率、就业城镇化率对农民收入的影响系数分别为2.3580、3.8598、23.4348、1.6974，分别在5%、1%、1%、1%的水平上显著，说明人口城镇化、土地城镇化、经济城镇化和就业城镇化均显著促进农民收入增长，新型城镇化进程的加快能够有效地促进农民收入水平的提高。

表8 固定效应模型估计结果

Variable	Coefficient	Std. Error	t-Statistic	Sig. （P>│t│）
purb	2.3580**	0.8776	2.69	0.028
lurb	3.8598***	0.5577	6.92	0.000
eurb	23.4348***	3.2165	7.29	0.000
ourb	1.6974***	0.2662	6.38	0.000
indu	18.3672***	3.0739	5.98	0.000
_cons	-13.9272***	2.6568	-5.24	0.001
N	108	—	—	—
R^2	0.8782	—	—	—
F-statistics	874.73	—	—	0.000

注：***和**分别表示在1%和5%的水平上显著。

第一，人口城镇化对农民收入的影响系数显著为正，即人口城镇化率每增加1个百分点，农民收入提高2.358%，说明在新型城镇化过程中，农村剩余劳动力向城镇转移就业，从事劳动生产率更高的第二产业、第三产业，为其带来了较高的非农收入。《广东省"十四五"新型城镇化实施方案》提出全面取消城区常住人口 300 万人以下城市落户限制；确保广州、深圳积分落户政策中社会保险缴纳年限和居住年限分数占主要比例；在除广州、深圳外的珠三角城市探索户籍准入年限同城化累计互认。新型城镇化深入推进所带来的户籍管制政策的放松则有可能进一步促进农民收入增加。

第二，土地城镇化的系数显著为正，即土地城镇化率每增加 1 个百分点，农民收入提高 3.8598%，说明城镇化带来的土地增值收益可以增加农民收入。随着新型城镇化的大力推进，城市空间的扩张极大地刺激了其对建设用地的需求，城镇周边的农村土地逐渐转为建设用地，其土地价值随之增值，处于城郊的农民则能在土地使用权转让、出租或土地参股的过程中获取城市经济附着在土地上的增值收益，从而增加农民的财产性收入。

第三，经济城镇化的系数显著为正，即经济城镇化率每增加 1 个百分点，农民收入提高 23.4348%，对农民收入的促进作用尤其强劲，这直接说明产业结构的优化可以为农业转移人口提供更多非农就业岗位和机会，决定供给就业岗位的能力，因而对农民收入的影响较大。

第四，就业城镇化的系数也显著为正，即就业城镇化率每增加 1 个百分点，农民收入提高 1.6974%，说明第二产业、第三产业就业人员比重的提高可以有效促进农民收入增长。

第五，工业化的系数也显著为正，即工业化率每提高 1 个百分点，农民收入提高 18.3672%，说明工业化水平能给农民带来较大幅度的收入增长。这可能是因为，工业化发展能带动农产品加工业的发展，延长农业产业链提升附加值，而第二产业产值比重的高低决定工业反哺农业的力度，因而对农民收入增长表现出较强的促进作用。

第六，财政支农力度、农业结构调整、农业生产性服务业发展水平、农业规模化经营水平对农民收入的影响效应不显著，究其原因可能在于珠三角经济发达地区农村居民的家庭经营收入中农业经营收入占比较小，在农村居民人均可支配收入中的占比更是微乎其微，因而支农政策、农业结构、经营规模、生产性服务业等发展对农民收入影响不显著。

四、结论与启示

城镇化的本质是通过劳动力和要素的集聚效应实现集聚经济。新型城镇化更加注重人口城镇化与土地城镇化、工业化和现代化的同步协调发展，更加注重农村剩余劳动要素的优化配置，而其所带来的农村土地制度、户籍制度改革则为农民增收带来了机遇。本文基于2010~2021年珠三角市域面板数据，考察分析新型城镇化进程与农民收入的动态变化趋势，运用固定效应模型实证分析新型城镇化水平对农民收入的影响效应。研究发现：一是珠三角地区集聚了广东省一半以上的常住人口，人口城镇化率高达87.47%；随着城市落户限制的全面放开放宽，常住人口享有更多更好的城镇基本公共服务；但城镇化质量不高、供需不匹配、城乡市域收入差距大、土地资源紧缺等问题仍然突出。二是研究期间珠三角地区农民收入水平得到较大幅度的提升，向高值区扩散且空间集聚特征明显，市域间绝对差距扩大，农民收入来源多元化，工资性收入仍是农民收入的主要组成部分，财产性收入是珠三角地区农民收入的一大特点，东莞、中山、佛山等部分城市的财产性收入接近甚至超过经营性收入。三是人口城镇化、土地城镇化、经济城镇化和就业城镇化均显著促进了农民收入增长，也就是说新型城镇化进程的加快能够有效地促进农民收入水平的提高。

研究表明，深入推进以人为核心的新型城镇化战略是珠三角地区农民收入增长的重要推动因素，应采取长期有效的政策措施，推动新型城镇化由高水平向高质量转变。根据研究结论，提出如下政策建议：一是推动城镇基本公共服务全面均等覆盖常住人口，促进农业转移人口融入城市。推动居住证制度覆盖全部未落户常住人口，保障居住证持有人在居住地享有中央、省、市规定的与当地户籍人口同等的待遇；以子女教育、医疗卫生、社会保险、住房保障等为重点，推动城镇基本公共服务全面均等覆盖常住人口，提高农业转移人口市民化质量。二是推进县城和重点镇建设，优化城市群和小城镇协调发展的城镇化格局。实施小城镇品质提升行动和美丽圩镇建设攻坚行动，推动镇村联动发展，大力发展农村电商、仓储物流、餐饮民宿、乡村旅游、休闲养生、养老护幼等乡村新型服务业，解决农村转移人口就近、就地城镇化。三是优化产业结构，吸纳更多农村劳动力转移就业。大力发展现代服务业，加快构建以科技创新为支撑、先进制造业为主体、现代服务业及现代农业配套完善的现代产业体系，增强城市就业承载能力，吸纳更多农村劳动力转移就业；加强农业转移人口就业技能培训，深入实施"粤菜师傅""广东技工""南粤家政"三项工程，提高农业转移人口融入城市的能力。

参考文献

[1] 林毅夫. "三农"问题与我国农村的未来发展 [J]. 农业经济问题, 2003 (1): 19-24+79.

[2] 陈锡文. 工业化、城镇化要为解决"三农"问题做出更大贡献 [J]. 经济研究, 2011, 46 (10): 8-10.

[3] 姜长云. 中国农民增收现状及其中长期影响因素 [J]. 经济与管理研究, 2013 (4): 5-13.

[4] 刘新智, 刘雨松. 城镇化进程中农村人力资本积累对农民收入增长的影响 [J]. 当代经济研究, 2016 (6): 69-78.

[5] 梁俊芬, 蔡勋, 冯珊珊, 陶亮. 珠三角地区农业农村现代化发展程度评价及制约因子研究 [J]. 生态环境学报, 2022, 31 (8): 1680-1689.

[6] 宋元梁, 肖卫东. 中国城镇化发展与农民收入增长关系的动态计量经济分析 [J]. 数量经济技术经济研究, 2005 (9): 31-40.

[7] 周振, 张琛, 彭超, 孔祥智. 农业机械化与农民收入：来自农机具购置补贴政策的证据 [J]. 中国农村经济, 2016 (2): 68-82.

[8] 李谷成, 李烨阳, 周晓时. 农业机械化、劳动力转移与农民收入增长——孰因孰果? [J]. 中国农村经济, 2018 (11): 112-127.

[9] 邱海兰, 唐超. 农业生产性服务能否促进农民收入增长 [J]. 广东财经大学学报, 2019, 34 (5): 100-112.

[10] 钟甫宁, 何军. 增加农民收入的关键：扩大非农就业机会 [J]. 农业经济问题, 2007 (1): 62-70+112.

[11] 钟润涛, 马强. 农村金融发展、农业劳动力转移与农民增收 [J]. 江苏农业科学, 2017, 45 (9): 271-276.

[12] 刘俊杰, 张龙耀, 王梦珺, 等. 农村土地产权制度改革对农民收入的影响——来自山东枣庄的初步证据 [J]. 农业经济问题, 2015, 36 (6): 51-58+111.

[13] 夏玉莲, 匡远配, 曾福生. 农地流转、农村劳动力转移与农民减贫 [J]. 经济经纬, 2017 (5): 32-37.

[14] 李嫚, 郭青霞. 新型城镇化背景下农户宅基地流转与退出意愿影响因素分析——以山西省孝义市梧桐镇为例 [J]. 广东农业科学, 2020, 47 (1): 158-165.

［15］杨建利，岳正华．我国财政支农资金对农民收入影响的实证分析——基于1991~2010年数据的检验［J］．软科学，2013（1）：42-46.

［16］辛翔飞，张怡，王济民．我国粮食补贴政策效果评价——基于粮食生产和农民收入的视角［J］．经济问题，2016（2）：92-96.

［17］孙晓一，徐勇，段健．我国涉农政策对农民收入的影响及区域差异［J］．广东农业科学，2018，45（2）：157-165.

［18］宋英杰．受教育程度与农民增收关系的实证研究——基于省际面板数据的分析［J］．农业技术经济，2010，1（10）：50-57.

［19］蔡昉，王德文，王美艳．渐进式改革进程中的地区专业化趋势［J］．经济研究，2002（9）：25-32.

［20］Alessandro Alasia, Alfons Weersink, Ray D. Bollman, JohnCranfield. Off-farm Laboure Decision of Cana-dian Farm Operators: Urbanization Effects and Rural Labour Market Linkages［J］. Journal of Rural Studies, 2009, 25（1）: 12-24.

［21］张占贞，王兆君．我国农民工资性收入影响因素的实证研究［J］．农业技术经济，2010（2）：56-61.

［22］李美洲，韩兆洲．城镇化和工业化对农民增收的影响机制［J］．财贸研究，2007（2）：25-31.

［23］程选，康慧．城镇化水平对农民收入增长影响的关系研究——基于山西的调查分析［J］．经济问题，2012（8）：90-92.

［24］王鹏飞，彭虎锋．城镇化发展影响农民收入的传导路径及区域性差异分析——基于协整的面板模型［J］．农业技术经济，2013（10）：73-79.

［25］郇红艳，谭清美，孙君．工业化城镇化对农民增收影响的空间计量分析——基于安徽省县域数据［J］．统计与信息论坛，2014，29（2）：75-82.

［26］李子联．新型城镇化与农民增收：一个制度分析的视角［J］．经济评论，2014（3）：16-25.

［27］袁伟彦，周小柯．城镇化与中国农村居民收入增长——基于省级面板数据的经验研究［J］．贵州财经大学学报，2015（1）：89-98.

［28］李萍，王军．城镇化发展对不同收入水平农民增收的影响研究——以四川省为例［J］．四川大学学报（哲学社会科学版），2015（6）：129-137.

［29］庞新军，冉光和．传统城镇化与就地城镇化对农民收入的影响研究：基于时变分析的视角［J］．中国软科学，2017（9）：91-98.

［30］钱潇克，莫蕙．新型城镇化与农民增收——基于我国地级市的空间计

量分析［J］.经济经纬，2018（9）：30-36.

［31］谭昶，吴海涛.新型城镇化、空间溢出与农民收入增长［J］.经济问题探索，2019（4）：67-76.

［32］高延雷，王志刚，郭晨旭.城镇化与农民增收效应——基于异质性城镇化的理论分析与实证检验［J］.农村经济，2019（10）：38-46.

［33］毛太田，潘金枝，付畅俭.湖南农民收入增长与城镇化水平关系的面板数据分析［J］.中国管理科学，2015（11）：701-705.

［34］田莉.我国城镇化进程中喜忧参半的土地城市化［J］.城市规划，2011，34（2）：11-12.

［35］张飞，孔伟.我国土地城镇化的时空特征及机理研究［J］.地域研究与开发，2014，32（5）：144-148.

［36］潘爱民，刘友金.湘江流域人口城镇化与土地城镇化失调程度及特征研究［J］.经济地理，2014，33（5）：63-68.

［37］闫晗，乔均.农业生产性服务对粮食生产的影响——基于2008—2017年中国省级面板数据的实证研究［J］.商业研究，2020（8）：107-118.

珠三角地区农业农村现代化
发展程度及其制约因素研究

梁俊芬　蔡　勋　冯珊珊*

摘　要： 广东省委、省政府部署，到 2025 年珠三角地区率先基本实现农业农村现代化。顺利实现这一目标，有哪些难点和重点需要突破？客观评价农业农村现代化发展程度，有助于把握区域农业农村现代化发展水平、短板弱项和关键问题。基于农业农村现代化内涵特征，从农业现代化、农村现代化、城乡融合 3 个维度构建了包括 24 个指标的珠三角地区农业农村现代化评价指标体系，参考发达国家标准和国内先进城市标准，设定各指标全面实现农业农村现代化的目标值，利用均权法测度珠三角地区及其市域农业农村现代化发展指数，借助障碍度模型诊断农业农村现代化发展的主要障碍因素，并提出加快珠三角地区农业农村现代化步伐的政策建议。

关键词： 农业农村现代化；指标体系；达标率；障碍因子；珠三角地区

党的十九大作出了实施乡村振兴战略的重大决策部署，并首次提出加快推进农业农村近代化。农业农村现代化是实施乡村振兴战略的总目标。2021 年中央一号文件特别强调要坚持农业现代化与农村现代化一体设计、一并推进，而不能人为地割裂开来。事实上，农业农村现代化是农业现代化与农村现代化的有机耦合，农业现代化是农村现代化的基础和前提，农村现代化则是农业现代化的依托和支撑[1,2]。因此，客观评价农业农村现代化发展水平，对于准确把握区域农业

---

* 梁俊芬，广东省农业科学院农业经济与信息研究所，副研究员，研究方向为农民增收与农业技术效率。

蔡勋，广东省农业科学院农业经济与信息研究所，博士，研究方向为农产品价格。

冯珊珊，广东省农业科学院农业经济与信息研究所，博士，研究方向为农业遥感监测。

农村现代化推进进度、优势和短板，从而一体推进农业农村现代化具有重要作用。

目前，从不同层面和视角对农业农村现代化展开的相关研究主要集中在以下三个方面：一是农业农村现代化的内涵辨析。农业农村现代化并非农业现代化和农村现代化的简单相加，而是由两者有机耦合而成的相互联系、相互促进、相互交融的有机整体[3]。在社会现代化大背景下，农业现代化的本质是通过农业变革，使之更加适应现代社会经济环境和社会生活需要，实现农业的生产效率和经济效益的提升；农村现代化的真实内涵则是乡村主体性的维续和乡村新的发展，即通过合理有效的方式维持农村社会的延续，并通过不断的变迁与发展以与现代社会总体发展相协调、相融合[4]。从社会主义现代化国家建设体系来看，农业现代化是从行业角度来界定的，它是变传统农业为现代农业的过程，是产业现代化的概念，虽然农业生产以农村为依托，但其所涉及的农业产业链、供应链、价值链以及农业教育、研发、服务等活动并非局限于农村；而农村现代化是从地域角度来界定的，它是变落后的农村为美丽乡村的过程，其核心是农村发展方式的现代化，既包括农村产业的现代化，也包括农村文化、生态环境、居民生活和乡村治理的现代化，更包括广大农民在内的人的现代化[5]。二是农业农村现代化水平测度与指标体系构建。不同学者测度了国家尺度[6-8]、省域尺度[9-12]、市域尺度[13]和县域尺度[14]等不同空间尺度的农业农村现代化水平，并采用因子障碍度等方法模型分析区域农业农村现代化水平的时空格局演变与影响因素[15-19]。在测度方法方面，主要包括多指标综合测度法[8,11]、动态因子分析法[7]、数据包络分析法[13]等。在权重确定方面，主要有熵值法[10-11,20-21]、变异系数法[8,12]、德尔菲法[9]等。具体指标的选择也因分析尺度、研究重点、数据可得性的客观异质性而各有异同。如国务院发展研究中心农村经济研究部课题组构建了一套包括农业现代化、农村现代化、底线任务3个层次、34个具体指标的农业农村现代化评价体系，并设定了各指标2035年基本实现现代化和2050年实现现代化的目标值[22]。姜长云和李俊茹从高质量发展、高品质生活、坚持底线思维3个维度构建了包括25个指标的2035年中国特色农业农村现代化评价指标体系[23]。一些地方尝试建立指标体系，对当地农业农村现代化目标进行设定、对发展水平和实现状态进行定量评估，如2020年6月江苏省苏州市发布了《苏州市率先基本实现农业农村现代化评价考核指标体系（2020—2022年）（试行）》，2021年6月山东省潍坊市发布了《潍坊市全面推进乡村振兴加快实现农业农村现代化指标体系》。三是农业农村现代化的实践探索及其实现路径。如王春光从农村社会学的角度深入分析了农业农村现代化的多元实践行动主体及其关系，指出在过去的 40 年中，农业现代化和农村现代化涌现出工业化路径、城市化路径、旅游路径和网络商贸路径四种发展路径，这些路径开始趋于融合，体现出城乡融合和一二三产业融合的态势，为后续的农业农村现代化找到了多元的实现路径[24]。计晗等以宏观制度变迁与乡土社会的互动关系为线索，梳理分析了清末以来我国农业农村现代化探索历程，发现政府赋能与农民组织对农业农村现代化而言不可或缺，这恰好构成中国特色社会主义的制度优势[25]。陈锡文认为，农业现代化要以农业的产业体系、生产体系、经营体系、支持保护体系为落脚点，农村现代化要以农村的产业融合、基层党建、基础设施建设为落脚点[26]。魏后凯认为，农业农村现代化要依靠城乡融合全面激活农村要素、市场和主体，全力激发农业农村发展的内生活力和新动能[3]。

综上所述，现有农业农村现代化研究已取得诸多成果，具有很好的参考价值。其中，农业农村现代化发展水平的定量评价和分析是重要研究内容之一，但目前的研究多集中在国家或省域尺度，鲜有研究对特定经济区域的农业农村现代化水平进行定量测度与评价。珠三角地区是我国经济最发达、最具活力的区域之一，在粤港澳大湾区、广东省乃至全国现代化建设全局中具有重要的战略地位和突出的引领作用。2021 年中央一号文件提出，到 2025 年全国有条件的地区要率先基本实现农业现代化。2021 年 3 月广东省委、省政府印发《关于全面推进乡村振兴加快农业农村现代化的实施意见》，提出到 2025 年，珠三角地区率先基本实现农业农村现代化。为顺利实现这一目标，有必要设置评价体系以把握推进进度、弥补短板弱项、找出有效路径。因此，本文基于 2020 年市域尺度数据，通过构建农业农村现代化评价指标体系，定量测算珠三角地区及市域单元的农业农村现代化水平，并分析其制约因素和市域差异，以期为珠三角地区率先基本实现农业农村现代化的路径选择和政策制度提供科学依据。

一、数据来源与研究方法

（一）区域概况

以粤港澳大湾区内地九市（珠三角）为研究区域，包括广州、深圳、珠海、佛山、惠州、东莞、中山、江门、肇庆，总面积 5.5 万平方千米。珠三角地区是我国改革开放的前沿阵地，经济发展水平全国领先、开放程度高、科技实力雄厚，以广东省 30.5% 的土地面积创造了全省 80.8% 的 GDP，人均地区生产总值达 11.55 万元，按 2020 年平均汇率折算为 16739 美元，参照世界银行划分标准①，已达到高等收入水平标准，乡村产业以优质蔬菜、高值水产、高端花卉、农产品电商等高质产业为主，具备率先基本实现农业农村现代化的基础条件。

从表1可以看出，珠三角内部各市经济发展差异较大，明显分成两个梯队，深圳、珠海、广州、佛山、东莞、中山6个核心城市经济实力明显高于惠州、江门、肇庆。惠州、江门和肇庆分别坐落于珠三角的东侧、西侧和西北侧，3市占地面积较大且均位于珠三角的边缘地带。

表1 2020年珠三角地区人均GDP、人均可支配收入　　单位：元

城市	人均GDP		人均可支配收入	
深圳	159309		64877.7	
珠海	145645		55936.1	
广州	135047		63289.2	
佛山	114157		56244.8	
东莞	92176	115459	56533.1	54809.6
中山	71478		52753.6	
惠州	70191		39745.4	
江门	66984		33666.5	
肇庆	56318		27496.2	

资料来源：《广东统计年鉴2021》。

（二）发展基础

广东推进现代化建设，最艰巨、最繁重的任务在农村，最广泛、最深厚的基础也在农村。珠三角是广东省经济发展水平最高的地区，在全省率先实现农业农村现代化具有坚实的基础，同时也应正视问题，找准短板弱项，精准发力。

1. 蔬菜、水产等"菜篮子"产品供给充足稳定，但粮食、肉类自给率较低

2020年，珠三角蔬菜产量为1392.70万吨，占全省蔬菜总产量的37.60%，自给率达164.30%。其中，广州、惠州、肇庆、江门的蔬菜产量占珠三角蔬菜产量的86.30%。在水产方面，珠三角水产养殖产量为354.40万吨，占全省池塘养殖总产量的40.50%，水产品自给率达152.34%。其中，江门、佛山、肇庆、广

---

① 林毅夫. 中国何时能成为高收入国家？［EB/OL］.［2022-03-20］. https：//mp.weixin.qq.com/s/betGSX_RUfClf3h3nyIukQ？.

州的水产产量占珠三角水产总产量的72.90%。在粮食方面，珠三角粮食自给率仅为30.61%，其中肇庆、江门两市能自给自足；惠州粮食自给率达78.38%，基本能够满足本地需求；其余地市粮食几乎全部靠市外调运，尤其是深圳和东莞两市，其粮食自给率仅为0.33%和0.61%。在肉类方面，珠三角肉类自给率为41.13%，其中肇庆、江门两市实现肉类自给，惠州市自给率为74.30%，其余地市的自给率均在50%以下，尤其是深圳和东莞两地肉类产品几乎全靠外地调运供给（见表2）。

表2　2020年珠三角粮食等重要农产品自给率　　　　　单位:%

地市	粮食	蔬菜	肉类	水产
广州	5.99	199.37	18.00	91.15
深圳	0.33	8.49	0.97	14.50
珠海	9.42	55.04	3.63	458.21
佛山	3.89	82.11	40.48	264.70
惠州	78.38	497.42	74.30	87.11
东莞	0.61	34.68	0.53	15.73
中山	2.37	74.34	8.54	264.64
江门	159.83	326.51	175.82	562.46
肇庆	230.35	668.67	271.84	420.19
珠三角	30.61	164.29	41.13	152.34

资料来源：《广东农村统计年鉴2021》《广东统计年鉴2021》。

2. 土地产出率优势明显，但劳动生产率偏低

从土地生产率来看，珠三角农业土地产出率为1.81万元/亩，高于浙江的0.75万元/亩、江苏的0.71万元/亩、福建的1.41万元/亩，以占全省23.24%的耕地面积贡献了全省33.30%的农林牧渔业增加值。其中，深圳、中山、佛山居全省前列，分别为4.92万元/亩、4.20万元/亩、3.24万元/亩；惠州、江门低于全省平均水平。从劳动生产率来看，2020年珠三角农业劳动生产率为4.83万元/人，远低于浙江（10.43万元/人）、江苏（6.72万元/人）、福建（8.46万元/人）（见表3）。主要是因为珠三角地区农业规模经营水平偏低，农民人均耕地面积2.8亩，导致农业劳动生产率偏低。

表 3　2020 年土地产出率、劳动生产率比较

单位：万元/亩，万元/人

地区	土地产出率	劳动生产率
全国	0.40	4.39
江苏	0.71	6.72
浙江	0.75	10.43
福建	1.41	8.46
山东	0.51	3.91
广东	1.26	6.22
珠三角	1.81	4.83

资料来源：《广东农村统计年鉴 2021》。

3. 农业科技创新实力雄厚，但设施农业发展力度不够、整体规模较小

广州国际种业中心初具雏形，建成"国家农作物品种区域试验站""蔬菜育种新技术应用研究重点实验室"等重点实验室；深圳成为农业生物育种高地，中国农业科学院深圳生物育种创新研究院和中国农科院深圳农业基因组研究所、国家基因库等相继落地；佛山万亩智慧农业园建设起步稳健，自主研发了一批无人农机设备，正着力打造无人农场。2020 年珠三角地区水稻耕种收综合机械化率达 81.78%，高于全省 75.25% 的平均水平，其中东莞、江门超过 90%（见表 4）。全省 4 个县（市、区）获评全国率先基本实现主要农作物生产全程机械化示范县，其中珠海市斗门区、肇庆市高要区、江门市台山市榜上有名。2020 年，珠三角设施农业面积 22.1 万亩，仅占农业用地面积的 2.1%，远未达到 5% 的农业现代化国际通行标准。

表 4　珠三角地区水稻耕种收综合机械化水平　　　　　　　单位：%

地区	2015 年	2020 年	增长
全省	67.63	75.25	7.62
广州	69.73	78.05	8.32
珠海	86.39	84.55	-1.84
佛山	57.87	78.12	20.25
惠州	71.15	79.17	8.03
东莞	83.95	99.02	15.08
中山	80.08	84.63	4.55

续表

地区	2015 年	2020 年	增长
江门	80.01	90.25	10.24
肇庆	65.61	75.03	9.42
珠三角	72.15	81.78	9.64

资料来源：《广东农村统计年鉴 2021》。

4. 农产品加工业势头强劲

2020 年，珠三角农产品加工业产值达 1.64 万亿元，占全省农产品加工业总产值的 79.69%。其中，佛山、东莞、广州农产品加工业总产值分别为 4271.84 亿元、3835.26 亿元、2680.8 亿元，位居全省前三。农产品加工业与农业总产值比为 6.07∶1.00，远高于全省平均水平（2.60∶1.00）、粤东（1.25∶1.00）、粤西（1.06∶1.00）、粤北（0.39∶1.00）。其中，东莞最高，达 82.45∶1.00；其后依次是深圳、佛山、广州，分别为 38.32∶1.00、11.59∶1.00、5.20∶12.00。

5. 农村经济活力得到有效激发，但都市农业的多种功能尚未有效发挥

从农村电商来看，珠三角地区农村电商引领全省，共有 850 个淘宝村，占全省淘宝村总量的 64.3%。其中，广州市有 273 个、排名全国第 7 位，东莞市有 222 个、排名全国第 10 位，佛山市有 158 个、排名全国第 15 位。共有淘宝镇 134 个，占全省淘宝镇总量的 52.8%。其中，东莞和广州各有 29 个、惠州有 22 个（见表 5）。从乡村就业来看，2020 年珠三角地区乡村非农就业比例达 76.9%，远高于全省平均水平（63.4%）。其中，东莞为 95.3%、中山为 94.1%、佛山为 86.9%、广州为 85.6%、珠海为 81.9%，均超过 80%。但珠三角都市农业多功能潜力尚未充分激发，休闲农业与乡村旅游发展模式同质化严重。以单一的乡土休闲旅游、观光采摘与农事体验等活动为主，融合动态体验、文体创意、旅游观光、科普教育与研学、健康养生等多样化功能元素不多。

表 5　珠三角九市淘宝村和淘宝镇数量

单位：个

珠三角	淘宝村	淘宝镇
广州	273	29
深圳	—	—
珠海	9	8

珠三角	淘宝村	淘宝镇
佛山	158	16
惠州	70	22
东莞	222	29
中山	78	18
江门	38	10
肇庆	2	2
珠三角	850	134
全省	1322	254

6. 农村人居环境明显改善，但农业农村绿色发展水平亟须加强

2020 年，珠三角地区 60%以上行政村达到美丽宜居村标准，其中广州为 85%、肇庆为 80%、江门为 70%。涌现出珠海岭南大地田园综合体、佛山"百里芳华"乡村振兴示范带、贺江碧道画廊、四会古邑碧道画廊等一批优质乡村建设项目。但是，珠三角地区化肥农药使用强度较高，农村生活污水处理能力亟须加强。2020 年，珠三角地区化肥施用量为 26.66 千克/亩，高于安徽（21.92 千克/亩）、江苏（25.03 千克/亩）、浙江（23.04 千克/亩），且远高于国际公认的化肥施用安全上限 15 千克/亩。农药使用量为 1.03 千克/亩，低于粤东（1.41 千克/亩）、粤西（1.55 千克/亩）和粤北（1.08 千克/亩），但却是安徽的 1.64 倍、江苏的 1.75 倍，且为全国平均农药使用量的 2 倍（见表 6）。农村生活污水处理率偏低。截至 2020 年 11 月底，珠三角农村生活污水治理率平均水平为 67.4%。其中，肇庆、江门农村污水处理率分别为 55.67%和 53.69%，低于全省 60.92%的平均水平，深圳农村污水处理率仅为 15.32%，排全省末位。江苏农村生活污水治理率达 74.60%。

表 6 化肥农药使用情况   单位：千克/亩

指标	珠三角	安徽	江苏	浙江	全国
化肥施用量	26.66	21.92	25.03	23.04	20.9
农药使用量	1.03	0.63	0.59	1.21	<0.55

7. 农村集体经济强劲有力，但经济薄弱村仍占较大比例

珠三角地区农村集体经济收入占全省近九成，农村集体经济收入高达

1203.68 亿元, 占全省的 89.13%。在经营收益方面, 珠三角 68.69% 的村有经营收益, 且经营收益 10 万元以上的村主要集中在珠三角。但经济薄弱村仍占较大比例。珠三角地区村级集体经济呈现两头重中间轻的沙漏型结构, 村集体经济收益在 10 万元以上的村占比高达 62.12%, 但无收益的经济薄弱村仍占 31.31%。与浙江相比, 还存在一定差距, 2020 年, 浙江省所有行政村均达到"年收入 10 万元以上且经营性收入 5 万元以上"标准, 2021 年, 98.8% 的行政村的集体经济总收入已达到 20 万元且经营性收入 10 万元以上 (见表 7)。

表 7 2020 年珠三角村级集体经济组织收益情况　　　　单位: 个, %

项目	有经营收益的村				无经营收益的村	合计
	<5 万元	5 万~10 万元	>10 万元	小计		
数量	258	171	4059	4488	2046	6534
占比	3.95	2.62	62.12	68.69	31.31	100.00

资料来源:《广东农村统计年鉴 2021》。

（三）数据来源

本文选取的时间为 2020 年, 所用数据主要来源于《广东统计年鉴》《广东农村统计年鉴》《广东卫生健康统计年鉴》以及各市统计年鉴, 或通过基础数据计算得出。个别缺失数据采用线性插值法补齐。

（四）研究方法

1. 指标体系构建

农业农村现代化发展是一个动态过程, 其内涵涵盖过程和结果两个层面, 因此, 需要构建综合评价指标体系才能全面反映农业农村现代化的概念和内涵。指标体系的设置首先应考虑能够直接反映农业农村现代化程度的指标, 如劳动生产率、土地产出率和农民收入水平等; 其次要准确把握地区农业农村现代化的发展基础和发展现状, 如农业机械化程度、农业产业链延伸程度、农业绿色化水平等; 最后指标选择还应考虑可获得性和统计口径的一致性。本文借鉴已有相关成果, 遵循科学性、系统性、引领性、可操作性和可得性等原则, 紧扣新发展阶段农业农村现代化的内涵特征, 结合珠三角地区农业农村发展现状, 从农业现代化、农村现代化和城乡融合 3 个维度, 构建了包括 24 项具体指标的农业农村现代化评价指标体系 (见表 8)。

表 8　珠三角地区农业农村现代化评价指标体系

目标	权重	准则	权重	指标	权重	指标说明	目标值	属性
农业现代化	33.33	农业产业体系	8.33	粮肉菜稳定保障指数（%）	2.78	（区域人均粮食产量/全国人均粮食产量）×0.5+（区域人均肉类产量/全国人均肉食产量）×0.3+（区域人均蔬菜产量/全国人均蔬菜产量）×0.2	45	+
				养殖业产值占农林牧渔总产值比重（%）	2.78	养殖业产值/农林牧渔业总产值	60	+
				农产品加工业产值与农业总产值之比	2.78	农产品加工业产值/农林牧渔业总产值	6	+
		农业生产体系	8.33	水稻耕种收综合机械化率（%）	2.08	机耕率×40%+机播率×30%+机收率×30%	100	+
				设施农业用地面积比重（%）	2.08	设施农业用地面积/耕地面积	8	+
				农药使用强度（千克/公顷）	2.08	农药使用量/农作物播种面积	5.2	–
				化肥施用强度（千克/公顷）	2.08	化肥施用量折纯/农作物播种面积	225	–
		农业经营体系	8.33	农林牧渔服务业产值占比（%）	2.08	农林牧渔专业及辅助性活动产值/农林牧渔业总产值	8	+
				劳均耕地面积（亩/人）	2.08	耕地面积/农业从业人员	15	+
				土地产出率（万元/公顷）	2.08	农林牧渔业增加值/（耕地面积+园地面积+水产养殖面积）	15	+
				农业劳动生产率（万元/人）	2.08	农林牧渔业增加值/农林牧渔业就业人员数	12	+
		农业支持保护体系	8.33	农林水事务支出占农业增加值比重（%）	4.17	农林水事务支出/农林牧渔业增加值（不含服务业）	50	+
				农业保险深度（%）	4.17	农业保险费/农林牧渔业增加值	1.5	+

续表

目标	权重	准则	权重	指标	指标说明	权重	目标值	属性
农村现代化	33.33	农村基础设施和公共服务水平	11.11	美丽宜居村达标率（%）	达到省定美丽宜居村标准的行政村数/区域内行政村总数	3.70	100	+
				农村生活污水治理率（%）	进行生活污水集中处理的自然村数/区域内自然村总数	3.70	100	+
				每万城乡人口拥有执业医师数（人）	执业医师数/区域城乡人口总数	3.70	5	+
		乡村治理水平	11.11	集体经济强村占比（%）	集体经济强村数/区域内行政村总数	11.11	60	+
		农民生活水平	11.11	农村居民人均可支配收入（元）	直接获取	3.70	60000	+
				农村居民恩格尔系数（%）	食品消费支出/农村居民人均消费支出	3.70	30	−
				农村居民人均教育文化娱乐消费支出占比（%）	教育文化娱乐支出/农村居民人均消费支出	3.70	15	+
城乡融合	33.33	人的融合	11.11	城乡居民收入比（农村居民＝1）	城镇居民人均可支配收入/农村居民人均可支配收入	5.56	1.5	−
				乡村非农业就业比例（%）	乡村非农业就业人员数/乡村就业人员总数	5.56	95	+
		资本的融合	11.11	二元对比系数	（第一产业增加值/第一产业从业人员数）/（第三产业增加值/第三产业从业人员数）	11.11	0.8	+
		地的融合	11.11	城镇化率（%）	城镇人口/总人口	11.11	90	+

注：集体经济强村是指村集体经济年收入50万元以上的行政村。城乡二元对比系数取值为0~1，其值越接近1，说明城乡融合发展水平越高。

（1）农业现代化。

农业现代化涉及农业产业体系、农业生产体系、农业经营体系和农业支持保护体系4项准则。现代农业产业体系是产业横向拓展和纵向延伸的有机统一，重点解决农业资源要素配置和农产品供给效率问题，是衡量现代农业整体素质和竞争力的主要标志[27]。为此，选用"粮肉菜稳定保障指数"表征粮食和重要农产品保障水平，用"养殖业产值占农林牧渔总产值比重"表征农业产业结构的优化，用"农产品加工业产值与农业总产值之比"表征农业产业链的延长和增值。现代农业生产体系是先进生产手段和生产技术的有机结合，重点解决农业的发展动力和生产效率问题，是衡量现代农业生产力发展水平的主要标志。本文选用"水稻耕种收综合机械化率"表征农业机械化水平，用"设施农业用地面积比重"表征农业设施化水平，用"农药使用强度""化肥施用强度"表征农业绿色化水平。现代农业经营体系是资源、资金、技术、劳动力等要素优化组合所形成的现实生产能力[26]，是现代农业经营主体和农业社会化服务体系的有机组合，重点是解决"谁来种地"和经营效益问题，是衡量现代农业组织化、社会化程度的主要标志。本文选用"农林牧渔服务业产值占比"表征农业社会化服务水平，用"劳均耕地面积"表征农业集约化经营水平，用"土地产出率""农业劳动生产率"表征生产要素的现实生产力水平。农业支持保护体系是政府通过农业投入、农业补贴、金融保险等一系列保护与支持农业的措施，达到保障国家粮食安全、促进农民增收和生态环境改善的目标。本文选用"农林水事务支出占农业增加值比重""农业保险深度"表征财政、保险对农业的支持保护力度。

（2）农村现代化。

农村现代化既包括"物"的现代化，也包括"人"的现代化，还包括乡村治理体系和治理能力的现代化①。本文农村现代化包括农村基础设施和公共服务水平、乡村治理水平、农民生活水平3个准则。在农村基础设施和公共服务水平方面，设置了"美丽宜居村达标率""农村生活污水治理率""每万城乡人口拥有执业医师数"3项指标。在乡村治理水平方面，设置了"集体经济强村占比"1项指标。在农民生活水平方面，设置了"农村居民人均可支配收入""农村居民恩格尔系数""农村居民人均教育文化娱乐消费支出占比"3项指标。

（3）城乡融合。

城乡融合发展是指城乡居民享受平等的社会福利、均等的公共服务以及同质的生活条件[28]，其核心在于实现人、地、资本的融合[29-31]。本文选用"城乡居

---

① 习近平. 把乡村振兴战略作为新时代"三农"工作总抓手 [J]. 求是，2019（11）：7.

民收入比""乡村非农就业比例"表征人的融合,用"二元对比系数"表征资本的融合,用"城镇化率"表征地的融合。

2. 权重确定

珠三角地区农业农村现代化水平评价涉及多项指标,是一个多属性决策的问题,关键在于指标权重的确定。指标权重反映了各指标在综合评价过程中所占的地位或所起的作用,直接影响到综合评估的结果。考虑到农业现代化、农村现代化和城乡融合同等重要,本文借鉴韩磊等[32]、覃诚等[8]赋权方法,以均权法确定各指标权重。均权法有利于体现农业现代化、农村现代化和城乡融合均衡发展的内涵特征。本指标体系三个维度具有相同的权重,均为33.33(百分制),每个维度下属的准则层具有相同的权重(见表8)。

3. 评价方法

本文采用当前学术界普遍认可且广泛应用的多指标综合评价法对珠三角地区农业农村现代化水平进行测度,通过多元线性加权计算综合发展水平,计算方法为:

$$S_i = \sum_{j=1}^{n} w_j T_{ij} \tag{1}$$

其中,S_i 表示第 i 个区域农业农村现代化综合指数;w_j 表示指标权重;T_{ij} 表示指标达标率;n 表示指标个数。

当指标为正向指标时:

$$T_{ij} = \frac{x_{ij} \text{实际值}}{x_j \text{目标值}} \times 100\% \tag{2}$$

当指标为负向指标时:

$$T_{ij} = \frac{x_j \text{目标值}}{x_{ij} \text{实际值}} \times 100\% \tag{3}$$

当 $T_{ij} \geq 100\%$ 时,说明该指标达到了现代化标准,将其定为固定值100%。

实现农业农村现代化反映一个地区或国家农业农村发展达到世界先进水平或领先的状态[33],实质是考量其各种表征指标与全面实现农业农村现代化目标值的差距情况①。杜宇能[34]、魏后凯[35]、李刚[11]、覃诚[8]、国务院发展研究中心农村经济研究部课题组[22]结合发达国家标准和国内发达地区标准,为具体指标确定目标值。本文根据发达国家和国内先进城市标准,结合珠三角地区实际,设定各指标全面实现农业农村现代化的目标值。

---

① 关于印发《苏州市率先基本实现农业农村现代化评价考核指标体系(2020—2022年)(试行)》(苏市委农发〔2020〕8号)的通知。

4. 阶段划分

在现有研究的基础上，将珠三角地区农业农村现代化发展水平划分为 4 个阶段：发展起步阶段、转型跨越阶段、基本实现阶段、全面实现阶段（见表9）。依据指标达标率情况将达标水平划分为 5 档：不及格、及格、中、良和优（见表10）。

表 9 农业农村现代化阶段划分

发展阶段	发展指数
发展起步阶段	0~60（不含60）
转型跨越阶段	60~80（不含80）
基本实现阶段	80~90（不含90）
全面实现阶段	≥90

表 10 达标水平划分标准

达标率（%）	达标水平
0~60（不含60）	不及格
60~70（不含70）	及格
70~80（不含80）	中
80~90（不含90）	良
≥90	优

5. 制约因子诊断

使用障碍度模型分析单项指标对系统整体的负向贡献程度，采用因子贡献度、指标偏离度和指标障碍度对珠三角地区农业农村现代化发展水平的制约因子进行诊断[18,28]，计算公式为：

$$Y_{ij} = \frac{F_j D_{ij}}{\sum_{i,\,j=1}^{n} F_j D_{ij}} \qquad (4)$$

其中，F_j 为因子贡献度，表示单项因子对总目标的影响程度，$F_j = w_j$；D_{ij} 为指标偏离度，表示单项指标与农业农村现代化目标之间的差距，$D_{ij} = 1 - T_{ij}$；Y_{ij} 表示第 i 个城市第 j 项指标障碍度。

二、结果与分析

（一）珠三角地区农业农村现代化整体评价

1. 农业农村现代化整体发展水平

从表 11 可以看出，2020 年珠三角地区农业农村现代化发展综合指数为

65.75，处于转型跨越阶段，距离基本实现现代化目标（80 分）尚有不小差距，从区域层面来看，珠三角农业农村现代发展仍然任务艰巨。《广东省国民经济和社会发展第十四个五年规划和 2035 年远景目标纲要》提出"十四五"期间全省 GDP 年均增长 5.0%、居民人均可支配收入年均增长 5% 的预期目标。假设珠三角地区农业农村现代化发展呈线性增长，且按年均增速 5% 估算，2025 年珠三角地区农业农村现代化发展综合指数可达 83.91，在区域层面基本实现农业农村现代化；2029 年该指数可达 102，在区域层面全面实现农业农村现代化。

表 11　2020 年珠三角地区农业农村现代化发展水平评价结果及 2025 年预测

序号	地市	2020 年					2025 年	
		农业现代化	农村现代化	城乡融合	综合指数	发展阶段	预测值	发展阶段
1	深圳	25.94	25.86	30.72	82.51	基本实现阶段	105.31	
2	珠海	19.55	26.20	27.73	73.48		93.78	全面实现阶段
3	东莞	17.07	26.38	27.86	71.30		91.01	
4	佛山	18.65	25.98	26.43	71.06	转型跨越阶段	90.70	
5	中山	16.03	25.08	29.1	70.21		89.61	基本实现阶段
6	广州	19.67	26.36	22.50	68.54		87.48	
7	江门	17.55	22.40	19.60	59.55		76.01	转型跨越阶段
8	惠州	15.35	16.89	24.88	57.12	发展起步阶段	70.03	
9	肇庆	14.59	14.62	17.08	46.29		59.08	发展起步阶段
	珠三角	18.60	24.67	22.57	65.75	转型跨越阶段	83.91	基本实现阶段

2. 农业农村现代化结构特征

从珠三角地区农业农村现代化三个维度来看，农业现代化、农村现代化和城乡融合发展水平有所不同，发展指数从大到小依次为：农村现代化（24.67）、城乡融合（22.57）、农业现代化（18.60），农村现代化发展最好。分析其原因，一是农村集体经济强劲有力。2020 年，珠三角农村集体经济收入为 1072.25 亿元，占全省农村集体经济总收入的 87.8%；经营收益超 10 万元以上的村有 4059 个，占全省收益 10 万元以上村的 67.1%。二是美丽乡村建设取得明显成效。近年来，珠三角大力推进农村人居环境整治和农村"五美"（美丽家园、美丽田园、美丽园区、美丽河湖、美丽廊道）专项行动，有效改善了垃圾乱堆、污水乱排、田园窝棚乱搭、"三线"乱拉等人居环境问题。截至 2020 年底，珠三角地区全部行政达到省定干净整洁村标准、60% 以上行政村达到美丽宜居村标准、农

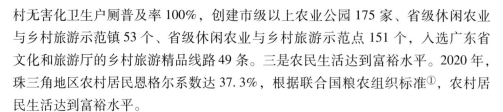

村无害化卫生户厕普及率 100%，创建市级以上农业公园 175 家、省级休闲农业与乡村旅游示范镇 53 个、省级休闲农业与乡村旅游示范点 151 个，入选广东省文化和旅游厅的乡村旅游精品线路 49 条。三是农民生活达到富裕水平。2020 年，珠三角地区农村居民恩格尔系数达 37.3%，根据联合国粮农组织标准①，农村居民生活达到富裕水平。

3. 指标达标分析

珠三角地区农业农村现代化评价指标体系 24 项指标中（见表 10），达标程度为优等水平的有 4 项、良好水平的有 3 项、中等水平的有 3 项、及格水平的有 2 项、不及格水平的有 12 项，达标情况整体不高（见表 12），尤其是粮肉菜稳定保障指数、设施农业用地面积比重、农药使用强度、化肥施用强度、劳均耕地面积、农业劳动生产率、农林水事务支出占农业增加值比重、农业保险深度、每万城乡人口拥有执业医师数、农村居民人均可支配收入、农村居民教育文化娱乐消费支出占比、二元对比系数等指标达标率低于 60%（见表 13）。这说明，重要农产品保障供给能力弱，设施农业发展水平不高，农业规模化、集约化、绿色化经营水平偏低，农业支持保护力度有待加强，城乡经济一体化程度不高等因素是珠三角率先基本实现农业农村现代化的主要短板弱项，也是今后需要重点突破的难点和重点。

表 12　2020 年珠三角九市农业农村现代化指标达标情况　　　　单位:%

序号	地市	优	良	中	及格	不及格	及格以上指标占比
1	深圳	14	0	1	4	5	79.2
2	珠海	7	3	3	3	8	66.7
3	东莞	9	1	0	3	11	54.2
4	佛山	8	1	5	0	10	58.3
5	中山	7	2	1	3	11	54.2
6	广州	6	2	3	1	12	50.0
7	江门	4	0	4	2	14	41.7
8	惠州	1	2	3	4	14	41.7
9	肇庆	2	1	2	1	18	25.0
	珠三角	4	3	3	2	12	50.0

---

① 根据联合国粮农组织提出的标准，恩格尔系数在 59% 以上为贫困，50%~59% 为温饱，40%~50% 为小康，30%~40% 为富裕，低于 30% 为最富裕。

表13 2020年珠三角地区农业农村现代化各指标达标率

单位：%

序号	指标	广州	深圳	珠海	佛山	惠州	东莞	中山	江门	肇庆	珠三角
1	粮肉菜稳定保障指数	27.10	1.26	9.13	25.10	98.75	3.57	10.95	100.00	100.00	40.67
2	养殖业产值占农林牧渔总产值比重	53.26	100.00	100.00	95.47	42.32	37.02	100.00	100.00	62.01	75.18
3	农产品加工业产值与农业总产值之比	86.92	100.00	72.18	100.00	38.70	100.00	100.00	37.91	15.09	100.00
4	水稻耕种收综合机械化率	78.05	90.00	84.54	78.11	79.17	99.00	84.48	90.25	75.03	81.61
5	设施农业用地面积比重	48.11	100.00	11.39	74.18	30.13	43.95	17.94	35.70	18.09	34.66
6	农药使用强度	40.97	100.00	40.51	29.70	31.64	23.94	23.01	28.03	39.51	33.56
7	化肥施用强度	48.48	93.21	61.89	53.10	69.88	100.00	48.35	57.76	51.09	56.27
8	农林牧渔服务业产值占比	100.00	56.13	100.00	92.58	17.85	40.74	27.32	44.36	50.91	73.95
9	劳均耕地面积	12.96	29.98	30.88	17.55	30.66	22.96	11.19	20.75	14.31	18.38
10	土地产出率	100.00	74.03	94.41	100.00	60.21	43.29	96.79	75.72	100.00	90.80
11	农业劳动生产率	43.11	100.00	94.41	71.13	40.77	46.28	58.75	31.31	36.18	41.61
12	农村水事务支出占农业增加值比重	71.01	100.00	74.45	35.55	42.54	100.00	54.08	29.50	21.08	59.87
13	农业保险深度	53.75	66.67	14.83	6.95	25.80	5.79	6.00	41.12	18.56	27.12
14	美丽宜居村庄标率	85.00	100.00	53.26	72.00	40.00	65.00	60.00	61.00	40.00	64.03
15	农村生活污水治理率	98.92	15.32	92.66	76.05	66.26	97.09	74.32	53.69	55.67	67.40
16	每万城乡人口拥有执业医师数	45.65	55.23	69.27	48.07	59.51	40.72	45.54	50.23	56.74	50.11
17	集体经济强村占比	100.00	100.00	100.00	100.00	36.67	100.00	100.00	91.17	28.17	100.00
18	农村居民人均可支配收入	52.11	66.67	51.86	55.73	41.54	64.71	62.72	35.22	34.38	44.76
19	农村居民恩格尔系数	77.12	100.00	83.12	93.65	76.72	80.71	83.33	74.44	71.43	80.45
20	农村居民人均教育文化娱乐消费支出占比	53.15	60.99	57.27	56.08	62.16	64.04	51.35	56.93	52.00	56.85
21	城乡居民收入比	68.66	92.48	79.83	87.32	82.22	100.00	100.00	79.39	89.03	68.02
22	乡村非农就业比例	90.10	60.58	86.26	91.49	79.94	100.00	99.03	61.22	31.84	81.00
23	二元对比系数	27.42	100.00	66.57	48.51	41.75	50.82	65.88	31.00	36.61	31.75
24	城镇化率	95.77	100.00	100.00	100.00	80.89	100.00	96.62	75.14	56.69	96.93

（二）珠三角九市农业农村现代化地市评价

1. 珠三角九市发展水平

从表11可以看出，2020年珠三角九市农业农村现代化发展水平差异显著。其中，深圳最高，综合指数达82.51，是珠三角平均水平的125.5%，处于基本实现阶段；肇庆最低，综合指数为46.29，是珠三角平均水平的70.4%，处于发展起步阶段；珠海、东莞、佛山、中山、广州综合指数分别为73.48、71.30、71.06、70.21、68.54，略高于珠三角平均水平，处于转型跨越阶段；江门、惠州综合指数分别为59.55、57.12，低于珠三角平均水平，处于发展起步阶段。珠三角核心6市（深圳、珠海、东莞、佛山、中山、广州）农业农村现代化发展水平较高，表明经济发展水平对农业农村现代化的影响深刻。综合指数按年均增速5%估算，至2025年，珠三角九市中有4市（深圳、珠海、东莞、佛山）达到全面实现阶段、2市（中山、广州）达到基本实现阶段、2市（江门、惠州）达到转型跨越阶段、1市（肇庆）仍在发展起步阶段。江门市、惠州市、肇庆市若要如期达到"2025年率先基本实现农业农村现代化"目标，要求综合指标年均增速分别不低于6.1%、7.8%、11.6%。

2. 珠三角九市指标达标分析

2020年珠三角九市农业农村现代化指标达标情况显示（见表12），深圳指标达标水平仍处于第一位，其中14项指标达标率为优、1项中、4项及格、5项不及格；珠海居第二位，7项指标达到优、3项良、8项不及格，指标达标情况整体较高。江门有4项优、4项中、2项及格、14项不及格，惠州有1项优、2项良、3项中、4项及格、14项不及格，处于珠三角地区末位的肇庆有2项优、1项良、2项中、1项及格、18项不及格，指标达标情况整体偏低。

3. 各市比较优势和相对劣势

从表13可以发现，珠三角九市农业农村现代化指标达标率有着显著的差别，这说明各市都有自己的比较优势和相对劣势（见表14）。以珠海市为例，珠海农业农村现代化综合指标区域排名第二，三个维度指数排序为城乡融合（27.73）>农村现代化（26.20）>农业现代化（19.55）。回溯指标达标情况，可以发现珠海市农业现代化和农村现代化指数得分较低的原因主要源于粮肉菜稳定保障指数、设施农业用地面积比重、农药使用强度、劳均耕地面积、农业保险深度、美丽宜居村达标率、农村居民人均可支配收入等指标达标率不及格、得分较低，拉低了珠海市农业现代化和农村现代化水平。今后，珠海市应聚焦重要农产品保障供给、设施农业发展、农业绿色发展、农业规模集约经营、农业风险保

表 14　珠三角九市农业农村现代化比较优势和相对劣势

序号	指标	深圳	珠海	东莞	佛山	中山	广州	江门	惠州	肇庆	珠三角
1	粮肉菜稳定保障指数	×	×	×	√	√	√	√	√	√	×
2	养殖业产值占农林牧渔总产值比重	√	√	×	×	√	×	√	×	—	—
3	农产品加工业产值与农业总产值之比	√	—	√	√	√	√	√	×	×	√
4	水稻耕种收综合机械化率	√	√	√	√	√	—	×	—	—	√
5	设施农业用地面积比重	√	×	×	—	×	×	×	×	×	×
6	农药使用强度	√	×	×	—	√	×	×	√	√	×
7	化肥施用强度	√	—	√	×	×	√	√	—	×	√
8	农林牧渔服务业产值占比	×	√	×	×	√	×	×	×	√	—
9	劳均耕地面积	×	×	×	√	×	√	√	×	×	×
10	土地产出率	—	√	—	×	√	×	×	—	√	√
11	农业劳动生产率	√	√	√	√	√	—	—	×	√	×
12	农林水事务支出占农业增加值比重	√	—	×	—	×	√	×	×	×	×
13	农业保险深度	—	×	√	×	×	√	√	×	×	×
14	美丽宜居村率	√	√	×	√	√	×	√	—	×	—
15	农村生活污水治理率	×	—	√	×	—	√	√	×	√	—
16	每万城乡人口拥有执业医师数	×	√	√	×	√	×	×	×	×	√
17	集体经济强村占比	√	×	—	√	×	√	×	×	×	×
18	农村居民人均可支配收入	—	×	—	×	√	×	×	×	—	√
19	农村居民恩格尔系数	√	√	√	×	—	×	—	—	×	×
20	农村居民人均教育文化娱乐消费支出占比	—	—	√	√	√	√	×	√	√	√
21	城乡居民收入比	√	√	×	√	√	√	√	—	×	×
22	乡村非农就业比例	—	√	√	×	√	√	—	√	√	√
23	二元对比系数	√	—	×	√	√	×	—	×	×	×
24	城镇化率	√	√	√	√	√	√	—	—	×	√

注：优势指标指达标率≥80%的指标，用"√"符号表示；劣势指标指达标率<60%的指标，用"×"符号表示。达标率介于60%~80%的指标用"—"符号表示。

障、美丽乡村建设、农民增收等短板弱项，精准发力。优势指标包括养殖业产值占农林牧渔总产值比重、水稻耕种收综合机械化率、农林牧渔服务业产值占比、土地产出率、农业劳动生产率、农村生活污水治理率、集体经济强村占比、农村居民恩格尔系数、乡村非农就业比例、城镇化率10项，指标达标率大于80%、得分较高。江门市的优势指标包括粮肉菜稳定保障指数、养殖业产值占农林牧渔总产值比重、水稻耕种收综合机械化率、集体经济强村占比。惠州市的优势指标包括粮肉菜稳定保障指数、城乡居民收入比、城镇化率。肇庆市的优势指标包括粮肉菜稳定保障指数、土地产出率、城乡居民收入比。依照这个思路，根据表7和原始数据可以发现每个城市农业农村现代化发展的比较优势和相对劣势，从而有针对性地补足短板，发扬优势，推进各市农业农村现代化进程。

（三）农业农村现代化障碍因子分析

分析农业农村现代化水平内在障碍因素对于识别影响农业农村现代化发展的关键因素并精准施策具有重要意义，使用障碍度模型计算珠三角地区农业农村现代化指标层指标的因子障碍度，并对障碍度指标进行排序。从表15可以看出，最大障碍因子为二元对比系数，障碍度高达22.1%；障碍度高于（含）5%的指标有6个，障碍度合计为52.6%。当前珠三角地区农业农村现代化发展的最主要障碍因子为二元对比系数；农业保险深度、农村居民人均可支配收入、每万城乡人口拥有执业医师数、城乡居民收入比成为重要障碍因子，障碍度分别为8.9%、6.0%、5.4%、5.2%、5.0%。

表15 珠三角地区农业农村现代化主要障碍因子及障碍度 单位：%

排序	障碍因子	障碍度	排序	障碍因子	障碍度
1	二元对比系数	22.1	13	农业劳动生产率	3.6
2	农业保险深度	8.9	14	农村生活污水治理率	3.5
3	农村居民人均可支配收入	6.0	15	乡村非农就业比例	3.1
4	每万城乡人口拥有执业医师数	5.4	16	化肥施用强度	2.7
5	城乡居民收入比	5.2	17	农村居民恩格尔系数	2.1
6	劳均耕地面积	5.0	18	养殖业产值占农林牧渔总产值比重	2.0
7	农林水事务支出占农业增加值比重	4.9	19	农林牧渔服务业产值占比	1.6
8	粮肉菜稳定保障指数	4.8	20	水稻耕种收综合机械化率	1.1
9	农村居民人均教育文化娱乐消费支出占比	4.7	21	城镇化率	1.0
10	农药使用强度	4.0	22	土地产出率	0.6
11	设施农业用地面积比重	4.0	23	农产品加工业产值与农业总产值之比	0.0
12	美丽宜居村达标率	3.9	24	集体经济强村占比	0.0

城乡二元经济结构是珠三角地区农村经济问题的主要症结所在，也是制约珠三角地区农业农村现代化的最大障碍。解决城乡二元结构问题，推动城乡全面融合发展，对珠三角地区农业农村发展至关重要。根据国际经验，发展中国家的二元对比系数一般在 0.31~0.45，发达国家在 0.52~0.86。2020 年，珠三角地区二元对比系数为 0.25，低于发展中国家平均水平，也低于浙江、福建等国内发达省份水平（见图 1）。这说明，广州、江门、肇庆等珠三角地区农业与非农业的比较劳动生产率存在较大的差距，导致珠三角地区城乡二元经济结构存在明显的"刚性"，农村经济呈现出"内卷化"的趋势，即生产要素的不断投入却无法带来经济效益的增长，城乡二元经济结构转化滞后于城镇化、工业化进程，与农业农村现代化目标相距甚远。究其原因：一是农业经营规模小、效率低。珠三角地区农业规模经营水平偏低，农民人均耕地面积不足 3 亩，导致农业劳动生产率偏低，生产成本居高不下，这也是导致农民收入不高、城乡收入差距大的根本原因之一。二是就业结构不合理，农业 GDP 占比与其就业份额下降不同步。2020 年，珠三角地区三次产业经济结构为 1.8：40.0：58.3，对比三次产业就业人员结构 6.6：39.9：53.6，经济比重较低的第一产业，从业人员占比偏高，而经济比重较高的第三产业，从业人员占比较低。

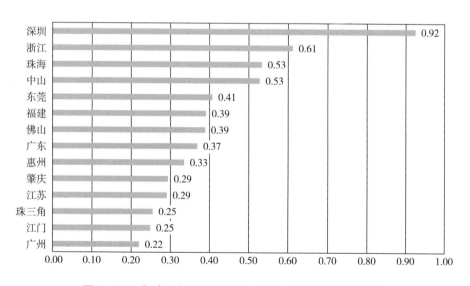

图 1　2020 年珠三角九市、浙江、福建、江苏二元对比系数

农业风险保障水平偏低，农业保险不能满足农业多样化的风险保障需求。珠三角地区地处沿海，自然灾害多发频发，保险需求虽大却存在险种偏少，传统的

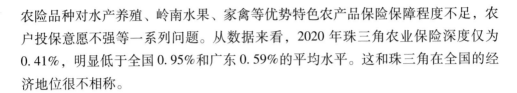

农险品种对水产养殖、岭南水果、家禽等优势特色农产品保险保障程度不足，农户投保意愿不强等一系列问题。从数据来看，2020年珠三角农业保险深度仅为0.41%，明显低于全国0.95%和广东0.59%的平均水平。这和珠三角在全国的经济地位很不相称。

三、结论与政策建议

（一）结论

基于农业农村现代化内涵特征，构建了包含农业现代化、农村现代化和城乡融合3个维度24项具体指标的珠三角农业农村现代化评价指标体系，运用均权法确定各项指标权重，结合发达国家标准和国内先进地区标准设定各指标全面实现农业农村现代化的目标值，加权计算珠三角地区农业农村现代化综合指数，采用障碍度模型诊断农业农村现代化发展的主要障碍因素，得出如下结论：

1. 从区域层面看

2020年珠三角地区农业农村现代化发展综合指数为65.75，处于转型跨越阶段。按年均增速5%估算，到2025年可在区域层面基本实现农业农村现代化，到2029年可在区域层面全面实现农业农村现代化。农业现代化、农村现代化和城乡融合发展水平有所不同，农村现代化发展较好，城乡融合程度次之，农业现代化发展较差。在农业现代化方面，主要表现在重要农产品保障供给能力弱，设施农业发展水平不高，农业规模化、集约化、绿色化经营水平偏低，农业支持保护力度有待加强。在城乡融合方面，城乡经济一体化程度不高问题尤为突出，原因在于农业劳动生产率偏低。在乡村现代化方面，农村人居环境整治力度偏弱，垃圾、污水、窝棚、建设杂乱无章始终是珠三角人居环境的突出问题。当前，珠三角地区农业农村现代化发展水平，与国际一流湾区和世界级城市群建设要求还不协调、不相称。

2. 从市域差异看

珠三角九市农业农村现代化发展水平差异显著，呈梯次发展格局。其中，深圳是总部经济最发达的城市之一，80%以上的农业龙头企业把深圳作为总部，在广东省外或国外建立生产基地，涉及生鲜零售、设施农业、智慧农业、农业服务、农业金融、跨境电商、农村电商、饲料加工、农资销售、基因农业等业态，农业农村现代化水平最高，处于基本实现阶段。珠海、东莞、佛山、中山、广州位于珠江入海口两岸，经济发达，城镇化率超过95%，非农就业比例超过85%，农民生活富裕，农业农村现代化处于转型跨越阶段。江门、惠州、肇庆处于珠三角外围，经济实力相对较弱，农产品加工程度偏低，农业规模化、集约化经营水平不高，乡村建设相对滞后，城乡一体化程度不高，农业农村现代化处于发展起步阶段。

3. 从制约因素看

当前珠三角地区农业农村现代化发展的最主要障碍因子为二元对比系数；农业保险深度、农村居民人均可支配收入、每万城乡人口拥有执业医师数、城乡居民收入比、劳均耕地面积成为重要障碍因子。也就是说，城乡二元经济结构是珠三角地区农村经济问题的主要症结所在，也是制约珠三角地区农业农村现代化的最大障碍。解决城乡二元结构问题，推动城乡全面融合发展，对珠三角地区农业农村发展至关重要。其次是农业风险保障水平偏低，农业保险不能满足农业多样化的风险保障需求。

（二）政策建议

综上研究结论，遵循梯次发展路径，聚焦发展都市现代农业，强化现代农业基础支撑，加快补齐乡村建设短板，进一步促进农民增收，保障珠三角如期率先基本实现农业农村现代化目标。

1. 制定农业农村现代化梯次发展路径，确保珠三角率先基本实现农业农村现代化

因势利导制定差异化农业农村现代化发展战略，加快补齐短板弱项，梯次实现农业农村现代化。深圳、珠海应继续发挥城乡融合、农业产业发展和乡村建设优势，引领珠三角地区农业农村现代化走上快车道；佛山、中山、东莞、广州、江门、惠州等市应依托现代农业产业园、农业现代化示范区建设，促进特色主导产业集聚集群发展，加大推进农业适度规模经营力度，提升农业生产效率，加快农业现代化建设步伐；肇庆市农业现代化和农村现代化短板明显，应加大政策支持力度，引导科技、资本、人才等要素进一步向农业农村聚集，从一二三产业融合和城乡一体化发展着眼，积极探索新产业新业态新模式，充分挖掘农业农村发展潜能。

2. 聚焦发展都市现代农业，强化珠三角农业产业现代化建设

针对珠三角重要农产品供给保障安全和产业融合等薄弱环节，将都市现代农业纳入城市发展总体规划，完善都市农业发展体制机制，构建城乡一体化发展格局。加快推进高效设施农业建设，在保障粮食和重要农产品有效供给的基础上，聚焦都市现代农业多种功能开发，推动现代农业产业园、田园综合体、农业公园等都市型农业发展，尤其是依托粤港澳大湾区市场优势大力发展预制菜产业，促进一二三产业深度融合，实现都市现代农业产业链和价值链综合提升，加快珠三

角农业农村现代化发展步伐。

3. 强化现代农业基础支撑，推进珠三角农业高质高效发展

高效、绿色是现代农业生产的典型特征，要以科技创新引领现代农业生产。一方面，着力提升农业社会化服务水平，推动农业提质增效。以农业生产托管和撂荒地整治为契机，加快补齐惠州、中山、江门、东莞等市农业社会化服务短板，进一步将现代生产要素导入小农户生产，促进农业绿色转型、高效升级。另一方面，强化农业支持保护体系建设，增强农业抗风险能力。鼓励农业保险公司围绕农业保险"扩面、增品、提标"为地市主导产业量身打造全产业链保险体系，提升产业抗风险能力。借鉴太平洋产险为佛山市量身打造生猪供应链保险体系经验做法，采用"保险+期货"模式创新生猪完全成本保险、生猪饲料价格指数保险、生猪价格指数保险及生猪菜篮子供应保险，推动生猪保险向成本控制、收入保障等全产业链条保障升级。

4. 补齐农村集体经济短板，加快珠三角农民农村共同富裕步伐

针对珠三角农村集体经济发展不均衡问题，坚持试点先行、重点突破，推动集体经济协调发展。以新型农村集体经济发展专项改革试点、扶持壮大村级集体经济试点和工改工为契机，完善农村集体资产规范管理体系，"一村一策"、分类指导，因地制宜发展壮大农村集体经济，鼓励农村集体经济组织领办创办合作社、公司等经济实体，提升村集体经济组织的统筹管理能力，探索"整合资源、统一管理、集体经营、共同受益"的经营模式，让集体经济发展和改革的成果惠及所有农民。

参考文献

[1] 李周，温铁军，魏后凯，等. 加快推进农业农村现代化："三农"专家深度解读中共中央一号文件精神 [J]. 中国农村经济，2021（4）：2-20.

[2] 杜志雄. 农业农村现代化：内涵辨析、问题挑战与实现路径 [J]. 南京农业大学学报（社会科学版），2021，21（5）：1-10.

[3] 魏后凯. 深刻把握农业农村现代化的科学内涵 [J]. 农村工作通讯，2019（2）：1.

[4] 陆益龙. 乡村振兴中的农业农村现代化问题 [J]. 中国农业大学学报（社会科学版），2018，35（3）：48-56.

[5] 郭翔宇. 新时代乡村振兴的指导思想和战略部署 [EB/OL]. [2017-12-31].

［6］祝志川，张国超，张君妍，等．中国农业农村现代化发展水平及空间分布差异研究［J］．江苏农业科学，2018，46（19）：386-391.

［7］张应武，欧阳子怡．我国农业农村现代化发展水平动态演进及比较［J］．统计与决策，2019，35（20）：95-98.

［8］覃诚，汪宝，陈典，方向明．中国分地区农业农村现代化发展水平评价［J］．中国农业资源与区划，2022，43（4）：170-182.

［9］钟丽娜，李松柏．陕西省农业现代化发展水平综合评价［J］．农业现代化研究，2018，39（1）：57-64.

［10］赵颖文，吕火明．四川省农业农村现代化发展水平评价及障碍因素研究［J］．农业经济与管理，2018（4）：28-37.

［11］李刚，李双元．青海省农业农村现代化发展水平研究［J］．农业现代化研究，2020，41（1）：24-33.

［12］刘锐，李涛，邓辉．甘肃省农业现代化水平时空格局与影响因素［J］．中国农业大学学报，2020，25（3）：106-116.

［13］夏四友，文琦，赵媛，等．榆林市农业现代化发展水平与效率的时空演变［J］．经济地理，2017，37（10）：137-180.

［14］辛岭，王济民．我国县域农业现代化发展水平评价：基于全国1980个县的实证分析［J］．农业现代化研究，2014，35（6）：673-678.

［15］龙冬平，李同昇，苗园园，等．中国农业现代化发展水平空间分异及类型［J］．地理学报，2014，69（2）：213-226.

［16］王录仓，武荣伟，梁炳伟，等．中国农业现代化水平时空格局［J］．干旱区资源与环境，2016，30（12）：1-7.

［17］钟水映，李强谊，徐飞．中国农业现代化发展水平的空间非均衡及动态演进［J］．中国人口·资源与环境，2016，26（7）：145-152.

［18］陈强强，孙小花，吕剑平，等．甘肃省农业现代化水平测度及制约因子研究［J］．农业现代化研究，2018，39（3）：369-377.

［19］杨林，郑潇．城市具备城乡融合发展的承载力吗？——来自10个地级市的证据［J］．东岳论丛，2019，40（1）：121-132.

［20］李满，李世峰，欧阳映鸿．基于熵权法的涿鹿县现代农业发展水平评价分析［J］．中国农业大学学报，2014，19（5）：236-243.

［21］刘云菲，李红梅，马宏阳．中国农垦农业现代化水平评价研究——基于熵值法与TOPSIS方法［J］．农业经济问题，2021（2）：107-116.

［22］国务院发展研究中心农村经济研究部课题组．新发展阶段农业农村现代化的内涵特征和评价体系［J］．改革，2021（9）：1-15.

［23］姜长云，李俊茹．2035年中国特色的农业农村现代化指标体系研究［J］．全球化，2021（4）：92-108+136.

［24］王春光．迈向共同富裕——农业农村现代化实践行动和路径的社会学思考［J］．社会学研究，2021，36（2）：29-45+226.

［25］计晗，许佳伟，聂凤英．小农经济条件下农业农村现代化：历史探索与经验启示［J］．南京农业大学学报（社会科学版），2021，21（5）：20-30.

［26］陈锡文．实施乡村振兴战略，推进农业农村现代化［J］．中国农业大学学报（社会科学版），2018，35（1）：5-12.

［27］韩长赋．构建三大体系　推进农业现代化［N］．人民日报，2016-05-18（015）.

［28］杨华，芮旸，李炬霖，等．陕西省农业现代化水平时空特征及障碍因素［J］．资源科学，2020，42（1）：173-183.

［29］刘守英．乡村振兴与城乡融合——城乡中国阶段的两个关键词［EB/OL］．［2017-10-23］．爱思想．http：//www.aisixiang.com/data/106548.html.

［30］刘融融，胡佳欣，王星．西北地区城乡融合发展时空特征与影响因素研究［J］．兰州大学学报（社会科学版），2019，47（6）：106-118.

［31］刘明辉，卢飞．城乡要素错配与城乡融合发展——基于中国省级面板数据的实证研究［J］．农业技术经济，2019（2）：33-46.

［32］韩磊，王术坤，刘长全．中国农村发展进程及地区比较：基于2011—2017年中国农村发展指数的研究［J］．中国农村经济，2019，35（7）：2-20.

［33］姜长云，李俊茹．关于农业农村现代化内涵、外延的思考［J］．学术界，2021（5）：14-23.

［34］杜宇能，潘驰宇，宋淑芳．中国分地区农业现代化发展程度评价——基于各省份农业统计数据［J］．农业技术经济，2018（3）：79-89.

［35］魏后凯，郜亮亮，崔凯，等．"十四五"时期促进乡村振兴的思路与政策［J］．农村经济，2020（8）：1-11.

［36］苏振锋．构建现代农业经营体系须处理好八大关系［J］．经济纵横，2017（7）：74-80.

数字技术加速农业代际演进，助推粤港澳大湾区都市现代农业高质量发展

陈海东[*]

摘　要： 基于全球范围内农业生产因人口增加、土地退化、气候变化、新冠肺炎疫情以及逆全球化等诸多不确定性因素所面临的农业危机，针对粤港澳大湾区都市现代农业高质量发展需求，本文试图通过回顾农业革命代际演进中不同阶段农业特征和关键工具及技术的应用，预测和判断未来农业革命的发展进程。进一步地，通过分析我国和粤港澳大湾区数字农业的发展现状、政策和成效以及数字农业代际演进所面临的全面机械化覆盖率低、生产信息化基础薄弱、数字数据应用发展缓慢以及从业人员数字化能力低等挑战，通过对数字农业发展的国际经验、案例与发展趋势的分析，以期为粤港澳大湾区都市农业的数字化转型和高质量发展提供借鉴和启示。

关键词： 数字技术；农业代际；都市农业；高质量发展

一、引言

农业对全球经济的贡献不到 5%，但农业就业人口占总就业人口的 25% 以上。当前，全球范围内的农业正面临着生产力不足、农业经济竞争力不足以及农业生产导致环境恶化等严重挑战。

在未来几十年，世界人口预计将持续增长，预计全球人口在 2050 年接近 100 亿，2100 年达到 112 亿。这一数字有可能低估了实际生育率，考虑到各国为促进出生率做出的努力，2100 年全球人口可能达到 165 亿。此外，全球范围内城市化

---

*　陈海东，华南理工大学电子与信息学院，副研究员、博士生导师，研究方向为电子信息技术、微波/毫米波电路与系统、新材料电磁表征与应用、智慧农业和数字农业等。

的进程进一步加剧了对粮食的需求。到 2050 年，全球城市化可能会导致城镇人口净增加 24 亿。城镇化加速了基础设施的改善和从业人员收入的提高，从而进一步增加了对食品的需求。预计 2030 年，全球人均肉类消费量将达 45.3 千克，高于 1997~1999 年的 36.4 千克。联合国粮食及农业组织（FAO）的数据显示，到 2050 年，农民必须将粮食产量提高 70%，在粮食产量不断增长的同时，农业必须根据城市人口的变化进行更好的规划以调整其农业价值链结构。生产力对于满足不断增长的人口粮食需求至关重要，尽管农业投资和创新仍在提高生产率，但产量增长已经放缓到令人不安的水平。在粮食需求不断增加的同时，农村人口和农业从业人员却在减少。根据《2021 年全球农业生产力报告》，农业部门的生产率增长相当不足，2010~2019 年，全球范围内全要素生产率（Total Factor Productivity，TFP）的增长率仅为 1.4%，远低于 1.7% 的目标。1960 年，农业对全球经济的财务贡献率约为 10%，该比例在 2020 年下降到 5% 以下。粮食是生活的基本需求，由于当前各种不稳定因素等造成的持续影响，未来农业将成为社会经济核心组成部分和持续优先事项的关键部分。如果不采取强有力的措施，粮食通胀将恶化，供应将继续恶化。

土地早已被认为是一种有限的资源，但是，世界上的农田正变得越来越不适合生产。早期，退化的农田可以通过未开垦使用的土地加以耕种来取代，然而当前还未开发的可农田化的土地很少，剩下的土地往往不能持续耕种。农业是农田退化的主要原因，也是农田退化的间接受害者，不同类型的农业以不同的方式加剧了这一过程。土壤侵蚀是由过度砍伐植被（为农田开荒），以及不当的休耕期、作物轮作和牲畜过度放牧导致的。为恢复产量而不平衡地使用肥料，又导致了养分的不平衡。研究显示，25% 的农田已经被评为高度退化，而另有 44% 的农田有中度或轻微退化。土地短缺导致农场规模缩小，人均产量降低，土地匮乏加剧，从而进一步加剧了农村贫困。此外，水资源高度紧张，世界上 40% 以上的农村人口生活在缺水地区。为进一步扩大耕种面积，大量的原始植被被清除，例如，全球约有 80% 的森林砍伐是受到农业面积扩张的驱动而导致的。虽然原始植被的清除并不直接导致土壤退化，但它侵蚀了水资源，从而间接地导致了土壤退化。需要注意的是当前灌溉系统已经最大限度地提高了使用效率，但不断增长的人口使水的安全和稀缺成为真正的问题。预计到 2050 年，仅在发展中国家，灌溉水管理方面就需要投资 1 万亿美元。

气候变化是一个事实，它正在迅速改变环境。政府间气候变化专门委员会（IPcC）报告指出，人类活动估计造成了全球气温相较于工业化前升高了约

1.0℃，升温区间为0.8℃~1.2℃。如果继续以目前的速率升温，全球升温可能会在2030~2052年达到1.5℃（高信度）。农业是温室气体的主要生产者之一。在过去的50年里，农业、林业和其他土地使用所产生的温室气体排放几乎翻了一番。一方面，较高的温度理论上可以改善作物的生长，但研究记录显示，当白天的温度超过某一作物的特定水平时，该作物产量会明显下降。此外，气候变化将影响粮食生产的方方面面，例如，降水的变异性越来越大，干旱和洪水越来越多，可能会导致农业降低产量。气候变化将进一步恶化现有的环境问题，如地下水枯竭和土壤退化，从而影响粮食和农业生产系统。另一方面，农业在全球甲烷和氧化亚氮排放中占最大份额，为了减缓全球温升的速度，对传统农业生产形式和生产力提出了更为严格的要求。农业生产形式如果不努力适应气候变化，粮食安全问题将日益严峻，气候变化对全球粮食安全的影响不仅涉及粮食供应，而且还涉及粮食质量、粮食获取和利用。

此外，全球农业受粮食安全、新冠肺炎疫情、逆全球化等诸多不确定性因素影响，全球农业危机正处于爆发期。欧美发达国家尽管在经济、政治方面具有先发优势，但也已频现重大缺陷，其主导行为继续加剧了全球农业安全问题的尖锐化；日本、韩国等国家农业已基本丧失自给能力，城乡矛盾关系中城市占据压倒性优势，乡村社会经济持续衰落；而发展中国家经济处于迟发状态，多数国家农业陷入苦苦挣扎之中。

以数字化为代表的先进技术正促进农业变革，从而有望直面农业发展挑战和瓶颈，加速农业代际演进。尽管数字技术被普遍认为极大地推动了人类经济、社会的变革，在农业领域的潜在利好也被充分肯定。但是，数字技术在农业代际演进的阶段、数字技术对农业革命推动的核心因素，以及数字技术的"双刃剑"效应，例如，各个地区由于技术水平差异、经济发展水平高低、政治制度的不同导致数字农业基础技术、发展路径和代际演进存在差异，还有数字农业引发的数据隐私、企业权力和农民自治冲突、新技术导致市场集中度的提高等一系列问题，都有待深入研究[1]。本文面向粤港澳大湾区都市现代农业高质量发展需求，试图通过对农业革命代际演进的回顾，数字农业发展的国际经验和国内外的案例分析，研究数字农业技术进阶迭代与发展趋势，以期为粤港澳大湾区都市农业的数字化转型和发展提供借鉴和启示。

二、科技发展促进农业革命代际演进

农业革命是指作物种植和畜牧业等农业领域内，人类文化和实践的一系列转变的名称。可以说，农业革命改变了人类的进程。几千年前，人类首次开始种植农作物，从而摆脱了对野生动植物的依赖。从此，农业在新技术的推动下经历了一系列革命，为世界提供了更多的生机。人类所经历的农业革命从来都不是像法国大革命"攻占巴士底狱"那样突然发生的，都是在几十年或几个世纪的时间内通过科技的进步和推动，并最终彻底改变了农业。回顾农业革命代际演进过程，正确定义农业发展的阶段和标志性技术，从而使人们可以进一步总结经验教训，并对未来全球以及区域农业发展提供思路与对策。

（一）从农业 1.0 到农业 3.0

第一次农业革命（农业 1.0）发生在数万年前，当时人类生活的模式主要是采集和狩猎，人类的发展完全依赖野生植物和动物等自然资源，从而限制了人口的增长量以及人类可以居住的地方。从公元前 10 万年开始，人类发现可以通过复制植物的自然生长过程并驯化野生动物来获得食物，由此在西亚被称为新月形的地区形成了原始农业，并由基本的定居地逐渐形成最初的城市。刺激第一次农业革命的原因并非单一的，但被广泛接受的解释是，上一个冰河时代的结束和随后的气候变化意味着可以种植更多的植物。可见，第一次农业革命处于人类发展的新石器时代，因此也被称为新石器时代革命，从而使人类摆脱了游牧生活和依赖野外的困境，食物更加丰富，生存需求基本满足。

第二次农业革命（农业 2.0）始于 18 世纪中叶，也被普遍称为英国农业革命，其突出标志是机械化生产。第二次农业革命的爆发主要受到英国科技发展的推动，那个时候农业领域的改革和新的技术层出不穷，使人类耕作方式（如犁）稳步改善，此外，农田的拥有制度和管理方式也发生了变化。第二次农业革命被认为是现代农业的基础，因为当时采用的大多数发明和技术至今仍在被广泛使用。第二次农业革命也恰逢第一次世界革命，两者有共生关系，例如，由于新技术和耕作技术的发明应用，农场的生产力越来越高，从事农业工作的人越来越少，因此，更多的人搬到城市寻找工作，非农业劳动力又推动了工业化，从而实现了人类历史上的城市化进程。可见，农业 2.0 意味着以工业的生产方式改造农业，工业和农业产生了共生关系。农业 2.0 也被称为设施化农业或者工厂化农业，除了极大地促进了人类发展外，也带来了一系列问题，例如，农药的使用导致严重污染，造成对资源环境的严重破坏。因此，农业 2.0 正处在退出阶段[2]。

第三次农业革命（农业 3.0）发生在 1945 年以后，也被称为绿色革命。刺激第三次农业革命的关键创新是作物的杂交育种和更有效的农用化学品开发。在所有革命中，这次革命发生的时间最短，在 20 世纪 40~80 年代内，其始于在墨西哥进行的实验，以期创造更高产的小麦品种，并很快传播到世界各地的不同作物。第三次农业革命仍在部分发展中国家持续发展，并使全球粮食供应量大幅度增加，减少了饥饿和贫困；然而，对于一些欠发达国家来说，农业3.0并没有让他们拥有获得农用化学品和更新的农业设备的平等机会，农业革命带来的工业化式的农业繁荣也导致部分农民或家庭失去竞争力。

简而言之，农业革命是改变世界的关键性革命，其不但从根本上改变了我们的耕作方式，也极大地推动了工业革命进程，促进了人类的快速发展。第一次农业革命在12000年前就创造了我们所知道的农业，并基本上结束了狩猎和采集的时代；第二次农业革命大大地提高了作物产量，并使英国及世界其他地方的人口数量激增；第三次农业革命是最近的农业革命，带来了农用化学品的广泛采用和植物的杂交育种。科学技术的进步和创新是三次农业革命背后驱动力，没有它们，人类仍生活在狩猎和采集阶段。

（二）从农业4.0到农业5.0

1. 农业4.0

2013年汉诺威工业博览会上，德国政府正式推出"工业4.0"这一战略概念，旨在运用智能的信息化技术促进产业变革，此外，由于"工业4.0"的机械化程度和自动化水平的全面提高，推动了德国快速跨入"农业4.0"时代。对于农业4.0的定义，国内外有一定的差异性。2015年《农业4.0：农业技术的未来》正式发布，并迅速引起世界研究人员的广泛关注，该文对农业4.0提出了四项要求：提高生产力、合理分配资源、适应气候变化和避免食物浪费。

Verónica Saiz-Rubio指出农业4.0基于精准农业原则，生产者使用在农场生成数据的系统，并以特定的方式进行处理，以做出适当的战略和运营决策。Ilaria Zambon通过对比工业4.0和农业4.0，认为农业4.0的突出特征是农业活动和云技术相关联[3]。Rabiya Abbasi根据工业4.0融合新兴的颠覆性数字化的特点，提出农业4.0就是智能（Smart）农业或者数字农业，其行为特色体现为诸如现已熟知的局域或广域网的信息互通和数据整合，具有自主信息采集、施肥灌溉、播种收割等功能的机器人作业等。Mohd Javaid等提出物联网、云计算、机器人和人工智能等新兴技术有可能让农业发生翻天覆地的变化，从而实现向农业4.0的快速过渡；他们认为农业4.0建立在四个支柱上，即数据驱动的管理、基于新工具的生产、可持续性和专业化，具体的技术实践表现为农业机器人、数字农业、智能农业、物联网、遥感、人工智能、数字技术、机器学习、深度学习等技术对农业的促进作用，从而进一步支持了农业4.0的新发展。Federico Angelo Maffezzoli 从关键技术和系统角度，指出农业 4.0 的五个领域，如群决策支持系统、监测系统、精确活动的系统、绘图系统以及自主系统。所提出的农业 4.0 包括不同的科学领域，一些与土地耕种直接相关，如水的控制、作物栽培、收获等；另一些则是农业领域向不同学科的扩展，例如工程、经济、管理等；还有一些领域作为提高农业生产力的关键技术，如信息和通信（ICT）技术，决定了食品安全及环境影响等重要问题[4]。

国内的专家和学者针对农业 4.0，同样开展了一系列的研究和讨论。Ye Liu 等指出工业 4.0 与农业的融合为农业 4.0 转型提供了契机，在此背景下，通过对农业产业从食品生产、加工、配送到消费者体验等各个环节的时空数据进行实时可变的细粒度采集、处理和分析等工作，从而实现一种可持续、智能化的工业农业。这样一个实时管理、自动化程度高、数据驱动的智能决策型工业农业生态系统，将极大地提高生产率、农产品供应链效率、食品安全和自然资源的利用[5]。农业 4.0 是以物联网、大数据、人工智能、机器人等技术为支撑和手段的一种高度集约、高度精准、高度智能、高度协同、高度生态的现代农业形态。是继传统农业、机械化农业、自动化农业之后的更高阶段的农业发展阶段，是一种智能农业，并针对农业 4.0 提出初期、中期和后期三个发展阶段。刘彤指出中国在经历了生物农业、化学农业、机械农业阶段后，正探索迈进以信息知识为生产要素，互联网、物联网、大数据、云计算、自动化、智能装备应用为特征的现代智慧农业 4.0 时代[6]。

可见，农业 4.0 源于更广泛的工业 4.0 概念，旨在定义不同技术，如物联网（loT）、人工智能、云计算等技术整合，以实现信息物理系统任务和过程的自动化，使农业过程得到更好的规划和控制[4]。农业 4.0 的驱动力是降低投入成本和提高生产力以及可持续性发展，目标之一是尽量减少农业活动对环境的影响。农业 4.0 时代是以无人化为特征的智能农业时代，是以物联网、大数据、云计算、人工智能和机器人为基础的网络、信息等资源软整合的智能化、数字化农业。农业 4.0 开始利用农业标准化体系对农业生产进行统一管理，所有过程均是可控的、高效的。农业 4.0 是现代农业的最高阶段，其发展过程必然是稳步推进而不是一蹴而就的，并且贯穿数字化的整个阶段。农业 4.0 的初期阶段是农业生产信息化、经营网络化，以国家粮食安全和食物安全为根本目的；中期阶段是以信息化与装备化深度融合为核心的全面自动化建设阶段；后期阶段是以智能化、智慧化为核心的现代农业的建设阶段，是一种信息技术、智能技术与农业生产、经营、管理、服务全面深度融合的智能化时代[6]。

2. 农业 5.0

不同于农业 1.0 至农业 3.0，农业 4.0 之后的定义在世界范围内并不相同，部分学者已规划和定义了农业 5.0。Verónica Saiz-Rubio 等提出农业 5.0 时代，主要是遵循精确农业原则，并使用无人操作和自主决策的系统设备，因此，农业 5.0 特征就是机器人和人工智能，他预计 21 世纪上半叶有望启动农业 5.0。Ilaria Zambon 进一步认为农业 5.0 包括数字集成、机器人和人工智能[3]。

可见，农业 5.0 已虚位以待。农业 5.0 主要面向"可再生能源""物联网""排放控制""经济和社会效应"等领域，关注"能源效率""遥感""人工智能""无线传感器网络""农业机器人""智慧农业"等关键主题，最终实现低成本、节能、可持续发展的可定制农业。农业 5.0 属于未来农业范畴，一方面，源于客观世界变化带来的压力，全球资源将会更匮乏、人口更密集、环境压力更大，对绿色可持续等方面的诉求也更为强烈；另一方面，当全球制造业快速发展，科技水平不断提升，颠覆性的生存模式不断涌现，极大地促进农业的快速发展，农业领域在工艺标准、发展模式等方面形成新型范式。农业 5.0 既不是农业 4.0 时间上的演进，也不是内涵和外延的简单深化与扩展。其中最显著的变化，是更加侧重农业发展的社会效益，推动农业生产模式和技术发展趋势进一步向可持续、以人为本和韧性弹性的方向转型。农业 5.0 以自主化和定制化为主要标志，充分体现数字化、环境友好型、重视劳动者福祉等发展的新趋势，体现高质量发展需求以及"元农业"的技术水平，以此实现全体人类脱离气候、环境等依赖，走向共同进步和高质量发展。

表 1　农业代际演进特点和技术

代际名称	发展阶段	名称	开始时间	农业特征	关键工具和技术	完成时间
		攫取经济	300 万年前（旧石器时代）	狩猎和采集	棍棒、石器工具	1 万年前
农业 1.0	原始农业	传统农业	1 万年前（新石器时代）	小规模的生产，生产技术落后，抗御自然灾害能力差，农业生态系统功效低，商品经济属性较薄弱	手工和畜力工具	20 世纪 80 年代
农业 2.0	现代农业	机械化农业/化学农业	18 世纪中叶	"农场"式大规模农业开始出现；农场生产力大幅度高，农业从业人员大量减少；农业生产的专业化、商品化和社会化初步实现；化学农药大面积使用	机械工具、电气工具，农药	预计2025 年

代际名称	发展阶段	名称	开始时间	农业特征	关键工具和技术	完成时间
农业3.0	现代农业	绿色（生物）农业/信息化农业	20世纪中叶	作物杂交育种投入使用，农用化学品开发考虑环境兼容；自动化装备逐渐使用；农业电子商务等信息化利用明显；精准农业开始萌芽	计算机、电子及通信，自动化工具和设施、互联网、卫星（定位、遥感）	预计2050年
农业4.0		数字农业	21世纪初期	农业生产力持续提升，产量大大提高，基本实现可持续性发展；农业生产实现信息互通和数据整合；农业实现全面的自动化，并向智能化、智慧化发展；食品安全及环境影响得到关注	自动化设备广泛使用，物联网、云计算、机器人和人工智能等技术和农业生产工具全面融合	预计2070年
农业5.0	未来农业	自主农业	21世纪中叶	按需定制农业和农产品；粮食需要与生态系统健康协调发展；农业生产不依赖于天气和环境；基于现实和虚拟世界交互的"元农业"技术开始呈现和应用	农业生产工具全面数字化，并实现自主决策化，生物技术全面使用	预计2100年

（三）全球农业科技发展趋势

1. 物联网

在传统农业中，监测农田需要大量的劳动力、物理设备、时间和精力。然而，物联网为这些传统方法提供了一种替代方案。物联网设备包含一个或多个传感器，通过移动应用程序或其他方式实时收集数据并提供准确的信息，例如，土壤温度和湿度传感、植物和牲畜跟踪等，帮助农民远程监控农场，提供更大的便利；新的灌溉系统利用物联网传感器自动向作物输送水，包括蒸散传感器、现场土壤湿度传感器和雨量传感器等。目前，新的传感器解决方案正在开发，将物联网技术与无人机、机器人和计算机成像相结合，按时发送警报并缩短响应时间，以期提高农业过程的敏捷性、准确性和精度。

Farmer's Hive是一家加拿大初创公司，致力于满足农业设备、农作物和微气候的即时远程监控需求。该公司为温室、家庭农场和水果种植者开发基于物联

网技术的传感器，同时在 4G LTE-M、Wi-Fi 或 LoRaWAN 网络等连接技术的帮助下，提供云服务来存储这些传感器测量的数据和详细指标，使农民能够深入了解他们的农场数据并实时识别问题区域。

2. 农业机器人

劳动力短缺一直是农民面临的一个关键问题，尤其是在大型田间作业的情况下。为了解决这一问题，农业机器人应运而生，它们可以帮助农民完成采摘、收获、种植、移栽、喷洒、播种和除草等重复性任务。未来，农民将越来越依赖机器人来自动化田间劳作，例如，配备了自动转向技术智能农业拖拉机，可以更轻松地在田间导航；用于自动化管理牲畜的机器人系统，包括自动称重秤、培养箱、挤奶机和自动喂料器等。机器人的出现使农民能够更专注于提高整体生产力，而不必担心缓慢的农场流程，同时还可以防止人为错误，并通过自动化提供便利。

美国的初创公司 Advanced.Farm 正在利用机器人技术开发田间自主收割和导航的解决方案。通过部署配备有立体摄像头的机器人，根据大小和成熟度识别和挑选新鲜农产品；设计机器人抓手，分离目标作物与其他植物；生产自动拖拉机和混合动力驱动系统等手段，最终使农民能以更少的时间和精力实现自动化大规模作业。

3. 人工智能

人工智能在农业中的应用能为农民提供更多主动权。通过预测天气、作物产量和市场价格等辅助农民决策；通过自动识别植物和牲畜的异常与疾病，进行及时的纠正与治疗；通过算法选择生物基因，提供优产动植物的种植或养殖建议。此外，人工智能还能替代信用评分，为那些被银行拒绝信贷的农民提供更轻松的融资渠道。

目前，许多初创公司都在研发基于人工智能的农业质量提升技术，例如，收获质量视觉技术（Harvest Quality Vision，HQV），是农业科技领域最近的一项创新，其可以扫描并确定水果和蔬菜的质量和数量，帮助农民提高收成质量。美国的初创公司 Arwa Intelligence 利用人工智能为客户定制作物种植规划，通过收集所有农场的数据，详细分析遗传学、土壤肥力、气候、收获和产量等因素，并生成农场报告表，为农民提供智能解决方案。

4. 无人机

如何在节省成本的同时提高农场生产力一直以来都是个挑战，但无人机可以有效地帮助农民解决这些问题。无人机收集原始数据，将其转化为有用的农场监控信息。配备了摄像头的无人机收集田地的成像和测量数据，优化肥料、水、种子和农药的使用，当无人机飞越田野捕获从可见光到多种光谱的图像时，也有助于作物和田地土壤的分析，推动精准农业的发展。此外，无人机在牲畜监测、放牧监测方面也卓有成效，一些初创公司正在研究能够测量叶绿素水平、杂草压力以及土壤矿物质和化学成分的无人机。

Wakan Tech 是一家总部位于阿曼的初创公司，致力于为椰枣树的空中授粉提供创新的无人机解决方案，使用液体或干花粉为树木授粉，与传统的授粉方法相比，这种方式更快、更准确，可以提高椰枣树的产量。另外，该公司的无人机基于人工智能和计算机视觉技术，还能够检测害虫和患病的椰枣树，有针对性地喷洒杀虫剂，监测作物健康情况。

5. 精准农业

农业的可持续性是指使用环保的方法和生产投入，对环境没有或只有最小的负面影响。其中一个例子是特定地点的作物和牲畜管理，通常称为精准农业。这是一种农民使用精确数量的投入（如水、杀虫剂和肥料）来提高产量和质量的方法。由于田间不同地块的土壤性质、光照和坡度都不同，对整个农场进行相同的处理效率低下，浪费时间和资源。为了解决这个问题，许多农业科技初创公司正在开发精准农业的解决方案，在应对可持续问题的同时以提高盈利能力。

Data Farming 是一家澳大利亚初创公司，依托云服务，在精准农业领域提供数字解决方案。他们的云平台"数字农艺师"基于卫星图像、土壤测绘、自动分区等工具，使农民得到田间有价值的情报。该方案也通过 NDVI（标准差异植被指数）、高分辨率卫星图像和可变速率技术提供免费的土壤测绘。可变速率技术的应用确保农业的施用投入是基于精确位置的，从而建立精准农业。

6. 农业生物技术

害虫和植物病害会导致作物产量大量减少，虽然可以使用农用化学品，但这不利于土地的可持续发展。而生物技术是一种更好的解决方案，该技术通过育种、杂交、基因工程和组织培养等科学技术筛选出具备更好性状的作物。例如CRISPR-Cas9 这样的基因组编辑技术，在实现高靶标特异性的同时提高速度和精度。由它生产的转基因植物在抗病性、耐旱性、抗虫性和产量方面都表现出优异的能力，进而提高农场生产的盈利水平。一些初创公司已经利用生物技术，研发出生物农药、生物除草剂、生物肥料和生物塑料等产品，来解决土壤毒性问题，降低提升作物产量过程中对环境的影响至最小。

澳大利亚初创公司 XytoVet 正在研究绵羊、牛和水产养殖的育种技术。该公司的 DNA 技术为绵羊和牛分配正确的亲子关系，从而帮助农民快速识别优质羊群；同时，该公司也致力于选择具有更高生长率和抗病性的基因来改善水产养殖；此外，XytoVet 还通过提供一系列的遗传分析报告，帮助农民管理牲畜。

7. 大数据分析

大数据分析技术将农场日常运营数据转化为有价值的情报。分析工具提取出农作物面积、产量、土地利用率、灌溉量、农产品价格、天气预报、作物病害等统计数据，帮助种植者做出正确的经济决策，奠定下一个农耕季节的基础。几家初创公司正在开发农场分析领域的技术方案，使农民能够有效地利用他们的田间数据，明确土壤养分、酸度和碱度以及肥料的需求，从而实现数据驱动决策。

荷兰初创公司 AgriData Innovations 专注于促进农场数据收集、分析和可视化进程，尤其是温室中的数据。该公司通过嵌入式数据传输和软件控制来区分各类作物，利用神经网络和图像处理技术来测量作物的健康状况和叶片大小等参数，对数据进行分析和可视化处理后，最终能够提高温室的整体生产力和运营效率。

8. 受控环境农业

气候变化导致的极端天气事件给传统耕作方式带来了不小的挑战。此外，在人口密集的城市、沙漠或其他不利条件下种植作物也面临很大的困难。受控环境农业（CEA）应运而生。在 CEA 中，植物在受控的光照、温度、湿度和养分比例下生长，如室内农业、垂直农业和温室等。其中比较广泛使用的培育一种技术是水培和气培，这些技术在液体培养基或蒸汽中种植无土植物。另一种技术是鱼菜共生，同时种植植物和养殖鱼类。鱼为植物提供营养，而植物则为鱼类净化水质。通过 CEA 方法，可以减少虫害，提高产量，并建立可持续的耕作方式。

立陶宛初创公司 Baltic Freya 针对现有水培和气培领域的技术问题，改良和创新出一种雾培技术。使用水培法生长的植物可能会感染根部疾病，而气培法通常会部署多个喷嘴，而现有的雾培技术可能会使营养液过热或使压电陶瓷盘破裂。因此，该公司提出了 Fogponics 2.0，确保产生最佳的雾，以免溶液过热或使陶瓷盘破裂，从而维护植物的生长环境并改善可操作性。

9. 再生农业

传统的耕作方法导致土壤长期侵蚀和结痂，像犁地、耕作和过度放牧等做法很少让土壤在下一个种植季节之前有足够的时间恢复。相比之下，再生农业则对土壤的干扰很小，注重改善土壤生物多样性和表土恢复，如免耕农业、减少耕作、作物轮作等做法。具体而言，在种植季节之间，可以种植覆盖作物以覆盖土壤，促进土壤肥力恢复；或通过封存促进田地充当碳汇，减少碳排放和对气候变化的影响。

Freesoil 是一家荷兰初创公司，为土壤开发高质量的植物性堆肥提取物，一旦被施用于土壤，植物就会自然选择它，确保其适用于多种作物。此外，该公司还定期向土壤中添加微生物，增强植物和微生物之间的共生关系，最终形成营养丰富的土壤，使植物能够更健康地生长，提高对疾病的抗性。

10. 互联农场

智能农业的发展离不开各种连接技术，包括 5G、LPWAN、农村宽带和卫星通信等。其中，5G 技术的应用可以加快物联网设备、机器人和传感器之间的通信速度，从而让农民能够更准确地实时监控数据并采取必要的行动。同时，高速互联网的使用也能够促进现场数据的实时交换，提高数据的准确性。这些连接技术不仅能够支持物联网等其他技术，还能够与这些技术协同工作，最终形成一个互联农场的完整系统。

此外，美国初创公司 AgriLinx 开发了 FLEX 网络，这是一个基于 LoRaWAN 技术的网络，可提供长达 5 英里的低带宽数据覆盖。这个网络可以帮助农民在移动设备上访问农场数据，跟踪灌溉、农业设备等。此外，该公司还提供无线回程，将远程农场位置与互联网服务连接起来，确保了田间完全连接，以实现适当的农场管理。这些技术的应用，使农民能够更好地管理农场，提高农业生产效率和质量，从而为农业的可持续发展做出贡献。

三、数字农业发展现状和挑战

（一）数字技术推动我国农业加速代际演进

2019 年 5 月，中共中央办公厅、国务院办公厅印发《数字乡村发展战略纲要》，提出要立足新时代国情农情，将数字乡村作为数字中国建设的重要方面，加快信息化发展，整体带动和提升农业农村现代化发展。

2020 年 1 月 20 日，农业农村部连同中央网络安全和信息化委员会办公室印发《数字农业农村发展规划（2019—2025 年）》，按照实施数字中国战略、乡村振兴战略、数字乡村战略的总体部署，以产业数字化、数字产业化为发展主线，以数字技术与农业农村经济深度融合为主攻方向，以数据为关键生产要素，着力建设基础数据资源体系，加强数字生产能力建设，加快农业农村生产经营、管理服务数字化改造，强化关键技术装备创新和重大工程设施建设，推动政府信息系统和公共数据互联开放共享，全面提升农业农村生产智能化、经营网络化、管理高效化、服务便捷化水平，用数字化引领驱动农业农村现代化，为实现乡村全面

振兴提供有力支撑。

2021年1月，中共中央国务院《中共中央 国务院关于全面推进乡村振兴加快农业农村现代化的意见》正式发布，对新发展阶段全面推进乡村振兴、加快农业农村现代化作出了部署，提出了发展智慧农业，建立农业农村大数据体系，推动新一代信息技术与农业生产经营深度融合。

2023年2月，农业农村部信息中心牵头编制《中国数字乡村发展报告（2022年）》，指出2021年全国数字乡村发展水平达39.1%，其中，农村互联网普及率达58.8%（截至2022年6月）、农业生产信息化率为25.4%（2021年）、六类涉农政务服务事项综合在线办事率达68.2%（2021年）、利用信息化手段开展服务的行政村覆盖率达86.0%。

由此可见，假如以按照70%的覆盖率视为完成的情况下，中国的农业整体上正处于农业2.0后期和农业3.0的前期，预计2035年全面完成农业2.0，进入农业2.5，农业3.0预计可在2050年全面完成。得益于互联网、物联网、大数据、云计算、人工智能等技术的高速发展，我国已逐步跨入农业4.0，并快速酝酿和发展。农业4.0的特色是以新一代信息技术为主的智能化、无人化农业；尽管我国农业4.0还处于"概念认识+示范实践"的初级阶段，但是作为农业4.0的快速切入点的"精准农业"，技术逐渐成熟，在局部范围内已具备农业4.0开展的条件。吴丽芳提出传统农业向农业4.0模式转型需要一个过程，具体可分为五大阶段，具体包括萌芽期、膨胀期、破灭期、复苏期及成熟期；同时，农业4.0作为传统农业与现代互联网技术融合产业，其模式的基础性技术支持正在快速发展，处于技术发展上升期。

（二）粤港澳大湾区数字农业发展现状

2021年，广东省实施数字农业"三个创建、八个培育"①，数字赋能"跨界"营销，在全省建设108个县级运营中心，超1.9万个益农信息社，开展"公益服务、便民服务、电子商务服务、培训体验服务"，形成覆盖农村、立足农业、服务农民的"信息高速公路"。实施"互联网+"农产品出村进城工程，重点培育一批具有较强竞争力的县级农产品产业化运营主体，实现特色农产品产销顺畅衔接、优质优价。推动"粤字号"农业品牌建设，全省有名特优新农产品区域

---

① "三个创建、八个培育"：创建广东数字农业发展联盟，创建广东数字农业试验区，创办大湾区数字农业合作峰会；建设一批数字农业产业园区，推动一批"一村一品、一镇一业"建云上云，培育一批数字农业农村科技示范创新团队，培育一批数字农业农村重大项目，培育一批数字农业示范龙头企业、数字农民专业合作社、数字农业农村新农民，推广一批数字农业农村重大应用场景（模式）。

公用品牌 339 个，有效期内"粤字号"农业品牌产品 2266 个，省级特色农产品优势区 104 个，省级品牌示范基地 132 个。

1. 大湾区数字农业发展的相关政策

广东省自 2015 年开始规划数字农业的实施方案，制定了一系列旨在推动数字农业转型发展的政策文件，以促进数字乡村和数字农业协同发展。其核心路径在于从基础设施的大力推进到数字技术的推广应用，再到大数据体系和平台的建立，以实现数字技术和农业生产的深度融合。

2015 年，广东省出台的《广东省"互联网＋"行动计划（2015—2020年）》①，明确提出了"互联网+农业生产"和"互联网+农产品流通"的两项重点任务，要求建设农业信息化示范市县，推进信息进村入户，带动全省智能农业发展。

2017 年出台的《广东省推进农业供给侧结构性改革实施方案》②，进一步要求加强智慧农业等技术的研发，加快农业信息化建设，发展农业大数据、农业物联网。

2018 年出台的《广东省新一代人工智能发展规划》提出重点在现代农业产业园中大力推进"互联网+"智慧农业、应用物联网、云计算、大数据、移动互联等现代信息技术，推动农业全产业链改造升级。研发智慧农业关键技术与装备。

2020~2025 年，广东省将重点任务聚焦于打造"数字农业硅谷""创建数字农业发展联盟""培育数字农业产业园区"等"三个创建、八个培育"，以推动广东数字农业发展步入快车道。

2020 年出台的《中共广东省委广东省人民政府关于加强乡村振兴重点工作决胜全面建成小康社会的实施意见》要求加快发展数字农业，建立广东数字农业发展联盟，推进"5G+智慧农业"体系建设，做大做强农产品，建立"保供稳价安心"的数字平台，保障农产品平稳供给，实施数字乡村战略，加快推进信息进村入户。

2020 年 6 月，广东率先出台了《广东数字农业农村发展行动计划（2020—2025 年）》③，探索广东特色的数字农业农村发展模式，大力发展农业农村数字经济，全面提升农业农村生产智能化、经营网络化、管理高效化、服务便捷化水

① 《广东省"互联网+"行动计划（2015—2020 年）》。
② 《广东省推进农业供给侧结构性改革实施方案》。
③ 《广东数字农业农村发展行动计划（2020—2025 年）》。

平，用数字化引领驱动农业农村现代化。

2021 年 2 月，广东省农业农村厅等四部门联合发布了《广东省"互联网+"农产品出村进城工程实施方案》，提出进一步完善农产品生产销售市场指导服务监测与信息化服务体系，推动建立具有广东特色的农产品全产业链数据体系，加强产地基础设施建设，加快推动农村地区冷链物流、农业生产加工等产地基础设施的数字化、智能化转型，推进智慧农业、智慧物流、跨境电商等基础设施建设。

2021 年 8 月，《广东省推进农业农村现代化"十四五"规划》① 提出全面实施数字农业建设行动，以产业数字化、数字产业化为发展主线，加强数字生产能力建设，加快农业生产经营、管理服务数字化改造，全面提升农业生产智能化、经营网络化、管理高效化、服务便捷化水平，用数字化引领驱动农业农村现代化。

2021 年 9 月起施行的《广东省数字经济促进条例》提出，在农业数字化方面要加快种植业、种业、林业、畜牧业、渔业、农产品加工业等数字化转型，推动发展智慧农业，促进乡村振兴，推动乡村信息服务供给等数字化转型。

2021 年 10 月发布的《广东省公共数据管理办法》② 作为首部省级层面关于公共数据管理的政府规章，首次明确将公共服务供给方数据纳入公共数据范畴、首次在省级立法层面真正落实"一数一源"、明确数据交易标的、建立数据授权机制等，因此，有利于进一步促进涉农公共数据的开放共享和开发利用。

2. 大湾区数字农业发展成效

广东省在落实党中央、国务院关于数字农业农村的决策部署方面不断深入，通过加强规划引领和政策支持，加快农业数字化转型，推广云计算、大数据、物联网、人工智能在农业生产经营管理中的运用，促进新一代信息技术与种业、种植业、畜牧业、渔业、农产品加工业全面深度融合，打造科技农业、智慧农业、品牌农业，数字农业发展初见成效。

数字化成为农产品市场体系建设的有力推手。广东在数字贸易、电子商务方面持续处于全国领先地位。截至 2022 年，广东有跨境电商综合示范区 21 个，实现了全覆盖，数量位居全国（132 个）第一。其中，农产品跨境电商综合试验区增至 2 个，分别位于汕头与佛山。2019 年，广东开始推进数字赋能农产品市场体系建设，即"12221"市场体系，其中包括一个大数据平台、两支队伍（经纪人

---

① 《广东省推进农业农村现代化"十四五"规划》。
② 《广东省公共数据管理办法》。

队伍、采购商队伍）、两个市场（销出市场、产出市场）、两场促销活动，最后一个"1"就是让农民致富，让产品卖个好价格的一揽子目标。《2019—2022年县域数字农业农村电子商务发展报告》显示，2021年，广东省农产品网络零售额达954.4亿元，全国占比为24.5%，位居第一，比排名第二的浙江省占比高11.4%，同比增长27.2%；广东省农村网络零售额为922.5亿元，位居全国第六；同比增速22.9%，全国排名前五。据广东省商务厅获悉，2020年广东跨境电商进出口额达1726.46亿元，同比增长55.8%，连续七年位居全国第一。其中，农产品跨境电商出口644.68亿元，在进出口规模中所占比例呈不断上升趋势，发展态势迅猛。

数字农业基础设施发展迅猛。截至2020年12月31日，广东省纳入全域规划的14.2万个20户以上自然村光网建设项目顺利完成覆盖，接入能力普遍提速到100Mbps以上，乡村宽带网络建设取得历史性突破。在智慧物流建设方面，广东省加快探索冷链物流等传统基础设施的数字化、智能化转型创新，推进智慧物流建设。谋划布局建设产地公益型农产品冷链物流服务体系，争取中央专项资金1.93亿元，全面推进"田头智慧小站"等农产品冷链物流设施建设，创新解决果蔬产品流通"最初一公里"难题。植保无人机和智慧农业系统发展迅速，广东省内多家专业的植保无人机生产和服务企业，将无人机、机器人、自动驾驶、人工智能、物联网等技术带进农业生产，通过构建无人化智慧农业生态，让农业进入自动化、精准高效的4.0时代。

农业大数据平台稳步推进。广东遴选了惠州市易道科技有限公司"食品农产品质量安全监管与追溯系统"、联合大数据有限公司"基于大数据的精准农业服务云平台"、广东省现代农业装备研究所"农业大数据整合及应用"3个项目为省级大数据应用示范项目，推荐"食品农产品质量安全监管与追溯系统"作为工信部2020年大数据产业发展试点示范项目遴选备选项目。广东省农业大数据建设的主要发力点在于：一是突出重点主导特色农产品产业大数据平台建设；二是结合数字政府建设，推进农业行业监管服务大数据平台建设；三是推进农业地理和气象大数据建设；四是启动农业贸易大数据开发应用。

农业生产经营数字化示范成效初显。广东省从两方面推进农业生产数字化试点示范：一是整县整镇推进数字农业发展试点；二是在农业不同领域开展重点试点试验。试点示范带动了广东农业生产数字化转型。根据《农业农村部信息中心关于推介2021数字农业农村新技术新产品新模式优秀案例的通报》，广东省共有16个项目入选，走在全国前列。《中国数字乡村发展报告（2022年）》显示，

2021 年全国数字乡村发展水平达 39.1%，其中广东发展水平为 46.4%，农业生产信息化率高于全国平均水平，为 28%。2022 年 11 月 10 日，从化 "5G+AI 模式" 入选全国智慧农业建设优秀案例。智能化生态荔枝园建设，首先，以荔枝园区物联网体系为基础，通过环境自动感知、种植经验训练，形成荔枝生长过程模型，这将驱动设备自动进行策略作业，以实现机械替代大部分人工生产的目标；其次，通过搭建产区数据标准体系，综合服务产区农民、农机、果园，监管产区生产、运营数据，综合指挥，提升产业整体的数字化管理水平；再次，利用建设的智慧果园数字中央控制中心，实现智能化水肥一体化，无人机移动巡园和生产作业，大大地提高了生产效益；最后，通过集成运用荔枝农业航空精准管理应用技术、荔枝天空地立体监测技术、荔枝大数据模块数据库与人工智能应用技术、荔枝果园智能化无人作业技术与装备、荔枝病虫害智能监测与绿色防控技术体系、荔枝智能化无人生态果园中央控制模块与展现系统等技术，实现环境感知、无人化自主作业、精准灌溉施肥、产业链融合，推动荔枝产业向科技化方向转型升级，加速新一代果园人工智能化应用，全面提升荔枝产业数字化、现代化水平。2023 年 4 月 22 日，广州七亩地科技数字化生态农业示范基地项目在清远铁溪举行开工奠基仪式，清远铁溪数字化生态农业示范基地的建设，是数字化赋能乡村一二三产业融合发展的乡村振兴的新模式，从而持续为乡村振兴注入新动能，不断开创乡村振兴新局面。

（三）大湾区数字农业代际演进的挑战

广东省作为改革开放的排头兵，经过多年的布局与发展，数字农业已成为广东全面推进乡村振兴的强劲引擎之一。以数字农业为代表的现代农业建设取得了新成效，体现了广东省特有的优势。然而在数字农业应用领域，广东省面临与我国行业存在的共性主要问题，如小农户家庭经营仍然是农业基本面、农业生产全程机械化程度低，农业生产信息化率基础薄弱，农业核心关键技术发展滞后，农业生产数据应用发展缓慢，基础研究和技术积累以及行业标准缺失，农业从业人员技术水平和素质普遍较低，整体技术水平与发达国家存在一定差距[7]。

1. 农业机械化难以全面实施

农业机械是现代农业的重要物质基础，农业机械化是农业现代化的重要标志，全面的农业机械化既是农业 2.0 完成的核心标志，也是数字农业发展的基本要素。

"十三五" 期间，广东省现代农业建设进程加快、农业产业兴旺，农业机械化 "补短板、强弱项、促提升" 取得新成效，呈现出加快转型升级的良好势头，为现代农业发展提供了坚强有力的支撑。农机装备、农机化综合发展、农机社会化服务、农机安全保障等能力持续增强。然而，随着农业农村现代化的加快推进，农业产业将发生深层次的变化，保障粮食等重要农产品供给的重要性更为凸显，数字农业快速发展对农业机械化提出了更加迫切、更加全面的要求。广东省农业机械化的发展面临一些亟待解决的问题：一是农业机械化发展不平衡不充分。从产业来看，主要农作物的生产机械化水平较高，畜牧水产养殖、果菜茶、设施农业种植和农产品初加工等机械化水平仅为30%左右，离全程、全面机械化的目标还有较大差距；从环节来看，主要农作物机耕、机收的水平较高，但种植、烘干等环节机械化还存在明显的短板。陆基水产养殖苗种繁育、起捕的水平较高，但深远海鱼类养殖和近岸贝藻养殖在饵料运输投喂、网具更换清洗、生物起捕收获等环节可用的机械还基本空白。二是特色农机装备供给严重不足，农机装备制造能力总体偏弱、生产企业数量偏少、生产能力不强，满足特色作物多样性、丘陵山地与海洋环境复杂性发展需求的能力有限；加上农机装备研发周期长、投入大、成果产出慢、效益低，"无机可用"和"无好机用"的问题依然存在，"农机农艺融合""机械化智能化融合"还有很多现实的制约。三是农机作业基础条件薄弱。土地集约化和农业经营规模化推进缓慢，广东省土地流转率刚刚超过50%，部分地方耕地碎片化，加上地形复杂，农田"宜机化"相对滞后，农机"行路难""下田难""作业难"问题依然突出；同时，机耕道、农机库棚、产地烘干等基础设施还不完善，农机作业条件改善亟须加强。四是农机社会化服务总体实力不强，农机社会化服务组织数量偏少、单体发展规模偏小，总体实力不强且分布不均衡；以提供农作物生产机械化作业服务居多，提供全链条综合农事服务偏少，以小区域内作业为主，跨区域作业较少，服务半径偏小；零配件和农机维修服务供应不足，管理服务信息化水平和安全生产监管水平还有待提高和完善①。广东省农业机械化难以全面实施，从而影响了数字农业的自动化、智能化和智慧化的进展，影响了广东省从农业2.0向农业3.0的发展进程。广东省预计在2025年前完成农业2.0的转型，并正式跨入农业3.0时代。

2. 农业生产信息化率基础薄弱

农业信息化是在农业领域全面发展和应用的现代信息技术，信息技术渗透到农业生产、市场、消费以及农村社会、经济、技术等各个具体环节。农业生产信息化是农业现代化必由之路，是数字农业最基本的要求和表现形式，是保障农业发展与时俱进的重要途径[8]。广东省为实现"数字农业、数字农村、数字农民"

---

① 《广东省农业机械化"十四五"发展规划（2021—2025年）》。

的目标，先后设立"全国农村信息技术'村村通'工程示范推广""山区信息化""广东农村信息直通车工程"等一系列工程与项目。目前，广东农村信息化位居全国前列，其中，农村信息技术应用指数位居全国第一，农村信息资源指数、信息产业指数、信息化外部环境均位居全国第四。目前，全省镇村共建立信息站 1000 多个、镇村网站 10000 多个，已形成了以镇带村、以村带户、以户带户的信息服务模式[9]。

农业信息化包括农业生产信息化、农产品流通信息化、农业管理信息化[8]。其中农业生产信息化率由大田种植信息化率、设施栽培信息化率、畜禽养殖信息化率和水产养殖信息化率构成。尽管广东省数字经济规模领跑全国，农业资源优越和发展基础坚实，营销数字化能力领先全国。然而，一个不争的事实是广东省农业生产信息化率仅为 28.0%，略高于 25.4% 的全国平均水平，远低于安徽（52.1%）、上海（49.6%）、湖北（48.5%）、江苏（48.2%）、浙江（45.3）等省份（见表 2）。此外，广东省内各地信息化发展水平区域差异较大，其中，广州市农业信息化发展水平最高，揭阳市农业信息化水平最低，按照相对贴进度指标评估。最高与最低之间相差 8 倍之多。珠三角地区广州、佛山、东莞、惠州、江门、中山、珠海农业信息水平排名靠前，农业信息化发展水平已初具规模；而粤东汕头、潮州、揭阳、汕尾、梅州、河源以及粤西地区湛江、茂名、阳江、云浮和粤北地区韶关、清远边缘山区排名靠后，农业信息化水平较低[10]。

可见，广东省农业生产信息化率的普及率较低，导致农业 4.0 代际演进仍处于萌芽状态，农业 4.0 快速发展基础薄弱。

表 2　农业生产信息化率高于全国平均水平的省份　　　　单位：%

省（区、市）	农业生产信息化率	省（区、市）	农业生产信息化率
天津	30.5	江西	29.4
河北	28.5	河南	29.3
黑龙江	27.7	湖北	48.5
上海	49.6	湖南	32.5
江苏	48.2	广东	28.0
浙江	45.3	重庆	26.5
安徽	52.1		

3. 农业生产数据应用发展缓慢

当前，农业农村大数据已成为现代农业新型资源要素，是发现新知识、创造新价值、提升新能力的新一代信息技术和服务业态，已成为国家基础性战略资源。发展农业农村大数据是破解农业发展难题的迫切需要①。我国农业农村数据历史长、数量大、类型多，但长期存在底数不清、核心数据缺失、数据质量不高、共享开放不足、开发利用不够等问题，无法满足农业农村发展需要。2016年10月26日，广东省政府数字统一开放平台"开放广东"正式上线启用，截至2022年8月底，平台累计发布数据资源目录4.16万个，支撑1630个部门1219个系统用数需求，数据调用量达627亿次。通过"开放广东"平台向社会开放2.55万个公共数据集和220余个数据服务接口，涵盖生态环境、经济建设、教育科技、道路交通等12个主题领域。2021年11月5日，广东省发布了首部省级层面关于公共数据管理的政府规章《广东省公共数据管理办法》，在全国范围内首次明确将公共服务供给方数据纳入公共数据范畴、首次在省级立法层面真正落实"一数一源"、首次明确数据交易标的等。2022年6月6日，广东省政务服务数据管理局印发《广东省公共数据资产登记与评估试点工作指引（试行）》，明确规定公共数据资产登记和评估各个环节的工作要求和具体流程，以推动实现公共数据资产登记、流通、价值评估全闭环管理，破解公共数据资产进入流通环节的诸多难点。

近年来，广东不断夯实"数字政府"基础支撑，强化"一网通办、一网统管"能力，持续提升政务信息化能力和政务服务水平。根据《省级政府和重点城市网上政务服务能力调查评估报告》显示，在省级政府网上政务服务能力方面，广东省自2018年以来连续蝉联全国第一。

然而，广东数字经济快速发展的同时，还存在一些明显的短板，尤其是在农业领域大数据的所有权与使用权问题、大数据的高效使用与用户隐私安全等方面，这些问题目前仍处于"灰色地带"，给数字农业的推进带来了挑战。此外，针对大数据产权归属、数据安全保护、非法数据交易、数据共享与融合等问题的完善政策和法律法规也尚未出台。虽然《广东省公共数据管理办法》规定了农业农村主管部门和从事相关研究的事业单位可以根据法定职权采集、核准与提供国土空间用途、自然资源和空间地理基础数据，但是对于农业数据的权益、保护、使用和交易，也还需制定相应的细则。

4. 农业从业人员的数字化能力有待提升

推动数字农业发展需要相应的人才作为支撑，而具有数字素养的复合型人才是促进数字经济与农业融合发展的核心竞争力和基础。然而，广东省同其他省份

---

① 《农业部关于推进农业农村大数据发展的实施意见》。

一样，也面临着农业及数字背景复合型人才结构性短缺的问题，这已成为制约数字农业转型的突出因素。具体表现为，专业人才的流向更偏向于软件、汽车、金融等第二产业、第三产业，涉农大学生很少愿意回到农村就业，导致农村现有基层科技人员不足；很多乡镇干部缺乏数字素养且观念老旧，其业务能力及综合素质有待提高，不利于数字经济与农业产业的融合；与数字经济相关的专业人才多集中在深圳、广州等城市，农村难以推进建立专门针对数字农业复合型人才的培养方案，导致农业生产管理创新力度不足。

截至 2016 年 12 月 31 日，广东省农业从业人员共计 1233.35 万人，其中男性 644.26 万人，占比为 52.2%，女性 589.09 万人，占比为 47.8%。从年龄分布来看，36~54 岁农业从业人员数量最多，为 588.32 万人，占比为 47.7%；其次 55 岁及以上年龄段，为 420.54 万人，占比为 34.1%；而 35 岁及以下年龄段仅为 224.49 万人，占比为 18.2%。从受教育程度来看，农业从业人员主要为初中水平程度，占比为 55.3%，高中或中专程度的占比为 10.3%，大专及以上程度的仅占 1.1%。尽管随着广东省教育事业发展和农村地区义务教育的普及，农民的受教育程度和文化水平有了较大提高，但大多数农业从业人员并不能适应新时代以数字农业为代表的农业 4.0 的能力需求。此外，在广东省农业从业人员中，从事种植业的人员占农业从业人员的 92.0%，畜牧业、渔业和林业分别占比为 3.3%、2.6% 和 1.7%，而农林牧渔服务业仅占 0.4%。种植业的人员比重持续上升，林业、畜牧业和渔业人员比重持续下降，难以满足数字农业各个领域均衡发展和人才梯度发展的需求。

四、数字农业发展的国际经验

在世界范围内，数字农业技术已经逐渐被应用于农业领域，其标志性的技术核心模块主要有农业物联网、农业大数据、精准农业、智慧农业、人工智能等。无论是西方欧美国家还是亚洲各国，都在数字农业上进行了大量投资，以期在农业领域实现互联互通和智慧化作业，从而大幅度增加农业产值。

（一）德国

德国作为一个高度发达的工业国，拥有非常高的农业生产效率。德国国土面积共计 35 万平方千米，居住人口近 8300 万，其中农业从业人员约占总劳动力的 2%，农户不足 60 万户。德国农业人口在不断减少的情况下，机械化程度不断提升，大大提高了农业生产效率。在德国，从播种到收获基本实现了全程机械化。自动化打垄机、除草机、谷物收割机一应俱全，此外还有专门用于林业的植树机、伐木机，以及摘葡萄、拔萝卜、削苹果、摘花、摘菜的专门工具车。德国农民联合会的统计数据显示，1950 年，德国每个农业工人产出的农产品能养活 10 个人，如今可以养活约 140 人。这与德国所采用的高效、可持续的农业新技术是密不可分的。不可否认的是，数字化生产为德国农业带来了强劲的动力，以精准农业、智能农业与数字农业为标志的"农业 4.0"时代已经到来，德国的小规模农业转型为因地制宜的高效率农业，有了数字化技术的支持，德国实现了拖拉机在田地上的无人驾驶、奶牛的自动化挤奶以及实时的作物数据传输等[11]。

此外，德国拥有很多著名的公司，如博世、西门子、SAP、科乐收等，都为德国的农业发展提供源源不断的技术支持。其中，博世公司的智能喷洒解决方案提供实时、自动化的出苗前和出苗后杂草识别，实现了昼夜不间断的管理。将博世的高科技摄像传感技术与 xarvio 公司的农业智能系统相结合，实现毫秒级精确检测杂草并按需喷洒除草剂。365FarmNet 公司为德国的小农场主量身打造了一款全程农业智能服务体系，涵盖了农产品的耕、种、防、收全环节。通过该系统，农场主足不出户就能够获得详细的土地信息、土壤情况、种植规划、实时监控及经营咨询等全方位的精准服务。西门子公司为了改善传统农业，利用机器人实现了灌溉效率的提升，通过单独照料每株农作物，根据其理想生长状态精确提供养分、调节光照以控制农作物的口感。2021 年，德国软件供应商 SAP 公司推出了"数字农业"解决方案，通过实时监控作物接受的光照强度、土壤中水分和肥料分布情况等多种生产信息，利用大数据和云技术上传数据到云端，然后在云平台上再进行数据处理。云平台根据上传的数据为农场提供"一对一"的解决方案，利用传感器技术实现机器之间的交流，借助工业 4.0 技术实现农业生产全流程自动化。德国的百年农业机械企业科乐收集团与德国电信合作，依托第四代移动通信技术和物联网技术来提高农业生产的自动化水平。此外，他们还使用大数据技术进行数据分析，运用云技术保障数据安全。最终将传感器记录的数据发送到"数据云"中进行进一步处理，为不同农场定制"一对一"的解决方案①。

特别强调的是，德国全国各地都设有农业科研院所，建成了地理信息系统、全球定位系统和遥感系统，并将这一技术应用于农业资源和灾害的检测预报。

（二）美国

美国的农业创新方法和技术一直以来都引领着全球农业的发展，在扎实的基础科学研究之上，农业创新持续提升着国家的生产能力，可持续性地养活不断增长的人口。事实上，在过去的 90 年里，美国的农业产出增加了 400%，而投入却

---

① 资料来源：《德国农业 4.0，到底有多强大》，新浪网。

未明显增加，耕地也减少了 10%，得益于数百项创新技术的应用，其不断促进生产力的提高。20 世纪 80 年代，美国率先提出"精确农业"的构想并在此后多年的实践中成为"精确农业"绩效最好的国家，奠定了"智慧农业"良好的发展基础。现阶段，美国利用物联网科技开展的"智慧农业"，成为全球农业生产领域的标杆，实现了对农业产业链条的全新变革，并推动了农业生产水平的全面提升。

美国农业部基于国家科学院 2019 年 *Science Breakthroughs to Advance Food and Agricultural Research by 2030* 的报告，指出了未来 10 年美国食品和农业研究面临的 9 项关键挑战，并针对挑战的共同性质，提出科学的进步将对提高农业生产力和减少未来的环境产生重大影响，包括基因组设计、数字和自动化、规范性干预和基于系统的农场管理。美国数字化和自动化的发展要求所有的农业部门使用低成本、方便且广泛分布的传感器和生物传感器，为活跃的耕作区域提供高空间分辨率的实时信息。同时，通过制定数据收集、处理和管理的标准，使设备设计能够在物联网中无缝运行。农村社区也已通过宽带接入来支持数字农业环境，包括接入云计算的无线网络。这些数字化工具和解决方案适用于各种规模等级不同的农业/林业系统和环境，可以收集和量化环境效益的数据，以验证保护计划的实施成效。这项技术的优势不仅在于能够追踪环境保护的效果，还在于为生态系统服务市场提供必要的数据支持，推动生态系统服务的商业化运作。

对于自动化的解决方案，以较高的时间和空间分辨率提供精确的输入量，解决农业生产系统的常见问题，包括工人的可用性和工人安全的改善。自动化的数据收集和报告程序可以加强现有的调查方法，创造一个数据丰富的环境（有保护措施），以进一步实现数字农业环境。此外，区块链或类似技术，加上检测产品质量和安全的传感器，确保整个农业生产系统的透明度、可追溯性和安全性。自动化的解决方案提供了精确的输入量，以较高的时间和空间分辨率解决了农业生产系统常见的问题，如工人可用性和安全等问题。同时，自动化的数据收集和报告程序加强了现有的调查方法，创造了一个数据丰富的环境（有保护措施），以进一步推动数字化农业环境的发展。区块链或类似技术，在配合传感器检测产品质量和安全的情况下，确保了整个农业生产系统的透明度、可追溯性和安全性。

在现代化生产及智能化管理方面，美国同样出现了以 FarmLogs 与 Cropx 等为代表的高科技公司。FarmLogs 成立于 2011 年，是一家通过云服务提供生产管理服务的农业科技公司，农场主可通过由 FarmLogs 提供的电脑终端或移动终端来管理农业生产。基于政府的公开数据、农业生产和农场自身特征等信息，Farm-

Logs 通过云计算以及自身的模型为农场主提供差异化、高精度的优化和预测服务，农场主可借助 FarmLogs 终端进行天气预警、安排生产、农产品价格监测等活动，在充分了解外部信息后，再安排相应的农业生产活动，凭借在即时性、区域监测指导和辅助决策三方面的优势，美国超过 15% 的农场已经使用了 FarmLogs 的服务。Cropx 同样是一家高科技农业的代表性企业。Cropx 在其初始阶段便推出了一种颇具先进性的土壤探测技术，该技术可通过地形探测和土壤含水量分析，为农场主提供智能化灌溉和生产解决方案服务。随着 Cropx 的业务迅速发展壮大，其业务范围已扩展至耕种、施肥、防灾以及收割等环节。这些快速发展的新技术广泛地应用到美国农业领域，借助于智能化和大数据等技术，多种农作物的全生命周期和全产业链都实现了智能决策，如中西部地区的玉米、大豆、甜菜等农作物，通过从播种、施肥到收获的全生命周期的数据共享，整个生产流程都实现了智能化决策，并展示了这一技术的巨大潜力。

（三）英国

农业 2.0 的起源可以追溯到英国农业革命，这个时期英国借助技术更迭从传统耕作体系转变为现代化农业体系，以机械化和先进科学技术提升了生产力和效率。随着农业生产效率的提高，相应地，农业劳动力的需求减少，导致大量的劳动力向城市迁移，从而促进英国的城市化进程。这个时期农业不仅扩大了生产规模，实现了农作物种植标准化，而且通过改良生产工具提高了农业生产效率。这些变革奠定了未来工业化和现代化的基础。

英国作为拥有雄厚工业实力和成熟工业化技术的国家，早在 20 世纪 30～50 年代就开始在农业领域和地方农村普及信息化技术，率先在农村普及了黑白电视。从 20 世纪 90 年代中后期开始，电子邮件、互联网、移动电话和数字电视在农村得到了广泛普及。目前，英国农场电脑拥有率 100%，能上网达 99%，超过 50% 的农民通过互联网应用获得收益。据欧洲农业食品及环境信息科技联合会介绍，英国农民手机拥有率 100%，82% 的农民使用手机上网。英国政府积极推进信息技术在农村经济中的促进作用，并致力于农村地区信息化基础设施建设，目前英国农村地区的互联网、3G 无线网络等已经基本覆盖。此外，英国农业信息化从起步就注重和加强基础数据建设，政府、学校、企业和农场等都根据不同需求目标建设了大量基础性数据库并积累了丰富的数据资源，为政府决策、科学研究、生产经营提供了有效的基础支撑。国际英联邦农业局建立了庞大的农业数据库系统，包括农业环境、作物种植、动物科学、食品营养等各方面信息，每年更新数据超过 35 万条，迄今已为 690 万农业科研人员提供了数据查询和科研服务。

多年的发展使英国建立了完善的农业技术推广服务体系，并借助信息化手段打造了高效便捷的现代化农业信息服务体系。这些举措使英国农业生产更高效、精准、可持续，同时也为国家经济发展带来了重要推动力。

得益于对信息化技术的应用和推进，集卫星定位、自动导航、遥感监测、传感识别、智能机械、电子制图等技术于一体的精准化、数字化农业在英国得到全面发展，英国农业成为信息化高新技术与复杂农艺技术深度融合的典范。目前，英国已经有超过 1/5 的农场实现全方位的精细化农业生产，其余农场也都不同程度应用了相关技术。此外，以专家系统、智能机器人技术为代表的智能农业也在英国得到了较快发展，大型农场使用专家系统辅助决策和管理农场。这种专家系统融合了英国过去 20 多年多家农场的生产经验和基础数据，并依托一大批农学家、农业技术推广专家、软件工程师等，为农场提供最佳种植方案、最佳施肥施药方案、农田投入产出分析、农场成本收益分析等辅助决策服务。同时，物联网技术中的自动感知技术也被广泛地应用于英国农业，在英国农场中广泛使用的施肥和施药机械宽度通常达 24 米，虽然规模庞大，但通过在机械上装载感知作物高度和密度等参数的传感器，使其能够根据作物长势灵巧地调节作业高度、倾斜度、肥药喷洒量，大型机械在农田中仍能实现高精确度的灵活作业。此外，一些农场还使用传感器、无线视频设备等对农场进行全方位无线监控和管理。

2013 年，英国政府启动"农业技术战略"，旨在利用"大数据"和信息技术等先进技术来提升农业生产效率。该战略得到了英国环境食品和农村事务部、商业创新和技能部等政府部门、相关学术机构和从事农业生产技术企业的共同支持。他们共同成立了"英国农业技术领导委员会"来负责实施整个战略。改战略的核心是建立一系列农业创新中心，其基础是"农业信息技术和可持续发展指标中心"。该中心聚集了英国国内顶尖的研究机构和企业，推进农业生产和市场化，并进行"大数据"和信息技术的充分融合。其中，洛桑研究所作为该中心的基地，为英国农业信息技术提供建模和统计服务；雷丁大学将提供数据科学服务；全国农业植物学会和苏格兰农业学院则提供农业技术资料交流[12]。

（四）意大利

意大利的农业系统按附加值计算在欧洲农业中排名第一，按可销售总产量计算排名第三。意大利也是世界上主要的葡萄酒生产国和欧洲主要的蔬菜生产国（按价值计算）[4]。2014 年，意大利 Confindustria（最大的国家工业协会）启动了第一个 4.0 项目（Fabbrica 4.0），目的是更好地了解数字化为当前行业发展提供的可能前景。考虑到意大利农业部门数字投资的有限性，智能农业食品的发展成为意大利农业 4.0 的一个重要参考。其主要目的在于了解数字创新对农业和食品供应链的转型所需的相关技能，为决策者提供研究结果，促进利益相关方之间的交流和讨论，推动数字创新和普及相关知识。根据米兰理工学院智能农业食品观测站和布雷西亚大学 Rise 实验室的调查，几家意大利中小企业正在积极应用 4.0 技术，并得到了极大的支持，这其中包括 60 家意大利籍的国际初创智能农业食品企业。

意大利将推进农业信息化和精准农业作为实现创新发展的重要动能，出台了"农业发展 4.0 框架"，该框架通过精准农业和农业互联网的融合，实现不同技术的互联互通，提高作物产量和质量、改善工作效率。意大利在前沿技术研发、数据开放共享、人才培养等方面进行了前瞻性部署，并将信息技术广泛应用于整个农业生产活动和经济环境，建立了完善的数字农业创新体系，覆盖了感知采集、加工处理、分析决策、信息服务等全链条、全领域，加快推进数字农业发展，激活数字经济，提高国家农业的国际竞争力。意大利借助遥感网、物联网和互联网等先进技术，将数据采集系统、分析处理系统和高性能技术系统等互联互通，实现了对大田和葡萄园种植生长环境的多角度、全范围监测。此外，在作物类型精细识别、农作物苗情、墒情和灾情等农情信息快速获取、基于物联网和云技术的农业生产智能服务和决策平台等方面，意大利也取得了重要突破，实现了从主观经验决策到智能技术决策的转变。

此外，数字农业技术又对实现可持续发展目标有积极影响。通过对环境、气候和种植技术要素的交叉分析，能够确定作物的灌溉和营养需求，防治病害和杂草繁殖，从而节省物资和时间资源，实现更有效的干预手段，进而提高产品的质量和数量。利用这些技术进行分阶段管理，以便在供应链中根据最终产品的用途决定收割作物的最佳时间点，提高货物和信息的交换效率、建立短供应链、追踪和认证产品等，连接各个环节有助于掌握最大效益，从而建立起更智能、更高效和更可持续的生态农业系统[13]。

（五）日本

尽管日本国土面积狭小，只有约 37.8 万平方千米，耕地不过 8272 万亩；人口约 1.3 亿人，农业人口不足 200 万人，但它不仅实现了农业现代化，而且在多项农业指标上达到了世界先进水平，位居世界第一。日本四面环海，山多地少，耕地分散，本不利于农业发展，此外，预计到 2050 年，日本农业人口还将减半至 100 万人，其中三成将是 85 岁以上的老年人。面对这些问题，日本选择大力发展小型化机械，采用精耕细作的方式提升农业生产力。

由于日本的国土狭小、人口众多，以及独特的土地制度，该国必须设计适合山地种植的小型农业机械，如针对大量水田，日本设计了全程化机械，可以实现从水田整地、育苗、插秧、收割到烘干一系列的操作。此外，日本还设计了适应于小家庭耕种的小型农业机械，以解决农业小而散的发展问题。所有农机具都是以农民为中心设计的，以确保每个农户都拥有必要的耕种工具，如收割机、喷药施肥机、土地起垄机、产品清洗包装机等。这些措施提高了生产效率，降低了生产成本，使日本在农业机械化方面处于较高水平。农业机械化也为该国的标准化生产奠定了基础，有助于开展品牌农业和实现农业产业的可持续性发展。

早在 2004 年，日本政府就将农业物联网列入计划，旨在实现人与人、物与物、人与物之间的连接，打造真正"无处不在"的未来互联网社会。截至目前，全日本已有一半以上农户选择使用农业物联网技术，这不仅大幅提高了农产品生产效率与流通效率，也有助于解决农业劳动人口高龄化和劳动力不足等问题。为了解决劳动力短缺问题并提高稻田产量，日本大量引进了无人机和传感器等智慧化、数字化农业技术，从而实现农药的精确喷洒，监测大片农田的水位变化，使农民能够以最少的劳动力来管理稻田。Horiguchi Seicha 是日本最早实施智慧农业的农业企业之一，他们的创新可以从 Horiguchi Daisuke 开始追溯，通过观察台风过后昆虫大量减少的现象，研发了"飓风之王"这种机器人，以高压将风和水吹过茶树，从而消除虫害。Horiguchi Seicha 并没有止步于防治虫害这一个步骤，他们还在试验一种采摘机器人原型，并引进一种能够自动部署覆盖茶树的机器，用以保护茶叶免受风和强烈阳光照射的危害①。

（六）泰国

泰国是世界五大农产品出口国之一，享有"东南亚粮仓"的美誉，是亚洲唯一的粮食净出口国和世界主要粮食出口国之一。作为三大国民经济支柱之一，泰国历届政府都高度重视农业创收、农村发展和农民收入，在重大农业政策方面保持了延续性，积极促进农产品出口创汇，增加农民收入。2016 年，Young Smart Farmers 智慧农户计划作为泰国版的农业 4.0 被纳入"泰国 4.0"经济计划中，农业 4.0 规定每个地区是种植农业还是经济作物，并给予研发、培训、设备等方面的支持，以促进种植地区的发展。泰国希望通过推进 4.0 战略，将传统的农业种植模式升级为智能化农业，实现数字经济环境下的市场管理，推动农产品标准化，避免价格干预等不当做法，以提升农民、合作社、农业经营实体和农业中小企业的竞争实力和市场销售能力。农业 4.0 机制以人工智能（AI）技术为核

---

① 《看日本农民用智慧农业技术都做了什么》。

心，实现智慧化的生产和市场对接，利用市场杠杆进行更加合理的调控，并参考大数据技术进行产量和定价方面的决策。泰国农业4.0项目的终极目标是在2036年前，让每个泰国农民的年收入达到39万泰铢。此外，该计划还预计在2036年之前培训10.16万农户掌握Smart Farms技术。

泰国视农业为国家的支柱产业之一，在世界上享有很高的农产品生产和出口地位。其主要出口产品——大米，2017年的产量飙升至1148万余吨，2022/2023年度更是达到了2000万吨。为了更好地控制质量和监控出口的大米，泰国政府决定引入农业区块链项目，提高农产品的可追溯性。在其他农产品领域，玛希隆大学和呵叻府葡萄园的研究人员打造了一个微气候监测系统，该系统主要利用传感器网络监测温度、湿度、光强度、风速和气压等关键数据，并通过智能系统进行数据分析，以提高产量同时降低故障风险。例如，当检测到湿度较低时，该系统会自动激活灌溉。这些技术不但可以让种植者实现远程管理农场，还可以进一步提高生产效率。泰国国立法政大学科学与技术学院开发的基于物联网（IoT）的灌溉控制系统，其智能农业装备（Smart Farming Kit）也有类似的功能。使用该产品时，可以预先设定浇水时间周期，而在其他时间，灌溉也可在土壤湿度水平低于预先设定的阈值时自动启动。成立于2015年的FarmD Asia公司是一家智能农业服务供应商，其目标是通过他们的旗舰产品——可预先编程的杀虫剂释放无人机，提高农业生产率，该产品可在单次飞行中覆盖6~8英亩的土地面积，不仅减少了农民接触化学品的风险，还大大节省了时间和成本①。

2018年1月，泰国的竞争力提升策略委员会确定了未来20年国家发展的重心，将以技术创新带来的价值增长为基础，并制定了农业发展规划（2017—2036年）。该规划坚持"农民稳定、农业富余、农业资源可持续发展"的理念，旨在将泰国打造成热带作物农业大国，让农业成为国家经济增长的重要引擎之一。通过技术创新，让农业出现量变和质变，成为优质产品和高价值产业，让农民成为高收入人群，并致力于实现农业的可持续发展。未来的计划将复合泰国4.0战略，通过培养智慧农民，把新发明和现代科技运用于农业，包括信息研究、种植计划制订和整个供应链的有效管理等方面。政府还高度重视科技推广，出台国家生物技术政策框架，强调应用基因组学和生物信息学的核心技术，选择理想的农作物特性，以提高农业生产力。

---

① 《细数世界各国的特色农业与资源禀赋（二）》。

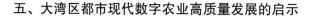

五、大湾区都市现代数字农业高质量发展的启示

综合以上数据和分析结果，数字农业发展的国际经验可为大湾区数字农业转型、农业革命代际快速演进提供启示。目前广东省的农业发展与全国基本同步，预计在 2025 年前完成农业 2.0 的转型，并正式跨入农业 3.0 时代。此外，得益于广东省自身的经济发展水平、数字化发展趋势，以互联网、物联网、大数据、云计算、人工智能等数字技术为主要形式的农业 4.0 也有望在广东省部分地区萌芽、培育并快速发展。

（一）全面加快农业机械化发展

农业机械化是农业现代化的基本要求，粤港澳大湾区应结合各地的地形地貌、土地细碎率、农民技术水平等实际情况，加快农业机械化布局，快速完成农业 2.0。

1. 有序推进土地集约化和农业经营规模化

鼓励农业规模化发展，大力支持农业合作社、龙头企业等组织形式，在确保以家庭为主的小农经济利益下，积极推动农业生产向规模化、专业化和集约化方向发展；推动土地经营权有序流转，破解农村承包地细碎化问题，加快发展农业适度规模经营；开展丘陵山区农田宜机化条件普查，加强丘陵山区农田"宜机化"改造，改善农机作业条件；保障电力供应以及农村基础设施和道路的改善，推进设施建造"宜机化"，为全面农业机械化发展奠定基础。

2. 引进和研制农业生产高效专用农机

推动丘陵山区通用机械装备及特色作物生产、特种养殖需要的高效专用农机科研转化，提高供给能力。加大扶持，推动产学研紧密结合，加快适用农机装备创新和机械化技术的推广应用。加强与周边地区的合作，如与珠三角地区及澳门、香港等地密切合作，共同推进农业机械化发展，充分发挥优势资源、技术和市场等方面的互补性优势。

3. 加强设施种植装备及配套技术标准制修订，完善标准体系

提升设施种植装备试验鉴定能力建设，制修订一批试验鉴定大纲，积极开展丘陵山区适宜农机专项鉴定，加快适宜当地产业需求农机具的推广应用。明确田间道路、田块尺寸与平整度等"宜机化"要求。快速建立农业机械化服务体系，鼓励企业投资农机设施，提供农业科技咨询、技术培训、维修保养等服务，满足农民对于农机设备的需求。鼓励企业提供机械租赁和加工服务，密切关注农民的需求。

4. 促进农业机械的研制和采购等融资

对于满足粤港澳大湾区特殊地貌而自主开发的定制化、特色化、智慧化、数字化农机产品，予以产品竞争保护支持。出台有针对性的政策，包括税收优惠、财政补贴和信贷支持等，以吸引更多资金和技术投入农业机械化领域，推动农业现代化进程加速实现。

5. 建设农机社会化服务综合平台，加强农机社会化服务

打造农机社会化服务综合平台，吸引农机社会化服务组织通过平台发布服务信息，并提供评论评价等功能。支持和鼓励农机服务主体订单作业、跨区作业和农业生产托管等多种形式开展服务，促进农户客户与社会化服务组织交流和互动。打造农机社会化服务可持续发展体系建设，吸引社会资金建设农机社会化服务团队，推动农机服务业态创新，鼓励服务范围拓展和外延。

（二）加快信息化和数字化进程

1. 加快农业 3.0 的发展，积极探索农业 4.0 示范基地的建设路径

加快粤港澳大湾区企业在农业生产信息化、数字化领域的研发速度和技术推广，由大型企业牵头、小型企业协助研发精准、智能、数字农业技术，切实提高工作流程的自动化水平。鼓励自动化、智能化、智慧化、数字化技术从工业向农业转化，建设由成本可控、功能可兼容、范围可扩展的器件和设备构成的数字农场示范基地，建设数字农业行业标准、评估方法及推广案例。

2. 面向农业服务市场，构建数字市场

由于存在信息差距、价格不对称、汇总产出和质量保证系统薄弱以及严重的物流和运输问题等因素，农村农业市场仍然支离破碎，效率低下。城市化进程的加快，使需求中心往往集中在人口众多的城市，而生产中心仍然是农村。然而，低效和薄弱的数字农业市场限制了整个农业系统的发展，并阻止了小农对需求中心的使用，使小农不能以具有竞争力的价格出售他们的产品。因此，数字农业市场在聚合需求和供应、促进原材料转化等增值产品以及发现市场价格等方面发挥着关键作用。

3. 积极评估数字农业生态系统的成熟度，消除数字技术推进中的关键障碍

首先，审查数字市场的监管框架，特别注意可能影响企业投资的政策或法规，以此激发扩展数字市场所需的投资。其次，当农业生态系统发展达到数字拐点，可以在数字化数据方面发挥关键作用，使农业从业者易于访问并可以适当地构建数字化市场的解决方案。再次，在数字容量扩展阶段，积极引入激励措施，鼓励解决方案提供商工具与其他解决方案互操作，从而促进各类平台对数据的包

容性并减少重复的设计工作。最后，数字市场解决方案可以为投入和产出提供价格信息服务，实现需求和供应汇总，从而有可能加速农业市场的发展，并将农民与将购买其产出的买家联系起来。

4. 政府应该采取包容的态度，给予容错空间，促进数字农业新业态的发展

数字农业是农业经济的高级形态，代表了现代农业的发展方向和最新趋势。随着数字技术不断创新，新业态、新模式、新行业与新理论必将不断涌现和跨界发展，数字农业的内涵和外延也必然需要作动态拓展与完善。数字农业发展带动的新业态、新模式代表着新的生产力，并有望成为农业技术革命的重要领域。针对这种伴随着不确定性的新业态、新模式，采取包容的态度并提供容错空间，有利于营造创新、宽松、公正的市场环境，从而鼓励农业领域新兴事物快速发展，引导新业态、新模式健康成长。

（三）强化数字技术针对性和公平性

数字农业面临着的另一个问题是技术不确定性，即数字农业解决方案的效果和可靠性仍存在一定的不确定性。因此，在数字农业的应用过程中，需要加强技术研究和创新，建立科学的测试和评估机制，确保数字农业解决方案的效果和可靠性得到验证和保障。同时，也需要注重对技术应用的规范和管理，避免不当使用或滥用数字农业技术所带来的不良影响。

此外，无数数字农业计划和初创公司正在利用数字工具和技术，希望提高农民的生产力和收入，加强粮食安全，增强粮食系统的复原力。例如，印度在2014~2019年对数字农业解决方案的资本投资总计17亿美元，但是数字农业尚未发挥其潜力，不同地区的数字农业成熟度水平不同，其成熟度不同，面临的障碍也不同。只有强化关联数字技术在农业领域的针对性，清楚地了解各个区域数字技术的成熟度水平，才可以有效地避免"为数字而数字"的思维方式，从而确保所采用的数字技术能够满足现实需求。

数字农业除了需要注重技术创新外，也需要注重市场需求。城市化进程的加快，需求往往集中在人口众多的城市，而生产仍然是在农村，由于信息差距、价格不对称、汇总产出和质量保证系统薄弱以及物流成本高响应慢等问题的存在，广东省内农业市场仍然以低效的传统模式为主。进一步强化数字技术在聚合需求和供应、原材料转化增值服务、市场价格波动等方面作用，强化数字技术在农业市场领域的综合应用，加速农业电子市场的发展，从而更好地协调市场需求，建立农民与买家的非单一联系渠道，并有效建立良性竞争态势，提升农民的销售水平。

此外，一个不争的事实是，尽管数字农业有许多个人成功案例，但是，它对

小农收入产生重大积极影响的证据却非常有限，大多数规模化解决方案主要集中在中型农民或中间商（如农产品经销商）身上。因此，对于数字农业的发展，除了需要关注规模经营和电子市场外，应同步重视对小农经济的促进作用。对于财政、金融、保险各方面农业领域内的数字化实践，应关注和支持小农户发展"家庭农场"或农业合作社，促进那些有长期、稳定务农意愿的小农户或农业合作社能够稳步扩大经营规模，并使其逐步发展成为管理先进、效益明显的中、小规模数字化农业新范式。

（四）加快和完善农业数据保护

1. 平衡农业数据的保密性和经济收益

在农业数据的保密性与关联人和组织的经济收益之间找到平衡，是政策制定者和政府面临的挑战。目前，农业数据的法律框架是支离破碎的，并没有像农民所期望的那样能够保护重要数据。政府对农民和农场数据保护的干预和数据实践标准可以有效解决农业数据治理带来挑战。例如，欧盟的《一般数据保护条例》和加拿大魁北克省的新法案，可用于保护农民最敏感的数据，表明法律和政策已专门和广泛地为农场数据提供更全面的保护；美国农业局起草了一套称为隐私和安全原则或核心原则，为农场数据治理实践提供了基准，包括收集、存储、使用和传输农民的数据。其他行为准则包括《新西兰农场数据业务守则》《欧盟合同协议农业数据共享行为准则》《澳大利亚农场数据守则》等，尽管是自愿遵守和自我监管的，具有限制的有效性，但是作为基本农业数据保护准则，具有重要的参考意义和价值[14]。

2. 理顺农业数据的安全性和数字化摊销成本

缺乏数据安全性和数字化投资的摊销不确定是农业数字化的主要风险，农民对数据安全性以及对数据的透明程度普遍表示担忧。由于业务和运营数据对于农民和其他相关方来说同样重要，因为这些数据能够帮助他们更好地了解市场趋势、作物生产情况、销售渠道等信息，进而优化农业生产和经营管理。而数字农业要求未来农业能够以数字化和透明的方式记录和展示他们的生产方法，这就需要确保农场、政府或第三方对数据的访问权力予以区分和控制。因此，现有的法律框架需要进行调整，以确保业务和运营数据的数据保护，制定明确的规则，以消除数据垄断，进而能够抵消危害和风险，平衡数据的公开和隐私保护之间的关系，确保数据的安全和合法使用。此外，数据将成为一种可交易的商品，其经济意义将大大增加，因此数据交易的法律法规的确立，同样具有重要的意义。

3. 强化数据产权和权力平等

数字农业革命也可能会带来权力不平等，整个社会对高科技的未来发展持乐观态度。然而，对于那些资金较少、IT 技能较差的农民，如何利用数字技术来获得相应的利益是整个社会不可忽视问题。农业 4.0 也许需要农民有偿使用或访问通过新技术收集的农场数据，或者依靠运营公司来维护越来越重要和复杂的设备。这样的情况使科技公司和大型农场企业成为数字农业的真正赢家，而对于小型家庭或家庭农场，保证数字农业中新兴技术使用的权力对等，确保所有新兴农业技术都在无限制或障碍的情况下被采用，确保新技术真的如承诺的那样惠及大众，这些都需要法律的支撑和保障。

4. 赋予农业合作社数据保护的职能

农民合作社作为这个新时代的新兴产物受到了社会的广泛关注，其不同于农业公司，属于农民自愿联合民主管理的组织，管理相对更为松散。农业合作社有望成为农业生态系统数据产权领域值得信赖的主体之一，承担农户数据保护和交易的载体，为农户提供数据的获取和收集，促进技术提供商和其他利益相关者对数据的读取和处理，为农场数据的可访问性和使用营造可持续的环境。

（五）培养高素质农业从业人员

新技术可以吸引更年轻、技术熟练的劳动力进入农业产业，以应对现有农业从业人员老龄化问题。通过使用更多自动化机械，新技术可以消除农业作业繁重的印象，从而更广泛地吸引技术人才从事农业产业。然而，新兴技术需要更高素质的农业从业人员，从而利用先进的技术和新思维，将现有土地改造成更现代化、更具竞争力的农场，以维持可行的粮食生产，同时提高农业粮食链的竞争力。数字农业不可忽略的另一个问题在于人才培养，培养具有数字底蕴和农业基础知识融合的人才，需要突破传统人才培养的分科教学模式，构建新型学科体系和培养机制。

培养高素质农业从业人员可以从以下几点出发：

首先，重建数字和农业的教学框架，鼓励数字经济学和农业学融合的研究方法。渐进式推进"跨学科研究"向"跨学科教育研究"的转变，并逐渐淡化农业与数字的边界，弱化利用数字经济解决农业问题传统的思维模式，设立数字经济学和农业学共同的"目标"，研究两类学科的变动对数字农业产生的交互影响。

其次，建设农业工人（职业化农民）培养体系和评价标准，分层次分类别培养农业工人。构建实用、高效、具有世界先进水平的农业教育培训和技术推广体系，建设农业产业经营者群体的知识体系培训，强化数字专业知识、领导能力和批判性思维技能，培养具有复杂环境运营能力的农业产业管理者，培养具有专业化、职业化、企业化经营的全才。促进农业 3.0 的快速发展和技术更迭，为农业4.0体系构建和示范应用，提供理论和实践指导。

再次，加强复合型人才引进和培养，强化农业产业工人技能和素质培训。进一步大力加强对遗传学、区块链和人工智能等科学领域有特殊了解的专家型人才的培养和引进，培养横跨多领域、学习能力更强、懂得农业数字化交付的复合型人才，为数字农业发展提供人才保障。加强农业产业工人的培训，强化其软件知识、商业头脑和沟通技巧，充分发挥技术工人在信息技术、智能设备等数字领域的知识和技能；加强全体职业农民的培训和农民素质的提高，通过教育立法推进培训工作的实施。

又次，构建新型农业运营模式，吸引年轻人进入科技农业产业。支持"家庭农场"、"家庭联合农场"、农业合作社等数字化建设和改进，丰富和完善数字农业定义，提升和拓展农业数字化的范畴和领域，增加农业工人技能拓展机会，引导年轻人成为农业创新的重要力量，通过应用新技术和新思维来开展多样化农业经营，增加农业工人的收入和福祉。通过持续的智力刺激和经济收入提升，吸引年轻人从事农业生产经营、管理维护以及市场推广等工作。

最后，强化农业融资渠道，建设农业法律法规服务体系。汇集财政经费、社会资本成立农业发展基金，助力农业从业人员通过商业计划或者创业实践获得资金支持，帮助新手农民将传统家庭农场过渡到信息化、数字化产业农场；建设数字农业青年发展协会，形成由青年农民组成的新型专业团体或组织，塑造科技农业的未来。建设农业法律法规服务体系，为数字农业和乡村振兴营造良好法治环境。数字农业不可避免地带来数字权力和技术风险等问题，因此，以数字农业法治化建设为引领，完善相关的制度体系具有重要的意义。政府和监管部门应不断推进数字农业发展法律制度的系统化，探索和制定服务本地数字农业发展的地方性法规。进一步提升数字技术勘察队伍能力建设，化解因数字农业智能化程度较高造成的审判困境。探索数字农业纠纷人民调解和诉讼机制，为数字农业纠纷提供多元的解决方案。

参考文献

［1］钟文晶，罗必良，谢琳. 数字农业发展的国际经验及其启示［J］. 改革，2021（15）：64-75.

［2］X. Li，T. Zhang，M. Wei，and L. Yang，Reduction of Truncation Errors in Planar Near-Field Antenna Measurements Using Improved Gerchberg-Papoulis Algo-rithm［J］. IEEE Transactions on Instrumentation and Measurement，2020，69（9）：

5972-5974.

〔3〕I. Zambon, M. Cecchini, G. Egidi, M. G. Saporito, and A. Colantoni. Revolution 4.0: Industry vs. Agriculture in a Future Development for SMEs〔J〕. Processes, 2019, 7（1）: 36.

〔4〕F. A. Maffezzoli, M. Ardolino, and A. Bacchetti. The Impact of the 4.0 Paradigm in the Italian Agricultural Sector: A Descriptive Survey〔J〕. Applied Sciences, 2022, 12（18）: 9215.

〔5〕Y. Liu, X. Ma, L. Shu, G. P. Hancke, and A. M. Abu-Mahfouz. From Industry 4.0 to Agriculture 4.0: Current Status, Enabling Technologies, and Research Challenges〔J〕. IEEE Transactions on Industrial Informatics, 2021, 17（6）: 4322-4334.

〔6〕刘彤. 在乡村振兴战略中开启中国农业4.0时代〔N〕. 中国食品报, 2020-06-09（001）.

〔7〕冯大春, 王明星, 吴惠粦, 张兴龙, 刘双印. 从产业视角看广东省数字农业发展现状〔J〕. 安徽农业科学, 2022, 50（23）: 212-215.

〔8〕王丽梅. 我国农业信息化建设中存在的问题及优化策略〔J〕. 南方农机, 2023, 54（7）: 184-186.

〔9〕孙晶, 朱永能, 石馨月. 大数据背景下广东农业农村信息化建设模式研究〔J〕. 农业与技术, 2023, 43（5）: 156-159.

〔10〕牛亚鑫. 广东省农业信息化发展水平评价〔D〕. 广州: 仲恺农业工程学院, 2018.

〔11〕王淑婷. 德国"农业4.0"关键术语汉译及阐释对我国农业发展的启示〔J〕. 现代化农业, 2020（2）: 51-52.

〔12〕林巧, 聂迎利, 杨小薇, 孔令博. 英国现代农业发展特征及现行政策规划综述〔J〕. 世界农业, 2018（12）: 11-15.

〔13〕M. A. F. A. Maffezzoli, A. Bacchetti. The Impact of the 4.0 Paradigm in the Italian Agricultural Sector: A Descriptive Survey〔J〕. Applied Sciences, 2022, 12（18）: 9215.

〔14〕J. Kaur, S. M. Hazrati Fard, M. Amiri-Zarandi, and R. Dara. Protecting farmers' data privacy and confidentiality: Recommendations and considerations〔J〕. Policy and Practice Reviews, 2022（6）: 230-235.

IV 实践调查篇

佛山市都市现代农业发展实践与探索

蔡　勋　雷百战　黄思映　代丽娜*

摘　要：都市农业是农业发展的"排头兵"，是现代农业的新形态和高质量发展的新路径。佛山市都市现代农业经历萌芽、初步发展、快速提升三个阶段，夯实了都市现代农业发展基础。良好的社会经济基础和内外发展环境也为都市现代农业发展提供了强力支撑。通过测度佛山市都市农业多功能发展水平，发现佛山市农业科技、生产、生活、生态等多功能发展整体呈波动上升趋势。佛山市各区都市现代农业功能特色鲜明，禅城区科技创新和生态涵养修复功能突出，南海区社会生活保障和生态涵养修复功能突出，顺德区科技创新和社会生活保障优势明显，高明区生产供给保障和生态涵养修复优势明显，三水区则多种功能协调发展。佛山市应继续秉持"一区一策"发展理念，优化发展格局，完善制度支撑，强化规划引领，保障要素供给，推动都市现代农业高质量发展。

关键词：粤港澳大湾区；都市现代农业；地区实践；佛山市

一、都市现代农业研究背景和内涵

（一）都市现代农业发展背景

在城市化进程不断加速和社会经济快速发展的背景下，都市农业作为一种与城市发展密切相关的农业形态，已成为当代农业发展与进步的必然趋势[1]。新时代优质安全农产品供给不足，难以满足人民日益增长的美好生活需要，是社会主

* 蔡勋，广东省农业科学院农业经济与信息研究所，博士，研究方向为农产品价格。
雷百战，广东省农业科学院农业经济与信息研究所，副研究员，研究方向为都市农业与区域规划。
黄思映，广东省农业科学院农业经济与信息研究所，硕士，研究方向为都市农业与区域规划。
代丽娜，广东省农业科学院农业经济与信息研究所，助理研究员，研究方向为都市农业与区域规划。

要矛盾在农业领域的突出表现[2]。2012 年 8 月，农业部印发了《关于加快发展都市现代农业的意见》（以下简称《意见》），该《意见》鼓励大中城市郊区率先实现农业现代化的部署，充分发挥都市农业应急保障功能，实现信息技术与都市农业的深度融合，加速都市农业现代化进程。2020 年 7 月，农业农村部印发了《全国乡村产业发展规划（2020—2025 年）》，指出要深度发掘农业多种功能和乡村多重价值，依托都市农业生产生态资源和城郊区位优势，建设城市周边乡村休闲旅游区，满足城市居民消费需求。广东省第十三次党代会报告提出要推动农村一二三产业深度融合，大力发展预制菜等农产品精深加工，培育壮大乡村旅游、都市农业、数字农业等新业态。2022 年，广东省政府报告也指出要建设大湾区美丽乡村和都市现代农业。

近年来，佛山市充分发挥地理区位优势，依托水产、花卉等特色产业，大力发展都市现代农业。一方面，积极开展院地科技合作共建，搭建都市农业创新平台，聚焦优势产业生物育种自主创新，推动农业农村向数字化、智能化转型。另一方面，以"百里芳华"乡村振兴示范带建设为抓手，推动乡村产业提档升级、乡村风貌焕然一新、乡村治理有力有效，创新大湾区都市乡村率先全面振兴的"佛山模式"。

（二）都市农业概念内涵

20 世纪初，德国"市民农园"是都市农业的雏形，20 世纪 60 年代都市农业率先在美国等发达国家兴起。中国的农村经济改革大大解放了农业生产力，使中国的农业生产按照世界农业发展的一般规律开始演进，从而使国内一些发达农村地区也兴起了都市农业发展浪潮，如 20 世纪 90 年代的长三角、珠三角等发达区域。近年来，国内外诸多专家学者从农业与城市关系演变的角度出发，对不同类型农业的适用范围、产业结构、功能布局等方面对相关理论进行了大量的对比研究。随着城市化水平的提升和农业发展阶段的推进，都市农业的主体功能、产业形态也发生着变化。有学者认为都市现代农业是在大城市中心或周边区域，以统筹城乡融合发展为目标，以服务城市、富裕农民为根本，以市场需求为导向，以智慧化、现代化、信息化为特征，集聚生产、生活、生态等多功能属性，与城市经济社会发展及生态系统高度融合的集约型现代农业[3-5]。

经过近 30 年的都市农业实践探索，都市农业的发展质量不断提升，发展方式不断转变，农业的多功能性不断拓展，先进生产要素不断集聚。从长远来看，全产业链融合、现代要素聚集、智能服务体系、绿色转型发展等成为都市现代农业发展的趋势[6]。李青原认为，"农业+互联网"有利于助推都市农业生产销售环节的模式突破，"农业+产业化"模式有助于加强都市农业与二三产业融合的方式创新，"农业+生态化"模式有益于推进都市农业绿色化、复合式的生产进程[7]。邱国梁和姜昊指出，当前中国具有代表性的都市农业发展模式包括休闲体验模式、社区支持模式、科普教育模式、住宅农业模式、订单农业模式、循环农业模式6种形式[8]。尧珏等基于青岛农业发展以资源流动集聚和农业功能拓展为划分依据，梳理出高科技向农业渗透衍生出创新型农业、现代农业高新技术集成衍生出综合型农业、现代农业多功能拓展衍生出服务型农业、资源要素流动形成的城乡融合农业等都市农业发展模式[9]。田璞玉等认为，粤港澳大湾区都市农业已形成以"市场流通型、特色产品型、休闲观光型、科普教育型、生态保障型"为主的发展模式[10]。

都市农业的发展是一个动态的过程，不同发展阶段都市农业发展的内涵特征不尽相同。2012年，农业部发布的《关于加快发展都市现代农业的意见》指出，都市农业在地理上位于城市周边，在功能上服务于城市发展，在资源要素上与城市工商业紧密互动，是推进"三化同步"的有效载体。当前，我国迈入全面建设社会主义现代化国家的新发展阶段，全面实施乡村振兴战略，朝着形成工农互促、城乡互补、协调发展、共同繁荣的新型工农城乡关系，促进农民农村共同富裕的目标推进。都市农业是农业发展的"排头兵"，构建新型工农城乡关系，实现农民农村共同富裕也是都市农业发展的使命任务。

综上所述，本文给予都市现代农业的定义为"都市现代农业是依托都市、服务都市发展起来的具有生产、生活、生态和人文等多功能于一体，包含农林牧渔业生产、加工、制造、流通、服务等全产业链的产业，以生态绿色农业、观光休闲农业、高科技农业为标志，以园艺化、设施化、工厂化、智能化为重要手段，与都市经济社会及生态系统紧密相连，是现代农业发展的新形态和高质量发展的新路径"。

二、佛山市都市现代农业发展总体情况

(一) 佛山市都市现代农业发展历程

1. 都市现代农业开始萌芽阶段 (20世纪80~90年代)

我国实行改革开放后，佛山市调整了农业生产布局和农村产业结构。20世纪80年代中后期到90年代末期，佛山市以发展市场农业为导向，深化农业产业结构调整，改革农产品流通体系，提高农业生产的商品化、社会化和组织化程度，同时在完善土地承包责任制基础上鼓励土地流转，促进土地的集约经营和规

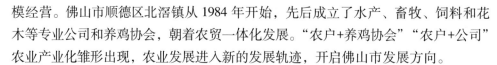

模经营。佛山市顺德区北滘镇从 1984 年开始，先后成立了水产、畜牧、饲料和花木等专业公司和养鸡协会，朝着农贸一体化发展。"农户+养鸡协会""农户+公司"农业产业化雏形出现，农业发展进入新的发展轨迹，开启佛山市发展方向。

2. 都市现代农业初步发展阶段（2000~2011 年）

佛山市各区根据各自的传统和优势，结合自身实际，加快发展生产规模大、市场需求旺、产业基础好的特色农业。初步形成了市（区）有区域、镇有特色、村有专业、户有规模的产业格局，基本形成了近郊以叶菜、花卉为主，远郊以水产、瓜菜为主，山区以水果、畜牧为主的区域产业带，形成了种植业、畜牧业、水产业三大产业。2011 年，种植业、畜牧业、水产业占农业总产值的比重约为 3∶3∶4。

农业产业化逐步发展。佛山市农业生产相对集中，开始以农业园区、农业龙头企业和农民专业合作经济组织为载体，推进农业产业化经营。农产品批量生产、集中上市，适应了市场经济发展的需求，农业产值也有很大提升。2011 年佛山市农林牧渔总产值为 218.24 亿元，比 2000 年增长约 3 倍。截至 2011 年，佛山市有现代农业园区 17 个；市级及以上农业龙头企业 38 家，其中国家级 2 家、省级 11 家；有各类农民专业合作经济组织 43 个（含顺德区 10 个）。成为全省首个被评定为国家农业产业化示范基地的地级市。

功能趋向多样性发展。随着社会经济发展水平的提升，城乡居民的日常消费逐渐呈现多元化、高质化的特征，并已注重生活质量的提高和食品质量以及食品安全问题。为满足城市居民多样性的消费和提高生活质量的需求，自 2000 年以来，佛山市充分利用区位、经济、人才、技术、信息等方面的优势，着力发展农业现代化、逐步推动以供应城市的城郊农业向多功能的都市现代农业转化（见表1）。

表 1 佛山市都市现代农业功能及主要园区基地

类型	功能	生产区/示范基地
城区型都市农业	生态及文化娱乐功能	三水乐平镇的侨鑫生态园、西南街道的荷花世界、高明对川茶景园等
近郊型都市农业	生产功能为主，观光、科教娱乐功能为辅	花卉苗木主产区（顺德区东南部、禅城区南庄镇和南海东部）、都市蔬菜产业区（南海区狮山镇、罗村街道、三水大塘、芦苞镇）、水产养殖产业区（顺德区乐从、勒流、杏坛、均安、龙江镇和南海区九江、西樵、丹灶镇）
远郊型都市农业	生产功能和生态防护功能并重	三水北部水源涵养林生态保护区、高明中西部生物多样性保护区及南海西樵山、九江等生物多样性保护区

观光休闲农业发展迅速。随着佛山市都市农业的进一步发展，都市农业的发展不再局限于生产功能，充分发挥都市农业休闲观光功能，逐步发展观光休闲农业。观光休闲农业从早期自发的水果尝鲜、花卉观赏、垂钓等形式，逐步发展到资金、技术集约程度较高，有一定规模的观光农业旅游企业，建设了一批森林公园、旅游农庄、设施农业示范场、花卉博览园等观光休闲农业基地，如三水侨鑫生态园与荷花世界、高明对川茶景园等。全市有全国休闲农业示范点1个，禅城罗南生态公园、顺德长鹿农庄、高明盈香生态园等观光休闲农业公园已投入运行。

3. 都市现代农业快速提升阶段（2012年至今）

都市农业的价值不断受到人们的关注，国家开始重视都市农业的发展。2012年，农业部发布了《关于加快发展都市现代农业的意见》，强调要不断优化布局结构，开发农业多种功能，争取大中城市郊区率先实现农业现代化。佛山市积极探索都市农业高质量发展路径，以农业科技化、创意化、生态化、公园化为方向，积极改善农业生产条件和生态环境，不断提高农地效益、优化产业结构、转变发展方式和拓展农业功能，全面推进农业绿色优质发展、都市现代农业新业态不断涌现，设施农业不断发展、数字农业逐渐起步。2021年，佛山市农林牧渔业总产值达394.24亿元，较2011年增加176亿元，增幅达80.65%。2022年佛山市出台《关于加快发展现代都市农业的实施意见》，围绕加快建设高水平农业科研平台、推进优势产业生物育种自主创新和产业化发展、高质量建设现代化农业产业载体、全面推动现代渔业绿色发展、加快建设粤港澳大湾区现代都市农业综合示范基地等11个方面进行全面布局，加快提高佛山都市农业现代化发展水平，着力建设广东省都市农业现代化先行区，实现都市农业生产、生活、生态功能融合发展。佛山市农业产业化实现跨越式发展，现代农业产业体系逐渐健全，都市农业进程进入新的发展阶段。

（二）佛山市都市现代农业"十三五"发展概况

1. 重要农产品稳产保供能力增强

"十三五"期间，佛山市扎实做好粮食及重要农产品稳产保供，加强粮食生产、仓储、配送能力建设。相较2016年，2021年佛山市除了畜禽产量有所下降外，淡水产品、粮食、蔬菜、水果产量均有所增加（见表2）。淡水水产品产量75.78万吨，排在珠三角第一位，占珠三角淡水水产品生产总量的1/4，不仅能满足当地对居民水产品的需求量，还能销往供应至全国各大中城市。全市建成省市级和粤港澳大湾区"菜篮子"基地105家，"佛味鲜生"优质粤菜食材供应基地 45 个，蔬菜自给率超过 80%。全市重要农产品物流保供能力也不断增强，粮食、肉类、禽蛋奶等农产品供应充足，可以满足佛山市居民的消费需求。

表 2　2016 年和 2021 年佛山市重要农产品生产变化情况

产品	单位	2016 年	2021 年	增减（%）
粮食播种面积	万亩	10.92	13.86	+26.92
粮食产量	万吨	3.8	4.86	+27.89
蔬菜播种面积	万亩	46.78	50.65	+8.27
蔬菜产量	万吨	79.87	85.26	+6.75
水果产量	万吨	4.05	4.73	+16.79
生猪饲养量	万头	219.88	144.85	−34.12
三鸟饲养量	万只	8285.45	7327.06	−11.57
肉类总产量	万吨	19.91	15.10	−24.16
猪肉产量	万吨	10.18	6.53	−35.85
禽肉产量	万吨	9.69	8.54	−11.87
淡水产品产量	万吨	62.49	75.78	+21.27

资料来源：《佛山统计年鉴 2017》《2021 年佛山市国民经济和社会发展统计公报》。

2. 现代农业产业园区化发展稳步推进

"十三五"期间，佛山市现代农业产业结构不断优化。2015 年，佛山市农业总产值中种植业占比为 34.51%，渔业占比为 40.01%，牧业占比为 19.41%，到 2020 年佛山市农业总产值中渔业占比为 44.69%，种植业占比为 34.87%，牧业占比为 12.59%，种植业相对平稳，渔业稳步提升。其中花卉、水产贡献值最大，具备明显的区域特色产业优势，在粤港澳大湾区内占据绝对优势。截至 2021 年底，佛山市已创建 10 个省级现代农业产业园，其中水产产业园 5 个、花卉产业园 3 个、丝苗米 1 个、智慧农业园 1 个；市级现代农业园区 50 多个，有效地推动了全市花卉、水产等优势特色产业标准化、规模化、品牌化、绿色化发展，推进优势特色产业转型升级，形成了以优质渔业和花卉苗木为特色的现代农业产业格局。

3. 农产品质量安全保持较高水平

"十三五"期间，佛山市全市加强农业信息监测预警和农产品溯源管理系统建设，从源头上加强对水产品和渔业投入品的监管，持续落实"六个一"监管措施。佛山市积极推动水产养殖散户使用合格证，率先将其纳入广东省农产品质量安全溯源平台进行信息化管理，"菜篮子"基地直销点亮标经营和产品质量安全监测信息系统基本实现全覆盖，高明区成功创建成为首批国家农产品质量安全县，录入省追溯管理平台养殖散户达 12717 户。2021 年全市食品安全监督抽样合格率达 97% 以上，基层农产品检测水平全国领先，农产品质量安全检测合格率逐步提高。全市共培育省级"粤字号"农业品牌目录入库产品 101 个，农产品地理标志产品 4 个，国家地理标志保护产品 2 个，农业品牌日益壮大。

4. 产业融合发展步伐明显加快

佛山市不断推进农业产业融合，促进一二三产业相互渗透、共同发展，农产品加工业、农业与旅游、文创、商贸等相融合的产业呈现较强劲发展势头。2021年，佛山市规模以上农副食品加工企业有 100 多家，相比 2016 年，增加约 20%，水产品年加工近 4 万吨，烤鳗、鲮鱼罐头等水产制品畅销国内外。2019 年"三水芦苞鱼干"获佛山市首个加工类农产品注册的国家地理标志证明商标注册证书。佛山市依托花卉产业和乡村其他资源，促进农文旅体等多产业融合有机结合。2021 年底，佛山市入选中国历史文化名村 3 个，中国传统村落 22 个，建成全国乡村旅游重点村 2 个、全国休闲农业与乡村旅游示范点 3 个、国家级研学基地 2 个，省级休闲农业与乡村旅游示范镇 6 个、示范点 18 个，省级农业公园 5 个、市级农业公园 30 个，南海"水乡花园"乡村旅游精品线入选中国美丽乡村休闲旅游行精品景点路线，9 条入选广东省文化和旅游厅的乡村旅游精品线路，190 多家民宿建成并营业。

5. 都市农业绿色发展水平不断提升

佛山市坚持绿色发展理念，大力发展绿色生态养殖模式。"十三五"期间，佛山市启动 17 个标准化改造和养殖小区项目建设，建成 5 个市级养殖池塘标准化改造示范点，池塘养殖尾水处理后达到淡水养殖废水排放标准值的二级标准，规模种养主体质量控制能力明显提升。化肥农药减量增效深入推进，全市主要农作物化肥、农药使用量连续四年实现负增长，畜禽粪污综合利用率达 89.92%。秸秆综合利用率达 99.5%，测土配方施肥技术推广覆盖率超过 90%，在全省首创"区级奖励回收、市级转运处理、市场手段调节"模式开展农药包装废弃物和农膜回收，全市农膜回收约 95.4%。

6. 都市农业科技支撑能力不断增强

"十三五"期间，佛山市不断加强农业科研平台建设，农业科技实力持续提升。2015 年，佛山市与省农科院联合共建省农科院佛山分院，共建广东省农业科技示范市，先后创建南海现代农业产业研究院、珠三角基塘农业研究院、省农科院水产研究所和佛山市现代渔业科技园，广东省农科院与佛山市万汇餐饮投资有限公司合作成立"顺德美食工业化研究院"等科技创新平台，成功引进佛山鲲鹏现代农业研究院、广东数字农业示范园等重点项目。已累计育成水稻、蔬菜新品种6个；"广明2号"白羽肉鸡配套系通过国家审定，成为我国首批自主培育的白羽肉鸡品种之一，打破了国外对白羽肉鸡种源的垄断；选育的"佛甜10号"填补了华南地区夏播甜玉米品种的空白。"十三五"期间，各级财政累计投入培育资金超过1800万元，建有省级高素质农民示范培育基地25个，认定市级新型职业农民培训基地38家，组建114人职业农民培训讲师团，共建成农业科技推广驿站2个，农业科技示范展示基地16个，为培育新型农业科技人才提供支撑力量。

（三）各区都市现代农业发展现状

1. 禅城区

2021年，禅城区农业生产总值为1.40亿元，仅占佛山市农林牧渔总产值的0.36%，其农业生产主要集中在南庄镇。区内乡村旅游基础完善，打造了"醉美南庄""织梦张槎"两个省级新农村示范片，紫南村获评"全国文明村镇""中国十佳小康村""中国最美乡村""全国乡村治理示范村"等荣誉称号，8个村获评"广东省乡村治理示范村"，"禅城岭南粤韵乡村生态游"获评广东省乡村旅游精品线路。禅城区持续推进农业公园的建设，打造佛山特色的禅乡渔歌农业公园，包括孔家九曲公园、红峰公园、罗村沙公园，让市民体验到"稻香渔歌"诗意生活。同时，禅城区发达的工业对农业具有较强的反哺能力，完善的第三产业体系也为都市现代农业的发展奠定了良好的基础。2019年，禅城区各地类面积如表3所示。

表3 2019年禅城区各地类面积 单位：亩

地类	面积
耕地	5328.04
园地	1802.42
林地	6005.87
草地	8754.24
养殖坑塘	6233.17
设施农用地	160.26

资料来源：第三次全国土地调查数据。

2. 南海区

2021 年南海区农林牧渔产值为 113.53 亿元，年产值超 100 亿元，占佛山市农林牧渔总产值的 28.80%，在佛山市排名第二。截至 2021 年，南海区有农业龙头企业 51 家、省级农业园区 3 个，包括佛山市南海区九江鱼花产业园、佛山市南海区花卉园艺产业园、佛山市南海区预制菜产业园。2019 年，南海区各地类面积如表 4 所示。

表 4 2019 年南海区各地类面积　　　　　　　　　　　　单位：亩

地类	面积
耕地	94595.39
园地	102091.76
林地	154003.40
草地	60265.07
养殖坑塘	153670.83
设施农用地	10189.61

资料来源：第三次全国土地调查数据。

南海区既是传统的"鱼米之乡"，也是桑基鱼塘生产模式的发源地，桑园围入选世界灌溉工程遗产，拥有以花卉、水产为代表的特色农业产业。全区以工业化理念推动现代农业发展，明确推进南海区都市智慧农业示范园、丹灶镇良银心万亩农业示范园、里水花卉园艺产业融合示范片区、九江鱼花科技创新示范片区、广东佛山基塘农业系统 5 个万亩农业示范区建设；加快现代智慧农业产业布局，建设里水镇农产品跨境电商综合试验区、绿之选农产品交易平台等互联网交易平台。

南海区着力培育农业产业发展的新动力、新模式与新业态，率先在全市推出预制菜产业发展方案，通过建设十大国家级预制菜产业发展示范平台，以点带面，促进南海区预制菜产业发展全面提速。提出整合南海区现代农业产业研究院和华南理工大学食品科学与工程学院等科研院所优势资源，搭建预制菜产学研平台"岭南美食研究中心"，提升南海区预制菜产业数字化、智能化、机械化水平，以工业思维挺进万亿农业发展新赛道。

3. 顺德区

2021 年顺德区农林牧渔产值为 131.26 亿元，占佛山市农林牧渔总产值的 33.29%，在佛山市排名第一。渔业和花卉是顺德区的农业主导产业。近年来，顺德区做大做强水产养殖和花卉种植两大核心产业，外延农业面积已超过 30 万亩，年产值近 80 亿元，已建成花卉、优质草鲩、优质加州鲈、预制菜 4 个省级现代农业产业园。农业总部经济成为农业高质量发展的新动能，已认定 6 家现代农业总部企业。先后被评为国家现代农业示范区，拥有"中国鳗鱼之乡""中国兰花之乡""中国花卉之都"等颇具影响力的农业区域品牌；顺德鳗鱼、顺德国兰、陈村年橘获国家农产品地理标志登记保护，陈村蝴蝶兰获得国家农产品地理标志称号。2019 年，顺德区各地类面积如表 5 所示。

表 5　2019 年顺德区各地类面积　　　　　　　　　单位：亩

地类	面积
耕地	28832.80
园地	59065.74
林地	39352.42
草地	57137.76
养殖坑塘	141143.08
设施农用地	8107.10

资料来源：第三次全国土地调查数据。

农业电商引领花卉种植业率先融入互联网时代，2021 年，顺德区围绕特色现代农业产业建立"链长制"，以实施农业产业数字化为方向，重点实施智慧农业生产工程、农业销售"云"平台工程等五大农业工程，数字赋能，推进现代农业与美食文旅产业深度衔接和高质量发展，发展了一大批乡村旅游和休闲农业项目，"世界美食之都""中国花卉之都"影响力不断增强。顺德区紧跟预制菜产业发展新潮流，顺德区发布支持预制菜产业发展的"六个一"工程，建立全国性的中央厨房预制菜产业示范区，打造顺德农业跨界融合发展的"样板工程"，打造大湾区预制菜产销聚集区。

4. 高明区

高明区是佛山市农业大区，拥有佛山市超 1/3 的耕地面积，是广东主要的产粮区，还有着"厨出凤城，材源高明"的美誉，三洲黑鹅、富硒大米、合水粉葛、合水生姜、对川红茶等都是享誉海内外的知名农产品。2021 年，高明区农林牧渔产值为 69.03 亿元，占佛山市农林牧渔总产值的 17.51%。全区"三个万亩工程"全面铺开，发展取得初步成效，"万亩稻田""万亩花卉"入选省级现代农业产业园，5G 农田、无人农场等高科技农业项目多点开花，"千亩粉葛""千亩茶叶"农业项目也在逐步推开。高明区现已建成现代农业园区 13 家、农业公园 7 家、"菜篮子"基地 34 个，培育"两品一标一名牌"农优产品 26 个，建成国家农产品质量安全县、广东省水产健康养殖示范县。国家白羽肉鸡育种联合攻关项目取得重大突破，"广明 2 号"白羽肉鸡新品种通过国家审定，并获批为国内唯一一家农业农村部佛山鼋人工繁育基地，推动农业现代化发展。2019 年，高明区各地类面积如表 6 所示。

表 6　2019 年高明区各地类面积　　　　　　　　　　单位：亩

地类	面积
耕地	106849.83
园地	54347.32
林地	804423.54
草地	33169.72
养殖坑塘	122549.70
设施农用地	3574.08

资料来源：第三次全国土地调查数据。

5. 三水区

2021 年，三水区农林牧渔产值为 89.5 亿元，占佛山市农林牧渔总产值的 22.7%。农村居民人均可支配收入为 35781 元，城乡居民可支配收入比值为 1.35。全区获省、市级龙头企业 37 家；获评省、市级"菜篮子"企业达 29 个，接近全市获评企业总数一半。全区在种植业、水产业、畜牧业已经建立一些数字农业示范样板，如碧桂园万亩智慧农业园。2019 年，三水区各地类面积如表 7 所示。

表 7　2019 年三水区各地类面积　　　　　　　　　　单位：亩

地类	面积
耕地	102018.55
园地	70059.45
林地	239930.99
草地	46274.75
养殖坑塘	283100.07
设施农用地	19841.15

资料来源：第三次全国土地调查数据。

三水区被誉为"中国首个富裕型长寿之乡""中国饮料之都"。食品饮料产业是三水区支柱产业，中国（三水）国际水都饮料食品基地规划面积2.2万亩，聚集了百威、红牛、健力宝、可口可乐等100多家饮料食品及其配套优项目，入选工业和信息化厅认定的广东省首批特色产业园，三水区正加快培育超1000亿元食品饮料产业集群，鼓励发展以米面速冻品和酱卤食品为重点的预制菜。围绕"3+N"产业布局，引入何氏水产、合洋水产等行业龙头，打造全省首个以水产预制菜为导向的超大型省级现代农业产业园，并建设成为粤港澳大湾区乃至中国预制菜品质高地。

三水区通过实施都市现代农业三年行动，全区构建健康水产、优质肉品、精品果蔬、特色花卉及农旅文融合"4+1"全产业链，正努力建设粤港澳大湾区都市现代农业示范区，力争创建国家级农业现代化示范区。全区还将挺进全国乡村振兴第一方阵作为目标，全域推进美丽乡村建设行动、打造城乡融合发展先行区，全面构建城乡共富共美共融新格局。

（四）佛山市发展都市现代农业面临的问题

1. 缺乏系统性的发展规划引领

佛山市作为粤港澳大湾区重要城市之一，佛山市人口数量为949.9万，是中国第17个GDP超万亿元城市，有基础、有条件发展高质量都市农业。但由于未将都市农业发展融入佛山市经济社会发展规划中，都市农业发展呈现各区自主状态，在全市层面缺乏专一的系统性规划。北京、上海等城市都市农业发展起步较早，20世纪90年代，北京、上海、深圳等城市就已将都市农业纳入城市发展规划，武汉、成都、南京、青岛等城市也逐步将都市农业列入城市经济发展中，推动都市农业高效发展。其中，北京、上海、成都、武汉4个城市已入选国际都市农业基金会评选的"国际现代都市农业试点示范城市"。

2. 产业融合发展模式亟待创新

一方面，都市农业的精深加工水平还有待进一步深入，尤其是新产业、新业态的发展力度有待加强。以水产为例，大部分养殖户以粗放式养殖模式为主，农产品就地加工转化率不高，较少参与农产品的初级加工；水产品的精深加工能力有待进一步提高，预制菜等新业态尚处于起步阶段。另一方面，乡村历史文化资源挖掘需进一步加强，休闲农业与乡村旅游功能较为单一，以单纯的乡村休闲旅游、观光采摘与农事体验等活动为主，开发模式单一和内容同质化现象较为普遍，融合动态体验、文体创意、旅游观光、科普教育与研学、健康养生等多样化功能元素不多，多业态综合开发程度不深，导致休闲农业经济效益不高。

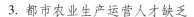

3. 都市农业生产运营人才缺乏

一方面，农业从业人数呈下降趋势。从事第一产业的劳动力总人数由 2010 年的 26 万人减少至 2020 年的 20 万人，劳动力总人数不断减少。随着现代农业的发展，农业生产经营专业化、技术化趋势明显，但目前大部分农业经营主体整体素质水平不高，尤其是镇村企业管理人才缺乏，难以通过成立公司运营管理产业项目。另一方面，都市农业科技支撑力度还有待加强，缺乏信息化科技、智能化科技、生物育种等高技术领域和新兴学科的人才。懂技术、能服务的科技和推广人才缺乏，从事农技服务推广主体的基层农业技术推广队伍人员配备不足。

4. 农业绿色发展仍需继续推进

佛山市都市现代农业发展面临环境条件制约和环境保护压力，在绿色发展方面还存在一定的短板。从化肥施用强度来看，佛山市化肥施用量虽然呈现递减的趋势，但是 2020 年化肥用量仍达 28.25 千克/亩，与广州市相比，低于广州市的 30.93 千克/亩，但是高于珠三角的 26.66 千克/亩的平均水平。从农药使用强度来看，佛山市农药使用强度整体高于广州市，2020 年佛山市农药使用强度达 1.17 千克/亩，高于广州市的 0.85 千克/亩，也高于珠三角的 1.03 千克/亩（见表 8）。此外，佛山市鱼塘面积较大，冬春季节出鱼后尾水集中外排，部分高密度养殖品种若没有做好相应尾水处理，短期内会对江河水生态造成不小的环境压力。

表 8　2015~2020 年佛山市和广州市化肥农药使用情况　单位：千克/亩

年份	佛山市		广州市	
	化肥施用强度	农药使用强度	化肥施用强度	农药使用强度
2015	32.33	1.83	28.19	0.81
2016	32.70	1.90	28.11	0.82
2017	33.24	1.50	30.23	0.92
2018	30.77	1.36	33.46	0.98
2019	28.63	1.25	32.59	0.91
2020	28.25	1.17	30.93	0.85

资料来源：历年《广东农村统计年鉴》。

5. 现代农业发展受耕地制约较大

佛山市由于城市化和工业化发展，耕地资源减少，土地碎片化严重。2019

年第三次全国国土调查的数据显示，佛山耕地总面积为 31.75 万亩（见表 9），与 2009 年第二次全国国土调查的耕地面积相比，耕地总量减少较多且土地碎片化加剧。

表 9　2009 年和 2019 年佛山市耕地面积及地块数量　　单位：块，万亩

地类	地块数量		面积	
	2009 年	2019 年	2009 年	2019 年
水田	19868	24320	36.68	18.30
水浇地	13575	35475	15.40	11.81
旱地	4426	4021	6.85	1.64

资料来源：第二次全国土地调查和第三次全国土地调查。

6. 产业支持政策体系有待完善

农业发展需要政策和财政资金的支持。现阶段，佛山市针对都市农业发展的政策还有待完善：一是建设用地指标少。都市农业的发展离不开现代设施，对设施用地和建设用地的需求较大。尤其是对于花卉产业而言，佛山市花卉产业正在面临转型，需要土地的硬底化，而目前相关的配套政策还不健全，用地政策无法落实，都市农业二三产业配套设施建设受阻。二是农林水支出占比相对较小，财政投入有待增加。2019 年和 2020 年全市农林水支出分别为 23.30 亿元和 31.18 亿元，占地方财政支出比重分别为 2.48% 和 3.11%，低于 2020 年中山市的 5.23% 和东莞市的 3.91%。

三、佛山市发展都市现代农业发展基础和环境

（一）社会经济基础

1. 具备反哺都市现代农业的经济实力

2020 年，全市地区生产总值达 10816.47 亿元，三次产业比重优化调整为 1.5∶56.4∶42.1；先进制造业增加值占规模以上工业增加值比重提高至 50.2%，实现地方一般公共财政预算收入为 753.29 亿元，贷款余额达 1.45 万亿元，居全省前列。财政民生支出 5 年累计达 3055.46 亿元，占一般公共预算支出的 72.4%。全市五区连续 5 年稳居全国综合实力百强区前 50 强，有经济实力反哺佛山市都市现代农业快速发展。

2. 具备实现新突破的科技创新环境

佛山市获批建设国家创新型城市，加快建设面向全球的国家制造业创新中心，加快构建"一环创新圈"和"1+5+N"创新平台体系。2020年研发经费支出占地区生产总值比重达2.67%，国家高新技术企业累计达5718家，省重点实验室增至29家。不断增加的科技创新平台、研发投入和增强的自主创新能力均有利于佛山市都市现代农业科技实现新突破。

3. 具备激发新活力的深化改革实招

佛山市加快重点领域和关键环节改革，积极争取国家制造业高质量发展试验区建设，成为全国"企业开办全程网上办"改革试点城市。南海区中央农村土地制度改革试点取得阶段性成果，"三块地"改革获自然资源部肯定，顺德区全国农村集体产权改革试点通过验收。正因为以上改革实招，预制菜加工、现代农业产业园、农业公园等佛山市都市现代农业新业态得以蓬勃发展。

4. 具备展现新形象的湾区城市品质

佛山市加快两大滨水核心和八大城市功能节点打造，整理村级工业园土地15.1万亩，现代化国际化大城市建设初见成效。创建了1个全国特色小镇和仙湖氢谷等21个省级特色小镇，数量居全省之首。"百里芳华"乡村振兴示范带初步建成，内通外联的现代化基础设施体系建设提速，创建成为国家森林城市。佛山市以建设"岭南美食之乡、食品安全之城"为目标，创建国家食品安全示范城市。良好的城市品质助推佛山市都市现代农业的可持续发展。

5. 具备融入新局面的全球开放合作

佛山市参与"一带一路"建设成效明显，开始推进RCEP落地实施。广佛规划共建广佛高质量发展融合试验区，粤港澳大湾区重点城市合作共建进展良好，粤桂黔滇高铁经济带建设市（州）增加到21个。佛山市获批设立中国（佛山）跨境电子商务综合试验区，成为国家级市场采购贸易方式试点城市。良好的开放合作局面为佛山市都市现代农业奠定了坚实的共享合作基础。

（二）内外发展环境

1. 国内外环境对都市现代农业发展构成挑战

当前，世界百年未有之大变局深刻演化，新冠肺炎疫情影响广泛深远，经济全球化遭遇逆流，国际贸易保护主义日益加剧，产业链、供应链市场循环受阻，贸易自由度客观缩减。我国已转向高质量发展阶段，但重点领域关键环节改革任务仍然艰巨，创新能力不适应高质量发展要求，农业基础还不稳固，城乡区域发展和收入分配差距较大，生态环保任重道远，都将对佛山市都市现代农业快速发展构成挑战。

2. 广东省新格局有利于都市现代农业发展

广东省经济总量大、产业配套齐、市场机制活、开放水平高，转型升级、领先发展态势将更加明显；举全省之力推进粤港澳大湾区建设和支持深圳建设中国特色社会主义先行示范区；高质量加快构建"一核一带一区"区域发展格局，中心城市和都市圈综合承载能力将持续提升。广东省走在都市农业发展第一方阵，提出推动粤港澳大湾区都市农业发展，定位大湾区为重要农产品和食品的稳定供应基地、湾区田园都市优质生活圈、城乡融合发展试验区、都市现代农业硅谷、农业总部经济聚集区，佛山市定位为农耕文旅与智慧农业发展区。

3. 佛山市领头羊气魄有利于都市现代农业发展

佛山市站在经济总量破万亿元后的发展新起点，面临国际国内环境变化带来的一系列重大发展机遇。佛山市也面临经济运行下行压力依然不小、产业层次需要优化升级、创新驱动能力需要提高、生态环境保护需要加强、城市功能形态品质需要提升、区域城乡发展不平衡需要破解等问题。佛山市"十四五"提出，建设佛山市为粤港澳大湾区极点城市、全省地级市高质量发展领头羊、面向全球的国家制造业创新中心；加快建设城乡融合发展示范城市、高水平广东省农业科技示范市，高质量建设一批国家级、省级现代农业产业园和农业现代化示范区，加快建设"百里芳华"乡村振兴示范带，打造"粤菜粤厨名城（世界美食之都）"文化品牌。"十四五"期间，仍然是佛山市建设都市现代农业的大好时机。

四、佛山市都市现代农业发展水平评价分析

（一）都市现代农业多功能指标体系构建

随着都市经济的发展，农业在国民经济中的份额逐渐下降，但是农业的地位和作用却显得越发重要，其所承载的功能更加多元。农业的多功能性已获得广泛的认同，都市现代农业的发展是一种基于农业潜在多功能展现以回应城市需求的农业发展模式[11]。为适应现代化都市的发展需求，都市农业生产性、生活性和生态性功能共同融合发展成为必然[12]。参考已有文献，在遵循科学性、系统性、综合性以及数据可得性原则的基础上，构建佛山市都市现代农业评价指标体系（见表10），包括科技创新支撑、生产供给保障、社会生活保障以及生态涵养修复4个一级指标，其中生产供给保障和社会生活保障是都市现代农业的基本功能，科技创新支撑是都市现代农业发展的基础，生态涵养修复是都市现代农业的

拓展功能。

表10　佛山市都市现代农业评价指标体系

一级指标	二级指标及权重	单位	指标含义	指标类型
科技创新支撑功能	水稻耕种收综合机械化率（0.0562）	％	0.4×机耕+0.3×机种+0.3×机收	正向
	单位播种面积农业机械化动力（0.0765）	千瓦时/亩	农业机械化总动力/农作物播种面积	正向
	设施农业用地占比（0.1093）	—	设施农业用地面积/耕地面积	正向
生产供给保障功能	粮肉鱼菜稳定保障指数（0.0770）	千克/人	[（区域粮食总产量/总人口）/全省人均粮食产量]×0.3+[（区域肉类总产量/总人口）/全省人均肉类产量]×0.3+[（区域水产品总产量/总人口）/全省人均水产品产量]×0.2+[（区域蔬菜总产量/总人口）/全省人均蔬菜产量]×0.2	正向
	劳动生产率（0.0972）	万元/亩	第一产业增加值/第一产业从业人数	正向
	农产品加工增值水平（0.0429）	—	农副产品加工业产值/农业总产值	正向
	农林牧渔服务业产值占农业总产值的比重（0.0777）	—	农林牧渔服务业产值/农业总产值	正向
社会生活保障功能	农业科普示范基地数量（0.0472）	个	直接获取	正向
	农村居民人均可支配收入（0.0679）	元	直接获取	正向
	乡村就业结构水平（0.0399）	—	农林牧渔就业人数/乡镇就业人数	负向
生态涵养修复功能	农田系统多样性指数（0.0525）	—	$-\sum b_i \ln b_i$，b_i 表示农作物品种 i 播种面积占农作物播种面积的比重	正向
	化肥施用强度（0.0942）	—	化肥施用量/农作物播种面积	负向
	农药使用强度（0.0739）	—	农药使用量/农作物播种面积	负向
	耕地节水灌溉率（0.0877）	％	节水灌溉面积/有效灌溉面积	正向

1. 科技创新支撑功能指标

都市现代农业发展具有科技、资本等先进要素集聚的优势，科技支撑能力强是都市现代农业的明显特征。因此，根据数据的可得性，选取水稻耕种收综合机械化率、单位播种面积农业机械化动力和设施农业用地占比来评价都市现代农业

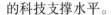

的科技支撑水平。

2. 生产供给保障功能指标

都市农业根植于传统农业，初级农产品保障功能是农业对城市"米袋子""菜篮子""果盘子"的保障。与传统农业不同，都市农业更注重的是对初级农产品进行精深加工甚至食品化以满足市场对优质农产品需求多元化的保障，走精细化、高品质的农业发展模式。因此，选择粮肉鱼菜稳定保障指数、劳动生产率、农产品加工增值水平、农林牧渔服务业产值占农业总产值的比重等指标评价都市现代农业生产保障水平。

3. 社会生活保障功能指标

农业不仅具有为农村劳动力提供就业机会的功能，目前还承担着为隐蔽性劳动力失业提供失业保险的功能。都市农业虽然农业资源有限，但由于资本要素集聚，产业体系相对完整，农村劳动力就业机会丰富，就业转换成本低。都市农业为农村居民提供更多的就业机会，农民收入来源更加多元化。都市现代农业是展示高科技农业的重要窗口，通过注入智慧农业、设施农业等现代科技，拓展农业科普教育功能，不仅有助于培育高素质的农民，还加深城市居民对农业传统文化的理解和学习。因此，选取农业科普示范基地数量、农村居民人均可支配收入、乡村就业结构水平来评价都市现代农业的社会生活保障水平。

4. 生态涵养修复功能指标

都市农业的生态也是城市生态系统的重要组成部分，起到都市生态调节器的作用，对改善城市生态环境具有极大的价值。都市农业以更加绿色的生产方式通过农业公园、采摘园等建立起与城市需求相适应、与城市生态相融合的城乡生态环境。因此，选取农田系统多样性指数、化肥施用强度、农药使用强度、耕地节水灌溉率来评价都市现代农业的生态涵养水平。

（二）研究方法和数据来源

1. 熵值法

首先，运用熵值法确定表 10 中各二级指标的动态权重。熵值法是一种数学方法，用来判断某个指标的离散程度。离散程度越大，对其综合指数评价得分影响越大。其次，基于熵值法确定的各二级指标的动态权重，对各二级指标进行加权，综合计算得出各一级指标权重。最后，计算出指标体系综合得分情况，进而考察佛山市都市现代农业发展的水平。

具体的计算步骤如下：

首先，对原始指标进行标准化处理。用极差法将各指标 a_{ij} 进行无量纲和同向化处理，为保证标准化值非零，使数值大小在［0.002, 0.996］。本文采用线性无量纲方法。

正向指标：

$$x_{ij} = \frac{a_{ij} - Min \ a_{ij}}{Max \ a_{ij} - Min \ a_{ij}} \tag{1}$$

负向指标：

$$x_{ij} = \frac{Max \ a_{ij} - a_{ij}}{Max \ a_{ij} - Min \ a_{ij}} \tag{2}$$

其中，a_{ij} 表示第 i 个地区第 j 项指标的原始值；x_{ij} 表示第 i 个地区第 j 项指标的标准化值。

其次，对数据进行归一化处理：

$$p_{ij} = \frac{x_{ij}}{\sum_{i=1}^{m} x_{ij}} \tag{3}$$

最后，计算指标 x_j 的熵值 e_j 和差异系数 d_j：

$$e_j = -\frac{1}{\ln m} \sum_{i=1}^{m} p_{ij} \ln p_{ij} \tag{4}$$

$$d_j = 1 - e_j \tag{5}$$

可以看出，熵值 e_j 越小，指标间的差异系数 d_j 就越大，指标就越重要。进一步可求得指标 x_j 的权重：

$$w_j = \frac{d_{ij}}{\sum_{j=1}^{n} d_{ij}} \tag{6}$$

由此可求得都市现代农业发展评价的综合得分：

$$S_i = \sum_{j=1}^{n} w_j \times x_{ij} \tag{7}$$

2. 数据来源

本文数据来自 2016~2021 年的《广东农村统计年鉴》《佛山统计年鉴》，利用表 10 中的指标对佛山市都市现代农业进行综合评价。由于 2019 年和 2020 年设施农业面积数据缺失，考虑到当前设施农业用地政策较严，佛山市设施农业用地面积变化波动较小，仍沿用 2018 年数据补齐 2019 年和 2020 年所缺失的设施农业用地面积数据。

（三）佛山市都市现代农业发展综合评价

基于熵值法对佛山市都市现代农业科技创新支撑功能、生产供给保障功能、社会生活保障功能以及生态涵养修复功能4个二级指标进行测度，得到各一级指标及综合评价结果，如表11所示。

表11 佛山市都市现代农业发展水平评价结果

年份	科技创新支撑功能	生产供给保障功能	社会生活保障功能	生态涵养修复功能	综合水平
2015	0.05	12.16	0.03	7.64	19.88
2016	2.20	9.14	7.63	5.97	24.94
2017	14.37	12.20	8.48	13.54	48.58
2018	13.20	17.50	10.32	21.09	62.10
2019	21.95	21.68	12.73	26.34	82.71
2020	22.52	17.45	14.67	25.49	80.13

1. 佛山市都市现代农业总体发展水平

佛山市都市现代农业发展水平整体保持较为强劲的增长趋势，从2015年的19.88提升至2020年的80.13。尤其是自2016年以来，都市现代农业发展明显提速，从2016年的24.94跃升至2020年的80.13，表明佛山市都市现代农业发展基础较好、潜力较大（见图1）。

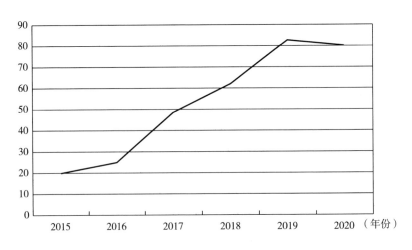

图1 2015~2020年佛山市都市现代农业综合发展水平趋势

2. 佛山市都市现代农业各功能指标分析

从科技创新支撑维度来看，2015~2020年佛山市科技创新支撑水平呈现稳步增长的趋势。由 2015 年的 0.05 增加至 2020 年的 22.52（见图 2）。"十三五"期间，佛山市大力开展高标准农田建设，提高耕地的宜机化率，提升农作物的综合机械化水平，使全市机械化水平有了较大的提升。其中，水稻耕种收机械化率从 2015 年的 62.27% 增加至 2020 年的 78.11%，单位播种面积机械动力较 2015 年增加了 83.12%。同时，借助高水平农业科技示范市以及现代农业产业园建设的契机，全市农业科技创新能力和集聚能力进一步增强。

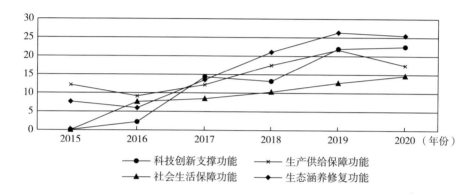

图 2　佛山市都市现代农业各功能指标发展水平趋势

从生产供给保障维度来看，生产供给保障水平呈现震荡上升的趋势。综合得分从 2015 年的 12.16 下降至 2016 年的 9.14，随后上升至 2019 年的 21.68，2020 年略有回落，为 17.45（见图 2）。从分项指标来看，粮肉鱼菜稳定保障指数呈现下降趋势，从 2015 年的 58.77% 降至 2020 年的 43.12%。虽然水产品人均产量较 2015 年上升 10.50%，达 79.42 千克，但是粮食、肉类、蔬菜等主要农产品人均产量均处于下降趋势。其中粮食人均产量从 2015 年的 11.46 千克大幅降至 2020 年的 4.98 千克。人均肉类、蔬菜产量也较 2015 年分别下降 47.60% 和 39.28%，分别为 13.60 千克、89.77 千克。劳动生产率呈现整体上升的趋势，从 2015 年的 6.60 万元/人升至 2020 年的 8.21 万元/人，较 2015 年增加 24.35%。农产品加工增值水平呈现先增后降的趋势，农产品加工业与农业总产值之比从 2015 年的 9.63 降至 2020 年的 8.20，主要是因为农业发展速度比农产品加工业发展速度快 1 倍有余，其中农产品加工农业年均增长率为 3.02%，而农业总产值增长速度为 6.39%。农业社会化服务水平呈现良好发展态势。农林牧渔服务业产值比重从 2015 年的 5.70% 增至 2020 年的 7.41%。

从社会生活保障维度来看，社会生活保障水平呈现快速上升的趋势。综合得分从 2015 年的 0.03 升至 2020 年的 14.67（见图 2）。农业科普示范基地从 2015 年的 8 个增加至 2020 年的 22 个，表明农业的普及示范功能逐渐凸显。农村居民人均可支配收入 2020 年达 3.34 万元，较 2015 年增加了 50%，农民收入的增加表明农民的生活水平和幸福感得到有效加强。乡村就业结构水平保持稳中有升的态势，返乡下乡创业创新政策效应逐渐显现，全市农林牧渔业从业人员有明显的回升，从 2018 年的 1.93 万人增加至 2020 年的 2.05 万人，乡村从业人员中从事农林牧渔业的比重整体保持在 11%~13%。整体来看，都市农业系统的就业保障、科教、农民幸福感都得到了明显提升。

从生态涵养修复维度来看，佛山市都市现代农业生态呈现稳步上升的趋势，表明都市农业生态涵养修复效果明显。综合得分由 2015 年的 7.64 稳步上升至 2020 年的 25.49。整体来看，佛山市都市现代农业朝着更加生态化、绿色化方向发展。农田多样性呈现下降的趋势，农田多样性指数从 2015 年的 1.61 下降至 2020 年的 1.36，表明佛山市农作物的种植呈现向主导产业集聚的发展趋势，非主导产业的播种面积逐渐减小。化肥农药的使用效率得到有效提升，化肥施用量从 2015 年的 32.33 千克/亩下降至 2020 年的 28.25 千克/亩，农药使用量从 2015 年的 1.83 千克/亩下降至 2020 年的 1.17 千克/亩，表明化肥农药减量增效行动取得明显成效。耕地节水灌溉率也有明显提升，从 2015 年的 6.08% 提升至 2020 年的 52.18%。

（四）各区域都市现代农业多功能发展评价

根据都市现代农业指标体系对佛山市各区 2020 年都市现代农业发展水平进行评价，结果如表 12 所示，得到佛山市 5 个区的各功能优劣情况。

表 12 佛山市各区都市现代农业发展水平一级指标分析

地区	科技创新支撑功能		生产供给保障功能		社会生活保障功能		生态涵养修复功能		综合得分	排名
	得分	排名	得分	排名	得分	排名	得分	排名		
禅城	11.93	2	8.21	5	9.24	4	12.07	3	41.45	5
南海	6.00	4	12.05	3	12.57	2	15.29	2	45.90	4
顺德	23.16	1	8.34	4	13.21	1	7.19	5	51.90	1
高明	3.06	5	25.61	1	3.90	5	19.04	1	51.62	2
三水	9.05	3	20.92	2	10.21	3	10.75	4	50.93	3

佛山市各区都市现代农业综合得分及各功能得分分布如图 3 至图 7 所示。

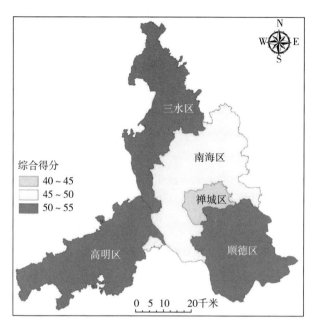

图 3 佛山市各区都市现代农业综合得分分布图

审图号：粤 S（2018）142 号，利用 ArcGIS 编制底图。

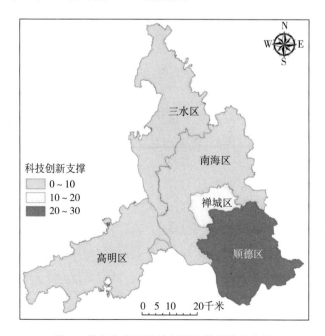

图 4 佛山市各区科技创新支撑得分分布图

审图号：粤 S（2018）142 号，利用 ArcGIS 编制底图。

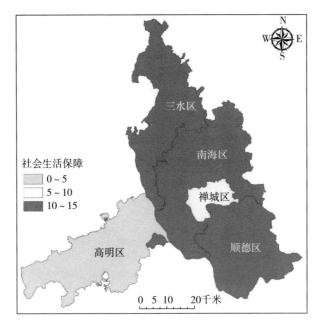

图 5　佛山市各区社会生活保障得分分布图

审图号：粤 S（2018）142 号，利用 ArcGIS 编制底图。

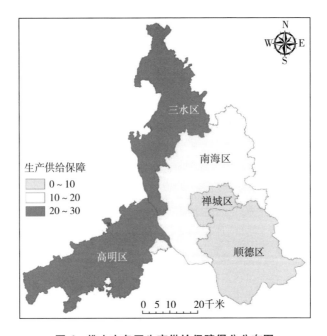

图 6　佛山市各区生产供给保障得分分布图

审图号：粤 S（2018）142 号，利用 ArcGIS 编制底图。

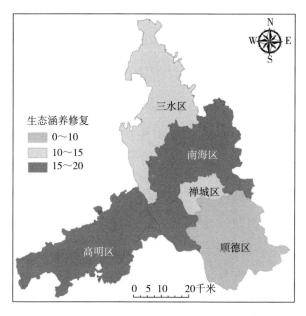

图 7　佛山市各区生态涵养修复得分分布图

审图号：粤 S（2018）142 号，利用 ArcGIS 编制底图。

1. 禅城区科技创新支撑和生态涵养修复功能突出

禅城区都市现代农业综合得分为 41.45 分，排全市末位。其中，科技创新综合得分为 11.93，排全市第二，其中单位播种面积农业机械化动力全市最高，表明禅城区农业科技创新实力较强。生态涵养修复得分为 12.07，排全区第三。社会生活保障水平综合得分为 9.24，虽然禅城区农村居民人均收入为 3.86 万元，但是农业科普示范基地、乡村就业结构等指标水平不高，拉低了分值。由于禅城区农业规模较小，在生产保供等方面还相对薄弱。

2. 南海区社会生活保障和生态涵养修复功能突出

南海区综合得分为 45.90，排全市第四。其中社会生活保障和生态涵养修复功能均排全市第二，表明南海区在都市现代农业的生活和生态功能具有较好的发展基础。在生产方面，南海区蔬菜和水产品产业基础扎实，生产保供方面仅次于高明区和三水区。在科技创新方面，南海区在都市现代农业机械化方面还存在一定的短板。

3. 顺德区科技创新支撑和社会生活保障优势明显

顺德区综合得分为 51.90，排全市第一。其中科技创新支撑为 23.16，排名第一；主要是因为水稻耕种收机械化率和设施农业用地面积占比最高。社会生活保障方便，顺德区农村居民人均可支配收入达 4.30 万元，高于其他几个区，乡村就业结构也比较合理，表明顺德区城乡融合发展水平较高。顺德区短板体现在生产供给保障和生态涵养修复方面，主要是顺德区农业社会化服务、农产品加工水平不足，以及化肥农药利用率偏低。

4. 高明区生产供给保障和生态涵养修复优势明显

高明区综合得分为 51.62，排全市第二。高明区在粮食、肉类、蔬菜、水产品等都市农业结构合理，生产供给保障功能排全市第一，是佛山市粮食核心产区，占全市粮食产量的近 80%，人均粮食产量达到 80 千克/亩。高明区都市现代农业绿色发展水平较高，全区农作物种植多样化且具有一定规模，此外，农药使用效率和水资源利用率均处于较高的水平。但是高明区科技创新能力短板突出，全区设施农业面积占比仅为 3.9%；单位播种面积农机动力较低，仅为 0.48 千瓦/亩。高明区应加强农业科技支撑，提高农业生产效率。在社会生活保障方面，高明区相较其他各区还存在明显差距，主要是农村居民收入相对偏低，仅为顺德区农村居民收入的 2/3。

5. 三水区都市现代农业功能较为协调

三水区在科技创新支撑、生产供给保障、社会生活保障、生态涵养修复方面发展较为均衡。综合得分为 50.93，排全市第三。生产供给保障得分为 20.92，排全市第二，主要是三水区是肉类产品的主要供给基地，同时也是水产品和蔬菜重要的供给基地，此外，三水区农业机械化水平也相对较高。科技创新支撑和社会生活保障得分均列全市第三位。体现在三水区农业科普示范功能发挥较好，农业科普示范基地数量居全市之首；农业社会化服务水平层次较高，农业精深加工水平较高。

（五）都市现代农业功能的空间布局优化

根据各区都市现代农业功能评价以及当前各区都市农业发展现状，优化"一区一策"格局，推动各地区充分发挥资源禀赋优势，推动佛山市都市现代农业发展水平提档升级。

第一，禅城区应在农耕文旅和数字化应用方面先行示范，着力补链强链推动产业链提档升级。禅城区虽然农业规模较小，但乡村生态环境优良，旅游资源丰富。应充分发挥乡村生态和地缘优势，以乡村为基础积极拓展都市农业文旅功能，促进农耕文化和乡村旅游深度融合。重点依托"百里芳华"示范带禅城段建设，推进"禅乡渔歌"农业公园和"醉美南庄""织梦张槎"等乡村振兴示范片建设，促进农耕文化和乡村旅游深度融合。在科技创新方面，禅城区可以依托科技创新优势，在全区率先示范应用新技术、新成果，以数字经济集聚赋能都市现代农业发展，提升都市现代农业数字化、智慧化水平。在数字化方面，充分发挥禅城区数字经济集聚发展的机遇，数字化赋能都市农业发展，搭建"数字乡村"大数据平台，推动乡村数字化治理。同时，要加快补齐生产供给保障和社会生活保障方面的短板，借助农业总部经济发展，做强农业产业链后端，提升都市现代农业发展质量和发展效益，让农民共享产业链增效收益。

第二，南海区要在科技创新方面发力，加快城乡一体化发展步伐。南海区以广东省城乡融合发展改革创新实验区建设为契机，逐渐构建起以工补农、以城带乡的发展格局。应持续以村级工业园改造带动盘活农村资源资产，推进城乡基础设施和公共服务一体化发展。同时，借助南海蔬菜、水产等农业发展的基础以及鲲鹏现代农业研究等科技创新平台，推动科技赋能都市现代农业。依托国家级现代农业产业园，做强水产种业，延伸以水产品为主的精深加工链条，提升蔬菜产业的数字化、机械化、智慧化水平，大力发展生态种养，将南海区打造成全国优质淡水鱼集散流通中心、粤港澳大湾区精品淡水鱼预制菜样板区、城乡融合与乡村振兴样板区。

第三，顺德区继续发挥现代种养和美食文旅优势，着力补齐农产品加工和绿色发展短板。顺德区在都市现代农业方面具有水产养殖和花卉种植两大核心产业，一方面要在攻关种业核心技术方面发力，提升水产和花卉产业的种业科技水平；另一方面要在生态种养方面发力，依托桑基鱼塘打造生态水产养殖模式，降低花卉能耗。依托顺德区丰厚的岭南水乡文化和美食文化底蕴，积极发挥美食带动都市现代农业发展能力，做强预制菜等新兴产业，融合美食文化和乡村旅游推动美食文旅发展，扩大世界美食之都品牌影响力。此外，发挥顺德区总部集聚的优势，发展农业总部经济。

第四，高明区继续织牢织密供给网和生态网，加快补齐科技创新短板和促进农民增收。高明区是佛山市粮仓，也是肉类和蔬菜的重要供给基地。应充分发挥生产供给保障和生态涵养修复的优势，聚焦农业产业品质提升和一二三产业融合发展，进而拓展农民经营性收入和财产性收入等多元化增收渠道，顺势打造万亩千亩绿色种养基地，打造"万亩花卉""万亩稻田""万亩坚果""万亩水产""千亩粉葛""千亩茶叶""千亩金花茶"，继续压实"米袋子"、拎稳"菜篮子"，以满足都市消费群体高标准、高品质、多样化的需求。同时，依托高明区农田生态系统的多样性，全域发展休闲农业与乡村旅游，结合盈香生态园、凌云花谷等农业休闲旅游基地，推动农业公园化建设，拓展都市农业科普教育和旅游功能，打造一批高水准农业公园、田园综合体。此外，积极联合农业高校和科研院所，加大产业核心技术攻关力度，提升都市现代农业生产装备和科技水平，促进农业高质高效发展。

第五，三水区聚力发展智慧农业和生态农旅，打造都市现代农业多功能协调发展典范。三水区水资源丰富，生态环境优良，是佛山市北部的生态屏障。同时也是佛山市肉类、蔬菜、水产品的重要供给基地。应全力做好水文章，依托中国（三水）国际水都饮料食品基地打造千亿级食品饮料产业集群。以粤港澳大湾区现代都市农业综合示范基地建设为契机，推动智慧设施装备研发、应用与推广，强化数字农业技术对都市现代农业的支撑。依托三水区多样化的农业产业、发达的水系以及千年古村落历史文化资源，推动三水区农文旅深度融合发展，打造全省乡村全域振兴示范样本。

五、推动佛山市都市现代农业高质量发展的策略

（一）完善制度支撑，实现都市现代农业跨越式发展

1. 将都市现代农业纳入佛山市重大发展规划

都市现代农业不是简单的传统农业形态，而是在发达城市内部及周边地区拓展延伸出的一种全新产业。都市现代农业发展立足都市、服务都市居民，涉及城市食物安全供给、城乡融合与乡村振兴、城市空间优化利用、城市居民休闲生活、城市生态环境等重大民生问题。都市现代农业具有食物供给、示范教育、休闲观光、文化传承、生态保护、对外窗口等多种功能，是全面推进乡村振兴的新动能。都市现代农业发展必将对加快佛山市率先基本实现农业农村现代化进程具有重要推动作用。因此，必须从全市层面进行都市现代农业发展总体规划，并逐步形成"一区一策"差异化发展格局，才能有效地实现佛山市都市现代农业跨越式发展。

2. 从政策层面加大对都市现代农业的支持力度

都市现代农业面临发展土地稀缺、生态环境制约、发展资金不足、人才政策欠缺、发展模式同质、产业效益不高等亟待解决的难题。因此，需要佛山市政府在政策上加以扶持与引导，把都市现代农业纳入城市国民经济与社会发展纲要，在三产融合用地保障、设施改造资金扶持、高科技人才政策倾斜及金融保险等方面给予支持。同时，强化绿色发展，使都市现代农业在减少城市碳足迹、带动城乡居民增收致富、助力乡村振兴等方面发挥重要的作用。

3. 启动都市现代农业科技支撑重大专项研究

都市现代农业是引领现代农业发展的前沿领域。"十四五"期间，佛山市提

出建设智慧城市和数字政府，并支持共建高水平广东省农业科技示范市。《佛山市科学技术发展"十四五"规划》提出，支持都市农业发展，组织农业关键核心技术攻关，加强精深加工、生物工程、生态农业、生态渔业、智慧农业研究；加强种业种苗繁育研究、生产技术创新推广、产品质量提质升级攻关；加快数字农业农村建设，加强数字化技术与农业产业、农业机械化的深度融合。"十四五"期间，建议佛山市启动都市现代农业科技支撑重大专项研究，包括"中国芯"优新品种培育、"卡脖子"关键技术攻关、"绿色化"种养技术创新、"无人化"智慧农业研发、"工业化"预制菜加工、"数字化"乡村智能管理等，通过科技创新驱动都市现代农业产业可持续发展。

(二) 强化规划引领，推动都市现代农业高质量发展

1. 找准佛山市都市现代农业发展定位

粤港澳大湾区建设上升为国家重大发展战略，"十四五"期间全面实施乡村振兴战略、加快农业农村现代化，为佛山市都市现代农业发展提供历史性发展机遇。佛山市都市现代农业要以全面实施乡村振兴战略为总抓手，以都市现代农业高质量发展为主题，按照"农业园区化、园区公园化、农产食品化、美食工业化"的发展思路，衔接国家和省市针对佛山市及都市农业的发展定位，根据佛山市都市现代农业的良好发展基础和社会经济优势，确定四大定位：广东省都市农业现代化先行区、湾区"菜篮子"重要供应基地、湾区农耕美食文旅发展区和国家城乡融合发展先行区。

2. 优化佛山市都市现代农业发展布局

统筹考虑佛山市都市现代农业"生产、生活、生态"基础，依照都市农业科技创新、绿色安全食品保障供应、岭南水乡宜居宜游生活空间营造、都市生态安全屏障构建的布局思路，"一区一策"的差异化发展策略，优化形成"一带五区"空间格局。"一带"是指"百里芳华"乡村振兴示范带。"五区"是指农耕文旅与数字乡村先行区（禅城区）、科技创新与城乡融合发展区（南海区）、现代农业与美食文旅集聚区（顺德区）、安全食品与田园城市样板区（高明区）、智慧农业与生态农旅示范区（三水区）。

3. 凝练佛山市都市现代农业发展方向

根据佛山市都市现代农业发展定位、目标等，强化科技赋能，引领都市农业高水平发展；做强都市农业，打造优质淡水鱼、现代花卉、特色作物、名优畜禽、食品加工产业集群；加速业态升级，注重生态建设与农文旅融合；完善供应链条，实现都市农产品安全供给；加强合作共享提升都市农业国内外地位，加快

建成广东省都市现代农业先行区。

（三）保障要素供给，实现都市现代农业可持续发展

1. 落实都市现代农业发展用地保障政策

严格落实国家和省市土地政策，切实解决都市农业设施用地问题。《关于加强设施农业用地管理工作的实施意见》（佛自然资通〔2021〕126 号）（以下简称《意见》），明确设施农业用地范围、确定用地规模、规范用地备案年限、明确设施农业用地申报及备案程序、项目退出和变更程序等。该《意见》强调，必须严守农地农用和耕地保护红线，严格执行必要的设施农业用地备案程序；设施农业用地应尽量避免破坏耕地耕作层，并采用工程技术措施保护耕地耕作层；对于投资成本较高的现代农业项目设施农业用地备案年限允许适当延长，增强农业投资者的信心。下一步，建议探索都市现代农业配套建设用地扶持政策，细化建设用地规模和指标，明确"点状供地"具体操作指引和优化"点状供地"出让方式，支持都市现代农业项目建设用地与农用地联动供应。完善设施农业用地管理措施，细化农业设施类型和建设标准，优化土地复垦费用缴纳标准和减免方式。发布一批设施农业用地典型案例，供都市现代农业生产经营主体参考借鉴。

抢抓"工改工""村改"等机遇，切实解决都市农业建设用地难题。落实好省、市关于乡村振兴用地保障相关政策，每年安排不少于10%的建设用地指标用于保障乡村振兴（含都市现代农业）发展，优先用于重点项目库中的一二三产业融合发展项目。镇村层面要以"工改工"行动为突破口，探索乡村空间"留白"机制，统筹城市村庄规划建设，整合工业节约用地，盘活存量土地和闲置用地，为都市农业科技创新企业、乡村特色产业设施配套以及优质生活圈预留城市"三生"空间，为解决都市现代农业发展设施用地问题、促进乡村特色产业振兴提供充足的土地要素基础。可预留不超过5%的建设用地机动规模，优先用于保障一二三产业融合发展项目建设。

鼓励经济实力强的市县支持镇村集约流转土地，规划建设服务都市居民的重大项目。探索加强各类性质土地置换腾挪，统筹推进农用地整理、建设用地整理和乡村生态保护修复，破解土地碎片化难题。在经济综合实力强的市县区，政府要给予充分的财政资金支持，鼓励镇村集体经济组织主导土地集中流转。统租模式既能保证村民有稳定的、相比市场较高的租金收入，又能充分体现发达都市工商业对传统农业的反哺；统管模式不但可以引进资本实力强、运营管理经验丰富的市场主体，而且能谋划建设综合效益显著的乡村产业振兴项目，加快都市城乡融合和村民共同富裕进程。

2. 完善都市现代农业财政金融支持政策

落实中央和省关于调整完善土地出让收入优先支持乡村振兴有关工作要求，分年度稳步提高土地出让收入用于农业农村比例，重点用于支持都市现代农业发展等乡村振兴工作任务。

加强都市现代农业科技创新投入。都市现代农业要实现一二三产业融合，政府必须在基础农业科技研发中投入一定比例的财政资金，特别是要发挥省内外高等院校、科研院所和龙头企业共建都市农业科研重大平台的优势，争取基础性科技研发项目落户佛山。探索从"科技+产业"的单一合作模式，逐步向"科技+市场""科技+运营""科技+资本"等模式拓展，深化多元主体共同参与、协调互补的科技服务及成果转化机制。

强化乡村振兴涉农资金统筹整合。市、区财政将乡村振兴发展扶持资金纳入都市现代农业资金统筹，新建项目共同按不超过总项目投资的50%予以支持，分别按承担比例在本级年度预算中优先安排。主要用于推进都市现代农业规模化与集约化经营、智能化与绿色化生产、美食化与工厂化加工、品牌化与新媒体营销等。

完善全市都市现代农业的奖补措施。加大对现代农业产业园、现代农业科技园、农业总部企业等已建项目的补贴力度，推动都市农业向园区化、公园化、美食化、工业化方向发展，实现都市农业增值、经营主体增效、从业人员增收和城乡融合发展。此外，政府要引导与都市现代农业相关的项目非政府投资，引入社会资本积极参与都市现代农业项目的建设与运营。

创新开展"保险+贷款"金融联盟合作。加强同银行、保险等金融机构战略合作，推动银行机构创新投入"抵押、质押"等涉农金融产品，推动保险机构投放更多的涉农商业性保险产品。加快实施政策性农业保险市级创新险种，鼓励各区创新设立区级特色险种。市、区财政分别按照保费补贴、贷款贴息承担比例在年度预算中足额安排补贴资金，促进都市现代农业高质量发展。

3. 加强都市现代农业人才引进培育措施

引进培育高端创新型团队和技能型人才。推进"基地—平台—人才—项目"一体化建设，依托都市现代农业重点科研基地及工程技术研究中心、重点实验室、博士后工作站和院士工作站等平台，引进和培育一批专业素质高、创新能力强、具有国内领先水平的都市现代农业科技创新人才及团队。推动院地院企、校镇校企合作共建，大力支持中国农业科学院、中山大学、华南农业大学、广东省农业科学院、珠江水产研究所、佛山科学技术学院等国内外高校及科研院所与佛山市都市农业龙头企业联合建立人才培训机构，共同培养专业技能型人才。

引导镇村企业自主培养管理人才。村集体统租农用地后，若无引进市场主体，也可由镇政府出资成立园区共有企业，暂时代管建设运营园区项目3~5年，并注重为村培养园区经营管理人才。借鉴工业园区的"一站式"服务理念，先行负责园区的整治提升、规划建设、项目招商等工作，按照"保护优先、适度整治、农地农用、凸显生态"的建设原则，着力打造美丽田园和水乡绿韵，因地制宜发展都市休闲观光项目。待园区建成运营平稳和村级管理人员水平提升后，下沉到村级公司进行后续管理。

实施高素质农民和农村实用人才培育计划。分层次、分类型开展新型农业经营主体带头人、现代农业技术人员、农村实用人才、农业从业人员培育工作，鼓励培训基地根据行业、企业、学员的实际需求，将智慧农业装备使用、数字乡村管理、知名品牌创建、短视频处理宣传、直播带货等作为新型职业农民适用技能培训重点内容。

参考文献

［1］于爱芝，程晓曦，刘莹，丁新萌. 北京都市农业的战略定位与路径选择［J］. 城市发展研究，2010，17（9）：68-72+101.

［2］赵会杰，于法稳. 基于熵值法的粮食主产区农业绿色发展水平评价［J］. 改革，2019（11）：136-146.

［3］彭建，赵士权，田璐，刘焱序，刘志聪. 北京都市农业多功能性动态［J］. 中国农业资源与区划，2016，37（5）：152-158.

［4］钟源，刘黎明，刘星，杜蒁玲. 农业多功能评价与功能分区研究——以湖南省为例［J］. 中国农业资源与区划，2017，38（3）：93-100.

［5］彭锐，张婷，张秋玲，吴政文. 大城市近郊都市现代农业多功能实施路径探究——以苏州高新区通安现代农业示范园为例［J］. 中国农业资源与区划，2021，42（10）：11-18.

［6］窦艳芬，曲福玲. 我国都市农业的演变规律、演进机理和发展趋势［J］. 农业经济，2021（6）：6-8.

［7］李青原. 天津都市型农业现代化发展的模式分析与选择［J］. 农业经济，2017（5）：6-8.

［8］邱国梁，姜昊. 中国都市农业发展探析［J］. 湖北农业科学，2019，58（20）：185-189.

［9］尧珏，邵法焕，蒋和平. 都市农业新产业和新业态的发展模式研究——

以青岛市为例［J］.农业现代化研究，2020，41（1）：55-63.

［10］田璞玉，万忠，王建军，黄薇妮，林萍，陶清清，张丹婷，张磊.粤港澳大湾区都市农业发展模式、制约因素及对策研究［J］.南方农村，2021，37（3）：4-9.

［11］顾海英.上海现代都市农业的内涵与路径创新［J］.科学发展，2016（4）：43-54.

［12］朱苗绘，奚玉龙."三生"视角下南京都市农业发展水平综合评价［J］.农村经济与科技，2020，31（19）：207-209.

佛山市都市农业发展路径、问题与启示

雷百战[*]

摘　要：佛山市是大湾区重要节点城市，在高水平农业科技示范市建设、生物育种自主创新、智慧农业发展、预制菜产业布局、破解土地碎片化难题、乡村振兴示范带建设等方面成效显著。但也存在用地难点多、种养效益低、乡村建设弱、人才吸引难等共性问题。本文提出鼓励经济实力强的市县反哺镇村集约土地、引导镇村自主提升园区经营管理能力、因地制宜解决设施农业用地难题、绘制数字乡村"一张图"、以新业态赋能特色产业新发展等对策建议。

关键词：都市农业；发展路径；大湾区；佛山市

都市农业是现代农业的重要组成部分，也是粤港澳大湾区建设的重要内容。佛山市是大湾区重要节点城市，研究佛山市都市现代农业的成效经验和共性问题，对于探析大湾区都市现代农业发展道路、解决发展难题提供路径和示范。2021年，广东省农科院经信所、加工所及佛山市农业农村局，对佛山市都市农业发展情况进行了实地调研，调研情况如下：

一、佛山市都市现代农业发展的成效和路径

（一）开展院地科技合作共建，搭建都市农业创新平台，助力高水平农业科技示范市建设

2015年，广东省农科院与佛山市政府共建"广东省农科院佛山分院"，先后创建南海现代农业产业研究院、珠三角基塘农业研究院、省农科院水产研究所和佛山市现代渔业科技园等科技创新平台，启动实施高科技创新平台项目60个，服务涉农企业、合作社及镇村主体90多家，开展职业农民与农技推广人员培训

---

* 雷百战，广东省农业科学院农业经济与信息研究所，副研究员，研究方向为都市农业与区域规划。

70 余次，举办良种良法现场示范会 20 多场；助力佛山建设"百里芳华"乡村振兴示范带，助力佛山实现农业科技"六个零"的突破，助力佛山农科所入选"国家现代农业科技示范展示基地"名单。2021 年，中国农业科学院鲲鹏现代农业研究院成功落户，重点开展畜禽育种、中医药研发，致力于打造国家级科技研究平台，强力推动高水平农业科技示范市建设。

（二）聚焦优势产业生物育种自主创新，推动农业农村向数字化、智能化转型，引领大湾区都市现代农业发展

佛山市创建市级农作物种质资源圃、鲜食玉米种质资源库等，南方甜玉米夏季耐热品种选育取得重大突破；打造南方淡水鱼种业硅谷，聚焦鲈鱼、生鱼和鳜鱼等新品种育种攻关，"优鲈 1 号"成为广东省首个自主选育的加州鲈新品种；创建国家一级保护动物鼋繁育基地，成功掌握鼋人工繁育技术，开展鼋野化适应性保护研究；建设国家级肉鸡核心育种场，开展白羽肉鸡新品种（配套系）育种攻关，"广明 2 号"已通过国家品种审定委员会审定，打破国外对该种源的长期垄断。三水碧桂园无人农场、高明吉田无人水稻农场和银鹏 5G 智慧农田先后建成，南海智慧渔业与数字花卉、顺德智能化无人渔场及智能畜禽养殖项目顺利实施，环境智能监控、病害监测预警、循环水装备控制等应用场景落地，为全省农业现代化、机械化、智能化发展提供先进示范。广东省（里水）农产品跨境电子商务综合实验区推出"12345"里水数字经济升级行动计划，为广东省农业数字化、迈向国际市场提供可复制可推广可借鉴的"里水模式"。禅城区创新打造"乡村大脑"，绘制涉农数据"一张图"，以智慧的数字化管理赋能新时代的城乡融合发展。

（三）把握大湾区市场消费趋势，推动"预制菜"产业跨越式发展，擦亮"世界美食之都"名片

佛山市率先成立预制菜产业联盟，推动都市现代农业和食品全产业链资源整合，启动创建预制菜产业园和培育预制菜企业，建立预制菜质量安全监管体系，形成"现代农业+中央厨房+电子商务+展览服务+消费体验+工业旅游"于一体的佛山预制菜产业发展新模式。顺德区正通过打造"顺德粤港澳（国际）食品智造园"，形成超 200 亿元的"现代农业+美食文旅"产业集群；南海区西樵新田村预制菜基地、三水区水产智慧渔业园也启动建设。全市已建成规模化预制菜企业 12 家，在建、拟建企业 13 家，预计形成超 300 亿元的产值规模，擦亮"世界美食之都"名片。

（四）创新财政支持镇村政府"统租统管"，打造城市千亩农业公园，为破解土地碎片化难题提供经验示范

佛山市工业化起步早，城镇化建设相对粗放，造成土地利用碎片化等问题，既制约了产业集聚发展，也成为乡村全面振兴的"绊脚石"。禅城区创新农用地管理模式，以"政府统租、落实保护、分类利用、多方运营"为原则，对南庄镇现有农用地进行政府统租。区政府拨付 8 亿元财政资金，支持南庄镇按照鱼塘6000 元/亩、其他农用地 4000 元/亩向村集体统租（建成之后将以半价返租给农用地使用者），引入社会资本参与运营，高水平规划孔家九曲、红峰、罗村沙三个千亩农业公园。以生态农业、智慧农业、城市微农业建设等为切入点，建设具有生态环境保育、都市农业生产、居民休闲观光等功能的都市农业公园，成为破解土地碎片化难题的"佛山样板"。

（五）以"百里芳华"乡村振兴示范带建设为抓手，创新大湾区都市乡村率先全面振兴的"佛山模式"

自 2019 年以来，佛山围绕开展"五大美丽"行动，不断推进"百里芳华"乡村振兴示范带建设，覆盖至五区 21 个镇（街）、116 个村居。截至目前，共建成 13 个美丽乡村集中连片示范区和四大粤菜美食集聚区，打造 20 多个乡村旅游网红打卡村，开通"百里芳华"乡村旅游公交专线，创建若干条"百里芳华"乡村旅游精品线路，策划"走进百里芳华"线下体验活动。目前，佛山市正在强化跨区、跨镇连片成带，推进顺德区示范带精华段、高明区乡村振兴示范带等重要节点建设，推进禅城"醉美南庄"、南海丹灶"有为水道"、三水"十里画廊"等示范片区提质扩容，引入乡村产业振兴重大项目，有效地促进了村集体经济和村民收入双提升。工业聚集镇村抓住"工改工"机遇，调整预留都市农业和绿化休闲用地，因地制宜打造农村"四小园"等小生态板块，逐步绘就佛山"现代都市·绿韵水乡"的乡村振兴"全景图"。

二、大湾区都市农业发展的共性问题

佛山市都市现代农业发展有其特色发展路径和成功经验，但也存在和粤港澳大湾区其他地市相似的问题，用地难点多、种养效益低、乡村建设弱、人才吸引难等。

（一）都市农业设施用地、建设用地方面难点较多

一是村民对农地的租金预期和租期要求不一，部分村组集体经济能力有限，难以确保集约初期保底租金，导致村集体难以通过土地集约进行产业招商。二是

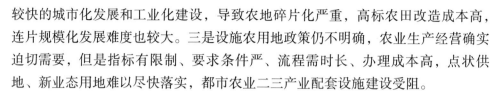

较快的城市化发展和工业化建设，导致农地碎片化严重，高标农田改造成本高，连片规模化发展难度也较大。三是设施农用地政策仍不明确，农业生产经营确实迫切需要，但是指标有限制、要求条件严、流程需时长、办理成本高，点状供地、新业态用地难以尽快落实，都市农业二三产业配套设施建设受阻。

（二）多种客观因素叠加导致都市农业效益不高

一是第一产业多为零散家庭式粗放种养，现有规模企业联农带农能力不够突出，农业基础设施配套提升不足，投入品成本不断升高，种养利润压缩；粮食安全是头等大事，基本农田严禁发展其他高价值经济作物。二是由于土地租期短租金贵，经营者经常采取高强度种植、高密度养殖，化肥农药鱼药施用增加，生态环境问题和农产品质量安全风险增加，导致农产品附加值不高。三是土地制约导致难以引进有实力的经营主体，农产品加工没有顺应新消费需求，精深加工企业不多，产品附加值不高。四是休闲农业仍未成为产业融合的增值担当，高品位、多样性、特色化不足，部分园区规划设计和市场定位不合理导致亏损。

（三）乡村产业振兴及农村综合改革有待提质

一是"百里芳华"乡村振兴示范带已经初步建成，但是还没形成一批带动能力强的龙头企业和特色产业，也没形成好的合作发展模式；需要为企业提供多种渠道补贴或基金支持。二是农村人居环境整治还存在返潮现象，前期村民的参与度不高，后期建设的管养资金落实不到位，部分村（居）公共设施长效管护制度缺失。三是即使处于都市范围的乡村，如果生活配套设施不足，依然难以有效留住人才；镇村企业管理人才缺乏，难以通过成立公司运营管理产业项目。

三、佛山市做法对大湾区都市农业的启示

粤港澳大湾区都市农业发展与国际一流湾区不相融合、世界级城市群不相匹配，需要加快整体性、系统性规划进程，研究解决共性问题，总结推广先进经验，高水平推进大湾区都市现代农业走上发展快车道。

（一）鼓励经济实力强的市县反哺镇村集约土地，规划建设服务都市居民的重大项目

探索加强各类性质土地置换腾挪，统筹推进农用地整理、建设用地整理和乡村生态保护修复，破解土地碎片化难题。在经济综合实力强的市县区，政府要给予充分的财政资金支持，鼓励镇村集体经济组织主导土地集中流转。统租模式既能保证村民有稳定的、相比市场较高的租金收入，又能充分体现发达都市工商业对传统农业的反哺；统管模式不但可以引进资本实力强、运营管理经验丰富的市

场主体，而且能谋划建设综合效益显著的乡村产业振兴项目，加快都市城乡融合和村民共同富裕进程。

（二）引导镇村自主提升园区经营管理能力，推动农村集体经济可持续发展

村集体统租农用地后，若无引进市场主体，也可由镇政府出资成立园区共有企业，暂时代管建设运营园区项目3~5年，并注重为村培养园区经营管理人才。借鉴工业园区的"一站式"服务理念，先行负责园区的整治提升、规划建设、项目招商等工作，按照"保护优先、适度整治、农地农用、凸显生态"的建设原则，着力打造美丽田园和水乡绿韵，因地制宜发展都市休闲观光项目，使其成为都市城乡居民优质生活圈的标配。待园区建成运营平稳和村级管理人员水平提升后，下沉到村级公司进行后续管理。园区不仅可以持续为城乡居民生产优质农产品和提供休闲观光服务，而且可以加速本村的土地资源和物业资产升值，农村集体经济的盘子也会随之壮大。

（三）抢抓"工改工""村改"等机遇，因地制宜解决设施农业用地难题

坚决遏制耕地"非农化"、防止"非粮化"，"农田就是农田，而且必须是良田"。同时，都市现代农业更离不开现代化设施，高标准基本农田也需要基本生产服务配套。省级层面要正视经济发达地区现有主导产业如水产、花卉生产及二三产业用地需求，合理配置用地指标，出台更具操作性的管理细则和简化备案程序，制定更明确的耕作层保护标准规范。市县层面要将设施农业用地纳入国土空间规划，深入推动城市更新及村级工业园改造提升。镇村层面要利用"工改工"行动为突破口，统筹城市村庄规划建设，整合工业节约用地，盘活存量土地和闲置用地，为都市农业科技创新企业、乡村特色产业设施配套以及优质生活圈预留城市"三生"空间，为解决都市现代农业发展设施用地问题、促进乡村特色产业振兴提供充足的土地要素基础。

（四）绘制数字乡村"一张图"，利用资源大数据和智慧治理助推农业农村现代化进程

乡村振兴战略实施是一个系统化工程，加快推进都市数字乡村建设和应用落地。抓紧绘制数字乡村"一张图"，高度集成与融合镇村空间规划、农业生产管理、食品安全监管、农产品流通营销、乡村公共服务、乡村综合治理等，实现以图管地管物、以图管农管事、以图提供服务、以图招商引资等的创新管理模式，有效破解资源账本不明、空间发展不清等问题，提升资源利用效率和乡村治理水平，推动数字经济赋能农业农村现代化进程。

（五）以新业态赋能特色产业新发展，推动大湾区优质生活圈高质量建成

目前，大湾区各市都在倾力打造特色乡村振兴示范带，美丽乡村建设亮点纷

呈。下一步，示范带要按照"大园区、大公园、大景区"的发展理念进行升级扩容、功能布局和宣传推广，按照农业园区化、园区公园化、农产品食品化、美食工业化的发展思路进行产业赋能，积极引进培育都市现代农业特色产业项目，更多融合生物农业、智能装备、金融电商、预制菜产业、文化创意、美食街区、生态湿地等现代元素，成为引领全省现代农业高质量发展的创新源和示范区，加快建成大湾区宜居宜业宜游宜创新的优质生活圈。

广州市生物农业创新发展的
现实基础与推进策略

梁俊芬　雷百战[*]

摘　要： 随着生物农业成为新的经济增长点，广州市将生物农业作为"十四五"期间提升农业科技创新能力的重要内容之一。本文对广州市生物农业领域的发展政策、科技创新、产业发展、存在问题及推进策略进行探究，旨在客观展示当前广州市生物农业领域的科技创新进展及产业发展状况，探索未来生物农业创新发展重点和策略措施。研究表明，广州市生物育种、生物兽药、生物农药领域科技创新取得重要进展，生物育种和生物饲料成为生物农业的主导产业，生物农业类高新技术企业迅速崛起；但仍存在企业规模普遍偏小、研发成果转化程度不高、自主创新能力不强、支持力度不足等问题。在当前高度关注生物农业发展的背景下，广州市应聚焦生物农业发展痛点难点，完善生物农业全过程创新生态链，构建生物农业科技创新体系，推进生物农业创新集聚发展，通过加大政策支持力度、优化产业发展环境、健全工作机制等措施推动广州市生物农业创新发展。

关键词： 生物农业；科技创新；生物农业产业；高新技术企业；广州市

引言

生物农业是指以生命科学和遗传学理论为基础，以农业应用为目的，运用基因工程、细胞工程、发酵工程、酶工程等现代生物工程技术，围绕改良动植物及

---

* 梁俊芬，广东省农业科学院农业经济与信息研究所，副研究员，研究方向为农民增收与农业技术效率。

雷百战，广东省农业科学院农业经济与信息研究所，副研究员，研究方向为都市农业与区域规划。

微生物品种生产性状、培育动植物及微生物新品种形成的同类生产经营活动的集合。按照功能层次的不同，生物农业可分为生物育种、生物兽药及疫苗、生物农药、生物肥料和生物饲料五大类别[1-2]。生物农业强调利用生物技术改良农业品种和提升农产品性能，通过促进自然过程和生物循环来保持土地生产力，在保持良好的生态平衡状况下，实现农业高效持续发展[3-5]。生物农业实现了产前环境安全、产中过程安全、产后农产品安全，在一定程度上促进了农民增收、改善了生态环境、保障了粮食安全[6-7]。随着世界农业生物技术不断取得重大突破并迅速产业化，生物农业日益成为国际农业竞争的焦点和发展的制高点，世界各国政府纷纷将农业生物技术纳入优先支持的技术领域[8-9]。广州市第十四个五年规划提出提升农业科技创新能力，在生物农业、设施农业、信息农业、生态循环农业和种子种苗等领域加快突破。广州大力发展生物农业，不仅可以大幅减少农药、化肥对生态环境的污染，缓解资源约束，保障食物安全，改进农产品品质，而且可以在经济发展新常态下为广州市经济社会持续健康发展提供强劲的动力支撑。学术界对生物农业的研究主要集中在全球转基因作物商业化种植、农业生物技术研发及其产业化、地区生物农业发展动态等方面。国际农业生物技术应用服务组织（ISAAA）2019年数据显示，转基因作物具有较好的经济和农业生态效益，1996~2018年转基因共使作物增产8.22亿吨，价值2249亿美元，节约土地2.31亿公顷，减少农药活性成分用量7.76亿千克，农药使用减少8.3%，转基因作物和产品的接受度越来越高，并呈现出一种不可阻挡的趋势[10-12]。我国转基因作物的研发能力和技术水平与先进国家相比有较大差距，在企业规模、政策支持以及成果转化等方面都有所体现，技术创新不足以及舆论环境的压力导致我国转基因产业化发展速度较慢[13-15]。胡瑞法等研究认为，中国政府农业生物技术研发投资快速增长，中国转基因农业生物技术研发具有较强的国际竞争力，政府主导的以课题组为研发单位的转基因生物技术研发体制限制了国际竞争力的提升[16]。韩杨等研究指出，近年来我国农业生物技术整体水平快速提升，国际差距逐步缩小，农业生物技术专利申请数量从"追随"向"并行"转变，传统杂交水稻等育种技术具备国际比较优势，生物育种、生物农药等产业融入国际市场，然而仍存在研发投入、原始创新、产业主体协同性不足等问题[1]。李婧雯研究得出农业生物技术产业化发展遇到的主要问题是创新主体竞争力不足、发展资金不足、技术人才匮乏、知识产权保护不力等[6]。伍冠锁等指出，南京市生物农业具备科技实力雄厚、政策支持有力、资金支撑得力、产业发展强劲等基础和优势[17]。王春安等认为深圳已形成以总部经济模式发展生物农业的战略布局，在生物育种基础研究、应用研究和产业示范推广等方面形成了较为完整的产业链，生物农业龙头带动、产业集聚效应日益显现[18]。广州是华南地区科教实力最强的城市，2006 年被国家发展改革委认定为国家生物产业基地，具备发展生物农业的科教资源优势和技术基础，有实力在基因编辑等关键技术领域抢占农业生物技术新高地，将科教资源优势转化为农业生物技术和产业发展优势。近 10 年来，相较于生物医药的快速发展，广州市对生物农业发展的重视和投入严重不足，在一定程度上影响了农业生物技术研发与产业化发展。本文通过系统梳理广州市生物农业领域的发展政策、科研平台、创新成果以及产业发展等情况，厘清广州市生物农业创新发展面临的主要问题和挑战，借鉴先进地区发展经验，提出"十四五"期间广州市生物农业创新发展重点和策略措施，以期为生物农业创新发展机制和政策设计提供参考。

一、广州市生物农业创新发展基础

2010 年 8 月，广州市人民政府印发《关于促进生物产业加快发展的意见》，将生物农业列为生物产业五大重点发展领域。经过多年发展，广州市生物农业在生物育种、生物农药、生物兽药及疫苗等领域取得了重要进展，海大集团、永顺生物等自主品牌农业科技企业应运而生。

（一）科技创新平台层次高，创新格局初步形成

截至 2020 年底，广州市拥有重点实验室、工程技术研究中心、企业技术中心等省部级以上生物农业领域科技创新平台 231 个（见表 1），其中国家重点实验室 5 个（生物育种 4 个、生物农药 1 个）；国家级、省级农业科技园区各 1 家，分别为广东广州国家农业科技园区和广州从化区广东省农业科技园区，创新格局初步形成。

表 1 2020 年广州市生物农业领域科技创新平台数量及占比　单位：个，%

生物农业细分行业	数量	占比
生物育种	150	64.9
生物农药	29	12.6
生物肥料	21	9.1
生物饲料	17	7.4
生物兽药及疫苗	14	6.1
合计	231	100.0

（二）科技创新能力不断增强，取得一批重大标志性成果

1. 生物育种研究取得重大突破

水稻籼粳杂交育性控制的分子遗传机理奠定了我国在植物育性研究领域的国际领先地位，丝苗型优质稻新品种"美香占2号"优良食味品质育种达国际领先水平，创制出全球首例胚乳富含花青素的水稻新种质"紫晶米"和胚乳富含虾青素的新型功能营养型水稻种质"赤晶米""中蕉4号"等香蕉抗病品种的育成应用阶段性缓解了香蕉枯萎病这一世界性难题，"仙进奉"荔枝是全国晚熟荔枝品种中推广面积最大的品种；岭南黄鸡Ⅰ号、岭南黄鸡Ⅱ号、岭南黄鸡Ⅲ号配套系已通过国家品种审定，是当前广东省唯一的肉鸡类主导品种，也是国家农业主导品种，全国市场占有率达15%；高效瘦肉型猪新配套系培育与应用突破国外主打三系杂交品种，创建中国瘦肉型种猪四系配套育种新体系。

2. 生物农药研制成果丰硕

在国内率先研制出"万隆霉素"制剂、新农药产品大神功，弥补了我国在新农抗创新方面的不足，达到国际先进水平；研制的印楝素被认为是我国生物农药研究中具有重大意义的科研成果，已成为我国重点推广的主导杀虫剂品种；研制的鱼藤酮杀虫剂被农业农村部推荐为绿色食品生产用药，成为我国三大主要植物性农药之一；研发出具有国际市场竞争力的线虫制剂8个，产品获美国农业部进口许可证。

3. 生物兽药及疫苗创新成果产业化成效突出

在国际上首次攻克了溶葡萄球菌酶的产业化难题，部分动物专用新型抗菌原料药合成技术达到国际领先水平，实现了我国自主研发产品代替进口产品，市场占有率连年保持国内第一；研发的鸡球虫病四价活疫苗，获得国家三类新兽药证书；研制的复方新型抗球虫药物"五球宁"，至今仍是我国南方地区控制鸡球虫病的主导药物；研制的草鱼出血病活疫苗，获得国家一类新兽药证书，重要养殖鱼类高效疫苗创制产业化取得新进展。中国兽药协会2019年数据显示，我国兽用生物制品行业头部企业中，海大集团营业额为5.74亿元，居全国第6位；永顺生物营业额为3.31亿元，居全国第9位。

（三）高新技术企业以生物饲料和生物育种为主，主要分布在黄埔区、白云区和南沙区

截至2020年底，广州市拥有生物农业领域高新技术企业139家，营业收入为114.97亿元，占农林牧渔业总产值的22.4%。在139家高新技术企业中，生物饲料企业有46家，营业收入为65.52亿元、占比为57%；生物育种企业有23

家，营业收入为 26.65 亿元、占比为 23.2%；生物农业相关服务企业有 42 家，营业收入为 8 亿元、占比为 7%；生物肥料企业有 12 家，营业收入为 6.93 亿元、占比为 6%；生物兽药及疫苗制造企业有 13 家，营业收入为 6.82 亿元、占比为 5.9%；生物农药企业有 3 家，营业收入为 1.05 亿元、占比为 0.9%（见表2）。

表 2　2020 年广州市生物农业领域高新技术企业数量及营业收入情况

单位：家，亿元，%

生物农业细分行业	企业数量	营业收入	营业收入占比
生物饲料	46	65.52	57.0
生物育种	23	26.65	23.2
生物农业相关服务	42	8.00	7.0
生物肥料	12	6.93	6.0
生物兽药及疫苗	13	6.82	5.9
生物农药	3	1.05	0.9
总计	139	114.97	100

从区域分布来看，生物农业高新技术企业主要分布在黄埔区、白云区和南沙区，营业收入分别为 37.69 亿元、26.73 亿元和 18.9 亿元，分别占全市生物农业总营业收入的 32.8%、23.2% 和 16.4%（见表3）。其中，黄埔区以生物饲料为主，营业收入占全区生物农业营业收入的 86.0%；其次是生物兽药及疫苗，营业收入占 9.2%。白云区涵盖生物农业六大产业，其中生物育种营业收入占 59.0%、生物饲料占 23.9%。南沙区以生物饲料和生物肥料为主，营业收入分别占 48.1%、30.1%。天河区以生物育种和生物农业相关服务业为主，营业收入分别占 33.4%、28.7%。

表 3　广州市生物农业高新技术企业营业收入区域分布　单位：亿元，%

地区	生物农业细分行业营业收入							占总营收比重
	生物育种	生物农药	生物肥料	生物饲料	生物兽药及疫苗	生物农业相关服务	小计	
黄埔区	0.76	0.62	0.20	32.42	3.46	0.23	37.69	32.8
白云区	15.77	0.24	0.29	6.40	3.07	0.96	26.73	23.2
南沙区	2.16	0.00	5.69	9.09	0.05	1.91	18.90	16.4
从化区	0.00	0.00	0.17	7.00	0.20	2.28	9.65	8.4

续表

地区	生物农业细分行业营业收入							占总营收比重
	生物育种	生物农药	生物肥料	生物饲料	生物兽药及疫苗	生物农业相关服务	小计	
番禺区	2.80	0.00	0.00	3.35	0.00	0.43	6.58	5.7
增城区	2.97	0.00	0.00	2.04	0.04	0.36	5.41	4.7
海珠区	0.08	0.00	0.00	4.42	0.00	0.04	4.54	3.9
天河区	1.38	0.19	0.58	0.80	0.00	1.19	4.14	3.6
越秀区	0.00	0.00	0.00	0.00	0.00	0.60	0.60	0.5
荔湾区	0.39	0.00	0.00	0.00	0.00	0.00	0.39	0.3
花都区	0.34	0.00	0.00	0.00	0.00	0.00	0.34	0.3
合计	26.65	1.05	6.93	65.52	6.82	8.00	114.97	100.0

二、广州市生物农业创新发展面临的问题挑战

(一) 政策支持力度不足

2011~2020 年，广州市几乎未制定出台生物农业相关政策措施，对生物农业的重视程度和支持力度远远落后于南京、上海、深圳等城市。南京市在 2012 年将生物农业列为南京市 11 个新兴战略产业之一，2013 年编制了全国首个生物农业中长期发展规划《南京市生物农业中长期发展规划（2013—2020 年）》，2014年印发《南京市生物农业产业推进方案》，市财政每年安排 3000 万元生物农业专项资金重点扶持生物农业平台建设、人才引进、产业化和示范推广等项目；上海市在"科技创新行动计划"中长期稳定支持种源农业、农用生物技术、设施农业、食品安全技术、应用示范五个科技领域的攻关项目；深圳市从 2012 年开始通过战略性新兴产业发展专项资金实施现代农业生物产业扶持计划，至 2020 年共资助 2.63 亿元实施 163 个生物育种项目，带动社会投资 13.60 亿元。

(二) 科教优势有待挖掘发挥

在广州的高校、科研院所数量众多，创新实力雄厚，但与本市生物农业创新发展的联系并不紧密，科教优势推动生物农业发展的作用没有充分发挥。主要表现在：一是在广州的省部级高校、科研院所未能充分参与广州市生物农业科技创新；二是科教优势与市场需求整体联动不够，科研成果没能得到迅速孵化，未能引领广州市生物农业发展，亟须将科教优势转化为生物农业技术和产业发展优势。

（三）企业总体规模偏小且自主创新能力不强

广州市生物农业领域以中小企业为主，独角兽企业稀少。在全市 139 家生物农业高新技术企业中，营业收入过亿元的仅有 33 家，约占 23.7%。其中，营业收入过 10 亿元的企业仅有 1 家（海大集团旗下的广东海因特生物技术集团有限公司），不到总数的 1%；产值在 5 亿~10 亿元的企业有 5 家，约占 3.6%；产值在 1 亿~5 亿元的企业有 19 家，约占 13.7%。大多数企业没有研发机构，自主创新能力偏弱，有相当数量的企业还处于"小、乱、散"的境地。

（四）高等级生物安全实验室缺乏

作为超大城市的广州仅拥有 4 个 P3 实验室，分别是华南农业大学动物生物安全三级实验室、中山大学生物安全三级实验室、广州海关技术中心国家生物安全检测重点实验室、广东省疾病预防控制中心生物安全三级实验室，分布在高校和科研机构，其中唯有华南农业大学动物生物安全三级实验室开展高致病性禽流感研究。2020 年 6 月 1 日起施行的《兽药生产质量管理规范（2020 年修订）》明确要求生产兽用生物制品的企业应设置检验用动物实验室。有生物安全三级防护要求的兽用生物制品检验用实验室和动物实验室，还应符合相关规定。

（五）行业竞争加剧倒逼企业创新求变

全球生物农业已形成少数跨国巨头企业垄断格局，行业进入门槛极高，而新一代生物技术对企业研发力量、资本规模和市场资源提出了更高要求[19-20]。要赢得国际竞争，尤其是抢占以种业为先导的生物农业高地，必须力求在水稻、蔬果、水产、茶叶、花卉、畜禽等优良品种重要性状的遗传解析、基因组选择育种、分子设计育种、智能化育种、倍性育种、基因编辑和表型精准鉴定等关键共性技术研究方面强力攻关，实现育种核心技术和新品种选育的重大突破。

三、广州市生物农业创新发展重点和建议

聚焦广州市生物农业痛点难点，科学规划生物农业各领域的发展空间和功能布局，完善生物农业"基础研究+创新平台+技术攻关+成果转化+龙头企业+科技金融+人才支撑"的全过程创新生态链，构建生物农业科技创新体系，推动生物农业产业补链延链强链。

（一）区域布局

立足现有生物农业创新基础、产业基础和空间分布，聚焦生物育种、生物饲料、生物兽药及疫苗、生物肥料四大领域，集中建设若干个承载孵化和成果转化产业化项目的加速器及特色产业园区，重点打造"一核六区"（见图 1），以区聚

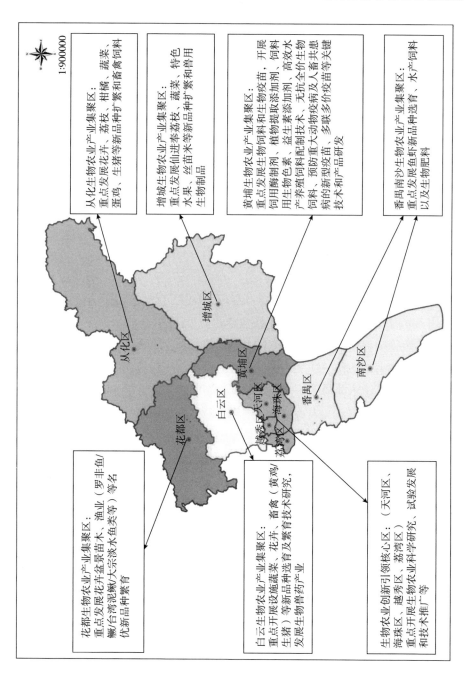

从化生物农业产业集聚区：
重点发展花卉、柑橘、蔬菜、
蛋鸡、生猪等新品种扩繁和畜禽饲料

增城生物农业产业集聚区：特色
重点发展仙进奉荔枝、蔬菜、
水果、丝苗米等新品种扩繁和兽用
生物制品

黄埔生物农业产业集聚区：
重点发展生物饲料和生物疫苗，开展
饲用酶制剂、植物提取物添加剂、饲料
用生物色素、益生素添加剂、高效水
产养殖饲料配制技术、无抗全价生物
饲料、预防重大动物疫病及人畜共患
病的新型疫苗、多联多价疫苗等关键
技术和产品研发

番禺南沙生物农业产业集聚区：
重点发展鱼虾新品种选育、水产饲料
以及生物肥料

花都生物农业产业集聚区：
重点发展花卉盆景苗木、渔业（罗非鱼/
鳜/台湾泥鳅）大宗淡水渔水鱼类等名
优新品种繁育

白云生物农业产业集聚区：
重点开展设施蔬菜、花卉、畜禽（黄鸡/
生猪）等新品种选育及繁育技术研究、
发展生物兽药产业

生物农业创新引领核心区：（天河区、
海珠区、越秀区、荔湾区），试验发展
重点开展生物农业科学研究、科技转
化及技术推广等

图1 广州市生物农业创新发展区域布局

审图号为 S（2018）121 号，利用 ArcGIS 编制底图。

链、以链集群，推进生物农业产业创新集聚发展。

"一核六区"分别是：生物农业创新引领核心区（天河区、海珠区、越秀区、荔湾区）重点开展生物农业科学研究、试验发展和技术推广等；黄埔生物农业产业集聚区重点发展生物饲料和生物疫苗；白云生物农业产业集聚区重点开展设施蔬菜、花卉、畜禽等新品种选育及繁育技术研究，发展生物兽药产业；番禺南沙生物农业产业集聚区重点发展鱼虾新品种选育、水产饲料及生物肥料；从化生物农业产业集聚区重点发展花卉、荔枝、柑橘、蔬菜、蛋鸡、生猪等新品种扩繁和畜禽饲料；增城生物农业产业集聚区重点发展丝苗米、蔬菜、荔枝、特色水果等新品种扩繁和兽用生物制品；花都生物农业产业集聚区重点发展花卉盆景苗木、渔业等名优新品种繁育。

（二）发展重点

1. 加强基础科学研究

围绕广州市生物农业创新发展的重大科学问题，支持开展重点前沿领域科学研究。争取国家、省、市联合基金和粤港澳大湾区（粤穗）开放基金更多地支持全市生物育种、生物饲料、生物兽药及疫苗、生物肥料、生物农药等领域重大基础研究。依托在广州的高校、科研院所、科技型企业以及重大科技创新平台，大力支持引进一批活跃在国际学术前沿的一流科学家和创新团队来穗开展生物农业领域基础与应用基础领域合作研究。加大市财政科技经费对生物农业领域基础科学研究的支持力度，争取基础与应用基础研究一般项目专题计划向生物农业领域倾斜，引导支持中青年科技人员围绕生物农业基础和应用基础领域开展自由探索研究。

2. 开展重点领域关键核心技术攻关

加大广州与在广州的高校和科研院所的深度合作，完善"政产学研用"协同创新体系，加强生物农业领域重大关键技术攻关。支持鼓励在穗科技型企业、高校和科研院所承担生物农业领域国家、省重大科技专项；将生物育种、生物饲料添加剂、动物疫苗、生物肥料及生物农药等新产品研发和产业化纳入市级关键技术攻关计划，突破一批关键共性技术，研发一批重大自主创新产品。

3. 整合多层级科技创新平台

加快已建生物农业相关平台的资源整合、共享使用和水平提升。围绕生物农业重点领域，布局建设粤港澳联合实验室，争取支持新建若干国家工程研究中心，推动组建一批国家企业技术中心。鼓励在广州的生物农业科技型企业、高校和科研院所承担国家、省工程实验室、重点实验室、工程中心、技术中心、公共技术服务平台等各类载体建设任务；鼓励兽用生物制品企业承建 P3 实验室；推

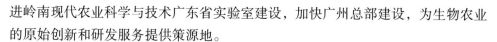

进岭南现代农业科学与技术广东省实验室建设，加快广州总部建设，为生物农业的原始创新和研发服务提供策源地。

4. 推进创新成果产业化

一是构建专利池。鼓励生物农业科技型企业及产业联盟构建生物农业领域专利池，专利池由专利、高校和科研院所、企业组成，通过平台化、专业化、市场化的模式，对接企业技术需求，推动专利技术转化应用。对于构建生物农业产业专利池的科技型企业或产业联盟给予投入费用补贴扶持。二是强化成果转化激励。广州市生物农业科技型企业引进省内外先进技术成果转移转化的，可按实际支付技术交易额的 5%～10% 给予奖补。对科技型企业在本市通过自主研发、受让、许可、作价入股、产学研合作等方式实施科技成果转化产生一定经济效益后，经市科技主管部门认定为高新技术成果转化项目的，自认定年度起 2 年内，按其应缴已缴增值税地方留成部分的不低于 50% 给予补助。激励企业开展科技成果产业化，转化一批农业生物技术领域的最新科技成果，形成一批具有自主知识产权、市场影响力大的农业生物技术产品。

5. 引育科技型龙头企业

聚焦龙头企业培育，培育和引进一批具有较强创新能力和国际竞争力的生物农业科技型企业：一是招大引强。围绕广州生物农业发展的核心技术和关键节点，进行补链、延链、强链式招商。通过租金补贴、优先供地、固定资产投资等扶持政策，吸引国内外生物农业跨国巨头、行业领域优势企业总部或具有独立法人资格的区域总部、研发中心落户广州。二是培育龙头企业。鼓励生物农业行业内骨干企业，通过自主创新、上市融资、并购重组等方式发展壮大，培育行业龙头企业。支持有条件企业收购兼并境内外领先企业或研发机构，提升企业发展实力。对企业主营业务收入、单品种年销售收入、研发投入等予以分阶段奖励。建立生物农业领军企业培育库，评选广州市生物育种、生物饲料、生物兽药等领域创新十强企业，培育中国生物农业行业领域百强企业。三是提升企业创新能力。鼓励生物农业科技型企业与高校和科研院所联合共建新型研发机构、联合实验室，组建产学研技术创新联盟，通过联合共建模式保持产学研长期稳定合作，实现高校、科研院所和企业"优势叠加"，技术创新链和产业链"双向融合"。鼓励生物农业科技型企业申报国家、省科技计划项目，对获得立项的项目，市财政予以配套。鼓励生物农业科技型企业认定高新技术企业。构建"科技型中小企业—高新技术企业—规上高新技术企业—高成长性企业—创新百强企业"的科技企业梯队。

6. 强化科技金融保险

一是拓宽融资渠道。充分发挥广州市政府投资基金、科技成果产业化引导基金、产业投资基金等政策性基金引导作用，鼓励社会资本积极投资生物育种、生物饲料等生物农业领域。支持符合条件的生物农业科技型企业通过知识产权质押融资、股权质押融资、应收账款质押融资、仪器设备抵押融资等方式获得商业贷款。大力支持符合条件的生物育种等龙头企业在创业板上市融资。二是创新开发生物农业产业特色专业险种。鼓励相关保险机构提供生物农业产品试验责任保险、质量安全责任保险、知识产权保险、冷链物流保险等定制化综合保险产品，转移企业在科研、技术交易、知识产权保护、生产销售等环节可能出现的风险。市财政按企业实际缴纳保费的不低于 50% 予以资助，创建"政府+保险+企业"产业培育模式，构建生物农业产业全链条全周期保险服务体系，为广州市生物农业企业创新研发、扩大生产"保驾护航"。

7. 加强人才队伍建设

构建更加符合生物农业科技创新规律的团队运行模式，加大"广聚英才计划"对生物农业领域创新创业团队、高层次人才的支持力度，引进培养一批具有国际水平的"高精尖缺"科技人才、青年科技人才和高水平创新团队，激发人才创新创造活力。筹建生物农业高端智库，重点研究生物农业创新发展规划、行动计划、重大问题、重大政策等课题，为相关政策制定提供决策咨询。引导市内高校围绕生物农业科技型企业需求，调整学科专业设置，培养一支专业技能强、创新能力佳的人才队伍。鼓励企业与高校、科研院所建立人才联合培养基地，拓宽人才培养渠道。落户优先、租房购房补贴、子女入学等优惠政策向生物农业产业倾斜，为各类人才在广州创新创业提供便利、优厚条件。

（三）对策建议

生物农业事关粮食安全、食品安全和生态安全，是战略性产业，它的发展离不开政府的引导和扶持。建议通过加大政策支持力度、保障科研试验用地、优化产业发展环境、健全工作机制等措施，推动广州市生物农业创新发展。

1. 加大政策支持力度

一是制订专项规划。立足生物农业发展需要，制订专项发展规划、创新行动计划等，明确发展目标，突出重点领域和主要任务，合理布局发展空间，为广州市生物农业创新发展指明方向。二是出台政策措施。制定出台支持生物农业创新发展的专项政策措施，鼓励科技创新、成果转化、平台建设、企业引进集聚和规模发展等，引导社会资本投向生物农业科研成果产业化，重点支持本地生物农业创新型企业发展。三是设立研发专项。整合涉农资金,设立生物农业领域专项资金,重点支持生物农业应用基础研究、关键技术攻关、新产品研发、自主创新成果产业化、技术标准和规范制定等。

2. 优化产业发展环境

一是加强知识产权保护。对先进技术的知识产权保护是生物农业行业在国际市场提升竞争力的重要保障措施。制定和完善广州生物农业技术创新和知识产权保护、生物安全管理、生物农业技术产品市场准入以及生物农业产品市场监管等方面的规章制度,为全市生物农业实现跨越式发展保驾护航。二是支持组建生物农业产业联盟,引导生物农业产业链上下游的高校、科研院所、龙头企业、行业组织、投融资机构等产业资源和创新资源整合发展,开展全产业链协作、培训、交流、论坛、会展等活动。三是保障科研试验用地。落实最严格的耕地保护制度,采取"长牙齿"的硬措施保护生物育种等科研试验用地。在白云区、番禺区、南沙区、增城区等地规划储备一批生物育种等科研试验用地。以方便就近实用为原则,保障必要的科研配套建设用地,并提供优惠电价、水价。

3. 健全工作机制

充分发挥市委农村工作领导小组统筹协调作用,协调推进重点工作和实施任务,加强政策研究和督促落实。构建部门间协调机制,解决生物农业创新发展中的跨区域、跨领域和跨部门重大问题。根据国家统计局公布的《战略性新兴产业分类(2018)》,建立广州市生物农业产业统计监测指标体系,开展生物农业产业发展情况统计监测工作。

参考文献

[1] 韩杨,宁夏,张云华. 我国农业生物技术及产业发展态势与方向 [J]. 发展研究,2021,38 (5):33-41.

[2] 季凯文,钟静婧. 我国生物农业发展的现实基础与路径选择 [J]. 江苏农业科学,2017,45 (14):1-4.

[3] 万建民. 促进生物农业快速健康发展 [N]. 经济日报,2010-08-05 (10).

[4] 赵阳华,尹晶. 我国生物农业发展情况回顾和发展思路探讨 [J]. 中国科技投资,2011 (5):42-44.

[5] 季凯文,孔凡斌. 中国生物农业上市公司技术效率测度及提升路径——基于三阶段 DEA 模型的分析 [J]. 中国农村经济,2014 (8):42-57.

［6］李婧雯．农业生物技术产业化发展问题研究［J］．农业经济，2021（7）：12-14.

［7］张弛．生物技术提升农业产业转型的理论与实践——泰州市推进"高产、优质、高效、生态、安全"农业发展实例［J］．农学学报，2021，11（4）：93-96.

［8］程俊峰，卢庆云，陈琴苓，徐志宏，林雄，黄洁容，伍晓玲．国内生物产业发展环境与对策［J］．广东农业科学，2014，41（7）：223-227.

［9］季凯文．国外生物农业发展动态及其对我国的启示［J］．江西科学，2016，34（2）：257-261.

［10］杨树果，何秀荣．转基因作物的争论、监管与启示［J］．农业经济，2021（8）：47-49.

［11］国际农业生物技术应用服务组织．2019年全球生物技术/转基因作物商业化发展态势［J］．中国生物工程杂志，2021，41（1）：114-119.

［12］杨树果．全球转基因作物发展演变与趋势［J］．中国农业大学学报，2020，25（9）：13-26.

［13］王宇，沈文星．国内外转基因作物发展状况比较分析［J］．江苏农业科学，2014，42（6）：6-9.

［14］孙卓婧，张安红，叶纪明．转基因作物研发现状及展望［J］．中国农业科技导报，2018，20（7）：11-18.

［15］吴珊，庞俊琴，庄军红，陈丽梅．我国转基因作物的研发与安全管理［J］．中国农业科技导报，2020，22（11）：11-16.

［16］胡瑞法，王玉光，蔡金阳，黄季焜，王晓兵．中国农业生物技术的研发能力、存在问题及改革建议［J］．中国软科学，2016（7）：27-32.

［17］伍冠锁，江兴瑜，衡燕，张礼浩．南京市生物农业产业发展的现状与对策［J］．江苏农业科学，2015，43（3）：415-417.

［18］王春安，吴军，危紫翼，赵宏德，何宏斌，陈艳萍．中美贸易摩擦对深圳市生物农业发展的启示［J］．中国农学通报，2021，37（10）：12-16.

［19］柯一嘉．跨国农业生物技术公司的垄断方式与对策研究［J］．科学·经济·社会，2019（1）：67-76.

［20］任静，邹婉侬，宋敏．跨国种业公司并购形成的国际种业竞争新格局变化趋势研究——以知识产权为例［J］．中国生物工程杂志，2019，39（7）：108-117.

广州市农村家庭经营收入增长特点、瓶颈与发展对策

罗旖文　胡韵菲*

摘　要： 在农业发展进入转型升级攻坚期的背景下，对都市农业新型经营主体发展和转型过程中所体现的特点进行梳理，能为解决农户生产经营过程中面临的实质性困难找到着力点。采用统计年鉴、农业农村部农村固定观察点及抽样调研农户等数据，总结广州市农村家庭经营收入近年发展特征和趋势；进一步分析家庭农场调查数据，揭示当前都市地区农村家庭经营面临的瓶颈。2000~2020年广州市农村居民工资性收入占比由40%增长到73%，经营性收入占比由50%下降到11%；虽然广州市农村居民整体上对经营性收入依赖度下降，但经营净收入对中等和中等偏上收入户增收起到相对重要的作用。广州市农村家庭经营农场正从"小、多、全、散"向"成规模的单一而专业"转型过渡，逐步呈现三产融合发展态势，但采用农业设施或先进机械的农场比例较低，绿色发展意识不强。当前广州家庭农场经营规模适应了都市农业的高成本与高风险，但农村居民经营性收入缺乏内生动力，从事农业生产的劳动效率有待提升，长远发展仍然面临资金不足、社会化服务落后、销售渠道不通和村庄基础条件不完善等问题。因此，需激发经营性收入增长内生动力，出台人才、金融与技能服务、产业集群和绿色发展政策，协同促进农民家庭经营性收入持续增长。

关键词： 都市农业；农村家庭经营；收入增长；收入结构；广州市

　　家庭农场是现阶段我国最适宜的新型农业经营主体，是新时代国家农业政策的重点扶持对象，更是推动我国农业现代化发展的现实选择[1-2]。充分发挥高度

---

* 罗旖文，广东省农业科学院农业经济与信息研究所，研究实习员，研究方向为农业经济。
　胡韵菲，广东省农业科学院农业经济与信息研究所，博士，研究方向为农业区域发展。

都市化地区超大规模市场优势，缩小城乡差距，是都市农业和农村发展的重要任务，关系到整个国民经济发展。在农业发展进入转型升级攻坚期的背景下，对都市农业新型经营主体发展和转型过程中所体现的特点进行梳理，能为解决农户生产经营过程中面临的实质性困难找到着力点。

在都市地区农村农民经营性收入增长特点研究方面，杨红等对北京、上海、广州的研究表明，家庭经营性收入占农民纯收入的比重降幅收窄，今后家庭经营性收入可能成为增加农民纯收入的重要途径[3]。广州农民家庭经营性收入所占比重明显高于北京和上海，对其家庭经营性收入增长特点进行研究极具代表性。早在 2011~2017 年，工资性收入已成为广东省农民收入最主要的组成部分，经营净收入和转移净收入起着重要补充作用[4]，涉农政策也向加工流通、休闲农业等转移，高度都市化地区需要探讨的是进一步开拓市场和转型升级问题[5-9]。

有研究证明，都市地区农民经营性收入受到城市关联政策[3]、特定稀有资源[10]、城郊环保要求[11-12]、交通区位[13] 的影响，特别是生态保护政策的实施，对依赖财产性收入和工资性收入程度不同的农民群体产生不同的影响[10]，政策对农民收入的影响也表现出较明显的区域差异和群体差异。中西部地区农民相对更容易受到政策影响，且低收入农民对政策的影响更为敏感[14]。提高机械化水平以增加产量和流转土地以扩大经营规模等[15-17]，对某些地区的可行性和适用性有限。研究表明，对经营性收入依赖度的差异，会使土地流转的增收效果产生截然不同的效果[18-19]。对都市化地区而言，通过互联网、电商等途径提高农村居民收入效果可能更加显著[20-21]，对直播电商的农民增收影响机制研究[22-23] 也表明，新业态促进农民增收潜力巨大。

在措施研究方面，城镇化发展对农民家庭经营收入具有空间溢出效应[24]。营造良好的外部环境[25-26]，包括引进外部资金、项目，加强合作，加大示范与科技推广，加大招商引资，建立当地的特色产业，充分发挥非农产业带动作用等能有效促进农民家庭经营收入增长，此外，还有产业融合、完善农村产权制度、提高社会保障水平等措施[27-28]。近年来，不少研究从城镇化的空间溢出效应[29-31]、城乡收入流动[32-33]、增加城乡事务的财政投入[34] 等视角出发，对促进农民经营性收入进行探讨，对农民收入增长与城市化发展的协调提出了丰富的对策建议。

据统计，2021 年全国有 8 个省份城镇化率超过 70%，其中，广东城镇化率为 74.63%，位列上海、北京、天津 3 个直辖市之后；广州市城镇化率为 86.46%，都市化进程将迈入相对深入的阶段。粤港澳大湾区都市现代农业引领全省乡村振兴，但对都市农业发展最为成熟的广州市家庭经营主体研究相对缺乏。2014 年，农业部农村经济体制与经营管理司发布的《农业部关于促进家庭农场发展的指导意见》明确指出，家庭农场作为新型农业经营主体，坚持了家庭经营的基础性地位，适合我国基本国情，符合农业生产特点，契合经济社会发展阶段，是农户家庭承包经营的升级版，已成为引领适度规模经营、发展现代农业的重要力量。2020 年，农业农村部印发的《新型农业经营主体和服务主体高质量发展规划（2020—2022 年）》指出，新型农业经营主体和服务主体发展存在区域性不平衡问题，家庭农场仍处于起步发展阶段，制约短板依然突出。

研究广州市家庭农场的收入构成及经营特点，分析高度都市化地区农村家庭经营收入近年来的发展特征，研究对象涉及专业种养、农资服务、农产品流通加工服务、观光休闲与农家乐等新型都市农业业态，涵盖蔬菜、水产、水果、花卉苗木、水稻、畜禽等当前都市农业主要产业，探究都市化地区农民家庭经营收入增长的瓶颈因素并提出对策建议。

一、数据来源与研究方法

本文数据来源于统计年鉴、农业农村部农村固定观察点及抽样调研农户等；主要研究方法为统计归纳法和对比分析法。

一是主要采用 2018~2021 年的《中国农村统计年鉴》《广东统计年鉴》《广州统计年鉴》等数据，分析广州市农村居民家庭经营收入发展趋势与特征。主要研究指标包括农村居民可支配收入构成、农村居民家庭人均经营净收入、不同收入层农村居民人均可支配收入中经营净收入以及不同收入层单个劳动力负担的人口数。

二是采用 2016~2019 年农业农村部农村固定观察点数据，分析广州市农村居民更细化的收入来源差异和广州市农村家庭经营性收入在各区分布差异。广州市农村固定观察点包括白云区长岗村、长沙浦村，番禺区沙北村、水门村，花都区莲塘村、东风村、永乐村、象山村，南沙区大坳村、雁沙村、西樵村、沙尾二村，黄埔区均和村、枫下村，增城区新山吓村、南池村、派潭村、陆村村、邓路下村，从化区盘溪村、新田村、水西村、大夫田村、锦二村，共 24 个行政村样本。

三是采用抽样调研数据，分析广州市家庭农场经营现状、收入特征及其发展瓶颈。研究指标包括广州市微观经营主体的年龄、学历、职业经历、农场成本收入、机械使用情况、劳动力人均经营面积以及农场经营收入等。抽样调研农户数据来源于 2020 年 7 月，采集了广州市白云区、花都区、从化区、黄埔区、南沙区、番禺区、天河区和增城区等 21 个村共 34 个家庭农场样本，农场主均为广州市本地户籍。

二、结果与分析

（一）广州市农村居民家庭经营收入发展趋势与特征

1. 农村居民整体对经营性收入依赖减弱

统计数据显示，2017~2020 年，广东省农村居民家庭人均经营净收入从 4119 元上升到 4585 元，该指标全国同期从 5028 元上升到 6077 元，2020 年广东省农村居民家庭人均经营净收入低于全国平均水平的 24.56%，且 4 年间与全国平均水平差距呈逐渐加大的趋势。2020 年，广州在广东省 20 个地级市（深圳无该项数据）中农民人均经营净收入排 15 位（见图 1），低于同在粤港澳大湾区城市群的惠州、佛山、肇庆、中山、珠海。2000~2020 年广州市农村居民收入结构变化较为剧烈（见图 2）。随着广州市农村居民工资性收入由 40% 增长到 73%，广州市农村居民对经营性收入的依赖度从原来超过 50% 下降到约 10%。经营性收入显著下降，使本地农村居民务农积极性逐渐减弱，将家庭增收的精力更多地放在非农业务上。

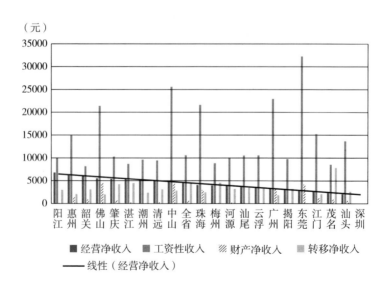

图 1　2020 年广东省各地市的农村居民可支配收入构成

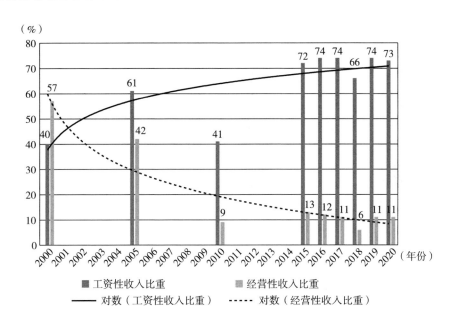

图2 2000～2020年广州市农村居民工资性收入与经营性收入比重变化

2. 经营净收入对中等收入户贡献更显著

广州市农村居民经营净收入随着收入层次的提高而增加，但单个劳动力负担的人口数却随着收入层次的下降而增加（见图3）。在不同收入层次中，中等偏上收入户收入结构与总体平均水平接近；收入较低的农村家庭明显更依赖工资性收入，且其负担的人口数最多，生活压力在所有收入层次中最大；中等偏下收入户的转移性净收入比重最低。就经营性净收入而言，中等偏上收入户的经营净收入占比在5个收入层最高，比中等收入户高4%，即经营净收入对中等和中等偏上的收入户贡献更大。低收入户通过经营创收的能力最低，但却面临最大的生活压力。

进一步采用农业农村部固定观察点数据进行分析。2016～2019年，农村居民可支配收入来源以家庭经营收入、本地从业工资性收入和外出从业工资性收入为主。通过对比，农村固定观察点的家庭经营收入占比较全市平均水平高，表明广州市农村固定观察点的数据样本比全市平均更依赖农业经营收入。图4对固定观察点数据的工资性收入、财产性收入和转移性收入进行了细分，各类收入的绝对值均在增加，但不同类别收入对总收入的贡献程度存在差异。除农村家庭经营收入、租赁收入占比有所下降外，其他类别的收入占总收入的比例都存在不同程度增加，本地从业工资性收入占比增加最为显著。经营性收入在收入结构中的占比

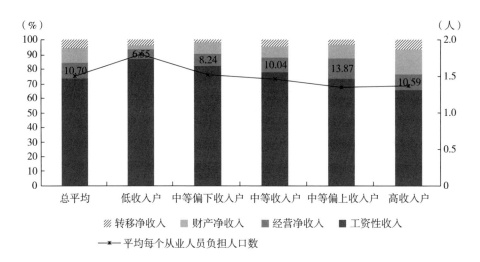

图3 2020年广州市不同收入层农村居民全年收入结构及从业人员负担对比

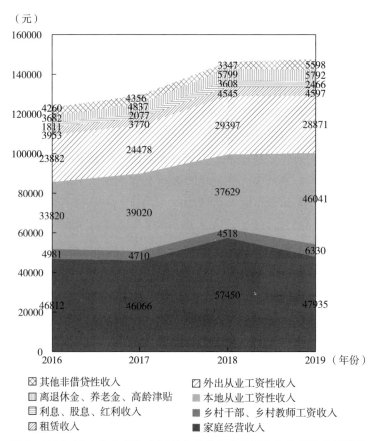

图4 2016~2019年广州市农村固定观察点农村居民收入结构发展趋势

从 2016 年的 37.99% 下降到 2019 年的 32.47%，下降幅度较大。工资性收入在收入结构中的占比从 2016 年的 46.84% 上升到 2019 年的 50.74%，上升幅度较大。其中，本地从业工资性收入在总收入构成中提升了约 4 个百分点，外出从业收入占比几乎不变。财产性收入在收入结构中的占比则从 2016 年的 4.68% 上升到 2019 年的 4.78%，上升幅度较小。其中，虽然利息、股息、红利收入的占比相对租赁收入提升的幅度更多，但利息、股息、红利收入在总体收入中发挥的作用仍然不明显。就转移性收入而言，离退休金、养老金及高龄津贴绝对值提升明显，在收入结构中的比例也从 2016 年的 2.99% 上升到 2019 年的 3.79%，但在总体收入中发挥的作用并不显著。

整体而言，随着农村非农就业机会的增多，工资性收入成为重要农村居民收入的重要来源，本地从业工资性收入更是有超越家庭经营收入的趋势。财产性收入和转移性收入对农村居民收入的贡献度有待提升。此外，家庭经营创收能力最弱的低收入户，是所有收入层中对依赖工资性收入依赖度最大的，由于他们同时也面临着更大的生活压力，其收入结构将进一步向工资性收入倾斜，低收入群体的收入结构亟须优化。

3. 家庭经营性收入区域差异较大

农村固定观察点数据显示，广州市农村家庭经营性收入在各区分布差异较大（见图 5a）。对比家庭经营收入与总收入，只有南沙区和番禺区的家庭全年总收入增长与家庭经营收入增长趋势符合（见图 5a 和图 5b）。由于花都区固定观察点水产养殖户较多，经营规模较大，收益高，因此家庭全年总收入整体更高。受城市征地因素影响，2017 年黄埔区的农村家庭全年收入由于征地补偿同比增加 10 万元，到 2018 年明显回落。虽然征地带来的收入没有延续性，但使广州农村居民产生征地收益大大高出土地生产力的预期，"搏征地"获巨款的心态使农村居民无心经营农业。Jiang 等指出，中国土地城市化（LUC）将有效扩大城乡社会经济系统（SEC），这个效应在东部沿海地区尤为显著[35]。黄埔区固定观察点的家庭收入因城市发展征地带来的剧烈变动，印证了在经济发达地区"搏征地"的心态对农村土地经营产生较大影响。

（二）广州市家庭农场经营现状及其收入特征

本次抽样调研的家庭农场户主平均年龄 51 岁，参与经营劳动力平均 5.5 人；省级家庭农场 2 个，市级 2 个，区县级 6 个，暂无评级的共计 24 个、占比为 71%。其中有 32 个家庭农场的经营时长在 3 年以上。

1. 家庭农场主职业经历过于单一

在受访的 34 个家庭农场中，41% 的农场主学历至少初中，大专和本科学历

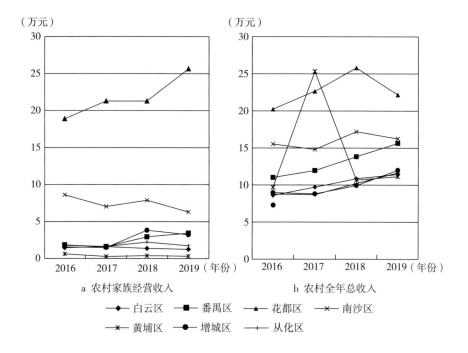

a 农村家族经营收入   b 农村全年总收入

◆— 白云区　　■— 番禺区　　▲— 花都区　　✕— 南沙区

✳— 黄埔区　　●— 增城区　　+— 从化区

**图5　2016~2019年广州市主要农业区农村固定观察点的
农村家庭经营收入和全年总收入发展趋势**

水平以上占比低于30%，表明当前广州市家庭农场主在学历水平与知识文化上仍然有较大上升空间。高学历对提高家庭农场发展质量、家庭农场自身核心竞争力发挥关键作用，学历水平也是未来家庭农场在众多农业新型经营主体中发展竞争力评价的重要指标。

样本家庭农场主非农业职业经历较为单一，主要转业经营农场以普通农民（26%）、打工者（32%）与经商者（29%）三类为主。目前由于广州市农村地区土地零散，土地经营权不稳定，难以成规模流转经营，进入农业经营的门槛更高，即使大湾区有巨大的消费市场，也令潜在投资人产生较大顾虑。从经营主体来看，广州市家庭农场缺乏"新鲜血液"。

2. 经营业务向三产融合方向发展

受访农场经营业务涵盖粮食、畜禽、水果、水产、花卉苗木、休闲采摘、农家乐，其中专营家庭农场占大多数。在专营农场（53%）、结合采摘经营（11%）、结合农家乐经营（11%）、兼做小生意（3%）、兼打零工（3%）、存在其他收入形式（19%）6项营收来源分类中，专营类农场的投入成本和收入都更

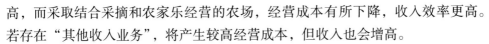

高，而采取结合采摘和农家乐经营的农场，经营成本有所下降，收入效率更高。若存在"其他收入业务"，将产生较高经营成本，但收入也会增高。

当前广州市农村居民收入增加主要有扩大经营规模、提高产品专业性（建设品牌）以及拓展其他收入来源3种途径。若以提高收入效率为目的，发展多样化的专业经营（种养结合），或结合自身区位发展与服务相关的延伸产业（如农家乐、采摘、民宿）则收入提升更为显著。但并非所有农场主都具备"多产业发展"的意愿及条件。此外，样本农场在销售渠道上出现"两极分化"：有3种或以上销售渠道（32%）与只有单一销售渠道（50%）的农场数最多。样本中25个（约74%）家庭农场没有品牌，通过中间商贩销售农产品的12个受访农场均没有品牌，表明没有品牌将明显限制销售渠道。同时，有特色品种的农场与仅有普通品种的农场比为21∶13，表明面对市场竞争，多数农场主已经意识到种养特色品种的必要性。

3. 绿色高效农业发展积极性不高

经营花卉苗木的农场主要以"直接丢弃"方式（35%）为主，其他经营者大多选择"处理后还田"（24%）或"其他方式处理"（29%）农业废弃物，表明中小规模农场主绿色发展理念不强。种养结合有利于农业废弃物的再利用，绿色、有机的种养方式能否得到进一步发展，与农村居民增收、农业产业新业态发展息息相关。据广州市农业农村局数据，截至2020年6月，广州市登记注册农民专业合作社1454个、家庭农场404个，创建省级农业公园5个（位居全省第一），全市有休闲农业旅游景点106个，表明广州市家庭农场具备将传统农业与旅游业结合发展现代农业的组织优势和良好条件。但当前通过发展乡村旅游，使农产品逐渐转变为以B2C方式销售，并针对城市居民健康消费的需求采用绿色、有机生产方式发展的思维并不普遍。此外，调研的农场中约67%的受访农场主没有采用农业设施或先进机械，实际情况中普通农户使用先进农业机械的水平更低。设施设备投入的缺乏，导致农业劳动力成本高，低效生产严重打击了经营者积极性。

4. 家庭农场经营主体对未来发展前景以乐观为主

根据样本的家庭经营年总收入设分≤50万元收入组、51万~200万元收入组以及≥201万元收入组。整体而言，样本家庭农场种养收入占家庭经营总收入81%，平均毛利率13%（见表1）。3个收入组中，一是家庭经营年总收入≤50万元的农场样本，该组农场主在未来几年的种养规模规划中选择"保持"的有12家（约86%），表明该组农场主对这个行业未来几年的发展前景持谨慎态度。二是家庭经营年总收入51万~200万元的样本农场，在未来几年的种养规模规划中选择"保持"的有 7 家（约 50%），选择"扩大"的有 6 家（约 43%），表明该组农场主对这个行业未来几年发展前景持积极态度。三是家庭经营年总收入 ≥ 201 万元的农场样本，农场主在未来几年的种养规模规划中选择"保持"的有 3 家（约 60%），选择"扩大"的有 2 家（约 40%），没有选择"缩小"的农场主，表明该组农场主对未来几年的农场规模规划仍然较乐观。其中该组农场主样本中有唯一选择了缩小其他家庭经营规模的农场主，该农场主在从化主营水果（青梅和荔枝），甚至愿意减少其他家庭经营收入也要发展和维持农业经营。进一步对比发现，≥201 万元收入组的毛利率最低（约 7%），分别为 51 万~200 万元收入组、≤50 万元收入组的 21.8%、10.4%，表明在寸土寸金的广州地区只有少数农场能成为规模意义上的"大农场"，但要成为利润效率意义上的"大农场"尚有较大空间。

表 1　不同收入水平的家庭农场经营平均收入、成本和利润对比

指标	均值	≤50 万元	51 万~200 万元	≥201 万元
样本数	32	14	14	5
平均经营总收入（万元）	158	40	120	1213
平均劳动力收入（万元）	38	9	30	217
平均种养收入（万元）	128	40	98	1091
种养收入占比（%）	81	100	82	90
平均种养成本（万元）	111	24	74	1015
平均农资成本（万元）	39	12	42	746
平均雇工成本（万元）	20	5	22	81
平均毛利润（万元）	17	16	24	76
平均毛利率（%）	13	67	32	7

注：①由于其中一位农场主不愿意透露其收入信息，因此没有纳入 3 个收入层的统计中；②均值数据为 34 个样本去掉最高值和最低值，即 32 个样本的统计结果，但由于上述数据缺失，均值中关于收入的指标为 31 个样本的计算结果。

5. 人均经营效率对经营总收入影响显著

进一步取 3 个家庭经营年总收入组的中位数进行对比，结果如表 2 所示，不同收入组的人均经营收入与人均经营面积两个指标的差距均显著，高收入组最为年轻，人均经营面积和人均经营收入都最高，表明人均经营效率对农场的经营总收入有显著的正向影响。从学历水平分布来看，年收入高于 50 万元的农场主学历水平更高。随着受教育年数增加，农场主可能接触到的人脉圈和资源圈更广，获得先进理念、提升管理水平和拓展销售范围的机会更大，也凸显了劳动力"个体效率"对现代农业经营发展的重要性。

表2　不同收入水平的家庭农场人均指标及农场主学历分布对比

指标	≤50万元	51万~200万元	≥201万元
总收入（万元）	43	106	650
年龄（岁）	51.50	53.00	48.00
劳动力人均经营收入（万元/人）	8.80	30.00	216.67
劳动力人均经营面积（公顷/人）	0.96	1.41	3.33
学历水平分布	初中：高中/中专：大专：本科＝6：7：1：0	初中：高中/中专：大专：本科＝5：4：2：3	初中：高中/中专：大专：本科＝2：0：1：2

注：指标数据为各个分组数据集的中位数。

（三）增收瓶颈分析

对不同收入水平家庭农场面临的问题进行归类统计，发现不同收入水平的家庭农场最需要解决的关键问题存在差异（见表3）。一是家庭经营年总收入≤50万元的农场样本，面临的最大需求体现在发展资金不足和种养技能欠缺方面，表明该收入组的农场主当前对于流转土地以及机械化设备虽然采取较保守的态度，但对改善品种有较高的积极意愿。二是家庭经营年总收入51万~200万元的样本农场，面临的最大需求在资金和销售渠道开拓上，该收入组的农场主对于发展电商销售以及机械化设备采取了比较积极的态度，并对改善品种与流转土地有一定程度的需求。三是家庭经营年总收入≥201万元的农场样本，认为经营"受天气影响大""土地承包期短""季节性人手不足""土地流转困难""销售渠道不通"影响，五个方面的问题相对分布平均，表明该收入组的农场主发展较为成熟，面临的问题范围更广，没有形成显著特征。对家庭农场发展面临的增收瓶颈进一步归纳如下：

表3　不同收入水平的家庭农场面临的发展问题占比　　　　　单位：%

发展问题	≤50万元	51万~200万元	≥201万元
资金不足	86	57	0
受天气影响大	7	21	40

续表

发展问题	≤50万元	51万~200万元	≥201万元
种养技能欠缺	79	29	20
种植成本高	7	7	0
土地流转困难	7	7	40
土地承包期短	14	14	40
季节性人手不足	7	7	40
农机配套及服务缺乏	7	21	0
销售渠道不通	50	42	40
村内基础设施差	29	21	20

1. 资金不足导致经营产业化缺乏后劲

当前大部分农场缺乏资金。对比全国，广东的农民经营收入显著低于全国平均水平；对比全省其他地级市，广州市的农民经营收入也低。调研发现，在家庭经营总收入在200万元以内的农场主普遍表达了对资金的需求。单个农户家庭面临的资金瓶颈令家庭经营长期保持一家一户小规模经营未能有更大的投入来突破、改善经营条件。财产性收入和工资性收入扮演越来越重要的角色，农村居民将家庭增收的精力更多地放在增加财产性收入与开拓非农业务上；同时，经营性收入在四大收入来源中逐渐下降，使本地农村居民务农的积极性进一步减弱。产生的后果体现在：一是投入农业的资金、资源不足，使家庭经营农场未使用先进农业技术，造成经营规模持续小而分散，生产效率得不到提高；二是农业生产成本持续上升，农民收益下降，影响农场经营者自身对农业的投资能力；三是本地农村居民对土地升值期望过高，导致土地转让成本高、阻力大，资本进入农村、投入农业的门槛和风险"双高"。

2. 社会化服务落后导致创新要素流动不充分

调研样本在选择上是经营条件比较完善的家庭农场，但受访家庭农场的农业先进机械使用率仍普遍较低。虽然广州一直处于改革开放的前沿，农业科研技术水平与成果转化并不比很多农业大省落后，在众多先进技术的加持下，现代农业能依靠设施装备、天气预测、病虫预警等手段大大减小风险，但是绝大多数农场都没能摆脱"靠天吃饭"的困境。从全市来看，基层农业科技信息服务体系不健全、科技成果转化率低、基层推广组织力量薄弱，这些都严重制约着全市农业全面迈向现代化农业，也从根本上限制了农民增收。家庭农场在发展过程中普遍面临农业保险范围窄、理赔额度低、农企接洽困难、合作短暂等问题。这也使绝大部分农村居民只能根据传统的种养习惯和市场信息去组织农业生产，抵御自然风险和市场风险的能力较低。此外，真正意义上的"家庭农场"的法律地位还比较模糊，产品被市场参与主体接纳以及被顾客群体认知仍尚需努力；将加工、服务业等非农业务融入现代农村农业经营以吸引人才的机制仍然未够完善；对家庭农场有体系的扶持以及经营的规范性亟待提升。

3. 销售渠道不通导致农村居民收入不稳定

调研反映了广州市家庭农场普遍面临销售渠道不通的问题。当前广州市家庭农场"发展电商销售"的意愿逐步显现，但是技术、资金等因素仍限制多数农户向电商销售方式转型，影响农户稳定增收。一方面，当前广州市在农产品的深加工方面的企业仍然偏少；另一方面，大部分小农场的信息化、平台化等现代交易手段没跟上，农业产业链后向延伸开发能力较弱，农产品以初级产品形式售卖为主。本次调研发现，通过电商或者采摘途径销售的农场都有农产品品牌。新开辟销售渠道将直接影响农民增收。

4. 村庄基础条件不完善影响产业发展氛围

调研得知，为中等规模农场提供发展现代农业条件很有必要。农户普遍认为村庄的基础条件不能满足他们对农业产业化的期望与高水平发展。按照调研农场样本反映的情况，全年总收入≥201万元的高收入组农场主对未来几年的农场规模规划仍然以乐观为主，表示他们较一致地看好自己经营的家庭农场，并无农场主对农业农场经营意愿下降，说明农业未来的发展具有较好的潜力与吸引力。然而，发展现代化家庭经营所需要的种植大棚建设、工厂化养鱼的池塘建设、休闲观光农业的餐饮旅馆建设、产品仓储和电子商务所需的办公用房、农产品流通和深加工的道路厂房建设等，都严重受到农保用地政策的限制。

三、结论与建议

（一）研究结论

1. 高度都市化地区农村居民经营性收入缺乏内生动力

虽然广州经济发达，但其家庭农场的经营仍缺乏发展资金。数据表明，广州市农村居民财产性收入和转移性收入在总收入中的贡献并不显著，不能作为支撑家庭经营的资金来源，又恰恰因为城镇化水平高，可投资的选择更丰富，农村家庭经营性收入更得不到重视。相对其服务业发达的城镇区域，高度都市化地区的农业相关社会化服务落后、销售渠道不通以及村庄基础设施条件不完善在众多行业中的不足被放大，加剧了农业经营面临的风险。此外，相对较高的土地征收期望，使本地农户不愿意流转土地扩大生产规模，由此导致的生产效率低下也严重打击了农户长期留乡经营的积极性，家庭经营性收入的持续增长缺乏内生动力。

2. 劳动力效率越高经营收入越高

从人均效益来说，广州市家庭农场经营存在非常大的差距，证明农业并没有进入所谓的"天花板"。广州市农民收入的分异，进一步证明了都市农业仍然具有较大的发展空间，通过资本投入能把"蛋糕"做大；但资本能否可持续增值，更在于参与农业经营全过程的劳动力运营水平的提升。以往更多认为是经营者自身的管理水平决定了农场效益，但实际上参与农业的每一个环节都需要高素质人才的有力支撑。因此，农场能否吸引高素质年轻人才返乡创业、参与乡村建设，对未来广州市地区推动农业高质量发展有重要影响。更年轻、有活力的劳动力更能激活农业经营，适应新业态，应对大都市多元化、变化快的消费需求，开辟出新的销售渠道，从而带来更高收入，可带动年轻劳动力主动进入家庭经营。对高度都市化地区的城乡居民收入差距研究也表明，切实提高农业生产力才是农民增收的根本途径[12,36]。从促进都市农业吸纳就业的角度来看，必须提高农村居民经营性增收能力，打破乡村人才流失的恶性循环。

3. 当前家庭经营规模适应了都市农业的高成本与高风险

总收入的增长与初始资本、资本积累、农场主的经营水平有极大关系，不同发展阶段面临的问题也会发生改变。随着农场经营规模的扩大，对农业机械、专业设备和农业人力资本的投入要求也会不断提高，规模越大风险也越高。因此，不一定要追求大规模，而要符合当前当地大多数农户的特征、耕地资源分布特征和市场需求（如小众需求、高品质需求、有机需求）规律，逐步带动整个农业产业逐步转型升级为现代农业。依靠大湾区世界级特大城市群的区位中心，都市农业发展方向必须依靠高科技、依靠良种良法，提高单位土地和单位人力产值。

（二）对策建议

1. 重视职业技能培训，侧重用之于农

充分依托粤港澳大湾区都市龙头企业和专业技术院校"人才储备池"，提升农业专业技术的人才培养和输送效率。与以往的农资等实物投入增加容易带来高产出的情况不同，人均劳动力的效率对广州市农业收入存在关键影响。通过对比分析不同收入组的经营总面积、人均经营面积、人均收入等指标，凸显出劳动力的"个体效率"在经营收入中的重要性。应逐步加大力度，鼓励职业技术院校开设适应现代农业管理和种养技术实践的必修课，提升专业农技师的社会地位。

对企业接收农业专技年轻人提供实习岗位补贴、减免税费优惠政策；对专业技术院校农业专业学生实施助学补贴、减免学费、退还学费等措施，吸引有志于从事都市农业的学生投身农村与新型农业。打造省、市、县三级教育培训平台，对有志于转移到二三产业的城乡青年进行职业技能培训，补助农产品加工、农产品销售、互联网营销、信息化管理、机械化管理等二三产业职业技能的学习。同时，完善农民就业服务体系，关注低收入农户，把退工人员、新生劳动力、低收入群体作为推进非农就业的重点，按劳动力素质和郊区非农岗位实际需求开展分类分层次培训，推进都市化地区农村居民稳岗就业。

2. 加强金融与技能服务，形成家庭农场管理体系

家庭经营拓展服务能力需要家庭农场管理体系化，特别是经营能力较弱的低收入群体，转型升级的起步尤其需要创造条件。构建完善的农业保险保障与家庭农场金融支撑体系，为家庭农场发展提供资金保障。对广大家庭农场进行规范化的登记和有系统的管理，强化产业协作，向更深、更广推进，强化城乡对接能力，畅通优质农产品销路。形成相对标准的农产品质量监测和检测体系，促进现在较为零散的家庭农场，特别是中小规模的家庭农场的农产品在生产过程中的肥药使用规范化、科学化，乃至逐步通过认证并获得权威质监机构出具的"绿色标签"。通过系统管理，强化分散且小规模的家庭经营者的联合性，提高家庭农场作为重要农产品供给者对市场风险的"抵抗力"。尽快对家庭农场实行体系化管理，助推中小型家庭农场发展成较高信誉度的市场主体，得到社会和市场的认同，将有效为低收入群体创造较好的经营环境，提高小型农场通过家庭经营创收的能力，优化低收入群体的收入结构，促使有潜力的农业经营者得到进一步发展。

3. 优化规划布局，促进特色产业集群

加强顶层农业产业布局，为中小型家庭农场营造产业集群环境。未来广州市城市化、工业化的持续发展必然对农业用地产生更大的约束，都市郊区农业已不可能靠大量占用土地来满足城乡居民对高质量农产品日益增长的需求，必须与时俱进，向更高层次寻求都市现代农业的多元化发展。通过布局全市城乡区域产业集群，形成区域性销售市场，促进改善中小型家庭经营者的经营成本结构，对中小规模农场的经营增收有重要影响。从都市农业产业集群的高度，对农业区域基础设施进行规划、建设完善和持续性资金投入，挖掘地方特色，在南沙、番禺打造广州水产优势聚集区，在花都、从化打造花卉农业科技创新聚集区，加快优势产业链上下游相关创业园和专业合作社建设。通过布局城乡区域产业集群，着眼

发展乡村休闲旅游，盘活乡村经济，发展农产新业态，开辟农村家庭经营旅游服务、电商服务、观光服务、体验服务等服务型产业发展的空间，适应都市消费需求。

4. 扶持农业企业，强调绿色发展

大力支持具有标准化生产能力的企业与周边中小型农场形成多种形式的良性互助关系。当前农户绿色发展理念萌芽但发展不够充分，在种养分离的专业化农业发展模式下，对农业生态环境造成巨大影响，特别是应用于循环农业的生物工程技术、发展精细农业、有机农业的技术和理念宣传，远不能适应国际大都市农业生产的全面发展和市场消费的需要；同时，单靠产品销售发展农业，已经不足以支撑经营性收入的提升，必须形成农业产业与现代加工产业、与专业旅游运营及定制等服务产业融合的环境，为农民增收注入新的活力。在生产环节上，通过优惠政策鼓励企业为周边相关中小型家庭农场提供绿色技术和农资服务，或直接付给村集体土地托管费；销售环节上，在市场价格不理想的情况下，将企业的冷库和精深加工车间转化为初级农产品"中转站"，增加区域农产品多样性。支持农业企业绿色发展，为区域范围内中小型农场辐射高效技术和品牌活力，带动提升区域农业绿色发展水平，提升当前农业劳动力的绿色发展意识与绿色生产实践技能；企业为周边农村提供就业岗位，留住人才，加快农村居民向产业工人、农业业主和三产经营者转变，稳定农村居民收入，提高村民幸福感。

参考文献

[1] 王新志，杜志雄．小农户与家庭农场：内涵特征、属性差异及演化逻辑 [J]．理论学刊，2020（5）：93-101.

[2] 陈金兰，朱建军，胡继连．山东省家庭农场投入产出效率分析——基于三阶段 DEA 模型 [J]．广东农业科学，2019，46（2）：164-172.

[3] 杨红，陶雪娟，杜辉，马佳．都市农业发展地区农民收入结构演变规律及其启示——基于上海、北京、广州 2005—2014 年数据比较 [J]．上海农业学报，2018，34（1）：131-137.

[4] 杨胧皓，许越，李沛哲，卢颖．广东省农民收入增长影响因素及对策研究 [J]．中国经贸导刊，2021（6）：64-70.

[5] 杜磊，支大林，张友祥．新发展阶段农业的三个构成及其高质量发展路径 [J]．经济纵横，2022（2）：97-103.

[6] 孙圣民，陈家炜．城乡融合背景下如何实现涉农政策的精准聚焦——基

于"三农"要素变化的动态分析［J］．理论学刊，2022（2）：74-83．

［7］周灿芳．城乡融合背景下粤港澳大湾区都市农业发展研究［J］．广东农业科学，2020，47（12）：175-182．

［8］佟宇竞．基于国内先进城市比较视角的都市农业经济发展战略思路与路径——以广州为例［J］．广东农业科学，2022，49（1）：167-176．

［9］梅双，邵卓，杨新辉．农业科技推广模式创新与探索实践——以广东省农业科学院惠州现代农业促进中心为例［J］．广东农业科学，2021，48（4）：151-160．

［10］Tan S，Zhong Y D，Yang F，Gong X J. The Impact of Nanshan National Park Concession Policy on Farmers' Income in China［J］．Global ecology and conservation，2021（31）：1804．

［11］程逸斐，曹正伟．都市农区农民收入结构及影响因素分析［J］．浙江农业科学，2020，61（8）：1649-1652．

［12］Wang X，Shao S，Li L. Agricultural Inputs，Urbanization，and Urban-rural Income Disparity：Evidence from China［J］．China economic review，2019（55）：67-84．

［13］Weng Y Z，Zeng Y T，Lin W S. Do Rural Highways Narrow Chinese Farmers' Income Gap among Provinces？［J］．Journal of Integrative Agriculture，2021，20（4）：905-914．

［14］孙晓一，徐勇，段健．我国涉农政策对农民收入的影响及区域差异［J］．广东农业科学，2018，45（2）：157-165．

［15］陈林生，黄莎，李贤彬．农业机械化对农民收入的影响研究——基于系统 GMM 模型与中介效应模型的实证分析［J］．农村经济，2021（6）：41-49．

［16］杨欣，张皓妍，王秋兵．农村土地流转对农民收入影响的综述研究［J］．农业经济，2021（12）：87-89．

［17］孟杨．农户参与农村土地流转对家庭经营性收入增加的影响［J］．江苏农业科学，2021，49（14）：237-241．

［18］柯炼，汪小勤，陈地强．土地流转与农户收入增长——基于收入结构的视角［J］．中国人口·资源与环境，2022，32（1）：127-137．

［19］游琰，郑宝华．家庭经营性收入依赖型省区农民增收难题与突破路径［J］．农村经济，2020（6）：57-65．

［20］刘生龙，张晓明，杨竺松．互联网使用对农村居民收入的影响［J］．

数量经济技术经济研究，2021，38（4）：103-119.

［21］郭爱美，汪晓辉．电商促进农民增收的路径及其效应［J］．全国流通经济，2021（27）：3-8.

［22］Li R，Lu Y B，Ma J F，Wang W Q. Examining Gifting Behavior on Live Streaming Platforms：An Identity-based Motivation Model［J］．Information & management，2021，58（6）：103406.

［23］Peng L J，Lu G，Pang K，Qi Y. Optimal Farmer's Income from Farm Products Sales on Live Streaming with Random Rewards：Case from China's Rural Revitalization Strategy［J］．Computers and Electronics in Agriculture，2021（189）：106403.

［24］吴比，尹燕飞，徐雪高．农民收入增长区域结构与空间效应——基于农村固定观察点数据［J］．农村经济，2017（1）：60-66.

［25］秦静，贾凤伶，闫庆琦，陈琼．天津与京沪农民收入比较及增收对策［J］．广东农业科学，2018，45（6）：157-164.

［26］广东省政府发展研究中心课题组，张燕．全力破解广东农民收入增长难题［J］．广东经济，2016（7）：6-12.

［27］Zhang Z T，Liu Y，Liu G W. Rethinking Growth Coalition in Urban Village Redevelopment：An Empirical Study of Three Villages in Zhuhai，China［J］．Habitat International，2022（121）：102529.

［28］梁俊芬，张磊，张辉玲，周灿芳，万忠．改革开放以来广东农民收入变化特征及未来选择［J］．中国农学通报，2022，38（6）：149-157.

［29］罗富民．城镇化发展对农民家庭经营收入的影响——基于空间计量模型的实证分析［J］．西安财经学院学报，2019，32（6）：34-40.

［30］郑家喜，杨东，刘亦农．农村普惠金融发展水平测度及其对农户经营性收入的空间效应研究［J］．华中师范大学学报（自然科学版），2020，54（5）：862-873.

［31］张志新，邢怀振，于荔苑．城镇化、产业结构升级和城乡收入差距互动关系研究——基于 PVAR 模型的实证［J］．华东经济管理，2020，34（6）：93-102.

［32］李富有，黄梦琳．城乡收入流动预测与收入差距：区域及来源结构分析［J］．经济问题探索，2020（8）：74-86.

［33］杨园争．结构性收入视角下中国农村居民收入流动性研究［D］．北

京：中国农业大学，2017.

［34］He L, Zhang X L. The Distribution Effect of Urbanization：Theoretical De-duction and Evidence from China ［J］. Habitat international, 2022（123）：102544.

［35］Jiang C, Li J, Liu J. Does Urbanization Affect the Gap between Urban and Rural Areas? Evidence from China ［J］. Socio-economic Planning Sciences, 2022（82）：101271.

［36］Yao Y, Jiang L. Urbanization Forces Driving Rural Urban Income Disparity：Evidence from Metropolitan Areas in China ［J］. Journal of Cleaner Production, 2021（312）：127748.

惠州市预制菜产业发展现状与对策研究

胡韵菲　雷百战　黄思映[*]

摘　要： 2023 年中央一号文首次提出"要培育发展预制菜产业"。为此，惠州市将预制菜产业作为提高农产品附加值、实现农民增收、推动三产融合的重要抓手，惠州市农业农村局联合广东省农科院经信所开展惠州市预制菜产业发展情况专题调研。调研显示，当前惠州预制菜产业发展初具规模，联农带农显著，产业发展潜力巨大；主要优势表现在原材料有保障、产业集群发展平台有基础、市场区位优越、美食文化底蕴深厚以及发展主体转型步伐明显加快五个方面；发展面临的主要问题集中在产业扶持政策缺乏、产业主体培育不足、冷链物流体系不够完善、发展资金缺口较大、营商环境不够优化以及品牌塑造宣传有待加强六个方面。最后，针对现有基础以及存在问题，研究提出一系列措施、加大招商引资力度、组建产业联盟、多渠道引流资金、强化基础设施建设以及打造预制菜公共品牌等对策建议。

关键词： 预制菜；惠州市；产业瓶颈；发展路径

一、预制菜产业发展现状及成效

预制菜是以食用农产品及其制品为主要原料，添加或不添加调味料等辅料，经净化、切分、调味、烹饪/熟制、包装、杀菌等全部或部分工序及不同工序顺序的预制处理并在一定条件下贮运，可即食或非即食的菜肴等食品，包括预制菜

---

[*] 胡韵菲，广东省农业科学院农业经济与信息研究所，博士，研究方向为农业区域发展。
雷百战，广东省农业科学院农业经济与信息研究所，副研究员，研究方向为都市农业与区域规划。
黄思映，广东省农业科学院农业经济与信息研究所，硕士，研究方向为都市农业与区域规划。

品、预制汤羹、预制餐食①。按照预制菜产业链，本次调研的相关企业可分为预制菜供给原料的前端企业，主要进行预制菜深加工的生产企业，以及为预制菜产品提供贮运和销售等服务的综合类、平台类后端企业。

（一）产业初具规模

惠州市近几年预制菜产业发展迅速，涌现出一批行业领先者，为惠州打造预制菜产业打下坚实的基础。据不完全统计，全市布局建设预制菜产业园1个，拥有预制菜生产企业43家，其中，即食类14家、即热类14家、即烹类7家、即配类4家，主要产品包括龟苓膏、玉米汁、溏心蛋、盐焗鸡、梅菜扣肉、沙拉等50多个预制菜品。覆盖全市7个县（区），其中，惠城区6家、惠阳区13家、惠东县5家、博罗县14家、龙门县2家、大亚湾区1家、仲恺高新区2家。2022年，全市预制菜总销售额超14.73亿元，纳税额约1756万元（见图1）。

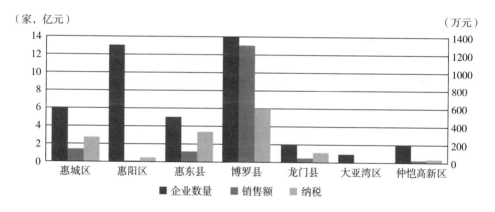

图1　2022年惠州市预制菜产业情况

（二）产业潜力巨大

2022年，全球预制菜行业市场规模超6000亿美元，中国预制菜市场规模为4196亿元，较上年增长21.3%，预计到2025年将增加至8838亿元；广东预制菜市场规模为545亿元，较上年增长31.3%，增速高于全国。根据《广东统计年鉴》，惠州市规模以上食品加工业产值与农林牧渔业总产值比值为0.43，排全省第13位（见表1）；预制菜产业产值仅占全省2.7%，食品加工水平处于全省中下水平。假设惠州市预制菜能够充分发挥本地特色原料优势、区位优势和关联产

① 按广东省食品学会于2022年8月30日发布的团体标准《预制菜术语和分类方法》（T/GDIFST 006.1-2022）中对预制菜的定义。

业优势，产业将达到一个新高度，按广东省增长水平计算，预计惠州市预制菜产业 2025 年产值将达 30 亿元；在传统农业企业转型扩能、新产业集聚平台落户投产等利好条件下，预估惠州预制菜 2025 年将成倍增长到 60 亿元以上。

表 1   广东省地市规模以上食品加工业与农林牧渔业产值比较   单位：亿元

	食品加工业产值	农林牧渔业总产值	食品加工业产值与农林牧渔业总产值比值	排名
全省	7376.52	8305.84	0.89	—
东莞	1091.15	53.38	20.44	1
深圳	555.04	46.29	11.99	2
佛山	1194.86	394.24	3.03	3
广州	1301.15	542.55	2.40	4
惠州	165.71	387.46	0.43	13

注：食品加工业产值由农副食品加工业，食品制造业，酒、饮料和精制茶制造业三项产值加总。

资料来源：《广东统计年鉴 2022》。

（三）联农带农显著

在政策红利与行业红利叠加的背景下，预制菜产业发展迅速，拉动上游企业 473 家，实现第一产业产值 3.6 亿元，带动农户 17640 户，解决就业 3704 人，对促进创业就业、消费升级和乡村产业振兴起到了积极的作用。部分企业抓住先机，提早布局预制菜发展，如顺兴公司年加工三黄鸡 3000 万只，产值 4 亿元，带动养殖户 2000 余户，解决就业 300 余人；新味乐公司加工玉米超 1 万吨，产值 2709 万元，带动农户 3700 余户，正计划投资 3.6 亿元建设甜玉米数字融合项目增加产能，进一步带动农民增收。

二、产业发展优劣势分析

（一）发展优势

一是原材料有保障。惠州立足特色资源，已形成丝苗米、甜玉米、马铃薯、荔枝、梅菜、鲜蔬、茶叶、花卉、南药、三黄鸡、金鲳鱼等优势特色产业，"米袋子""菜篮子""果盘子""茶罐子"一应俱全。自 2008 年实施农业标准化人大议案以来，累计制定省市级农业地方标准 102 项，大宗特色农产品均有市级农业地方标准可依；累计建设各级农业标准化示范区 60 个，涵盖粮食、畜禽、水产、蔬菜等大宗农产品。惠州长期以来是重要的粤港澳大湾区农产品供应基地和出口基地，蔬菜和水产品除满足本地需求外，每年七成鲜蔬可稳定、持续地外供；高峰时期香港农产品市场 40% 蔬菜、60% 冰鲜猪肉由惠州供应，有效发挥了农业"压舱石""基本盘"作用。

二是集群发展平台优。当前，惠州拥有 2 个产业集群综合性平台和 1 个预制菜产业园，其中，博罗粤港澳大湾区绿色农产品供应基地作为惠州市重要农产品流通加工基地，拥有 4 万吨智慧冷链中心、3 万平方米农产品加工集配中心，70% 企业属于食品加工关联的上下游企业，为预制菜产业发展提供需求便利；惠阳香港美库实业有限公司是 2022 年招商对接会引进的全国十佳冷库设施服务商，计划投资 2 亿元建设 4.2 万立方米食品冷链供应链加工中心，于 2023 年 4 月竣工投产，并与 6 家预制菜上下游企业商谈合作事宜，为入驻企业优先提供融资孵化服务，全力打造种植加工流通一站式服务平台；博罗县省级预制菜产业园正在稳步建设，已引进 8 家食品和预制菜相关企业，着力引领惠州预制菜高质量品牌化发展。

三是市场区位优越。截至 2021 年，大湾区人口总量达 8600 多万人，过去 11 年，内地九市累计新增 2242.21 万人，增幅达 40%。惠州位于大湾区东岸枢纽门户，毗邻香港、澳门，与广州、深圳、东莞相邻；交通条件便利，与惠州机场、惠州港、东江河构成了四通八达的水陆空立体交通网络，并逐步形成"深莞惠 1 小时经济圈"，有利于开拓全球市场。随着预制菜在连锁餐饮企业、大型商超、便利店、新型零售（生鲜电商、社区团购、新型火锅超市）及直播等平台的全面铺开，粤港澳大湾区高收入、快节奏工作模式下的年轻消费群体对预制菜需求潜力巨大。

四是美食文化底蕴深厚。惠州地处文化交汇地带，各种文化相互交融、兼收并蓄，饮食文化丰富多彩、富有内涵。罗浮山素有百粤群山之祖、蓬莱仙境之称，有"师雄梦梅""东坡啖荔""安期天饮""洞天药市"等不少的传说，客家婆豆腐花、艾粄等特色美食家喻户晓；民间一直传承着很多与东坡有关的菜肴，东坡美食盛名远扬，成为地方名菜；惠州有东江盐焗鸡、梅菜扣肉、秘制碌鹅等传统客家菜肴。罗浮山名胜、客家文化、东坡文化等能为惠州预制菜赋能，打响惠州预制菜品牌。

五是转型步伐明显加快。惠州市部分农业生产企业瞄准预制菜产业高地，主动谋划向产业转型升级，如财兴公司正在研发甲鱼、牛蛙预制菜品，潮记公司谋划推出"南派烤鸭"，云鹏双丰的即食煲仔饭正在试产，鸿盛公司尝试碌鹅和窑鸡，聚家饭研发客家王焖猪肉和咸鸡等单品预制菜，都极具惠州特色。

（二）存在的问题

一是产业扶持政策缺乏。目前，惠州市预制菜产业仍缺乏全面、系统的指引性政策文件，没有把预制菜纳入政策性财政贴息范围；在企业用电方面的优惠政策不足，设施农业用地没有得到有效保障，如新味乐公司加工场地不足，无法扩大产能和推出加工新品；环通梅菜公司因晾晒场地不足，无法进一步扩大产能。

二是产业主体培育不足。惠州预制菜产业仍处于起步阶段，新引进企业正在建设或者试产，传统农产品种养企业在转型探索，多个新招商引资项目仍在洽谈对接。惠州市现有预制菜相关企业仅有 40 余家，传统农产品生产企业预制菜加工比例不足 1/5，预制菜产值过亿元的企业仅有顺兴、百事盛 2 家，和省内湛江国联、恒兴、温氏、品珍科技、何氏水产等预制菜头部企业差距较大，亟须加大招商引资力度，积极培育产业头部企业。

三是冷链物流体系不够完善。预制菜产品对冷链运输有一定的依赖性，物流成本和对产品新鲜程度的要求制约了企业配送半径，当前惠州冷链物流基础设施分布不均、配套设施和信息化水平偏低，预制菜企业的冷链物流覆盖区域有限，如谭喜、新甘香、聚家饭等公司由于冷库设施和冷链运输车不足，制约了加工规模扩大。

四是发展资金缺口较大。当前，惠州预制菜产业仍处于起步与建设投资阶段，资金缺口明显，但预制菜金融产品缺乏，银行暂未开发出专门针对预制菜企业的金融专项产品；暂无预制菜相关的创新性保险险种；目前还没有成立预制菜产业发展基金，社会资本的潜力还没有充分挖掘。

五是营商环境不够优化。目前，惠州市预制菜产业的营商环境仍有欠缺，相关食品加工许可证、环评证、设施农业用地等审批程序亟待简化，对小作坊式食品加工生产监管执法不到位。如伦信公司因为即食生鲜果蔬食品生产许可证迟迟未能办下来，产品不能进入大型商超；龙门胡须皇公司由于污水处理设施环评审批程序问题，导致难以快速建成投产。

六是品牌塑造宣传有待加强。惠州传统文化底蕴深厚，但区域品牌文化赋能不够，本地知名度高的传统特色食品标准化不足，品牌知名度不高，销售半径不大。相比珠海、佛山、湛江等地市响亮的国字号、粤字号品牌，惠州市亟须搭建预制菜产品营销平台，协助企业对接新媒体，结合乡村旅游，加大品牌宣传推广力度，并开拓国内外市场。

三、对策建议

（一）出台一系列政策措施，保障产业高质量发展

一是统筹谋划推进。制定出台相关产业政策，部署加快建设在全省乃至全国

有影响力的预制菜产业高地，为惠州市各级推动预制菜产业发展提供政策依据和工作指引。二是加强政策扶持。指导各级政府出台相关产业扶持政策，补齐预制菜产业发展短板，着力引育预制菜专业人才，鼓励、引导预制菜生产企业建设产业基地、不断深化利益联结体制、加强产业辐射能力和广大农牧民发展订单模式，带动农牧民增收致富与打造特色预制菜产业紧密结合。三是完善标准体系。支持相关单位开展预制菜标准体系建设，从原材料、加工、包装、标签标识、贮存配送以及食品安全指标等方面制定标准。对参与或牵头制定并获批国际标准、国家标准的主体可给予奖励。四是完善质量安全监督与惩罚机制。整合检测资源，建立预制菜检验检测中心，试行预制菜赋码溯源市场准入机制，严抓产品质量。

（二）依托两大综合性产业平台，加大招商引资力度

发挥粤港澳大湾区绿色农产品供应基地和美库食品冷链供应链加工中心两大产业平台以及博罗预制菜产业园的产业集聚优势，全面加大招商引资力度。一是聚焦产业链招商。围绕惠州市预制菜产业全链条，以建链、补链、延链、融链、强链为主线，立足食品加工、冷链物流、科技研发等方面，靶向引进一批强链、延链、补链的重大产业项目，推动预制菜全链条发展。二是聚焦服务效能提升。着力优化公共服务环境，全面优化预制菜产业营商环境，推进项目审批再提速再提效；搭建招商引资项目服务"绿色通道"，营造零障碍、低成本、高效率的政务环境，确保项目上得稳、落地实、见效快。

（三）组建惠州预制菜产业联盟，促进产业资源共享

一是筹建产业联盟。学习借鉴广东中央厨房（预制菜）产业联盟，由惠州市产业实力雄厚的企业牵头，发动预制菜全产业链相关经营主体、行业商（协）会、金融机构、科研院校等，组建惠州预制菜产业联盟，推动惠州预制菜产业从"做产品"到"搭平台"，从"单打独斗"到"抱团发展"。二是整合上下游资源。以搭建产业联盟为契机，建设预制菜产业数据服务平台，将联盟成员进行资源整合，使产业链上下游互联互通，形成产业规模集聚效应，实现跨区域跨产业跨行业的资源共享与协同，为惠州预制菜产业高质量发展"保驾护航"。三是促进预制菜宣传推广。定期组织联盟企业参加国内外产业论坛、产业展会等活动，外出举办惠州预制菜专场展会，引导企业用好惠州区域品牌，扩大品牌影响力，协力将惠州"罗浮山"预制菜品牌推向国内外市场。

（四）多渠道引流资金，支持预制菜企业发展

一是成立产业发展基金。以广东省预制菜母基金为基础，引进粤民投与惠州

市国企合作，成立惠州市预制菜发展基金，并以此为契机，大力培育本地预制菜领军企业，赋能惠州市预制菜企业发展。二是设立财政专项资金。充分发挥财政资金引领作用，对年实际新增投资 1 亿元以上的预制菜项目，按实际新增投资额给予一定奖补；对联农带农能力强的预制菜企业，每年新增贷款按实际获得贷款利率 50%给予贴息；对新认证预制菜企业获得食品生产许可证且年销售额达到 500 万元的给予一次性奖励。三是创新金融信贷产品。支持金融机构为更多中小预制菜企业量身定做金融专项产品，并扩大对预制菜产业的信贷投放，重点支持市现代农业产业园、"菜篮子"基地、农产品出口示范基地以及县级以上农业龙头企业、食品加工企业，合理延长预制菜产业项目的贷款期限，加大长期信贷支持力度，推动产业高质量发展。四是纳入政策性保险。将预制菜纳入政策性保险保障范围，创新商业性保险产品，鼓励保险机构为预制菜产业产前、产中、产后全流程提供保险服务，开发安全责任保险等预制菜创新险种，提高企业抗风险能力，为产业发展保驾护航。

（五）强化基础设施建设，推动产业做大做强

一是加强原料基地建设。围绕惠州特色预制菜产品，通过基地设施建设、产品质量安全建设、信息化建设、新品种新技术引进推广等手段，每年打造 15 个左右预制菜原材料供应基地，择优建设 10 家以上畜禽、水产标准化养殖场（基地），巩固提升优质原料生产能力，全力保障前端原材料稳定供应。二是完善仓储冷链物流体系。加快推进农产品主产区和特色农产品优势区仓储冷链物流体系建设，支持生产基地建设田头智慧小站，完善产地和配送冷链物流网络，培育一批跨区域的预制菜仓储冷链物流龙头企业，积极为预制菜产业的集聚与发展提供配套和支撑。三是提升预制菜设施装备水平。依托兴泰等企业主体和广东省农科院加工所、畜牧所建立的预制菜研究中心、侯水生院士成立的院士工作站等科企合作力量，大力引育预制菜领军人才，逐步推动全市预制菜科技创新与技术成果转化平台建设，发挥科技支撑作用；对标省内外先进预制菜头部企业，加快现代化标准化厂房建设，提升生产技术和智能化信息化水平，引进预制菜先进加工装备，保持食物原香原味，改善食物口感，在最大限度上还原食物的色香味感。

（六）结合地域特色文化，打造预制菜产品公用品牌

一是打造地域特色品牌。围绕畜禽、水产、南药等特色产业，加强对乡村传统文化的发掘，充分吸收罗浮山文化、东坡文化等优良文化基因，打造"罗浮山"预制菜品牌，重点突出"东江盐焗鸡""梅菜扣肉"等体现惠州特色的菜品，实行统一使用、统一标准、统一包装，形成合力和"拳头"。二是培育市场

消费群体。抓住新消费时个性化、多样化消费特点，对不同的消费群体开发针对性的预制菜产品；主动把握主流群体的消费理念，加大产品品牌宣传力度，不断研发满足消费需求的丰富品系，畅通营销网络、品牌营销渠道，以销定产。三是拓展海内外市场。发挥区位优势，把惠州打造成为全国预制菜对接香港的枢纽和平台；鼓励企业参加农博会、农交会等产销大会，包装策划宣传本土预制菜产品；支持预制菜企业发展电商，拓展线上线下销售渠道，巩固港澳市场，发展海外华人华侨市场，全力抢占预制菜市场份额。